国学名著讲读系列

左传讲读

王维堤 ———————— 著

华东师范大学出版社
—上海—

王元化　顾问
胡晓明　主编

图书在版编目(CIP)数据

左传讲读/王维堤著. —2版. —上海:华东师范大学出版社,2021

(国学名著讲读系列)

ISBN 978-7-5760-1880-6

Ⅰ.①左… Ⅱ.①王… Ⅲ.①中国历史－春秋时代－编年体②《左传》－注释③《左传》－译文 Ⅳ.①K225.04

中国版本图书馆 CIP 数据核字(2021)第 118668 号

左传讲读

著　　者　王维堤
责任编辑　乔　健
特约审读　朱　茜
责任校对　陈梦雅　时东明
封面设计　夏艺堂艺术设计
版式设计　卢晓红

出版发行　华东师范大学出版社
社　　址　上海市中山北路 3663 号　邮编 200062
网　　址　www.ecnupress.com.cn
电　　话　021－60821666　行政传真 021－62572105
客服电话　021－62865537　门市(邮购)电话 021－62869887
地　　址　上海市中山北路 3663 号华东师范大学校内先锋路口
网　　店　http://hdsdcbs.tmall.com

印 刷 者　浙江临安曙光印务有限公司
开　　本　787×1092　16 开
印　　张　26.25
字　　数　455 千字
版　　次　2021 年 8 月第 2 版
印　　次　2021 年 8 月第 1 次
书　　号　ISBN 978-7-5760-1880-6
定　　价　88.00 元

出 版 人　王　焰

(如发现本版图书有印订质量问题,请寄回本社客服中心调换或电话 021-62865537 联系)

目录

序

王元化

  中国自古以来有着十分浓厚的人文经典意识。一方面是传世文献中有丰富多样的文化典籍（这在世界文化中是罕见的），另一方面是千百年来读书人对经典的持续研讨和长期诵读传统（这在世界历史上也是罕见的）。由于废科举，兴新学，由于新文化运动和建立新民族国家需要，也由于二十世纪百年中国的动乱不安，这一传统被迫中断了。但是近年来似乎又有了一点存亡继绝的新机会。其直接的动力，一方面是自上而下地提倡大力弘扬和培育民族精神，另一方面更主要是自下而上，由民间社会力量以及一些知识分子推动的又一次"传统文化热"，尤其表现在与八十年代坐而论道的文化批判不同，一些十分自发的社会文化教育形式的新探索。譬如各地开展的少儿诵读经典活动，一些民间学堂的传统文化研习，一些民办学校、农村新兴私塾等，对学习传统经典的恢复，以及一些大学里新体制的建立等。其时代原因，表面上看起来与中国近十年的经济活力与和平崛起有关系，其实比这复杂得多。至少可以提到的是：转型社会的道德危机和意义迷失所致社会生活的新问题及其迫切性；世界范围内各种思想的相互竞争相互激荡；在全球经济一体化和科技至上的社会环境中，公民社会的人文精神品质正在迅速流失；在这个背景下，青年一代人中国文化特质正在迅速丧失；中国近现代思想史上，由文化激进主义而带来的弊端渐渐显露，中国文化由遭受践踏到重新复苏的自身逻辑以及文化觉醒；以及从经验主义出发，从社会问题出发，实用地融合各种思想文化的资源以有利于社会全面发展和人的全面发展的新视野，等等。总之，一方面是出现了重要的新机会，另一方面也有前所未有的危机。惟其复杂而多元，我们就不应该停留于旧的二元对立的思路，不应该坚执于概念义理的论争，不应该单一地思考文化思想的建设问题，而应该从生活的实践出发，根据我们变化了的时代内涵，提炼新的问题意识，回应社会的真正需要，再认识传统经典的学习问题。

所以,这套书我是欣然赞成的。在目前中国文化的发展出现前所未有的新机会,同时也是出现前所未有危机的情况下,华东师范大学出版社愿意做一点负起社会责任的事情,体现了他们的眼光、见识和魄力。如果有更多的出版社和文化单位愿意援手传统文化积累培育工作,中国文化的复兴是有希望的。是为序。

二〇〇五年七月二十二日

导读

一、《左传》书名的由来

《左传》在战国时就颇有影响，但那时不叫《左传》，而被称为《春秋》。《战国策》数引《左传》之文，就称它为《春秋》。那时《春秋》是对史书的一个通称，不只是儒家《六经》之一《春秋》的专名。我们读《墨子·明鬼下》就可以知道，书中征引了《周之春秋》《燕之春秋》《宋之春秋》《齐之春秋》等所载的故事。从中也可以看出，周、燕、宋、齐之《春秋》叙述史事的体裁不同于孔子所修的《春秋》，而与《左传》相类似，不是纲目式的，而是实录式的。这或许是战国时人把《左传》也称为《春秋》的一个原因。《汉书·艺文志》说，孔子所修《春秋》"贬损"了一些"大人"，都是"当世君臣"，"有威权势力"，而"其事实皆形于《传》"，所以为了"免时难"，在一定年限内只好"隐其书而不宣"，到"末世"才流行。《史记·十二诸侯年表·序》说："铎椒为楚威王（前339—前329年在位）传，为王不能尽观《春秋》（指《左传》，下同），采取成败，卒四十章为《铎氏微》。赵孝成王（前265—前245年在位）时，其相虞卿上采《春秋》，下观近势，亦著八篇，为《虞氏春秋》（据《史记·平原君虞卿列传》列有《节义》《称号》《揣摩》《政谋》四篇之名）。吕不韦者，秦庄襄王（前249—前247年在位）相，亦上观尚古，删拾《春秋》，集六国时事，以为八览、六论、十二纪，为《吕氏春秋》。及如荀卿、孟子、公孙固、韩非之徒，各往往捃摭《春秋》之文以著书，不可胜纪。"可见《左传》在战国中后期作为当时的"近代史"，受到各国上层人物和学术界人士的高度重视。但当时尚无《左传》之名，司马迁在叙战国时人节录、采摘、征引其文时，一律按战国时的用语称之为《春秋》。

汉兴，《左传》尚有历秦火之劫而幸存于世者，以其为先秦古籍，用古文书写，与当时通用的隶书不同，所以司马迁也把它称为《春秋古文》（见《史记·吴太伯世家》太史公跋语）。武帝时，其同父异母兄鲁共王刘余扩建宫室，坏孔子后裔宅，得壁中所藏古文经传，其中就有《春秋古文》。这件事，《汉书·艺文志》《书》部"说发生在"武帝末"，不确。考鲁共王景帝前元三年（前154）由淮阳王徙王鲁，二十八年薨,是卒于武帝元朔二年(前127),当武帝即位之第十四年(据《史记·汉兴以来诸侯王年表》推算)。而武帝在位共五十四年,因此孔壁书事件与其"末"年相差甚远。据王充《论衡·案书》,可断定孔壁书出于武帝年间而非景帝年间,则约其岁,似当改"末"为"初"较妥。《汉书·楚元王传》载刘歆《移书让太常博士》文中介绍过孔壁藏书:"《逸礼》有三十九,《书》十六篇——天汉之后,孔安国献之,遭巫蛊仓卒之难,未及施行——及《春秋》左氏丘明所修:皆古文旧书,多者二十余通,藏于秘府,伏而未发。"(除以上三种,《汉书·艺文志》所记尚有《论语》《孝经》等;师古注云,孔腾畏秦法峻急而藏,或言孔鲋所藏。)我们不管其他书,只看"《春秋》左氏丘明所修"这八个字。刘歆行文如此,似壁中书标名《春秋》,且题有"左氏丘明所修"字样。但他说"藏于秘府(皇家书库)"固是事实,"伏而未发"则未必。因为司马迁自元封二年(前109)任太史令,至征和三年(前90)李广利出击匈奴兵败投降,前后近二十年的《史记》写作中(据王国维《太史公行年考》:"今观《史记》中最晚之记事,得信为出自公手者,唯《匈奴列传》之李广利投降匈奴事。"),特别在撰写《秦本纪》以上、"孔子"以上《世家》、"仲尼弟子"以上《列传》和《十二诸侯年表》时,必定会大量参考"《春秋》左氏丘明所修"这一史料宝库。这就是司马迁在《十二诸侯年表》的序中明白揭出"鲁君子左丘明……因孔子史记具论其语,成《左氏春秋》"这一结论的真实背景。

司马迁在《史记》中从来没有使用过《左传》这一名称,因为这本对孔子所修经书《春秋》作了一番"具论其语"的著作,其本名也叫《春秋》,只是标示"左氏丘明所修",以与同名的儒家经书《春秋》相区别而已。司马迁又称它为《春秋古文》,或《左氏春秋》,可见太史公心中对它的定位,始终是一部"春秋",一部历史著作。这和当时的大环境也有关。西汉前期,以"微言大义"解释《春秋经》的《公羊传》先得列于学官,景帝时就以胡母生和董仲舒为《公羊传》博士。因为《公羊传》开宗明义提出"大一统"之说,结末强调"拨乱世反诸正,莫近乎《春秋》",其所说"君君、臣臣、父父、子子"义又利于巩固封建秩序,投统治者之好。故而至武帝更喜爱之,诏太子受《公羊传》,由是《公羊》学大兴。《穀梁传》直到宣帝时因上有所偏好而也被立于学官。《公》《穀》先均以口说传授,至西汉前期方以当时通行的隶书著之竹帛,因此被归于今文经学。只有《左氏》,虽以大量史实解释《春秋》经文,且文辞赡丽远胜《公》《穀》,却几乎终前汉之世,一直被今文经学派以"说史事多,释经义少"为借口,不承认它是传《春秋》之书,拒之于官学门外。直到西汉末年平帝之世,才在刘歆的力争下,昙花一现地立了一回《左氏春秋》博士。新莽、东汉光武帝年间也曾短暂立而或即亡、或旋废。直至明帝以后，才形成《春秋》三传并立的格局。所谓"三传"，即《春秋左氏传》（简称《左传》）、《春秋公羊传》（简称《公羊传》）、《春秋穀梁传》（简称《穀梁传》）。"传"(zhuàn)，专指解释经义的文字。被称为《左传》，就是被承认为解经之作，随后自身也就成了儒家的经典之一。唐代的"九经""十二经"，宋代的"十三经"，《左传》皆列在其中。成为"经"，就获得了科举取士必读书的资格。所以在封建社会中，《左传》与《左氏春秋》不只是书名之异，而且更是经书和普通历史著作"身价"之大不同。当然，我们今天依从习惯所称的《左传》，早就已经没有了经学家赋予它的含义了。

《左传》之在魏晋后日益见重于世，固然与其"经"的身份不无关系，但主要是它自身的价值，包括详备完整的史实与丰美流利的文辞，使它饱受赞誉和好评。同列为经的《公羊传》和《穀梁传》，则渐遭冷遇，"儒者多不厝怀"（《北史·儒林传上》），"《公羊》《穀梁》浸微，今殆无师说"（《隋书·经籍志》）。关于《左传》的史料价值与文学价值，下文再提。

二、《左传》的作者和成书

两汉时见过秦火以前幸存下来的孔壁藏书《左氏春秋》简牍的人，如司马迁、刘向、刘歆、班固等，均众口一词地称其作者是"鲁君子左丘明"或"鲁太史左丘明"。还有些西汉时曾接触过《左氏春秋》民间藏本的人，如《汉书·儒林传》提到张苍、贾谊、张敞、刘公子等人"皆修《春秋左氏传》（当作《左氏春秋》）"；还提到"赵人贯公，为河间献王《左氏春秋》博士"；"清河张禹……数为（萧）望之言《左氏》"；"尹更始传子咸及翟方进、胡常"，等等。这些人都修习、传授《左氏春秋》，他们当然见不到藏在秘府"伏而未发"的版本，接触的只是民间藏本。但值得注意的是，翟方进、尹咸曾与刘歆一起研讨过《左氏春秋》，双方并无任何扞格窒碍，可见孔壁藏书的《左氏春秋》和民间藏本的《左氏春秋》是完全一致的。因而这些人在《左氏春秋》作者问题上与司马迁、刘歆、班固是只有共识，没有异议的。

事实上《左氏春秋》出于左丘明，左丘明为鲁太史之说，最早都是孔门后人传出来的。西汉宣帝时任《公羊传》博士的严彭祖（原姓庄，《汉书》避东汉明帝讳改为严）在《严氏春秋》里引了《孔子家语·观周》篇里的一段话说："孔子将修《春秋》，与左丘明乘如周，观书于周史。归而修《春秋》之经，丘明为之传，共为表里。"

《孔子家语》《汉书·艺文志》虽有著录，但不记撰人，仅云二十七卷。似班固未见其书，仅据刘向《别录》、刘歆《七略》以录之者。其书盖已亡于两汉之间之战火中。三国魏王肃得以作伪《孔子家语》者，也可证真书之久佚了。而今《严氏春秋》亦已早亡，所引片言，赖孔颖达《春秋左传正义》疏杜预《春秋序》转引自沈氏而得以保存。杨伯峻《春秋左传注·前言》说："严彭祖要早于司马迁。"按"彭祖为宣帝博士"，见于《汉书·儒林传》，杨先生偶疏于检核。但严氏所引《孔子家语》当早于司马迁。而司马迁撰《孔子世家》，撰《十二诸侯年表·序》，于《观周》篇皆无所取，是不以孔门后人之说皆为是；班固从之。《论语·公冶长》曾提到左丘明："子曰：巧言令色足恭，左丘明耻之，丘亦耻之。匿怨而友其人，左丘明耻之，丘亦耻之。"何晏《集解》引孔安国（《论语训解》）曰："左丘明，鲁太史。"司马迁用《论语》原文之意称左丘明为"鲁君子"，兼参孔安国说而叙左丘明之行事。而班固则径取孔安国语，称左丘明为"鲁太史"。

后之学者，对《左传》研读愈精，遂于《左传》之作者是否为左丘明多有歧疑。《左传》号称写鲁十二公自隐公元年（前722）至哀公二十七年（前468）二百五十五年间史事，但末又附"悼之四年"（前464）一节，而以晋三家灭知伯结尾，事在前453年。"悼"者，鲁悼公宁，在位三十七年，卒而谥，在前431年。文中且称赵无恤为襄子。无恤卒，谥襄，在前425年。若左丘明与孔子年在伯仲之间，至此已一百二三十岁，超出常人情理范围之外。更有多位学者指出，《左传》好通过占卜、占筮、占梦、占星或借智者独到的观察分析故神其词，而作种种预言；若对《左传》中超出纪年范围的长期预言加以解析，可以从其应验与否中测知作者亲历亲见过哪一桩历史事件，或未及闻见哪一桩历史事件。从而以《左传》自身提供的事例着手，来推断其记事的下限。如杨伯峻据庄公二十二年传懿氏卜妻敬仲，其妻占之，有"有妫之后，将育于姜。五世其昌，并于正卿。八世之后，莫之与京"等语。推断《左传》作者必已见田敬仲之五世孙田桓子"事齐庄公，甚有宠"，六世孙田釐子"为相，专齐政"，七世孙田成子"杀简公""立平公"，"封邑大于平公之所食"，八世孙田襄子"使其兄弟宗人尽为齐都邑大夫"，"且以有齐国"的种种事实，但未及见十世孙太公和代齐姜而为侯（以上引文皆见《史记·田敬仲完世家》），否则占辞还当添上"十世之后，为侯代姜"之句了（《春秋左传注·前言》）。多数学者研究的结果，《左传》的成书不能早于公元前4世纪，照这个结论来计算，此书必非左丘明所能最后定稿的。于是，《左传》的作者问题，便扑朔迷离、众说纷纭起来。综古今之说而述之，不出两大类十五种较主要之说，今举其有代表性者于后：

第一大类:《左传》作者为左丘明。

一、传统的说法仍以司马迁为代表:孔子"西观周室,论史记旧闻,兴于鲁而次《春秋》,上记隐(鲁隐公),下至哀(鲁哀公)之获麟,约其辞文,去其烦重,以制义法,王道备,人事浃。七十子之徒口受其传指,为有所刺讥褒讳挹损之文辞不可以书见也。鲁君子左丘明惧弟子人人异端,各安其意,失其真,故因孔子史记具论其语,成《左氏春秋》"(《十二诸侯年表序》)。

二、与司马迁大同而小异的是班固,他不提孔子为修《春秋》而西观周室,只说"鲁,周公之国,礼文备物,史官有法"。故孔子得"与左丘明观其史记(鲁国自己拥有的列国史料)",作《春秋》,"有所褒讳、贬损,不可书见,口授弟子。弟子退而异言。丘明恐弟子各安其意以失其真,故论本事而作《传》,明夫子不以空言说《经》也"(《汉书·艺文志》)。

三、班固之父班彪认为"诸侯国自有史,故《孟子》曰'楚之《梼杌》,晋之《乘》,鲁之《春秋》,其事一也'。定(鲁定公)、哀(鲁哀公)之间,鲁君子左丘明论集其文,作《左氏传》三十篇"(《后汉书·班彪传》)。

以上三说,对《左传》结尾"悼之四年"一节皆避而不谈,也不涉及预言是否应验之类的问题,是对《左传》作者与成书最原始而朴素的认识与描述,但难以解答后代的诘难。

四、刘歆在随父刘向校理皇家书库时,"见古文《春秋左氏传》,歆大好之。时丞相史尹咸以能治《左氏》,与歆共校经传。歆略从咸及丞相翟方进受,质问大义。……歆以为左丘明好恶与圣人同,亲见夫子,而公羊、穀梁在七十子后,传闻之与亲见之,其详略不同。"(《汉书·楚元王传·附刘歆传》)刘向《别录》叙《左氏春秋》传授源流:"左丘明授曾申。申授吴起。起授其子期。期授楚人铎椒。铎椒作《抄撮》八卷,授虞卿。虞卿作《抄撮》九卷,授荀卿。荀卿授张苍。"(孔颖达《春秋左传正义·杜预〈春秋序〉疏》引)父子二人均肯定左丘明为《左传》作者,存在问题与上三说同。

五、唐人刘知几说:"(左)丘明之《传》,……传孔子教,故能成不刊之书,著将来之法。""其时于鲁,文籍最备,丘明既躬为太史,博总群书,至如《梼杌》《纪年》之流,《郑书》《晋志》之类,凡此诸籍,莫不毕睹。其《传》广包他国,每事皆详。""夫以同圣之才,而膺授经之托,加以达者七十,弟子三千,远自四方,同在一国。于是上询夫子,下访其徒,凡所采摭,实广闻见。"(《史通·外篇·申左》)刘氏此说,对《左传》作者及成书时史料来源,提出自己的见解。但对左丘明的有生之年,能否完成

《左传》所叙史事的下限,则未加讨论。

六、清姚鼐承认左丘明曾作《左传》,但同时认为"《左氏》之书,非出一人所成","盖后人屡有附益","余考其书,于魏氏事造饰尤甚,窃以为吴起为之者盖尤多"(《左传补注序》)。此说能缓解左丘明之年龄与《左传》叙事下限的矛盾。但姚氏自己也承认,哪些是"丘明说经之旧",哪些是"后所益者",他也说不清楚。

第二大类:《左传》非左丘明所作。

一、唐人啖助认为《左传》之作者乃"左氏","左氏"并非左丘明。"《论语》孔子所引率前世人,老彭、伯夷等类,非同时。而言'左丘明耻之,丘亦耻之'者,盖如史佚、迟任者。"他认为《左传》"盖'左氏'集诸国史以释《春秋》,后人谓'左氏'便傅著丘明,非也",他还认为"其书乃出于孔氏门人"(《新唐书·儒学传·啖助传》)。清人刘逢禄完全同意啖助的说法,还补充说:"'左氏'为战国时人,故其书终'三家分晋',而续经(指《春秋·哀公十四年》'春,西狩获麟'以下和十五年以迄十六年'夏四月己丑,孔丘卒'为止的经文)乃刘歆妄作。"(《左氏春秋考证》)这些说法皆无确证,其可靠性实比左丘明作《左传》更差。

二、宋人朱熹在答学生问时多次发表对《左传》的看法:"或云,左氏是楚左史倚相之后,故载楚史较详。……丘明,如圣人所称,煞是正直底人。如《左传》之文,自有纵横意思。……或云,左丘明,左丘其姓也;《左传》自是左姓人作。又如秦始有腊祭,而《左氏》谓'虞不腊矣'!是秦时文字分明。"(《朱子语类》卷八十三,叶贺孙录)"林黄中谓《左传》'君子曰'是刘歆之辞。"(同上)"《左传》是后来人做。为见陈氏有齐,所以言'八世之后,莫之与京';见三家分晋,所以言'公侯子孙,必复其始'。"(同上,黄㽦录)"子升问:'《左传》如载卜妻敬仲与季氏生之类,是如何?'(曰:)'看此等处,便见得是六卿分晋、田氏篡齐以后之书。'又问:'此还是当时特故撰出此等语言否?'(曰:)'有此理。其间做得成者,如斩蛇之事;做不成者,如丹书、狐鸣之事。'"(同上,卷一百二十二)

三、吕大圭说:"左氏者,意其世为史官,与圣人同时者丘明也。其后为《春秋》作传者,丘明之子孙或其门弟子也。"(《春秋五论·论五》)

四、康有为推崇《公羊传》,贬低《左传》,借口"西汉以前未有左丘明纂《春秋》(指《左传》)之说"(《康南海先生讲学记》),无端诬称《左传》乃刘歆窜易《国语》所伪造(见《新学伪经考》)。其说过于轻率武断,未可比附阎若璩、惠栋之辨证伪《古文尚书》。

五、钱穆提出"《左氏传》出吴起不出左丘明"之说:"余考诸《韩非》书:'吴起,卫左氏中人也。'然则,所谓《左氏春秋》者,岂即以吴起为左氏人故称,而后人因误以为左姓者也?""《说苑》:'魏武侯问元年于吴子。'此亦吴起传《春秋》之证。"(《先秦诸子系年·吴起传〈左氏春秋〉考》)章太炎也有同样看法:"《左氏春秋》者,固以左公(丘明)名,或亦因吴起传其学,故名曰《左氏春秋》。"(《春秋左传读》)

六、徐中舒认为:"左丘明的年辈约与孔子同时,他是当时最有修养的瞽史。""《左传》就是出于瞽史左丘明的传诵;《左传》写定于六国称王以前。"(《〈左传〉的作者及其成书年代》,下引同)因此左丘明不可能是定稿之人。《左传·襄公二十九年》有"郑其先亡"的预言,昭公四年又有"郑先卫亡"的预言,"郑亡于公元前375年,郑亡是验词,因此《左传》成书就不能早于此年。""《左传》作者……只看见魏国的强大,却没有看见魏国的削弱",而魏之削弱是从"与赵盟漳水上,归赵邯郸"开始的,"赵魏盟漳水上在公元前351年,因此《左传》成书也不能晚于此年"。"子夏居西河为魏文侯师,当是晚年时事。相传子夏老寿,晚年丧明。假定当时子夏年七十,即公元前437年,下距《左传》成书年代的上限为七十二年,因此,《左传》作者可能就是子夏一再传的弟子。"

七、杨伯峻认为"《左传》作者不是左丘明","《左传》成书在公元前403年魏斯为侯之后,周安王十三年(前386)以前。离鲁哀公末年约六十多年到八十年。""《左传》作者……是儒家别派。《韩非子·显学》篇说:'故孔、墨之后,儒分为八,墨离为三。'孔丘不讲'怪、力、乱、神',《左传》作者至少没有排斥'怪、力、乱、神',所以我认为是儒家别派。"(《春秋左传注·前言》)

八、杨宽认为,《左传》"大概是战国初期魏国一些学者,根据春秋时代各国史官记载,加以整理编辑而成"(《战国史》)。

上面列举了对《左传》的作者与成书两大类十五种十七家不同的看法,可以概括未提及的其余各家之见了。其中值得重视的,除司马迁、班固两家外,还有刘知几、姚鼐、徐中舒等人的看法。

要鉴别这些看法的可靠性和评估其价值之大小,还有必要明确一个问题和弄清一个问题。

要明确的是,从《左传》本身叙述事件的立场、角度和口吻来看,《左传》的作者必定是一个鲁国人,或者说,是一个鲁国的史官。因为他从头到尾的记事,把外内、人我都分得很清楚。可证者有六点:一、凡叙及鲁国与别国间有事时,都用"我"代表鲁国。从最早的《经》前之《传》"(宋)仲子生而有文在其手,曰为鲁夫人,故仲子归于我"开始,到末期的《左传·哀公十一年》"齐为鄎故,国书、高无邳帅师伐我",皆是。中间例多不尽举。其他国家只有在其大夫对话中才用"我"字代表其国。如《左传·哀公十一年》伍子胥谏吴王曰:"越在我,心腹之疾也,壤地同,而有欲于我。"二"我"皆指代吴国。二、凡王室大夫或他国君臣到鲁国,皆称"来"。如:《左传·隐公元年》"秋七月,天王使宰咺来,归惠公、仲子之赗";"冬十月庚申,改葬惠公,……卫侯来会葬";"十二月,祭伯来"。《左传·桓公十年》:"冬,齐、卫、郑来战于郎,我有辞也。""来"与"我"并用。哀公二十四年《传》:"晋侯将伐齐,使来乞师。"《左传·哀公二十七年》:"越子使舌庸来聘。"其余例多不尽举。三、《左传》记鲁之诸君皆称"公",不与其他诸侯国君如"齐侯""宋公""郑伯"之称皆冠以国名者同。例多不举。(其他国君也有径称"公"的,一是宋依爵称公,如《左传·哀公十四年》:"宋桓魋之宠害于公,公使夫人骤请享焉,而将讨之。"二"公"皆指宋景公。二是《左传》作者为简省行文,偶亦于叙别国之事文中用"公"指代该国国君,但仅为偶例,并非通例。如《左传·闵公元年》:"仲孙(齐仲孙湫)归,……公曰:'若之何而去之?'对曰:'难不已,将自毙,君其待之。'公曰:'鲁可取乎?'对曰:'不可。……'"二"公"皆指齐桓公。《左传·僖公四年》:"大子祭于曲沃,归胙于公。公田,姬置诸宫六日。公至,毒而献之。公祭之地,地坟。……大子奔新城,公杀其傅杜原款。"五"公"字皆指晋献公。这种情况,也有可能前一例是径采自齐之国史、后一例是径采自晋之国史,因用其原文而造成的。如《国语·晋语二》的记载与后一例在文字上就基本相同。)四、记录鲁师有军事行动时,均不冠以"鲁"。如《左传·僖公十七年》:"师灭项。"即谓鲁师灭项。也可称"我师",如《左传·庄公九年》:"秋,师及齐师战于干时,我师败绩。"上句只说"师",下句用"我师"。五、《左传》记春秋始纪年以前的历史事件时,不采用周王纪年及事件发生国纪年,而采用鲁纪年。如《左传·桓公二年》记述晋曲沃之乱,就用了鲁惠公(隐公、桓公之父)的纪年:"惠之二十四年,晋始乱,故封桓叔于曲沃。""惠之三十年,晋潘父弑昭侯而纳桓叔,不克。晋人立孝侯。惠之四十五年,曲沃庄伯伐翼,杀孝侯……"六、记他国诸侯死皆称"卒",鲁侯死独称"薨"。如《左传·僖公十七年》:"冬十月乙亥,齐桓公卒。"《左传·桓公十八年》:"夏四月丙子,享公,使公子彭生乘公,公薨于车。"他国诸侯称薨,仅见于他国人之口中。如《左传·庄公四年》(楚武王夫人)邓曼曰:"王禄尽矣。……若师徒无亏,王薨于行,国之福也。"下文即云:"王遂行,卒于樠木之下。"根据以上六点,可以确定《左传》的作者是鲁人,可能是"鲁君子",也可能是"鲁太史"。有了这一点认识,前面的各种说法,便可经过筛滤淘汰掉一些。

　　要弄清的一个问题是:左丘明即令是《左传》的第一著作权人,但从今本《左传》的叙事下限看,他的确不可能是《左传》的最后定稿人。就像《史记》有人续修少部分文字一样,今本《左传》也完全可能存在后人续补的小部分内容。所以姚鼐的见解并非偏执己见,还是实事求是的。现在须要弄清的是,哪些内容是原本所无而为后人补充进去的呢? 一、"悼之四年"一节,字数虽不多,年限却要拖后四十三年。而这四十三年,正是左丘明虽享高寿也无法达到的。若定下"悼之四年"乃后人为据《左传·哀公二十七年》陈成子怒责"知伯其能久乎"之语而补以足成其意之文,就能减少论定《左传》作者的很多麻烦,则何乐而不证成之呢! 二、据《晋书·武帝纪》,咸宁五年(279)十月,汲郡发生了一起盗掘古墓案,被盗发的是战国魏襄王墓,"得竹简小篆古书十余万言,藏于秘府"。次年(太康元年,280),刚刚撰毕《春秋左氏经传集解》的镇南大将军杜预,听说汲郡出土竹书之事,虽已晚了一年,他还是兴致勃勃赶到洛阳秘府,亲眼目睹了秦火以后弥足珍贵的先秦古籍。他是研究《左传》的专家,特别关注与《春秋左传》有关的《纪年》和《师春》两部书。他在《春秋左氏经传集解·后序》中说:"(《纪年》)所记,多与《左传》符同,异于《公羊》《穀梁》",而《师春》则"纯集疏《左氏传》卜筮传,上下次第及其文义皆与《左传》同","师春似是抄集人名也"。又次年(太康二年,281),时任著作郎的束晳被委派参与对竹书"校缀次第,寻考指归,而以今文写之"的任务,他也说:《师春》一篇,书《左传》诸卜筮。师春似是造书者姓名也。"(《晋书·束晳传》)当时那批竹简,由于保存不善,早已化为尘泥,无论《纪年》还是《师春》,也皆已亡佚。后代的人,都受杜预所言影响,深认《师春》一篇乃抄集《左传》卜筮诸事。但今人也有对此事进行逆向思维者,如聂石樵提出:"史传记载是《师春》抄自《左传》。我们也可以从相反的角度理解,即《左传》抄自《师春》,果然如此,则魏国提供《左传》编写之资料可能更多。"(《先秦两汉文学史稿·先秦卷》)此说若能成立,其意义就远不止于探讨魏国有哪些史料进入了《左传》,而在于困扰了《左传》研究者千余年的《左传》作者是否为左丘明的问题,可以迎刃而解了。既然那些卜筮与预言并非《左传》原本所有,而只是后人从魏国记春秋卜筮之专书《师春》中按编年逐段插入《左传》者,那么,那些卜筮与预言是否应验,与左丘明活多少岁就没有关系了。与孔子年辈相近的鲁国太史左丘明,能比死于七十三岁的孔子多活十一年,应该不算难以置信的奇迹。这样,《左传》的著作权问题基本可以算解决了。只要把如何续补、定稿、最后成书的过程做出更合理的解释就可以了。

三、《左传》的史料价值和文学成就

东汉桓谭著《新论》二十九篇,其文见引于北宋时编成的《太平御览》,南宋初郑樵《通志·艺文略四·儒术》尚有《桓子新论》十七卷之目,但元初修《宋史》,《艺文志》中已不加著录,可断此书亡佚于元灭南宋之际。其论《春秋》与《左传》关系的比喻,却屡被后世征引,令人难以忘却:"《左氏传》于《经》,犹衣之表里,相持而成。《经》而无《传》,使圣人闭门思之,十年不能知也。"晚于桓谭(约前20—56)一至二辈的王充(27—约97),对桓谭的务实精神极为推崇,称"众事不失实,凡论不坏乱,则桓谭之《论》不起"(《论衡·对作》);"质定世事,论说世疑,桓君山(桓谭之字)莫上也。……《新论》之义,与《春秋》会一也。"(同上《案书》)王充认为,《春秋》三《传》,"各门异户,独《左氏传》为近得实",且一再说:"《左氏》得实,明矣。"称其为"世儒之实书"(同上)。王充所谓的"得实",就是《左传》以实录的方式,记载、保存了大量的历史事实。从中我们不仅可以看到整个春秋时期从王室衰微到公室卑弱政权逐步下移的过程,和列国间的强弱兼并、霸权更迭,井田制的渐趋瓦解,宗法制的遭到破坏,分封制的对立面谷禄制、县郡制的出现,礼制、官制、刑制、税制、赋制、兵制、学制、婚制等的时代特征与变化,农业、手工业、商业的发展情况,华夏族与戎、狄、蛮、夷的斗争和融合,以及思想文化领域先进与落后、革新与保守的矛盾和对立,总之,整个春秋时期的历史风貌;还为我们保存了大量上古、夏、商、先周、西周的片断史迹和稀有信息,有的虽只是一两句话,却有巨大的史证价值。包括王充明显不以为然而持批评态度的一小部分"言多怪,颇与孔子'不语怪力'相违反"(同前引)的内容,如可能是后人从《师春》中采摘羼入的卜筮预言之类,也具有对当时社会风尚习俗某些侧面的认识作用。从这个角度看,《左传》确实是一个史料的宝库。

《史通·外篇·申左》为我们举了一个《春秋》经若是无《左传》,圣人闭门而思,十年不能知的例子。《春秋·昭公元年》云:"冬十有一月己酉,楚子麇卒。"《公羊传》和《穀梁传》都只照述经文,无一字之解释。只有《左传》说了事情的经过:"冬,楚公子围将聘于郑,……未出竟,闻王有疾而还。……十一月己酉,公子围至,入问王疾,缢而弑之,遂杀其二子幕及平夏。"如果没有《左传》,只读《公》《穀》,谁能知道楚子麇是怎么死的呢?《四库全书总目提要》卷二十七《春秋左传》提要也说:"(《经》文)'郑伯克段于鄢'……苟无《传》文,虽有穷理格物之儒,殚毕生之力,据《经》文而沉思之,亦不能知(段)为武姜子、庄公弟也。"

《史通·内篇·载言》说:"古者言为《尚书》,事为《春秋》,左右二史,分尸其职。……逮《左传》为书,不遵古法,言之与事,同在《传》中。然而言事相兼,烦省合理,故使读者寻绎不倦,览讽忘疲。"同书《六家》评《左传》云:"其言简而要,其事详而博。信圣人之羽翮,而述者之冠冕也。"(后两句袭用《文心雕龙·史传》成文而小改一二字。)同书《叙事》极言《左传》用语之"隐晦"(相当于今所言之"含蓄"):"斯皆言近而旨远,辞浅而义深,虽发语已殚,而含义未尽。使夫读者望表而知里,扪毛而辨骨,睹一事于句中,反三隅于字外。晦之时义,不亦大哉!"同书《外篇·申左》强调《左传》在采用当时国史时能着意在语言上加工润色,使历史散文增加文学色彩:"寻《左氏》载诸大夫词令、行人应答,其文典而美,其语博而奥,述远古则委曲如存,征近代则循环可覆。必料其功用厚薄,指意深浅,谅非经营草创,出自一时,琢磨润色,独成一乎。……如二《传》者(指《公》《穀》),记言载事,失彼菁华;寻源讨本,取诸胸臆。夫自我作故,无所准绳,故理甚迂僻,言多鄙野,比诸《左氏》,不可同年。"综上所引,刘知几可谓知《左传》了。在他眼中,《左传》于我国历史散文体裁的形成和发展中具有开创性的功绩,它在"《尚书》记言,《春秋》记事"的基础上,创造了一种新的体裁,是一部具有较高文学成就、语言简练含蓄、记事记言并重、史料比较详备的实录性编年史。

与《史通》遥相呼应,清刘熙载《艺概》对《左传》的叙事艺术也推崇备至。以下评述节录自卷一《文概》:

一、《春秋》文见于此,起义于彼。左氏窥此秘,故其文虚实互藏,两在不测。

二、微而显,志而晦,婉而成章,尽而不污,惩恶而劝善:《左氏》释经有此五体,其实《左氏》叙事,亦处处皆本此意。

三、《左氏》叙事,纷者整之,孤者辅之,板者活之,直者婉之,俗者雅之,枯者腴之:剪裁运化之方,斯为大备。

四、文得元气便厚,《左氏》虽说衰世事,却尚有许多元气在。

五、萧颖士《与韦述书》云……"于《左氏》取其文","文"字要善认,当知孤质非文,浮艳亦非文也。

六、《左传》善用密,《国策》善用疏。《国策》之章法笔法奇矣,若论字句之精严,则左公允推独步。

七、左氏与史迁同一多爱,故于《六经》之旨均不无出入。若论不动声色,则左于马加一等矣。

《左传》对后世散文、特别是历史散文的发展,影响深远,刘勰所谓"辞宗丘明"(《文心雕龙·史传》)。一般认为,《史记》和《汉书》从文章的角度看,是《左传》以后的佼佼者。然而"迁、固通矣,而历诋后世"。(同上)范文澜注:"迁、固皆良史,而后世尚诋诃之;……韩愈不敢撰史,盖深有见于其难也。"《史通·内篇·模拟》:"盖《左氏》为书,叙事之最。自晋已降,景慕者多,有类效颦,弥益其丑。"同书《叙事》:"夫国史之美者,以叙事为工,而叙事之工者,以简要为主。……文约而事丰,此述作之尤美者也。"《左传》之文,最为简洁凝炼。小者如《齐桓公侵蔡伐楚》一文中写蔡姬乘舟荡桓公,只是一则花絮性小插曲,而为齐桓公利用来做成了逼迫楚国签下召陵之盟的大文章:

> 齐侯与蔡姬乘舟于囿,荡公。公惧,变色。禁之,不可。公怒,归之,未之绝也。蔡人嫁之。

全段十句,而有七句仅以二字为句,每一句一层意思跳跃。只用三十一字,即刻画了两个人物喜、惧、怒、悲的情绪转变,情节递进,且为下文设下线索,确实是笔力非凡。大者如《晋楚城濮之战》,涉及周王室及晋、楚、齐、秦、卫、曹、宋、陈、蔡、郑十国,双方兵众不计,登场有名有姓之人物即有二十五人,其中晋文公之谨慎,楚成王之沉稳,子玉之骄躁,子犯之忠勇,先轸之智谋,狐毛、郤溱、胥臣之诈巧,皆有生动描写。场面宏大,过程错综,而文章开阖自如,张弛有度,收尾结于一战而霸,而犹有余波起伏,非大手笔不能为。清人冯李骅《左绣·读〈左〉卮言》说得好:"左氏叙事、述言、论断,色色精绝,固不待言,乃其妙尤在无字句处,凡声情意态,缓者缓之,急者急之,喜怒曲直莫不毕肖,笔有化工。若只向字句临摹,便都不见得。"

据有人统计,《左传》全书共写了四千余个人物,这个数字可能有些水分。因为春秋时人物称谓,氏、名、字、谥、爵、邑、排行错用,一人多称极为常见。"如赵衰,一名子余,一名赵成子,一名成季,一名孟子余,一名原大夫"(金毓黻《文心雕龙史传篇疏证》),因而刘勰说《左传》"于文为约,而氏族难明",是很恰当的批评。但纵使写的不到四千人,其中言语、个性有些特点的人物,恐也有数百人。有些人物,为编年体所限,却前后反复出现,若缀而连之,便成迁、固之传。作为编年体春秋史,《左传》以其翔实生动的叙事写人,实际上已为后世的纪传体和记事本末体的建立,提供了极为可贵的参照。

最后,节录梁启超《要籍解题及其读法》中关于《左传》的几点看法为本书的《导读》作结:

> 平心而论,历史间杂神话,良为古代任何民族之所不能免,《左传》在许多

中外古史中,比较的已算简洁。所记之事,经作者剪裁润色,带几分文学的色彩者,固所在而有,然大部分盖本诸当时史官之实录。

　　《左传》文章优美,其记事文对于极复杂之事项,如五大战役等,纲领提挈得极严谨而分明,情节叙得极委曲而简洁,可谓极技术之能事。其记言文渊懿美茂,而生气勃勃,后此亦殆未有其比。又其文虽时代甚古,然无诘曲聱牙之病,颇易习诵。

可谓在刘知几、刘熙载之后,又一对《左传》切中肯綮的赞誉。

讲读

一、 郑伯克段于鄢

初，郑武公娶于申①，曰武姜②，生庄公及共叔段③。庄公寤生④，惊姜氏，故名曰寤生，遂恶之⑤。爱共叔段，欲立之。亟请于武公⑥，公弗许。及庄公即位，为之请制⑦。公曰："制，岩邑也⑧，虢叔死焉⑨。佗邑唯命⑩。"请京⑪，使居之⑫，谓之京城大叔⑬。

祭仲曰⑭："都，城过百雉⑮，国之害也。先王之制：大都，不过参国之一⑯；中，五之一；小，九之一。今京不度⑰，非制也⑱，君将不堪⑲。"公曰："姜氏欲之，焉辟害⑳？"对曰："姜氏何厌之有㉑？不如早为之所㉒，无使滋蔓，蔓，难图也㉓。蔓草犹不可除，况君之宠弟乎？"公曰："多行不义，必自毙㉔，子姑待之㉕。"

既而大叔命西鄙、北鄙贰于己㉖。公子吕曰㉗："国不堪贰，君将若之何㉘？欲与大叔，臣请事之㉙；若弗与，则请除之，无生民心㉚。"公曰："无庸㉛，将自及㉜。"大叔又收贰以为己邑㉝，至于廪延㉞。子封曰："可矣，厚将得众㉟。"公曰："不义，不昵㊱，厚将崩㊲。"

大叔完、聚㊳，缮甲、兵㊴，具卒、乘㊵，将袭郑㊶，夫人将启之㊷。公闻其期，曰："可矣。"命子封帅车二百乘以伐京㊸。京叛大叔段，段入于鄢㊹。公伐诸鄢。五月辛丑㊺，大叔出奔共㊻。

书曰"郑伯克段于鄢"㊼，段不弟㊽，故不言弟㊾；如二君㊿，故曰克󰀀；称郑伯󰀁，讥失教也：谓之郑志󰀂。不言出奔，难之也󰀃。

遂寘姜氏于城颍󰀄，而誓之曰："不及黄泉󰀅，无相见也！"既而悔之。

颍考叔为颍谷封人󰀆，闻之，有献于公。公赐之食。食舍肉󰀇。公问之，对曰："小人有母，皆尝小人之食矣，未尝君之羹，请以遗之󰀈。"公曰：

14

"尔有母遗，繄我独无⑩！"颍考叔曰："敢问何谓也⑪？"公语之故，且告之悔。对曰："君何患焉⑫，若阙地及泉⑬，隧而相见⑭，其谁曰不然⑮？"公从之。公入而赋⑯："大隧之中，其乐也融融。"姜出而赋："大隧之外，其乐也泄泄⑰。"遂为母子如初。

【注释】

① 郑武公（？—前744）：《史记·郑世家》记其名掘突，司马贞《史记索隐》则认为太史公误记，因庄公之子厉公名突，祖孙不应同名。在位二十七年。申：姜姓国名，地在今河南南阳。

② 武姜：周代贵族女子的称名，上一字每用父之国名，或夫之国名，或夫之谥号，或己之谥号；下一字用己之姓。"武"为夫之谥，"姜"为己之姓。

③ 庄公（前757—前701）：名寤生，在位四十三年。共（gōng）叔段：名段，字叔，因最后出奔共，故称共叔段。

④ 寤生：寤古同牾，小儿生时脚先出，属难产。

⑤ 恶（wù）：憎恶，嫌恶。

⑥ 亟（qì）：屡次。

⑦ 制：地名，又称虎牢关，在郑国西北部，即在河南荥阳汜水镇西。此句主语武姜省略，下"请京"句同。之，指段。

⑧ 岩：险要。

⑨ 虢叔：东虢国的国君。郑武公灭东虢时虢叔死于制邑。焉，于此。

⑩ 佗（旧音 tuō）：同"他"。唯命："唯命是从"之略。

⑪ 京：郑都邑名，在今河南荥阳东南。

⑫ 之：指京邑。"使"后兼语"段"省略。

⑬ 大（tài）叔：表示在庄公的弟弟中排行最前。大同太。

⑭ 祭（zhài）仲：郑国的卿，执政大臣，姬姓，名足，以排行仲（老二）为字，周公旦之后裔，食邑于祭（今河南中牟县之祭亭）。

⑮ 都：都邑。城：城墙。雉：古代计算城墙面积的单位，长三丈、高一丈称为一雉。

⑯ 参（sān）：同三。国：国都。参国之一，指国都城墙的三分之一。下"五之一""九之一"同例。

⑰ 不度：不合法度。

⑱ 非制：违反"先王之制"。

⑲ 不堪:不能忍受,不能容忍。

⑳ 焉:怎么(能)。辟(bì):同避。

㉑ 厌:同餍,满足。

㉒ 之:代词,指段。所:地方,此处用作动词,谓安排一个地方。

㉓ 图:图谋,设法对付。

㉔ 毙:倒下,喻失败。

㉕ 子:对谈话对方的尊称。姑:姑且。

㉖ 既而:不久以后。鄙:边邑。贰:两属;既归国家管,也归京邑管。

㉗ 公子吕:郑国大夫,杜预以为与后文的"子封"为同一人。则名吕,字子封。姬姓,当是武公之庶子。

㉘ 若之何:把他(段)怎么办。

㉙ 事:侍奉,服事。之:指段。

㉚ 生:活,活动。生民心,指动摇民心、扰乱民心。

㉛ 庸:同用。无庸,即用不着。

㉜ 及:"及于祸害"的略语。《左传》用语多此类例。

㉝ 贰:指原来两属的西部边邑和北部边邑。

㉞ 廪延:地在今河南延津北偏东处。按廪延当时在河水以南,隔河与卫国相望;后因黄河改道,今之延津在黄河以北。

㉟ 厚:以物之厚度引申指地域之广度,谓段地盘大了。

㊱ 不暱:没有凝聚力。暱,亲附。

㊲ 崩:垮台。

㊳ 完:加固城墙。聚:积聚粮草。

㊴ 缮:修整。甲兵:甲胄兵器。

㊵ 具:备齐。卒乘(shèng):士卒和战车。

㊶ 袭:不宣而战,偷袭。郑:国都新郑。

㊷ 夫人:武姜。启:开(城门),作内应。

㊸ 帅:率领。乘:一车四马为一乘,一辆战车配备三至十名披甲战士和十至数十名徒卒不等。

㊹ 鄢:后来也称为鄢陵,郑国地名。本为妘姓小国,郑武公灭之置邑,在今河南鄢陵北偏西。

㊺ 五月辛丑:据《春秋长历》,鲁隐公元年五月辛丑为二十三日。

㊻ 共(gōng):春秋初期尚存的一个小国,地在今河南辉县。段奔至共国后不久,地为

卫所并。《左传·闵公二年(前660)》提到"共"时,已为被狄人所侵的卫邑。

㊼ 书:书写,指《春秋》书写。

㊽ 不弟:不像做弟弟的样子,对兄长不敬、不顺从。

㊾ 不言弟:《春秋》记诸侯之同母弟有什么事,例都注明"弟",如隐公七年记:"齐侯使其弟年来聘。"用"弟年"而不用"公子年"。桓公十四年:"郑伯(厉公)使其弟语来盟。"《左传》则记为"郑子人来寻盟","子人"是"语"的字。昭公元年记:"秦伯之弟鍼出奔晋。"定公十年记:"宋公之弟辰暨仲陀、石彄出奔陈。",等等。只有"郑伯克段于鄢"不言弟,《左传》作者认为是因为"段不弟",所以孔子才不书"弟"的。

㊿ 如二君:郑庄公和段不仅是兄弟关系,还是君臣关系。但段不但"不弟",还"不臣",占领了郑国西部和北部的大片土地,与庄公对峙,所以说"如二君"。但"国无二君","如二君"也只是"如"而已,并非真是"二君"。

(51) 故曰克:"胜之"曰克。《春秋》记二国交战一方胜另一方通常用"败"字,如庄公十年记"荆(楚)败蔡师于莘"。使用"克"字,全部《春秋》仅"郑伯克段于鄢"一例。

(52) 称郑伯:指点明郑伯。《春秋》记诸侯行事,有时仅书国名,如昭公五年记:"楚杀其大夫屈申。""楚"实指楚灵王。哀公二年记:"蔡杀其大夫公子驷。""蔡"实为蔡昭公。有时写国名加"人"字,如庄公二十二年记:"陈人杀其公子御寇。""陈人"实为陈宣公。僖公三十三年记:"晋人及姜戎败秦师于殽。""晋人"实为晋襄公。"郑伯克段于鄢"写明"郑伯",是包含有讥其失教之意。

(53) 郑志:郑庄公的意志。是说上面书"段"而不言弟、使用"克"这个词等,实际上也都是表达了郑庄公的心意。

(54) 不言出奔,难之也:是说《春秋》未记段出奔共这件事,是下笔时有难处。春秋时各国国内矛盾不可调和时多有出奔之事,《春秋》所记出奔,《左传》时而加以点评。如《春秋·襄公二十九年》"齐高止出奔北燕",《左传》云:"书曰'出奔',罪高止也。"即罪出奔者。而《春秋·昭公元年》"秦伯之弟鍼出奔晋",《左传》却说:"书曰'秦伯之弟鍼出奔晋',罪秦伯也。"即罪造成出奔的国君。在段出奔共这件事上,段有罪,庄公也不是一点没有罪。所以《春秋》不言出奔,《左传》作者认为是孔子下笔时有难处,因而避开不记。

(55) 寘:同置。城颍:郑国地名,在今河南临颍西北。

(56) 黄泉:人死后葬入地下深处,称黄泉,喻指阴间。《史记集解》引服虔说:"天玄地黄,泉在地中,故言黄泉。"

(57) 颍考叔(?—前712):郑国大夫,以孝闻名。颍谷:在颍水三源之一的右源处,今河南登封西南。封人:诸侯国的守疆长官。

⑱ 舍(shě):放下不吃。

⑲ 遗(wèi):赠予。

⑳ 繄(yī):惟。

㉑ 敢:表示自己冒昧的谦词。

㉒ 患:忧虑。

㉓ 阙(jué):同掘。

㉔ 隧:用作动词,打隧道。

㉕ 其:回指"阙地及泉,隧而相见"这件事;这样做。

㉖ 赋:即兴吟诵。

㉗ 泄泄(yì yì):和乐的样子。古音"泄"与"外"押韵。

【题解】

本篇选自《左传·隐公元年》。鲁隐公元年为公元前722年,当周平王四十九年,郑庄公二十二年。

《春秋》在这一年记了一条:"夏五月,郑伯克段于鄢。"《左传》为了阐述这一历史事件,把笔触倒转到三十九年以前,从郑武公娶夫人武姜开始说起,交代了郑庄公和同母弟共叔段的出生,主要着墨于武公死后庄公即位二十二年之间母子兄弟三人发生的一起勾心斗角、跌宕起伏、流传千古的故事。

郑国在当时是个新建的国家,始封之君桓公,姬姓,名友,为周厉王少子,宣王之弟。周宣王二十二年(前806)封之于郑(今陕西华县东),幽王八年(前774)任之为西周王室司徒。时幽王嬖宠褒姒,政多邪乱,郑桓公预感到局势不稳,大难将至,听从了太史伯的分析劝告,将妻儿家产转移到洛东虢、郐两国间寄存。幽王十一年(前771)犬戎之难,周幽王被杀于骊山之下,郑桓公也未能幸免。

桓公子武公助周平王东迁洛邑有功,得以任东周王室卿士(执政大臣)。他既要为百端待举的王事费心,又要为创业立基的国事操劳。等他辅佐周平王坐稳天子宝座,又依靠东徙的郑人,并以王室卿士身份借用王师,先后灭了与王畿毗邻的东虢国和郐国,取得十邑之土,从"蓬、蒿、藜、藋"(《左传·昭公十六年》)之上建立起一个新的国都,也即新郑,九年多的时间也就过去了。郑武公即位,和周平王即位是在同一年(前770),到武公十年(前761),他才娶了申侯的女儿武姜为妻,也算得上是先立业、后成家的典范了。四年后,第一个男婴出生时,头胎加上难产,使初为人母的武姜受到不小的惊吓和巨大的痛苦,她因此而对这个取名寤生的孩子有一种本能的嫌恶。又过了三年，第二个男婴顺利降临人间，取名段，武姜把全部的溺爱都付给了他，自小娇宠纵容，养成他自私、贪婪、肆意妄为种种坏毛病。武姜用尽各种手段想说动武公立段为储君，把寤生从太子的位置上拉下来，武公都不答应，直到二十七年(前744)武公病故，武姜始终未能如愿。

次年(前743)，寤生以父命即位，是为庄公。郑武公因为成婚迟，去世时两个嫡子年纪偏小，庄公位居诸侯，才只有十四岁；段号称京城大叔，最初也只有十一岁。正常情况下，这本应是知书识礼，明白兄爱弟敬的道理，因而更显手足情深的年龄。可是这兄弟俩却互视对方为政治人生中最大的妨碍物，随着年龄的增长，一个在生母、亲弟不断争权夺利的巨大压力下学会了冷观其变，暗候其败；一个有母亲偏袒、策划、相助，野心勃勃，只待羽翼丰满时机成熟，取兄位而代之。双方不但没有丝毫嫡亲友爱血浓于水之情，反而充满敌意，因政治利益冲突的不可调和，最终不得不诉诸兵戎解决问题。

篇题"郑伯克段于鄢"取自《春秋》记事成句。郑伯，即郑庄公。伯，指郑国的爵位是伯爵。郑伯是生前之称，庄公是死后谥号，用于叙生前事属于追记。春秋时诸侯不论是什么爵位，谥号都通称"公"。举例来说，宋国是公爵，宋公兹甫称宋襄公；齐国为侯爵，齐侯小白称齐桓公；秦国为伯爵，秦伯任好称秦穆公；邾国为子爵，邾子蘧蒢称邾文公等。有时单称"公"，为谥号之略称。"克"是一个多义词，《尔雅·释诂》："胜、肩、戡、刘、杀，克也。"又《释言》："克，能也。"可见古籍中"克"既可训胜，也可训杀。《左传》取前义。《公羊传》《穀梁传》都释"郑伯克段"为郑庄公杀了段，《古本竹书纪年》也记"郑庄公杀公子圣"，与《左传》不同。《左传》据史实记载段在鄢地失守后出奔共，并没有被杀，十年以后，郑庄公还深表遗憾地说："寡人有弟，不能和协，而使糊其口于四方。"(《左传·隐公十一年》)可证把"克段"理解为"杀段"的几种古代典籍是传闻有误的。《史记·郑世家》叙庄公克段事全据《左传》。

【文学史链接】

(一)《诗经》中三首被《诗序》称为"刺庄公"的诗

《诗·郑风》有三首被《诗序》称为"刺庄公"的诗，涉及本篇所记载的这一段历史。录之如次：

1.《将仲子》

《诗序》："《将仲子》，刺庄公也。不胜其母，以害其弟，弟叔失道而公弗制，祭仲谏而公弗听，小不忍以致大乱焉。"

> 将仲子兮，无逾我里，无折我树杞。
> 岂敢爱之？ 畏我父母。
> 仲可怀也，父母之言，亦可畏也。

> 将仲子兮，无逾我墙，无折我树桑。
> 岂敢爱之？ 畏我诸兄。
> 仲可怀也，诸兄之言，亦可畏也。

> 将仲子兮，无逾我园，无折我树檀。
> 岂敢爱之？ 畏人之多言。
> 仲可怀也，人之多言，亦可畏也。

《诗序》据东汉末年的郑玄说，是子夏、毛公所作，后人遂奉为经典。但《后汉书·儒林传》明书卫宏（东汉初年人）"作《诗序》"，所以宋代以来多有学者怀疑郑玄之说为非，从而为释《诗》打破了《诗序》的禁锢。

毛传："将，请也。仲子，祭仲也。"可见用《左传》来解读这首诗，的确从西汉初年就如此了。"岂敢爱之"的"之"，郑玄笺解释为"段"："段将为害，我岂敢爱之而不诛与？ 以父母之故，故不为也。"把诗中的"我"说成是庄公，又把"爱"的对象和"怀"的对象（仲子）割裂为二。硬从一首爱情诗中找出政治的背景和历史的主题，不能不说是很牵强、很穿凿附会的了。

宋代朱熹的《诗集传》把"仲子"解释为"男子之字"，而"我"则是"女子自我也"，比较接近了这首诗的本来面目。但他又引"莆田郑氏曰：此淫奔者之辞"，则说明了他道学家的立场。

今人高亨《诗经今注》说："这是一首恋歌，写一个女子劝告她的恋人不要夜里跳墙来和她相会，怕她的父母和哥哥们会指责她，也怕旁人会议论她。"程俊英《诗经译注》说："这是一首女子拒绝情人的诗。她拒绝情人的原因，是怕家庭反对、舆论指责，可是她内心是极爱他的。这种爱和礼教的矛盾，使她痛苦不安，不得不向情人叮嘱，请他不要再来。诗歌透露了当时婚姻不自由的社会现象。"

2. 《叔于田》

《诗序》："《叔于田》，刺庄公也。叔处于京，缮甲治兵，以出于田，国人说（悦）而归之。"

叔于田,巷无居人。

岂无居人,不如叔也,洵美且仁。

叔于狩,巷无饮酒。

岂无饮酒,不如叔也,洵美且好。

叔适野,巷无服马。

岂无服马,不如叔也,洵美且武。

毛传:"叔,大叔段也。"《诗序》与《毛传》是一致的,都以《左传》说此诗。但《左传》点明在关键时刻"京叛大叔段",《诗序》却说"国人悦而归之",诗中又颂扬叔"美且仁""美且好""美且武",这又是相矛盾的。

朱熹《诗集传》也说:"叔,庄公弟共叔段也,事见《春秋》。""段不义而得众,国人爱之,故作此诗。"但同时又说:"或疑此亦民间男女相悦之词也。"后者是否定《毛传》《诗序》的说法。

高亨《诗经今注》说:"郑庄公的弟弟太叔段,勇敢有才能,庄公封他于京,他要进攻庄公,夺取统治宝座。庄公发兵讨伐,他战败后逃往别国(事见《左传·隐公元年》)。段的拥护者作此诗赞谀他。"程俊英《诗经译注》说:"这是一首赞美猎人的诗。《诗经》中常用伯、仲、叔、季作表字;特别是女子,多半用它称其情人或丈夫。这是当时的习俗。这首诗,可能出自女子的口吻。诗中用了夸张的艺术手法,塑造了'叔'的美好形象。旧说此诗和《大叔于田》都是写郑庄公之弟太叔段,未必可信。"

3.《大叔于田》

《诗序》:"《大叔于田》,刺庄公也。叔多才而好勇,不义而得众也。"

叔于田,乘乘马。执辔如组,两骖如舞。

叔在薮,火烈具举。襢裼暴虎,献于公所。

将叔无狃,戒其伤女。

叔于田,乘乘黄。两服上襄,两骖雁行。

叔在薮,火烈具扬。叔善射忌,又良御忌。

抑磬控忌,抑纵送忌。

叔于田,乘乘鸨。两服齐首,两骖如手。

叔在薮,火烈具阜。叔马慢忌,叔发罕忌。

抑释掤忌,抑鬯弓忌。

毛传:"叔之从公田也。"是说本诗写的是叔段跟随庄公打猎的事。这是从"襢裼暴虎,献于公所"推出来的。

朱熹《诗集传》也认为诗中的"叔"是段,"公"是庄公。又引苏氏曰:"二诗皆曰'叔于田',故加'大'以别之。不知者乃以段有大叔之号,而读曰泰,又加'大'于首章,失之矣。"

高亨《诗经今注》:"这是太叔段的拥护者赞诮段打猎的诗。""郑人也称段为大叔,所以篇名加个大字以区别前篇。大通太。"程俊英《诗经译注》:"这是赞美一位青年猎手的诗。他是贵族,也是一位壮勇善于射御的猎手。""本篇的诗题,据他篇的惯例,应该作'叔于田'。后人加一'大'字,大是'长'的意思,以区别于前面短篇的《叔于田》(从严粲《诗缉》和马瑞辰《毛诗传笺通释》说)。"

(二) 相关文学典故

滋蔓难图

异花开绝域,滋蔓匝清池。

(杜甫《陪郑广文游何将军山林十首》之二)

按:赵汸曰:"绝域之花,久种中国,人不复以为异。详其托喻之意,殆为玄宗宠任蕃将、禄山骄恣而作也。"

愿以剞心,去苦叶而展用;宁无滋蔓,惧甘瓠之见侵。

(李程《匏赋》)

毫末不早辨,滋蔓信难图。

(白居易《紫藤》诗)

嘉谷虽已殖,恶草亦滋蔓。

(赵孟頫《耕织图》诗)

蔓草

荒径三秋,蔓草滋于旧馆;颓墉四望,拱木多于故人。

(骆宾王《与博昌父老书》)

尚念四小松,蔓草已拘缠。霜骨不甚长,永为邻里怜。

(杜甫《寄题江外草堂》诗)

神宗曰:"卿知君子小人之党乎?"(滕元发)曰:"君子无党。辟之草木,绸缪相附者,必蔓草,非松柏也。"

(《宋史》卷三三二《滕元发传》)

多行不义必自毙

"多行不义必自毙",这是有史以来的天经地义。

(郭沫若《武则天》第四幕)

择子莫如父

(楚灵)王问于申无宇曰:"弃疾在蔡何如?"对曰:"择子莫如父,择臣莫如君。"

(《左传》昭公十一年)

祁奚辞于军尉,(晋悼)公问焉,曰:"孰可?"对曰:"臣之子午可。人有言曰:'择臣莫若君,择子莫若父。'"

(《国语·晋语七》)

鲍叔曰:"先人有言曰:'知子莫若父,知臣莫若君。'"

(《管子·大匡第十八》)

(赵武灵)王曰:"选子莫若父,论臣莫若君。"

(《战国策·赵策二》)

颍考叔舍肉

缝衣送与溧阳尉,舍肉怀归颍谷封。

(苏轼《答签判程朝奉》诗)

【文化史拓展】

(一) 北魏犹存的郑庄公望母台

郦道元《水经注·洧水》:"今洧水自郑城西北入,而东南流经郑城南城之南门内……水南有郑庄公望母台。庄姜恶公寤生,与段京居,段不弟,姜氏无训。庄公居夫人于城颍,誓曰:'不及黄泉,无相见也。'故成台以望母,用伸在心之思。感考叔之言,忻大隧之赋,泄泄之慈有嘉,融融之孝得常矣。"

郑庄公在掘大隧见母武姜之前,因思母曾在洧水之南筑一望母台,这一件事正史上没有记载。北魏的郦道元在考察洧水时发现了这个古迹遗存,记录下来,这在当时,距郑庄公在世已有一千二百多年历史了。后来,这个望母台不知又保存了多少年,湮灭于何时。

（二）颍考叔传说在民间戏曲中流播至今

《左传》记了颍考叔两件事：他的孝和他的死。隐公元年他为庄公出了"掘地及泉，隧而相见"的主意，促使武姜和庄公"为母子如初"后，《左传》特地引"君子"的评语说："颍考叔，纯孝也，爱其母，施及庄公。"（施 yì，延伸到）颍考叔不仅以孝闻名，《左传》还描写了他的大忠大勇。隐公十一年（前 712），齐僖公声称许国"不共（恭）"，联合鲁隐公、郑庄公一起讨伐许国。五月甲辰（24 日），郑庄公战前大练兵，颍考叔与公孙阏争一辆战车（公孙阏字子都，以公孙为氏，当为郑桓公之孙，郑庄公的堂兄弟），结果颍考叔捷足先得。公孙阏嫉恨于心。七月庚辰（初一），三国联军向许城（今河南许昌东）进迫。颍考叔奋勇当先，手持郑伯军旗，不顾矢石危险，抢着攀云梯登上了许城城墙。公孙阏一看，争得头功的又是颍考叔，妒火中烧，竟弯弓搭箭，装作向敌方城头发射，却瞄准颍考叔，一箭射去，正中后心。颍考叔大叫一声，坠下城来，死于自己人之手。为颍考叔英勇牺牲感动的瑕叔盈接过郑伯军旗，冒死再度登上城墙，挥舞军旗喊道："我们的君主上城了！"郑国的士卒受到鼓舞，人人争先，全都登上城墙，占领了许城。

事后郑庄公在全军举行祭祀活动，祈祷颍考叔灵魂升天，并诅咒向颍考叔射冷箭的人。《左传》记君子的话说："郑庄公失政刑矣。政以治民，刑以正邪，既无德政，又无威刑，是以及邪。邪而诅之，将何益矣！"后世学者有认为射颍考叔者明是公孙阏，而郑庄公佯为不知，使军士诅咒之，是因为公孙阏（子都）即《诗·郑风·山有扶苏》"不见子都，乃见狂且"之子都，其人是郑国第一美男子，连数世后之孟子还说："至于子都，天下莫不知其姣也。"（《孟子·告子上》），很可能深得庄公之宠幸，故不欲加刑，为平众怒，而出此策。郑庄公虽不诛公孙阏，郑国人民却在军中开展诅咒射杀颍考叔凶手的活动以后，流传开了颍考叔的鬼魂向公孙子都索命的故事，而且历经二千余年不绝，最终形成了一出《伐子都》的戏曲传统剧目。

《伐子都》的剧情与史实大致不差，小有出入：春秋时，郑庄公因惠南王来犯，派兵抵御，部将公孙阏（子都）与颍考叔因争夺帅印失和，公孙阏于战场上用冷箭射死考叔，冒功领赏。庆功宴上，考叔冤魂出现，活捉子都。解放后结尾改为子都因为做了伤天害理之事而疑神疑鬼，精神错乱而死。在京剧中，《伐子都》是"靠把"老生的重头戏（"靠"指扎靠，即全身武将装束，背插四面小旗；"把"指手拿刀枪把子），有劈叉、台漫（从台上翻筋斗而下，为表现子都精神失常要从三张叠起的桌子上翻下）、倒扎虎（伸臂塌腰朝后仰翻胸部落地，表现子都惊遽失神落马）等复杂武技。在滇剧、秦腔、河北梆子、豫剧等剧种中都有《伐子都》这出戏,颍考叔的形象借此传播至今。

【问题探讨】

(一) 对郑庄公的评价问题

从《左传》作者认为《春秋》书"郑伯克段于鄢"寓有批评大叔段"不弟"和讥刺郑庄公"失教"的双重含意以来,大多数后人对郑庄公的评价都不怎么好。特别清代一些古文赏析家多以礼教纲常卫道者的立场批郑庄公,话说得相当刻薄。

金圣叹《天下才子必读书》卷一:

> 通篇要分认其前半是一样音节,后半是一样音节。前半,狱在庄公,姜氏只是率性偏爱妇人,叔段只是娇养失教子弟。后半,功在颍考叔,庄公只是恶人到贯满后,却有自悔改过之时。

林云铭《古文析义》卷一:

> 通篇只写母子三人,却扯一局外之人赞叹作结。意以公等本不孝,即末后二着,亦是他人爱母施及,与公无与。所以深恶之,此言外微词也。

吴楚材等《古文观止》卷一:

> 郑庄志欲杀弟,祭仲、子封诸臣皆不得而知。"姜氏欲之,焉辟害""必自毙,子姑待之""将自及""厚将崩"等语,分明是逆料其必至于此,故虽婉言直谏,一切不听。迨后乘时迅发,并及于母。是以兵机施于骨肉,真残忍之尤。幸良心发现,又被考叔一番救正,得母子如初。左氏以纯孝赞考叔作结,寓慨殊深。

浦起龙《古文眉批》卷一:

> 经曰克段,传推怼母,弟段只中间轻递,故知篇主在母姜也。左氏自述所闻,深著郑罪,以《传》补《经》,写一幅枭獍小照。

余诚《重订古文释义新编》卷一:

> 左氏体认《春秋》书法微旨,断以失教郑志,通篇尽情发明此四字。以简古透快之笔,写惨刻伤残之事。不特使诸色人须眉毕现,直令郑庄狠毒性情流露满纸,千百载后,可以洞见其心。

这些评语,用今天的眼光看,对郑庄公是有失公允的。

郑武公死的时候,郑庄公才十三周岁。今人写的鉴赏文章中,也有人说郑庄公"老谋深算",这话放在十四岁正式当上国君的孩子身上,真是从何说起。当十一岁的段在母亲策划下洋洋得意地当上了"京城大叔"的时候,面对辅政大臣的谏阻,郑庄公说的"姜氏欲之,焉辟害",绝对只是一个受了委屈的儿子的真心的无奈,看不出其中有什么用心险恶的"欲擒故纵""若欲取之必先予之"之计在。

以后,兄弟俩都长大成人了。大叔段在母亲的一贯纵容和不断授意下得寸进尺,步步进逼,从不加掩饰地争权夺利发展到将夺位篡国纳入倒计时。庄公在生母和亲弟的双重压力下面临着生死存亡的严重威胁。在这种处境下要去对骄肆嚣张、以兄为敌的弟弟行"父兄之教",讲"不义,不昵,厚将崩"的道理,他能接受吗?有母亲的百般偏袒、牵制掣肘,要限制弟弟的越轨行为,他会服从吗?可以说,"姜氏欲之,焉辟害"不仅是十四岁时,也是此后二十一年间缠绕在庄公心头的沉重隐忧和顾忌。不顺母心、不从母意,可都是不孝之罪。庄公只有隐忍退让,用"多行不义必自毙"的理念来支撑自己的信心,以应付、处置复杂的国事家事诸种矛盾。但隐忍退让不能遏止、反而助长了大叔段的野心,一场军事政变酝酿成熟了。庄公获知了大叔段偷袭郑国国都的时间和武姜将里应外合开启城门的信息,知道已到了退无可退、忍无可忍的地步,这才后发制人,果断提前出击。大叔段终于在众叛亲离下战败,逃亡到共国。武姜则被怨忿难当的庄公迁出宫去,安置在城颍住下,还抛下毒誓:"不及黄泉,无相见也。"

庄公显然不是圣人。相传大舜"年二十以孝闻","父瞽叟顽,母嚣,弟象傲,皆欲杀舜",舜历经上廪遭纵火焚烧、下井被倒土填实等不测,大难不死,仍"顺适不失子道,兄弟孝慈"(《史记·五帝本纪》)。和舜这样的圣人比,庄公自然是差之远矣。他也着实比不上太伯、仲雍、伯夷、叔齐那些不以国事为己任、一甩手就能让国的所谓贤人。但事实也说明他决不是恶人。他性格上的缺陷当然是有的,阴而不险,狠而不毒,并不算特别严重。

例如对生母武姜,庄公确实不能说是大孝。但不能忽视的是,他一生下就遭生母嫌恶,叔段降生后,母宠全在弟弟身上,他岂能无感于被冷落?武姜多次要求武公让段当太子,他岂能无知于遭贬恶?幸好武公不听夫人偏心之言,从观察比较中作出正确选择,也遵守了立嫡以长的老规矩,使庄公得以继位。但二十二年间,武姜从为段请制邑、请京邑开始,到最后决定为段袭郑作内应,这个母亲对长子造成的精神压力和心理伤害实在是太多了。活了三十五岁的庄公,恐怕还未曾真正体验过什么叫母爱。因而,对他一时冲动做出的与母隔离的处置、说出的过于绝情的话,我们也要与后来的"悔之"进而听从颍考叔的主意对濒于破裂的母子关系进行了挽救和弥缝联系起来,给予比较宽容的理解和评价。若是真正"残忍""狠毒"的"恶人""枭獍",十个纯孝的颍考叔怕也是感化不过来的。外因通过内因起作用,郑庄公内心"孝"的天性不曾泯灭,因而他很快有了悔意,这是他能够接受颍考叔影响的真正原因。郦道元《水经注·洧水》对郑庄公望母台的记载,可以证明郑庄公在会见颍考叔之前,早已对自己过激的话语行为后悔了。望母台,是大隧之赋的前奏。

郑庄公在位长达四十三年,治国很有魄力,大体上是个不错的国君。处理与王室和其他诸侯国的矛盾比较有分寸。在他任内,国势不弱。不好战,战则往往取胜。后世史论家有称武公、庄公时期的郑国为春秋初期之"小霸"的。他所说"多行不义必自毙",确有灼见,算得上千古名言。《左传·襄公四年》记君子曰,有"《志》所谓'多行无礼必自及'"的话("及"为"及于祸"之略),《志》指当时的古书或近人著作。郑庄公的名言,正是从《志》里的成句化出来的。看来,他还是个爱读书,善于从读书中联系实际悟出点道理来的人。

(二)"鄢"是不是"邬"之误

"郑伯克段于鄢"的"鄢",历代《左传》的各种版本都很一致,没有异文。杜预注明"鄢,今鄢陵也",也为后来的注家所认可。

但是唐初有一种《史记》版本在《郑世家》记述"京人畔段,段出走鄢;鄢溃,段出奔共"这段历史时,却把"鄢"都写成了"邬"。张守节在著作《史记正义》时所依据的《史记》就是这个版本。这版本今已不传,但从《史记》三家注本中可以找到直接的证据:

> 《史记·郑世家》"段出走鄢",张守节正义:"邬,音乌古反。今新郑县南邬头有村,多万家。旧作'鄢',音偃。杜预云:'鄢,今鄢陵也。'"

很明显,张守节所见《史记》"鄢"字作"邬"字。张守节的《史记正义·序》说书杀青于开元二十四年八月,又说自己为作《史记正义》,涉学三十余载。那么,他所见的《史记》版本是早在玄宗朝以前就存在了。

这个版本为什么把"鄢"改成"邬"呢?是无意出的讹误,还是有意加以订正呢?

无意讹误的可能性是存在的。鄢、邬二字字形相近,古籍在传抄翻刻的过程中,既有把"邬"讹为"鄢"的例子,也有把"鄢"讹为"邬"的例子。

《国语》宋代公序本《郑语》记史伯对郑桓公曰:"若克二邑(指虢、郐),鄢、蔽、补、丹、依、𢷬、历、华,君之土也。""鄢",另一宋代版本明道本作"鄔"。根据《郑语》前文,所举十邑都应在"济、洛、河、颍"四水之间,那么,"鄢"的地理方位显然不合。而"鄔",据《左传》隐公十一年"王取鄔、刘、芳、邘之田于郑"杜预注"在河南缑氏县(今偃师市),西南有鄔聚",则方位与之合。公序本之"鄢",为"鄔"之误。

《国语》明道本、公序本《郑语》"妘姓,鄢、郐、路、逼阳",两种宋代的版本都作"鄢"。但唐代孔颖达所见的《国语·郑语》,却作"妘姓,鄔、郐、路、逼阳",这从他为《春秋左传正义》和《毛诗正义·桧谱》所作的疏可以看出来。阮元在《十三经注疏校勘记》中引浦镗云:"鄔,《国语》作鄢,非也,今《国语》误耳。《潜夫论》亦作鄔,可证。"实际上唐代的《国语》尚不误,至宋代"鄔"方误为"鄢"。

但是,张守节所据《史记》版本"段出走鄢,鄢溃"却不一定是无意讹误,也可能是经人有意改的。

为什么呢? 这要参照京、郑、鄢三地的地理位置来考虑。这三地正好大致处在一条西北—东南走向的直线上,郑在中间,京在郑的西北方,鄢在郑的东南方。郑庄公命子封帅车二百乘伐京,京人叛段,段若出走鄢,必须得向东南突破郑军之围,并从郑城近旁穿越而过,方能抵达。选择这个目的地,危险性太大,成功率不高。而且段二十余年经营的是郑国的西部和北部,地处东南的鄢并不属他的势力范围。以常情揆测,段兵败京城,只应向西、向北撤离。鄔在京城之西偏南处,仓促出走之,庶几不违于情理。或者有传《史记》者见于此,遂改"鄢"为"鄔"。而张守节未能悟此,将"鄔"释为郑城南边的鄔头村,那正在郑庄公的直接管辖下,段不会智商这么低,选择这样一个落脚点的。若克段于鄢,段出奔共,不但路途遥远,且仍须正面突围。而自鄔奔共,只要向北逃离郑军,阻力小了很多,路径也较从鄢出发近了一些。所以"鄢"若是"鄔"之误,订而正之,是可以把这段历史说得更圆通的。

但是古籍整理是一项严肃的事,没有足够的版本根据,是决不可以意擅改一个字的。存世的历代诸多《左传》版本,无一例外地作"郑伯克段于鄢"。《史记》在唐代初年出现一个以"鄔"代"鄢"的本子,但据张守节说:"旧作鄢。"可见较古的《史记》本子仍作"鄢"。只凭当时存在过后来又佚失掉的一例《史记》孤证,不可能撼动《左传》"鄢"字的地位。揣测也只能是揣测而已,除非将来的出土竹简帛书能提供新的佐证。

【集评】

郑伯之于段也,以其母所钟爱,顺母私情,分之大邑,恣其荣宠,实其杀心。

但大叔无义,恃宠骄盈,若微加裁贬,则恐伤母意。故祭仲欲早为之所,子封请往除之,公皆不许,是其无杀心也。言"必自毙""厚将崩"者,止谓自损其身,不言恶能害国。及其谋欲袭郑,祸将逼身,自念友爱之深,遂起初心之恨。由是志在必杀,难言出奔。此时始有杀心,往前则无杀意。传称公曰"姜氏欲之,焉避害",《诗序》曰:"不胜其母,以害其弟",经曰:"父母之命,亦可畏也":是迫于母命,不得裁之,非欲待其恶成,乃加诛戮也。服虔云:"公本欲养成其恶而加诛,使不得生出,此郑伯之志意也。"言郑伯本有杀意,故为养成其恶,斯不然矣!传曰"称郑伯,讥失教也",止责郑伯失于教诲之道,不谓郑伯元有杀害之心。若从本以来即谋杀害,乃是故相屠灭,何止失教之有。服言本意欲杀,乃是诬郑伯也。

(孔颖达 《春秋左传正义》卷二)

郑庄至孝(浦起龙《通释》:二字谬许),晋献不明,《春秋》(指《左传》)录其《大隧》《狐裘》之什。其理说而切,其文简而要,足以惩恶劝善、观风察俗者矣。

(刘知几《史通·内篇载文》)

《春秋》之所深讥,圣人之所哀伤而不忍者三。……父子之恩绝;……夫妇之道丧;郑伯克段于鄢,而兄弟之义亡。此三者,天下之大戚也。夫子伤之,而思其所以至此之由,故其言尤为深且远也。……求圣人之意,若左氏可以有取焉。"

(苏轼《论郑伯克段于鄢》)

学者作文,最难叙事。古今称善叙事者,左氏、司马氏而已。如叙郑庄公、叔段本末,此左氏笔力之最高者。

(归有光《文章指南》仁集)

书曰"克",胜之也。盖善其胜之不杀之也。

(毛奇龄《春秋条贯篇》卷一)

庄公之失,始在顺母志。……先儒谓庄故予之以养成其恶,然则予之之日庄预计曰:吾予以京,彼必作乱,彼作乱,吾必克之?假令段作乱而公不闻,或伐之而京不叛,反助段以取胜,则郑将为段有。此虽至愚者不为,而郑庄肯为之乎?

(万斯大《学春秋随笔》卷一)

颖考叔"小人有母"四字极悱恻,直刺郑庄之隐,故使忍人亦为感动。及语之故,胡不言"母子重合,天理人情之至,只此迁善之心,已足动鬼神,召太和。失口之誓,何嫌何疑"?至掘地三尺,隧而相见,不太浅陋耶!

(龚炜《巢林笔谈》卷一)

"郑伯克段于鄢",不言段为何人。……苟无《传》文,虽有穷理格物之儒,殚毕生之力,据《经》文而沉思之,亦不能知为武姜子、庄公弟也。然则舍《传》言《经》,谈何容易!

（纪昀等《四库全书总目提要》卷二十七）

以简古透快之笔,……使诸色人须眉毕现,……真是鬼斧神工,非寻常笔墨所能到也。其字法、句法、承接法、衬托法、摹写法、铺叙断制法、起伏照应法,一一金针度与。因宜吕东莱谓为十分笔力,吴荪右称以文章之祖也。

（余诚《重订古文释义新编》卷一）

【思考与讨论】

武姜和段里应外合,发动军事政变,如果得手,郑国会怎么样?

二、 卫石碏大义灭亲

卫庄公娶于齐东宫得臣之妹①,曰庄姜②。美而无子,卫人所为赋《硕人》也③。又娶于陈④,曰厉妫⑤,生孝伯,早死。其娣戴妫⑥,生桓公⑦,庄姜以为己子。

公子州吁,嬖人之子也⑧,有宠而好兵⑨,公弗禁,庄姜恶之⑩。石碏谏曰⑪:"臣闻:爱子,教之以义方⑫,弗纳于邪⑬。骄、奢、淫、泆⑭,所自邪也⑮。四者之来,宠禄过也。将立州吁⑯,乃定之矣⑰;若犹未也,阶之为祸⑱。夫宠而不骄,骄而能降⑲,降而不憾,憾而能眕者⑳,鲜矣㉑。且夫贱妨贵,少陵长㉓,远间亲㉔,新间旧,小加大㉕,淫破义㉖,所谓六逆也。君义㉗,臣行㉘,父慈,子孝,兄爱,弟敬,所谓六顺也。去顺效逆㉙,所以速祸也㉚。君人者㉛,将祸是务去㉜,而速之,无乃不可乎㉝!"弗听㉞。其子厚与州吁游,禁之,不可。桓公立,乃老㉟。

四年春㊱,卫州吁弑桓公而立㊲。……

公问于众仲曰㊳:"卫州吁其成乎㊴?"对曰:"臣闻以德和民㊵,不闻以乱㊶。以乱,犹治丝而棼之也㊷。夫州吁㊸,阻兵而安忍㊹。阻兵,无众㊺;

安忍，无亲[46]。众叛亲离，难以济矣[47]。夫兵，犹火也；弗戢[48]，将自焚也。夫州吁弑其君，而虐用其民，于是乎不务令德，而欲以乱成[49]，必不免矣[50]。"……

州吁未能和其民，厚问定君于石子[51]。石子曰："王觐为可[52]。"曰："何以得觐?"曰："陈桓公方有宠于王[53]。陈、卫方睦，若朝陈使请[54]，必可得也。"厚从州吁如陈[55]。

石碏使告于陈曰："卫国褊小[56]，老夫耄矣[57]，无能为也。此二人者，实弑寡君[58]，敢即图之[59]。"陈人执之，而请莅于卫[60]。九月，卫人使右宰丑莅杀州吁于濮[61]。石碏使其宰獳羊肩莅杀石厚于陈[62]。

君子曰[63]："石碏，纯臣也[64]。恶州吁而厚与焉[65]，'大义灭亲'[66]，其是之谓乎[67]！"

【注释】

① 卫庄公(？—前735)：名扬(《史记·卫世家》)，一作杨(《史记·十二诸侯年表》)，在位二十三年卒。齐：春秋时大国，详见下《齐僖公送姜氏于讙》一文题解。东宫：太子所居，因以指称太子。得臣：齐庄公之太子，未及嗣位而死。

② 庄姜：齐庄公之嫡女，姜姓，"庄"为以夫之谥为字。

③《硕人》：《诗·卫风》篇名。所为：为之。赋：创作并吟诵。

④ 陈：春秋国名，详见下《郑伯请成于陈》一文题解。

⑤ 厉妫：妫姓，谥号厉。《谥法解》："杀戮无辜曰厉。""暴慢无亲曰厉。"厉妫之事迹无可考。

⑥ 娣：古诸侯之女出嫁，以妹妹从嫁者称娣。戴妫：妫姓，谥号戴。《谥法解》："典礼不愆曰戴。"

⑦ 桓公：卫桓公(？—前719)，名完，在位十六年。

⑧ 嬖人：地位低而受到过分宠幸的人。

⑨ 兵：兵器，亦泛指军事活动。

⑩ 恶(wù)：憎恨，厌恶。

⑪ 石碏(què)：卫国公族，姬姓，据《世族谱》，为卫靖伯之孙，故以公孙为氏，名碏，字石，爵秩上卿。当时有以字、名连称的习惯，故称石碏，亦称石子。

⑫ 义方：做人的正道。方，道。

⑬ 纳：使动用法，使入。

⑭ 淫泆(yì)：纵欲放荡。《尚书·酒诰》："诞惟厥纵淫泆于非彝。""骄奢淫泆"连用，《左传》为首创。又作淫佚、淫逸。

⑮ 所自邪："邪所自"的倒装，谓邪恶的由来，邪恶的根源。

⑯ 将：想要。立：指立太子。

⑰ 乃：就，那就。

⑱ 阶：由阶梯之实义，引申为虚义：经由，因由。之：指宠禄太过。全句谓因宠禄太过将成祸乱。

⑲ 降：指降低地位。

⑳ 畛(zhěn)：镇定自重，能克制自己。

㉑ 鲜(xiǎn)：少。

㉒ 妨：妨碍。

㉓ 陵：欺陵。

㉔ 远：关系疏远的人。间(jiàn)：离间。下句"间"义同。

㉕ 加：凌驾在上。

㉖ 淫：邪恶。义：正义。

㉗ 义：恩谊。

㉘ 行：忠心事上。韩愈《原道》："臣者，行君之令而致之民者也。"

㉙ 去顺：放弃六顺。效逆：依照六逆。

㉚ 所以：表结果之词。全句谓结果将是加速祸乱；也可译为"是加速祸乱的原因"。

㉛ 君：统治。

㉜ 祸是务去："务去祸"的倒装，依靠"是"的结构作用，把宾语"祸"前置。

㉝ 无乃：表反问。难道不是。

㉞ 弗听：主语"庄公"省略。

㉟ 老：告老退休。

㊱ 四年春：据《春秋》，可考知为三月十六日。

㊲ 弑(shì)：古称臣杀君、子杀父母为弑，乃大逆之罪。

㊳ 公：鲁隐公(？—前712)。名息姑，惠公长庶子，因惠公死时太子允年幼而摄政当国，在位十一年。众仲：鲁国大夫，鲁之公族(孝公之三世孙)，姬姓。其祖公子益师字众父，因以众为氏。博闻多知，为隐公所倚重。

㊴ 其：将。

㊵ 和民：使民众和顺。

㊶ 乱:指州吁弑君夺位后旋即挑起联合宋、陈、蔡伐郑的战争。

㊷ 棼(fén):纷乱。棼之:把丝弄乱。

㊸ 夫(fú):句首语助词。

㊹ 阻:倚仗。阻兵,凭恃武力。忍:残忍。安忍,安心于残忍。

㊺ 众:民众。无众,指没有民众支持。战争要加重民众的军赋和服兵役的负担,若师出无名,民众自然反对。

㊻ 亲:亲信的人。

㊼ 济:成功。

㊽ 戢:止息。

㊾ 务:勉力从事。令:善。以乱成:以战乱来谋取成就。

㊿ 免:"免于祸"的略语。

(51) 厚:石碏之子石厚。定君:坐稳君位(的方法)。石子:对石碏的尊称。

(52) 觐:诸侯秋天朝见天子称觐(当时正值秋天)。王觐,"觐王"的倒装。

(53) 陈桓公(? —前 707):妫姓,名鲍,在位三十八年。

(54) 朝(cháo):古朝字用法广泛,诸侯见天子、诸侯相见均可称朝。

(55) 从:随从。如:前往。

(56) 褊小:狭小。此为对他国行文时自谦之词。

(57) 老夫:古代大夫七十岁退休,自称老夫,后年老者皆泛用。耄(mào):古书中有以八十、九十岁称耄的,有以七十岁称耄的。泛指古稀以上高龄。此时石碏退休已十六年。

(58) 寡君:古代外事活动臣子对本国国君的谦称。

(59) 敢:"敢请"之略,冒昧请求。图:谋取。

(60) 莅(lì):来临。请莅于卫,请卫国派人来。

(61) 右宰:卫国官名。醜:人名。濮:濮水,陈国河名,约当今安徽茨河上游。

(62) 宰:指大夫的家宰,家臣之长。獳羊肩:人名。陈:陈国国都,今河南淮阳。

(63) 君子曰:《左传》作者发表评论或采用时贤评论时的用语。

(64) 纯臣:全心全意为君主效忠的臣子。

(65) 厚:石碏之子石厚。与(yù):同预,参预。

(66) 大义灭亲:联系下文看,此当是古语或当时已有的用语。

(67) 其:大概。是:这,"谓(说)"的宾语,依靠"之"的结构作用前置。

【题解】

本篇选自《左传·隐公三年》《隐公四年》。鲁隐公三年、四年为公元前720年、前719年。隐公三年所叙之事属追记，并不发生在当年，而是发生在卫庄公即位(前757)之初至卫桓公元年(前734)，即周平王十四年至三十七年之间。《左传》追记这一段事是为隐公四年州吁弑卫桓公自立、卫人杀州吁、石碏大义灭亲诸事写一个前奏，作一个铺垫。也有古文选本把隐公三年追记的故事独立成篇选入，题名《石碏谏宠州吁》。隐公四年，当周桓王元年，卫桓公十六年。

卫是周的同姓诸侯国，始祖卫康叔名封，是周武王同母兄弟十人中倒数第二个弟弟。初封于康(今河南禹州市西北)，故称康叔。武王死后，成王年幼，周公摄政，原来封于殷墟故地的纣子武庚禄父与三监(周公之兄管叔、周公之弟蔡叔、霍叔)联合发动叛乱，被周公征伐讨平。武庚死，管叔诛，蔡叔被流放，霍叔免于刑罚。周公乃以成王之命封康叔于殷故都周围地区，建都朝歌(今河南淇县)，国号卫。周成王年长亲政后，举康叔为王室司寇。

司马迁作《史记·卫康叔世家》时，根据他当时所能看到的卫国世系，康叔以后的七代君主都是父死子继，分别是康伯、考伯、嗣伯、疌伯、靖伯、贞伯、顷侯，便解释为卫原是个伯爵国，到顷侯时因为向周夷王厚施贿赂，所以夷王命卫为侯爵。唐司马贞作《史记索隐》提出不同看法，认为《尚书·康诰》有"王若曰：孟侯，朕其弟，小子封"之语，历来对"孟侯"的解释为"孟，长也。诸侯之长，谓方伯"，所以康叔初封即为侯爵，且为诸侯之长即方伯。自康伯到贞伯，六代皆称伯，是指的方伯而不是伯爵。至顷侯时德衰，不再为诸侯之长，方从本爵称侯，并非贿赂夷王而从伯爵升为侯爵。二说各执一词，因西周及卫国早期史料缺如，尚难考定孰是孰非。但顷侯之子釐侯传釐侯之子武公时，正逢犬戎杀周幽王，武公率兵佐周平戎，立有大功，东迁的周平王特升武公为公爵，则是事实。

卫武公在位五十五年而卒，其子庄公未能袭父公爵，卫还是个侯爵国。春秋初期的卫国，是个不强不弱的中等国。卫武公的光辉武功已成过去，但其在诸侯中的影响还是存在的，这从下一篇选文中陈桓公所说的"宋、卫实难"这句话中可以看出。

卫庄公娶齐国庄公之嫡女庄姜为夫人。娶庄姜在何年？《左传》没有记载，杨伯峻认为，当据《史记·卫世家》说定为庄公五年。但若仔细推敲，便知此说实难以成立。《卫世家》是这样说的："庄公五年，取齐女为夫人，好而无子。又取陈女为夫人，生子，蚤死。陈女女弟亦幸于庄公，而生子完。完母死，庄公令夫人齐女子之,立为太子。庄公有宠妾,生子州吁。十八年,州吁长,好兵,庄公使将。……二十三年,庄公卒,太子完立,是为桓公。桓公二年,弟州吁骄奢,桓公绌之,州吁出奔。"在这段文字中,司马迁多有疏失。《诗·邶风·燕燕》孔颖达疏据《左传》不言戴妫死,驳《卫世家》"完母死"为非;《左传》孔颖达疏则据石碏请定州吁之言,证《卫世家》"庄公命夫人齐女子之,立(完)为太子",在时间点上亦非。这两点权且放置一旁。《卫世家》说"庄公五年"取齐女庄姜,因无子,又取陈女为夫人。要验证"无子",没有两三年时间是不好下结论的。从少里说,两年吧,若一年不生就要另娶夫人,也未免太性急而不近人情了。那么"取陈女"必须在庄公七年以后。算他婚后一年"陈女女弟"戴妫就生,那么完的出生最早也要在庄公八年了。州吁又是弟弟,其出生即使只晚于完几天,也可以肯定不能早于庄公八年。那么到庄公十八年,州吁充其量只是个十岁的毛孩子,何能说已"长",更何能说"庄公使将"。所以《卫世家》对年份的表述肯定是有误差的,不能据为典要。要之,娶庄姜,又娶陈女,实际年份都要较《卫世家》所述提前,才能有合理的解释。《左传》不能确定,只作模糊表述,反而胜于《史记》。

本篇的主角当然是石碏,他是"义"的化身。他谏卫庄公要"教之以义方",不能因宠过了头而使儿子滋生骄、奢、淫、泆的恶习,而骄、奢、淫、泆正是邪恶的根源;他谏庄公要去除"六逆",提倡"六顺",如果"去顺效逆",卫国就会很快出现祸乱。他的话的确很有前瞻性,可惜,卫庄公听不进去。使石碏郁闷和无奈的是,不但卫庄公不能"以义方"教子,连他自己用义方教子也失败了。他的儿子石厚与州吁长期鬼混在一起,禁也禁不了,最后发展成为州吁弑君篡位的死党。"义方"教育不了儿子,石碏只能选择"大义灭亲"。他对儿子的态度,可以说是以义贯穿始终了。

《史记·卫世家》把州吁和共叔段联系起来,补充了一些《左传》没有提到的史料:"桓公二年,弟州吁骄奢,桓公绌之,州吁出奔。十三年,郑伯弟段攻其兄,不胜,亡,而州吁求与之友。十六年,州吁收聚卫亡人以袭杀桓公,州吁自立为卫君。为郑伯弟段欲伐郑,请宋、陈、蔡与俱,三国皆许州吁。"《左传》虽然也记了宋、陈、蔡、卫伐郑之事,起因却与《卫世家》所说不同,是州吁为"修先君之怨于郑而求宠于诸侯,以和其民",因而利用新即位的宋殇公与郑国想策划逃亡到郑的宋公子冯回国就君位的矛盾才发动起来的,未提共叔段与这场战争有任何瓜葛。不过,大叔段出奔到共,其地贴近卫国。先于他十一年自卫国出奔于外的州吁将他引为同类,求与之友,这是完全合于情理的。因此,《卫世家》的说法,可以备作参考。

州吁与大叔段的确有太多的类似点：一样的从小受宠；一样的被惯坏，缺少教养，不知修德；一样的野心勃勃，觊觎兄长的君位；一样的具有赌徒性格，不择手段以求一逞。结果也大致相同：一个因多行不义而自毙；一个虽侥幸得志于一时，终因不知戢火而自焚。

卫桓公的生母戴妫是陈国之女，卫桓公与陈国有一层甥舅关系在，州吁杀了卫桓公，陈国与州吁之间便存在着杀甥之仇。石碏正是利用了这个矛盾，用计把州吁与石厚诱骗到陈国，随即以自己卫国上卿的身份，特派专使把"此二人者，实弑寡君"的信息和"敢即图之"的要求告诉了陈桓公，从而使州吁只过了半年的权势瘾就彻底完了。石碏连带杀死了沦为帮凶的亲生儿子。《左传》交代得分明：处决州吁的是"卫人"所派的"右宰"，这是在卫国没有君主的情况下代表已死的桓公实施"君要臣死，臣不得不死"的国法；杀死石厚的则是石碏所派的家宰，遵循的是"父要子亡，子不得不亡"的家规。"义"作为一种道德规范，其内涵是随着不同时代、不同背景下不同社会群体的行为准则、价值取向不同而相异的。石碏的做法，放在今天的法制背景下审度，显然有违于法律程序，且量刑当否也是问题，但在宗法制度下则不仅许可，而且是"大义"。"舍生取义"和"大义灭亲"，是中华传统道德所推崇的两种"义"的最高境界。大义高于生命，也高于亲情。当然，今天的"义""大义"和春秋时代的，内涵和做法都有差异，不能简单袭用。

【文学史链接】

（一）《诗经》中几首与本篇有关的诗

《邶风》《卫风》共有六首诗被《诗序》指为与本篇相涉人员有关，今选录其中五首：

1.《卫风·硕人》

《诗序》："《硕人》，闵庄姜也。庄公惑于嬖妾，使骄上僭。庄姜贤而不答，终以无子，国人闵而忧之。"

> 硕人其颀，衣锦褧衣。齐侯之子，卫侯之妻，东宫之妹，邢侯之姨，谭公维私。

> 手如柔荑，肤如凝脂，领如蝤蛴，齿如瓠犀，螓首蛾眉。巧笑倩兮，美目盼兮。

> 硕人敖敖，说于农郊。四牡有骄，朱幩镳镳，翟茀以朝。大夫夙退，无使

君劳。

　　河水洋洋,北流活活。施罛濊濊,鳣鲔发发,葭菼揭揭。庶姜孽孽,庶士有朅。

《硕人》就是本篇篇首提到的卫人为庄姜所作的诗。《诗序》所记,古今无异议。朱熹《诗集传》云:"首章极称其族类之贵,以见其为正嫡小君,所宜亲厚,而重叹庄公之昏惑也。"次章"言其容貌之美,犹前章之意也。"第三章"言庄姜自齐来嫁,舍止近郊,乘是车马之盛,以入君之朝。国人乐得以为庄公之配,故谓诸大夫朝于君者宜早退,无使君劳于政事,不得与夫人相亲。而叹今之不然也。"第四章"言齐地广饶,而夫人之来,士女佼好。礼仪盛备如此,亦首章之意也。"

2.《邶风·绿衣》

《诗序》:"《绿衣》,卫庄姜伤己也。妾上僭,夫人失位而作是诗也。"郑玄笺:"妾上僭者,谓公子州吁之母嬖,而州吁骄。"

　　绿兮衣兮,绿衣黄里。心之忧矣,曷维其已。

　　绿兮衣兮,绿衣黄裳。心之忧矣,曷维其亡。

　　绿兮丝兮,女所治兮。我思古人,俾无訧兮。

　　絺兮绤兮,凄其以风。我思古人,实获我心。

毛传:"绿,间色;黄,正色。"古以青、赤、黄、白、黑为五正色,以正色相调和而成之色,如绿(青、黄调和)、紫(青、赤调和)、粉红(赤、白调和)等为间色。西周、春秋时的服制,以正色为贵。孔颖达疏:"毛以间色之绿不当为衣,犹不正之妾不宜嬖宠。……间色之绿今为衣而见,正色之黄反为里而隐;以兴不正之妾今蒙宠而显,正嫡夫人反见疏而微。绿衣以邪干正,犹妾以贱陵贵。"张汝霖《学诗毛郑异同签》:"《玉藻》(《礼记》篇名)云:'衣正色,裳间色。'明衣尊而裳卑。绿为间色,黄为正色,嫡妾之喻甚工。"程晋芳《毛郑异同考》:"此不过借色之正间,衣之表里,以见妾宠而妻弃,岂果有绿衣黄裳之事哉!"朱熹《诗集传》则说:"此诗无所考,姑从《序》说。"今人则彻底摆脱《诗序》,高亨《诗经今注》以为"这是丈夫悼念亡妻之作",程俊英《诗经译注》也说"这是诗人睹物思念过去妻子的诗"。孰是孰非,尚难定夺。

3.《邶风·燕燕》

《诗序》:"《燕燕》卫庄姜送归妾也。"郑玄笺:"庄姜无子,陈女戴妫生子名完,庄姜以为己子。庄公薨,完立,而州吁杀之。戴妫于是大归,庄姜远送之于野,作诗见己志。"

燕燕于飞,差池其羽。之子于归,远送于野。瞻望弗及,泣涕如雨。

燕燕于飞,颉之颃之。之子于归,远于将之。瞻望弗及,伫立以泣。

燕燕于飞,上下其音。之子于归,远送于南。瞻望弗及,实劳我心。

仲氏任只,其心塞渊。终温且惠,淑慎其身。先君之思,以勖寡人。

孔颖达疏:"知归是戴妫者,《经》云'先君之思',则庄公薨矣。桓公之时,母不当辄归,虽归,非庄姜所当送归。明桓公死后,其母见子之杀,故归;庄姜养其子,同伤桓公之死,故涕泣而送之也。言大归者,不反之辞。……以归宁者有时而反,此即归不复来,故谓之大归也。"朱熹《诗集传》:"'送于南'者,陈在卫南。""仲氏,戴妫字。以恩相信曰任。只,语辞。塞,实。渊,深。"又引杨氏曰:"州吁之暴,桓公之死,戴妫之去,皆夫人失位不见答于先君所致也。而戴妫犹以先君之思勉其夫人,真可谓温且惠矣。"

程俊英《诗经译注》说:"这是一首送远嫁的诗。诗中的寡人是古代国君的自称,当是卫国的君主。'于归'的'仲氏',是卫君的二妹。"此说力破《诗序》,但不知春秋时诸侯嫁姊妹或女,绝无亲自远送之理。若如程说,则为违礼之举。故此说不可从。高亨《诗经今注》则说:"此诗作者当是年轻的卫君。他和一个女子原是一对情侣,但迫于环境,不能结婚。当她出嫁旁人时,他去送她,因作此诗。"此说把古代社会生活现代化不说,还把国君的情感生活平民化了,实属脱离历史实际的臆断。上引两例"今说"对《燕燕》原诗的用词有两点共同的误会:一是认为"于归"就是结婚,不知古代"归"有三义,除归于夫家即结婚之义最为常用外,还有归宁(回娘家省亲)及大归(包括被夫家"休"回娘家及因夫死无子可依而永归娘家)二义。"于"为"往"之意。"于归"常用于"归"之第一义,不等于不可用于余二义。二是认为称"寡人"者必为国君,但自郑玄《诗笺》至朱熹《诗集传》皆云"寡人(寡德之人),庄姜自谓(称)也。"新版《辞海》"寡人"条已据此在"古代诸侯对下的自称"下增加了"又诸侯的夫人也自称为寡人"一句。

4.《邶风·日月》

《诗序》:"《日月》,卫庄姜伤己也。遭州吁之难,伤己不见答于先君,以至困穷之诗也。"

日居月诸,照临下土。乃如之人兮,逝不古处。胡能有定,宁不我顾!

日居月诸,下土是冒。乃如之人兮,逝不相好。胡能有定,宁不我报!

日居月诸,出自东方。乃如之人兮,德音无良。胡能有定,俾也可忘。

日居月诸,东方自出。父兮母兮,畜我不卒。胡能有定,报我不述。

朱熹《诗集传》："庄姜不见答于庄公,故呼日月而诉之。言日月之照临下土久矣,今乃有如是之人,而不以古道相处。是其心志回惑,亦何能有定哉,而何为其独不我顾也。见弃如此,而犹有望之之意焉。此诗之所以为厚也。""不得于夫,而叹父母养我之不终,盖忧患疾痛之报,必呼父母,人之至情也。"又云:"此诗当在《燕燕》之前。"即朱熹不同意《诗序》所说此诗作于"遭州吁之难"以后,而是作在庄公未死之时。

高亨《诗经今注》否定《诗序》之说,认为此诗泛述"妇人受丈夫虐待唱出的沉痛歌声"。程俊英《诗经译注》则对《诗序》稍作保留,说:"这是一位弃妇申诉怨愤的诗。古代学者认为是卫庄姜被庄公遗弃后之作,未知确否。"

5.《邶风·击鼓》

《诗序》:"《击鼓》,怨州吁也。卫州吁用兵暴乱,使公孙文仲将而平陈与宋,国人怨其勇而无礼也。"

> 击鼓其镗,踊跃用兵。土国城漕,我独南行。
> 从孙子仲,平陈与宋。不以我归,忧心有忡。
> 爰居爰处,爰丧其马。于以求之,于林之下。
> 死生契阔,与子成说。执子之手,与子偕老。
> 于嗟阔兮,不我活兮。于嗟洵兮,不我信兮。

朱熹《诗集传》:"旧说以此为《春秋》隐公四年州吁自立之时,宋、卫、陈、蔡伐郑之事,恐或然也。""漕,卫邑名。卫人从军者言卫国之民或役土功于国,或筑城于漕,而我独南行,有锋镝死亡之忧,危苦尤甚也。"而又戍守不得归,遂忆"始为室家之时,期以死生契阔不相忘弃,又相与执手而期以偕老也"。"意必死亡,不复得与其室家遂前约之信也"。

姚际恒《诗经通论》以为《诗序》所言与《经》不合,《击鼓》所咏实乃《春秋》宣公十二年"宋师伐陈,卫人救陈"之事,在卫穆公时。方玉润《诗经原始》则避开诗的时代背景,泛指云"此戍卒思归不得诗也"。

高亨《诗经今注》从《诗序》:"这首诗作于公元前七百二十年。春秋初年,卫国公子州吁杀死卫桓公,做了卫君,联合陈国宋国,去侵略郑国,强迫劳动人民出征。"复引申道:"打完了仗,领兵的将官把一些反对战争、口出怨言的士兵抛在国外了。这首诗就是被抛弃的士兵唱的。"则不如"戍卒"说较合情理。程俊英《诗经译注》赞许方玉润避实就虚之法,自称"今从方说":"这是卫国戍卒思归不得的诗。"把诗的时代、年份全架空了。

（二）相关成语典故

义方

宋果性轻悍，喜与人报仇，为郡县所疾。林宗乃训之义方，惧以祸败，果感悔，遂改节自敕，后以烈气闻。

（《后汉书·郭太传》）

义方之训，如川之流。

（蔡邕《司徒袁公夫人马氏碑铭》）

徭税有程，宽猛相济，比及十载，民知义方。

（何承天《安边论》）

义方既训，家道颖颖。岂敢荒宁，一日三省。

（潘岳《家风》诗）

居身务期质朴，教子要有义方。

（朱用纯《朱子治家格言》）

骄奢淫泆

鲁庄公好宫室，一年三起台。夫人内淫两弟，弟兄父子相杀，国绝莫继，为齐所存，夫人淫之过也。……观乎鲁庄之起台，知骄奢淫泆之失。

（董仲舒《春秋繁露·王道》）

黄帝天机之书，非奇人不可妄传……悭贪愚痴、骄奢淫泆者，必不可使闻之。

（《太平广记》卷六十三《骊山姥》）

父慈子孝

何谓人义？父慈、子孝，兄良、弟弟（悌），夫义、妇听，长惠、幼顺，君仁、臣忠，十者谓之人义。

（《礼记·礼运》）

治棼丝

洛阳难治若棼丝，椎破连环定不疑。

（阎朝隐《饯唐永昌》诗）

（齐神武帝）尝令诸子各使治乱丝，（文宣）帝独抽刀斩之曰："乱者须斩。"神武以为然。

（《北史·齐文宣帝纪》）

众叛亲离

（足下）既乃残杀老弱，幽土愤怨，众叛亲离，孑然无党。

（《三国志·魏书·公孙瓒传》注引《魏晋春秋》袁绍与公孙瓒书）

夫差淫虐，孙皓昏暴，众叛亲离，所以败也。

（《晋书·苻坚载记》）

兵不戢，必自焚

兵犹火也，不戢将自焚。观隋室之存亡，斯言信而有征矣。

（《隋书·炀帝纪下》）

景耀五年，姜维率众出狄道，廖化曰："兵不戢，必自焚：伯约之谓也。"

（《三国志·蜀书·宗预传》注引《汉晋春秋》）

天道宁殊俗？慈仁乃戢兵。

（薛稷《奉和送金城公主适西蕃应制》）

光武中年以后，干戈稍戢，专事经学，自是其风世笃焉。

（《后汉书·儒林传论》）

大义灭亲

《春秋》之义，大义灭亲。故周公诛弟，石碏戮子，季友鸩兄，上为国计，下全宗族。

（《三国志·魏书·毋丘俭传》注引毋丘俭等上表）

恶吁及厚笃忠纯，大义无私遂灭亲。后代奸邪残骨肉，屡援斯语陷良臣。

（洪皓《石碏大义灭亲》诗）

【文化史拓展】

（一）新编历史剧秦腔《石碏舍子》

石碏设计杀"弑君篡位"的州吁，连带诛死州吁的同谋、自己的儿子石厚的故事，传统戏曲未曾留下相关的剧目。建国后，秦腔首先推出了新编历史剧《石碏舍子》，把这个故事再现于舞台。编剧为白雨，陕西长安书店 1956 年 1 月将剧本排印出版。

（二）西周、春秋时的君位继承制

夏、商、周三代的君主世袭继承制，有两种传位方式，一种是传子，所谓"父死子继";一种是传弟,所谓"兄终弟及"。商代是后一种方式的代表,看它的世系表,从汤到纣,共有三十一王,却只经历了十七世,就是因为兄终弟及的情况比较多。西周是前一种方式的代表,从武王到幽王,传了十一代十二个王,基本上都是父死子继。春秋时期从平王东迁算起,到三家分晋结断,经十五世十六王,情况与西周相同。

　　春秋时期的诸侯国,君位传承方式以传子居多,传弟也有,多数是在特殊情况(如无子、子幼等)下的选择。如鲁庄公因无嫡子,问嗣于弟叔牙,叔牙有意推荐二兄庆父,便说:"一继(子继)一及(弟及),鲁之常也,庆父在,何忧嗣?"庆父策划多起阴谋想要继位,结果恶彰身亡,继位的闵公、僖公都是庄公的庶子。又如宋宣公因太子与夷幼,临死前说:"父死子继、兄死弟及,天下通义也。"遗命立弟和,是为穆公。穆公死后,有遗命把君位还给宣公之子与夷。又如吴王寿梦有四子,幼子季札最贤,有意立他,他却不受。三个兄长遂相继立而依次传弟,欲最终使季札即位。但传到季札时,他还是不受而出走了。

　　周王、诸侯传位多传子,与周公在成王时定下的嫡长子继承制是有关的。

　　什么是嫡长子继承制?周王的正妻王后和诸侯的正妻夫人,所生之子称嫡;王的众多嫔妃和诸侯的众多媵妾,所生之子称庶。嫡子中年最长者就是嫡长子。嫡长子只有一个,他是王位君位的唯一继承人,称为太子,或称世子。《公羊传》隐公元年有几句话,简明地概括了周代的君主世袭继承制:

　　　　立嫡以长,不以贤;立子以贵,不以长。

前两句说:立嫡子为太子只有一个标准,就是长子,而不论他是否贤能。这个简单化却不会引发争议的硬标准,执行起来没有什么可以横生枝节讨价还价的,目的是保证政权交接平稳过渡。郑庄公和共叔段都是武公夫人武姜所生,都是嫡子,而寤生年长。因此郑武公立寤生为太子,完全遵照"立嫡以长"的礼制规定;而武姜想立叔段,不管她把叔段说得如何多才多艺,也是不合祖宗规矩的,武公当然"弗许"。但是,君主不一定都有嫡子,例如卫庄公的夫人庄姜"美而无子",再娶的厉妫生了个男孩却又夭折,所以卫庄公就没有嫡子了。这种情况就用得着上引《公羊传》的后两句:"立子以贵,不以长。"这两句是对"嫡长子继承制"的补充,即君主在无嫡子的情况下,不得不从庶子中立太子。立庶子为太子也只有一个标准:身份在众庶子中最"贵"。而年长不年长是不考虑的。所谓"子以母贵",诸侯庶子身份的贵贱,取决于他母亲在众媵妾中地位的贵贱。古代的等级森严,不仅是在朝廷上,也表现在后宫中。以春秋时期诸侯的媵妾来说,就各有不同的等级。

详细的情形在下一条"春秋时期诸侯的媵妾制"中再说。以卫庄公为例,《左传》记他再娶陈女厉妫时,有一个陪嫁之娣(妹)戴妫,为庄公生了个儿子,取名完。完就是个庶子。卫庄公还宠爱"嬖人"之子州吁。"嬖人"一般指地位低微而受到特殊宠幸的人,可见州吁的母亲虽得卫庄公欢心,在宫中却只是个贱妾。另外,州吁弑了桓公完自立,卫人又杀了州吁以后,将卫庄公的另一个庶子公子晋从邢国召回,立之为君,是为宣公。史书有明确记载的卫庄公庶子就是这三人。戴妫是媵妾中的娣,娣贵于侄,更贵于宫中贱妾,她在宫中比州吁之母地位高是肯定的,庄姜又把完视为己子,完作为夫人的养子,当然成为庶子中的最"贵"者了。依卫庄公的本心,的确很想立州吁为太子。这个意向,连石碏都看出来了,所以就点破他:"将立州吁,乃定之矣;若犹未也,阶之为祸。"——想要立州吁,那就定下了吧;如果还没想好,这么宠他那是会造成祸患的。但是卫庄公也知道立庶子的标准是"贵",州吁不具备这个身份,反复考量的结果,他还是依照老规矩立完为太子。石碏的预见不错,骄奢淫泆惯了的州吁,在骄而不能降,降而不能无恨,恨而不能自止之余,果然产生了邪恶的念头,制造了弑君自立的祸乱。

和历史上任何朝代的任何制度一样,嫡长子继承制也有不被遵守的时候。周幽王就因为宠惑于褒姒,废申后,去太子,立褒姒为后、褒姒之子伯服为太子,导致了西周的灭亡。比幽王废嫡立庶更早的,是幽王之父宣王干预鲁国政事导演的废幼立长。周宣王十一年(前817),鲁武公朝周时带了长子括、少子戏一起去,周宣王喜欢戏,要立戏为鲁国太子。樊仲山甫劝谏道:"夫下事上,少事长,所以为顺。今天子建诸侯,立其少,是教民逆也。若鲁从之,诸侯效之,王命将有所壅。"宣王弗听,卒立戏为鲁太子。鲁武公卒后太子戏即位,是为懿公。九年后,懿公兄括之子伯御与鲁人攻弑懿公,而立伯御为君。伯御是武公之嫡长孙,立为君是符合嫡长子继承制的。但伯御十一年,周宣王却伐鲁杀伯御,而立懿公之弟称,是为孝公。《史记·鲁周公世家》说:"自是后,诸侯多畔王命。"究其原因,就是周宣王违反了嫡长子继承制。西周尚且如此,春秋时诸侯不遵守嫡长子继承制的例子就更多了。郑武公立嫡以长、卫庄公立子以贵,都要算是守规矩的正面典型了。

(三) 春秋时期诸侯的媵妾制

前面录了《诗·卫风·硕人》一诗,是描写卫庄公夫人齐女庄姜之美和庄姜嫁到卫国来的情景的。诗末二句说:"庶姜孽孽,庶士有朅。"庶,是众的意思。毛传:"孽孽,盛饰。庶士,齐大夫送女者。朅,武壮貌。"郑玄笺:"庶姜,谓侄娣。"侄娣,指庄姜的侄女和妹妹。庄姜嫁到卫国是夫人,她还要带过来一个侄女和一个妹妹作为陪嫁的妾。

这个制度,西周就已经有了。《诗·大雅·韩奕》中描写了"韩侯取妻"的情况。韩侯娶的是"汾王(周厉王)之甥,蹶父(周宣王时任王室卿士,姞姓)之子",诸侯与王室卿士,是门当户对的,何况蹶父还是厉王的连襟。写了亲迎时车马的盛况后,又写道:"诸娣从之,祁祁如云。"毛传:"如云,言从多也。诸侯一取九女,二国媵之。诸娣,众妾也。"孔颖达疏:"众妾之名,有侄、有娣、有媵,媵又自有侄娣,其名不尽为娣。……以众妾之中,娣为最贵,故举娣以言众妾,明'诸娣'可以兼侄娣也。"

所谓"诸侯一取九女,二国媵之",就是从西周到春秋时期诸侯的媵妾制。这个制度,《公羊传·庄公十九年》有一段简要的说明:"媵者何?诸侯娶一国,则二国往媵之,以侄娣从。侄者何?兄之子也。娣者何?弟也。诸侯一聘九女。诸侯不再娶。"孔广森《春秋公羊通义》引经据典对这段话作了一番疏解:"《白虎通义》曰:'天子诸侯一娶九女何?重国广继嗣,法地有九州,承天之施,无所不生也。娶九女亦足以成君施也,九而无子,百亦无益也。《王度记》曰:天子一娶九女,或曰天子娶十二女,法天有十二月。不娶两娣何?博异气也。娶三国女何?广异类也。恐一国血脉相似,俱无子也。二国来媵,谁为尊者?大国为尊,国等以德(原文此下尚有"德同以色"一句,为引者删节)。质家法天尊左,文家法地尊右。'"孔氏所引《白虎通义》原文,尚有多处删节,不一一补录。周代尚文,因而尊右。二国来媵,以右媵为尊。

诸侯一娶九女,即一妻八妾。妻者嫡妻,也即夫人。夫人之下,八妾之贵贱如何排序?《仪礼·丧服》"贵臣贵妾"郑玄注:"贵妾,侄娣也。"也就是说,八妾之中,以夫人的侄娣为贵。郑玄在《仪礼·士昏礼》的注释中又说:"娣尊侄卑。"也就是说,在贵妾侄娣之中,娣又尊于侄。侄娣之贵于其他媵妾,是因为她们与夫人有直接的血缘关系,娣一般不是同母,但必同父,她虽为庶出,总是诸侯之女,较之侄女只是公子之女自然地位要高贵。接下来是右媵、左媵,孰右孰左,要照《白虎通义》提出的三个条件来评定。再接下来才是媵带来的侄娣。可以排序如下:

1. 夫人
2. 夫人之娣
3. 夫人之侄
4. 右媵

5. 左媵

6. 右媵之娣

7. 左媵之娣

8. 右媵之侄

9. 左媵之侄

诸侯一娶九女,实际上不止八个妾,还有受到宠幸的婢妾及其他贱妾。州吁之母大概就是这类被嬖宠的地位低微的妾。

诸侯一娶九女不一定是一次就全部到位的。如《春秋·隐公二年》记录"十月,伯姬归于纪",即鲁隐公的大女儿伯姬出嫁到了纪国去,但是她的"娣"叔姬却因为年纪还小,没有跟着她一起嫁过去,直到四年半以后,叔姬满了十五岁,才嫁过去。《春秋·隐公七年》:"春王三月(指周历三月),叔姬归于纪。"杜预注:"叔姬,伯姬之娣也。至是归者,待年于父母国,不与嫡俱行。""嫡"就指伯姬,她是隐公的嫡女,嫁到纪国去是当夫人的。叔姬是个庶女,陪嫁到纪国去身份是娣——妾中之最贵者。据东汉何休《春秋公羊传解诂》说:"妇人八岁备数,十五从嫡,二十承事君子。"八岁的女孩儿就要"备数"顶一个"娣"或"侄"的名额了,但还要"待年"于父母之国,等满了十五岁即到了"及笄"之年才能"从嫡"前往夫家,再等五年到了二十岁才能正式承事君子。话是这么说,实际上又有几个诸侯能做到很"君子"的呢?

春秋时期的诸侯媵妾制,把诸侯的一妻多妾制度化,统治者追求"广继嗣",追求淫泆生活,他是妻妾成群、子孙满堂了,但"天下之男寡无妻","男女失时故民少"(《墨子·辞过》),民众的苦难又有谁关注呢?

【问题探讨】

(一) 卫桓公之母戴妫是夫人之娣还是媵之娣?

本篇题解曾指出《史记·卫世家》:"庄公五年取齐女为夫人"一段文多疏误,若依他庄姜"无子,又取陈女为夫人"之叙述,则所系之年份与事实对不拢。必须把娶齐女为夫人的年份从"庄公五年"往前调整,才能对后面的一系列事件有一个合理的解释。唐初的孔颖达从另一个角度评析了《卫世家》的疏误。《诗·邶风·燕燕》孔疏认为,司马迁"(卫庄公)又取陈女为夫人"的表述有违于《左传》的原意:"《左传》唯言'又娶于陈',不言'为夫人',《世家》'又娶陈女为夫人'非也。……

《传》言'又娶'者，盖谓媵也。"孔颖达用了个传疑之词"盖"，表示他对自己的看法还带有一些不确定性。但这个意见若能成立，"庄公五年"娶庄姜的系年就可以无大误，不加修正也能说得过去了。因为厉妫若是庄姜之媵，其娣戴妫又是不须"待年"的话，她们陪嫁到卫国来就也在庄公五年。完和州吁的出生，就可以早到庄公六年。到庄公十八年，十三岁的州吁"好兵"、庄公因宠他而"使将"，就不至于太离谱。

于是，对《左传》"又娶于陈"，就有了两种理解：司马迁认为是因为庄姜无子，卫庄公就又娶陈女为夫人；孔颖达认为陈女不是再娶的夫人，而只是庄姜的媵。

孔颖达批驳《卫世家》"非也"，还有一个理由："礼，诸侯不再娶。且庄姜仍在。"的确，春秋时的礼制有这么一条，诸侯一娶九女以后，即使夫人死了，也不再另娶夫人。孔颖达在《春秋左传·成公八年》"卫人来媵"的疏中写道："夫人薨，不更聘，必以侄、娣、媵继室。一与之醮，则终身不二，所以重婚姻，固人伦。人伦之义既固，上足以奉宗庙，下足以继后世：此夫妇之义也。"但这只是一种礼制的说教（而且掺杂了后世的两性道德观念），受礼教束缚的人固然也有，对此不屑一顾、自行其是的诸侯，也绝非一个两个。如大名鼎鼎的齐桓公，就娶过三个夫人。《左传·僖公十七年》有云："齐侯之夫人三，王姬、徐嬴、蔡姬，皆无子。"此齐侯即指桓公。除了三夫人外，《左传》说他还有六个"如夫人"。因此，用"诸侯不再娶"的条文来证《卫世家》"又取陈女为夫人"之非，理由就过于单薄。

孔颖达认为《左传》说卫庄公"又娶于陈"，"盖谓媵也"。一个"盖"字，透露出他的底气不是百分百的"十足"。为什么呢？他接下来自己道出了个中缘由："《左传》曰：'同姓媵之，异姓则否。'此陈其得媵庄姜者，春秋之世，不能如礼。"原来他心头还梗着另一个礼制教条，即《左传·成公八年》有文说："凡诸侯嫁女，同姓媵之，异姓则否。"陈国是妫姓，与齐国的姜姓属"异姓"，照《左传》的说法，似乎陈女媵庄姜是不合礼的。孔颖达就以春秋之世礼已渐衰，所以诸侯媵妾制"不能如礼"来为己说辩解。

其实，"诸侯娶一国，则二国往媵之"，这媵的二国是否一定要与娶的一国同姓，历来是有不同说法的。《左传》是说"同姓媵之，异姓则否"，而《公羊传》并不认为同姓媵之才合礼、异姓媵之就非礼。从西周到春秋的实际情况来看，《左传》所设的礼制教条，只适合姬姓之国嫁女媵女，其他族姓的国家则很难做到，所以是不可行的。《左传·昭公二十八年》说："昔武王克商，光有天下，其兄弟之国者十有五人，姬姓之国者四十人。"《荀子·儒效》说："周公……兼制天下，立七十一国，姬姓独居五十三人焉。"姬姓之国这么多,其他异姓之国这么少,在"同姓不婚"的周代,姬姓国的女子只能嫁给异姓之国,若不一国嫁之,二国往滕之,姬姓国的女子不是要严重剩余了吗? 反过来则不然,由于异姓之国少,如姜姓的齐国是一个大国,要嫁出去的女儿很多,但是并不愁嫁,倒是"二国往滕之"若非要同姓才合乎礼,那么同为姜姓的申、许等小国恐怕就提供不出那么多滕、侄、娣来了。若是妫姓的陈国要嫁女,要找同为妫姓的诸侯之庶女为滕,别说二国,连一国也找不到。子姓的宋国,赢姓的秦国,芈姓的楚国,曹姓的邾国等等,也会有同样的尴尬。所以《左传》所说"同姓滕之","礼也","异姓则否"的教条,不符合春秋时期诸侯滕妾制的实际。

这样说来,卫庄公娶齐女庄姜为夫人,陈国以女滕之,并不是非礼之举,而是春秋时期异姓诸侯国向姬姓诸侯国嫁女滕女时的正常情况。这样,孔颖达表述自己与司马迁不同意见时的底气就可以更足了。

(二) 石碏提出的"六顺"中有"父慈、子孝"两条,这与他的"大义灭亲"如何统一起来?

孔子推崇"杀身以成仁",孟子主张"舍生而取义",仁和义是周礼、也是儒家思想中两个非常重要的道德范畴。

樊迟问仁,子曰"爱人"(《论语·颜渊》)。《礼记·中庸》:"仁者人也,亲亲为大。"可见爱人只是仁的最广泛的含义,亲亲才是仁的最重要的内容。亲其所亲,包括了五伦(君臣、父子、夫妇、兄弟、朋友)中的三项,而父慈子孝在这三项中又处于主导的地位。孔子为了强调父子之情的重要性,甚至提出了"父为子隐,子为父隐,直在其中矣"(《论语·子路》)的论断。隐,指隐匿过错,今天的法律称之为包庇,这怎么能算得上正直呢? 但圣人这么说了,在独尊儒术的汉代,宣帝就曾下诏说:"自今子首匿父母、妻匿夫、孙匿大父母,皆勿坐。其父母匿子、夫匿妻、大父母匿孙,殊死皆上请。"殊死即杀头之罪。前三种情况,即使罪至杀头,为之隐匿者也不追究;后三种情况,隐匿杀头以下的罪也不追究,只有隐匿了杀头之罪才须要请示上级是否要定罪,如何定罪。这比一人有罪刑及父母兄弟妻子的灭族律多了不少人情味,但似乎也过于宽纵了。其实孔子所说父子相隐的案例只是"攘羊"(他人之羊来己家而藏隐取之)这样的小过;大到殊死之罪也隐之,恐怕不是圣人原意。《白虎通义·谏诤》:"君不为臣隐,父独为子隐何? 以为父子一体,荣耻相及。"父子之间可以隐匿的只是一些与"荣耻"有关的小罪小过。

《左传》写石碏"大义灭亲",杜预注:"子从弑君之贼,国之大逆,不可不除,故曰大义灭亲。明小义则当兼子爱之。""亲亲"是仁,"灭亲"则事关大义,可见仁和义有时是不能两全的。正如《礼记·表记》所说:"厚于仁者薄于义,亲而不尊;厚于义者薄于仁,尊而不亲。"要做到亲亲,仁爱之心就要超过公义之心;要做到尊尊,公义之心就要超过仁爱之心。我们还可以看一看《礼记·丧服四制》的两句话:"门内之治恩掩义,门外之治义断恩。"孔颖达疏解道:"以门内之亲恩情既多,掩藏公义,言得行私恩不行公义。""门外谓朝廷之间。既仕公朝,当以公义断绝私恩。"父子相隐就是家门之内的"恩掩义",大义灭亲就是朝廷之上的"义断恩"。

亲亲反映了宗法制对血缘关系(和亲缘关系)的重视,其间又渗透着无所不在的等级制。嫡庶,主从,本支,长幼,亲中复有亲疏,亲中又有贵贱、尊卑。其亲亲的面纱下,其实掩盖着众多的矛盾。父慈子孝,兄爱弟敬,夫义妇听,长惠幼顺等道德规范,就是由调和这些矛盾而产生的。可以说,亲亲是周代社会重要基础之一。比源于血缘关系(和亲缘关系)的亲亲更重要的,则是反映了政治关系的贵贵、尊尊。《礼记·丧服四制》说:"贵贵尊尊,义之大者也。"贵贵尊尊就是对贵者要贵之,对尊者要尊之。郑玄的注把贵者特指为卿大夫,把尊者特指为天子诸侯。也即维护卿大夫的贵,维护天子诸侯的尊,就成为了义之大者。宗法制下的血缘关系要服从政治关系,亲亲的原则要服从义之大者的贵贵尊尊原则。州吁弑君破坏了尊尊,子厚追随州吁成为其死党,石碏部署诛杀州吁当然是大义之举,同时也杀了子厚,就成了大义灭亲的典范。

《礼记·经解》说:"除去天地之害,谓之义。"孔颖达疏解道,除了水旱疫疠等灾害,"天地之内有恶事害人"也属"天地之害",能除去坏事害人就是义,除去弑君自立的大坏事,当然就是大义。这是从另一个角度来证成石碏的"大义灭亲"之举。

【集评】

卫人杀州吁,齐人杀无知,明君臣之义,守国之正也。

(董仲舒《春秋繁露·王道》)

州吁既杀其君,而虐用其民。石碏恶之,而厚与焉。大义灭亲,君子犹曰纯臣之道备矣,于恩未也。

(应劭《风俗通义·十反》)

夫忠孝名不并立。颖叔违君,书称纯孝;石碏戮子,武节乃全。

(释僧祐《弘明集》卷三引孙绰《喻道经》)

《春秋左氏》言卫州吁之事,因载"六逆"之说曰:贱妨贵,少陵长,远间亲,新间旧,小加大,淫破义:六者,乱之本也。余谓少陵长、小加大、淫破义,是三者,固诚为乱矣。然其所谓贱妨贵、远间亲、新间旧,虽为理之本可也,何必曰乱。夫所谓贱妨贵者,盖斥言择嗣之道子以母贵者也。若贵而愚,贱而圣且贤,以是而妨之,其于理本大矣,而可舍之以从斯言乎?此其不可固也。夫所谓远间亲、新间旧,盖言任用之道也。使亲而旧者愚,远而新者圣且贤,以是而间之,其为理本亦大矣,又可舍之以从斯言乎?必从斯言而乱天下,谓之师古训可乎?此又不可者也。呜呼,是三者,择君置臣之道,天下理乱之大本也。

(柳宗元《六逆论》)

向使石厚之子、日碑之孙,砥锋挺锷,不与二祖同戴天日,则石碏、秅侯何得纯臣于国、孝义于家矣。旧令云:"杀人父母,徙二千里外。"不施父子孙祖明矣。

(杜佑《通典》卷一百六十七)

管叔兄耳,姬旦诛之以极刑;石厚子矣,石碏死之以大义也。夫以管叔、石厚比于旦、碏,非不亲矣,犹知可异而异之,况乎君臣朋友之疏,而有不同者乎!故能同异者为福,不能同异者为祸。虞舜能同八元,能异四罪,永垂圣哲之名;殷纣不同三仁,不异二臣,故取败亡之辱。是则同异之际,不可失其微妙也。

(罗隐《两同书·同异》)

问:石碏谏得已自好了,如何更要那"将立州吁"四句?

曰:也是要得不杀那桓公。

问:如何不禁其子与州吁游?

曰:次第是石碏老后,奈儿子不何。

(《朱子语类》卷八十二)

石碏诱州吁离窟穴而执之,大是高识。

(陈懿典《读左漫笔》)

【思考与讨论】

1. 本篇选文中所引"君子曰",对石碏评价很高。但石碏的"大义灭亲",是不是标志着他"教子以义方"的失败?他谏君要"教子以义方",卫庄公却"弗听";他自己在"教子以义方"上做得也不少,但他禁止儿子"与州吁游",儿子却"不可"。

你怎样评价这个现象？

2. 在今天的法制社会中，你认为应如何继承"大义灭亲"的传统道德？

三、 郑伯请成于陈陈侯不许

五月庚申①，郑伯侵陈②，大获③。

往岁④，郑伯请成于陈⑤，陈侯不许⑥。五父谏曰⑦："亲仁善邻⑧，国之宝也。君其许郑⑨！"陈侯曰："宋、卫实难⑩，郑何能为？"遂不许。

君子曰："善不可失⑪，恶不可长⑫，其陈桓公之谓乎⑬！长恶不悛⑭，从自及也⑮。虽欲救之，其将能乎⑯！《商书》曰⑰：'恶之易也⑱，如火之燎于原，不可乡迩⑲，其犹可扑灭⑳。'周任有言曰㉑：'为国家者㉒，见恶，如农夫之务去草焉㉓，芟夷蕴崇之㉔，绝其本根，勿使能殖，则善者信矣㉕。'"

【注释】

① 五月庚申：据《春秋长历》，为五月十一日。

② 郑伯：郑庄公。

③ 获：俘获。大获，指俘获甚众。

④ 往岁：去年。指鲁隐公五年。

⑤ 成：讲和。求成，请求和解。

⑥ 陈侯：陈桓公（？—前707），名鲍，在位三十七年。

⑦ 五父（fǔ）：陈桓公之弟陈佗（？—前706），字五父。

⑧ 亲：爱。仁：假借为"人"。《孟子·尽心下》："仁也者，人也。"善，友好、和睦。"亲仁"对国内而言，"善邻"对国外而言。

⑨ 其：表示祈使，有"当"的意思。

⑩ 宋：参见下篇题解。实：是。难（nàn）：患。

⑪ 善：与下句之"恶"相对，为道德规范之一，与注⑧的"善"属一词多义。

⑫ 长（zhǎng）：滋长，增长。

⑬ 其：大概。"其……之谓"相当于"大概说的是……"。

⑭ 悛（quān）：悔改。

⑮ 从：随即。及："及于祸"之略。

⑯ 其：岂。

⑰《商书》：指《尚书·盘庚上》篇。《左传》作者在引文中添加了"恶之易也"一句。

⑱ 易：蔓延（从王念孙说，见王引之《经义述闻》）。

⑲ 乡(xiàng)迩(ěr)：靠近。乡，同向；迩，近。

⑳ 其：同注⑯。

㉑ 周任：古代的良史。昭公五年记仲尼之言中也曾引周任之言。

㉒ 为：治理。

㉓ 务：务必，必须。

㉔ 芟(shān)夷：除草。蕴崇：积聚成堆。

㉕ 信(shēn)：同伸，伸展。

【题解】

本篇选自《左传·隐公六年》。鲁隐公六年为公元前717年，当周桓王三年，陈桓公二十八年，郑庄公二十七年。

陈是周初所封舜之后为君的诸侯国。周武王在伐殷之前，就任用虞阏父（阏一作遏，音同字通）为陶正，是掌管陶器制作的官员。《新唐书·宰相世系表》据虞氏世谱称虞遏父为舜子商均的三十二世孙。武王伐纣胜利后，在大封同姓诸侯的同时，也分封黄帝、尧、舜及夏、商之后，便将虞阏父之子满封于陈（地有今河南东部的一部分和安徽西北部的一部分），建都宛丘（今河南淮阳），赐姓妫，并把长女大(tài)姬嫁给满，这就是陈国的始建国君陈胡公。陈桓公（见正文之注）是陈国的第十二任国君。

陈国为侯爵。自西周以来，其国势未曾强盛过。《史记·陈世家》在陈桓公前仅列世次，无事可记，说明陈在列国中是个影响不大的国家。《左传》对陈国自东周以来迄止于本年，也只散记了卫庄公又娶陈女、陈以配角身份于隐公四年夏秋两度追随宋与卫伐郑、出自石碏之口意在诱州吁入陈的"陈桓公方有宠于王"这一不知真假的信息、陈桓公应石碏之请协助卫国拿下州吁及厚诸事。继而有本篇之记，虽文极简短，仅一百四十五字，却有史又有评，是《左传》对陈国的第一个特写，可惜男一号陈桓公成了批判的对象。

史的部分，只有五十二字，可谓以最省俭的笔墨，写了前一年郑国主动上门愿与年前随宋、卫伐己的陈国寻求和解，而陈桓公却以脱离实际的僵化思维、低估郑国实力的自大心态,不听弟弟五父"亲仁善邻,国之宝也"的劝谏,拒绝了郑国化敌为友、建立两国睦邻关系的一片善意,执意继续要与郑国交恶下去。郑国不计前嫌,主动修好,却遭陈桓公白眼。"先礼"不果,只好"后兵",于这年五月,发兵入侵陈国国土,俘获了大批陈军人马。陈桓公敬酒不吃吃了罚酒,可以说是自食了亲手种下的恶果。

于是就有了"论"的部分引经据典、上纲上线对陈桓公的批评。"君子曰"云云,把陈桓公的治国上升到了道德的高度。单就这一篇选文来看,陈桓公处理与郑国的关系,的确是不明智的,思想根源就在于他"宋卫实难,郑何能为"那两句话,但还谈不上有多少大恶。宋、卫是老牌的爵秩高的诸侯国,宋国为公爵,卫国虽为侯爵,但卫武公曾在周幽王十一年犬戎之难时带兵佐周平戎,"甚有功",周平王东迁后为嘉奖他,擢升他为公爵。而郑国为新建之国,爵秩在陈国之下,仅为伯爵。在陈桓公看来,宋、卫是惹不起的,而郑国是无所谓的。所以隐公四年宋、卫两度要陈国一起伐郑,陈桓公都没有二话,亲自出马,紧相追随,尽管郑国丝毫没有得罪陈国的地方。当时陈国周围的国家,西北与郑接壤,西南是蔡国,东北是宋国,北方是卫国。两次伐郑,由卫国州吁发动,而由宋殇公为主,陈、蔡均参与。州吁的目的,是在弑君自立后希冀通过诸侯会伐求得列国对自己的承认,并企图转移国内民意对自己的不满,也有替共叔段报复一下郑庄公的意思;而宋殇公是因为与自己争君位的公子冯逃亡到了郑国,怕郑庄公为公子冯撑腰,对自己不利,所以要向郑国表示自己的强硬态度,传达一个政治信息。唯有陈、蔡二国,纯粹是跟屁虫。在这一由五个诸侯国连成一片的地域中,郑国遭到了其余四国合力的讨伐,当然要考虑如何改善自己的处境。四国之中,伐郑以宋国为主,卫国主谋州吁虽已死亡,但卫国还收留着共叔段的儿子公孙滑,对这两国必须要加以报复。隐公五年四月,郑军入侵卫郊,卫人借南燕之师伐郑,被郑所败。九月,郑国借周王室的军队伐宋,一直打到宋都外城。如鲁迅所说,"报仇雪恨,《春秋》之义也"。但对于陈、蔡,郑庄公也看出这二国实是胁从。特别是陈国,与郑毗邻,接壤的边界线较长,不像蔡国与郑国之间还隔着一个许国,因而想首先把它从四国集团中分化出来,不但不用武力报复,还主动要求和解。不料陈桓公宁愿与郑国交恶,也不敢背弃宋、卫,这才不得不也把他报复了一顿。陈桓公对郑国的亲善表示不予理会,可以说是善有所失;坚持与郑国交恶,可以说是恶有所长。但是在这一件事上,他并没有"长恶不悛",隐公七年秋,宋国首先与郑国讲和并立了盟约。十二月,陈桓公也跟上,派弟弟五父到郑国与郑庄公誓盟,郑庄公也派大夫良佐到陈国与陈桓公誓盟；紧接着陈桓公还向郑世子忽提亲，要把自己的女儿嫁给他，郑庄公也答应了。一时间，陈、郑两国关系迅速好转升温。可见陈桓公撞了墙还是能回头的，吃了亏还是能学乖的。似乎"君子曰"一段对陈桓公批评的尺度、言辞有些过分了。宋代理学家朱熹对这一段"君子"的评论也有所不满，《朱子语类》卷八十三辑叶贺孙所录其语云："《左传》'君子曰'最无意思。（因举"芟夷蕴崇之"一段）是关上文甚事？"

其实，《左传》"君子曰"固多接上文发挥，但情况并不一样，有就上文专而评之的，有因上文泛而论之的，也有承上文复探下综而言之的。本篇选文的"君子曰"就属第三种情况。"善不可失，恶不可长，其陈桓公之谓乎！长恶不悛，从自及也，虽欲救之，其将能乎！"这几句话，前已分析，并非对不许郑伯求成一件事的事后总结。那么，它又指的是什么呢？看来，应该是对陈桓公生命的最后十年治理陈国失败导致生前身后国乱的预先评估。

《左传》对陈桓公生前记载的最后三件事，第一件就是他终于与郑庄公达成了和解。这应该是个"善"的举动了吧？但我们如果仔细阅读《左传·隐公七年》的原文，就能看出一些端倪：

> 冬，……陈及郑平。（平，媾和。）
>
> 十二月，陈五父如郑莅盟。（如，前往。莅，临。）壬申，及郑伯盟，歃如忘。（杜注：志不在于歃血。）洩伯（郑大夫，洩氏，名驾，字伯）曰："五父必不免（免，免于祸之略），不赖盟矣。"（不赖盟，盟约靠不住）郑良佐如陈莅盟。辛巳，及陈侯盟，亦知陈之将乱也。（杜注：入其国，观其政治，故总言之也；皆为桓五年、六年"陈乱""蔡人杀陈佗"传。）

"歃血"是古代订立盟约的仪式中一个重要的程序。订盟者须在司仪人员宣读盟誓时口含牛血（后也简化为手蘸牛血涂抹在口旁）表示诚信。但是，五父作为陈桓公的代表，在歃血时态度却不恭谨严肃，反而显得神情迷茫，像忘记了自己是在神明面前誓盟一样。郑庄公的陪同人员洩驾看出五父表情心不在焉，认为五父将不免于祸，郑、陈两国的盟约恐怕靠不住。郑国大夫良佐代表郑庄公前往陈国与陈桓公誓盟，也看出陈国政局存在着"将乱"的迹象。《左传》行文，每喜对若干年后发生的事预作暗示，杜预就认为这一段叙写中洩伯的话和良佐的感知，是对鲁桓公五年陈桓公死、"陈乱"和鲁桓公六年"蔡人杀陈佗"之事预先埋下的伏笔，但不管怎么说，陈桓公与郑国订立和解同盟，应该是善事而不是恶事。

　　《左传》所记陈桓公最后十年的第二件事,是他把女儿嫁给了郑国的太子忽,见于隐公七年、八年。这是他对郑亲善的一个实际举措,应该也是善事而不是恶事。要说是恶事的那是第三件事,是下一篇选文中要讲到的,宋国发生了华父督弑君、杀同僚夺其妻的大恶事,但他靠了向鲁、齐、陈、郑四国国君行贿,居然在诸侯中摆平了这件事。宋国在新立了亲郑的国君庄公以后,华父督得以继续做他的太宰(相)。陈桓公是接受了贿赂昧着良心处理宋国变故的四个诸侯之一。这算是陈桓公失善长恶之举。但仅此一桩,与"长恶不悛"、恶蔓延到如燎原之火不可扑灭的地步,究竟存在着太大的差距。可惜《左传》未能提供陈桓公更多的作恶事迹。等到《春秋》再提到陈桓公时,却是记录了他的死日,而且行文十分蹊跷,竟记了两个不同的日子:"(鲁桓公)五年春正月,甲戌、己丑,陈侯鲍卒。"陈侯鲍就是陈桓公。据杜预按古代历书推算,"甲戌"其实是上一年的十二月二十一日,"己丑"则是这一年正月的初六,两个日子前后相隔半个月。这是怎么回事呢?

　　《左传》的解释是"再赴也"。赴,今作"讣",报丧。周代诸侯死,要向王室及列国报丧。再赴,是指鲁国收到了陈国的两次讣告,上面书写陈侯鲍死亡的日子不相同,所以《春秋》把这两个日子都记下了。再赴的原因,是"陈乱","文公子佗杀太子免而代之。公疾病(据《公羊传》,陈桓公得的是精神病)而乱作,国人分散,故再赴"。文公之子佗也称陈佗,即本篇选文中的五父,是陈桓公的异母弟。他趁陈桓公病而杀太子,陈桓公死而自立为君,在位仅一年七个月多一点,即为蔡人所杀。《春秋·桓公六年》在"秋八月"下记"蔡人杀陈佗",而《左传》此年阙载其事。联系上文所说《春秋左传》未记陈桓公有哪些"长恶不悛"之事,加上"陈侯鲍卒"出现再赴的罕见情况,都显示出陈国因政局一度动荡混乱,导致史官无法正常尽其职守,甚至国史简册有所散佚,造成了陈桓公死前死后若干年内陈国的史料有一定程度的错乱、缺失乃至断层。《左传·庄公二十二年》对陈佗之死提了一笔,直到襄公二十五年才从郑国子产的口中较详细地追叙了此事。

　　因此可以说,本篇"君子曰"对陈桓公"善不可失,恶不可长","长恶不悛,从自及也,虽欲救之,其将能乎"的评论,是超越了本篇选文的范围,而直探陈桓公生前死后的"陈乱"的。可惜,我们不能得知他在治理陈国内政时失了哪些善、长了哪些恶,但可以确切地知道陈国在他的治理下,发生了为争夺君位而造成的子弟相残杀、动乱近两年的结果。

【文学史链接】

一、《诗·陈风》一首与本篇有关的诗

《陈风·墓门》

《诗序》:"《墓门》,刺陈佗也。陈佗无良师傅,以至于不义,恶加于万民焉。"

墓门有棘,斧以斯之。夫也不良,国人知之。知而不已,谁昔然矣。

墓门有梅,有鸮萃止。夫也不良,歌以讯之。讯予不顾,颠倒思予。

在本篇选文中,陈佗是陈国正确政策的代表,他提出的"亲仁善邻,国之宝也"具有政治家的远见卓识。但真正要他实践睦邻政策的时候,他却做得不好,在代表陈桓公与郑庄公歃血誓盟时神情恍惚,使在场的郑方人员认为他靠不住。可见,《左传》点出了陈佗言和行的分裂。《墓门》这首诗,《诗序》说是刺陈佗的,并说他是受了不良师傅的误导,善失而恶长,最终做了不义之事。毛传、郑笺、孔疏从《诗序》,以"夫也不良"之"夫""国人知之"之"之",皆指不良师傅;而"歌以讯之"之"之"则指陈佗。由于动乱造成部分陈史缺失,《左传》无任何有关不良师傅的信息,因而《诗序》的说法难以证实。单从字面上看,"夫也不良,国人知之",可以推知不良之人必是陈国统治集团中之一员。宋儒不认可汉儒拉扯上于史无考的"不良师傅"之说,苏辙《诗传》、吕祖谦《吕氏家塾读诗记》皆以为《墓门》诗刺陈桓公,而以"夫也不良"指陈佗;朱熹《诗集传》则认为"夫,指所刺之人",至于所刺何人,则"亦不知其何所指也"。他是彻底摆脱《诗序》之说的。

高亨《诗经今注》一方面受朱熹的影响,说:"这是陈国人民讽刺一个品行恶劣的统治者的诗。"一方面又说:"序(《诗序》)说也通。"程俊英《诗经译注》则以为:"这是一首人民讽刺、反抗不良统治者的诗,据说是刺陈佗的。"并引述《左传·桓公五年》《春秋·桓公六年》有关陈佗的记载,基本倾向于《诗序》之说。

《列女传》卷八《陈辩女》写陈国采桑之女为出使宋国路过陈国的晋国大夫解居甫唱了一首歌,歌词正是《墓门》之诗。可见《墓门》诗当时被谱上了曲子,流行于陈国民间。

二、相关成语典故

亲仁善邻

公子重耳出见使者曰:"……夫固国者,在亲众而善邻,在因民而顺之。苟众

所利,邻国所立,大夫其从之,重耳不敢违。"

(《国语·晋语二》)

泛爱众而亲仁。

(《论语·学而》)

亲仁友直,所以扶颠。

(旧题黄石公撰、宋张商英注《素书》)

至于亲邻之道,夙契逾深,无改曩怀。

(徐陵《为贞阳侯与太尉王僧辩书》)

长恶不悛

有不畏大人而长恶不悛者,下其名品,则宜必惧。

(葛洪《抱朴子外篇·疾谬》)

人鄙其心,众畏其口,……而长恶不悛,曾无忌讳,毁誉由己,憎恶任情。比因安平王事,遂其褊心,因公报隙。

(《北史·宋游道传》)

其有久为头首,累受招安,长恶不悛,及杀人众多,情理巨蠹之人,自合依旧处死。

(李纲《审省措置酌情处断招降盗贼状》)

讳恶不悛,卒至亡灭。

(《后汉书·朱穆传》)

若授以远方牧民之官,其或怙恶不悛,恃远肆毒,小民罹殃,卒莫上诉。

(《宋史·王化基传》)

朕以许其(高丽)改过,乃诏班师,而长恶靡悛,宴安鸩毒,此而可忍,孰不可容。

(《隋书·炀帝纪下》)

阖庐……有过必悛,有不善必惧,是故得民以济其志。

(《国语·楚语下》)

燎原之火

及至焚野燎原,陆火赫戏;林木摧拉,沙粒并麋;腾光绝览,云散霓披;去若风驱,疾若电逝。

(潘尼《火赋》)

拯大川之溺,扑燎原之火。

(李德林《禅隋文》)

屏翳发向敌之风,回禄扇燎原之焰。

(于公异《收西京露布》)

燎原之火,生于荧荧;怀山之水,漏于涓涓。

(司马光《进五规状》)

去草绝根

秦政……其遇民也,若薙氏之芟草,既蕰崇之,又行火焉。……百姓弗能忍,是用息肩于大汉,而欣戴高祖。

(张衡《东京赋》)

抽薪止沸,剪草除根。

(魏收《为侯景叛移梁朝文》)

去草绝根,在于未蔓;扑火止燎,贵乎速灭。

(《陈书·周迪传》)

除恶务本根,况敢遗萌芽!

(柳宗元《唐铙歌鼓吹曲》)

养花如养贤,去草如去恶。

(宋齐丘《陪游凤凰台献诗》)

袁绍曰:"若不斩草除根,必为丧身之本。"

(《三国演义》第二回)

斩草除根,萌芽不发。

(《五代史平话·梁》)

某对天盟誓,某若但得军机在手,将那杨氏父子杀的翦草除根,才称俺平生之愿。

(《孤本元明杂剧·八大王开诏救忠臣》)

【文化史拓展】

春秋时期诸侯之五等爵制

本篇选文陈桓公说的"宋、卫实难,郑何能为"两句话,揭示了陈桓公对诸侯的爵位很看重,而不了解爵位高低与实际国力的强弱大小并不一致的当时现实。这里简单介绍一下春秋时期诸侯五等爵制的情况。

卫人北宫锜问孟子"周室班爵禄"是怎么一回事,孟子说,"其详不可得闻",但也"尝闻其略"。因为孟子所处的时代,已是战国中期、诸侯称王的时代,有关周室为诸侯排列公、侯、伯、子、男五等爵制的相关文书档案都被诸侯们"恶其害己"而销毁了(见《孟子·万章下》)。可见五等爵制存在的下限只在春秋、战国之交。20世纪二三十年代以后,一些研究金文的学者发现西周彝器铭文中有些诸侯的自称与史书所载的爵位并不完全一致,曾提出过周代诸侯爵无定称的论点,认为五等爵制之说只是"东周以后的儒者所捏造"(郭沫若《中国古代社会研究·周代彝铭中的社会史观》)。应该承认,这些学者举的金文爵称时有不统一之例确是事实,但若作出周代从来不曾存在过五等爵制、五等爵制只是孟子以及《周礼》《礼记》等典籍整理成书的儒者所捏造,则是以偏概全的结论。

各国之彝器一般都是诸侯所自作,其文辞多有自美之处。低爵之诸侯每喜升等以自耀,乃当时浮华之习尚。反正所作宝器只在国内"子子孙孙永宝用",在天子之集权甚为松散的情况下,并无僭等之责、文字狱之虞。王国维早就发现夨(zé)国的彝器中既有自称为"夨伯"的,竟也有自称为"夨王"的,彔国的彝器中则有彔伯称其皇考为"釐王"的,而指出"古诸侯于境内称王与称君、称公无异"(《观堂别集·古诸侯称王说》)。在这里,"于境内"三字甚为重要,这样的铭文,是只能在"天高皇帝远"的情况下关起门来自家欣赏,而不能通于诸侯、达于天子的,是一种虚美,而不是实称。这与后来春秋时期楚、吴、越等被周王室和中原诸侯国目为"蛮夷"称之以"子"爵而自称为王的情况有所不同,楚、吴、越都是公开对周室与列国宣称自己为王的,并非虚美,而是底气十足的实称,是对周王室公然的分庭抗礼和对五等爵制的巨大冲击和突破,为战国七雄先后称王开了先例。《春秋》对此是抵制的,记楚、吴之事从来只称楚子、吴子,越国之崛起稍后,甚至连越子之称也未及赋予。《左传》则在大量使用楚子、吴子之称之余,在桓公六年首先使用了楚武王、庄公六年继而使用了楚文王之称,随之庄王(文公十四年)、共王(成公十六年)、康王(襄公二十八年)、灵王(昭公元年)、平王(昭公二十六年)、昭王(哀公六年)等承认楚为王的称呼与歧视性的楚子之称交替出现;又于襄公二十五年以"吴王"记诸樊事,于定公十年称吴王僚为"吴王",于哀公二十二年称夫差为"吴王"。《左传》于句践虽只记为"越子"或径称其名,而《国语》之《吴语》《越语》则屡称"越王句践"或只以"越王"称之。侯、伯、子、男的国君称号在彝铭中也有升等现象,可用同理释之,决不能据此得出"爵无定称"等否定五等爵制的结论。其实,古人对这种现象也有作出过解释的,东汉何休注释《公羊传》,对《春秋》称鲁侯为公即说:"鲁称公者,臣子心所欲尊号其君父。……王者探臣子之心欲尊其君父,使得称公。"这个"公",已不是爵称,而是尊称。《白虎通·爵》也说:"伯、子、男,臣子于其国中褒其君为公。"而无论何爵,凡国君死后,谥号皆称公,这一点前文已介绍过了。

五等爵制始于西周之何时,根据现存之文献尚难确指。但从《左传》《国语》两部春秋时代的文献来看,五等爵制确实是存在的,而绝不是"东周以后的儒者所捏造"。《国语·周语中》记周襄王拒绝晋文公"请隧"时说:"昔我先王之有天下也,规方千里以为甸服,……其余以均分公、侯、伯、子、男。"这是史官所记周王之语,不能妄指为后世儒者之捏造。《左传·僖公二十九年》:"在礼,卿不会公、侯,会伯、子、男可也。"杜注:"大国之卿,当小国之君,故可以会伯、子、男也。"五等爵之序列井然。《左传·襄公十五年》记"君子"之言评楚康王时之令尹公子午善于安排官职,涉及到周王之"班爵禄"说:"王及公、侯、伯、子、男,甸、采、卫大夫各居其列。"公侯伯子男为诸侯之爵位,甸、采、卫大夫为"五服"(侯服、甸服、男服、采服、卫服,因侯服、男服之名与上五等爵中之侯、男涉嫌文字相重而略之,举三以概五)之大夫,"各居其列"以构成周王室之统治机器与等级秩序。《左传》之成书虽在春秋之末,但春秋时期之记事及评论应视为春秋之史料及春秋时人的观点,不能与成书过程中递加补充的春秋后史料相提并论。《国语·楚语上》伍举在与楚灵王对话时说:"天子之贵也,唯其以公、侯为官正,而以伯、子、男为师旅。"这则资料对五等爵制的实证意义也十分明确。《国语·鲁语下》记季武子为三军,叔孙穆子认为鲁国当时的实力,在诸侯中够不上可以拥有三军的大国的地位,因而加以劝阻,说:"天子作师(天子可以建六军),公帅之,以征不德。元侯(诸侯中的大国)作师(大国三军),卿帅之(卿指命卿,即天子所命之卿,三卿帅三军),以承天子。诸侯(指中等的侯国)有卿无军(一般侯国有命卿二人,可帅二军;另有国君所命之卿,按当时规矩不可帅军;此云无军,指无三军而言),帅教卫以赞元侯。自伯、子、男有大夫无卿(指无命卿,但可有国君所命之卿),帅赋(国中所出兵车、甲士)以从诸侯。"并称鲁国只是"处大国之间"的"小国",不应谋求建三军。季武子不听,终建三军,结果名不副实,在齐、楚等大国的讨伐下十分被动。这则资料说明在春秋中叶以后,五等爵中的侯又分成两个等级,即大国(元侯)与中等国(一般的侯国),而伯子男则同处小国的地位。伯子男同为小国,与《公羊传·隐公五年》的说法相合:"诸侯者何? 天子三公称公,王者之后称公,其余大国称侯,小国称伯、子、男。"

（又《公羊传·桓公十一年》："春秋伯、子、男一也，辞无所贬。"）也与《左传·昭公四年》"王（楚灵王）问礼于……子产，……子产曰：'小国共（供）职，敢不荐守？'献伯、子、男会公之礼六"的记载相合。又与《左传·昭公十三年》郑国子产在以晋国为主、有王室卿士刘献公参加的平丘之会上，将盟之前，力争减轻郑国的贡赋时所说的话相合："郑，伯男也，而使从公侯之贡，惧弗给也，敢以为请。"《左传》记道："自日中以争，至于昏，晋人许之。"杨伯峻《春秋左传注》把"郑，伯男也"标点为"郑伯，男也"，因而称"此语极费解"，而列举古今之说数家，仍不得要领。问题在于把"郑伯"连读，标点有误。若断为"郑，伯男也，而使从公侯之贡"，则"伯男"与"公侯"相对，是说郑国是伯子男这一档的小国，却要它负担公侯之类的大国一样重的贡赋，是力不胜任的。子产虽然与盟主晋侯从日中一直争到黄昏，最终晋国还是认可了他的请求，说明春秋后期各国对"伯子男"属同一个档次的小国，已有一定的共识。

《孟子·万章下》则说诸侯的爵位等次是"公一位，侯一位，伯一位，子、男同一位"，与上述说法有异，当是西周至春秋前期的一种观念。同书还说："天子之制，地方千里，公、侯皆方百里，伯七十里，子、男五十里。"除去天子地方千里不算，诸侯分为三等：公、侯为大国领土方圆百里，伯为中等国领土方圆七十里，子、男为小国领土方圆五十里。同书还说："不能五十里者，不达于天子，附之诸侯，曰附庸。"附庸小国是排除在五等爵制的诸侯之外的。孟子之说，确实如他所言只是"尝闻其略"，与诸侯国实际发展情况的复杂性、不平衡性远不能相应。如春秋初期的郑国，原为西周王畿内一个不大的国，属于伯爵，平王东迁后，郑武公随之东迁至新郑，灭东虢、郐，与子庄公相继为王室卿士，得以借王师之力，先后开拓疆域，所占之地比公、侯之方圆百里还不止，但仍称伯爵，所以陈桓公徒闻其名、不知其实，对颇具小霸之势的郑国作出了无能为的错误判断。又如西周时的鲁国本是大国，建有三军，但进入春秋以后国势寝弱，仅剩二军。鲁襄公时，执国政之命卿季武子不顾主客观条件并不具备，硬要想与齐、晋等真正的大国平起平坐，也"作三军"，结果军事上屡吃齐、楚之亏，已如前述。这还不说，大国打不过，鲁国就拣软柿子吃，对周边小国邾、莒、杞等屡加侵伐。这些小国不堪其苦，就在昭公十三年的平丘之会前向当时的盟主晋国告了一状，诉说鲁国"快要把我们灭亡了，我们之所以无力缴纳贡赋，完全是鲁国造成的"。晋国就此谢绝本来要与会的鲁昭公前来结盟，还把代表国君来参加会议的鲁卿季平子（即襄公十一年"作三军"的季武子之子）抓了起来，使鲁国蒙受了很大的羞辱。晋、鲁同为侯爵，鲁国还极力想脸肿充胖子，攀上大国的位置,但实际上两个同爵位的国家强弱差距就这么大。

由此看来,说孟子"尝闻其略"而叙述的五等爵制概况是一种"捏造"是不对的,但看不到这种简单化、绝对化的叙述不可能概括诸侯国在实际发展中的此消彼长、强弱大小转化而呈现出的变动性、不平衡性和复杂性,恐怕是更大的错误。

从上述涉及五等爵制的材料中可以看出,诸侯的爵位高低与其原始领土的大小、拥有军队的规模、天子所命卿大夫的有无多少、贡赋的轻重等都有直接的关系。

〔附〕《春秋左传》所记五等爵位各主要诸侯国:

1. 公爵

宋国(殷商之后,子姓,始封君为微子启)。

2. 侯爵

鲁国(姬姓,始封君为周公旦之子伯禽。传世彝器铭多称鲁侯,个别有称鲁公者)。

齐国(姜姓,始封君为太公吕尚。齐桓公时称霸,实为诸侯之长,本爵仍为侯)。

卫国(姬姓,始封君为周武王弟康叔封。卫武公时助周伐犬戎有功,周平王命武公为公。武公卒,卫复本爵)。

晋国(姬姓,始封君为周成王弟唐叔虞。晋文公时周襄王命为伯,或霸,亦称侯伯,本爵仍为侯。彝铭有自称公者)。

陈国(妫姓,虞舜之后,始封君为胡公满。彝铭称陈侯,个别有称陈公者)。

蔡国(姬姓,初封周武王弟叔度于上蔡,因参与武庚之乱三监之叛,遭放而国迁身死。子胡改行率德,周公复封之于新蔡,仍为侯爵)。

燕国(姬姓,始封君为召公奭。彝器铭文多称匽侯,个别有称匽公者,亦有称匽王者)。

* 按:春秋时期之次要侯爵国尚有"邓国"(曼姓,鲁庄公十六年为楚文王所灭。彝铭或自称"邓公"。《春秋左传》一概称"邓侯")、"息国"(姬姓,鲁庄公十四年前即为楚文王所灭,《左传》称其国君为"息侯")等。

3. 伯爵

曹国(姬姓,始封君为周武王弟叔振铎)。

秦国(嬴姓,始封君为周大夫秦襄公,襄公七年以平犬戎之乱有功,始列为诸侯,为伯爵。彝铭有自称为秦公者)。

郑国(姬姓,始封君为周宣王幼弟友)。

杞国(姒姓,夏禹之后,始封君为东楼公。《左传·桓公二年》《桓公三年》《桓公十二年》三次提到"杞侯",《春秋公羊传》《春秋穀梁传》皆作"纪侯"。纪国侯爵,姜姓。《左传》除此三处外,无一称杞侯者,则《公羊传》《穀梁传》作"纪侯"似是。纪、杞形近易误。杞在西周时曾封何爵不详,可能曾与宋国一样同为公爵(所谓"王者之后为公"),但其后必因故爵有所降,至春秋时期《春秋左传》提到杞国国君称为杞伯者凡二十九处。《春秋》有三处书作"杞子",《左传》皆加以说明僖公二十三年:"杞成公卒,书曰子,杞,夷也。""杞桓公来朝,用夷礼,故曰子。"(僖公二十七年)襄公二十九年:"杞,夏余也,而即东夷。……书曰子,贱之也。"(春秋时其本爵为伯,当无可疑)。

薛国(任姓,夏代车正奚仲之后,始封君不详。彝铭自称侯,《左传·隐公十一年》亦称薛侯,其后至春秋末皆称薛伯。或因国小而降爵)。

4.子爵

滕国(姬姓,始封君为周武王弟错叔绣。西周时当为侯爵,彝铭亦自称侯。沿至春秋初期,《春秋》七年、十一年两次均记"滕侯"。但两年后桓公二年即书"滕子",直至春秋末期哀公四年时共记及滕君之事凡二十七处,一律以"滕子"称之。可证滕因国小或无力负担侯爵之贡赋,已于公元前710年起降为子爵)。

楚国(芈[mǐ]姓,其族之先祖鬻熊曾事周文王,周成王封其曾孙熊绎于楚蛮之地,为子男之田。其后拓疆并土,成南方大国强国,而中原诸国仍以蛮夷视之,称其为楚子。楚武王始自称为王,《春秋》则始终不改楚子之称,《左传》间以王称之。彝铭自称为王,亦有称公称子者)。

吴国(姬姓,西周初,周武王以伯爵追封让国奔吴的周太王长子吴太伯。太伯卒,弟仲雍立。仲雍之十九世孙寿梦自称为王。周室以吴不用周礼,从蛮夷之俗,故废其爵。春秋时称为吴子)。

越国(姒姓,禹五世孙少康封庶子无余于会稽,为越之始祖。后二十余世,一作三十余世,至于允常,拓土始大,称王。子越王句践灭吴,周元王命为伯[霸],其事已入《六国年表》。春秋时期中原诸侯皆以蛮夷视之,称之为"越子"。《国语》称句践为越王)。

郜国(姬姓,始封君为周武王之庶弟,子爵。春秋初或以前曾为宋所侵,失其传国之鼎)。

郑国(曹姓,鲁僖公之母成风因莒灭其母国须句,指郑为蛮夷。《左传》终始称其国君为"邾子"。其彝器则自铭为"邾公""邾伯")。

莒国(己姓,中原诸侯以蛮夷视之,《左传》终始称其国君为"莒子"。其彝器则自铭为"吕[莒]王""邵[莒]伯",亦有称"公"者)。

鄫国(姒姓,夏少康封其少子曲烈于鄫,为鄫国之始祖。春秋时为子爵。襄公六年灭于莒。彝器铭文有自称子爵亦有自称伯爵者)。

郯国(嬴姓,一说己姓,自称少暭后裔。《左传》称其国君为"郯子")。

徐国(嬴姓,周初徐戎所建,周室以蛮夷视之。《左传》称之为徐子,彝铭则自称为"郐(徐)王")。

巴子国(姬姓,子爵。巴原为古国、古族,武王克殷后,以周人入主,封为子国)。

按:其余戎狄之国,国君皆以"子"称,未必为周室所封之爵。如:白狄子(姬姓)、肥子緜皋(姬姓)、鼓子鸢鞮(姬姓)、赤狄潞子婴儿(隗姓)、戎子驹支(姜姓)、戎蛮子嘉(蛮氏)、无终子嘉父(北戎)、舒子平(偃姓)等。

5. 男爵

许国(姜姓,周初分封时始封君为文叔,男爵。《左传》一概按爵称其君为"许男",铜器铭文则自称"许子")。

宿国(风姓,传为太暭后裔。"宿男"之称仅《春秋·隐公八年》书其"卒"一见。国小史迹不存)。

骊戎国(姬姓,《左传·庄公二十八年》记晋献公伐骊戎,称其君为"骊戎男",则为男爵。而《国语·晋语一》称其君为"骊子",恐为对戎狄之君称"子"的习惯称呼)。

【问题探讨】

《史记·陈世家》的几个错误

煌煌巨著《史记》,起自黄帝,迄于汉武,上下三千年通史,取材极为宏富,偶有疏误,实不足为奇。《陈世家》就有一些搞错的地方,唐初撰《春秋左传正义》的孔颖达早就指出其与《世本》《左传》等不符之处,今比照摘录如下:

1. 陈国妫姓的由来

《陈世家》:"昔舜为庶人时,尧妻之二女,居于妫汭,其后因为氏姓,姓妫氏。……周武王克殷纣,乃复求舜后,得妫满,封之于陈,以奉帝舜祀,是为胡公。"

《左传·隐公八年》:"天子建德(杜预注:立有德以为诸侯),因生以赐姓(杜注:因其所由生以赐姓,谓若舜由妫汭,故陈为妫姓)。"孔颖达疏:"按:《世本》:'帝舜,姚姓。'哀元年《传》称'虞思妻少康以二姚',是自舜以下犹姓姚也。昭八年《传》曰:'及胡公不淫(不淫为满之字),故周赐之姓。'是胡公始姓妫耳。《史记》以为胡公之前已姓妫,非也。"

2. 陈厉公名佗还是名跃

《陈世家》:"蔡人……立佗,是为厉公。"以为陈厉公即陈佗。

《春秋·桓公十二年》:"八月壬辰,陈侯跃卒。"杜预注:"厉公也。"孔颖达疏:"'跃为厉公',《世本》文也。"

3. 太子免是谁杀的　陈佗是谁立的

《陈世家》:"蔡人为佗杀五父及桓公太子免而立佗。"以为太子免是蔡人杀的,陈佗是蔡人立的。

《左传·桓公五年》:"文公子佗杀太子免而代之。"明确说明陈佗杀了太子免而自立,与蔡人无关。

4. 陈佗和五父是一个人还是两个人

《陈世家》上述引文说"蔡人为佗杀五父及桓公太子免",以为陈佗与五父是两个人。

《左传·桓公五年》上述引文提到"文公子佗",杜预注:"佗,桓公弟五父也。"五父为陈佗之字,五父、陈佗是一个人,《史记》"蔡人为佗杀五父"之说是很可笑的。《春秋·桓公十二年》孔颖达疏:"按《传》,五父、佗一人,而《世家》以为二人。……束皙(晋代学者)言马迁分一人以为两人,以无为有,谓此事也。"

5. 陈佗之母是蔡女吗

《陈世家》:"文公元年,取蔡女,生子佗。""桓公弟佗,其母蔡女。故蔡人为佗杀五父及桓公太子免而立佗,是为厉公。"两次提到陈佗母为蔡女,其实非也。

《左传·庄公二十二年》:"陈厉公,蔡出也,故蔡人杀五父而立之。"陈厉公是陈桓公之子跃,而司马迁误以为是陈文公之子佗,因而有"文公取蔡女,生子佗"以及"桓公弟佗,其母蔡女,故蔡人为佗杀五父……而立佗,是为厉公"之误。《春秋·桓公六年》说:"蔡人杀陈佗。"若陈佗是蔡女所生,蔡人岂会杀他?是陈桓公娶蔡女,生跃,所以才说"陈厉公,蔡出也",故蔡人杀陈佗而立之。

6. 陈佗和跃各在位多久　陈国世系有没有利公一代

《陈世家》:"(厉公七年,)桓公太子免之三弟……与蔡人共杀厉公而立跃,是为利公。利公者,桓公子也。利公立五月卒。"这里所说的"厉公"指陈佗,即《陈世家》认为陈佗做了七年国君,而跃只做了五个月国君。实际怎样呢?《左传·桓公五年》正月记陈佗杀太子免而自立,第二年八月《春秋》就记载"蔡人杀陈佗",所以陈佗自立,在位仅一年七个月多一点,绝无"七年"之可能。陈佗死后无谥,故《左传》提到他或称"陈佗",或称"五父",或称"文公子佗"。"厉公"是跃的谥号。

《春秋·桓公十二年》孔颖达疏:"蔡人杀佗在桓公卒之明年,不得为佗立七年也。佗以(鲁桓公)六年见杀,跃以此年始,卒,不得为跃立五月也。既以佗为厉公,又妄称跃为利公,《世本》本无利公,皆是马迁妄说。"跃以鲁桓公六年立,十二年卒,连头搭尾,可以算做七年。

7. 敬仲完是陈佗的儿子吗

《陈世家》:"厉公二年,生子敬仲完。"这个"厉公",《陈世家》指的是陈佗。陈公子完谥敬字仲,于庄公二十二年为政治避难出奔齐国,改姓氏为田(古陈、田音同),成为后来田齐之祖。《史记》有《田完敬仲世家》。

《左传·庄公二十二年》:"陈厉公,蔡出也,故蔡人杀五父而立之,生敬仲。"这个陈厉公指的是跃,他才是敬仲完的生父。陈佗无谥不得称公,他即使有儿子也不能称公子。《史记》之误,使敬仲完在陈氏世系中"提高"了一代辈份,从陈文公的曾孙变成了陈文公的"孙子"。

司马迁出了这些差错,和上文提到过的陈桓公之乱造成陈国史官一度无法正常工作、一部分国史简策被人为或无意间损毁,使陈国史料部分缺失甚至出现局部断层有一定关系。以陈佗之死为例,《春秋》三传就有三种不同的版本。《左传·桓公六年》关于"蔡人杀陈佗",是有经无传,后来有个补充,别见上述所引庄公二十二年的记载,只说是蔡人为了要立陈桓公所取蔡女所生的跃为国君,所以杀了陈佗,再无其他枝节。《公羊传·桓公六年》则说:"陈佗者何?陈君也。陈君曷为谓之陈佗?……贱也。其贱奈何?外淫也。恶夫淫?淫于蔡,蔡人杀之。"把"蔡人杀陈佗"的原因归之于陈佗"淫于蔡",而未提蔡人要立蔡女所生的跃这个政治原因。《穀梁传·桓公六年》则说:"陈佗者,陈君也。其曰陈佗何也?匹夫行,故匹夫称之也。其匹夫行奈何?陈侯熹猎,淫猎于蔡(这个"淫"是过度的意思,不同于《公羊传》的"淫"),与蔡人争禽,蔡人不知其是陈君也,而杀之。"把"蔡人杀陈佗"说成是打猎争禽、在不知对方是陈君的情况下因冲突而杀死的。三传三个说法,且绝无雷同之处。若陈国保存有《鲁春秋》、晋《乘》、楚《梼杌》一样的国史,会出现各说各的话吗?《左传》对陈桓公之乱生前之因果、身后之影响,记得极为简略，且如"蔡人杀陈佗""陈侯跃卒"等经文皆当年无传，事后追补，又颇分散，且仅三言两语甚或片言只语。需前后参读，细加比照，方能得其大概。太史公写《陈世家》虽多取材于《左传》，却在"前后参读，细加比照"上少下了一点功夫，才导致出了一些错误。

关于陈佗之死，《陈世家》兼采《左传》的政治原因说和《公羊传》的好淫原因说，加以发挥，推衍出如下的一段记述："厉公（指陈佗）取蔡女，蔡女与蔡人乱，厉公数如蔡淫。七年，厉公所杀桓公太子免之三弟，长曰跃，中曰林，少曰杵臼，共令蔡人诱厉公以好女，与蔡人共杀厉公而立跃，是为利公。"避开已确证为错误的几点不说，单就陈佗是怎么死的这个过程看，到底是历史记实，还是推测想象，由于陈史缺失，很难加以判定，恐怕是不宜尽信的。

【思考与讨论】

在本篇选文"史"的部分，五父（陈佗）是一个正面形象，但在看了"题解""文学史链接（一）""问题探讨"中有关陈佗的负面材料后，你对这个人物作何评价？

四、 臧哀伯谏纳郜鼎于大庙

二年春①，宋督攻孔氏②，杀孔父而取其妻③。公怒④，督惧，遂弑殇公。……

会于稷⑤，以成宋乱⑥。为赂故⑦，立华氏也⑧。

宋殇公立⑨，十年十一战⑩，民不堪命⑪。孔父嘉为司马⑫；督为大宰⑬，故因民之不堪命，先宣言曰⑭："司马则然⑮。"

已杀孔父而弑殇公，召庄公于郑而立之⑯，以亲郑。以郜大鼎赂公⑰，齐、陈、郑皆有赂，故遂相宋公。

夏四月，取郜大鼎于宋⑱。戊申⑲，纳于大庙⑳，非礼也。臧哀伯谏曰㉑："君人者㉒，将昭德塞违㉓，以临照百官㉔……百官于是乎戒惧，而不敢易纪律㉕。今灭德立违㉖，而寘其赂器于大庙㉗，以明示百官，百官象之㉘，其又何诛焉㉙？国家之败，由官邪也㉚。官之失德，宠赂章也㉛。郜鼎在庙，章孰甚焉！武王克商，迁九鼎于洛邑㉜，义士犹或非之㉝，而况将昭违乱之赂器于大庙^㉞,其若之何?"公不听。

【注释】

① 二年春:据《春秋》,为"正月戊申",查《春秋长历》,为正月八日。

② 宋督(? —前682):宋国公族,子姓,名督,字华父(fǔ),按当时习惯字、名可连称,也叫华父督,官太宰。其后世以华为氏。余参题解。孔氏:指孔父(fǔ),宋国公族,子姓,名嘉,字孔父,也称孔父嘉(? —前710),官司马。其后世以孔为氏。余参题解。

③ 取:夺取。

④ 公:指宋殇公(? —前710),名与夷,在位十年。

⑤ 会于稷:指当年三月,鲁桓公、齐僖公、陈桓公、郑庄公在宋国稷邑(在今河南商丘境内)集会。

⑥ 成:结束。成宋乱,对宋国弑君之乱作一个结束。

⑦ 赂:本指赠送财物,引申指贿赂。

⑧ 立:使成立,有承认的意思。立华氏,确认华父督太宰的位置,即下文所说的"相宋公"。

⑨ 立:指在位。

⑩ 十年:前720年八月十五日宋穆公病卒,宋殇公立;前710年一月八日殇公为宋督所弑。十一战:见《左传》,分别在隐公四年(二战皆宋伐郑)、五年(一战宋取邾田,一战邾、郑伐宋、又一战宋伐郑)、六年(宋取郑长葛)、九年(郑伐宋)、十年(一战齐、鲁、郑伐宋,又一战宋、卫入郑,郑围而克之于戴,复入宋)、十一年(郑伐宋,大败宋师)。十一战中,有十战与郑互相攻伐,宋从最初的主动出击逐渐转为后来的被动挨打,反映了民不堪命影响了士气和战局的结果。

⑪ 不堪:不能忍受。命:指出军赋和服兵役的命令。

⑫ 司马:掌管军政和军赋的官。《左传·隐公三年》称孔父为大司马,义同。

⑬ 大(tài)宰:也作太宰,或称相,相当于后世的宰相,总管国家内外事务的官。

⑭ 宣言:这里指散布流言。

⑮ 则:乃是,才是。然:如此,指连年战争造成民怨沸腾。

⑯ 庄公:即公子冯(píng),穆公之子。宋庄公(? —前692)在位十九年(自前710年起算)。

⑰ 郜:古国名,姬姓,始封之君为周武王庶弟,春秋初年曾为宋国所侵,其大鼎遂为宋所有。地在今山东成武县城内(详见[文化史拓展])。公:指鲁桓公。

⑱ 本句主语省略，为"鲁"或"公(鲁桓公)"。

⑲ 戊申：据《春秋长历》，四月无戊申日，五月十日方是戊申。《左传》此记有日而无月。

⑳ 大(tài)庙：也作太庙，鲁国始祖周公旦之庙。

㉑ 臧哀伯：鲁国大夫，名达，父僖伯为鲁孝公之子，名驱，也称公子驱，字子臧；其孙(即哀伯之子伯氏缾)始用祖父之字为氏，称臧孙缾。后人也以臧孙为氏称哀伯为臧孙达，或以臧为字称僖伯、哀伯为臧僖伯、臧哀伯。

㉒ 君：统治。君人者，指国君。

㉓ 昭：显扬。昭德，显扬道德。塞：阻止。塞违，阻止邪恶。

㉔ 临：从上而下。临照，从上而下照察，比喻国君对群臣的察理。亦作"照临"，《诗·小雅·小明》："明明上天，照临下土。"郑玄笺："喻王者当察理天下之事也。"百官：即众官。百为虚义，并非实指。

㉕ 易：变易，引申为违反。

㉖ 灭德："昭德"的反面。立违："塞违"的反面。

㉗ 寘(zhì)：同"置"。

㉘ 象：效仿。

㉙ 其：那。诛：责备。

㉚ 邪：作风不正，腐败。

㉛ 宠：爱。宠赂，贪爱贿赂。章：同彰，公开化。

㉜ 九鼎：相传为夏禹所造，以象九州。三代时认为得九鼎即有天下(九州)，因而成汤灭夏迁九鼎于商邑，周武王灭殷迁九鼎于洛邑。

㉝ 义士：指伯夷、叔齐。犹或：尚且有。

㉞ 昭违乱：宣扬邪恶悖乱。

【题解】

　　本篇选自《左传·桓公二年》。鲁桓公二年为公元前710年，当周桓王十年，宋殇公十年，郑庄公三十四年，齐僖公二十一年，陈桓公三十五年。

　　这篇短文麻雀虽小，五脏俱全。它包括三个场景，第一个场景还须统摄一个前奏，一个后续，两个追叙。

　　第一场景的地点在宋国国都商丘(在今河南商丘市南，战国时曾改名睢阳)，时间为鲁桓公二年正月初八。正戏开场之前，先得有一个序幕，那是在上一年(桓公元年)冬季的某一天，《左传》的文字十分简洁，只用二十字作了交代：

宋华父督见孔父之妻于路，目逆而送之，曰："美而艳!"

汉代的服虔对"目"字作了解释："目者，极视精(晴)不转也。"(《春秋左氏传解谊》，已佚，清马国翰辑存四卷)成语"目不转晴"就是由此来的。华父督是宋国的太宰(相)，孔父是他的同僚，官居大司马。华父督是个色狼，已被《左传》刻画得淋漓尽致了。他大权在手，占有欲极强，但毕竟是同僚之妻，他也不可能公然去拦劫或上门去抢。恶人自有毒谋，所谓眉头一皱，计上心来，看着远去的孔父之妻背影，他奸笑道：早晚是我的人! 随即招呼左右随从："听着，连年打仗，不是民怨沸腾吗? 你们找些能说会道的，分头到士、农、工、商中去说道说道，打仗的事儿，都是孔父司马捣腾的。谁家壮丁交战中死了，谁家缴了军赋日子没法过了，不是冤有头、债有主吗?"

第一场景大幕一拉开，正月初八的寒风中，受到误导的民众从四面八方聚集到司马府门前，手拿棍棒群情激忿地要向门里冲，几名卫兵奋力阻拦，孔父闻声也走了出来。正在这时，一辆马车疾驶而至，车上下来了带着佩剑的华父督。孔父早已从民众的叫骂声中听明白了是怎么回事，看见太宰来到，忙说："相爷，国人误会了，我哪有权擅自发动战争……"华父督沉下脸来喝道："你难道想赖到君主头上不成?"孔父道："不说君主，太宰统管国内外一切大事，哪项重大举措不是你点了头才能实施的……"华父督打断话头呵斥："孔父嘉，你还狡辩! 今天就是你的死日!"拔出佩剑对准孔父当胸猛地刺去。孔父被击中要害，踉跄着后退几步，依然义形于色地斥责道："原来是你煽的阴风、点的鬼火!"大口的血随着他的怒斥喷出来，他终于倒下，临死还愤怒地瞪着双眼。他已不会知道，他一死，衣冠禽兽的华父督就把他的妻子据为己有了。

事情要追叙到十九年前，时值周平王四十二年(前729)，宋国的第十三任国君宣公病危，他考虑到自己的嫡长子与夷年轻少历练，远不如自己的弟弟公子和贤明，就立下遗嘱："我死，其立和!"宋国承商遗俗，国君的嗣位除了"父死子继"外，"兄终弟及"也是通行的方式。宣公死，弟和立，是为穆公。穆公的嫡长子公子冯与公子与夷年龄相差不大，但在公室群臣眼中，公子冯的气质、为人、处事能力的综合评分要优于与夷。

时间过去了九年，宋穆公也走到了生命的尽头。第二个追叙镜头，定格在周平王五十一年，这也是周平王最后的一年，即鲁隐公三年(前720)。宋穆公把大司马孔父召到病榻前，留下遗嘱："先君舍与夷而立寡人，寡人弗敢忘。寡人一旦不在了，请子奉与夷以主社稷。"孔父据实以告："群臣愿奉冯也。"穆公道："不可。"坚持自己的成命，并安排公子冯在与夷立后出居于郑国。穆公卒，与夷立，是为殇公。"殇"这个谥号，是宋人因与夷后来死于非命而给他定下的。

孔父作为殇公的顾命大臣，受到殇公极大的信赖，这一点华父督是心知肚明的。他杀孔父，蒙骗得了国人，但要过殇公这道关，他也知道不大可能。果然，殇公一听说司马被太宰杀了，立马怒不可遏。华父督怕他盛怒之下下达于己不利的命令，把心一横，若要我活，必须你死，一不做，二不休，竟把殇公也杀了。弑君是大逆不道之罪，华父督并非不知。但他早就想过另辟蹊径、寻求生路的对策，这时就付之实施了：把公子冯从郑国接回来，立他为君。第一，群臣本就看好公子冯，立他为君，众大夫满意，可以冲淡并逐渐消除对自己弑君的指责。第二，殇公做上国君后，十年之内打了十一场战争，其中十场是与郑国交战。殇公把居住在郑国的公子冯当作与自己争夺君位的敌人，怕郑国支持他、扶植他，所以殇公即位第一年，就听从州吁的教唆，与陈、蔡、卫联合向郑国发动了两次进攻。接着就你来我往地连年都有战事，造成了民不堪命的后果。把公子冯从郑国迎回做国君，宋、郑两国的战争就会弭息，国人也会拥护。第三，郑国对杀殇公、立公子冯的举措必然支持，进而会影响列国对宋国发生弑君之乱的观感。

第二个场景，地点在宋国的稷邑，时间为鲁桓公二年三月。事件是宋国周边四个有一定影响力、一定代表性的国家鲁、齐、陈、郑，都由国君亲自出马，"会于稷，以成宋乱"。成，做一个结束的意思。杜预释"成"为"平也"，用的是平定、平息之义，不确，因宋乱并未扩大持续。杨伯峻《春秋左传注》释"成"为"成就"，系采用章炳麟《春秋左传读》之义，也不确，因"成就宋乱"词义搭配不当。

四国诸侯是来给宋国弑君之乱做一个结束的。《春秋》记四国国君的位次，鲁、齐、陈、郑，"郑伯"排在最后，这是以五等爵制"侯"高于"伯"一等来排序的。但实际上郑庄公的意见和态度是给稷之会定调的基础，甚至稷之会本身也是华父督要求郑庄公帮忙才得以召开的。周代诸侯卒、新君立，要通过"王命"这道程序；春秋时王室衰微，一国之新君或不经王命，至少也要周边诸侯加以承认才行。华父督把公子冯从郑国迎回宋国做国君，公子冯在郑国居住了九年半，回国即位，当然是亲郑派，郑、宋从此可以结束战争，这是郑庄公梦寐以求的结果。另外三个国家，都与郑国关系密切：鲁国去年刚与郑国结盟，才十一个月，盟辞"渝（违背）盟，无享国"言犹在耳，在稷之会上不与郑国立场一致才怪。特别是宋乱起因于弑君，鲁桓公自己也正是默许了公子翚派人弑隐公才当上国君的，事情过去还不到一年三个月，他怎么好意思去谴责华父督弑君之罪？齐僖公与郑庄公关系也不错，鲁隐公八年四月,是齐僖公调停了郑国和宋、卫之间战事不断的关系,郑庄公随即以周王卿士的身份引导齐僖公朝见周桓王;次年,因宋殇公不朝周王,郑庄公以王命讨伐宋国,又次年,郑庄公再次以王命伐宋,齐僖公和鲁隐公都率军队与郑会师,取得胜果;又次年,齐僖公和鲁隐公又会合郑庄公以三国联军伐许,得许而归于郑:可见郑与齐、鲁在军事上密切合作已有多年,齐僖公与郑庄公的私交也甚笃。再加上急于想把女儿文姜嫁出去(参见下篇选文),齐僖公十分想与郑庄公联姻做亲家。有这几重原因,齐僖公在稷之会上不给郑庄公面子也是不可能的。至于陈桓公,已经与郑庄公做了近五年的亲家,又有在列国事务中做跟屁虫的性格,随大流当然是他唯一的选择。

眼见得有郑庄公的力挺,亲郑派公子冯的君位是没有问题了,华父督还要为抹掉自己弑君的罪名和保持自己的相位下足功夫。奸恶的人自有奸恶的办法:用贿赂来讨好四位与会的国君。贿赂什么呢?自然是国宝级的文物才能打动国君级人物的心。比如鲁桓公,华父督就送他一只郜大鼎。郜本是个子爵小国,地处宋、鲁之间。大约是在《春秋》始纪年鲁隐公元年以前,宋国讨伐过郜国,把象征郜国主权的大鼎掠为己有。隐公十年六月,鲁、齐、郑三国以王命伐宋,郑庄公统领的军队打下了郜邑,因为地离郑国太远,郑国鞭长莫及,便乐得做个人情,送给了鲁国。鲁国虽占领了郜邑,郜大鼎却在宋国手中,对鲁国来说,这不免是件有欠完美的憾事。这次华父督把郜大鼎送给鲁桓公,具有很强的针对性,完全是投其所好,可见华父督心计之深。可惜《左传》只记了赂鲁桓公的郜大鼎,齐、陈、郑三国"皆有赂",却未记各是什么赂,但必定也是令每位国君满意而使他们见利忘义之物,则是可以肯定的。四百年后战国时期的齐宣王曾经向孟子坦言"寡人有疾,寡人好货"(《孟子·梁惠王下》),其实,这恐怕是所有或绝大多数诸侯国君的通病。华父督混迹于上层贵族之间,洞悉诸侯们的内心世界,他大打行贿牌,不惜献出宋国宝物,于是,一个出于卑鄙的目的造舆论嫁民怨于人、挑起动乱杀同僚、夺其妻、弑国君、行贿,已是五毒俱全的华父督,居然搞定了本应主持正义的四国国君,还真保住了自己太宰的位置,连一句谴责的话都没有挨到。

第三个场景,地点在鲁国国都曲阜(在今山东济宁市东北部,有鲁国古城遗址),时间为鲁桓公二年四月的某一天和五月十日。稷之会以后,鲁桓公带着兴奋的心情回国了。死去的哥哥隐公靠兴师动众从宋国手里得到了郜邑,可郜大鼎还在宋国,如今我不费一兵一卒就把它弄到手了,不是比隐公功劳还大吗?不过郜大鼎太重了,鲁桓公和随从人员的车子都装不下也带不动,把它运回鲁国得另想办法,得滞后若干天才行。终于,派去取鼎的车和护卫人员在四月的某一天回到鲁城了。沾沾自喜的鲁桓公不以受贿为耻,反以得赂为荣。他要选一个黄道吉日,把郜鼎送进太庙陈列,让先祖周公看到他即位第二年就建立的功业。好日子定在五月十日,纳鼎仪式很是隆重。春秋时期的诸侯国中,鲁国是保存周礼最好的,这件事合礼还是非礼?卿大夫们议论纷纷。有歌功颂德拍马屁的,也有摇头叹气不说话的,只有臧哀伯一个人犯颜直谏,言正辞严地把鲁桓公纳郜大鼎于太庙的做法批评了一通。本篇选文对谏言稍加删节,保留了仅一百十九字(不计标点)的精粹,字数虽少,警句却不少,值得仔细地、反复地阅读它。

第一、第二情景都发生在宋国,宋国是殷商之后。周武王伐纣取得胜利后,商纣王的长庶兄微子启(《史记》等避汉景帝讳"启"改书作"开")持祭器向武王表示臣服,武王复其原爵。封纣子武庚禄父于原殷王畿部分地区,并以管叔鲜(武王之长弟)、蔡叔度(武王之三弟)、霍叔处(武王之六弟)分别尹卫、鄘、邶以自东、西、北对武庚加以监视,称为三监。武王死后,子成王年幼,武王之二弟周公旦摄政当国。管叔恶意猜度周公有篡位之意,而自己于周公为兄,若要兄终弟及,也该先轮到他。遂散布诽谤周公之流言,并联合三监,伙同武庚叛周,东夷奄国等也起而响应。周公果断东征,经过艰苦战争取得胜利,遂杀武庚,诛管叔,放蔡叔,霍叔则降为庶人,三年后始齿录为侯。为巩固东征之胜利成果,收殷余民,以封康叔封(武王之七弟)于殷墟为卫君;封微子启代殷后,国于宋。本篇之殇公为宋国之第十五任国君、微子之十一世孙,庄公(公子冯)为宋国之第十六任国君、亦微子之十一世孙。华父督为宋国第十一任国君戴公之孙、微子之十世孙,孔父为宋国第五任国君闵公之五世孙、微子之八世孙。华父督和孔父年龄差不多,但论辈份他应是孔父的远房侄孙。孔父的父亲是宋国历史上的著名人物正考父,他是辅佐戴公、武公、宣公三代的上卿,《诗经》中的《商颂》就是他整理出来的。孔父也辅佐了宣公、穆公、殇公三代,但被华父督杀了以后,子孙被剥夺了世袭的权利,《世本》说,其子木金父即降而为士,木金父之孙孔防叔奔鲁;东汉服虔则说木金父这一代就为避华父督的迫害而出奔到了鲁国。后说为较多人所认同。孔子即孔父嘉的六世孙、微子启之十四世孙。

第三场景发生在鲁国,鲁国是周公旦之后。《史记·鲁周公世家》认为周武王伐纣克殷以后就"封周公旦于少昊之虚曲阜","周公不就封,留佐武王","武王既崩,成王少","于是卒相成王,而使其子伯禽代就封于鲁",其后才发生管、蔡、武庚等叛以及周公兴师东征之事。今人多认为伯禽封于鲁应在周公东征平叛及伐东夷之后。因鲁封于曲阜,而曲阜在东征之前是奄国所居之地。必当先"践(灭)奄"(《尚书大传》),才能封鲁。鲁隐公是鲁国的第十三任国君、伯禽的七世孙,鲁桓公是鲁国的第十四任国君、也是伯禽的七世孙。隐公、桓公皆惠公子而母异,隐公母为宋女声子,是本为媵妾而补作继室的;桓公母为宋女仲子,是鲁惠公后来又以夫人礼娶的。隐公年长而母贱,桓公年幼而母贵。惠公死时桓公年幼,故以隐公摄政。隐公十一年,正准备授政于桓公时,桓公默许公子翚制造了弑隐公的惨剧。鲁桓公与宋殇公、宋庄公实为姑表兄弟。

本文实际上的主角臧哀伯是鲁惠公弟公子驱之子,所以他和鲁桓公同辈,是堂兄弟。

【文学史链接】

相关成语典故

民不堪命

厉王虐,国人谤王。邵公告曰:"民不堪命矣!"

(《国语·周语上》)

＊ 按,此则史料早于春秋时期。若为实录邵穆公语,则"民不堪命"之最早出处在此。若为《国语》作者叙事用语,则与本篇选文可视作同为成语出处。

昔在有隋,……上下相蒙,君臣道隔,民不堪命,率土分崩。遂以四海之尊,殒于匹夫之手。子孙殄绝,为天下笑,可不痛哉!

(吴兢《贞观政要·君道第一》)

至于京东,虽号无事,亦当常使其民安逸富强,缓急足以灌输河北……而近年以来,公私匮乏,民不堪命。

(苏轼《论河北京东盗贼状》)

正德间,阉寺当权,往来河下者无虚日,每到辄吹号头,齐丁夫,民不堪命。

(蒋一葵《尧山堂外记》)

近世嘉靖、天启以来,笃实君子在野,虚文小人满朝廷,上欺其君,下虐其民。民不堪命,聚而为盗,盗满天下由盗满朝廷也。

(李柏《过函谷关论》)

郜鼎

是时荆州牧不供职责,多行僭伪,遂乃郊祀天地,拟斥乘舆。诏书班下其事。

融上书曰："……郜鼎在庙,章孰甚焉!桑落瓦解,其势可见。臣愚以为宜隐郊祀之事,以崇国防。"

(《后汉书·孔融传》)

裴休尚古好奇……(得古器曰盎,上有九篆"齐桓公会于葵丘岁铸")公以为麟经时物,以言古矣,宝之犹钟虡郜鼎也。(后经识者指出:葵丘之役,实在齐侯生前,不得以谥称,此乃近世之矫作也。)裴公恍然而悟,命击碎,然后举爵饮尽而罢。

(《太平广记》卷一百七十二《裴休》)

乐全先生遗我鼎甗,我复以饷大觉老禅。在昔宋、鲁,取之以兵。书曰郜鼎,以器从名。乐全、东坡,予之以义,书曰:"大觉之鼎,以名从器。挹山之泉,烹以其薪。为苦为甘,咨尔学人。"

(苏轼《大觉鼎铭》)

千载初平庆未穷,本支今复见仙翁。当年郜鼎争尤力,此日于门报已隆。政尚宽和承祖烈,量涵清浊称家风。

(王之望《寿台州黄守》诗)

曰广意非有所靳,盖欲发自言路,既报可而后下之。而言路不知,以为阁中自避郜鼎嫌也。以故久商之,无一应,疏成复毁者数矣。

(陈贞慧《过江七事》)

郜赂

鲁人跻僖,臧文不悟。文墬太室,桓纳郜赂。灾降二宫,用诰不祧。

(扬雄《太常箴》)

临照

二十九年,始皇东游……登之罘,刻石。其辞曰:"……皇帝东游,巡登之罘,临照大海。……"

(《史记·秦始皇本纪》)

或气或云,荫映于廊庙;如天如日,临照于轩冕。

(李德林《天命论》)

宝命方始,圣历用彰。载宣临照之明,遂施涣汗之泽。

(柳宗元《礼部贺改永贞元年表》)

宠赂章

览傅玄、刘毅之言,而得百官之邪;核傅咸之奏、《钱神》之论,而睹宠赂之彰。

民风国势如此……又况我惠帝以放荡之德临之哉!

(《晋书·怀帝愍帝纪》史臣引干宝之论)

【文化史拓展】

古郜国遗址的考古发掘

古郜国地在何处?杜预在《春秋·隐公十年》经文"取郜"(此"郜"为宋邑)下注云:"济阴城武县东南有郜城。""城武",《汉书·地理志》作"成武",但未记其东南有郜城。杜预在《左传·桓公二年》提到"郜大鼎"时,未再对"郜国"之地望作解释,似乎他认为此"郜"即隐公十年"取郜"之"郜",所以不需再注了。北魏阚骃《十三州志》肯定了杜预之说,云:"今成武县东南有郜城。"据《魏书·地形志(中)》,北魏时属北济阴郡的城武县,其县治即在郜城。郦道元《水经注·泗水》引《十三州志》,对阚说表示认同,并说"世有南郜、北郜之论",他认为在成武县东南的"郜城"是"北郜",复引《左传·桓公二年》"取郜大鼎于宋""纳于大庙"之事以坐实之。后世遂多从此说。清顾祖禹《读史方舆纪要》卷三十二《兖州府》《道光城武县志》,都直指古郜国都城在城武县(即今山东菏泽市成武县)东南十八里的郜城集(今称郜鼎集)一带。新编《辞源》、2009 年版《辞海》也都认为古郜国之国都为北郜城,地在今山东成武县东南。似乎郜鼎集一带就是古郜国之所在了。

事实是否如此? 20 世纪末以来山东省考古工作者经多次发掘、调查,在成武县的东南方向、今郜鼎集一带,未发现有西周时期或春秋时期的遗址,也不见有任何周代遗物存于地下。据此应可推断,自杜预、郦道元以来直至今之权威辞书对古郜国位置的指述,都并不准确。

根据考古发掘,古郜国国都实在成武县内。

成武县内有一周围约三十里的湖,因湖中有一古老的土墙小城,故名城湖。此湖水不深,1986 年当地想利用它发展养殖事业,便着手开挖鱼池,不想因此而出土了一批古老文物,经探研考证,有的古器竟是西周遗物。从而引发了对湖中古城、湖下遗址的全面发掘,一个东西长 3525 米,南北宽 1800 米,总面积约 632.5 万平方米,文化层厚约 2.5—2.7 米的古遗存便呈现在人们面前了。据 1998 年版的《菏泽地区志》第 699 页《文化·古遗址》介绍说:遗存内有建筑基址,陶圈井(10 000 平方米内有十五座井),春秋时期的城垣遗址,还有陶窑,遗物丰富(多式陶鬲、陶豆、罐、盆、盂、洗、水管、瓦当等)。"其时代起自西周,历经春秋战国,似无变动,而且汉代仍在使用"。专家研究后认为,此古遗存当为西周初所封郜国国都无疑。城址规模较小,正与郜国子爵的秩位相符。

《春秋》三次提到"郜",第一次在隐公十年(前713),书"公(鲁隐公)败宋师于菅,辛未取郜",此郜邑显然原已为宋所有,经此役而转为鲁国之地。第二次在桓公二年(前710),书"夏四月,取郜大鼎于宋",郜大鼎为郜传国之宝,原也已落入宋国之手,经稷之会而宋督又以之赂鲁。第三次在僖公二十年(前640),书"夏,郜子来朝",此条记事曾引起古来众多争议。因为有关郜国的史迹,见于典籍的,除了《左传》僖公二十四年富辰谈及有十六国为"文王之昭"(指始封之君为文王之子)郜国也在其中外,其余的也就只剩这三条了。前人据前二条郜已为宋邑、郜大鼎已为宋有,推断郜已在东周初年或西周末年为宋所灭,确也颇合情理。但就在鲁取宋之郜邑又取宋保有之郜大鼎后七十年,却又有郜国国君朝访鲁国之事,这和郜国已早为宋所灭岂不矛盾了吗?于是就有"郜有北郜南郜之别、北国南邑之分"的说法(见高士奇《春秋地名考略》),以及郜大鼎虽为宋所夺,郜国实未为宋所灭的推测(见齐召南《公羊注疏考证》)。应该说,这是就史料论史料摆脱矛盾寻求合理解释的思路。但可惜的是,最早解释郜的地理位置的杜预不辨国、邑之分,影响了较早提出北郜、南郜之论的郦道元,使他把成武县东南的郜城认定为北郜城、并认定北郜城即郜都,这个错误使古郜国究在何处的探索,在几乎找到一个新的思路后,又笼罩在迷雾里达一千五百年之久。

成武县城湖下古郜城遗址的考古发掘成果,解开了《春秋左传》给我们留下的关于郜国的谜团。成武,应就是郜都,也就是北郜城。而隐公十年鲁国所取宋之郜邑,地在成武之东南,应是南郜城。《辞海》2009年版把北郜城定位在"今山东成武东南",并说"即古郜国";而"春秋时宋邑"之南郜城位置在哪实难以找到,就说"故址在北郜城南二里"。北南二郜城相距如此之近,曾经很令人生疑,现在可以证明这确是凿空之说了。

【问题探讨】

郜大鼎怎么会为宋所有?

据《左传》记载,隐公十年六月庚午(十五日)"郑师入郜",次日,郑国即以此郜邑归于伐宋的同盟军鲁国,因郜邑离郑太远,郑无法据有,而距鲁则甚近。此郜原本当为郜国之邑,而郑国取之于宋。杨伯峻《春秋左传注》云:"郜本国名,为周文王之子所封,春秋以前,为宋所灭,其鼎自为宋所取,鲁故能得郜鼎。"他认为郑所入而最终为鲁所有的"郜",就是古郜国,春秋以前亡于宋,所以成为宋邑,同时郜大鼎也被宋国掠为己有。杨注对"郜"的地理位置接受杜预的说法:"在今山东省城武县东南十八里。"这个说法,已被上一节根据考古发掘所得的结果进行的推断所否定了。

其实,《春秋》三传对"郜"怎么会成为宋邑、郜大鼎怎么会落入宋国之手,以及七十年后郜子的出现,各有各的说法,其中只有《公羊传》是力主宋于春秋前即已灭郜说的。《公羊传·僖公二十年》在经文"郜子来朝"后明确地说:"郜子者何?失地之君也。"失地之君即亡国之君。所以何休《春秋公羊传解诂》就根据这一个说法,早在隐公二年经传叙及"无骇帅师入极"(无骇,鲁国司空;极,小国名)时,就说"在春秋前""宋灭郜"了。杨伯峻先生向来是宗《左》非《公羊》的,在这一点上却采取《公羊》之说,而致误了。

《左传》对《春秋》经文在隐公十年、桓公二年、僖公二十年三次提及与"郜"有关的史迹时,都据实而叙,不加任何说明,不作任何表态。杜预作注,也十分谨慎,《春秋》提到"郜",他就只说济阴城武县东南有郜城,绝不和古郜国联系起来;提到"郜大鼎",他就只说宋以鼎赂鲁桓公,也绝不和古郜国联系起来;提到"郜子来朝",他就只说"郜,姬姓国",别无他词。杜预避而不谈郜何以成为宋邑、郜大鼎何以为宋所有,是他知之为知之、不知为不知之处。孔颖达疏在《春秋·僖公二十年》"郜子来朝"后为杜预注作解释时仅说:"以后更无所闻,唯此年一见而已。无时君谥号,不知谁灭之。"他也不认为古郜国早已为宋所灭。

《穀梁传》对这个问题与《左传》持相似态度。隐公十年鲁大败宋师然后"取郜",僖公二十年"郜子来朝",对郜和郜子传、注、疏均不置一词。只在桓公二年"取郜大鼎于宋"的事件上,对"郜大鼎"做了点文章。传文说:"郜鼎者,郜之所为也;曰宋,取之宋也。孔子曰:'名从主人,物从中国。'故曰郜大鼎也。"范宁集解:"此鼎本郜国所作,宋后得之。主人谓作鼎之主人也,故系之郜;物从中国,谓之大鼎。"杨士勋疏:"《礼》:祭,天子九鼎,诸侯七,卿大夫五,元士三也。故郜国有之。"传、注、疏都在那里讲一些无关症结的空话,对为什么郜国所作的鼎会让宋得了去,都没有给出任何答案。

《公羊传》在并无文献根据的情况下说宋国在春秋以前就灭了郜国,确实只是一种率意揣测。但它在桓公二年说郜大鼎之所以在宋,是"宋始以不义取之",则是不易之论。不义不一定必须是灭其国,僖公二十年的"郜子来朝",说明郜国至少在公元前640年还存在着,说它在春秋以前就被宋国灭了,是不能成立的。所谓"失地之君",是指国灭而君犹在,恐怕没有春秋以前灭国之君,到《春秋》纪年开始以后八十二年还活着的道理。国灭之后,失位之君失去了爵位,他的后代就不能再世袭其爵。用"郜子"称失位之君尚可,称其后代则是万万不可的。所以《公羊传》称郜国春秋以前即为宋灭是不能自圆其说的。不灭其国,而割其地、取其鼎是否可能? 那是完全可能的。《公羊传》解释郜鼎在宋是"宋始以不义取之",如果不把"不义"理解为把郜国灭掉,那就与真实的历史十分接近了。

从成武县"城湖"遗址来看,郜国的确是个很小的小国,它的邻国宋国,则是一个大国。要研讨宋国作为一个大国,是如何以大欺小、以强凌弱的,先要了解一下当时的历史背景。自西周末年到东周初年,是周王室渐衰、各诸侯大国开始活跃起来的时代,也是孔子所说"天下有道,则礼乐征伐自天子出"向"天下无道,则礼乐征伐自诸侯出"(《论语·季氏》)逐渐过渡的时期。这个过渡时期的上限,可从周代第七个王懿王时算起,《史记·周本纪》所谓"懿王之时,王室遂衰,诗人作刺"者是。历孝王、夷王而至厉王,发生了国人叛、厉王出奔于彘的事件。这昭示着西周王室已经濒于灭亡,后来所谓的"宣王中兴"只是回光返照而已。过渡时期的下限,可以鲁庄公十五年(前679)齐桓公会诸侯于鄄而"始霸"为标记。这以后,就进入了五霸迭兴的时期,东周王室逐渐成为实质上的摆饰。这个历时百余年的过渡时期最明显的一个特点,就是有十个诸侯大国的国君集中地、相继地被赋与了"武"的谥号。最早的一个,很使人有些意外的,竟是蔡国的国君蔡武侯,他立于周厉王十四年(前863),卒于共和四年(前838)。紧接着是齐武公(前850—前825)、鲁武公(前825—前816)、陈武公(前795—前781)、卫武公(前812—前758)、宋武公(前765—前748)、郑武公(前770—前744)、楚武王(前740—前690)、晋武公(即曲沃武公)(前716—前679)、秦武公(前697—前678)。这么多的"武"谥,有点让人眼花缭乱,真切地反映了这是一个诸侯大国开始竞相崇尚武力扩张领土的时代。《逸周书·谥法篇》对谥号"武"立了几条标准,如"刚强理直曰武""威强睿德曰武""克定祸乱曰武""刑民克服曰武"等,都是西周初年拟定的。陈逢衡《逸周书补注》转引《文选》六臣注所引项岱曰:"克定祸乱、辟土升疆曰武。"这补充进去的"辟土升疆"四字,实在应该是上述过渡时期十位获得"武"谥的诸侯国君中绝大多数人的主要功绩。可惜的是从蔡武侯到郑武公这前七位都生活在《春秋》始纪年鲁隐公元年(前722)之前,秦武公则因其时秦僻处西部,《春秋》记秦国事始于穆公,因而他们的事迹未能为《左传》所记载或仅有点滴追叙。

　　这十位国君中最为我们关注的自然是宋武公,因为在鲁隐公元年以前的宋国十四任国君中,只有宋武公最有可能从郜国割地取鼎。凭什么这么说呢?主要是看这些国君的谥号。所谓"谥,行之迹也"(《逸周书·谥法》),除了始封君微子启、微仲、宋公稽这前三任国君外,其余十一任国君的谥号依次分别是丁公("迷义不悌曰丁",见《逸周书·谥法》,下同)、湣公("在国逢难曰湣")、炀公("去礼远众曰炀")、厉公("致戮无辜曰厉")、釐公("有伐而还曰釐"孔晁注:"知难而退。"陈逢衡补注:"不穷兵也。")、惠公("柔质受谏曰惠")、哀公("早孤短折曰哀")、戴公("爱民好治曰戴")、武公(见上文所引)、宣公("圣善周闻曰宣")、穆公("布德执义曰穆")。宋穆公七年,当鲁隐公元年;《左传·隐公三年》即记穆公卒,临死前嘱托大司马孔父立侄子与夷为君,即本篇选文提到的宋殇公。最早的三任国君无谥,但立国之初,百事待举,不可能先去入侵邻国是肯定的。而且周成王、康王时还是"天下有道"之时,凡有征伐必须"自天子出";诸侯不经王命,是不可轻举妄动讨伐他国的。自第四任丁公以下诸公,从谥号推其行迹,兼以历史背景外部环境为参考,便可推定只有宋武公具备割郜国之地取郜国之大鼎的条件。那么宋釐公有没有可能呢?他经历了周厉王被国人驱逐、出奔彘的惊人事件,王室出此动乱,一时有条件的诸侯大国开始跃跃欲试,向周边小国及蛮夷之国动用武力、扩大疆域,以蔡武侯、齐武公为代表,先后登上历史舞台。宋釐公想必以公爵之尊不甘居于侯国之后,也颇"有伐",但多无功而还,故谥曰釐。釐,字亦通僖,有"福、喜乐"之意,为美化用兵无甚作为"知难而退""不黩武"的一个谥号,故知他不大可能夺地掠鼎。宋武公即位前六年周幽王死于犬戎之难,前五年周平王东迁洛邑,秦襄公始为诸侯,为收复周之失地,几年内连续伐戎,在宋武公即位的前一年(平王五年),秦襄公伐戎至岐而死。次年,秦文公与宋武公同年即位,继承父志,以兵伐戎,收周之余民,扩地至岐,为使秦成为西部大国打下基础。同时,郑武公将郑国东迁后,以周王卿士身份借用王师先灭东虢、灭桧国,连取十邑奠定郑国基业,继续向四周拓展境域。宋武公即位第九年,楚蚡冒立,也趁时势之利"始启濮"(《国语·郑语》言),打开南蛮百濮的门户,以图辟土升疆。东方齐庄公也在四世祖齐武公开拓的疆土上更向外扩,开始了被《国语·郑语》称为"庄、僖小伯(霸)"的事业。在这纷纷攘攘的外部形势下,宋武公岂能按捺下勃勃雄心。《左传》只在三处提到了宋武公,一是在隐公元年的序传中说:"宋武公生仲子。仲子生而有文在其手,曰为鲁夫人,故仲子归于我(鲁、惠公)。生桓公而惠公薨,是以隐公立而奉之。"二是桓公六年鲁大夫申繻论起名当考虑到避讳问题,不以国、以官职等为名。他举的例子就有宋武公名司空,以致宋国废司空之官职,而改称为司城。三是文公十一年,写到长狄之国鄋瞒先侵齐后伐鲁,为鲁所败之事,附带追叙到宋武公之世鄋瞒伐宋的一段历史。宋武公打败了长狄,俘获其首领,但折了一个领军的司徒、一个司寇、一个车右三员大将,损失也不小。以上三条关于宋武公的点滴史料,《史记》都采用了,分别见于《宋微子世家》《十二诸侯年表》及《鲁世家》,但别无任何补充。可见有关东周列国的史料,司马迁是把《左传》作为主要来源的。

宋武公败长狄,擒敌酋,是以重大损失为代价的,仅以此事恐不能以"武"为谥。必另有辟土升疆的功绩,惜乎《左传》未能一一追叙。我们只能知道隐、桓之世,郜之邑、鼎皆曾为宋所有,而僖公时郜国仍未灭亡,郜子还在进行外事活动。《左传》提供的这三点,足可帮助我们把它和宋武公的行迹联系起来思考。宋武公时,对邻国郜国必定有过军事行动,但其目的似未必一定要灭其国,很可能最初只不过像《左传·隐公五年》"宋人取邾田"那样,侵占郜国的一些田地罢了。但郜人当然不干,人来犯我,必有抵抗。侵占和反侵占,吃亏的自是弱小者。于是,不但是田,连邑也丢了。此邑原来不知何名,宋取之于郜国,因名之曰郜邑,简称即为郜。宋师乘胜追击,向西北十八里路程便来到郜国国都。上节"文化史拓展"介绍郜国古遗址发现城湖中有古城墙遗存,经考古研究,城垣为春秋时期所建。郜国为西周早期所封,为何城墙为春秋时期所建呢?难道是西周时曾建城墙,因宋武公伐郜,毁其城墙,导致其事后重建吗?但《菏泽地区志》明说,对古郜国遗址的发掘,证明"其时代起自西周,历经春秋战国,似无变动"(见上节所引)。无变动者,未经战乱之劫难也。因此旧城被毁之说不能成立。那就只能说,郜国于西周初封时,因国小而其实并无城墙,或仅有简陋的环邑界沟及垒土为障。宋师大军压境,郜国势不能挡。郜大鼎当是在此种情况下为求免灭国之灾而被迫无奈献出去的。因郜国为周王室同姓,始封君为文王庶子,虽仅为子爵,却奉有王命。周室固衰,传统的社会思潮尚存。孔广森《春秋公羊通义》曾表述当时的传统观念说:"君子恶兵以利动,故取邑为小恶,灭国为大恶。"宋武公显然还未能彻底摆脱传统观念的束缚,既要辟土升疆,又不敢犯大恶之忌,于是适可而止,见好便收了。

大鼎作为礼之重器,应是郜国主权之象征。失去了大鼎,郜国可能就成了宋国的附庸国。不过仅仅过了四十来年,宋国侵占的郜邑、掠夺的郜大鼎,又转移到了鲁国手中。很可能,郜国的附庸关系,也从宋国转移到了鲁国。附庸国可以向宗主国要求提供保护,但也要向宗主国纳贡。这或许是郜子朝鲁的原因。鲁桓公不以受贿赂为耻,反而踌躇满志地纳郜大鼎于大庙,也许还有因鲁国多了个附庸国而洋洋自得的因素吧。很凑巧，宋武公的女儿仲子正是鲁桓公的生母。当初外公以不义得之的郜大鼎，又让外孙也以不义而受之。这或许也是不义的华父督有意的安排吧。

至于古郜国遗址那座考定为春秋时期的城墙，应该是郜国在受到宋国侵犯后修筑的，是亡羊补牢之举。郜人为了纪念修筑这座城墙所涵有的尚武自卫意义，便把郜都起名为"城武"，这正是今山东省菏泽市成武县的初名。

【集评】

臧孙达其有后于鲁乎！君违，不忘谏之以德。

（《左传·桓公二年》记周内史语）

* 臧孙达，即臧哀伯。

遂乱，受赂，纳于大庙，非礼也。

（《公羊传·桓公二年》）

桓内弑其君，外成人之乱，受赂而退，以事其祖，非礼也。其道以周公为弗受也。

（《穀梁传·桓公二年》）

公与齐、陈、郑欲平宋乱而取其赂鼎，不能平乱，故书"成宋乱"，"取郜大鼎纳于大庙"，微旨见矣。……徐邈曰："宋虽已乱，治之则治。治乱成不系此一会：若诸侯讨之，则有拨乱之功；不讨，则受成乱之责。辞岂虚加哉！"

（《穀梁传·桓公二年》范宁集解）

桓二年："取郜大鼎于宋。戊申，纳于太庙。"……是鼎也，何为而在鲁之太庙？曰：取之宋。宋安得之？曰：取之郜，故书曰郜鼎。郜之得是鼎也，得之天子。宋以不义而取之，而又以与鲁也。后世有王者作，举《春秋》之法而行之，鲁将归之宋，宋将归之郜而后已也。……夫以区区之鲁无故而得鼎，是召天下之争也。楚王求鼎于周，王曰：周不爱鼎，恐天下以器仇楚也。鼎入宋而为宋，入鲁而为鲁，安知夫秦晋齐楚之不动其心哉！故书曰郜鼎，明鲁之不得有，以塞天下之争也。

（苏轼《论取郜大鼎于宋》）

《臧哀伯谏纳郜鼎》中讲述鲁桓公把宋国贿赂来的大鼎放进太庙"展出"，臧哀伯认为这样做是提倡行贿、受赂，也是不节俭的行为，会导致国家的衰败。腐败一词出于何典，笔者没有去考证。但行贿、受赂看来是古今有之的。而腐败的产生与行贿、受赂又是同一温床上滋生的枝与叶，这两种东西是因果关系，谁也不能离开谁,且是缺一不可的。……政通人和,国家才能强盛。政如何通,人怎样才能和,看来很有必要提倡"昭德塞违"。

(龙达《提倡"昭德塞违"》)

【思考与讨论】

认真阅读臧哀伯的谏言,找出其中有哪些警句。

五、 齐侯送姜氏于讙① · 鲁侯与姜氏如齐

(一)

三年春……会于嬴②,成昏于齐也③。……

秋,公子翚如齐逆女④,……

齐侯送姜氏,非礼也⑤。

凡公女嫁于敌国⑥,姊妹则上卿送之⑦,以礼于先君⑧,公子则下卿送之⑨;于大国,虽公子亦上卿送之;于天子,则诸卿皆行⑩,公不自送⑪;于小国,则上大夫送之。

冬,齐仲年来聘⑫,致夫人也⑬。

(二)

十八年春,公将有行⑭,遂与姜氏如齐⑮。申繻曰⑯:"女有家⑰,男有室⑱,无相渎也⑲,谓之有礼。易此⑳,必败㉑。"

公会齐侯于泺㉒,遂及文姜如齐。齐侯通焉㉓。公谪之㉔,以告㉕。

夏四月丙子㉖,享公㉗。使公子彭生乘公㉘,公薨于车㉙。

鲁人告于齐曰:"寡君畏君之威㉚,不敢宁居,来修旧好。礼成而不反㉛,无所归咎㉜,恶于诸侯㉝。请以彭生除之㉞。"齐人杀彭生。

【注释】

① 齐侯:齐僖公,详见题解。讙(huān,一读 xuān,此读音通"喧"):鲁国地名,在今山东宁阳北偏西。

② 会:指鲁桓公与齐僖公的一次会见。嬴:齐国地名,秦置县,治所在今山东莱芜

西北。

③ 成昏：订婚。成，定。昏，同"婚"。

④ 如：前往。逆：迎。逆女，即迎接文姜。

⑤ 非礼：诸侯送女出嫁，礼不下堂。齐僖公不但送女下堂，还送出国都，送出国境，这"非礼"就大了。

⑥ 公：泛指诸侯。敌国：地位相当、力量对等的国家。

⑦ 姊妹：指在位国君的姊妹，即先君之女。上卿：春秋时诸侯之臣分卿、大夫、士三个等级，又各以上、下或上、中、下细加区分其级别。凡上卿皆需报请天子任命。

⑧ 先君：指上一代已故国君。

⑨ 公子：此处义与上文之"公女"同。春秋战国时诸侯之子或女皆可统称为"公子"，有时女儿也称为"女公子"。

⑩ 诸卿：众卿。大国与小国所设卿的数目不一，一般大国三卿，中国二卿，小国一卿。春秋后期晋国设有六卿。

⑪ 公：此处亦泛指诸侯。

⑫ 仲年：齐僖公的同母弟，名年，字仲，此处字、名连称。《左传》于他处亦称为"夷仲年"，"夷"当是谥。《谥法》："安民好静曰夷。"聘：国事访问。

⑬ 致：当时婚俗中的一种专门仪式，一般于女儿出嫁后三个月，由族内至亲代表父君向新婚之女存问致意。夫人：诸侯之妻称夫人，这里指文姜。"致夫人"是鲁史官站在鲁国的角度记这件事。若是齐史官记此事，就应记成"（夷仲年如鲁）致女"。

⑭ 公：指鲁桓公。下同。有行：指有出国之行。

⑮ 遂：于是就。此处与上句"将"呼应，当释为"顺便要"。

⑯ 申繻（rú，又读 xū）：《管子·大匡》作"申俞"，齐语读 rú 音为 yú。详见"题解"。

⑰ 家：本为夫妻共有之住所，引申为男之妻、女之夫。此处作"夫"解。

⑱ 室：本指内室，引申为妻。《礼记·曲礼上》："三十曰壮，有室。"郑玄注："有室，有妻也。"《孟子·滕文公下》："丈夫生而愿为之有室，女子生而愿为之有家。"

⑲ 渎：通媟，媟嬻。玄应《一切经音义》卷十四引《通俗文》："相狎习谓之媟嬻"。过于亲近而有轻侮之行。

⑳ 易：改变，违反。

㉑ 败：败德坏礼，伤风败俗。

㉒ 泺（luò）：齐邑泺口，古泺水流入古济水处；今称洛口，在山东济南市西北。

㉓ 通：私通。

㉔ 谪（zhé）：谴责。谓鲁桓公在文姜面前谴责她与齐襄公。

㉕ 以告:省主语文姜及宾语齐襄公。

㉖ 丙子:据《春秋长历》,丙子为十日。

㉗ 享公:主语齐襄公省略。享,设宴招待。公,指鲁桓公。

㉘ 乘(chéng):上车。乘公,助鲁桓公上车。

㉙ 薨(hōng):周代诸侯死曰薨。

㉚ 寡君:古代臣子对别国提及本国国君的谦称。君:指齐襄公。此句及下二句皆属外交词令。

㉛ 礼:指诸侯相见之礼。不反:反同返。据《春秋》,鲁桓公的灵柩于五月一日运抵鲁国,此处说"不返",肯定是在五月一日之前。可推知"告于齐"的"鲁人"(卿大夫之属)即主持运回灵柩之人。

㉜ 咎:罪。

㉝ 恶:憎厌。恶于诸侯,为诸侯所憎厌。

㉞ 除:去掉。之:指代诸侯的憎厌。此句是请诛杀彭生的婉言。

【题解】

本篇分两部分。上半部分选自《左传·桓公三年》。鲁桓公三年为公元前709年,当周桓王十一年,齐僖公二十二年;下半部分选自《左传·桓公十八年》。鲁桓公十八年为公元前694年,当周庄王三年,齐襄公四年。

本文记了鲁桓公与文姜的十五年婚姻。对鲁桓公来说,这是一段不幸的婚姻,他为此付出了生命的代价。

下面依次介绍一下出场的人物。

鲁桓公(?—前694),名允,在位十八年。是鲁国的第十四个国君。即位之初,尚未成年。这是即位的第三年,实际年龄不明,估计尚未满二十。古代的士二十岁行冠礼,表示进入成年,方可婚娶。君主"冠"的年龄可以提前到十五岁以前,如鲁襄公十二岁就行冠礼了。《逸周书·谥法》:"辟土服远曰桓。"鲁桓公可是比不得齐桓公,他只在任国君的后期与宋国、齐国、郑国打过几次不痛不痒的仗,唯一的胜仗是十三年与纪侯、郑伯联合作战,大败齐、宋、卫、南燕之联军,但也远没有到"辟土服远"的地步。所以他的"美"谥是有水分的。另有一些情况,上一篇选文中已经提到或介绍过了。他的婚姻虽然是自己愿意的,却是岳父强行撮合的。他得到的只是夫人的躯壳,而不是她的心。强扭的瓜儿不甜,岂但是苦的,还是致命的毒瓜。

齐僖公（？—前698），名禄甫（一作禄父），在位三十三年。是齐国的第十三个国君。与其父齐庄公连名，号称"庄、僖小伯（霸）"。从《左传》记载他最后二十五年的事迹看，确曾多次在诸侯间主盟调停，或主兵征讨。但成宋乱而受赂，有灭纪之志而无实际行动，不能御北戎之侵，又联合宋、卫、南燕与鲁、郑、纪战而遭败绩，宜乎以"僖"为谥，《谥法》："有伐而还曰釐（僖）。"本文的上半部分批评他在操办女儿文姜的婚事上违反了当时的礼法，其实他是有着难以言说的苦恼与无奈。

公子翚，字羽父，鲁大夫，桓公时为相。隐公十一年，他向隐公献计，愿杀惠公太子允，使隐公长坐君位，条件是让他为相。不料隐公表示自己正准备让位给允，连自己退位后养老的地方都找好了。公子翚怕事泄，连忙又向太子允献计，说要帮他除掉隐公，让他早日登上君座。太子允竟应允了。于是公子翚设计弑隐公，助允即位，是为桓公。翻手为云、覆手为雨的恶人公子翚如愿做上了执政大臣。《左传·隐公元年》说："卿为君逆。"逆，即（代国君）迎新娘。公子翚能"如齐逆女"，说明他此时已是卿了。他在齐国对未来的君夫人不能有所见，也必有所闻。此事以后，不知何故，他再也未在经、传中出现过，仿佛从人间蒸发了一样。

文姜（？—前673），齐僖公之女，鲁桓公夫人。她是孔子所修的《春秋》中出现频率最高的女性，不是因为她有美德，而是因为她的秽行。刘向编的《古列女传》把她与末喜、妲己、褒姒等一同列入《孽嬖传》中，虽然用的是封建伦理的尺度，但她的行为用今天的观点来看，也是偏离道德规范很远的。由于她是鲁桓公之妻，鲁庄公之母，也是后来掌握鲁国政权时间最长的季孙氏之祖季友之母，所以《春秋》对她有所隐晦，《左传》则道出了部分事实。她是一个为了情爱对一切伦理、禁忌完全彻底不管不顾的女子，她所委身的初恋情人竟是她的同父兄长，即使被婚姻的牢笼囚禁了十五年、并为丈夫生养了四个儿子，也不能使她收心。一有机会，立即旧情重燃烈火，纵欲于乱伦之中不能自拔。谥号为"文"，固有掩过溢美之处，也当确具才情之实。人不能一身是错、一无是处。唯得此美谥，亦赖其身份特殊而已。

申繻，鲁大夫，活动于桓公、庄公时期，博学多识有远见。《左传》三次提到他。桓公六年文姜初生子，桓公问他取名应注意什么，他说要注意避讳问题，因而"大物不可以命"。所谓大物，指国、官职，祭祀对象如日月、大山名川之类，祭祀用牲如牛、羊、豕之类，各种礼器等等。庄公十四年公问他有没有妖，他说"妖由人兴"，"人无衅（瑕隙）焉，妖不自作；人弃常，则妖兴。"还有一次就在本篇下半部分，桓公要带文姜去齐国，申繻深知文姜与齐襄公早年有乱伦之行（当是公子翚传回来的信息），欲加劝阻，不便明说，只言简意赅地点到为止。可惜鲁桓公不悟，太自信十五年夫妻已消磨了文姜旧情，还是踏上了送命之旅。

齐襄公（？—前686），名诸儿，齐僖公之子，在位十二年，是齐国的第十四个国君。《谥法》："因事有功曰襄。"（据《左传》陆德明音义、孔颖达疏）齐襄公八年（鲁庄公四年）灭纪逐出纪侯，被《公羊传》称为"贤"。原来齐襄公的九世祖哀公曾受当时的纪侯告发，被周夷王烹死。襄公报了九世之仇，《公羊传》认为他"事祖祢之心尽矣"。其实，齐之灭纪，只是大国扩张，僖公时已有此志，襄公完成了父亲的心愿而已。至于齐襄公究竟贤不贤，可以看看他的弟弟齐桓公对他的评述："昔先君（指前任国君）襄公，高台广池，湛乐饮酒，田猎罼弋，不听国政。卑圣侮士，唯女是崇，九妃六嫔，陈妾数千。食必粱肉，衣必文绣，而戎士冻饥……倡优侏儒在前，而贤大夫在后，是以国家不日益、不月长。"这样的国君，《公羊传》赞他"贤"，确实太没有眼光。更不必提他少年时就诱奸妹妹文姜的丑事了。他在位十二年就死于非命，《史记·齐世家》总结他的罪过为"醉杀鲁桓公，通其夫人，杀诛数不当，淫于妇人，数欺大臣"，身死失位是迟早的事。他的弟弟公子纠、公子小白（即齐桓公）早在祸难事发之前就看出端倪，避居他国了。他却还在九妃六嫔数千妾之余，每年与文姜相会通奸。

公子彭生，齐之公族，当是齐襄公之庶兄弟，《史记·齐世家》称其为"力士"。他是齐襄公的杀手，又是齐襄公的替罪羊。他杀鲁桓公应是齐襄公的指使，或至少是得到了齐襄公的暗示，但长沙马王堆三号墓出土的帛书《春秋事语》记医宁的话与《管子·大匡》记竖曼的话却为齐襄公掩盖罪行，把杀鲁桓公说成是彭生自作主张，是谏君之行，结果使齐襄公失亲戚之礼命而造成齐鲁两国之怨。因而彭生该杀。不论是"医"还是"竖"（齐国国君之近臣），说出这样的话，证明他们才是真正的谏君之臣。据说，九年后，齐襄公被公孙无知派人追杀之前，先在贝丘田猎，被彭生鬼魂附身的大豕"人立而啼"所惊吓，坠车伤足，因而刺客来临之际无法逃遁（《左传·庄公八年》），死于刀下。世上是没有鬼魂的，恐怕是申繻说的"妖由人兴""人弃常，则妖兴"吧。

这里还要介绍几则有助于我们理解本篇内容的史籍记载：

1.《史记·齐世家》："齐襄公故尝私通鲁夫人。"这句话是在"鲁桓公与夫人如齐"后说的。一个"故"字，说明是在"齐襄公"还是太子诸儿时、"鲁夫人"还是齐僖公的未嫁女儿时。这个事实，《春秋》因为《鲁春秋》无记而未书，《左传》因为《春秋》不书而无传。司马迁是绝顶聪明人，从《春秋左传》的字里行间看出了真相，一语点破了事实。也是，两人若无旧情旧好，哪会在文姜出嫁十五年后，双方都已步入中年之际，便在鲁桓公近处咫尺之间率尔做出兄妹私通这种荒唐乱伦之举。

2.《左传・桓公六年》追叙："公（鲁桓公）之未昏于齐也，齐侯欲以文姜妻郑大子忽。大子忽辞。人问其故，大子曰：'人各有耦，齐大，非吾耦也。《诗》云"自求多福"，在我而已。大国何为？'君子曰：'善自为谋。'"鲁桓公婚于齐是在《左传》桓公三年，婚于齐之前当是桓公二年"稷之会"时。当时齐僖公、鲁桓公、郑庄公都与会了。在"成宋乱"的名义下受略之余，诸侯们当然也会谈些私事。齐僖公当时已经着急要给文姜找婆家了。他第一个看中的并不是鲁桓公，而是郑太子忽。但是郑太子忽早在五年前就已娶了妻室，我们在第三篇选文《郑伯请成于陈陈侯不许》的题解中提到过。请看：

3.《左传・隐公七年》："郑公子忽在王所，故陈侯请妻之，郑伯许之，乃成昏（订婚）。"《左传・隐公八年》："四月甲辰，郑公子忽如陈逆妇妫。辛亥，以妫氏归。甲寅，入于郑。"春秋时列国间哪国有什么婚丧之事都是要互相通报的，即使非诸侯一级无正式书面通告，各国也自有消息渠道可以耳闻。太子忽已经结婚，齐僖公不可能不知道，他为什么宁让女儿作妾也要嫁给他？其中隐情，当然是老爸已经知道诸儿兄妹有了奸恋之私，急于要把不中留的女儿嫁出去。太子忽曾作为郑之质子多年居于周室，与周王熟悉，结成婚姻恐对齐国有利，这是他和陈桓公考量相同的一点。他还有另一个考虑，就是郑国与齐地远，女儿嫁了过去，空间距离有利于隔绝奸情。又知道太子忽年长数岁，还确是一个人才，或许能管得住女儿，收住她的心，移了她的情。郑武公必定误会齐僖公不知太子忽已婚，当然如实相告。不料齐僖公竟不管什么名分，执意要与郑庄公联姻。郑庄公何等老谋深算，他倒不知兄妹私情之事，毕竟家丑尚未外扬，但心中不免疑惑，便不作应允表态，只是推说要看太子心意。齐僖公不得要领，心中着急，却也无可奈何，只好回去多派侍从看管住那一对不像话的儿女。这才有了桓公六年追叙的郑大子忽的那段"齐大，非吾耦也"的回应。

这个回应，当然是郑庄公派使者朝齐，向僖公告白的。第一选择无法落实，齐僖公这才把视线转向了鲁桓公。鲁桓公尚未娶亲，女儿嫁过去倒是现成的夫人，这一点比太子妾可说是强了百倍。但鲁桓公年少稚弱，能否管束得住刁蛮的女儿，还真是个问题。再加齐鲁近邻，将来女儿借着归宁（回娘家探亲）之名回来重温旧梦太过方便，如若婚姻之事谈成，这个问题是必须绝对防止的。于是，就有了本文的"会于嬴"。

　　嬴之会以两国国君会见开始，而以两人成了准翁婿关系结束。从稷之会到嬴之会，齐僖公嫁女之急切几乎已近于兜售。第一次没找到主顾，幸而第二次成功了，当场定下了婚事。春秋初期，可能还没有最终形成后来格式化的"六礼"，但"父母之命""媒妁之言"的初步礼制要求，应该已经有了。鲁桓公父母已经双亡，婚姻自己点头同意，倒也似乎可以使得，但按当时规矩，也要先向先考先妣举行庙祭，走一个告父母庙的礼制形式，否则，便不免受"非礼"之讥；而齐僖公固然可以为女儿作主，总不宜兼为女儿作媒吧？一次会见闪电般搞定了女婿，定下了婚约，而不经媒人作些穿梭交流，太急太简，一开始就有些非礼了。照齐僖公的意思，最好今天定婚明天你男方就来把女儿迎过去，但是不行，有些事先没有做到的步骤事后还得补办，双方还是得委派大夫充作媒人完成一些礼节性的手续。问问生辰八字啊，卜卜吉利不吉利啊，男方还必须隆隆重重下聘礼送给女方，这才算真正意义上的定了婚，把嬴之会上的口头婚约落到了实处。这么几次往返，亲迎之期就只能定到七月了。据《左传》所记，春秋时期诸侯一级娶妻，一般都派卿做代表，到女方所在国去迎接新娘，诸侯的亲迎之礼不出国境，只待新娘进入国境之际才去相迎。这次派到齐国去"逆女"的卿就是公子翬。

　　公子翬七月前去，正常情况当月就能迎回鲁国。参照隐公八年郑太子忽到陈国去亲迎的日程就可以知道了：他四月甲辰（六日）去陈国，辛亥（十三日）就迎陈妫返回，甲寅（十六日）已经进入郑国国都。满打满算连头带尾来去十一天。郑、陈毗邻，鲁、齐也是毗邻，可是公子翬七月到的齐国，不但当月迎不回齐女，八月整整一个月，也还是迎不回。这期间发生了什么故事，《春秋》没有记，《左传》也没有说。反常的日程必有反常的事，则是可以肯定的。历史的记载告诉我们，小女子折腾挣扎了一个多月或近两个月，终于心不甘情不愿地屈从严父了。齐僖公不可能不知道当时诸侯送女出嫁的规矩，《穀梁传》说："礼：送女，父不下堂，母不出祭门（庙堂的门），诸母兄弟不出阙门（宫阙的门）。"一路上由卿陪送到夫家。哪用亲自出马，甚至送出国境，抵达鲁国地界，亲手把女儿交到女婿手里（据《春秋穀梁传》）？这分明是以严父之威强行押送叛逆之女进入婚姻的牢笼。齐僖公赢了，女儿出嫁到鲁国，一直到他去世，十一个年头里没敢"归宁"一次（若有归宁，依例《春秋》当有记载）。齐僖公又输了，他死后，太子诸儿即位，是为襄公。三年服丧（一般服二十七个月）期满，襄公就派小股军队骚扰鲁国边疆，这更像是在向文姜发出信号：现在齐国是我说了算了。第二年正月（鲁桓公十八年），齐襄公约鲁桓公到齐国的泺邑会见，文姜要求陪同前去。鲁桓公被文姜十四年不回娘家，为自己生了四个儿子(从《公羊传》之说,不从杜预注)蒙蔽了,居然同意了文姜的请求,把申繻的忠告置于脑后。于是,不该发生的事都发生了。

本文的故事还有一些后续记载,摘述如下:

1.《春秋·庄公元年》空书"春王正月"不言即位。《左传》:"不称即位,文姜出故也。"此"出"实指文姜去年随桓公去齐,桓公被杀后柩运回鲁,文姜一直未回。杜预注:"庄公父弑母出,故不忍行即位之礼。"《史记·鲁世家》:"庄公母夫人因留齐,不敢归鲁。"

2.《春秋·庄公元年》:"三月,夫人孙于齐。"孙,逊;逃遁、出奔。《春秋》这一条记载说明两点:一,庄公即位后,文姜曾回过鲁国。庄公时年才十三岁,作为母亲,子虽即位而年尚少,不能不回来看看;借此也试探一下鲁国上下对自己的态度。二,看来鲁国的卿大夫对涉嫌参与杀夫的夫人有着敌意,而四月十日为桓公忌日,因而她选择在三月又前往齐国,确有着逃避鲁国不友善氛围的意思。

3.《春秋·庄公二年》:"冬十有二月,夫人姜氏会齐侯于禚。"《左传》:"书奸也。"禚(zhuó),齐邑名,在今山东长清县境。可见在此之前,文姜已从齐国回鲁。

4.《春秋·庄公四年》:"二月,夫人姜氏享齐侯于祝丘。"享,宴请。据《左传》,可知当时诸侯享王、王享诸侯、诸侯互享之事多有,如庄公二十一年郑厉公享周惠王、僖公二十五年周襄王享晋文公、桓公十八年齐襄公享鲁桓公、僖公二十四年郑文公享宋成公、昭公六年晋景公享鲁之上卿季孙宿等,《春秋》经皆所不书。《春秋》书"享"唯此夫人文姜享齐侯一例。是个特例,也可说是个例外。孔子对其他享一律"削则削",独对此享"笔则笔",当然不是偶然。杜注:"享,食也,两君相见之礼,非夫人所用。直书以见其失。祝丘,鲁地。"

5.《春秋·庄公五年》:"夏,夫人姜氏如齐师。"杜预注:"书奸。"孔颖达疏:"于时齐无征伐之事,不知师在何处。盖齐侯疆理纪地,有师在纪。杜云'书奸',奸发夫人,当向纪地从之。不言会者,往其军内就齐侯耳,不行会礼。"

6.《左传·庄公六年》:"冬,齐人来归卫宝,文姜请之也。"杜预注:"公亲与齐共伐卫,事毕而还。文姜淫于齐侯,故求其所获珍宝使以归鲁,欲说(悦)鲁以谢惭。"

7.《春秋·庄公七年》:"春,夫人姜氏会齐侯于防。"《左传》:"齐志也。"杜预注:"防,鲁地。文姜数与齐侯会,至齐地则奸发夫人,至鲁地则齐侯之志。"

8.《春秋·庄公七年》:"冬,夫人姜氏会齐侯于穀。"杜预注:"穀,齐地,今济北穀城县。"故址在今山东平阴西南东阿镇。

齐襄公于鲁庄公八年在齐国内乱中被杀,兄妹乱伦之行方始终结。否则的话,这段为人不齿的孽情似尚无中止之迹象。尽管文姜最后一次去齐国会襄公,往小里说,她也是个四十来岁的妇人了。

【文学史链接】

《诗·齐风》有四首刺襄公的诗,今选其与本文有关的两首,有一首刺文姜的诗、一首刺鲁庄公的诗,共四首录之如下:

1.《南山》

《诗序》:"《南山》,刺襄公也。鸟兽之行,淫乎其妹。大夫遇是恶,作诗而去之。"

> 南山崔崔,雄狐绥绥。鲁道有荡,齐子由归。既曰归止,曷又怀止?
> 葛屦五两,冠绥双止。鲁道有荡,齐子庸止。既曰庸止,曷又从止?
> 蓺麻如之何?衡从其亩。取妻如之何?必告父母。既曰告止,曷又鞠止?
> 析薪如之何?匪斧不克。取妻如之何?匪媒不得。既曰得止,曷又极止?

朱熹《诗集传》认同《诗序》之说,释诗意云:"言南山有狐,以比襄公居高位而行邪行。且文姜既从此道归乎鲁矣,襄公何为而复思之乎。""此诗前二章刺齐襄,后二章刺鲁桓也。"

高亨《诗经今注》和程俊英《诗经译注》也都认为《诗序》之说不误,但在讲解诗意时稍有分歧。高亨以一、二两章"是指责文姜不应回齐国来",因而他释"怀"用《毛诗》郑玄笺之说"怀,来也",又把"从"解释为"由","指由此大道返齐"。程俊英则以为前两章是指责齐襄公为什么在文姜出嫁以后还想着她、盯着她不放的。对后两章的主旨,古今各家无大差异,均以为刺桓公,而以程俊英的表述较为完整:"诗的第三、四章,是借责问鲁桓公来表现主题的。"主题是什么呢?是"讽刺齐襄公淫乱无耻"。具体词语如"鞠""极"的释义,则各有各的理解。

2.《敝笱》

《诗序》:"《敝笱》,刺文姜也。齐人恶鲁桓公微弱,不能防闲文姜,使至淫乱,为二国患焉。"

> 敝笱在梁,其鱼鲂鳏。齐子归止,其从如云。

> 敝笱在梁,其鱼鲂鳏。齐子归止,其从如雨。
>
> 敝笱在梁,其鱼唯唯。齐子归止,其从如水。

敝,破败;笱,捕鱼器。以敝笱不能制鱼,隐喻鲁桓公不能制文姜。如云、如雨、如水,毛传以为明喻,言文姜随从之盛、之多、之众;郑笺则以为隐喻,言从者之心如云随风东西,如雨听天而下,如水可停可行,皆因文姜之善恶而化。

朱熹《诗集传》虽赞成此诗是"刺文姜",但与《诗序》、毛传、郑笺皆有所不同:他认为"齐子归止"不是写文姜初嫁到鲁,而是写她"归齐而从之者众";"敝笱"之喻也非针对鲁桓公,而是刺"鲁庄公不能防闲文姜"。

高亨《诗经今注》基本采用朱熹之说:"鲁桓公在齐国被杀以后,鲁国立文姜生的儿子为君,是为庄公。文姜做了寡妇,时时由鲁国到齐国去,和齐襄公幽会。齐人唱出这首歌,加以讽刺。"他对"敝笱"的比喻有一个突破性的新说:"诗以破鱼笼不能捉住鱼比喻鲁国礼法破坏不能约束文姜。"此说较之古今其他说法都更为准确。程俊英《诗经译注》全取朱熹之说,认为"这是齐人讽刺鲁庄公不能制止母亲文姜,让她回齐和襄公相会的诗。"持此说者,要考虑一个事实,即鲁桓公死时,他的长子同(即庄公)还只有十二岁,次年即位,也才十三岁。对这样的孩子,有什么好讽刺的呢?

3.《载驱》

《诗序》:"《载驱》,齐人刺襄公也。无礼义,故盛其车服,疾驱于通道大都。与文姜淫,播其恶于万民焉。"

> 载驱薄薄,簟茀朱鞹。鲁道有荡,齐子发夕。
>
> 四骊济济,垂辔沵沵。鲁道有荡,齐子岂弟。
>
> 汶水汤汤,行人彭彭。鲁道有荡,齐子翱翔。
>
> 汶水滔滔,行人儦儦。鲁道有荡,齐子游敖。

孔颖达疏释首章云:"襄公将与妹淫,则驱驰其马使之疾行,其车之声薄薄然。用方文竹簟以为车蔽,又有朱色之革为车之饰。公乘此车马往就文姜。鲁之道路有荡然平易,齐子文姜乃由此道发夕至旦,来与公会。公与妹淫,曾无愧色,故刺之。"

朱熹《诗集传》与《诗序》相异之处,在于他认为首章所写,是"齐人刺文姜乘此车而来会襄公也",而不是襄公乘车来会文姜。朱熹对"岂弟"的解释不取郑笺"此岂弟犹言发夕"之说,而用毛传"乐易"之解,强调是写文姜"无忌惮羞愧之意也"。又云"彭彭,多貌","儦儦,众貌","言行人之多,亦以见其无耻也"。

高亨《诗经今注》同朱熹,认为"这首也是齐人讽刺文姜的诗",与《诗序》说异。他对"行人"的解释不同于朱熹一般意义上的理解,而认为是"跟着文姜走的侍从人员",似与彭彭、儦儦不十分合。程俊英《诗经译注》则彻底推翻前人之说,认为此诗写的不关文姜、襄公淫乱丑事,诗中的齐子指的是鲁庄公夫人哀姜:"齐襄公的小女儿哀姜嫁给鲁庄公,哀姜在途中迟迟不入鲁境,一定要鲁庄公答应她'远媵妾'的条件才去。这首诗写的就是这件事。《毛序》认为诗的主旨是刺襄公与文姜淫乱,据有关历史记载,并非诗的原意。"可备一家之言。

　　4.《猗嗟》

《诗序》:"《猗嗟》,刺鲁庄公也。齐人伤鲁庄公有威仪技艺,然而不能以礼防闲其母,失子之道,人以为齐侯之子焉。"

　　　　猗嗟昌兮,颀而长兮,抑若扬兮,美目扬兮,巧趋跄兮,射则臧兮。

　　　　猗嗟名兮,美目清兮,仪既成兮,终日射侯,不出正兮,展我甥兮。

　　　　猗嗟娈兮,清扬婉兮,舞则选兮,射则贯兮,四矢反兮,以御乱兮。

孔颖达疏解《诗序》云:"见其母与齐淫,谓为齐侯种胤,是其可耻之甚,故齐人作此诗以刺之也。礼,妇人夫死从子,子当防母奸淫。庄公不能防禁,是失为人子之道。经言'猗嗟',是叹伤之言也。言其形貌之长,面目之美,善于趋步,是有威仪也。言其善舞善射,是有技艺也。'展我甥兮',拒时人以为齐侯之子也。以其齐人所作,故系之于齐。襄公淫之,故为襄公之诗也。"

朱熹《诗集传》基本从《诗序》,云:"齐人极道鲁庄公威仪技艺之美如此,所以刺其不能以礼防闲其母,若曰:惜乎其独少此耳。""言称其为齐之甥,而又以明非齐侯之子,此诗人之微词也。""或曰,子可以制母乎? 赵子曰:'夫死从之,通乎其下,况国君乎。君者人神之主,风教之本也。不能正家,如正国何! 若庄公者,哀痛以思父,诚敬以事母,威刑以御下。车马仆从,莫不俟命,夫人徒往乎? 夫人之往也,则公哀敬之不至,威命之不行耳。'东莱吕氏曰:'此诗三章,讥刺之意皆在言外,嗟叹再三,则庄公所大阙者,不言可见矣。'"

高亨《诗经今注》对此诗的理解与《诗序》《诗集传》相反,他认为"猗嗟"不是伤叹之词,而是"赞叹声","这首诗是齐国贵族所作,赞扬鲁庄公体壮貌美,能舞善射。这时庄公随其母文姜到齐国来了。"全诗并无言外之意。程俊英《诗经译注》解释此诗则与高亨不同。她认为鲁庄公此时"大约是一位十七岁的青年,已经当了四年的鲁侯"。"诗人用赞叹、夸张的词句,塑造了一位健美、熟练的射手形象。""有人说,诗人用'展(诚、确实)我甥兮'及'以御乱兮'二句微词讽刺,讽刺他样样都好,只是忘记报父之仇,不能制止母亲与襄公私通,那么,诗就以美为刺了。"

【文化史拓展】

(一) 齐襄公墓在葬后约一千一百二十五年左右被盗掘,尸骸暴露

南朝宋刘敬叔《异苑》卷七记载:"元嘉中,豫章胡家奴开昌邑王冢,青州人开齐襄公冢,并得金钩,而尸骸露在岩中俨然。兹亦未必有凭而然也。京房尸至义熙中犹完具,僵尸人肉堪为药,军士分割食之。"刘敬叔《宋书》无传,明胡震亨于万历年间刊《异苑》于《秘册汇函》时,曾"汇其事之散在史书者",为"《刘敬叔传》"。知刘敬叔在东晋安帝义熙中(405—418)即曾任中兵参军、司徒掌记、南平国郎中令等吏职,入宋后召为征西长史,元嘉三年入为给事黄门郎。数年,以病免职,至泰始中(465—471)卒于家。可知他的寿命很长,足有八十以上。他写作《异苑》十卷,最可能的时间是在因病免职以后赋闲在家之时。宋文帝之元嘉年号前后历三十年(424—453),正是刘敬叔亲身所经历的年代,他所记齐襄公墓被盗掘之事,必为实录。青州自东晋后,先后为后赵之石虎、前燕之慕容恪、前秦之苻坚、南燕之慕容德所侵占,其间仅苻氏败后,曾短暂属晋,旋即为南燕所有。义熙五年、六年刘裕克慕容超,南燕灭,收复青州。公元 420 年,刘宋代东晋立,宋武帝刘裕就位之第三年即亡故。公元 423 年,北魏明元帝乘机攻夺宋地,青州之一部又曾为北魏所得。公元 424 年,即宋文帝元嘉纪年之始。此时北魏之主力北伐柔然,西征夏、后燕、北凉,无暇南顾,魏太武帝遂统一黄河流域。直至公元 450 年,方以大军攻宋。此年之战,双方均兵强马壮,战事酷烈,互有胜负,也都损失惨重。连战连胜之太武帝首次遭到强力阻击,于次年兵退平城。故终元嘉之世,青州皆在宋版图内。但不知青州人盗齐襄公冢在哪一年。宋明帝泰始二年(466),薛安都叛,引北魏军入,淮北之地尽失,青州方入北魏疆域。当此之时,刘敬叔也不久人世了。

齐襄公死于公元前 686 年,葬于前 685 年。如以开冢之年居元嘉之中,则在葬后一千一百二十五年左右被盗。墓中当不仅一金钩而已,但不论有多少文物都悉数被盗墓者掠走了。"尸骸"者,尸骨也。历经千年,其肌肤衣服均腐朽无存了。

南朝宋时青州下辖九个郡、四十六个县,州治所在地为临淄,正是春秋时齐国之故都,襄公冢当即在此。今山东省淄博市东北犹有旧临淄古城遗址,城外有齐陵、桓公台、晏婴冢等古迹。

(二) 齐国民间原始婚俗残存及公宫淫风

《汉书·地理志下》说:"始桓公兄襄公淫乱,姑姊妹不嫁,于是令国中民家长女不得嫁,名曰'巫儿',为家主祠,嫁者不利其家,民至今以为俗。痛乎,道(导)民之道,可不慎哉!"班固把齐国民俗中长女不嫁的习尚说成是齐襄公下令造成的,恐怕是倒果为因了。

司马迁写齐、鲁二《世家》,对齐太公和周公之子伯禽到达封国之后是如何修政的,作了精练的概括:齐太公是"因其俗,简其礼",而伯禽则是"变其俗,革其礼"。周公听了两国的述职报告后说:"呜呼,鲁后世其北面事齐矣! 夫政不简不易,民不有近;平易近民,民必归之。"春秋时期,齐国果然成了东方第一大国。

但因俗简礼的结果,也使齐国残存了较多的母权制遗迹。在经济方面,齐国因滨海多盐碱地,一开始就重视鱼盐之利和女工之业,特别后者,《汉书·地理志下》所谓"织作冰纨绮绣纯丽之物,号为冠带衣履天下"。鱼、盐、织绣皆天下所需,所以齐都临淄成为一大都会,商贾云集,五方之民辐凑,论到这一切,女子在国家经济生活中是占有重要地位的。民家长女不嫁,应与主持家政、操持女工之业有关。称"巫儿"而主祠,首先应是一种古老的传统习尚,在母权制社会里,非但长女不嫁,所有女儿都是不嫁的。现在别的女儿都出嫁,只残存长女留家之俗,这只能说明风俗是依附于经济生活的,而不可能是由政令造成的。据班固说,齐地到东汉时还有这种习尚,更可见其有着久远的根源,是古老的母权制的遗迹,决不是齐襄公为了使私通姑姊妹合法化而下一个命令就能办到的。

民女不嫁怎么办呢?《战国策·齐策四》记了一个"齐人见田骈"的故事,齐人说:"臣邻人之女,设为不嫁,行年三十而有七子,不嫁则不嫁,然嫁过毕矣。"用来讽刺田骈"先生设为不宦,……而富过毕也"。又同卷还有一章记"齐王使使者问赵威后",赵威后向使者问起"北宫之女,婴儿子无恙耶? 彻(撤)其环、瑱,至老不嫁,以养父母",并称赞她是"率民而出于孝情者也"。可见赵威后对齐女有不嫁之俗也风闻了,但她不像齐人那么明白"不嫁则不嫁,然嫁过毕矣"的实际情况。

关于齐地的婚俗,典籍记载不多,因而不能确知其详。行年三十而有七子,恐怕十六七岁甚至更早些就有性伴侣了。我们不能确知不嫁之女和她的性伴侣是怎样一种结合形式,是固定的结合还是不固定的结合,所生之子是知其母而不知其父,还是也知其父。不嫁而生子,肯定为周礼所不容,并难免滋生出各种有伤风化的事来。似乎在战国时始见于记载的齐地赘婿之俗,就是在父权制社会中,对母权制婚俗残存进行无形的规范而出现的非常态的婚俗形态。它较之在性禁忌、性伦理、性道德诸方面或甚少设防，或相对无序，或约束力薄弱的母权制婚俗残存，无疑是一种进步。什么叫"赘"？《说文解字·贝部》："赘，以物质钱。"赘婿入妇家，妇家大概也是要付钱给婿家的。《汉书·严助传》说："数年岁比不登，民待卖爵赘子以接衣食。"颜师古曰："赘，质也。一说，云赘子者，令子出就妇家为赘婿耳。"在男权社会中，只有家贫无以为生的人家才迫不得已把儿子给人做赘婿，赘婿的社会地位是很低下的。赘婿也不仅齐地才有，《汉书·贾谊传》云："故秦人家富子壮则出分，家贫子壮则出赘。"应劭曰："出作赘婿也。"师古曰："家贫无有聘财，以身为质也。"也有释为犹如赘疣的，非字之本义。这倒不是有巫儿之俗，而是因为家中只有独女等其他情况才有此需要。秦皇汉武之时，大发民役，赘婿均谪与囚徒等同列出征，可见其受歧视之程度。齐地因为有巫儿之俗，所以赘婿必较他地为多，战国时甚至流传齐的开国君主吕尚也是"齐之逐夫"之说（见《战国策·秦策五》"四国为一将以攻秦"章姚贾对秦王之语），则是没有根据的。能为妇家所逐之夫，当然非赘婿莫属了。齐国的赘婿中，偶而也有像淳于髡（《史记·滑稽列传》）那样出人头地的，但那是极个别的。

从现有文献来看，春秋时期之齐地尚无赘婿之记载，可能还尚未形成此俗。即使战国时期，齐人对田骈说他邻人之女不嫁，行年三十而有七子，也并未提及有赘婿之事，可见并非每个巫儿都有上门女婿。这就还是要回到前面所说的齐地残存着母权制婚俗遗迹这一点，齐国民风中必定存在着大量与周礼相违背的东西，正如《诗·齐风·东方之日》序所说："男女淫奔，不能以礼化也。"这正是齐立国之初"因其俗，简其礼"造成的消极方面的后果。

孔颖达疏认为《东方之日》是齐哀公时的诗。哀公是《史记·齐世家》所列世系中的第五个国君，名不辰，宋衷注《世本》作"不臣"，云："哀公荒淫田游，国史作《还》诗以刺之。"前面在题解中简单提到过他，因纪侯告发，周夷王用"五刑"之外的"烹"的办法把他处死了。纪与齐是近邻，又是同姓（姜）之国。《齐世家》从齐国的立场出发，说纪侯"谮"了哀公，但未记"谮"的内容是什么。从周夷王竟至用法外的酷刑烹一个诸侯来看，除了有"王道始衰"的因素外，也可见齐哀公必有一些不可赦之罪了。史书虽无所记，《诗序》却略有所述。上引《东方之日》序"男女淫奔，不能以礼化也"之前，还有一句"君臣失道"。"男女淫奔"是民风民俗问题，"君臣失道"则是公室礼义废弛、政教缺失的问题了。《齐风·鸡鸣》序："哀公荒淫怠慢。"《孔疏》先分而释之："哀公荒淫女色，怠慢朝政。"又综而述之："荒淫者，谓废其政事,淫于女色,由淫而荒,故言荒淫也。"其实序所言、疏所释,也多空泛,而无实事。不过从中也大致可推知齐哀公的死因了。自宋以来,《诗序》之可信度备受质疑,在史料无载的情况下,用其尚合逻辑之文作参考,只要力避受其误导,实是"胜于无"多多的。

《齐风》共十一首,孔颖达疏认为,前五首是刺齐哀公之诗,后六首是刺齐襄公(兼及文姜、鲁桓公、鲁庄公)之诗(《毛诗正义·齐谱疏》)。若此说可从,则哀公至襄公,中间还有八个国君,皆无诗以刺。似乎哀公之失道、荒淫、废政受到严惩以后,对齐国公室的鉴戒延及八世,其间虽有夺位之争、暴虐之政,却再未见以荒淫秽乱彰于世者;直至襄公,方有兄妹奸恋乱伦之事发生。

襄公作为一个反面典型,成为齐诗中受"刺"最多的国君。他的荒淫,我们在题解中已经介绍过了。周庄王曾将女儿嫁给齐襄公(《春秋·庄公元年》"(冬)王姬归于齐"),但这位金枝玉叶的公主不到一年就香消玉殒了(《春秋·庄公二年》"秋七月,齐王姬卒")。此时正是齐襄公与文姜旧情复炽、打得火热之际。王姬之死,难道不是被气死的吗?只是此时王室已经衰微,不然襄公成为哀公第二也是完全够条件的。而他以灭纪为九世祖哀公报仇之举,似可证明他与哀公确属同类。其实继襄公即位的桓公,其淫行并不亚于其异母兄。若非因霸业炳焕,也应是"刺"的对象。《管子·小匡》记齐桓公对管仲说:"寡人有大邪三(好田、好酒、好色)。"谈到第三点时说:"寡人有污行,不幸而好色,而姑姊有不嫁者。"这和齐襄公有什么不同呢?《新语·无为》据此说:"齐桓公好妇人之色,妻姑姊妹,而国中多淫于骨肉。"实际上,民间长女不嫁在先,公宫姑姊妹不嫁是次生现象;但国君之乱伦,反过来又必然加炽民间的淫风,所谓上有所好,下必甚之是也。

齐桓公不仅有正史记载的"三夫人""如夫人者六"、众多媵妾、姑姊妹不嫁者,《韩非子·难二》还有这样的记载:"昔者桓公宫中二市,妇闾二百,被(披)发而御妇人。"《说文》云:"五户为邻,五邻为闾。"是一闾为二十五家,二百闾可就多了。《战国策·东周策》更夸张了,说"齐桓公宫中七市,女闾七百"。自不可尽信。有人认为宫中女闾实为官妓之肇始,也只是一种悬测。不过,襄公、桓公时期齐国宫中淫风,于诸种传说中也可见一斑。

关于春秋时期齐国及其他地区的民间还存在哪些母权制婚俗残余,将在后文"问题探讨"中再作讨论。

(三) 同姓不婚

周族的先祖,自后稷起,就很注意与异姓的女子婚配。《左传》宣公三年记郑国大夫石癸言:"我闻姬、姞耦,其子孙必蕃。姞,吉人也,后稷之元妃也。"从不窋起,周族因避夏乱自窜于戎狄,势必与外族联姻而逐渐加深对异姓结婚具有优生意义的认识。到古公亶父迁至岐下,妻太姜生季历。季历又娶太任,生周文王。周文王娶于有莘氏,是为太姒,生周武王、周公旦。三世各与三不同的异姓联姻,一代更比一代强。而太姜、太任、太姒也被号称为周室三贤母。

如果往上溯,看看商代的婚姻情况,据王国维考证,商人同一祖系下来的子孙,六世以后就可以通婚(《观堂集林·殷周制度论》)。王国维的论点依据之一是《礼记·大传》"六世亲属竭矣,其庶姓别于上而戚单于下,昏姻可以通乎?系之以姓而弗别,缀之以食而弗殊,虽百世而昏姻不通者,周道然也"一段。所以商代不像周代严格禁忌同姓通婚。从甲骨卜辞中首先发现武丁时期有诸多"妇'某'"之称,其中可以确定为武丁嫔妃的有十余人。丁山在20世纪40年代即考定妇好为武丁之元妃,妇妌为武丁之次妃,为多数学者所认同。周代妇女之称名,均以字加姓表示。郑樵《通志·氏族略一》说,当时"男子称氏,妇人称姓。氏所以别贵贱,姓所以别婚姻"。但他笼统地说三代之时皆如此,则不确。周代因为实施同姓不婚的礼制,才十分重视妇女的姓,必在其称谓中表而出之。综观商代卜辞中的"妇某",此"某"未必皆是姓。如"妇妌",孟世凯认为是"井方"之女,"妌"表示的是方国。"妇妌"不仅在武丁时期的卜辞中多次出现,在廪辛至文丁时期的卜辞也有,这应该是来自井方的另一个妇女。又如"妇婤","周"为族名。又武丁后期有一个"妇妵",卜辞有"多伯征盂方伯炎"(《全集》36511),孟世凯释"多伯"为多个方伯,恐未是,"多"当是族名或方国名,"妇妵"即来自此族或此方国。卜辞又有"妇妆",左侧之"女"为表示女性的部首,右侧之"女"当为姓,同"汝"(卜辞也有"妇汝"之称),《尚书》有佚篇《汝鸠》《汝方》,汝鸠、汝方为商汤之二贤臣。根据上述卜辞对女姓的称名,可见"妇"下一字或为女之族名、或为方国名、或为姓,而且此字多添一女字为偏旁。以此规律来分析"妇好",此"好"字恐非好坏之好,而是"子"字特加女旁以表示性别。而"子"字,正是商族之姓。此分析若得成立,"妇好"就当读为"妇'子'",正如"妇妌"读如"妇井"(卜辞也有书"井"之例),"妇婤""妇妆"读如"妇周""妇汝"之例。而妇好为武丁之元妃,是商代有不避同姓而婚之俗。当然武丁之嫔妃中同姓者仅此一,余皆为异族异姓者。除武丁之元妃外,"妇好"也见于武乙、文丁时期之卜辞，此当为另一人。可见殷王娶同姓为妃者非止一例。这是殷礼与周礼的不同点之一。

再上推至夏代，同姓婚姻之禁忌，限制恐怕更要宽一点。夏后氏姓姒，夏禹的母亲，据许多古书说，是有莘氏之女，可是有莘氏也姓姒。如《世本·帝系》："鲧娶有辛氏女，谓之女志，是生高密。"《大戴礼记·帝系》："鲧娶于有莘氏，有莘氏之子谓之女志氏，产文命。"高密、文命皆禹之别称。《史记·夏本纪》："禹为姒姓。"《世本·氏姓》："莘国，姒姓。"这是夏之先婚娶不避同姓之显例。至禹娶涂山氏女，则明显是血缘不相及之异姓婚了。禹为同姓相婚所产，而成为一代伟人，此个例不足为奇。而旧说大禹、伯益所作的《山海经》中，多有记载畸形怪胎之国者，如结匈国（袁珂：结匈，疑即今之所谓鸡胸）、交胫国（郭璞：言脚胫曲戾相交）、三首国（"其为人一身三首"）、三身国（"一首而三身"）、一臂国（"一臂一目一鼻孔"）、奇肱国（"其人一臂三目"）、一目国（"一目中其面而居"），等等，恐不能视为神话，而为记异之实录，为某些血缘婚族群长期自相交配导致生理退化的结果，优胜劣汰，最终就自然灭绝了。夏之后裔有褒国，《国语·郑语》记周史伯引用《训语》向郑桓公讲了一个神话色彩颇浓的故事：夏代末年，褒国的先君和先君夫人化为两条龙（龙是夏族的图腾），在王庭里交配，夏后占卜，杀之、去之、止之都不吉利，请其漦而藏之，则吉。于是就用盒子把龙漦装起来。这个"漦"字，字典解释为吐沫，实际在这里是精液的意思。夏亡后，历商至周，一直没有打开这盒子。周厉王的时候，把它打开看一看，龙漦化为一只玄鼋，爬进了王宫，有个童妾碰到了它，没嫁人就怀孕了，生下个女孩，长大就是那迷惑周幽王，亡了西周的褒姒。这当然不是真实的历史，但褒国的先君夫妇俩都是龙，隐约暗示了他们都属于信奉龙图腾的夏族，是同姓通婚。当然夏代不是全属同姓之婚，异姓通婚还应是为主的，如《左传》有点滴记载的夏后相妃后缗为有仍氏女，帝少康妻有虞氏之二姚，以及众所熟知的末代君王桀以妹嬉为元妃，都为异姓联姻。但夏代并不避同姓通婚也是事实。北魏时犹有这样的认识："夏、殷不嫌一族之婚，周世始绝同姓之娶。"（《魏书·高祖纪》太和七年十二月癸丑诏）

周代把同姓不婚作为礼制的一个规定来推行，较之夏、商两代当然是一大进步。这项规定，首先是周王和诸侯要执行。周代大分封，单从婚姻关系看，诸侯可大别为周之同姓与异姓两类。《荀子·儒效》谓，周公"立七十一国，姬姓独居五十三人"，恐怕是不够全面的。据王玉哲《中华远古史》统计，综合《左传》《世本》《文献通考》等几种主要典籍所载，同姓与异姓诸侯共约一百三十多国，"另外散见于西周金文和其他典籍者还有不下百数十个"（见该书 580 页），这又恐怕失于太过了。周王及姬姓诸侯，只能与异姓诸侯通婚，相互间不可通婚；异姓诸侯可与周王及姬姓诸侯通婚，在排除同姓通婚（如齐、纪、许、申、吕皆姜姓，不可通婚）后，也可相互间通婚，但因姬姓国的众多，一般异姓国首选还是姬姓诸侯。如齐僖公为文姜找婆家，先选郑国后选鲁国都是姬姓之国。卿、大夫、士也遵循同样的规则。春秋时期各国大致上都能做到这一点，只有极少数违规的例子。如晋献公娶大戎狐姬生重耳，就属于姬姓与姬姓相婚。《国语·晋语四》："狐氏出自唐叔。"韦昭注："狐氏，重耳外家（外祖父家），与晋俱唐叔之后，别在犬戎者。"梁玉绳《汉书人表考》卷四据此疑《左传》"大戎狐姬"为"犬戎狐姬"之讹。重耳流亡返国途中经过郑国，郑文公对他不甚礼敬，文公弟时任郑执政大臣的叔詹劝谏他说：重耳有德有才，又有三贤士相随，回晋国后必当大有作为，应该加以礼遇。他特别提到："男女同姓，其生不蕃。"重耳虽为同姓通婚所生，却能"至于今"，这是"天之所启，人弗及也"之处。这段记述见于《左传·僖公二十三年》。《国语·晋语四》也记载了同一件事，还更详细些，其中"男女同姓"两句表述有所不同，作"同姓不婚，恶不殖也"，意思是一样的。同篇还记了重耳到达秦国时他的随从之一司空季子说的一段话，其中要点之一是"异姓""男女相及（韦昭注：相及，嫁娶也），以生民也"；而"同姓"则"男女不相及，畏黩敬也（韦注：畏亵黩其类）"，"是故娶妻避其同姓，畏乱灾也。"这又从另一个角度论述了同姓不婚的道理。

《左传·昭公元年》记郑简公听说晋平公有病，就派子产去问候。晋国大夫叔向问子产晋侯怎么会得病的，子产分析了两点病因，第一点是昼夜昏乱，第二点就是晋平公宫内有四个姬姓的妾（晋为姬姓）。子产说："内官不及同姓，其生不殖。""故《志》曰：买妾不知其姓，则卜之。""男女辨姓，礼之大司也。"知道这个道理还要娶同姓为妾，那么这个妾必定很美，"美先尽矣，则相生疾。"杜注："同姓之相与先美矣，美极则尽，尽则生疾。"子产开出良方："四姬有省犹可，无则必生疾矣。"减省掉四个同姓的妾还行，否则一定要生病的。子产婉转地指出晋侯的疾病源自荒淫的生活，又巧妙地把话题切入到同姓不婚上去。

春秋后期，"同姓不婚"的戒律渐次有遭漠视和破坏的倾向。如：

《左传·襄公二十五年》："（东郭偃之姊棠姜美而夫死，齐执政大臣崔杼欲娶之。）偃曰：'男女辨姓，今君出自丁（齐丁公，太公之子），臣出自桓（齐桓公），不可。'……崔子……取之。庄公（齐庄公）通焉（与棠姜私通）。"崔杼、棠姜、庄公皆姜姓。

《左传·襄公二十六年》："（六月）卫侯如晋，晋人执而囚之……冬十月，卫人归（嫁）卫姬于晋，乃释卫侯。君子是以知平公之失政也。"晋、卫皆姬姓。

《左传·襄公二十八年》："（齐庆封当国，以政付子庆舍，舍字子之，有臣卢蒲癸。）癸臣子之，有宠，妻之（杜注：子之以其女妻癸）。"庆舍、卢蒲癸皆姜姓。

《左传·哀公十一年》："初，晋悼公子慭亡在卫，使其女仆（驾御马车）而田（打猎），大叔懿子止而饮之酒，遂聘之（聘娶之为妻）。"晋公子慭、卫大叔懿子皆姬姓。

《左传·哀公十二年》："夏五月，昭公夫人孟子卒。昭公娶于吴，故不书姓。"鲁、吴（周太伯之后）皆姬姓。这一条，《论语·述而》也有记载："陈司败（陈国的大夫，司败，犹司寇）问：'昭公知礼乎？'孔子曰：'知礼。'孔子退，揖巫马期（孔子弟子）而进之曰：'吾闻君子不党，君子亦党乎？君取于吴，为同姓，谓之吴孟子。君而知礼，孰不知礼？'巫马期以告，子曰：'丘也幸！苟有过，人必知之。'"邢昺《论语注疏》："《坊记》（《礼记》的一篇）云：'《鲁春秋》去夫人之姓曰吴，其死曰孟子卒。'及仲尼修《春秋》，以鲁人已知其非，讳而不称姬氏。讳国恶，礼也。因而不改，所以顺时世也。《鲁春秋》去夫人之姓曰吴，《春秋》无此文。《坊记》云然者，礼：夫人初至必书于册。若娶齐女，则云'夫人姜氏至自齐'，此孟子初至之时，亦当书曰：'夫人姬氏至自吴。'同姓不得称姬，旧史所书，盖直云'夫人至自吴'。是去夫人之姓，直书曰吴而已。仲尼修《春秋》，以犯礼明著，全去其文，故经无其事也。"

周代的同姓不婚，除了有优生的作用，也有政治上谋求与异姓诸侯国加强联合的作用。而优生的作用，由于只避父系之同姓，而不避母系之同姓，还有着相当的局限性。

【问题探讨】

春秋时期齐国及其他地方民间婚俗中存在哪些母权制残余的推测：

1. 血缘婚应该是受到禁止的

公子诸儿（即后来的齐襄公）和文姜的兄妹奸情，在当时不仅不容于周礼，应该也是不容于民俗的。所以齐僖公发现他们的奸情后，宁可把亲生女儿送给郑公子忽当妾，也要拆散那对孽种子女。其实，兄妹婚在人类早期婚俗史上是存在过的。恩格斯《家庭、私有财产和国家的起源》中说：在家庭的第一阶段血缘家庭中，兄弟姊妹间把"相互的性交关系""看做自然而然的事"。他还特地在此处加了个注：

马克思在 1882 年春季所写的一封信中，以最严厉的语调，批评瓦格纳的

《尼贝龙根》歌词对原始时代的完全曲解。歌词中说："谁曾听说哥哥抱着妹妹做新娘？"……马克思对此回答道："在原始时代，姊妹曾经是妻子，而这是合乎道德的。"

随着社会的进步，血缘婚就被母系氏族制的族外婚所取代了。这种取代，发生在十分久远以前，后来，只在远古传说中留下一点记忆，例如说，中国的人祖伏羲和女娲既是夫妻，又是兄妹之类。同时，也会在后世的婚俗中留下一丝残余。芬兰著名的社会学家、哲学家和人类学家爱德华·韦斯特马克（1862—1939）在《人类婚姻史》第四章中说：

> 依惯例而行兄妹结婚之极确实的实例，通常可于王族或酋长中发现。麦鲁在彼关系于夏威夷此类婚姻的报告中说："最高位酋长的适当配耦者，为彼同一父母所生的姊妹。……对于大酋长则另有一个适当配耦，大抵为彼之同父异母妹，或同母异父妹。"然血族通婚为酋长的特权。我们甚至得知夏威夷"最初承认基督教的从兄弟姊妹通婚。迨新教传来，此种事体遂成为明显的罪过"。格希拉索·达·拉·费加称述秘鲁王最初制定严格的法律，凡属王国承继者，当与其父母嫡出的长女结婚。但由其他学者的报告，十五世纪末，某王与同父异母妹结婚，乃规定"惟王始得与同父异母姊妹通婚，他人皆不许可"。而在此以前的秘鲁人，则常视一等亲结婚为不法。其实除国王外，任何人皆未赋有漠视自然法则，至与自己姊妹结婚的权威。

> （王亚南译，上海文艺出版社1988年版）

韦斯特马克的征引和论述，对我们贴切地评价齐襄公与文姜的乱伦，具有重要的参考意义。这种兄妹私通，在春秋时期实属淫乱之个案，上不为礼法所通融，下不为民俗所认同。只是因为齐襄公为一国之君，就如同上述引文中之"最高位酋长""王国承继者"一般，除了其父齐僖公在世时尚可加以抑止外，最多就是作诗"刺"一下，再无别的力量可以约束他了。《公羊传·桓公二年》说：鲁桓公取郜鼎"可以为其有乎？曰：否。何者？若楚王之妻媦，无时焉可也"。何休《解诂》："媦，妹也。"据此，楚王也曾有妻妹之实。但是，"无时焉可也"只是书生发发议论，既制止不了鲁桓公取郜鼎而有之，也无奈楚王妻妹何。这两个例子韦斯特马克不知道，不然他肯定要写进他的著作中去。

2. 可能存在共妻制

氏族的建立，排除了血缘通婚，开始了氏族外的群婚。一个氏族，即一个母亲血缘的集团，内部严禁通婚，而与另一氏族或多个氏族实行群婚。由于族内禁忌发生性关系,因此出现了"别男女"的观念,母亲及诸母带领女性成员以及未成年的男童成为一个居住区,从事采集等适合于女性的劳作,舅父及诸舅带领男性成员别成一个居住区,从事狩猎等适合于男性的劳作。初期的群婚为野合,这一形式后来作为节日习俗保留到很晚,春秋时期周礼即规定"仲春之月,令会男女,于是时也,奔者不禁,若无故而不用令者罚之"(《周礼·地官·媒氏》)。这当然是指"男无室、女无家"者而言,而"故"则指疾病、有父母之丧在身等。《史记·孔子世家》即直言"(叔梁)纥与颜女氏野合而生孔子"。这件事发生在春秋后期鲁襄公二十一年(《公羊传》《穀梁传》)或二十二年(《史记》)。后世注家为孔子讳,曲为粉饰种种说法,皆非太史公原意与事实真相。恩格斯称这种情况是"对于从前一个氏族的妇女以另一个氏族的所有男子为她们的共同丈夫,而男子则以另一个氏族的所有妇女为他们的共同妻子的时代,还保存一点朦胧的记忆"(《家庭、私有财产和国家的起源》)。

母系氏族制的晚期直至父权制的确立,由于农业、畜牧业的发展需要定居的生活,群婚逐渐向对偶婚并最后向一夫一妻制转变。这其间出现的婚姻模式是十分多样复杂的,在不同的地域、不同的民族间出现的发展上的不平衡性是极为巨大的。如我国川滇两省交界处有几处纳西族聚居的乡、村,至今保留着一些古老的母系制婚俗遗存。如泸沽湖摩梭人的走婚,其特征为男不娶、女不嫁,女方居住,男方每夜走访,晚来晨去,或短期或长期,结合不固定,严格排除血缘关系。由于其不固定性,所以呈现出原始氏族群婚的性质(参阅宋兆麟《走婚——女儿国亲历记》,西苑出版社 2004 年版)。又如云南宁蒗县永宁区的纳西族,除了走婚的形式外,还有妻方居住的对偶婚和夫方居住的对偶婚;从家庭形态看,既有母系家庭,又有父系家庭,还有双系家庭。它所表现出来的多样性,充分反映了从母系制向父权制过渡是一个复杂的过程,具有丰富的中间环节(参阅严汝娴、宋兆麟《永宁纳西族的母系制》,云南人民出版社 1983 年版)。再如四川木里县俄亚乡的纳西族,从母系制向父权制的过渡又有着自己的特点,它在走婚(氏族群婚)的基础上,未经独立的对偶婚阶段,即受周围地区父权制嫁娶形式的影响,发展为伙婚(原音译为普那路亚家庭),先是几姊妹娶几兄弟,或是几兄弟娶几姊妹,随后出现了共夫制和共妻制的婚俗。这进一步说明不同地区古今婚俗的演变不仅是不同步的,而且是没有一个统一模式的(参阅宋兆麟《共夫制与共妻制》,上海三联书店1990 年版)。试想,时至 20 世纪,在华夏大地上还存在这许多形形色色的母系制婚俗残余,那么二千六七百年前的春秋时期,在"因俗简礼"的齐国和其他地区的民间,存在着这样那样的母系制婚俗残余,不是一点也不值得惊讶吗?

我们读《左传》,很容易得出一个印象,就是齐国姜姓的女子嫁到别国去,有不少在两性关系问题上要出点问题。若由此而说齐女多淫,恐怕是很不妥的,是用后世的"礼""伦理"甚至"道学"的观点去看春秋时期的两性问题了。但如若考虑到春秋时期的齐国和其他有些地区由于民间保留了较多母系制婚俗残余,从而使公室、大夫之家出身的女子在耳濡目染之间受到一定影响,并在行为上有所仿效,看待这些问题就可客观一点。

先看叔嫂之"通"。关于姜姓女子的可举三例:

(1)最典型的是《左传·闵公二年》说的"共仲通于哀姜",哀姜是庄公夫人,共仲即庄公之弟公子庆父。《左传》说的还不是事实的全部,早在鲁庄公去世以前,《公羊传·庄公二十七年》就说了:"公子庆父、公子牙、公子友,皆庄公之母弟也。公子庆父、公子牙通乎夫人。"《春秋繁露·王道》也有"鲁庄公……夫人内淫两弟"之文。鲁庄公与仲庆父、叔牙、季友,为文姜一母所生之四兄弟。所以庄公死后,仲孙、叔孙、季孙得以号称"三桓",若非桓公嫡子,不容有此殊贵。后世有人说惟庄公与季友为嫡,庆父与叔牙为庶,固误;《史记·鲁世家》谓"季友母陈女",亦非。《左传·昭公三十二年》明云:"昔成季友,桓之季也,文姜之爱子也。"怎么可能母为"陈女"呢。夫人哀姜,与四兄弟中的三个沾了边(与庄公是正式的夫妻关系)。

(2)《左传·成公十六年》:"宣伯通乎穆姜。"穆姜,为鲁宣公夫人,成公之母。宣伯,是上面提到的公子牙的曾孙,与穆姜之夫鲁宣公为从兄弟。

(3)《左传·昭公二十年》:"(卫)公子朝通乎襄夫人宣姜。"此宣姜为卫襄公之夫人,谥号"宣"为加之于夫人而非从夫之谥者。公子朝为卫献公之庶子,卫襄公之庶兄弟。

上三例中的哀姜、穆姜、宣姜(卫襄夫人)皆为齐女。而为《左传》所载叔嫂(或伯弟妇)私通事例,也不尽是齐女。如:

(4)《左传·僖公二十四年》:"甘昭公……通于隗氏。"隗氏为赤狄之女,周襄王娶之,号为狄后。甘昭公即王子带,周惠王之子,襄王之弟,封于甘,谥昭。周王室内也有叔嫂"通"之事。

(5)《左传·成公十七年》:"齐庆克通于声孟子。"声孟子为宋女,齐顷公夫人,齐灵公之母。庆克为齐之公族,据《通志·氏族略三》"齐桓公之子公子无亏生庆克",庆克与齐顷公都是齐桓公之孙,为从兄弟。这一例叔(或伯)为齐男,嫂(或弟妇)为宋女。

(6)《左传·闵公二年》:"成风闻成季之繇,乃事之,而属僖公焉,故成季立之。"成风,庄公之妾,僖公之母,太皞之后风姓之国须句之女,"成"为谥号。成季,即庄公弟季友,"成"为谥号,"季"为以排行为字,"友"为名。季友将生时,其父鲁桓公使人卜之,所得繇词有"为公室辅,季氏亡,则鲁不昌"等语。成风入为庄公妾后得闻此情,"乃事之(指季友)",并把自己的儿子托付给他,果然靠了季友的支持,在庆父连弑两个嗣君以后,把成风之子公子申推上了君位,就是鲁僖公。《左传》用辞很有分寸,把成风和季友的关系定位为"事",事者,侍奉也。明面上不涉两性关系,却又留有足够的想象空间。正如唐太宗说的:"事人岁久,即分义情深,非意窥窬,多由此作。"(《旧唐书·褚遂良传》)嫂而事叔,虽不可言"通",其中暧昧,亦模糊可见了。季友谥成,《谥法解》:"安民立政曰成。"以季友之一生,倒也是当得这个谥号的。无独有偶,成风之谥也为成,她不从夫谥(庄)而从叔谥,虽非由她所定,却也颇耐人寻味(成风晚于季友二十一年而卒)。

(7)《左传·文公十八年》:"敬嬴嬖,而私事襄仲。"敬嬴,鲁宣公之母,当为徐国之女(媵自何国,《左传》无文,秦亦嬴姓,但与鲁太远,前往娶妾,恐无可能)。《左传》说敬嬴为鲁文公之次妃,《史记·鲁世家》从之。但西汉末年的刘向则持异义,他在《新序·节士》中明确提出:"鲁宣公者,鲁文公之弟也。"认为宣公与文公一样,都是僖公之子。东汉末何休《春秋公羊传解诂》同意刘向之说,认定"宣公即僖公妾子"。其实刘向与何休恐怕并无文献根据,估计他们只是以《左传》论《左传》推定的。《左传》在文公四年,方记鲁文公结婚;十八年,文公即薨。若宣公为文公子,则年龄必不大,何以《左传》经元年正月,即书"公子遂如齐逆女",而传补充一句:"尊君命也。"三月,夫人妇姜即从齐国迎回鲁国。若非已行过成年礼(二十而冠),甚至岁数尚小,不至于如此急急,这是年龄上有问题。只有宣公为文公之弟、僖公之幼子,才能够理顺其中关系。再是文公薨于十八年二月丁丑(二十三日),宣公若是文公之子,需服丧三年方可婚娶,断无一即位就派公子遂如齐逆女之理。可以参照文公之婚娶来看,文公之父僖公是三十三年冬十二月乙巳(十一日)去世的,所以公子遂虽于文公二年冬如齐纳币,逆妇姜于齐之礼却延至四年夏才举行,十足地过完了三年丧期。婚、丧乃礼之大者,若宣公是文公之子,丧娶非礼就是一个大问题。宣公于元年三月娶妻,距文公之丧一年有余,显然不合子对父须服丧三年之期,却正好符合弟为兄服丧期年的规定。据以上两点,可以有足够的理由证明刘向、何休之说为是,而《左传》记敬嬴为文公次妃乃是偶而出现了一些疏误,《史记》也从之出错。杨伯峻《春秋左传注》说:"《新序·节士》篇谓宣公为文公弟,未知何据。"此即是据。敬嬴并非文公次妃而为僖公之妾应该是可以认定的。而襄仲呢,即公子遂,"襄"为其谥,"仲"为排行作字,是庄公之子、僖公之弟、敬嬴之小叔子,僖公(后期)、文公、宣公(前期)三朝之上卿。季友于宣公十六年去世后,鲁国执政大臣的重任即落在他的肩上。敬嬴作为僖公之妾,显然对婆婆成风成功地从妾的身份转变为夫人的地位极为羡慕,并引为榜样。成风找了时为上卿的小叔子季友为靠山,改变了命运,我敬嬴为什么不能找同为上卿的小叔子襄仲作靠山,也改变自己的命运呢?《左传》说"敬嬴嬖",是极言其受国君(当是僖公)之宠爱,则敬嬴之美而富于魅力不言可知了。"而私事襄仲",较之成风之"事"季友,又多了个"私"字,无端添加了谜团重重的私密性,令人对《左传》用词之简而精,曲而达,婉而有致,不禁额叹。有如此美嫂私下侍奉,也难怪襄仲在文公薨后,下死手杀了文公正妃姜氏(出姜)所生的两个嫡子,又把反对立敬嬴子为君的叔仲惠伯也一并除去了,不惜以三条人命的代价,力助宣公登上了国君宝座,敬嬴也得遂所愿,坐稳了夫人的位置。敬嬴对襄仲的感恩之情是可以想见的。宣公八年夏六月,襄仲为国事出访齐国,已入齐境,突发疾病,无奈折返,辛巳(十六日)道死于齐之垂邑。七天之后,得到噩耗的敬嬴在戊子(二十三日)这一天,竟也黯然逝去了。此情已超越叔嫂之亲情,不以男女之私情论之,恐怕很难解释得清了。

(8)《左传・僖公十五年》:"晋侯烝于贾君。"此晋侯指晋惠公夷吾。此事属于追叙,虽是僖公十五年之文,所叙实僖公九年之事。这一年九月,夷吾之父晋献公卒,晋国一度陷入立嗣之乱,献公临死嘱荀息立骊姬之子奚齐,为卿里克所杀,荀息又立骊姬娣之子卓子,又为里克所杀。既而又杀骊姬。出奔于梁之公子夷吾,为秦穆公发兵送入晋国,即位是为惠公。惠公之异母长姊穆姬为秦穆公夫人,在夷吾回国前特地托付他当了国君务必照顾好"贾君"。不料,夷吾一回国,就以国君的权威,把贾君给"烝"了。这个"烝"字,在《左传》里屡次出现,一般是指儿子转娶亡父遗留下的除生母以外的妻或妾(后文将简介这一类的事例),而《左传・庄公二十八年》写得很明白:"晋献公娶于贾,无子。烝于齐姜,生秦穆夫人及大子申生。"所以杜预给《左传》作注时把"贾君"解释为"晋献公次妃,贾女也"。他没有采用早于他的三国吴唐固在《国语注》里的以"贾君"为申生妃的观点。《国语・晋语三》说:"惠公即位,出共世子而改葬之,臭达于外。"韦昭注:"共世子,申生也。献公时,申生葬不如礼,故改葬之。惠公烝于献公夫人贾君,故申生臭达于外,不欲为无礼者所葬。唐以贾君为申生妃,非也。"这里的"唐",就是指的唐固,韦昭有时也称他"唐尚书"(曾任吴国的尚书仆射)。唐固的观点也未被韦昭接纳。韦昭和杜预都忽略了一些不应忽略的细节：一，"贾君"若是献公之妃，她只是秦穆姬和晋惠公的诸母之一，她与秦穆姬的关系应不是十分亲近的，秦穆姬为什么要特地嘱咐惠公夷吾回国后额外地照顾好她？而申生是穆姬唯一的同母兄长，却死于非命，他留下的太子妃使穆姬分外牵挂，所以有这样的托付才是合情合理的。二，贾君若是献公之妃，其年必已甚高，长于惠公殆三十年，惠公何以烝之？三，《左传·僖公十年》有一段不该忽视的情节：太子申生生前曾并肩作战、为太子驾御戎车的狐突，在惠公即位之第二年忽然传出了一个太子申生显灵的消息。《左传·僖公十年》："秋，狐突……遇大子……而告之曰：'夷吾无礼，余得请于帝矣，将以晋畀秦……。'"这个故事，显然是狐突编造的，他借已故太子之口来警告惠公夷吾休得无礼。这个"无礼"，当然是指晋惠公烝长嫂、太子申生妃而言。整部《左传》，"烝"用于叔对嫂，只此一例。或者当时就有"长嫂如母"的观念了？唐固把"贾君"释为太子申生之妃，虽不为韦昭、杜预所取，却为后来清代惠栋《春秋左传补注》、洪亮吉《左传诂》、今人杨伯峻《春秋左传注》采之以为不二之解。这几位学者的看法，确实更合乎情理。

上面列举了《左传》所记叔嫂私通之事八例，下面再举一个"叔接嫂"的事例。《左传·哀公十一年》："冬，卫大叔疾出奔宋。……卫人立遗（大叔遗，疾之弟），使室孔姞。"大叔氏是卫国的公族，据杜氏《世族谱》说，"大叔仪，僖侯八世孙。"而卫僖侯，又是卫康叔的八世孙。大叔疾、大叔遗兄弟，又是大叔仪之曾孙。所以兄弟二人，与公室族已较远。大叔疾的婚事，很受卫之异姓大夫孔文子的左右。孔文子名圉，姞姓。卫之孔氏，始见于《左传》者为孔文子之五世祖孔达（文公元年），可能是卫之近邻姞姓之南燕国始并于卫，而为卫之大夫者。大叔疾初婚于宋子朝之女，而特宠其妻之娣。婚后不久，子朝因故出奔，原岳丈政治上失势，孔文子乘隙而入，要大叔疾休其妻，而把自己的女儿孔姞嫁给他。不料大叔疾虽然舍得休前妻，却对前妻之娣情有独钟，改娶孔姞以后，又别置一处小公馆偷偷把前妻之娣包养着，自己两边周旋，形成了"二妻"的格局。都说没有不透风的墙（当然是旧时的土墙），孔文子得知此情大怒，想动武攻打大叔疾，被当时正在卫国的孔子劝阻了。这口恶气怎咽得下？就把女儿孔姞从大叔疾身边夺了回来。偏巧大叔疾还出了点别的纰漏，觉得在卫国再混下去很没面子了，于是就出奔到宋国去，当然不会忘记带着他喜欢的宋女、他前妻的娣。于是他的弟弟大叔遗就接替他当了大叔氏的家。孔文子则把孔姞给大叔遗做了妻子。

再举一个疑似叔接嫂的例子。《春秋·庄公十二年》："纪叔姬归于酅。"纪季姬是谁？鄑是什么地方？这要从《左传·庄公三年》说起："纪季以鄑入于齐，纪于是乎始判。"纪国是齐国的同姓邻国。齐襄公志在灭纪，而纪侯无力保全国家，又不愿臣服于人。为免国破宗庙亡，由弟纪季分出鄑邑交给齐国，以保存宗庙为条件，表示臣服而作齐的附庸。"判"即是分割之意。《左传·庄公四年》："纪侯不能下齐，以与纪季。夏，纪侯大去其国，违（避）齐难也。"这一年齐襄公伐纪，纪侯把纪国都给了纪季，自己永别故国，以避齐国征伐的灾难。《左传》再未提他的下落和结局。他的夫人纪伯姬也死于这一年。夫人之娣纪季姬据《公羊传解诂》说是回鲁避难了。八年后，《春秋》才记她"归于鄑"。《公羊传》："其国亡矣，徒归于叔尔也。"推测很可能纪侯死于此年，所以她才归于叔了。古女子嫁谓之归。

这些发生在叔嫂之间的故事，有些明显是女方主动的，如鲁庄公夫人哀姜，又如成风事季友、敬嬴私事襄仲等；有些是无奈之举，如孔姞、纪季姬；有些说不清谁引诱的谁，但男女之间，除非男方使用了暴力手段，总是要女方点头心许才能成事的。为了证实这一点，我们可以举一个例。《左传·庄公二十八年》："楚令尹子元欲蛊（诱惑）文夫人（楚文王夫人息妫，令尹子元之嫂），为馆于其宫侧，而振万（表演万舞）焉。夫人闻之，泣曰：'先君以是（此）舞也，习戎备（进行军事演习）也。今令尹不寻（用）诸（之于）仇雠而于未亡人（古代寡妇自称）之侧，不亦异乎！'御人（宫中侍者）以告子元，子元曰：'妇人不忘袭雠，我反忘之！'"文夫人息妫对小叔令尹子元的性骚扰予以抵制，小叔子的目的没能达到。但是，子元最后并未死心，他在故作姿态讨伐了一下郑国后，回来又擅自闯入后宫，欲圆美梦。鬬射师劝谏他，他不但不听，还把鬬射师铐起来。这激起了鬬班的愤怒，最终把他杀了。《左传》对子元是否以自己的权势地位强迫嫂子屈从作了模糊处理，因为从子元铐鬬射师到他被鬬班所杀，中间相隔有两年。初时楚成王熊頵尚未成年，国政大权操在叔父令尹手中，子元是有可能为所欲为的。

上述九例中，姜姓齐女有三例，隗姓狄女一例，子姓宋女一例，风姓须句女一例，嬴姓徐女一例，姬姓贾女一例，姞姓卫女一例。齐地前已多次提及存在较多母系制婚俗残余，隗后为赤狄，须句、徐本属东夷，贾国与狄地近，卫号称"有桑间濮上之阻，男女亦亟聚会"（《汉书·地理志下》），宋则发生过宋襄夫人王姬欲与庶孙公子鲍通，而国人居然"奉公子鲍以因夫人"（《左传·文公十六年》）的故事，可见齐地以外的这些地区，也多存在着各种各样母系制婚俗残余。

我国的华夏族很早就在统治层（所谓三皇、五帝、三王）形成的同时，告别了母系制，确立起逐渐成熟的父权制；但在民间，特别是与所谓蛮、夷、戎、狄错杂而居的地方，母系制的残余还存在过很长一段时间。春秋时期上层社会屡屡发生叔嫂间性关系混乱的事件，恐怕就是某些地方民间尚存在兄弟共妻婚俗的影响所致。可惜古史虽记春秋时王后、诸侯夫人媵妾、卿大夫妻与叔（伯）"通"，且直书而无所谴责，却对民间有否共妻婚俗鲜有记载。仅《淮南子·氾论训》云："昔苍吾绕娶妻而美，以让兄。"高诱注："苍吾绕，孔子时人。"似隐约透露春秋后期尚有疑似兄弟共妻之俗。《氾论训》又云："孟卯妻其嫂，有五子焉。"高诱注："孟卯，齐人也。《战国策》曰芒卯也。"《战国策·西周策》作"孟卯"，《魏策三》作"芒卯"。这里未说清是兄死妻其嫂，还是兄在妻其嫂，对战国时齐地是否还存在"所谓兄弟共妻，就是以兄的名义娶一妻子，其他弟弟也有权同兄妻发生关系"的婚俗留下一个存疑之点。民间有兄弟共妻之俗，那些姜姓、隗姓、风姓、嬴姓等等女子自小有所闻有所见，婚后偶有失谨，也就不足怪了。

较之兄弟共妻，父子共妻更带有母系制氏族群婚的痕迹，它是父权制的嫁娶婚和母系制氏族群婚的一种过渡性质的结合。我们如果留意到《左传》（以及《史记》对《左传》的个别补充）中多例关于"烝""报"与父夺子媳等婚姻现象，就会联想到可能与春秋时期的民间特别是那些因俗简礼的地区和与蛮、夷、戎、狄错杂而居的地区，还存在着允许父子共妻的婚俗现象有关。

《左传》中的"烝"，主要是指父死以后，子可以娶除生母以外的父之妻妾。当然不是大包大揽（有人认为春秋时期国君死后其子可以继承除生母以外的父之所有妻妾，是不正确的，不是实际情况），而大抵是选娶年轻貌美的父妾（只有一例"晋侯［惠公］烝于贾君"，贾君并非晋献公妃，而是大子申生之妃，已见上文分析，因而是叔烝长嫂）。共有四例：

（1）《左传·桓公十六年》："初，卫宣公烝于夷姜，生急子。"卫宣公为卫庄公之子，夷姜为卫庄公之妾。在选文第二篇《卫石碏大义灭亲》中我们已知卫庄公夫人为庄姜，则夷姜可能是庄姜之娣、侄女之属，初因年幼，待年而后至卫宫者。庄公死后，子桓公立。桓公弟公子晋（后为宣公）当于此时烝夷姜。

（2）《左传·庄公二十八年》："晋献公娶于贾，无子。烝于齐姜，生秦穆夫人及大子申生。"杜预注："齐姜，武公妾。"武公，献公之父。献公烝父妾，所生之子为太子（即承认齐姜为夫人），所生之女嫁至秦国为夫人。可见"烝"这种婚姻形式当时视为正规，子女地位也与正式聘娶婚所生子女一样。

（3）《左传·闵公二年》："初，（卫）惠公之即位也，少。齐人使昭伯烝于宣姜，不可，强之。生齐子、戴公、文公、宋桓夫人、许穆夫人。"卫惠公为卫宣公与宣姜所生之子。卫宣公烝于夷姜，生急子（《史记》作太子伋）、黔牟及昭伯顽。为急子娶齐女而美，宣公遂夺而自娶之，就是宣姜。卫宣公死后，宣姜所生之子惠公立，但宣姜还很年轻，其父齐僖公不愿女儿这么早就守寡，就作主要卫宣公与夷姜所生的昭伯（公子顽）烝宣姜。昭伯开始不同意，经不起齐以大国之威强迫他，也就烝了。昭伯虽非国君，但宣姜的身份却是"国母"。所以她与昭伯所生的五个子女，除长子齐子早卒，其余两个儿子先后当上卫国国君，两个女儿也分别嫁到宋国、许国当上了夫人。这都是国君嫡子女才有的身份待遇。

（4）《左传·成公二年》："（楚庄）王以（夏姬）予连尹襄老。襄老死于邲，不获其尸。其子黑要烝焉。"连尹为楚国官名，黑要是襄老之子。晋、楚邲之战中，襄老被晋将知庄子一箭射中身亡，黑要就把楚庄王赐给其父为妻的夏姬烝了。夏姬是楚国一度灭了陈国，从陈国俘掳来的一个以美色著称的妇女，详细身份下文再交代。

除了"烝"，《左传》还记载了一例侄子娶已故叔父之妃的事，称之为"报"，见于宣公三年："（郑）文公报郑子之妃，曰陈妫，生子华、子臧。"这是一段追叙的文字，郑文公是我们在第一篇选文中已经认识了的郑庄公的孙子、郑厉公的儿子，郑子则是郑庄公的儿子、郑厉公的弟弟。郑子名仪，曾在郑厉公因政治原因出奔国外及偏居栎邑时任国君达十四年。十四年后厉公派人刺杀郑子并重登君位，他不承认郑子的国君资格，因此郑子死无谥号。厉公续登君位九年后卒，子文公即位。郑子死于庄公十四年（前680），郑文公立于庄公二十二年（前672）。文公"报"陈妫，就应在上述两个年份之间。因《左传》书"报"仅此一例，所以后代注家对它的解释不完全一致。服虔《春秋左传解谊》说："报，复也。淫亲属之妻曰报。"说得似过于宽泛。杜预《春秋左传集解》则引《汉律》："淫季父之妻曰报。"其实汉代人的道德观法律观，与春秋时期相比已有很大变化。《左传》记文公"报"陈妫，与上数例"烝"一样，完全是寻常笔调，平铺直叙，毫无谴责之意。至汉代变成了"淫"，且上了律条。

在郑文公报陈妫大约七八十年以后，在陈国也发生了一件有点类似于"报"的事。《左传·宣公九年》："陈灵公与孔宁、仪行父通于夏姬。"杜注仅简单说："二子（指孔、仪），陈卿。夏姬，郑穆公女，陈大夫御叔妻。"陈大夫御叔又是何等人呢？据《世本》（辑本）"卿大夫世·陈臣世"记录："（陈）宣公生子夏，夏生御叔，叔生征舒。"夏姬之夫御叔，乃是陈宣公之孙。陈宣公在位四十五年，其年寿甚长，子夏当是其晚年之子。而宣公之子穆公，穆公之子共公，共公之子灵公，灵公乃宣公之曾孙。所以从辈份上说,御叔是灵公的从叔父,灵公通夏姬,也就是通叔父之妻。这件事为什么不叫"报"呢?原因就在于陈灵公不是正儿八经地娶夏姬,而只是"通",不但自己"通",还和两个卿合伙"通"。春秋时期国君娶妻都要告祭先祖的,《左传·隐公六年》记郑公子忽娶陈女为妇,"先配而后祖(先入洞房后告祭祖庙),为陈铖子所讥,以为违背礼仪。上文之"烝",本是祭名,《尔雅·释天》:"冬祭曰烝。"顾颉刚曾说:"很可能卫宣公在开始烝于夷姜的时候要行一个祭祀祖先的礼,向祖先报告这回收房的事实。"(《由"烝""报"等婚姻方式看社会制度的变迁》)更可能是借冬天举行烝祭的时候,向祖先报告这个重娶父之妻妾的事实,所以这种重娶才得了个"烝"的名称。"报"也是祭名。《诗·周颂·良耜》毛序:"《良耜》,秋报社稷也。"又《丰年》毛序:"《丰年》,秋冬报也。"《良耜》末二句云:"以似以续,续古之人。"孔疏:"似训为嗣,嗣、续俱是继前之言。""此为年丰报祭,而云更求嗣续,故知嗣前岁者复求有丰年也,续往事者复求以养人也。"丰年之嗣续与续娶叔父之妃有一定的暗合,郑文公报陈妫,当也曾借秋天举行报祭时向祖先告祭过,所以他的行为才称之为"报"。可以想见,烝、报都是履行过祭祀、告祖这些正规礼仪程式的,虽然带着群婚遗痕,却又与父权制的嫁娶婚接轨,是符合当时礼法的。而陈灵公、孔宁、仪行父一君二卿与夏姬通,当然不可能履行祭祀、告祖这些正规礼仪程式,因而被陈大夫泄冶斥之为淫。这三个人在公廷上竟"皆衷其袙服(贴身穿着夏姬的内衣)以戏于朝"。泄冶谏道:"公卿宣淫(宣扬淫行),民无效焉(民无可效法的了),且闻不令(名声不善),君其纳之(把女内衣收藏起来)。"泄冶批评的还不是他们的"通",而是他们的"宣淫",尺度可谓并不严苛,但结果还是因谏被杀。陈灵公最后因为与仪行父一唱一和戏弄侮辱了夏姬之子夏征舒,死在了夏征舒复仇的箭下。

孔宁又称公孙宁,应是陈穆公之孙,与灵公是从兄弟。仪行父也是陈国公族,《潜夫论·志氏姓》把"仪氏"列为陈国妫姓十大分支之一。从两卿排名先后,仪行父当与孔宁平辈而族稍疏远。所以这是从兄弟三人共与从叔之妻"通"的个案,群婚遗俗色彩特别浓重。夏姬之所以能接纳这三个人,很可能她自小受当时郑国民间婚俗多有母系制群婚残存的影响。朱熹论《诗·郑风》说:"郑卫之乐,皆为淫声。然以诗考之,卫诗三十有九,而淫奔之诗才四之一;郑诗二十有一,而淫奔之诗已不翅七之五。卫犹为男悦女之词,而郑皆为女惑男之语。卫人犹多刺讥惩创之意,而郑人几于荡然无复羞愧悔悟之萌,是则郑声之淫,有甚于卫矣。"(《诗集传·郑·卷末总论》)朱熹文中之"淫",实际上只是母系制婚俗之残余而已。

《左传·文公十六年》还记载了一则祖母欲通庶孙的故事:"公子鲍美而艳,襄夫人欲通之,而不可,乃助之施。……国人奉公子鲍以因夫人。"襄夫人是宋襄公的继室,周襄王之姊,所以也称王姬。宋襄夫人的年龄,据顾颉刚(见前引文)、杨伯峻(《春秋左传注》)两家估算,得出的答案是相同的,都是在六十以上。花甲老妇,却看中了自己的庶孙,美而艳的公子鲍。公子鲍不仅外表英俊,更是个礼于国人,乐善好施,尊贤重才之人。他的庶兄宋昭公则以"无道"称。襄夫人向公子鲍传达情意,很自然遭到拒绝,她并不气馁,而是力助公子鲍做慈善事业。国人看出其中奥妙,由于襄夫人早就不满昭公,并曾削弱过他的势力,现在又与公子鲍共襄善举,很得民心,国人便"奉公子鲍以因夫人",拥护她实现自己的心愿。顾颉刚对句中的"因"字作了专门的解释,认为它是和"烝""报"一样的春秋特定婚制的专用词:"孙娶祖的妻的婚制叫作'因'。"(见前引文)其实"因"在这里并非专用词,而只是一个普通的动词,作"随顺"解。孙娶祖的妻在《左传》中仅此一例,并无普遍意义,它只说明春秋时期的婚姻,辈份的观念极为淡薄而已。这也是母系制群婚的遗迹。

辈份的事,与同姓同源的各支发展不平衡联系起来看,往往会出现一房与另一远房之间同年龄的辈份不同,同辈份的年龄不同的现象。不认真查族谱,辈份往往淹没在年龄相当的迷雾之中。如《左传·襄公二十五年》记崔杼娶同姓之女棠姜为妻,"庄公通焉",为崔杼所杀之事。若追根溯源,崔杼出于齐丁公,为丁公之十二世孙(参见《新唐书·宰相世系表》),而齐庄公为齐丁公之十四代孙。拿着族谱论辈份,崔杼应是庄公的远房叔祖父,庄公通棠姜,是孙通叔祖母了。但公子鲍(后来成了宋文公)娶祖母受到国人拥护,齐庄公通祖母则被崔杼杀了。要他说实话,他死了还不知道私通的竟是他的远房叔祖母呢。

春秋时期,还多有父娶子媳(或父通子媳)之事。最早见于记载的一件,主角是鲁惠公,但《左传》隐讳了此事,只说:"惠公元妃孟子。孟子卒,继室以声子,生隐公。宋武公生仲子,仲子生而有文在其手,曰为鲁夫人。故仲子归于我,生桓公,而惠公薨,是以隐公立而奉之。"(隐公元年文)而《史记·鲁周公世家》不采《左传》所载,别取他说云:"惠公适(嫡)夫人无子,公贱妾声子生子息。息长,为娶于宋。宋女至而好,惠公夺而自妻之。生子允,登宋女为夫人,以允为太子。及惠公卒,为允少故,鲁人共令息摄政(是为隐公),不言即位。"

见于《左传》者还有父娶子媳两例,父通子媳一例,伯父娶侄媳一例,叔父通侄媳一例:

(1)《左传·桓公十六年》：追叙卫宣公烝于夷姜，生急子，"为之娶于齐，而美，公取之"。本来要为儿子娶妻，谁知这个齐女非常美丽，卫宣公就自己娶了，这就是宣姜。

(2)《左传·昭公十九年》：楚平王生太子建，少师费无极建议平王为建娶妻。"王为之聘于秦，无极与逆（亲迎），劝王取之。正月，楚夫人嬴氏至自秦。"本来聘的是太子妃，结果变成了楚平王夫人。

(3)《左传·襄公三十年》："蔡景侯为大子般娶于楚，通焉。大子弑景侯。"蔡景侯通于子媳已有多年的历史了，大子般只在本年夏忍无可忍才动了杀心。两年前，郑国的子产早有预言："（蔡侯）将得死乎？若不免，必由其子。其为君也，淫而不父。侨（子产自称其名）闻之，如是者，恒有子祸。"（《左传·襄公二十八年》）

(4)《左传·僖公二十三年》：重耳在楚，秦穆公派人迎他到秦国，这是十九年流亡生涯的最后一站。"秦伯纳女五人，怀嬴与焉。"秦穆公一下子向即将回国为君的重耳送上了五个女儿，怀嬴也在其中。怀嬴是谁？原来是重耳的侄媳妇。十四年前，重耳之弟夷吾先兄长回国为君，是为惠公。惠公失信于秦，以不德报秦之德，在韩之战中为秦俘获，做了两个月阶下之囚。秦穆公不计前嫌，放了晋惠公，晋惠公于次年把还未成年的大子圉送到秦国当"质"。穆公在庶生女中选了个年貌相当的小女子去侍候他，后来就成了子圉的妻子。因为子圉在惠公死后做过三个月国君，谥称怀公，所以史书称她为怀嬴。她还有一个身份，就是重耳的外甥女。重耳的同母姊姊穆姬是秦穆公的夫人，秦穆公本是他的姊夫，因而包括怀嬴在内的五个女儿都是重耳的外甥女，而怀嬴还兼带着侄媳的身份。舅父可娶外甥女，伯父可娶侄媳，这也可见春秋初期婚俗中并不看重辈份，伦理观念尚未确立，与之相应的便是在父权制的嫁娶婚中，母系制婚俗残存还处处可见。

(5)《左传·成公四年》："晋赵婴通于赵庄姬。"这是一件叔公通侄媳的事例。赵氏嬴姓，是晋国的一个异姓大族。重耳流亡途中最重要的随从之一赵衰，与重耳本是连襟。重耳娶季隗时，赵衰同时妻叔隗；叔隗为他生下赵盾，后来被定为赵衰之嫡长子（继承人）。重耳又曾把自己的女儿赵姬嫁给赵衰，生下了赵同、赵括、赵婴。赵姬既是赵衰的表侄女，又是赵衰的妻子（后来成为嫡妻）。赵盾生下赵朔，赵朔娶了晋成公之女，就是赵庄姬。由于赵盾是赵衰先妻早年所生，年龄与赵衰后妻的幼子赵婴必定差了一截，所以赵朔和他这个小叔父年纪相距不远。《左传》未言赵婴通于赵庄姬时，赵朔是否已经死去。但在宣公十二年楚、晋邲之战中写到赵朔将晋下军以后，《左传》叙事中再未提及他，可能成公四年时赵庄姬已是寡妇。

春秋时期对寡妇私通，社会宽容度是较高的。《左传》所书两例，一件是襄公二十一年"栾祁与其老州宾通"，一件是哀公十五年"孔氏之竖浑良夫长而美，孔文子卒，通于内"。栾祁是祁姓范氏之女嫁给栾桓子的（范氏、栾氏皆为晋国大夫），丧夫以后，就与大管家州宾私通（"老"，指室老，大夫家臣之长），结果栾家的家产逐渐为州宾侵占殆尽，《左传》称之为"几亡室矣，怀子患之"。怀子是栾桓子之子栾盈。栾盈对母与大管家私通并无微词，在意的是家室几乎被掏空了。孔文子我们上文提起过，就是把女儿孔姞前后嫁给大叔疾、大叔遗兄弟俩的那位。他家有个童仆叫浑良夫，长大以后成了个帅哥，孔文子去世以后，家奴出身的浑良夫就与他的妻子孔伯姬通奸。孔姬是卫灵公的长女，太子蒯聩之姊，卫国执政大臣孔悝之母，与浑良夫的身份有着天壤之别。这样的私通当时也是被默许的，无论是孔悝还是蒯聩都没有对此私情说什么。在《左传》里，唯一一件寡妇私通受到阻挠的就是叔公赵婴通侄媳赵庄姬的事了。成公五年春，赵婴的两个兄长赵同、赵括把赵婴驱逐出晋国，让他流亡到齐国。赵括是当时赵氏宗族的族长，这个举动，显然是要对族内在两性关系上的行为立一些族规。

综上所述，春秋时期特别是前期，上层社会中不规范的两性关系存在得还相当多，与男权制嫁娶婚并存着种种同周礼相违背的母系制婚俗残余，是当时两性关系混乱的主要原因。而当时人对这些现象见而不怪，多数情况下无人指责，有些后世视为乱伦的婚姻男方认为"不可"，女方娘家强之使可，甚至国人拥戴之使成。上层社会如此，可以推见民间婚俗中恐怕还存在着更多母系制群婚、伙婚、对偶婚的残余，包括走婚、兄弟共妻婚、父子共妻婚等形态在内。父子共妻较兄弟共妻少，但《礼记·曲礼上》有一段话是专对这种现象而发的："夫唯禽兽无礼，故父、子聚麀（郑玄注："聚，犹共也。鹿牝曰麀。"）。是故圣人作，为礼以教人，使人以有礼知自别于禽兽。"这段话当非无的放矢。但社会是在进步的，春秋前期的烝、报等婚姻现象，至春秋后期而绝迹；春秋前期鲁惠公、卫宣公父夺子媳没有什么阻力，春秋后期蔡景侯淫儿媳就被儿子夺命，齐庄公与远房叔祖母棠姜私通也死于崔杼之手。在周礼的约束下，母系制婚俗残余的影响在逐渐缩小，某些婚俗形态已趋于消失，人们的道德观也随之在改变。

3. 可能存在共夫制

这里所说的共夫制不是指男权制社会中的一夫多妻，即一个丈夫占有若干妻妾，而是一种母系制婚俗残余，是两个以上的姊妹（或两个以上的女友）共同占有一个丈夫。

　　根据前面所述战国时期的齐国,还存在着既不嫁又不娶(丈夫)却行年三十已有七子的邻家女子,存在着女娶男嫁(赘夫)的婚俗,那么悬测一下春秋时期的齐地和郑、卫等地的民间,以及蛮、夷、戎、狄之国,会不会也存在着或者曾经存在过至今还在俄亚纳西族中活生生演绎着的姊妹共夫制和两个以上女友的共夫制婚俗呢?应该说,这个可能性是存在的。

　　春秋时期的男权制已经十分成熟了,但上层社会的婚俗中还有颇多母系制时期残存下来的东西。比如前文《卫石碏大义灭亲》"文化史拓展(三)"介绍过的诸侯媵妾制中,夫人随嫁过来的媵妾有侄、娣,右媵、左媵也各有侄、娣。娣的地位高于侄,因为夫人一般是嫡生之女,娣一般是庶出之女,但夫人与娣毕竟是同父所生;而侄则是夫人之兄所生(弟所生也是侄,但年龄上不大能配套),与夫人不是同胞的血缘关系而是间接的血缘关系。夫人与娣是姊妹共夫,夫人与侄是姑侄共夫(在辈份关系上与母女共夫略有类似性)。右媵、左媵若是夫人之同姓,则也属远房血亲,不外乎是从姊妹或从姑侄之关系(哪怕关系极远);若是异姓,则是朋友共夫。不过媵妾制与俄亚纳西族的姊妹共夫、朋友共夫和西藏局部地区为数不多的母女共夫相比,已有天翻地覆的变化。这个变化来自于母系制被父权制所彻底替代。用恩格斯的话说:"母权制的被推翻,乃是女性的具有世界历史意义的失败。丈夫在家中也掌握了权柄,而妻子则被贬低,被奴役,变成丈夫淫欲的奴隶,变成生孩子的简单工具了。"(《家庭、私有制和国家的起源》)父权制下的诸侯媵妾制与母系制的姊妹共娶一夫、两个以上女友共娶一夫乃至母女共占一夫有着本质的区别,但前者依稀留下了后者的遗痕。

　　母系共夫制中最典型的就是姊妹共夫,史籍所载最早的例就是尧以二女妻舜。尧之时应该已是男性统治者的时代,在政治、军事层面均由男性当权;但母系制特征还很浓重,婚俗层面恐尤甚。何以知之?多种古籍都记有尧母庆都感赤龙而生尧的传说,可以推知尧族崇龙乃传自母族。《世本·帝系》:"尧娶于散宜氏之子,谓之女皇。"宋衷注:"是生丹朱。"而据《尔雅·释鸟》:"鶠,凤,其雌皇。"皇为雌凤,则尧之妻为崇凤之族。尧子丹朱,《山海经·南次二经》:"有鸟焉……其名曰鴸。"鴸也即朱,可见丹朱取鸟名为名。童书业以为丹朱与《尚书·舜典》之驩兜为一人:"驩兜《古文尚书》作鴅吺,鴅字从鸟,丹声;吺或作㕛,或作咮,从口,朱声:皆可为丹朱可读为驩兜之证。"而袁珂又认为《山海经·海外南经》之"讙头国","其为人人面有翼,鸟喙,方捕鱼……或曰讙朱国",也即"丹朱国",兼证尧与丹朱之传说甚详(见《山海经校注》第190—191页,上海古籍出版社1983年版)。丹朱虽为尧之子,却不继承尧族之崇龙习俗,而继承母女皇之族崇鸟之习俗。而妻舜之二女名娥皇、女匽(此用《大戴礼记·帝系》之名,另有女英、女莹之名当系音转,非本字),匽即鸥,据上引《尔雅》之文,此二名意义皆为雌凤。可见她们也不继承父族之崇龙习俗,而继承母族之崇凤习俗,且因她们是女儿,比儿子丹朱继承得更正宗。丹朱只是个鸟名,她俩的名字和母亲一样,都是百鸟之王。《孟子·万章上》:"帝(尧)使其子九男二女……以事舜于畎亩之中。"《吕氏春秋·求人》:"尧传天下于舜,……妻以二女,臣以十子。"有九男或十子不传而独传舜,古说是因为长子丹朱不肖而舜有圣德,但传婿不传子,不正反映了母系制女有继承权的特征吗?上古的传说,有时是能传达一点当时的信息的。有人据《尸子》有"妻之以皇,媵之以英"之文,说"尧嫁二女于舜,就是媵制","是姊妹共嫁一夫,其中之一为陪嫁女,即已名之曰媵"(汪玢玲《中国婚姻史》,上海人民出版社2001年版),是不知《尸子》为战国时书。西汉刘向《别录》云:"按《尸子》书,晋人也,名佼,秦相卫鞅客也。……商鞅被刑,佼恐并诛,乃亡逃之蜀。自为造此二十篇书,凡六万余言。"原书已佚,今有清人三种辑本。尸佼盖受时代局限,用春秋战国时期诸侯媵妾制的眼光看尧舜时事,故有此言。尧以二女妻舜,究竟是姊妹共娶一夫,还是舜娶姊妹二人(且为一妻一妾)?据上述对尧舜传说之辨析,还当以前者为是。况且舜族之有崇凤习俗,《尚书·益稷》写舜行宗庙之祭,"《箫韶》九成,凤皇来仪",恐也与二女所传承的母族之文化及二女本人之观念对舜具有一定的影响有关。毕竟,男权制的全面确立,母系制的彻底消失,并不是短时间内就能完成的。

从夏代开始,王位的传子世袭制经过初始阶段的几轮反复较量,终于定下来了。史籍记载了夏代早期和夏代末期的二次姊妹共夫:

(1)《左传·哀公元年》:伍员向吴王夫差进谏时讲起了夏初的故事:浇"灭夏后相",还想斩草除根,把夏后相的遗腹子少康杀掉。少康从母族有仍氏那儿"逃奔有虞,为之庖正","虞思于是妻之以二姚"。少康是夏启的曾孙,他是夏失国以后的中兴之君。但是他还在母腹之中时就历经劫难,父死母逃出虎口,在母族有仍氏出生,长大后做过有仍氏部落的牧正。为逃避浇的追杀,又投奔舜的后裔虞思为酋长的有虞氏部落,做了个掌管酋长饮食的庖正。虞思把两个女儿给他做了妻子,让他住在纶邑,给他方十里的田,五百个民众耕种田地。这姊妹共夫,是女娶男还是男娶女?看样子,还是个上门女婿。光棍一个,全无家产,拿什么娶人家姊妹两个?是女家为他安排好了一切,当然是女娶男嫁了。不过当他站稳脚跟,立志"复禹之绩",靠了夏之旧臣女艾、自己的儿子季杼,长期奋斗,灭过灭戈,终于成功。等他登上王位,夫妻的位置自然就按男权制的规则倒过来了。这件事说明,在统治阶层早已确立男权制并实施王位传子世袭制以后,姊妹共娶一夫的母系制婚俗残余仍然会在部落性小国里存在。

（2）《古本竹书纪年》:"后桀伐岷山,进女于桀二人,曰琬、曰琰。桀受二女,无子,刻其名于苕华之玉,苕是琬,华是琰。"这是典型的劫掠婚,男娶女嫁,姊妹俩不嫁也得嫁。

商族也有姊妹共夫的传说。《吕氏春秋·音初》根据《诗·商颂》和屈原《天问》中有关商族起源的神话（"天命玄鸟,降而生商"——《玄鸟》;"有娀方将,帝立子生商"——《长发》;"简狄在台喾何宜,玄鸟致贻女何喜"——《天问》）,编述了有娀氏二佚女（美女）在九成之台上接受了"帝"令燕所贻之二卵的故事。佚女而有二,应该是姊妹的意思,所以到了《淮南子·地形训》中,就具体化为"有娀在不周之北,长女简翟（狄）,少女建疵"。建疵之名,实际上是从简狄化出来的:简、建只是声调之转,狄、疵古音也相近。司马迁写《史记·殷本纪》,折衷上述素材,又据《世本·帝系》（"帝喾……次妃有娀氏之女,曰简狄,而生契"）,表述为:"殷契,母曰简狄,有娀氏之女,为帝喾次妃。三人行浴,见玄鸟堕其卵,简狄取吞之,因孕生契。"唯"三人行浴"取自何种典籍,出处未详。莫非要在"姊妹"之外再加个"佚",凑成三之数? 就不得而知了。可见关于史前传说的历史学追记,每有后人添加的成分在内,未必可以尽信。我们只能说,从这些传说中,我们可以感知到一些对遥远往事的模糊记忆。

西周时期姊妹共夫的材料只见到两例。《国语·周语上》:"恭王游于泾上,密康公从,有三女奔之。"韦昭注:"恭王,穆王之子恭王伊扈也。泾,水名。康公,密国之君,姬姓也。奔,不由媒氏也。三女,同姓也。"三女为同姓,那就是姊妹共嫁一夫;若不是同姓,那就是朋友共嫁一夫。由于是"奔",只能是男娶女嫁。而"奔"也点明了这是一起接近于"原生态"的共夫制。不像《诗·大雅·韩奕》描写的是媵妾制下的一夫多妻制。《韩奕》写周宣王时韩侯迎娶厉王之甥、蹶父之女韩姞,车队浩浩荡荡,特别描叙到"诸娣从之,祁祁如云"。祁祁,众多之貌。郑玄笺云:"媵者必以侄娣从之,独言娣者,举其贵者。"这是周代贵族阶层最典型的姊妹、姑侄共夫制举行婚礼的具体写照。

媵妾制虽然号称"以侄娣从",但从《左传》所记载的实例看,"娣"出现的频率远远高于"侄"。如叙述国君的子嗣,绝大多数都是夫人某,生谁,其娣某（或略名只称"其娣")生谁;只有极个别的地方才出现"其侄"的身影。如襄公十九年载:"齐侯(灵公)娶于鲁,曰颜懿姬,无子;其侄鬷声姬,生光,以为大子。"(夫人及其侄女皆姬姓,颜、鬷为二姬之母姓,生前遂称颜姬、鬷姬以为号;懿、声都是谥号,死后方加上。此文为《左传》作者追记。)大子光就是后来的齐庄公。还有一例是襄公二十三年:"初,臧宣叔娶于铸,生贾及为而死,继室以其侄,……生纥。"它则罕见。为什么《左传》中难找到"侄"出现的例子呢? 第一是因为娣贵于侄,若夫人无子,娣、侄皆有子,那么袭爵承位的必定是娣之子,侄自然就不见于经传了。若夫人有子,娣和侄都别想青史留名。第二,虽说"嫁女以侄、娣从",但不是必须要一娣一侄。由于诸侯一夫多妻,往往子女众多,把嫡长女嫁到别国当夫人,如果庶女多得没处打发的时候,就会陪嫁两个娣。侄是国君兄弟即公子的女儿,可以对等嫁给或以娣的身份陪嫁给别国的大夫,不一定都以侄作诸侯的媵妾。《韩奕》中的"诸娣从之,祁祁如云",还真可能娣的数量大大压倒了侄。所以诸侯媵妾制中,一般来说,姊妹共夫是主要的,姑侄共夫只是补充形态。

春秋时期上层社会的嫁娶已经彻底男权制了,但民间母系制婚俗残余还会影响贵族的婚恋生活。下面我们从《左传》和《史记》中摘出几个事例来加以说明。先举一例"从女方居"的故事。《左传·文公七年》追叙:"穆伯娶于莒,曰戴己,生文伯;其娣声己生惠叔。"穆伯即鲁国之卿公孙敖,他娶了莒国己姓的两姊妹,各生一子。但正妻生子后却去世了,他就又到莒国去想再聘娶一个。莒国人却说:还有声己呢,可以扶作继室啊。公孙敖就说:那我给我从父兄弟襄仲聘一个吧。莒国人应允了,公孙敖回国后也对襄仲说了。当年冬天,公孙敖代表鲁国到莒国结盟,趁便代襄仲前来迎亲。谁知一见莒女是个绝色美女,他就心动变卦,自己把这位己氏女娶进了家门。襄仲知道火可就大了,禀明鲁文公要求调军队去攻打公孙敖夺回己氏女,文公几乎要点头同意了。一旁叔仲惠伯忙加劝谏,说了一番"兵作于内为乱",君不可不止的道理,文公于是阻止襄仲动武。叔仲惠伯从中调停,让襄仲放弃这门亲事,公孙敖把己氏女遣返莒国,力促从兄弟俩和好如初。不料公孙敖是个情种,这次他是真心爱上了己氏女,想必遣返她时与她发下了永结同心的誓言。事隔不到一年,机会来了。文公八年秋,周襄王崩。冬,鲁国派公孙敖去吊丧。出了鲁国都城,本应西去成周,他却东向莒国,"从己氏焉"。男方从女方居,这是母系制的婚俗。莒国本属东夷,此俗当有遗存。公孙敖为了一个钟情的女子,弃鲁卿之爵禄地位于不顾,也真是个性情中人了。他在莒国与己氏女相守到老,生了两个儿子。中间申请回过一次鲁国,可能是想试探有没有可能把己氏女弄回夫家来住,但是显然没有可能。襄仲禁止他与听政事,他回国以后只好足不出户。是当初自己渎职了,又有何话可说。三(一本作"二")年之间,他"尽室以复适莒"。什么叫"尽室"?杜预没有注,杨伯峻释为"尽赍其家财也",赍,以物送人,恐非。尽室,应是把家产全部分给了族人,主要当然是他的两个儿子文伯和惠叔以及继室声己。他再次到莒国去要与己氏女终老。文公十四年,他预感到生命将至尽头,要求叶落归根,得到准许,可惜半路死在了齐国境内。他的儿子惠叔要求接回安葬,不准。灵柩停在齐国半年多,"惠叔犹毁以为请,立于朝以待命",方才"许之"。文公十五年夏,终于以与他犯有罪错的父亲庆父相同的规格归葬于鲁。他与己氏女生的两个儿子后来也寻根问祖来到鲁国,但受到歧视,未获善终。综观公孙敖的一生,他轻弃爵秩、无视礼法、从东夷之俗随女方居的行为,是为当时男权制社会所不见容的。

再举一个"奔"的事例。《左传·昭公十一年》:"泉丘人有女……奔僖子,其僚从之。"僚,同伴的意思。这是两个女子以朋友的身份主动委身共嫁一夫之举。僖子,即孟僖子,正是上例中公孙敖的五世孙。公孙敖是鲁桓公次子庆父(又称仲庆父、共仲,共为谥号)之子,所以他的后代以仲孙为氏。又因为公孙敖是庆父的长子,所以他的后代又以孟为氏。孟僖子史又称仲孙獝,獝是其名,僖是其谥。孟僖子身上也带点他五世祖公孙敖"情种"的因子、对礼法有点不在乎的因子。有女来奔他就接纳了,安置在了别邑;还跟着她们到土地庙里订立口头盟约,对她们提出的"有子,无相弃也"的约定给出了承诺。但是在那个时代,"聘则为妻,奔则为妾"。两个奔女连姓氏名字都没有留下来,更不用说谥号了。《左传》记录她们用的是"泉丘人"和"其僚"这样的称呼。虽然"泉丘人"为孟僖子生下了双胞胎,自己养育大的,让"其僚"养育小的,长大以后都成了孟氏家族中重要的人物:"泉丘人"养育出了孟僖子爵秩的继承者孟懿子(一称仲孙何忌),"其僚"养育出了曾与孔丘一起"适周问礼,盖见老子云"(《史记·孔子世家》)的南宫敬叔(一称仲孙阅,阅一作说)。由于《世本》有"仲孙獝生南宫绍"之文,绍一作韬,《孔子家语·弟子解》:"南宫韬鲁人,字子容。孔子以兄子妻之。"因而郑玄注《礼记·檀弓上》时认为南宫敬叔即南宫韬,"其妻孔子兄女"。那么《论语·公冶长》和《先进》篇两次受到孔子赞赏,并"以其兄之子妻之"的南容,就是南宫敬叔了。但《汉书·人表》分南容与南宫敬叔为二人,也受到后世一部分学者的认可。不管如何,孟懿子与南宫敬叔十二三岁时即遵父遗嘱师事孔丘(参昭公七年、十一年、二十四年)是不会错的,当时孔丘的年纪,据贾逵推算是三十五岁。我们可别忽略了,这两个有出息的孩子在就学于孔丘之前,是由"泉丘人"和"其僚"分别养育的,她们才是二子的启蒙教师。从《左传》《世本》等史籍中查找,孟僖子除此二子,再别无他子;除此二来奔之女,也并未见尚有正妻、媵妾之记载。而这两个与母系制婚俗残余沾上了关系的女子,在男权制社会里却被贬得连姓氏名字也不让有。《左传》还给一个"泉丘人"的称呼,《礼记・檀弓上》更作出了一个很古怪拗口的表达法,叫做"南宫绍之妻之姑"。郑注与孔疏都说南宫绍为孟僖子之子南宫阅(《左传》作"说"),也就是南宫敬叔。妻之姑,即妻子的婆婆,又是谁呢?当然是南宫敬叔之母。若指生母,就是"泉丘人";若指养母,就是"其僚"。因为无姓无字,就出现了"南宫绍之妻之姑之丧"这样绕口令似的句子。

【集评】

(桓公三年)九月,齐侯送姜氏于灌。

礼,送女,父不下堂,母不出祭门(祭先祖的庙门),诸母兄弟不出阙门(宫阙之门)。……送女越竟(境),非礼也。

(《穀梁传・桓公三年》)

文姜淫乱,配鲁桓公。与俱归齐,齐襄淫通。俾厥彭生,摧干拉胸。维女为乱,卒成祸凶。

(刘向《古列女传》卷七《孽嬖传》)

鸟兽淫,不避亲;襄公行如之。乃淫于己之亲妹,人行之恶,莫甚于此。

(《诗・齐风・南山》孔颖达疏)

鲁桓公为夫微弱,不能防闲文姜,使至于齐,与兄淫乱。……齐则襄公通妹,鲁则夫人外淫。桓公见杀于齐,襄公恶名不灭,是为二国患也。

(《诗・齐风・敝笱》孔颖达疏)

梁人取后妻,后妻杀夫,其子又杀之。季彦(孔子后裔,时当东汉)返鲁过梁,梁相曰:"此子当以大逆论。礼,继母如母,是杀母也。"季彦曰:"如母则与亲母不等,欲以义督之也。昔文姜与弑鲁桓,《春秋》去其'姜氏'(指庄公元年:"三月,夫人孙于齐。"未称"夫人姜氏"),《(左)传》曰'不称姜氏,绝不为亲,礼也'。绝不为亲,即凡人尔。且乎手杀重于知情,知情犹不得亲,则此下手之时,母名绝矣。方之古义,是子宜以非司寇而擅杀当之,不得为杀母而论以逆也。"梁相从之。

(《孔丛子》卷下《连丛子下》)

帝(晋武帝)崩,尊(武悼杨皇后)为皇太后。贾后凶悖,忌后父骏执权,遂诬骏为乱,使楚王玮与东安王繇称诏诛骏。内外隔塞,后题帛为书,射之城外,曰"救太傅者有赏",贾后因宣言太后同逆。骏既死……贾后讽群公有司奏曰:"皇太后阴渐奸谋,图危社稷,飞箭系书,要募将士,同恶相济,自绝于天。鲁侯绝文姜,《春秋》所许……可宣敕王公于朝堂会议。"诏曰:"此大事,更详之。"有司又奏:"……昔文姜与乱,《春秋》所贬,吕宗叛戾,高后降配,宜废皇太后为峻阳庶人。"……诏不许。有司又固请,乃可之。……初,太后尚有侍御十余人,贾后夺之,绝膳而崩,时年三十四,在位十五年。

(《晋书·武悼杨皇后传》)

夫人(文姜)有与杀桓之罪,绝不为亲,得尊父之义,善庄公思大义绝有罪,故曰"礼也"。以大义绝有罪,得礼之衷,明有雠疾告列之理。但春秋桓庄之际,齐为大国。通于文姜,鲁公谪之,文姜以告齐襄,使公子彭生杀之。鲁既弱小而惧于齐,是时天子衰微,又无贤霸,故不敢雠之,又不敢告列。惟得告于齐曰:"无所归咎,恶于诸侯,请以公子彭生除之。"齐人杀公子彭生。案即此断,虽有援引,即以情推理,尚未遣惑。

(《魏书·良吏列传·窦瑗传》)

【思考与讨论】

你对性行为要受伦理、道德、法律的约束有什么看法?

六、 王以诸侯伐郑战于繻葛

夏,……王夺郑伯政①,郑伯不朝。秋,王以诸侯伐郑②,郑伯御之③。

王为中军④,虢公林父将右军⑤,蔡人、卫人属焉⑥;周公黑肩将左军⑦,陈人属焉。

郑子元请为左拒以当蔡人、卫人⑧,为右拒以当陈人。曰:"陈乱⑨,民莫有斗心,若先犯之⑩,必奔⑪。王卒顾之⑫,必乱。蔡、卫不枝⑬,固将先奔⑭。既而萃于王卒⑮,可以集事⑯。"从之⑰。曼伯为右拒⑱,祭仲足为左拒⑲,原繁、高渠弥以中军奉公⑳。为鱼丽之陈㉑,先偏后伍㉒,伍承弥缝㉓。

战于繻葛㉔。命二拒曰㉕:"旝动而鼓㉖!"蔡、卫、陈皆奔,王卒乱,郑师合以攻之㉗,王卒大败。祝聃射王中肩㉘,王亦能军㉙。祝聃请从之㉚,

公曰:"君子不欲多上人^㉛,况敢陵天子乎^㉜! 苟自救也^㉝,社稷无陨^㉞,多矣^㉟。"

夜,郑伯使祭足劳王^㊱,且问左右^㊲。

【注释】

① 王:周桓王(? —前 697),名林,前 719—前 697 年在位。郑伯:郑庄公。夺……政:指罢免卿士之职。

② 诸侯:指蔡国、卫国、陈国的军队。

③ 御:抵挡,迎战。

④ 中军:古代作战时把军队分为右、中、左三军,由全军的统帅主领中军。此处的"中军"即引申为统帅之意。

⑤ 虢公林父(fǔ):忌父子,继任王之右卿士。虢为国,指北虢,有今河南三门峡市、山西平陆一带地。将(jiàng):率领。

⑥ 蔡人:指蔡国军队,下"卫人""陈人"同。蔡,姬姓国名,都上蔡(今河南上蔡西南)。后为楚国逼迫,先后迁至新蔡(今属河南)、下蔡(今安徽凤台)。

⑦ 周公黑肩(? —前 694):时任左卿士。谥桓,又称周桓公。

⑧ 子元(? —前 673):即公子突,名突,字子元,郑庄公之子。后为郑厉公,前后两次在位共十一年。拒(jǔ):同矩,方阵。

⑨ 陈乱:指陈桓公死后其子弟因争夺君位而引起的相互残杀。参阅选篇《郑伯请成于陈陈侯不许》题解。

⑩ 犯:冲击。

⑪ 奔:逃散。

⑫ 王卒:指周王统率的军队。

⑬ 枝:同支。不枝,支持不了。

⑭ 固:必定。

⑮ 萃:聚集。萃于王卒,谓集中力量对付周王的中军。

⑯ 集:成。

⑰ 从之:主语郑庄公省略。

⑱ 曼伯:郑庄公之子,字子仪,曾在郑厉公离位期间在位十四年。为郑厉公设计杀害,并不予谥号,故史称郑子(? —前 680)。

⑲ 祭仲足:名足,字仲,此字、名连称。

⑳ 原繁(? —前680):郑国大夫。为郑厉公逼迫而自杀。郑厉公称其为伯父,当为郑庄公之庶兄或从兄。高渠弥(? —前694):郑国大夫,曾杀郑昭公而立子亹,齐襄公又杀子亹,车裂高渠弥(此据《左传》,司马迁另采异说)。公:郑庄公。

㉑ 鱼丽(lí):古代车战的一种布阵方法,具体说法不一。杜预引《司马法》以为是战车在前、步卒在后的一种阵法。"鱼丽"之名,源于《诗·小雅·鱼丽》,其诗前三章首句皆为"鱼丽于罶",丽通罹,遭遇;罶,捕鱼器。鱼丽之阵取意于使敌军像鱼一样掉进捕鱼器。陈(zhèn):同阵。

㉒ 偏:古代战车二十五辆为一偏。伍:古代步兵五人为一伍。

㉓ 承:承担。弥缝:弥补缝隙。

㉔ 繻(xū)葛:郑国邑名,一名长葛,在今河南长葛。

㉕ 命:命令。主语郑庄公省略。

㉖ 旝(kuài):古代军中旌旗的一种,这里指中军统帅指挥的旗。鼓:击鼓。古军中以击鼓为发动进攻的信号。

㉗ 师:军队。

㉘ 祝聃:郑国大夫。

㉙ 亦能:尚能。有人认为"亦"是"不"的讹字,可存一说。军:用作动词,指挥军队。

㉚ 从:追逐。

㉛ 上:陵驾。

㉜ 陵:欺侮。

㉝ 苟:如果。自救:保卫好自己。

㉞ 社稷:本指土神和谷神,古代立国以农为本,天子、诸侯皆祭社、稷,引申为国家的意义。以"社稷"指国家,最早当见于《左传》。陨:毁坏。

㉟ 多:足够有余。

㊱ 劳:慰问。

㊲ 左右:指虢公林父、周公黑肩等人。

【题解】

　　本篇选自《左传·桓公五年》。鲁桓公五年为公元前707年,当周桓王十三年,郑庄公三十七年,蔡桓公八年,卫宣公十二年,陈桓公三十八年。

　　繻葛之战,是东周时期唯一的一次天子亲征的战役,也是整个周代最后一次天子亲征的战役。东周的第二任天子周桓王很想重振王室之威,改变一下祖父周平王在位五十一年间既无文治可见又无武功可言的平庸局面,惩治一下越来越不把王室放在眼里的郑庄公。他以为用王师与卫、蔡、陈三国之师组成联军,竖起责对周王大不敬之罪的大旗,讨伐一个立国才六十四年的小小郑国,应该是稳稳可以得胜回朝的事。谁知他既不知己,又不知彼,联军只是乌合之众,自己虽是亲征,却一无作战经验,二无指挥才能;对方却是从立国以来开疆拓宇,历经六十余年摸爬滚打,大小战争一个接着一个磨炼出来的,兵就是兵,将就是将,统帅又能集思广益,分析敌情,制订策略。联军己方还不知自身软肋何在,对方却摸得一清二楚。这仗还有得打吗?才一交手,不消两个回合,联军就兵败如山倒,桓王被一箭穿肩,狼狈而逃。若不是郑庄公做事有点分寸,他很可能成了祝聃手下的俘虏。东周王室本就衰微,繻葛之战更使周桓王颜面无存,威严扫地。周王遂成为名义上的天下共主,逐渐并最终彻底失去控制诸侯的力量。

平王得以东迁成功,依赖最多的是晋文侯和郑武公。郑武公在平王朝一直任执政重臣卿士之职。平王二十七年,郑武公卒,子庄公继任卿士。但平王到了晚年,有点不喜欢郑庄公的擅权,逐渐倾向于另任虢公为卿士,却又不敢得罪郑庄公,至死未曾付之实施。《左传·隐公三年》说:"郑武公、庄公为平王卿士。王贰于虢,郑伯怨王。王曰:'无之。'故周、郑交质,王子狐(平王少子)为质于郑,郑公子忽(郑庄公子)为质于周。王崩(死于三月壬戌),周人将畀(予)虢公政。四月,郑祭足帅师取温(王畿内之邑)之麦;秋,又取成周之禾(小米)。周、郑交恶。"平王一死,他的长子长孙名林的嗣位(长子先于平王去世),就是周桓王。他跟他的祖父优柔寡断前怕狼后怕虎的性格不同,他是初生牛犊不怕虎。平王一死,他马上想让虢公当卿士。不料消息走漏,郑庄公第一时间作出反应,从夏收到秋收,两次派祭仲带领军队到王畿之内割粮示威。他自己也直到桓王即位的第三年方去朝觐。三年不朝王(从平王死之年算起),并不等于他三年不处理王政,至少王室的军队他还在管理。《左传·隐公五年》(鲁隐公五年即周桓王二年)宋国人取邾国的田,郑国就以王室的军队与邾国的军队会合伐宋,借此也报了上一年宋国为首的多国联军伐郑之仇。三年不朝王,桓王心头自然一年又一年积压着怒火。郑庄公终于来朝了,他却没好脸色,不以礼待。这使辅佐周王的周公黑肩很感尴尬,一边给郑庄公打圆场,一边劝说桓王:"我周之东迁,依靠的是晋、郑二国。善待郑伯以勉励他来朝,尚且还怕他不到,何况还不加礼待呢?郑伯不会来了。"(隐公六年事)第二年,郑庄公果然没有来朝。第三年,是周桓王即位的第五年,眼看郑庄公忙着要把当初天子赐给郑桓公的泰山脚下的祊邑(天子祭泰山时,郑桓公作为周宣王弟有助祭的资格,故而在近旁给一个邑作助祭时逗留之用,因祭祀前必须斋戒沐浴,故称汤沐邑)和鲁国在许国南边有一块许田(周公摄政之末年修建东都洛邑,成王亲政后赐给周公之子鲁侯伯禽一块离洛邑较近的许田,可以在周王临幸东都时作鲁侯朝宿之邑,便于朝觐周王)互相调换大做交易。天子所赐之田是不准交易的,但郑庄公料定东周王室衰微,不可能再到泰山去祭祀,郑国的那个汤沐邑是派不了用场了,它离郑国远,不好管理,却离鲁国很近;而鲁国名分下的许田离郑国很近,距鲁国却很远。于是主动提出要和鲁国作一个交换。周桓王见郑庄公不顾王朝规矩,拿天子所赐田邑谈生意(因许田大于祊邑,郑国先把祊邑给了鲁国;四年后又追加一块璧,才把许田拿到手),而对王政关心甚少,便毅然起用虢公忌父作了卿士。郑庄公这边,却也没有宣布免职,挂在那里,有点像"留用察看"的意思。

郑庄公被周桓王将了一军,倒也觉得自己有点不是了。趁着还有个卿士的名分,也得给王室做点实事吧。于是当年秋天,他鼓动齐僖王跟着他一起去朝觐周王。这次,周桓王见两个诸侯前来朝见,颇有点感到尊荣,因而备足了礼数,郑庄公也给足了周王面子。第二年(周桓王六年、鲁隐公九年)夏,周桓王宣布任命郑庄公为左卿士,又以宋公六年间从未前来朝王为由,命令郑庄公以王师伐宋。对第一个任命,郑庄公有点怏怏不平,周代尚右,右卿士位在左卿士上,自己是左卿士,那虢公不就是右卿士了吗?他凭什么后来者居上?对第二个命令,他有点儿高兴,也有点儿内怍。高兴的是,宋殇公是他的老对头,六年来,宋、郑之间战争不断,近来郑国虽赢面渐多,总觉得还没教训够与夷(宋殇公名)那小子,如今周王命我以王师伐宋,不是正可借公助私吗?有点儿内怍的是,伐宋的罪名是宋公不朝王,这罪名我不是也担过吗?细细捉摸,心里头有点不是滋味,这周王一年年长大,一年年变得更狡猾了。

谁知过了两年,周桓王又出奇招(对郑庄公来说又是个损招)。在王畿之内,黄河北岸,有苏氏家族的一片土地,也称苏子国。《左传·成公十一年》:"昔周克殷,使诸侯抚(抚,意为有)封,苏忿生以温为司寇。"苏氏之祖苏忿生,在周武王时被任为司寇(见《尚书·立政》),封地在温邑(今河南省温县西南)一带。周桓王时,苏子国有摆脱王室束缚的倾向,开始时想必有不贡赋之类举动;若干年后,甚至作乱、叛周、即狄、奔卫(见《左传》庄公十九年、僖公十年),这是后话,按过不提。总之,苏子国已使桓王感到是个扎手、不好管的货。他就把郑庄公叫来。你郑伯不是喜欢交易土地吗?我也和你做一笔生意,我用黄河北岸苏家的温、原等十二个邑,换你郑国的邬、刘、蒍、邘四个邑,以多换少,你也别讨价还价,这事儿就这么定了。和天子讲生意,强买强卖是免不了的。再说郑庄公对苏子国的内情还真心中无数,还真以为自己以少换多,赚大了呢。《左传》写到此处,引君子的评论说:"是以知桓王之失郑也,……己弗能有,而以与人;人之不至,不亦宜乎!"

郑庄公精明一世,却被周桓王玩了一把,吃了亏。原本就对居于虢公之下做个左卿士不满,这下对王职更是消极应付了。《左传·隐公十一年》:"冬十月,郑伯以虢师伐宋,壬戌,大败宋师,以报其入郑也。"他感兴趣的,就是利用王师、虢师为郑国打仗,反正死伤都不是自己的,打赢了还过一把报仇的瘾。至于别的事情,不是有右卿士吗,反正我懒得管。

这样四五年下来,桓王和虢公都受不了了。《左传·桓公五年》:"夏……王夺郑伯政,郑伯不朝。秋,王以诸侯伐郑,郑伯御之。"缟葛之战就是这样打起来的。桓王免了郑庄公的职,郑庄公以不朝回应。桓王决定要扬扬王威,对郑国打一个进攻战,郑国打的则是防御战。消极进攻碰到积极防御,周桓王大败而归。

【文学史链接】

(一)《诗经》中相关作品

《诗·王风》有一首《兔爰》,《诗序》认为作于缟葛之战以后,描写周王直接统治区域王畿之内的人心消沉,对王政完全失去信心,只想一觉睡下不再醒来,以逃避闹心的"百忧"。但宋以来释诗者并不拘泥于将诗与缟葛之战联系在一起。

《兔爰》

《诗序》:"《兔爰》,闵周也。桓王失信,诸侯背叛,构怨连祸,王师伤败。君子不乐其生焉。"

> 有兔爰爰,雉离于罗。我生之初,尚无为;我生之后,逢此百罹。尚寐无吪。

> 有兔爰爰,雉离于罦。我生之初,尚无造;我生之后,逢此百忧。尚寐无觉。

> 有兔爰爰,雉离于罿。我生之初,尚无庸;我生之后,逢此百凶。尚寐无聪。

朱熹《诗集传》模糊"桓王失信""王师伤败"为诗的历史背景,只泛泛地说东周之时,"周室衰微,诸侯背叛,君子不乐其生,而作此诗。"他认为:"为此诗者,盖犹及见西周之盛。故曰方我生之初,天下尚无事;及我生之后,而逢时之多难如此。"作诗者要能看到西周之盛,那就当在宣王之朝生活过。那怕只生活过五六年,则中经幽王十一年,平王五十一年,又桓王十三年方有缙葛之战,若从《诗序》,则作诗者至少要在八十岁以上高龄才能经历"王师伤败"。所以朱熹不依《诗序》之说是有他的年数计算在内的原因的。

崔述《读风偶识·王风》:"余按《兔爰》诗云:'我生之初尚无为,我生之后逢此百罹。'然则其人当生于宣王之末年,王室未骚,是以谓之'无为';既而幽王昏暴,戎狄侵凌,平王播迁,室家飘荡,是以谓之'逢此百罹'。"他是明确表示,自己认为此是作于周平王时的诗。

高亨《诗经今注》则说:"周王朝东迁以后,社会进入战争变乱的时代,……有的统治者失去爵位土地而没落。这首诗就是一个没落贵族的哀吟。"把诗的历史背景的时间跨度拉得很大,几乎包容了整个春秋时期。程俊英《诗经译注》虽然也认为"这是一首反映没落贵族厌世思想的诗",但在社会背景上完全同意崔述的意见,以为诗作者"留恋西周宣王时代所谓盛世","东迁以后,失去了土地和人民,阶级地位起了变化,甚至还要服役","他在前后生活对比之下,引起了厌世思想,作了这首诗"。

上引四书,都不据《诗序》立说。

(二) 相关文学典故

鱼丽

罔罟之用,必审物之所丽也。鱼丽于水,兽丽于山也。

(《易·系辞下》韩康伯注)

鱼丽阵

五历鱼丽阵,三入九重围。

(吴均《战城南》诗)

躬擐甲胄,亲当矢石。夕对以鱼丽之阵,朝临以鹤翼之围。

(唐太宗《帝范·序》)

鱼丽阵接塞云平,雁翼营通海月明。始看晋幕飞鹅入,旋闻齐垒啼乌声。

(贺朝《从军行》诗)

接战春来苦,孤城日渐危。合围侔月影,分守若鱼丽。屡厌黄尘起,时将白羽麾。裹创犹出阵,饮血更登陴。

(张巡《守睢阳》诗)

南山木叶飞下地，北海蓬根乱上天。科斗连营太原道，鱼丽合阵武威川。

（崔湜《大漠行》诗）

［末］告大王，战以克敌为功。凡用兵布阵，须要自度权衡。敌为火阵，我为水阵，以水制火，彼必败矣。敌为地阵，我为天阵，以天临地，我必胜矣。生地则出鱼丽之阵，死地则出云鸟之阵；衢地则用八卦之阵，围地则用六花之阵。

（朱鼎《玉镜台记》第十四出《石勒称王》）

弥缝

昔周公、大公股肱周室，夹辅成王。成王劳之而赐之盟曰："世世子孙无相害也。"载在盟府，大师职之。桓公是以纠合诸侯，而谋其不协，弥缝其阙，而匡救其灾，昭旧职也。

（《左传·僖公二十六年》）

韩宣子……观书于大史氏，见《易》《象》与《鲁春秋》，曰："周礼尽在鲁矣，吾乃今知周公之德与周之所以王也。"……季武子拜曰："敢拜子之弥缝敝邑，寡君有望矣。"

（《左传·昭公二年》）

羲农去我久，举世少复真。汲汲鲁中叟，弥缝使其淳。凤鸟虽不至，礼乐暂得新。

（陶潜《饮酒》诗之二十）

原夫论之为体，所以辨正然否。……故其义贵圆通，辞忌枝碎。必使心与理合，弥缝莫见其隙；辞共心密，敌人不知所乘：斯其要也。

（刘勰《文心雕龙·论说》）

社稷

楚子囊还自伐吴，卒。将死，遗言谓子庚："必城郢！"君子谓："子囊忠，……将死，不忘卫社稷，可不谓之忠乎？忠，民之望也。"

（《左传·襄公十四年》）

国君死社稷，大夫死众，士死制。

（《礼记·曲礼下》）

仲尼曰："能执干戈以卫社稷，虽欲勿殇也，不亦可乎！"

（《礼记·檀弓下》）

上曰："然。古有社稷之臣，至如汲黯，近之矣。"

（《汉书·汲黯传》）

观其发正辞，及所遗梁冀书，虽机失谋乖，犹恋恋而不能已。至矣哉，社稷之心乎！其顾视胡广、赵戒，犹粪土也。

（《后汉书·李固传·论》）

惨淡风云会，乘时各有人。力俦分社稷，志屈偃经纶。复汉留长策，中原仗老臣。

（杜甫《谒先主庙》诗）

草昧英雄起，讴歌历数归。风尘三尺剑，社稷一戎衣。

（杜甫《重经昭陵》诗）

社稷经纶地，风云际会期。血流纷在眼，涕洒乱交颐。

（杜甫《夔府书怀四十韵》诗）

尚书左仆射褚遂良以忤旨左授潭州都督……瑗对曰："遂良可谓社稷忠臣，臣恐以谀佞之辈苍蝇点白，损陷忠贞。"

（《旧唐书·韩瑗传》）

上曰："天生李晟为社稷万民，不为朕也。"

（《旧唐书·李晟传》）

【文化史拓展】

(一) 马端临论鱼丽之阵

昔周伐郑，郑为鱼丽之阵。先偏后伍，伍承弥缝。……考之《周礼》，五伍为两，四两为卒。《司马法》：二十五人为两，百人为卒。卒、两，则人也。偏，则车也。杜预十五乘为大偏，九乘为小偏。其尤大者，又有二十五乘之偏。则周鱼丽之偏，二十五乘之偏也。……先偏后伍，伍从其偏。……先其车，足以当数；后其人，足以待变。则古代车战之法，略可知也。

（《文献通考》卷一五八《兵考》十《车战》）

(二) 唐《秦王破阵乐》与鱼丽阵

太宗为秦王，破刘武周。军中相与作《秦王破阵乐》曲。及即位，宴会必奏之。谓侍臣曰："虽发扬蹈厉，异乎文容，然功业由之，被于乐章，示不忘本也。"……乃制舞图：左圆右方，先偏后伍，交错屈伸，以象鱼丽、鹅鹳。命吕才以图教乐工百二十八人，被银甲，执戟而舞。凡三变，每变为四阵，象击刺往来。歌者和曰：秦王破阵乐。

（《新唐书·礼乐志十一》）

【问题探讨】

从西周到东周

生活在春秋后期的孔子,在回顾从西周以来的"天下大势"后,总结出了一段名言:"天下有道,则礼乐征伐自天子出;天下无道,则礼乐征伐自诸侯出。"我们先把有道无道何所指的问题搁在一边,把王者"功成制礼、治定作乐"的话题也暂且不论,只把那征伐的事儿拿来说一说。什么叫"征"?《孟子·尽心下》说:"征者,上伐下也,敌国不相征也。"敌国指对等的国家。所以武王称"伐"纣,而周公称"征"东。《左传·昭公二十六年》王子朝告诸侯说:"昔武王克殷,成王靖四方,康王息民。"把周初三王的功绩作了概括性的评价。武王克殷后,一度曾马纵华山,牛放桃林。但保江山比打江山更难。武王二年即困于沉疴,后有所好转,四年卒后,成王尚少,周公摄政当国,七年而返政成王。"靖四方"周公之功居多,成王未亲政前曾参与践奄之役,亲政后也曾伐录(即偃姓古国"六",今安徽六安市一带)。康王之"息民",是四方基本已靖的条件下才能做到的,《古本竹书纪年》说:"晋侯筑宫而美,康王使让(责备)之。"可见其休息生养政策之一斑。金文中虽能见到康王时有对东夷、鬼方的征讨,但规模不大,均非亲征。所以《古本竹书纪年》有"成、康之际,天下安宁,刑措四十余年不用"的赞词,司马迁《史记·周本纪》也有此文,不知是否据《纪年》录入的(司马迁似未能睹《纪年》)。成、康之治,使周王室积聚了一定的财富,也使后继者昭王、穆王有了向外征伐的资本。昭王十六年、十九年曾两次南征。十六年那次,据《古本竹书纪年》说是"伐楚荆,涉汉",多个彝器铭文也记及此事,从铭文所述从征者均获赏赐看,这次亲征是得到了胜利的。有些铭文还记昭王时曾征服虎方而有安抚南国诸邦之事,为史籍所未载。但十九年那次就很惨,不但"丧六师于汉",而且"王南巡不返"(《古本竹书纪年》),因而也没有了歌功颂德的彝器。《史记·周本纪》说,"卒于江(汉水)上,其卒不赴告,讳之也",并且对周昭王作出了"王道微缺"的评论。《史记正义》引《帝王世纪》说:"昭王德衰,南征济于汉,船人恶之,以胶船进王,王御船至中流,胶液船解,王及祭公俱没于水中而崩。"不知此"内幕"是道听途说还是实有其事。昭王子穆王,对出征四方更是着迷,《左传·昭公十二年》记原籍郑国入楚后为右尹的子革说:"昔穆王欲肆其心,周行天下,将皆必有车辙马迹焉。"他的"征",很大部分实际上已成为"游"。他的车辙马迹所至,遍及东西南北。《古本竹书纪年》记的数字显然是夸张了:"穆王东征天下二亿二千五百里,西征亿有九万里,南征亿有七百三里,北征二亿七里。"诗人屈原在《天问》里问道："穆王巧梅，何为周流？环理天下，夫何索求？"战国时佚名者所作的《穆天子传》，六卷中前五卷都写其驾着赤骥、盗骊、白义、逾轮、山子、渠黄、华骝、绿耳八匹骏马西征的故事，已多艺术加工色彩，难说全为史记实录。《古本竹书纪年》所记穆王征伐事迹，也多有神奇化的传说。如《艺文类聚》卷九《水部下·桥》引《纪年》云："周穆王三十七年伐楚，大起九师，至于九江，比（排比）鼋鼍为梁（桥）。"敦煌唐写本《修文殿御览》（残卷）引《纪年》云："穆王南征，君子为鹤，小人为飞鸮。"皆是其例。即使去掉这些神奇化的传说，我们也可以看出，穆王之世，确称得上是周代"征伐自天子出"的极盛时代。但是从另一方面看，祭公谋父劝谏穆王要"增修于德，而无勤民于远"，他却听不进去，在"犬戎氏以其职来王（朝拜周王表示服从）"的情况下，顽固地坚持要北伐犬戎，虽"得四白狼四白鹿以归"，却"自是荒服者（指戎狄）不至"（《国语·周语上》）。所以像昭王那样王道微缺或像穆王那样不知修德，就算是征伐自天子出，也不好称作"天下有道"。

管仲初见齐桓公时，曾说："昔吾先王昭王、穆王，世法文、武远绩以成名。"（《国语·齐语》）这只是一种说辞，当然也说明昭王、穆王在西周诸王中，名望比其后几个王要高。但是历史证明，周王朝若要繁荣兴旺，只有成、康之治这样的模式，才是可持续发展的；而昭、穆之征，则不仅是不可持续的，还会留下许多后患。经过穆王的折腾以后，共、懿、孝、夷四王，就衰象渐呈了。共王只留下一条史料，见于《国语·周语上》："恭王游于泾上，密康公从，有三女奔之。"这前半段上一篇选文的"问题探讨"部分已经引用过。下文说："其母曰：'必致之于王……'康公不献。一年，王灭密。"密康公不听母忠告，是不明智。但共王若是只因康公不献三女而灭密，也真不怎么的。及其子懿王即位，《史记·周本纪》云："懿王之时，王室遂衰，诗人作刺。"《汉书·匈奴传》更云："至穆王之孙懿王时，……戎狄交侵，暴虐中国。"懿王为避戎狄之迫，不得不临时迁都犬丘，见《汉书·地理志》："右扶风槐里，周曰犬丘，懿王都之。"孝王之世，史无事可录。或者正因孝王在位年间迹近于无为而治，继立之夷王二年，就有"蜀人、吕人来献琼玉"（《古本竹书纪年》）。可惜夷王因此而有点得意过头了，"三年，致诸侯，烹齐哀公于鼎。"（同上）致诸侯者，招诸侯前来。招来诸侯为何？用酷刑杀鸡儆猴。齐哀公并非无过，我们在上一篇选文的"文化史拓展"部分曾经指出过他的罪过是荒淫、违礼、失政。作为诸侯国君，确实其罪非轻。但是夷王的曾祖父穆王在此前不久刚刚制订过一部刑法，《尚书》称之为《吕刑》，《史记·周本纪》称之为《甫刑》（这是因为刑法的主要修订者吕侯一称甫侯的缘故）。《吕刑》明确规范了自古以来的"五刑"（五种刑罚）：墨、劓、剕、宫、大辟。大辟，是周代刑罚中最重的了；再罪大恶极，也不过杀头而已。而且《吕刑》还提出"惟敬五刑（谨慎地使用五刑），以成三德（即《尚书·洪范》所说的正直、刚克、柔克）"的观点，还提出"祥刑"（不靠惩罚而注重德教）的概念。《吕刑》的最后写道："王曰：'呜呼，嗣孙！今往何监？非德？'"（穆王说："啊，继嗣的子孙们！从今往后，用什么来监督你们办案呢？难道不是德政吗？"）他怎么能知道，在他身后仅仅四十年（据《夏商周断代工程1996—2000年阶段成果报告》之年表计算），他的曾孙就用了法典之外的酷刑烹诸侯于鼎了，更何谈什么德政呢！《古本竹书纪年》说："夷王衰弱，荒服不朝。乃命虢公率六师，伐太原之戎至于俞泉，获马千匹。"对内使用酷刑，对外进行掠夺，周王朝已呈外强中干之象。《礼记·郊特牲》："觐礼，天子不下堂而见诸侯。下堂而见诸侯，天子之失礼也，由夷王以下。"郑玄注："夷王……时，微弱不敢自尊于诸侯。"尽管如此，夷王后来身患恶疾，诸侯还是"莫不并走其望（指各自对其国中名山大川举行望祭），以祈王身"（《左传·昭公二十六年》），表示出对周王的关切和忠心。无奈一代不如一代，到了夷王之子厉王，在负面因素方面，就有如青出于蓝，更胜于乃父了。他即位后的处境，可以用"内外交困"来形容。先说与东夷、西戎之战争。《后汉书·东夷传》："厉王无道，淮夷入寇，王命虢仲征之，不克。"若从《敔簋》铭文看，王曾命敔追御淮夷于伊、洛流域，地已迫近洛邑了。《后汉书·西羌传》："厉王无道，戎狄寇掠，乃入犬丘，杀秦仲之族，王命伐戎，不克。"（李贤注谓此条见于《竹书纪年》）而从《多友鼎》铭文可知，当时猃狁已直逼京师（镐京周围地区）。东夷西戎，一左一右侵扰夹击，即使"王命虢仲征之""王命伐之"，确实是"征伐自天子出"，可是"不克"，达不到征伐的目的，显然这也算不上"天下有道"，较之昭、穆之征，又等而下之了。在内政上，面对王室财政日益匮乏，不顾条件是否成熟，革典以王室专天地百物之利，加深了统治集团内部的矛盾，以致诸侯都不来进贡了。也加深了王室与国人的矛盾，从而批评王政的声音多了。厉王以杀戮壅民之口，一时国人莫敢出言，道路以目。三年，火山终于爆发，厉王被国人流放到彘邑，开始了十四年空前绝后的共和行政。

随后即位的宣王，虽号称中兴，《周本纪》有"诸侯复宗周"之表述，但也被有的学者喻为回光返照。其前期，征猃狁、荆蛮、淮夷、徐戎不乏战功，《诗经》大、小《雅》有多篇颂美之辞；同期彝器铭文也对打了一些胜仗有所反映。本来形势还算不错，但宣王插手干涉鲁武公定子嗣，以个人喜好废其嫡长子括而立次子懿公，因违反制度，引发了鲁国公室夺位之争；他继而以王师压鲁境，杀已就位十一年的武公长子长孙伯御,重立新君孝公。他做了这些不该他管的蠢事,《国语·周语上》说:"诸侯从是而不睦。"《史记·周本纪》说:"自是后,诸侯多畔王命。"而此时对外征伐的节节失利,也可能与国内政策有失和谐有关。三十一年,"王遣兵伐太原戎,不克"(《后汉书·西羌传》,注谓见《竹书纪年》);三十六年,"王伐条戎、奔戎,王师败绩"(同上),败绩者,全军溃败之意;"三十九年,战于千亩,王师败绩于姜氏之戎"(《国语·周语上》);既而,又"丧南国之师"(同上)。至此,"中兴"之势,已呈明日黄花。到他的儿子幽王即位,西周之亡征遂显,且因幽王之溺于美色之璧,废立王后、太子之举不当而迅即成实。《诗·小雅·正月》云"赫赫宗周,褒姒灭之",是把周代自昭、穆以来积重难返的诸多社会矛盾和导致发生重大历史变故的复杂原因全盘抹煞掩盖,把责任都推到一个无德无知的女子身上,当然是不对的。见于史书记载的西周最后一次"自天子出"的征伐,是在幽王三年:"幽王命伯士伐六济之戎,军败,伯士死之。"(《后汉书·西戎传》,李贤注谓见《竹书纪年》)这是一次将死兵溃的惨败,像这种"征伐自天子出",当然不是什么"天下有道",而只能是西周灭亡的前奏曲。巧的是,此役与幽王初在后宫发现了褒人为赎罪而献入的褒姒(《国语·郑语》说:褒姒是"褒人褒姁有狱,而以为入于王"的),正好在同一年(用《史记·周本纪》之说)。失败使脆弱者丧志,玩色使放纵者丧志,从此既脆弱又放纵的幽王再不以四方为念,遂绝征伐之举;只为博褒姒一笑而举过烽燧忽悠诸侯,使幽王彻底失信于诸侯,真正狼来了时,再燃烽火也没用了。申侯要为女儿申后和外孙宜臼报仇,联合近邻缯国(申在今河南南阳东南,缯在今河南方城附近,据《国语·晋语一》韦昭注说,两国素为婚姻同好),又借助与老家西申有交往的犬戎之力,攻灭西周,杀幽王与褒姒之子伯服于骊山之下、戏水之旁,周王司徒郑桓公等也死于难。犬戎掳掠褒姒、尽取周室宝藏而去。

　　从幽王被杀的地点看,骊山、戏水均在镐京之东。当时号称申、缯、犬戎三方灭西周,实际上申侯只是主谋,申侯、缯侯并不是主力,主力乃是犬戎。《国语·晋语一》史苏说得很明白:"申人、鄫人召西戎以伐周,周于是乎亡。"申侯、缯侯只是召犬戎来伐周而已。犬戎地在镐京之西,申、缯地在镐京东南。只有犬戎攻破镐京,幽王才会向东逃跑,若是申、缯之师兵临镐京,幽王决不可能向东逃的。所以《史记·齐世家、鲁世家、卫世家》等和《十二诸侯年表》都明确地记载"犬戎杀幽王""幽王为犬戎所杀""犬戎杀周幽王"。后世也多称西周亡于犬戎之难。但幽王不在别处、而在骊山下、戏水旁被犬戎追赶上,却可能与申侯起的作用有关。

申侯的封国申国在今河南省西南部,但其老家却在西申。《逸周书·王会》记的是周公还政于成王后,成王在东都洛邑大会诸侯的盛事。到会诸侯各有贡献,其中"西申以凤鸟"。《王会》是后人追记之篇,不一定成王、周公之时即已有西申之国。但自周封申国于今河南省西南部以后,申之老家即称为西申。此西申在于何处?《辞海》2009 年版认为"居今陕西、山西间",措词含糊,没有具体地望。童书业《春秋左传研究》提出"骊山盖为西申所在之地"的看法,是比较合理的。他的证据是《史记·秦本纪》里的一段话:"申侯乃言孝王曰:'昔我先郦山之女,为戎胥轩妻。'"胥轩是秦族先祖大业之九世孙,因居于西戎,故号戎胥轩。这是写姜姓之申族与嬴姓之秦族曾经有过婚姻关系。而申侯称其先"郦山之女",已明确点出了骊(郦)山是申族的祖居地,也应就是后来西申的所在地,周孝王时还是如此,不排除周幽王时仍是如此(孝王至幽王相隔仅一百零五年)。《古本竹书纪年》记载:"平王(指当时为幽王所废的太子宜臼)奔西申。"西申在骊山,则与镐京地近,逃出镐京投奔西申,是一个最简单易行的选择。童书业据此说:"幽王之申后,盖娶于西申者。"(同上引书)这个推断,则是不对的。因为所有记载都指明幽王之申后为申侯之女(如《史记·周本纪》:"幽王欲废太子,太子母申侯女,而为后。"),即封于今河南西南部的申国之女。因此西申并非太子宜臼的母族所在地,他奔西申只是第一站,暂时落脚而已。《国语·晋语一》记晋献公时史苏说历史:"周幽王……逐太子宜臼而立伯服,太子出奔申。"可证太子最终到了母国申国。废申后、逐太子宜臼发生在幽王九年(据《国语·郑语》:"幽王……九年而王室始骚。"韦昭注:"骚,谓嫡庶交争,乱虐滋甚。"),《国语·郑语》记周史伯回答郑桓公的有关咨询时说:"申、缯、西戎方强,王室方骚,……王欲杀太子以成伯服,必求之申,申人弗界(给),必伐之。若伐申,而缯与西戎会以伐周,周不守矣!"韦昭在"必求之申"下注道:"太子时奔申。"("时"字明道本讹为"将",据《毛诗正义·王城谱》引《郑语》韦昭注改)也可证就在"王室方骚"的幽王九年,太子宜臼已经到达申国。周史伯分析中说到的幽王想杀死太子宜臼而伐申国的事没有发生,但申侯与缯侯、犬戎联合伐周的事却还是在幽王十一年发生了。因申、缯在镐京东南,犬戎在镐京西,犬戎未待与申、缯会师就单独从西而至攻破镐京。幽王、褒姒、伯服及司徒郑桓公(幽王之季叔)等遂仓皇向东逃去,至骊山而受到西申(也可能与赶到的申、缯之师联合)阻击,因而被犬戎追上,遂遭杀戮掳掠。《史记·周本纪》说,幽王曾"举烽火征兵",但"兵莫至"。其实,先后赶到的诸侯还是有几个的,只是来晚一步,未能救得了幽王之命。这些诸侯有:

1. 郑武公

《左传·隐公六年》：周桓公言于（桓）王曰："我周之东迁，晋、郑焉依。"（《国语·周语中》富辰谏周襄王称："我周之东迁，晋、郑是依。"焉、是义同，"晋、郑焉依"即"依晋及郑"。）杜预注："周幽王为犬戎所杀，平王东徙，晋文侯、郑武公左右王室，故云晋、郑焉依也。"《国语·晋语四》记郑国叔詹之言："吾先君武公与晋文侯戮力一心，股肱周室，夹辅平王。"《汉书·地理志上》"京兆尹·郑"颜师古注引《春秋外传》："幽王既败，郑桓公死之，其子武公与平王东迁。"

2. 晋文侯

《左传》《国语》之有关记述已见上。

幽王死后，《史记·周本纪》云："于是诸侯乃即申侯而共立故幽王太子宜臼，是为平王。"但《古本竹书纪年》记载："幽王既死，而虢公翰又立王子余臣于携（《通鉴外纪》卷三所引无"于携"二字）。周二王并立。二十一年，携王为晋文侯所杀。以本非嫡，故称携王。"虢公翰，童书业以为即幽王之宠臣、卿士虢石父，是。翰当是其名，石父为其字。《国语·郑语》："虢石父谗谄巧从之人也，而（幽王）立以为卿士。"又《晋语一》："褒姒有宠，生伯服，于是乎与虢石甫比，逐太子宜臼而立伯服。"虢石父执行了逐太子宜臼之事，当然害怕平王报复，在伯服已死的情况下，他就立王子余臣为王，一时形成"周二王并立"之势。《纪年》若有"于携"二字，则携似是地名，但古今地志皆无记载。若无"于携"二字，则"携"或为谥号，《逸周书·谥法》："怠政外交曰携。"童书业说："谓之外交，或携王……其立亦托庇于戎人。"（同上引书）《左传·昭公二十六年》记王子朝曰："携王奸命，诸侯替（废）之。"杜预注以携王即伯服，误。由《纪年》知，此"诸侯"即晋文侯。二王并立的时间相当长，《纪年》所说"二十一年，携王为晋文侯所杀"，此"二十一年"指晋文侯之纪年，相当于周平王之十一年。也即周二王并立长达十一年之久。《国语·郑语》说："晋文侯于是乎定天子。"韦昭注以为"定，谓迎平王定之于洛邑"，非也，乃指杀携王而定平王于一尊。这是一件大功勋，《尚书》专有一篇《文侯之命》，即写周平王作此命赞晋文侯"汝多修，扞我于艰，若汝予嘉"，并赐其秬鬯一卣，彤弓一、彤矢百，卢弓一、卢矢百及马四匹。

3. 卫武公

《史记·卫世家》："（武公）四十二年，犬戎杀周幽王，武公将兵往佐周平戎，甚有功。周平王命武公为公。"据古说，卫武公在幽王时曾任王室卿士。《诗·小雅·宾之初筵》毛序："《宾之初筵》，卫武公刺时也。幽王荒废，媟近小人，饮酒无度,天下化之,君臣上下,沉湎淫液。武公既入而作是诗也。"郑玄笺:"武公入者,入为王卿士。"《诗·卫风·淇奥》毛序:"《淇奥》,美武公之德。有文章,又能听其规谏,以礼自防,故能入相于周,美而作是诗也。"孔颖达疏:"入相,为卿士也。"可见卫武公在幽王被杀后能"将兵往佐周平戎",是与他曾任王室卿士分不开的。但他前去也只是收拾残局而已。

4. 秦襄公

秦在襄公以前,尚非诸侯,襄公之祖秦仲,为周宣王大夫,奉命诛西戎,死于戎。长子庄公复伐西戎,破之,为西垂大夫。至襄公时,《史记·秦本纪》:"西戎犬戎与申侯伐周,杀幽王郦山下。而秦襄公将兵救周,战甚力,有功。周避犬戎难,东徙洛邑,襄公以兵送周平王。平王封襄公为诸侯,赐之岐以西之地。曰:'戎无道,侵夺我岐、丰之地,秦能攻逐戎,即有其地。'与誓,封爵之。襄公于是始国。"这一段记载中,有一个问题:"秦襄公将兵救周",救的是哪一个周呢?是救周幽王吗?恐怕不是。因为犬戎行军迅速,且行动隐秘,秦襄公事先无从知晓;待等知晓,幽王可能已被杀了。犬戎是申侯召来杀幽王报仇的,但杀完以后,少不得要在镐京烧杀掳掠,尽破坏之能事,申侯实际上是引狼入了周室。秦与西戎本为宿敌,襄公又是周之西垂大夫,他与犬戎战,既是为己,也可说是救周,于公于私,实属两利。有学者认为周平王东徙洛邑,并非如《史记·周本纪》所说为"避戎寇",而是为秦所迫。这是低估了"犬戎之难"的破坏性后果,高估了秦当时的力量,对西周之亡的现实缺乏客观分析、多了主观推测的缘故。

5. 鲁孝公　许文公

《古本竹书纪年》:"先是,申侯、鲁侯、许文公立平王于申,以本太子,故称天王。"未记上名单的,至少还应有缯侯、吕侯(吕,姜姓国,在今河南南阳西,与申国毗邻)。许是姜姓小国,男爵,地在今河南省许昌市,距申国也不远。鲁孝公则是远道而来的一个诸侯。《史记·周本纪》也有"诸侯乃即申侯而共立故幽王太子宜臼,是为平王,以奉周祀"的记载,唯未录诸侯国名。若据《古本竹书纪年》的说法,即使再加上缯、吕两国,到来的诸侯也是少得可怜。周平王在非常时期以非常方式即位时的冷清落寞,也预示了东周王室的衰落。

郑玄笺在《毛诗谱·王城谱》里则有另一种说法:"晋文侯、郑武公迎宜咎(臼)于申而立之,是为平王。以乱,故徙居东都上城。"这应是郑玄根据《左传》"我周之东迁,晋、郑焉依"推测出来的说法。根据各种历史资料综合分析,这个过程也是必须有的。为什么呢?周王之即位,是一件大事。即使几个诸侯议定了,不经过应有的祭天祭祖典礼仪式,也是不能算数的。这一点申、缯、吕、许可以不明白,但熟习周礼的鲁侯不可能不知道。周的祖庙在丰、镐,东都洛邑在周公摄政的第七年建成后也筑有宗庙。但是,从当时的习惯思维和恋旧感情看,周的根还在文王所建的丰京和武王所建的镐京(丰、镐地近,成王从镐京到丰祭文王庙,步行就可走到)。所以太子宜臼要到西都去完成必要的祭祀仪式,才能名正言顺地就天子位。这个护送任务,应该就是晋文侯、郑武公为主去做的。到了西都一看,宫室可能已被犬戎洗劫一空(不一定全是犬戎,其他人也可能趁火打劫),宗庙也可能有所隳坏,一片破败荒凉,早已没有了昔日繁华。将就着祭祖告庙以后,"以乱,故徙居东都上城"自然就成为最合理的选择了。有一点不能不看到,犬戎之难引起的大动荡,平王东迁造成的大折腾,使周室不仅丧失了许多物质方面的财富,也散佚了大量珍贵的史记简策。司马迁写《周本纪》,西周十二王绝大多数连在位年数都不可知。仅昭王十九年南征不复,而知其在位十九年;穆王记其"立五十五年崩",还算有一个交代,但谓其即位时"春秋已五十矣",则似不可信;厉王略有纪年,而不详未可定。共和以后方年有确数。武、成、康、共、懿、孝、夷皆年数空白。西周之初,即设大史,史料阙失如此,未必秦火使然,西东周之交,恐即未能逃过劫难了。

附带说一点,周室东迁以后,史籍再不见西申之名。或随平王之东迁而撤离了骊山,其去向则未知之。

【集评】

周室衰微不共匡,干戈终日互争强。诸侯若解尊天子,列国何因次第亡?

(周昙《咏史·再吟祭足》诗)

王室东徙,而自列为诸侯矣。厥后问鼎之轻重者有之,射中王肩者有之,伐凡伯、诛苌弘者有之。天下乖盭,无君君之心。余以为周之丧久矣,徒建空名于公、侯之上耳。

(柳宗元《封建论》)

自平王之东,周德日以衰矣。麦禾之取,繻葛之战,几无以令于兄弟之国。

(顾炎武《日知录》卷三)

繻葛之战,一方面表明周桓王"天子"权威的下降,另一方面反映郑庄公对"尊王"观念的践踏。所以苏辙认为《春秋》不书"繻葛之战",隐含对郑庄公"不尊王"行为的严厉批评。

繻葛之战,王师大败,郑庄公"射中王肩",周桓王大失颜面,《春秋》不书"射中王肩"的史实,采用"为尊者讳"的曲笔书法。……苏辙《春秋集解》……强调"尊王"的政治原则神圣不可触犯。

(文廷海《苏辙〈春秋集解〉的思想史解读》)

在周、郑繻葛之战中,"祝聃射周王中肩",将王师打败,原因在于郑军不仅摆出了"鱼丽阵",而且采取了"先拣弱的打"的战法。

周桓王按照传统阵法,把军队分为左、中、右三军,成"品"字形摆开。后世兵家把这种"品"字阵形称为"鸟阵雁行",意思是说,这种阵形像飞鸟的身子(中军)和翅膀(左、右军),也和雁群飞行时"人"队形(中军在前,左、右军靠后)相似。

郑军把自己的军队布成倒"品"字形,即左、右两军靠前,中军靠后。这样结阵的目的是便于左右两翼的军队先把周军的左右两军冲垮,然后三军合围周军的主力。由于这种阵形像张开的鱼网一样,便于捕捉对方中军主力,所以把它称为"鱼丽之阵"。古时"丽""罹"两个同音字可以互通,"鱼丽"就是"鱼罹",即可使鱼陷入网中而罹难的意思。

(刘先廷《评〈东周列国志〉》)

【思考与讨论】

东周初年到鲁桓公五年的六十四年间,从平王早年与郑武公的"周、郑交亲",到平王晚年与郑庄公的"周、郑交质",再到桓王即位以后的"周、郑交恶"最终"周、郑交战",你认为是什么原因造成的?

七、 齐师伐鲁战于长勺

十年春,齐师伐我①。公将战②,曹刿请见③。其乡人曰④:"肉食者谋之⑤,又何间焉⑥?"刿曰:"肉食者鄙⑦,未能远谋。"乃入见⑧,问:"何以战?"⑨公曰:"衣食所安⑩,弗敢专也⑪,必以分人。"对曰:"小惠未遍⑫,民弗从也⑬。"公曰:"牺牲玉帛⑭,弗敢加也⑮,必以信⑯。"对曰:"小信未孚⑰,神弗福也⑱。"公曰:"小大之狱⑲,虽不能察⑳,必以情㉑。"对曰:"忠之属也㉒,可以一战㉓。战,则请从。"

公与之乘㉔,战于长勺㉕。公将鼓之㉖,刿曰:"未可。"齐人三鼓,刿曰:"可矣!"齐师败绩。公将驰之㉗,刿曰:"未可。"下㉘,视其辙㉙;登㉚,轼而望之㉛。曰:"可矣!"遂逐齐师㉜。

既克㉝,公问其故。对曰:"夫战㉞,勇气也。一鼓作气㉟,再而衰,三而竭。彼竭我盈,故克之。夫大国难测也,惧有伏焉㊱;吾视其辙乱,望其旗靡㊲,故逐之。"

【注释】

① 我:指鲁国。

② 公:鲁庄公。

③ 曹刿(huì):鲁国人,其身份史料不详。杨伯峻《春秋左传注》:"刿音桂。"误。参篇后"问题探讨"。

④ 乡人:乡是周代各国国都和近郊设立的行政区域单位,所辖范围各国不尽相同。同属一个乡的人称为乡人。

⑤ 肉食者:古代吃肉是只有高官厚禄的人才能天天享受的一种待遇。这里指国君、卿大夫等战争决策者。

⑥ 间:参与进去。

⑦ 鄙:鄙陋,浅薄。

⑧ "见"的宾语"公"省略。

⑨ 何以:"以何"之倒,用什么。

⑩ 安:安适,享有。衣食所安,所享有的衣食。

⑪ 专:独占。

⑫ 惠:实惠。遍:周遍,及于全体。

⑬ 从:跟从。

⑭ 牺牲:古代祭祀用的家畜,要求色纯,体无残损。通常都用牛、羊、豕,称为三牲。玉帛:瑞玉束帛,用于祭祀、会盟、朝聘等重大典礼。

⑮ 加:超过规定。

⑯ 信:诚。

⑰ 孚:信用,这里指取信于神。

⑱ 福:用作动词,加福,庇佑。

⑲ 狱:讼事,案件。

⑳ 察:明察,纤微皆审。

㉑ 情:实情,合乎情理。

㉒ 忠:尽心竭力。属:类。

㉓ 以:凭。宾语"此"省略。

㉔ 与之乘(shèng):与他(指曹刿)同一辆战车。古一车四马为一乘。

㉕ 长勺:鲁国地名,在今山东莱芜东北。

㉖ 鼓:用作动词,击鼓。古代战争以击鼓作为进攻的号令。之:指代齐师。全句意谓
   击鼓进攻齐师。

㉗ 驰之:驱车疾行,指追击齐师。

㉘ 下:下车。

㉙ 辙:车轮辗过的痕迹。

㉚ 登:上车。

㉛ 轼:车厢前供乘者凭倚的横木,这里用作动词。

㉜ 逐:追击。

㉝ 克:战胜。

㉞ 夫(fú):发语词。

㉟ 一鼓:第一次击鼓。作:振作起。气:承上指勇气,也可释为士气。

㊱ 伏:埋伏,伏兵。

㊲ 靡:倒下。

【题解】

本篇选自《左传·庄公十年》。鲁庄公十年为公元前684年,当周庄王十三年,齐桓公二年。

长勺之战是齐桓公得管仲以后的第一战,不过此时君臣尚未磨合,一切都还没有进入正轨,鲁国又有高人指点,未来的五霸之首打了一个败仗。

或许,这与半年前齐军在干时把来犯的鲁军打得落花流水,因而有点自大,小瞧了鲁军,也有点关系。

鲁庄公八年(前686),齐国发生了宫廷政变。政变的起因,《史记·齐世家》归纳了几条:"襄公之醉杀鲁桓公,通其夫人,杀诛数不当,淫于妇人,数欺大臣",总之,这个国君当得不好,违礼缺德的事干得太多了。直接的诱因,则是失信于戍守葵丘的大夫连称、管至父,当初说好戍满一年,即派人代,到期却不管不顾,二人亲回临淄请代,襄公照旧犬马声色,不闻不问。这下连称和管至父火了,商议要作乱

诛杀昏君。他们马上想起了一个人:襄公的堂兄弟公孙无知。齐僖公在世时对这个亲侄儿真是宠爱有加,一切待遇全都视同嫡子。襄公即位后,却立即加以贬黜,使公孙无知长期以来情绪低沉,心态失落,悒郁不得志。把他奉为招牌,岂不更能赢得僖公老臣的支持度?连、管二人马上联络上公孙无知,双方一拍即合。于是,因失道而陷于孤立的齐襄公很快被政变发动者派出的杀手弑于宫中,除了襄公的三个贴身侍人抵挡了一下,几乎没有遇到什么阻力。

公孙无知趁机上台,但随即在次年春天被大夫雍廪所杀(又作雍林,一说雍林为邑名,无知在雍林作威作福为虐,遂为雍林人即雍林大夫所杀),齐国一时陷于"无君"的混乱状态。政变发生时,齐襄公有两个弟弟怕祸难连累到自己,都逃奔到了国外。长弟公子纠由管仲和召忽辅佐,逃到他生母所自出的鲁国避难;幼弟公子小白由鲍叔牙辅佐,逃到齐国南方的邻国莒国避难。小白就是后来的齐桓公,他极受齐国世袭上卿国氏、高氏的赏识,公孙无知被杀以后,上卿高傒第一时间派人去莒国召小白回国。那边鲁国也不闲着,很快也获悉情报,火速发兵送公子纠,而派管仲另带兵坐车拦截莒国到齐国的通道,半路袭击公子小白。小白回国动作虽快,还真叫管仲候着了。管仲搭箭弯弓,矢不虚发,也是小白命不该绝,一箭竟射中带钩。小白何等机灵,立即倒地装作中箭身亡。管仲一时失察,忙命手下飞车疾驰,去鲁国军队报信。鲁庄公闻讯,松了一口气,原来只争朝夕的急行军顿时慢了下来。结果,公子小白先到了齐国。国、高二卿毫不耽搁,当即主持祭祖告庙仪式,立小白为君。鲁庄公慢了一步,送公子纠回齐当国君,顿时成了竹篮打水一场空。

但鲁庄公还不死心,把军队驻扎在临淄以西干时之地,想察看虚实,能否一战而胜齐军,把小白拉下,强把公子纠送上国君宝座。谁知良机已失,时不再来。鲁军远道而至,行军既甚疲惫,给养也难补充,士气本已不振,何况在人国门之外,想要战而胜之,谈何容易。鲁庄公撤军心有未甘,相持后方太远,粮草不继,只能以赌徒的心态博一下,犯了兵家之大忌。这一仗,《春秋·庄公九年》记道:"八月庚申(十八日),及齐师战于干时,我师败绩。"败绩者,全军溃散。庄公被齐军打得从兵车上滚了下来,弃车而逃,幸亏他手里拿着的中军指挥大旗被御车者秦子和戎右梁子抢了去,他俩把齐军的视线吸引住了,掩护庄公得以转乘别的车逃生,而秦、梁二子则当了俘虏。

鲍叔牙率领齐军来到鲁国残军阵前,以胜利者的姿态提出要求:"公子纠,是我们国君的亲人,我们不加处理,得由你们处理。管仲、召忽,是我们国君的仇人,请交给国君亲手处理,他才甘心。"鲁庄公无奈,只好把公子纠杀了,召忽随之自杀。管仲请求受缚而上囚车,鲍叔牙让齐军押他回国。才入齐境,鲍叔牙就给管仲松了绑,回去告诉齐桓公说:"管夷吾治国之才胜过高傒,可以让他当相。"桓公不计一箭射中带钩的前嫌,听从了鲍叔牙的忠言,任管仲为执政大夫。这是鲁庄公九年的事。

按理说,鲁国打了败仗,齐国开出的条件,都照着做了,应该算完事儿了吧?谁知不然。齐桓公有点不依不饶,才过了周历年,齐军又找上门来寻衅了。《史记·十二诸侯年表》"鲁庄公十年"记道:"齐伐我,为纠故。"公子纠都杀了有四个月了,你还揪住不放为的是哪般?是把鲁军当成了没刺的鱼腩想吃就随便来吃?这一仗,让初当国君的齐桓公记住了一条教训:师出无名,打仗是要付出代价的。

【文学史链接】

相关文学典故

肉食

天监元年夏四月丙寅,高祖(梁武帝)即皇帝位,……癸酉诏:"……可于公车府榜木肺石旁各置一函。若肉食,莫言;山阿欲有横议,投榜木函。……夫大政侵小,豪门陵贱,四民已穷,九重莫达,若欲自申,并可投肺石函。"

(《梁书·武帝纪》)

问诸淫昏之鬼,求诸厌劾之符。荆门遭廪延之戮,夏口滥逵泉之诛。蔑因亲以教爱,忍和乐于弯弧。既无谋于肉食,非所望于《论都》。

(庾信《哀江南赋》)

圣人御宇宙,闻道泰阶平。肉食谋何失,藜藿缅纵横。

(陈子昂《感遇》诗之二十九)

天宝季年,物丰时泰。骨鲠者慕周偓武,肉食者效晋清谈。

(李商隐《太尉卫国公〈会昌一品集〉序》)

寒食今年客汝南,余樽倾泻亦醺酣。道人久厌世间浊,僧舍犹存肉食惭。

(苏辙《寒食》诗之一)

朱门肉食无风味,只作寻常菜把供。

(范成大《秋日田园杂兴》诗之一)

勇气

廉颇者,赵之良将也。赵惠文王十六年,廉颇为赵将伐齐,大破之,取阳晋,拜为上卿,以勇气闻于诸侯。

（《史记·廉颇蔺相如列传》）

兵气天上合,鼓声陇底闻。横行负勇气,一战净妖氛。

（李白《塞下曲》之六）

公心有勇气,公口有直言。奈何任埋没,不自求腾轩。

（韩愈《送进士刘师服东归》诗）

少年乘勇气,百战过乌孙。力尽边城难,功加上将恩。

（许浑《征西旧卒》诗）

一鼓

高祖(北魏孝文帝)飨侍臣于悬瓠方丈竹堂,……道昭歌曰:"皇风一鼓兮九地匝,戴日依天清六合。"

（《魏书·郑道昭传》）

十年自勤学,一鼓游上京。青春登甲科,动地闻香名。

（岑参《送许子擢第归江宁拜亲因寄王大昌龄》诗）

小儒轻董卓,有识笑苻坚。浪作禽填海,那将血射天。万方思助顺,一鼓气无前。

（杜甫《寄岳州贾司马六丈巴州严八使君两阁老五十韵》诗）

周师南征,……(景)以刘彦真为神武统军,刘仁赡为清淮军节度使,以拒周师。……彦贞之兵,施利刃于拒马,维以铁索,又刻木为兽,号捷马牌,以皮囊布铁蒺藜于地。周兵见而知其怯,一鼓败之。

（《新五代史·南唐世家》）

周世宗以衰世之锋,一鼓而十四州之地掇如也。

（《南唐书·嗣主传论》）

进兵邓州,……飞遣王贵、张宪掩击,贼众大溃。……贼党高仲退保邓城,飞引兵一鼓拔之,擒高仲,复邓州。

（《宋史·岳飞传》）

制置司以湖阳县迫境金兵檄宗政图之,宗政一鼓而拔。燔烧积聚,夷荡营寨,俘掠以归。金人自是不敢窥襄阳。

（《宋史·孟宗政传》）

信孚

绝甘分苦,事虽均于越王;小信未孚,曾不酌于曹刿。

（唐无名氏《载稻判》）

去耳目之塞,通上下之情,俾万国欢康,兆民苏息,则心无不达,行无不孚矣。

（《旧唐书·刘贲传》）

群材薪槱朴,仁政煦蒲卢。荡荡巍巍德,豚鱼信自孚。

（《宋史·乐志十三》朝会乐章）

小惠

栾贞子曰:"汉阳诸姬,楚实尽之。思小惠而忘大耻,不如战也。"

（《左传·僖公二十八年》）

其治以德教为本,然持有恒,简而不可犯;见理识情,狱讼不加榉楚而得其实;不为小惠有所荐达。

（《三国志·魏书·傅嘏传》裴松之注引《傅子》）

初,郭元建以有礼于皇太子妃,将降侯,子鉴曰:"此小惠也,不足自全。"乃奔齐。

（《南史·贼臣列传·侯景传》）

文伟轻财爱客,善于抚接,好为小惠,是以所在颇得人情。

（《北史·卢文伟传》）

（少游）多以任数为政,好行小惠,胥吏得职,人亦获安。

（《旧唐书·陈少游传》）

初,丞相亮（诸葛亮）时,有言公惜赦者,亮答曰:"治世以大德,不以小惠,故匡衡、何汉不愿为赦。"

（常璩《华阳国志·刘后主志》）

冥心无我,无可而无不可;应用不疲,无为而无不为。信大成而大受,非小惠而小知。

（白居易《君子不器赋》）

【文化史拓展】

(一) "长勺"地名的由来

长勺这个地名,是周成王封周公之子伯禽于曲阜时,把殷民六族分给了鲁国,其中有一族就叫长勺氏,可能由于它定居在今山东莱芜东北,所以当地就得了这个名字。

《左传·定公四年》:"昔武王克商,成王定之,选建明德,以蕃屏周。故周公相王室,以尹天下,于周为睦。分鲁公以大路(铜饰之车)、大旂,夏后氏之璜(半璧形玉器),封父(夏代姜姓国名)之繁弱(弓名),殷民六族,条氏、徐氏、萧氏、索氏、长勺氏、尾勺氏,使帅其宗氏(嫡长大宗),辑其分族(分支小宗),将其丑类(对奴隶的蔑称),以法则周公,用即命(因而就命)于周。是使之职事于鲁,以昭周公之明德。分之土田、陪敦(附庸),祝、宗、卜、史,备物(服饰车马)、典策,官司(百官)、彝器,因商奄(商时诸侯奄国)之民,命以《伯禽》而封于少皞之虚(曲阜)。"说的就是鲁公伯禽初封时受成王所赐的情况。

长勺氏据说是以专门制造取酒之器勺而得名的。其余五族分布于何地今已不详。徐氏与嬴姓之徐夷无涉,萧氏与春秋时宋国之附庸萧虽皆为子姓,却无史料可证二者有关。

(二) 曹刿的其他事迹

从曹刿对"肉食者"的评价来看,他本身应不是士以上的贵族出身,用今天的话说,似乎是个"草根"精英。长勺之战使他初露头角,并因此得到鲁庄公的赏识,庄公将他留在身边作智囊以备咨询。由于他不属贵族,《春秋》对他无一字提及。

他对长勺之战的贡献,除《左传》有记载外,《国语·鲁语上》对他在战前与庄公的问答应对有更详细的记载,在他的议论中提出"惠本,而后民归之志;民和,而后神降之福";"布德于民,而平均其政事"等"重民"的思想观点。

在长勺之战外,史书还记载了他的两件事:庄公十三年齐、鲁"盟于柯"时他起的作用,和庄公二十三年企图谏阻庄公"如齐观社"而庄公不听的事。

1. 关于曹刿和齐、鲁"盟于柯"

《春秋·庄公十三年》记载:"冬,公会齐侯盟于柯。"三传对此各有不同的叙述。

《左传》说得最简单:"冬,盟于柯,始及齐平也。"平,讲和的意思。此前,庄公九年"公伐齐纳子纠","及齐师战于干时,我师败绩";十年"公败齐师于长勺";接着"齐师、宋师次于郎,公败宋师于乘丘":齐、鲁间互有胜负。《左传》认为,柯之盟是齐、鲁双方有意结束敌对状态之盟。但并未透露如何订立盟约的过程。

《穀梁传》则在经文"公会齐侯盟于柯"后紧接着以传文说:"曹刿之盟也,信齐侯也。"同样没有叙及订盟的过程,但点明了曹刿在这次盟约中是个关键人物,而齐桓公在这次盟约中赢得了信誉。

《公羊传》是最早把柯之盟的内幕揭示出来的："庄公将会乎桓，曹子（对曹刿的尊称）进曰：'君之意何如？'庄公曰：'寡人之生，则不若死矣。'曹子曰：'然则君请当（对付）其君，臣请当其臣。'庄公曰：'诺。'于是会乎桓。庄公升坛，曹子手（用作动词，持）剑而从之。管子（管仲）进曰：'君何求乎？'曹子曰：'城坏压竟（指鲁、齐毗邻，而齐屡侵鲁，鲁城为齐所坏，则必压齐境），君不图（考虑）与（欤）？'管子曰：'然则君将何求？'曹子曰：'愿请汶阳之田（汶水以北的田地，原属鲁，为齐所侵）。'管子顾（回头对齐桓公）曰：'君许诺。'桓公曰：'诺。'曹子请盟，桓公下与之盟。已盟，曹子摽（扔掉）剑而去（离开）之。要盟（要胁之下订的盟约）可犯（违背），而桓公不欺；曹子可雠，而桓公不怨。桓公之信，著乎天下，自柯之盟始焉。"

杨伯峻《春秋左传注》说："汶阳之田至成二年鞍之战齐始归鲁，不但载之《春秋经》与《左传》，《史记》亦载之于《年表》与《世家》，则《公羊传》诸书所言'请汶阳之田'者误也。"按《公羊传》实不误，而杨注以为归汶阳之田仅成公二年"（晋）使齐人归我汶阳之田"一次，则误了。齐取汶阳之田盖二次，《左传》二次皆未载；而归汶阳之田亦二次，《左传》只载成公二年一次。其实齐人第一次取汶阳之田即在"盟于柯"的当年，《左传》只记了齐桓公"灭遂而戍之"一事。遂为一小国，商时舜之后虞遂的封国，姚姓。地在汶水之北，所谓"汶阳之田"，就在它的东面。齐国要灭遂，必须先侵汶阳之田，这是不容置疑的事。郦道元在《水经注·汶水》中记载了他亲身考察之所见。汶水起源于齐、鲁交界处的原山（又名岳阳山，长勺就在原山之南），它的流向和中国大多数河流不同，是东北向西南又折向西，最后流入古代济水的（济水及汶水历史上均经改道，今之大汶河北支流入黄河，南支原流入大运河，现已筑坝阻塞成水库）。《水经注·汶水》说："汶水又西，蛇水注之，水出县东北泰山，西南流，经汶阳之田，齐所侵也。自汶之北，平畅极目，僖公以赐季友。蛇水又西南经铸城西，《左传》所谓蛇渊囿也。……蛇水又西南入汶。汶水又西，沟水注之，水出东北马山，西南流经棘亭南。《春秋》成公三年，《经》书：'秋，叔孙侨如帅师围棘。'《左传》曰：'取汶阳之田，棘不服，围之。'南去汶水八十里。又西南经遂城东，《（汉书·）地理志》曰'蛇丘，隧乡，故隧国'也。《春秋》庄公十三年'齐灭遂而戍之'者也。京相璠（《春秋土地名》）曰：'隧在蛇丘东北十里。'杜预（《左传注》）亦以为然。然县东北无城以拟之，今城在蛇丘西北，盖杜预传疑之非也。又西经下灌城西，而入汶水。"这一段引了郦道元亲经亲历的记录，完全可以证明遂国的位置是在汶阳之田的西面：汶水自东向西流，先与从东北方向流来的蛇水会合,所谓汶阳之田,应即在汶水以北之蛇水两岸。郦氏形容其"平畅极目",是一片好田。汶水再往西,又与也从东北方向流来的沟水会合,沟水已在汶阳之田之西,而遂国且在沟水之西。郦氏以亲自考察所见,证明京相璠和杜预所说遂邑在蛇丘东北与实际不符,遂邑(即古遂国)的定位应在蛇丘之西北。它也在汶水以北,却在汶阳之田之西。明确这一点非常重要,可以揭示齐国灭遂必定要以侵汶阳之田为前提条件,也可以证明《公羊传》所记柯之盟的实情确是补了《左传》之缺载。齐灭遂是夏天的事,柯之盟是当年冬天的事,两事紧接,且一是前因,一是后果。《左传》不详加披露,或者是故作遮掩。盖鲁庄公以国君之尊,而在盟会上"劫"齐桓公;"草根"英雄曹刿,后来还被司马迁列为"刺客"之鼻祖。《左传》鲁人所作,或者以柯之盟上鲁国的手段不雅,虽得了失地,却有毁形象,故隐而讳之。

　　《公羊传》相传为齐人公羊高所作,叙"盟于柯"就比鲁人穀梁赤所作的《穀梁传》要透明许多。同为齐人所作的《管子》,在《大匡》篇中把鲁庄公写得更粗鲁草莽,谲而无信:先是"请盟,曰:鲁小国也,固不带剑",也请齐"去兵"。桓公应允,"令从者毋以兵";管仲提醒他:"鲁胡不用兵?曹刿之为人也,坚强以忌,不可以约(约定)取也。"桓公不听。结果,"庄公自怀剑,曹刿亦怀剑。践坛,庄公抽剑其怀,曰:'鲁之境,去国(国都)五十里,亦无不死而已。'左摭(作势刺向)桓公,右自承,曰:'均之死也,戮死于君前。'管仲走(奔向)君,曹刿抽剑当两阶之间,曰:'二君将改图,无有进者。'管仲曰:'君与地,以汶为竟。'桓公许诺,以汶为竟而归。"这是把鲁庄公写成"刺客"了。其实齐人撇开曹刿拉出庄公,无非是觉得曹刿与桓公身份不对当,堂堂齐桓公在一个不登大雅之堂的曹刿持刀操纵下不得不答应归田的条件有失体面;说成鲁庄公劫桓公,或者还能少丢点人。战国时盛传此事,还见于《战国策·齐策六》所载齐人鲁仲连之《遗燕将书》,其中说"曹沫为鲁君将,三战三北,而丧地千里。……齐桓公有天下,朝诸侯。曹子以一剑之任,劫桓公于坛位之上,颜色不变,而辞气不悖。三战之所丧,一朝而反之,天下震动惊骇,威信吴、楚,传名后世。"是齐人之论曹刿中评价最高的。又《燕策三》记太子丹与荆轲商议赴秦事,也把曹刿在柯之盟上的表现当作榜样:"诚得劫秦王,使悉反诸侯之侵地,若曹沫之与齐桓公,则大善矣;则不可,因而刺杀之。"可见太子丹对荆轲的要求是以曹刿式的劫持胁迫作为第一选择,以刺杀作为最终选择的。《荀子·王制》:"……桓公劫于鲁庄,无它故焉,非其道而虑之以王也。"荀子曾游学齐稷下多年,对柯之盟过程的认识与齐国的主流看法一致,即认为劫桓公的是鲁庄公,而不是曹刿。但他对齐桓公并不一味尊崇,而持批评态度,认为齐桓公不实行王道却想称王。

战国末季成书的《吕氏春秋》,其《贵信》篇叙此事主要取材于《管子·大匡》、取义于《公羊传》而把讴歌对象从齐桓公改为管仲。

司马迁在《史记》中有五处提到曹刿(皆作曹沫):《十二诸侯年表》《齐世家》《鲁世家》《鲁仲连列传》《刺客列传》。详细不一,今以《齐世家》所记为代表:"五年,伐鲁,鲁将师败。鲁庄公请献遂邑以平,桓公许,与鲁会柯而盟。鲁将盟,曹沫以匕首劫桓公于坛上,曰:'反鲁之侵地!'桓公许之。已而曹沫去匕首,北面就臣位。桓公后悔,欲无与鲁地而杀曹沫。管仲曰:'夫劫许之而倍信杀之,愈一小快耳,而弃信于诸侯,失天下之援,不可。'于是遂与曹沫三败所亡地于鲁。诸侯闻之,皆信齐而欲附焉。七年,诸侯会桓公于甄,而桓公于是始霸焉。"上引文中之"五年""七年"为齐桓公纪年,相当于《左传》之庄公十三年、十五年。庄公十五年春,《春秋》书:"齐侯、宋公、陈侯、卫侯、郑伯会于鄄。"《左传》云:"齐始霸也。"司马迁认为齐桓公始霸于鄄之会,实是柯之盟"信著于天下"打下的基础。

2. 关于曹刿谏鲁庄公"如齐观社"

《左传·庄公二十三年》:"夏,公如齐观社,非礼也。曹刿谏曰:'不可。夫礼,所以整民也。故会(盟会),以训上下之则,制财用之节;朝,以正班爵之义,帅长幼之序;征伐,以讨其不然。诸侯有王(指朝觐于王),王有巡守(视察四方),以大习之。非是,君不举(行动)矣。君举必书(记于策),书而不法,后嗣何观?"强调国君的行为应规范在会、朝、征伐、朝觐于王与接受王的视察这五个领域内,国君的一举一动史官都要记于策,如果记下了不合法度的事,后代子孙会怎么看呢?《国语·鲁语上》也载有此事,曹刿的谏言稍详于《左传》,如:"夫齐弃太公之法而观民于社,君为是举而往观之,非故业也,何以训民?土发(指春分)而社(祭社神),助时(农时)也;收捃(摘取)而烝(冬祭),纳要(收藏五谷)也。今齐社而往观旅(众),非先王之训也。天子祀上帝,诸侯会之受命焉;诸侯祀先王、先公,卿大夫佐之受事焉。臣不闻诸侯相会祀也,祀又不法。"可以补《左传》之未及。特别是曹刿谏言说完以后,《国语》还有两句:"公不听,遂如齐。"是《左传》所没有的。长勺之战和柯之盟,曹刿都成功了,谏庄公如齐观社,他却失败了。

《公羊传·庄公二十三年》说:"诸侯越竟观社,非礼也。"何休解诂:"观社者,观祭社,讳淫。"祭社有什么淫?据《墨子·明鬼下》:"燕之有祖,当齐之社稷、宋之有桑林、楚之有云梦也,此男女之属而观也。"属,聚集。先说楚的云梦。宋玉在《高唐赋》和《神女赋》中写楚襄王与自己分别游于云梦之台与云梦之浦,引出了昔日先王昼寝而梦巫山之女荐枕席的故事和襄王亦梦与神女遇的故事。这并不奇怪，因为云梦本是"男女之属而观也"的地方。宋国的桑林，是从殷商移植来的习俗与场合。武王灭商，周公东征之后，成王封卫于殷商故地，故卫地也继承了"桑林"的传统。《汉书·地理志下》所谓"卫地有桑间濮上之阻，男女亦亟聚会，声色生焉"者是。燕之祖，也是祭祀的一种，据说是有所出行前对道路之神的祭祀。史书有记载的，如燕太子丹送荆轲于易水之上，就曾"既祖"，然后"取道"（《史记·刺客列传》）。因为事须保密，所以只有"太子及宾客知其事者"，人数不多，且皆属男性，参加了祖道之祭并送行，事非典型。《墨子·明鬼下》记有"燕简王驰于祖涂"之事，祖涂也称祖道，是祭祀路神的仪式，可惜语焉不详，并无具体描写。我们只能从汉唐诗文中略知其大概。《汉书·刘屈氂传》写李广利征匈奴，"丞相为祖道，送至渭桥与广利辞决"，颜师古注："祖者，送行之祭，因设宴饮焉。"又《疏广传》写疏广、疏受告老还乡，"公卿大夫故人邑子设祖道，供张（帐）东都门外，送者车数百辆，辞决而去"。可知汉代祖道之祭，规模不小，且有驾起帐篷宴饮的。再看唐代李白在一首题目极长诗也极长的五言作品中写到祖道的情况："祖道拥万人，供帐遥相望。"（《经乱离后天恩流夜郎忆旧游书怀赠江夏韦太守良宰》）以此上推春秋战国时的"燕之祖"，也能想象得到当时"男女之属而观"的热闹盛况了。再回到"如齐观社"上来，《穀梁传》庄公二十三年："观，无事之辞也，以是为尸女也。"许慎《说文解字》说："尸，陈也，象卧之形。"是齐国祭社时有陈卧女以通淫之俗，所陈之女即神尸，如《礼记·郊特牲》所云："尸，神像也。"代表宗族所自出的女神。与之通淫即在宗教上完成人类繁衍的行为，并象征土地神作为地母将化生万物。这当是"尸女"的原始意义。段玉裁《说文解字注》说："凡祭祀之尸训主。"《尔雅·释诂》载"尸"有陈、主二义。《诗·召南·采蘋》："谁其尸之？有齐季女。"毛传："尸，主。"故段玉裁之说，也有训诂学上的根据。按他之说，则"尸女"当为主持社祭之女子。此义后出，应是从"陈卧女"这个古老的原始形态进化而来。总之，鲁庄公如齐观社，三传都说他"非礼"，《国语》说他是去"观民""观旅（众）"，何休更说是《春秋》"讳淫"了，《穀梁传》则挑明他是"为尸女"而去。曹刿想要谏阻，道理说得稍显苍白，没有能够奏效。此谏失败以后，曹刿淡出了鲁国的政治，史书再无有关他的记述。

【问题探讨】

关于"刿"的读音

曹刿"刿"字的读音，各种古文选本、大学中国古典文学作品选、中学语文课本皆注音 guì，或直音"贵""桂"。如朱东润主编《中国历代文学作品选》（上编第一册）注"（guì 贵）"，徐中舒编注《左传选》注"音贵（guì）"，杨伯峻《春秋左传注》"音桂"，徐中玉主编《古文鉴赏大辞典》注"（guì 贵）"。"刿"字虽有此一读音，但"曹刿"之"刿"当音 huì。

《辞源》修订版和《辞海》2009 年版"刿"字都只列"guì"一个音，这或者是各注本、选本、课本的依据了。但两部经典辞书在"刿"下都列了两个义项：① 刺伤、割伤。② 通"会"。汉扬雄《太玄经·玄告》："天地相对，日月相刿。"晋范望注："刿之言会也。日月之行，一岁十二会。"其实，两部辞书对"刿"作一音二义处理，是不适当的。训诂学上"A 通 B"，一般指 A、B 音义皆同；"A 之言 B 也"亦然。孙诒让《周礼正义》谈到郑玄注"三礼"所用术语时说："凡郑玄'之言'者，并取声义相贯。"既然说"刿，通会"，又引范望"刿之言会也"之说，那就应该明确"刿"不仅有"会"之义，而且在此即读"会"之音。因此，辞书编纂者采集到了"刿"有《太玄·玄告》的用例，就应该给"刿"字列两项音义，而不是一音两义。《说文解字》刀部："刿，从刀，岁声。"我们试看同是以"岁"为声符的秽、涉、哕、翙、锊、颒以及尚无简体字的"薉"，无一不有 huì 之音，因而"刿"在 guì 之外另有 huì 音，就一点也不奇怪了。

从汉语语音史上看，见母（声母为 g）和晓母（声母为 h）的字，读音常有相互变化的情况。以下举一些例子，以声母为 h 的字放在前面：合→合（gé，计容量单位），亥→该，害→割，后→垢，红←工，洪←共，汗←干，恨←艮，恒←亘，蒿←高，瘣←鬼，馈←贵，酣←甘，恚←圭，晃←光，獾←蓶，等等，难以尽举。刿之 guì 音又衍变出一个 huì 音，是有语音发展规律可循的。

"曹刿"之名，见于《左传》《国语·鲁语上》《穀梁传》《管子·大匡》。而《战国策》（《齐策六》《燕策三》）《史记》（《十二诸侯年表》《齐太公世家》《鲁周公世家》《刺客列传》）作"曹沫"，《吕氏春秋·贵信》作"曹翙"，《公羊传》《史记·鲁仲连列传》则称其为"曹子"。从曹沫、曹翙二名，更可证曹刿之"刿"音 huì。

"沫"也有二音：① mèi，为周代卫国地名，或为"昧"之通假字；② huì，音义同"颒""靧"，以水洗面之意。《说文》："沫，洒面也。颒，古文沫。"段注："从两手掬水而洗其面，会意也。"又云"沫，《（礼记·）内则》作靧。从面，贵声。盖汉人多用靧字。"靧以贵为声符而音 huì，也可为 g 声母和 h 声母在语音发展中多有互相变化添一例。曹沫之"沫"不能读 mèi，因为不能与"刿"以音通假。《史记·鲁仲连列传》司马贞《索隐》释文中"曹子"为"曹昧"，就是读了"沫"的第一音而错了。《吕氏春秋》"曹翙"之"翙"今音只有 huì 一音。曹刿一名而有三种异写，是因为刿、沫、翙在 huì 这个音上可以同音通假的关系。"曹刿"之"刿"不能定为音 guì，也是因为音 guì 之"刿"义项为刺伤、割伤，实不宜用以取名之故。

附带指出一个问题：上海古籍出版社标点本《战国策》的《齐策六》和《燕策三》、中华书局标点本《史记》的《十二诸侯年表》和《刺客列传》，都把"曹沫"印为"曹沫"，新编《辞海》《辞源》均立辞条"曹沫"，"沫"字皆为"沫"字形近之讹。"沫"音 mò，与"刿"不能通假。

【集评】

庄十年曹刿之乡人谓刿曰："肉食者谋之，又何间焉？"对曰："肉食者鄙，未能远谋。"此乡人见刿欲论军，所以谏云：卿大夫自当谋之，非卑浅者所当关预。刿即答云：当今卿大夫识见鄙薄，未能远谋，我所以须见君论之耳。而今流俗皆谓：凡是食肴炙者，即合志识昏蔽，心虑溃浊，不堪谋事；故须蔬食菜羹、襟神明悟为之也。至乃递相戏弄，以为口实，不亦谬乎！

（颜师古《匡谬正俗》卷四）

刿之问，洎（及）庄公之对，皆庶乎知战之本矣。……既问公之言狱也，则率然曰"可以一战"，亦阔略之尤也。苟公之德可怀诸侯，而不事乎战则已耳，既至于战矣，徒以断狱为战之具，则吾未之信也。刿之辞宜曰：君之臣谋而可制敌者谁也？将而死国难者几何人？士卒之熟练者众寡？器械之坚利者何若？趋地形得上游以延敌者何所？然后可以言战。若独用公之言而恃以战，则其不误国之社稷无几矣。

（柳宗元《非国语·上》）

昔尚长设论，富不如贫；曹刿立言，食肉者鄙。

（皇甫松《大隐赋》）

齐甲强临力有余，鲁庄为战念区区。鱼丽三鼓微曹刿，肉食安能暇远谟。

（周昙《咏史·鲁庄公》）

细玩通篇当分三段，以"远谋"二事作眼，总是一团慎战之意。惟知慎战，故于未战之先，必考君德；方战之时，必养士气；既胜之后，必察敌情。步步详审持重处，皆成兵机妙用。所谓远谋者，此也。肉食者岂能无汗浃！

（林云铭《古文析义》卷一）

"肉食者鄙，未能远谋"，骂尽谋国偾事一流人，真千古笑柄。未战考君德，方战养士气，既战察敌情，步步精详，着着奇妙，此乃所谓远谋也。左氏推论始末，复备参差错综之观。

（吴楚材等《古文观止》卷一）

显语见微，爽语见奥。政本、军机皆具，孙、吴不能出乎其宗。左氏所以为言兵之祖也。层节对举，章法矜练。

（浦起龙《古文眉诠》卷一）

"远谋"二字，一篇眼目，却借答乡人语，闲闲点出。入后层层写曹刿远谋，正以见肉食者之未能远谋也。通体不满一百二十字（按：正文不计标点，为二百二十三字），而其间具无限事势、无限情形、无限问答，急弦促节，在《左传》中另自别是一词。

（余诚《重订古文释义新编》卷一）

【思考与讨论】

春秋末期成书的《孙子兵法》，是中国古代兵书中最著名、最有代表性的一部。它的内容，比曹刿论战完整、系统、成熟、丰富；但曹刿指挥、打胜了长勺之战，应该也为《孙子兵法》提供了一个实战经验。比如说，《孙子兵法》在第一篇《计》中，提出战争的胜负取决于五事七计，五事之首是"道"，七计之首也还是"道"。什么是道呢？孙子说："令民与上同意也。"你认为曹刿在长勺之战战前准备中，哪些考量和做法为《孙子兵法》提供了可资参考的素材？《孙子兵法·计》还说："兵者，诡道也。故能而示之不能，用而示之不用"，"强而避之"，"攻其无备，出其不意"。你认为《孙子兵法》在形成这些观点的过程中，可以从长勺之战曹刿对作战的指挥中得到哪些启发？

八、楚灭息入蔡

（上）

蔡哀侯娶于陈①，息侯亦娶焉②。息妫将归③，过蔡④。蔡侯曰："吾姨也⑤。"止而见之⑥，弗宾⑦。息侯闻之，怒，使谓楚文王曰⑧："伐我，吾求救于蔡而伐之。"楚子从之。

秋九月，楚败蔡师于莘⑨，以蔡侯献舞归⑩。

151

（下）

蔡哀侯为莘故，绳息妫以语楚子[11]。楚子如息[12]，以食入享[13]。遂灭息，以息妫归。

生堵敖及成王焉[14]，未言[15]。楚子问之，对曰："吾一妇人，而事二夫[16]，纵弗能死[17]，其又奚言[18]？"

楚子以蔡侯灭息[19]，遂伐蔡。秋七月，楚入蔡[20]。

【注释】

① 蔡哀侯（？—675）：姬姓，名献舞，字季。蔡宣侯措父之子，蔡桓侯封人之幼弟。娶妫姓之陈女为妻。在位二十年，后九年中两次成为楚囚，最后死于楚，故谥为哀。

② 息侯：因国小，史料阙失，其名字、谥号、生卒年等无可考。息，姬姓小国，西周时分封于今河南信阳市息县西南，公元前680年为楚所灭。

③ 息妫：息侯之夫人，陈国之女。归：古代女子出嫁到夫家称为归。

④ 过蔡：蔡国地在今河南上蔡。后曾相继迁于新蔡（今属河南）、下蔡（今安徽凤台）。由陈国（今河南淮阳）至息国，官道必经蔡国。

⑤ 姨：妻之姊妹。息妫为蔡侯之小姨。

⑥ 止：留住。

⑦ 弗宾：不礼貌，非礼。有调戏行为的婉转说法。

⑧ 楚文王（？—前677）：名熊赀，楚武王子，在位十三年。

⑨ 莘：蔡国地名。

⑩ 以蔡侯献舞归：蔡哀侯成为楚囚以后，据《史记·管蔡世家》说："哀侯留九岁，死于楚。"而《楚世家》则说："虏蔡哀侯以归，已而释之。"二说歧异。但细读下文，二说实可互补。蔡哀侯在知道自己之沦为楚虏是为息侯所卖后，遂向楚文王夸誉息妫之美貌，撺掇灭息以取之。楚文王得息妫以归，曾释蔡哀侯回国。鲁庄公十四年楚武王第二次伐蔡，是为息妫出气而再次虏蔡哀侯至楚。其后遂老死于楚。

⑪ 绳：夸誉。语（yù）：告诉。楚子：楚文王。

⑫ 如：往。

⑬ 享：同飨，以酒食宴请。

⑭ 堵敖（前682？—前672）：名熊艰，楚文王子，即位时年方六岁（？），在位五年，为弟熊頵篡杀，无谥号。成王（前681？—前626）：即熊頵（《史记》作"恽"），即位时年方十岁（？），在位四十六年，为太子商臣围逼而自绞杀。熊頵取代堵敖时，兄弟俩年均幼

小,背后当有同宗之成年人操纵。

⑮ 未言:未尝主动说话,即不问不说话。

⑯ 事:侍奉,服事。

⑰ 纵:即使。

⑱ 其:岂。奚:什么。"奚言"为动宾结构倒装。其又奚言:难道又能说什么。

⑲ 以:因为。以蔡侯,因为蔡侯的缘故。这是楚文王把灭息的责任诿过于蔡侯以讨好息妫的说法。从"以蔡侯灭息,遂伐蔡"二句可知,在先蔡哀侯已被释放回国,这次再度寻衅,重虏蔡侯,纯为取悦息妫。

⑳ 入:进入而不占有。

【题解】

本篇分两部分。上半部分选自《左传·庄公十年》。鲁庄公十年为公元前 684 年,当周庄王十三年,楚文王六年,蔡哀侯十一年。下半部分选自《左传·庄公十四年》。鲁庄公十四年为公元前 680 年,当周僖王二年,楚文王十年,蔡哀侯十五年。息国国小史缺,纪年不详。

楚国在周成王时只封了个子男之爵的小国,辟处于南蛮之地,被中原诸国目为楚蛮。始封之君名熊绎,其曾祖父鬻熊,事周文王。《汉书·艺文志》著录《鬻子》二十二篇,班固自注云:"名熊,为周师,自文王以下问焉,周封为楚祖。"另有《鬻子说》十九篇,为小说家言。据后人研究,《鬻子》书为托名鬻熊之作。但楚祖鬻熊曾受文王咨询、起过谋臣的作用,则是可信的。这么说来,楚族是一个颇有文化底蕴的氏族,中原人目之为"楚蛮",带有明显的地域偏见。

《春秋》记事,自鲁隐公元年开始。这一年,是楚子熊通十九年。他在兄蚡冒向南开拓百濮之地的基础上,继续扩大并巩固南部领土,并进而有向北扩张之意。他与汉水北岸的邓国结了婚姻之好,娶了邓曼为夫人。邓国地在今湖北襄樊市北,疆域达到今河南邓州市。熊通这个举动,使与邓国地近的申、吕、许、郑、蔡等国感受到了某种威胁。申、吕、许都是姜姓之国,申侯是周平王的母舅,吕、许都对平王即位作出过贡献,周平王不得不派出戍卒屯兵于申、吕、许三国,作出遏制楚国势力向北渗透的姿态。实际上,这些戍卒都是王室从畿内农民中征发的,并无战斗力可言。《诗·王风·扬之水》记录了这些戍卒的怨思。楚子熊通三十一年,也即鲁桓公二年(前 710),《春秋》记"蔡侯、郑伯会于邓",这个"邓"并非邓国,而是蔡国的一个邑名(在今河南漯河市东南)。《春秋》没有说明蔡桓侯和郑庄公为什么有这次会见，同年《左传》则点出是"始惧楚也"。楚国对北方虎视眈眈，使中原地区的诸侯国预感到是一个不小的隐患。熊通三十四年，发生了周、郑繻葛之战；繻葛之战的第二年，熊通就发动了侵随之役。此举有两个目的，一是图谋向汉水以东扩展，因为"汉东之国随为大"，挑大的打，其他小的就易于解决；二是随为姬姓之国，兵临城下不一定非要打下，可在施加压力后要求随侯向王室传达自己的要求：楚国现在的地盘早已不是当初子男之爵的方百里、方五十里那么大小，"请王室尊吾号"，给一个侯爵的头衔。但是，周桓王带着对"楚蛮"的偏见和歧视，对熊通的要求根本不予考虑。熊通听说周王不肯尊楚爵号，不禁大怒，"王不加位，我自尊耳"，这一下，侯不要了，公也不要了，一步登天，自封为王（据《史记·楚世家》）。这是在他即位的第三十七年，即鲁桓公八年，也就是繻葛之战以后的第三年。楚武称王，跨出了与周王分庭抗礼的第一步，成为春秋时期诸侯称王的第一人，早于也被列在"夷狄"的吴寿梦称王一百二十年，早于战国其他六雄中称王最早的魏惠王和齐威王三百七十年（据《史记·秦本纪》）。这样一件对西周以来"溥天之下，莫非王土（周王之土）"的观念给以冲击和突破的大事，《春秋》和《左传》却以不承认态度不予记载，《左传》在接下来楚武王合诸侯（江汉间小国及汉东诸国）以及楚武王"伐随""战于速杞，随师败绩"等事件中仍称熊通为"楚子"，而《春秋》连"楚子"也不提。终楚武王之世，《春秋》无一字记及楚。

直到庄公十年，《春秋》才第一次记了一条楚国的事："秋九月，荆败蔡师于莘。"杨伯峻《春秋左传注》在僖公元年《经》"楚人伐郑"下说："庄二十八年《经》楚尚称荆，自此改称楚，则楚之定号为楚，当在庄二十八年以后，僖元年以前。"此说非是。楚之称为楚，西周初年即然。周原甲骨 H11:83 卜辞云"曰今秋楚子来告□後□"可证。此"楚子"是谁，主要有二说：一以为熊绎，"子"为爵称，成王时片；一以为鬻熊，"子"为尊号，文王时片。《艺文类聚》卷九《水部》引《竹书纪年》"周穆王三十七年，伐楚，大起九师"云云，也可证西周时楚国早已定国名为楚了。但为什么《春秋》在庄公十年、二十三年、二十八年三次提到楚国都称之为"荆"而不书"楚"呢？这还是反映了中原人对楚国的歧视。正如《国语·晋语八》叔向说的："昔成王盟诸侯于岐阳，楚为荆蛮，……故不与盟。"《诗·小雅·采芑》写周宣王令卿士方叔为将伐楚，称楚人为"蠢尔蛮荆"。楚之立国，北依荆山，中原人不称其国名，而以荆蛮、蛮荆呼之，当然是一种鄙夷和歧视。孔子编撰《春秋》，依据的是鲁国史官记载下来的《鲁春秋》，很可能鲁隐公、鲁桓公时的史官，对楚国视为南蛮，所以楚国的事一点也没记载下来。鲁庄公时的史官，看到了楚国在列国中有其应有的位置,所以记了几条楚国的事;却还深受中原人轻视楚国的习惯性观念影响,不书正式国名"楚"而书"荆"。鲁僖公以后的史官才深深感受到楚国作为一个大国的地位,故而以国名楚记其与中原各国相互交往、盟会、攻战诸事。但是对楚人自封的"王",鲁国史官是始终不予承认的,不论哪个楚王,《春秋》一律称之为楚子,有时还只称楚人。庄公十年第一次记楚事"秋九月,荆败蔡师于莘",这个"荆",实际上就是指楚文王。鲁庄公十年,是楚文王即位的第六年。

楚武王寿命很长,他在位的年数就有五十一年,所以当他以心脏病死于军中时,他的儿子楚文王也已步入中年了。楚文王很干练,即位以后就把楚国的国都从丹阳(今湖北秭归)迁到了郢(今湖北荆州市江陵区西北,遗址称纪南城)。而在对外扩张上,他实际上一点也不"文",甚至比他父亲武王还要"武"。他即位的第二年,就率军北上伐申,这是楚武王在世时想做而没能做到的事。《左传·庄公六年》:

> 楚文王伐申,过邓。邓祁侯曰:"吾甥也。"(楚文王母邓曼为邓祁侯之姊妹)止而享之(留而宴请之)。骓甥、聃甥、养甥(皆邓侯其他姊妹之子在邓国为官者)请杀楚子。邓侯弗许。三甥曰:"亡邓国者,必此人也。若不早图,后君噬齐(齐即脐,噬脐不及,喻后悔莫及)。其及(及时)图之乎!图之,此为时矣。"邓侯曰:"人将不食吾余(余,指祭祀用过的肉,古称胙,已为神享用过,故称余,古每以赠亲友赐臣下。这里是说若杀了楚王,别人将以我为卑劣而唾弃我)。"对曰:"若不从三臣,抑(承上接下之语气词,可译为"那么")社稷实不血食(受祭祀),而君焉取余?"弗从。还年(楚文王伐申回还之年,当为次年),楚子伐邓。十六年(鲁庄公十六年),楚复伐邓,灭之。

邓祁侯不能识破楚文王的野心,政治智慧实低于他的另三个甥。他不想想,楚若灭了申国,邓国夹在楚、申之间,楚难道老向他借道去管理申吗?灭了邓连成一片,不是楚的唯一选择吗?被楚文王亲情的面纱蒙住了眼,邓祁侯的情商不低,智商不高。

但世上还真不乏智商、情商都不高的人。本篇的蔡侯和息侯就是这样的人。这二位本是连襟,蔡侯先娶了陈国的长女,息侯然后将娶陈国的次女。此女因其妫姓而嫁至息国,史称息妫,是个绝色美貌之女。亲迎车队从陈国到息国,官道必经地处中间的蔡国。也是合该有事,蔡侯是个好色花心而举止不端的人,小姨子出嫁路过,他一见惊为天仙,便借招待妻妹之机言行轻佻。息妫当面不好发作,到了息国岂能不向夫君诉说。谁知息侯是个大愚若智之人,自忖息国弱小,未必打得过蔡国，竟然出了个昏招：何不借助楚国之力，惩治一下蔡侯，为自己和新婚夫人出一口恶气？便派使者与楚文王密谋：蔡侯无礼之甚，恳请君王主持公道，为寡君和寡小君教训一下此人。君王可先出兵佯装伐我国，我国向蔡侯求救，他以连襟之谊不会不助我国一臂之力，到时君王便可任意行事。"楚文王满口答应，于是蔡侯便做了楚国阶下之囚。蔡侯从楚文王话锋中听出，事情出在自己不敬妻妹身上，顿时明白乃是连襟卖了自己，忿恨之下，不禁心生报复之毒计，向楚文王厚颜无耻地辩称：不是我德性太差不像个姊夫的样子，实在是息妫长得太美太迷人，任你是谁，只要是个男人，没有不动心的，云云云云。楚文王当然远非圣贤，美女的话题很容易拨动他的心弦；更何况他对息国窥觎已久，息国位于淮水北岸，若楚得息国，则汉东江淮之间大片土地，自然非楚莫属，河淮间中原诸国，也将向楚国洞开大门。土地，吾所欲也；美女，亦吾所欲也：两者可以得兼，何乐而不为之呢！于是，蔡侯、息侯两连襟由于"胸襟相连"，都很窄小，互相过不去，互相引狼入对方之室，到头来，都以害人之目的始，以害己之结果终。蔡侯固然成了楚囚，息侯也亡国失妻，而蔡国不免再度遭到劫难。"春秋无义战"，这是孟子概括出来的结论。楚文王伐蔡灭息，完全是弱肉强食，没有什么公理可言。楚国将周边小国逐一吞灭，是迟早的事，蔡侯、息君的互相残害，只是加速了这一进程而已。

【文学史链接】

（一）刘向《古列女传》中的息夫人

刘向（约前77—前6），因为写了一部《列女传》（后人为区别于《后汉书》以下列朝史书中的《列女传》，称之为《古列女传》），歌颂"母仪"，提倡妇女要"贤明""仁智""贞顺""节义"，赞扬"辩通"的女性，谴责"孽嬖"之女，被后世封建统治者誉为"女教圣人"。七卷，每卷原计划写十五人，但第一卷《母仪》仅得十四人，第五卷《节义》则增至十六人，全书共一百零五人。有史为据而不尽据史，多断章取义、自为发挥。比如卷四《贞顺》之"息君夫人"篇，刘向就按照自己的道德观和价值取向，虚构情节，任意改变息妫的人生轨迹，对历史故事开改编之先河。

《息君夫人》

夫人者，息君之夫人也。楚伐息，破之。虏其君，使守门，将妻其夫人而纳之于宫。

楚王出游。夫人遂出见息君，谓之曰："人生要一死而已，何至自苦。妾无须臾而忘君也,终不以身更贰醮。生离于地上,岂如死归于地下哉!"乃作诗曰:"榖则异室,死则同穴。谓予不信,有如皦日。"

息君止之。夫人不听,遂自杀。息君亦自杀,同日俱死。楚王贤其夫人守节有义,乃以诸侯之礼合而葬之。

按:刘向真是胡编乱造,把《诗·王风·大车》里的四句诗拿来当做息妫的作品,岂不是陷息妫于不义,使她妄得贞节烈女之名,又横遭剽窃他人著作之非议吗?

附:《诗·王风·大车》末章四句:

榖则异室,活着各住各的房,

死则同穴。死后同埋一个圹。

谓予不信,别说我话难凭信,

有如皦日!天上见证是太阳!

（译文用程俊英《诗经译注》,上海古籍出版社 1985 年版）

(二) 唐以来诗人咏息夫人

1. 宋之问《息夫人》

可怜楚破息,肠断息夫人。仍为泉下骨,不作楚王嫔。

楚王宠莫盛,息君情更亲。情亲怨生别,一朝俱杀身。

按:宋之问诗意全从刘向《列女传》。宋为唐高宗上元年间进士,中宗时又曾任修文馆学士,不会未读《左传》。盖道德观、女性观与刘向同耳。

2. 王维《息夫人》

莫以今时宠,能忘旧日恩。看花满眼泪,不共楚王言。

按:此诗流传甚广。《王右丞集》原注:"时年二十。"赵殿成注:"《河岳英灵集》作《息夫人怨》,《国秀集》作《息妫怨》。'时',《古今诗话》作'朝';'能忘',《本事诗》作'宁忘',《万首唐人绝句》《唐诗纪事》俱作'难忘',《乐府诗集》作'宁无';'旧',《国秀集》作'昔',《唐诗纪事》作'异';'眼',《本事诗》作'目'。"

附孟棨《本事诗》:"宁王宪(唐玄宗长兄)贵盛,宠妓数十人,皆绝艺上色。宅左有卖饼者妻,纤白明媚。王一见属目,厚遗其夫,取之,宠惜逾等。环岁因问之:'汝复忆饼师否?'默然不对。王召饼师使见之,其妻注视,双泪垂颊,若不胜情。时王座客十余人,皆当时文士,无不凄异。王命赋诗,王右丞维诗先成云云。坐客无敢继者。王乃归饼师,以终其志。"

3. 刘长卿《过桃花夫人庙》(原注:即息夫人)

寂寞应千岁,桃花想一枝。路人看古木,江月向空祠。

云雨飞何处？山川是旧时。独怜春草色,犹似忆佳期。

按:今湖北省省会武汉市原由武昌、汉口、汉阳三镇合并而成。汉阳东北有龟山,在龟山北麓、月湖南滨有桃花洞和息夫人庙,因其周围多桃树,故又称桃花夫人庙,一直是汉阳一景。此庙至迟于唐初即有之,亦不知谁人所建,据云庙内壁画绘有仙女。清咸丰三年(1853)九月,太平天国西征军石祥祯部陷汉口、汉阳,旋因救援扬州撤出;次年重占汉口、汉阳,复克武昌,又因湘军反攻而退出;咸丰五年秦日纲大破清军,再陷武、汉三镇,形势甚好,而次年(1856)太平军高层(杨秀清、韦昌辉)内讧,互相攻杀,洪秀全多疑,石达开出走,太平天国迅速削弱,而汉口、汉阳、武昌也终为清军夺回。汉阳三得三失,息夫人庙遂毁于这场拉锯战中。因息夫人庙俗称桃花夫人庙,故息夫人也被称为桃花夫人。后代好事者为十二月月令花配司花神,且以三月桃花由息夫人为司花女神。旧说因息妫面若桃花,故称桃花夫人,或云息妫小名为桃花,皆妄言讹传。此庙也不可能为春秋时楚王所筑,若为楚人所筑,当名文夫人(楚文王夫人)庙,不可能称息夫人庙。自唐至清,多有诗人游汉阳而凭吊吟咏者。

4. 施肩吾《经桃花夫人庙》

谁能枉驾入荒榛,随例形相土木身。不及连山种桃树,花开犹得识夫人。

5. 杜牧《题桃花夫人庙》(原注:即息夫人)

细腰宫里露桃新,脉脉无言度几春。至竟息亡缘底事？可怜金谷坠楼人。

按:宋许颛评杜牧《题桃花夫人庙》云:"仆尝谓此诗乃二十八字史论。"(《彦周诗话》)对其推崇备至。

同是宋人的张表臣把杜牧之诗与王维之《息夫人》相比较,云:"(二诗)语意远矣,盖学有浅深,识有高下,故形于言者不同也。"(《珊瑚钩诗话》)

清沈德潜编《唐诗别裁集》,并收王维、杜牧二诗,评曰:"不言,而生子,此何意耶？绿珠之坠楼,不可及矣!"他倒不评王、杜诗之优劣,却评息夫人与绿珠之高下。

清赵翼也说:"(杜牧诗)以绿珠之死,形息夫人之不死,高下自见,而词语蕴藉,不显露讥讪,尤得风人之旨耳。"(《瓯北诗话》卷十一)

绿珠是西晋官僚、巨富石崇的家妓。《晋书·石崇传》:"崇有妓曰绿珠,美而艳。孙秀(时为权倾朝野的中书令)使人求之……崇勃然曰:'绿珠吾所爱,不可得也。'竟不许。秀怒,乃矫诏收崇,崇正宴于楼上,介士到门,崇谓绿珠曰:'我今为尔得罪。'绿珠泣曰:'当效死于君前。'因自投于楼下而死。"石崇时在别馆金谷园,故杜牧诗以"金谷坠楼人"指绿珠。

杜牧明"怜"绿珠自杀,自然就暗贬息夫人苟活。从而颇得后世某些文人之赞赏。其实,息妫所处的春秋前期,性伦理、性道德、社会上的两性风尚习俗与秦汉以后特别明清之时是大不相同的。《左传·桓公十五年》记郑国正卿祭仲有个女儿嫁给了在郑国做大夫的雍纠,史称雍姬。她得知丈夫受郑厉公密令想要除掉祭仲,便问母亲说:"父与夫孰亲?"她母亲告诉她:"人尽夫也,父一而已,胡可比也!"雍姬便向祭仲告发了丈夫的阴谋。杨伯峻《春秋左传注》解释"人尽夫也"云:"意谓女子未出嫁时,人人皆可以为其丈夫。"此理解错了。雍姬明明已经出嫁,母亲的答语若只指"未出嫁时"言,对解决女儿当时的困惑又有何实际意义?"人尽夫也"显然是相对于"从一而终"说的,说明当时的社会上对女子尚未受"从一而终"的礼教束缚。父亲只有一个,死了就没有了;丈夫则不同,死了还可以再找。前选《齐侯送姜氏于灌·鲁侯与姜氏如齐》"问题探讨"栏"春秋时期齐国及其他地方民间婚俗中存在哪些母权制残余的推测"一段,对春秋时期女性在两性关系上的自由程度从多方面作了比较详细的介绍,可以参看。在当时,一女先后事二夫,甚至转嫁多夫,都是再平常不过的事。所以息妫三年未言,说明她难忘与前夫之情,她是属于感情专一型的女子,也是一个厌恶暴力、自尊自爱的女子,而决不是信奉"从一而终"信条的先行者。应该说,王维的《息夫人》对她的内心世界有着更多的理解。

6. 汪遵《息国》

家国兴亡身独存,玉容还受楚王恩。衔冤只合甘先死,何待花间不肯言。

按:仿佛是又一个杜牧。

7. 胡曾《息城》

息亡身入楚王家,回首春风一面花。感旧不言长掩泪,只应翻恨有容华。

按:恨的应是好色而无良的男人。

8. 罗隐《息夫人庙》

百雉摧残连野青,庙门犹见昔朝廷。一生虽抱楚王恨,千载终为息地灵。

虫网翠环终缥缈,风吹宝瑟助微冥。玉颜浑似羞来客,依旧无言照画屏。

9. 韦庄《庭前桃》

曾向桃源烂漫游,也同渔父泛仙舟。皆言洞里千株好,未胜庭前一树幽。

带露似垂湘女泪,无言如伴息妫愁。五陵公子饶春恨,莫引香风上酒楼。

按:以上九首为唐人诗,皆见《全唐诗》。

10. 王禹偁《咏商山海棠》

赠别难饶柳,忘忧肯让萱。轻轻飞燕舞,脉脉息妫言。

按:见《小畜集》。宋代结束了唐代诗人的息妫热,此诗也非专咏息妫,仅与飞燕同作借喻之衬托而已。

11. 徐照《题桃花夫人庙》

一树桃花发,桃花即是君。空祠临野水,何处觅行云。

事迹樵人说,炉香过客焚。雨添碑上藓,难读古诗文。

按:见《芳兰轩集》。作者为南宋"四灵"之一。以上为两首宋人诗。

12. 邓汉仪《题息夫人庙》

楚宫慵扫黛眉新,只自无言对暮春。千古艰难唯一死,伤心岂独息夫人。

按:见《过岭集》。邓汉仪,字孝威,康熙己未(1679)召试博学鸿词,曾官中书舍人。以年老,授官正字回籍。沈德潜编《国朝诗别裁集》(今称《清诗别裁集》),将此诗选入,诗后加按语云:"其用意处,须于言外领取。"沈德潜看出此诗在清初改朝换代的特定历史背景下,作者实别有所刺在诗外。近人邓之诚在1926年出版的《骨董琐记》卷七中说:"(清初)泰州邓孝威汉仪《题息夫人庙》云云,清初巨公曾仕明者,读之辄患心痛卒。见徐承烈《燕居琐语》。"即是一例。

《红楼梦》高鹗续书第一百二十回"甄士隐详说太虚情,贾雨村归结红楼梦"近结末处,写袭人几次想到死都没死成,最后还是嫁了个蒋玉函,并且"始信姻缘前定",蒋玉函对她也"越发温柔体贴,弄得个袭人真无死所了"。高鹗也适时引用了邓汉仪的后两句诗,并小发议论。三家评本《红楼梦》太平闲人夹评更以此断定宝钗也必将再嫁人。

13. 袁枚《息夫人庙》

一望蘼芜满庙青,溪风到此似吞声。桃花结子原无语,鹦鹉移笼尚有情。

千载香烟谁供奉? 三年涕泪妾分明。神巫解得夫人意,箫鼓还须哑乐迎。

按:见《小仓山房诗文集·诗集》卷三十,诗后自注:"'哑东',见《宋史》。"

14. 史承谦《一萼红·桃花夫人庙》

楚江边,旧苔痕玉座,灵迹自何年? 香冷虚坛,尘生宝屦,千秋难释烦冤。

指芳丛、飘残清泪,为一生、颜色误婵娟。恩怨前朝,兴亡闲梦,回首凄然。

似此伤心能几？叹诗人，一例轻薄流传。雨飒云昏，无言有恨，凭栏鼓罢神弦。更休题、章台何处，伴湘波、花木暗啼鹃。惆怅明珰翠羽，断础荒烟。

按：见《小眠斋词》。史承谦，字位存，清乾隆年间人。与弟承豫并擅词名，号宜兴二史。皆淡泊功名，止于诸生（俗称秀才）而已。因其未入官场，观念较近于民间。对前人咏息夫人诗以"叹诗人，一例轻薄流传"表示委婉的不满。陈廷焯《白雨斋词话》卷四对这首词的评语是："清虚骚雅，用意忠厚。'至竟息亡缘底事？可怜金谷坠楼人'，形其轻薄耳。"评得也颇得体。以上三首为清代诗词。

（三）白敏中《息夫人不言赋》

有一人兮甚美，事二夫兮深耻。不咄咄以怨人，常默默而伤己。何窈窕兮若彼，而寂寞兮如此。舌虽在而口不言，身未亡而心已死。殆其丧主失身，去故从新。初为息侯之妇，今为楚国之嫔。标二八之佳丽，冠三千之等伦。岂君恩之不至，顾我恨之有因。触类无言，似峡口为云之女；含情不语，如山头化石之人。守而不改，邈矣而心有所在；行之实难，确乎而性有所安。指逝波于旧宠，比浮云于新欢。得不仡蕙思于心曲，秘玉声于舌端。于是语笑，已而得意。其处喧哗而不乱，挺节操以自持。翠羽常低，多值敛眉之日；瓠犀难见，少逢启齿之时。然则动宜三省，情顺九思。似慎枢机，暗合吉人之象；类含锋刃，潜符《静女》之诗。嗟夫！秦家之女兮，在德何有；贾氏之妻兮，其言亦苟。谁令喋喋，驻五马而诮使君之愚；焉用嘻嘻，获一雉而忘大夫之丑。彼则尔，此则否。外结舌而内结肠，先箝心而后箝口。既而载离生育，几变寒暄。想蘼芜之不见，厌薏苡之空繁。势异丝萝，徒新婚而非偶；华如桃李，虽结子而无言。及夫云梦春游，章华夜侍。永忘一顾之念，难夺三缄之志。起居有节，唯闻佩玉之声；应对无时，不吐如兰之气。君王于是崇其意，重其义。命女史以书之，为楚宫之故事。

按：见《文苑英华》，亦见《全唐文》。白敏中（792—863），字用晦，白居易之从父弟。全赋以"此人不言，其志安在"八字为韵。

（四）桃花夫人庙联

梁羽生《名联谈趣》第五百四十题说：

桃花夫人也是一位古代的名女人，她倒是有史可稽的，即春秋时息侯之夫人也。……不论其死因为何，其为命薄则一。或云因其如桃花命薄，故得

名;或谓桃李无言而名;亦有谓因其庙在汉阳城北桃花洞上得名。庙有联云:

> 是天台古洞烟霞,瞻念旧游,蓬山此去无多路;

> 问当日楚宫心事,凄凉故国,鹦鹉前头不敢言。

作者江湘岚,生平不详。此联情、辞俱佳,堪称息夫人后世知己。下比结句采用前人诗句,又系切眼前景色的,盖桃花夫人祠面对鹦鹉山也。

又有联云:

> 列女传从刘向定,

> 夫人心只息侯知。

此联见《楹联丛话》卷一,立论是从刘向之说的。但以能入《列女传》方为可贵,则迂矣。论文采,亦不及江作。

(五) 清人吴骞调和《左传》与《列女传》之说

吴骞《拜经堂诗话》卷二说:

> 刘向《列女传》云云(略)。则息夫人初未尝失节,乌有所谓生子而未言者? 中垒(指刘向)父子皆明《左氏》,纂颂此书,独不取其说,当必有据。予疑楚王当日或因夫人不从而死,别取夫人娣侄之媵息者充之,亦号之曰息夫人(自注:是生堵敖及成王者),则不可知。正如蜀之有两花蕊夫人也。

按:吴骞不辨《左传》之记录史实与《列女传》之改编故事,忽发奇想,臆造出了真假两个息夫人,真息夫人如刘向之意未曾失节而殉国殉情,以媵妾作替身的假息夫人则为楚文王生了堵敖和成王,两下里摆平,构思不可谓不奇特。但他仍然不能解释息妫三年"未言"的问题,自问道:"息妫既为楚王生二子,衽席之间,已非一日,安得未言?"无法作答。在他冬烘的脑袋里,女子只有两种:要就是守节而死,要就是失身顺从。于是,他设计了一个守节而死的真息夫人,又设计了一个失身顺的替身息夫人。他一辈子也不可能像王维那样去理解和同情一个被暴力抢婚的弱女子交织着自尊与屈辱、旧爱与新恨、不愿接受而无可抗拒的无奈心态。

(六) 周作人谈息夫人"装哑巴"

周作人《哑巴礼赞》说:

> 哑巴的嘴既没有残,也没有废,只是不说话罢了。……语云,"病从口入,祸从口出"。说话不但于人无益,反而有害。一说话,话中即含有臧否,即是危险。……常人以能言为能,但亦有装哑巴而得名者,并且上下古今这样的

人并不很多,即此可见哑巴之难能可贵了。第一个便是那鼎鼎大名的息夫人。她以倾国倾城的容貌,做了两任王后,她替楚王生了两个儿子,可是没有对楚王说一句话。喜欢和死了的古代美人吊膀子的中国文人于是大做特做其诗,有的说她好,有的说她坏。各自发挥他们的臭美,然而息夫人的名气也就因此大起来了。……

按:"吊膀子"为上海市井俗语,据胡祖德《沪谚外编》,"吊膀子"意为"男女相悦,眉目传情,以相挑逗之谓"。又,息夫人并未做"二任王后"。息国只是侯爵,息侯之妻只是夫人,不是王后。

【文化史拓展】

1. 息国故城遗址

息国故城遗址在今河南省信阳市息县西南约五公里处,座落于淮河故道北岸。公元前 680 年楚灭息后,初置为县;其后当地居民逐渐东徙,形成新的聚居点。汉代在此设新息县,属汝南郡;原来的息国故地就被称为故息城,至明清时又改称古息里。北魏郦道元《水经注·淮水》:"淮水东经故息城南,……(又)经新息县故城南。应劭曰:'息后徙东,故加"新"也。'……光武十九年,封马援为侯国。"淮水自西流向东,先经故息城南,后经新息县之故城南。叙述很有层次。

息国故城遗址 1963 年被公布为河南省首批文物保护单位。今息县西南城郊乡徐庄村张庄自然村青龙寺,立有"河南省重点文物保护单位——息国故城"碑。

关于息国的历史,有文献依据的仅知是西周所封姬姓之国。1989 年河南人民出版社出版、息县县志编纂委员会编(主编戴金瑛)的《息县志》中说,息县自公元前1122 年周武王分封赐土,文王第三十七子羽达建息国至今,已历三千多年。其中"文王第三十七子羽达建息国"的说法,没有更古老的典籍文献的支持。即使是顺治《息县志》、嘉庆《息县志》、光绪《续修息县志》也未提及。清代的《息县志》只说"息之始建不可考","息,姬姓,侯爵,未详始封所自出。"不知新《息县志》所说有何根据。

息国故城大部分城墙已圮毁,仅北城墙有三十公尺左右(宽二十五公尺、高十公尺以上)尚存。城垣基础尚依稀可辨,据测,东西长 846 米,南北宽 420 米,墙基宽 30 米,周长 2532 米,故城面积约 35.5 万平方米。

1986 年,考古工作者在息国故城北部发现一座春秋战国时期的墓地,发掘出一批青铜器与陶器。息国故城西约二公里的淮河东岸,有一底面积约 300 平方米、高约 5 米的土冢,俗传为春秋息侯之墓,但尚未得到考古证实。

2.《息夫人辨证》碑

1986 年 4 月,息县县委招待所厨房宅基内出土了一方清同治十年(1871)的《息夫人辨证》碑,碑文为时任知县张佩训所撰写。碑高 1.46 米,宽 0.56 米,厚 0.1 米。现存于息县谯楼(始建于元代)二楼平台上。碑上刻"息夫人辨证"五篆书大字,下刻碑文。碑文如下:

> 《列女传》曰(略)。曩读《左氏传》至息夫人不言事,窃谓一女子能于国破家亡后,不惜身名,藉手以覆宗社之仇,其遇可哀,其志可悯。虽欠一死,要胜于华歆、成济辈远矣①。今春捧檄赴息县,道汝阳,于书肆购《列女传》一帙。灯下读之,未终卷,见息国夫人殉节一篇与《左氏传》互异。刘更生述叙时代、名字②,每多歧出。然其生平校书天禄③,上下千古,传闻异词,亦有所受之,非尽无据而云然也。善善从长,余于是不信左氏而信刘氏。夫《列女传》非僻书也,今独于适息时览及此篇④,安知非夫人之灵默牖余衷⑤,欲于千载下,大白其诬于桑梓之乡⑥,不令殉国者含冤,改节者借口,而后忠魂烈魄乃含笑于九泉乎? 爰勒《列女传》息国夫人一篇于右,而志其颠末如此。呜乎! 礼义廉耻,国之四维。古人所谓"饿死事小,失节事大"者⑦,余于是益有味乎其言之。《左氏传》固不敢谓其诬,然存是说也,于世道人心亦不无小补云。

【注释】

① 华歆:东汉末任尚书郎、太守。后效力于曹操,历任尚书、侍中、尚书令。魏文帝废汉帝自立时,歆登坛主持"受禅"仪式,先后任魏相国、司徒。成济:三国魏时官太子舍人,后为司马昭之党羽贾充所用。受充指使,刺死魏主高贵乡公曹髦。司马昭为欺骗世人撇清自己保护贾充,诿罪于成济,以"军法"杀之。

② 刘更生:刘向初名更生,后改名向,字子初。

③ 天禄:指汉代宫廷藏书署天禄阁。刘向、刘歆父子曾在阁中校雠图书,写成定本。

④ 适息:前往(来到)息国。

⑤ 默牖(yǒu):暗中引导。牖本义为窗,通借为"诱"。

⑥ 桑梓:古代多于家宅旁栽桑、梓,故用以指代家乡。桑,用于养蚕;梓,常用以制作家具器物。

⑦ 饿死事小,失节事大:北宋道学家程颐《遗书》卷二十二下:"饿死事极小,失节事极大。"

按:张佩训在《辨证》中一方面说"《左氏传》固不敢谓其诬",因为《春秋左氏传》是儒家的经书，唐代的九经、十二经，宋代的十三经，都少不了它，所以张佩训是"不敢谓其诬"的；但另一方面又说"余于是不信左氏而信刘氏"，他不知道刘向的时代列为五经的是《春秋公羊传》，《左氏传》还没有列为经书，还没有到神圣不可侵犯的地步，所以刘向才能违背其史实而自己加以戏说，达到宣扬春秋时还没有成型而汉代已提出的妇女要从一而终的贞节观念的目的。张佩训作为息县的地方官，自然也要宣扬定于一尊的伦理纲常；特别息夫人是个历史名人，刘向已经为她立传，张佩训借着为她树碑，自己也可捎带着留名于后代。殊不知时代是发展的，历史又是难以篡改的，张佩训在信左氏还是信刘氏这道选择题上交了一份错误的答卷。从他那个时代来说，是对儒家经书的大不敬，从今天的观点来看，他也显示了自己历史知识的匮乏。

3. 信阳市豫剧团推出大型历史剧《桃花夫人》

2008年，河南信阳市豫剧团编排了大型历史剧《息夫人》，后改名《桃花夫人》，剧本经八次修改，剧目历经四个月封闭排练，对息夫人的形象进行了一定的艺术加工，既采用了《左传》"三年未言"的情节，又赋予了《左传》未提及的自尽的结局。戏剧人物不同于历史人物，这当然是可以的，小说中、戏剧舞台上的曹操，不同于历史上真实的曹操。息夫人也是一样。据说，豫剧《桃花夫人》生动表现了息夫人对国家、对子民、对亲人的至诚大爱，成功地塑造了息夫人含恨忍辱、黯然抗争的不屈形象，剧情跌宕起伏，演员表演到位，舞美、音乐均佳。从而获得了河南省戏曲大赛"文华"奖，并获音乐创新奖、舞美奖，演员分获一、二、三等奖。该剧由雷桂华编剧，李利宏、张延林导演，息夫人由何雪林担纲主演。

4. 与息县有关的名人

东汉初年的名将伏波将军马援，曾因屡立战功被封为新息侯（汉代设置新息县），食邑三千户。他受封后对部下说："我的从弟曾劝我'士生一世，只要衣食才足，做个郡中小吏，守祖先坟茔，乡里称赞你是善人，就可以了，致求盈余，只自苦罢了。'想我在浪泊、西里间，虏未灭之时，下潦上雾，毒气重蒸，仰视飞鸢跕跕堕水中，卧念从弟平生之语，何可得也！今赖诸君之力，被蒙大恩，且喜且惭。"他就是说出"丈夫为志，穷当益坚，老当益壮"，"凡殖货财产，贵其能施赈也，否则守钱虏耳"，"男儿要当死于边野，以马革裹尸还葬耳，何能卧床上在儿女子手中邪"等豪言壮语的人。马援病死于军中，生前曾得罪驸马梁松，松因其死而谮陷之。光武帝怒，追收马援之新息侯印、绶。汉章帝时，使五官中郎将持节追策，谥马援忠成侯（据《后汉书·马援传》）。

据《息县志》，北宋时，苏轼曾来过息县，称古息城东之濮公山为"东南第一峰"。离别后作《过淮》一诗云："朝离新息县，初乳一水碧。暮宿淮南村，已度千山赤。"

又据《息县志》，1969年前后，中科院哲学社会科学院、对外文委、对外经委、外贸部、物资部、铁道部、全国总工会等中央机关单位先后在息县举办五七干校，来过的当代文学家、学者有钱钟书、杨绛、俞平伯、沈从文、胡绳、何其芳、吕叔湘，经济学家有孙冶方、骆耕漠、顾准、吴敬琏、林里夫等。其中俞平伯有《息县杂咏》等诗词，杨绛有《干校六纪》等散文，顾准留下一二十万字的《息县日记》。初来时，钱钟书夫妇分居两地，钱在一个村看管工具，杨绛在另一村看管菜园，不得相见。后钱钟书得到一份前往邮电所取信件、报纸、邮包的工作，路过杨所在的村，夫妻俩才得以经常菜园相会。2005年，顾准的学生吴敬琏曾带领"五七干校访问团"重访息县。

【问题探讨】

1. 从西周到战国女子贞节观念的形成和实际

童书业《春秋左传研究》（上海人民出版社1980年版）第377页引息妫言"吾一妇人而事二夫，纵弗能死，其又奚言"，说："此种'一妇不事二夫'之观念，起于春秋、战国间个体家长制逐渐形成之时，而其前所未有者（即有，亦只是微弱之萌芽状态，观《左传》他文所记贵族男女关系可知。《论语》一书亦无夫妻间道德之讲述，而郑、卫之诗孔门且肄习之，均是佐证）。盖《左氏》作者误采战国时之野语入之传中也。"童氏前面所说，是可以同意的，但最后做的结论，把息妫之语定为《左传》作者误采战国时之野语，则不免有点草率。

春秋时期在两性关系上的确尚未见有以贞操节烈观念强制规范女性行为的，即使孔子之儿媳，也有再嫁之行。《礼记·檀弓上》："子思之母死于卫。"郑玄注："子思，孔子孙，伯鱼之子。伯鱼卒，其妻嫁于卫。"伯鱼即鲤，孔子之子，而先于孔子卒。故知其妻之再嫁在春秋末，而且她是在有子（子思）的情况下再嫁的。相比于孔鲤的祖母征在，有子而守节不嫁，是有所不同的。事实上西周以来，对妇女的"贞"已经有了比较明晰的要求，也应是不争的事实，只是还没有形成不近人情的礼教枷锁而已。《周易》的卦辞、爻辞西周时就有了，这是大多数易学研究者的共识。且举几例：

1.《观卦》六二爻辞："阒观，利女贞。"

阒观，就是窥视。外面的世界很精彩，原来母系制下的女子是非常自由的，爱到哪儿到哪儿,爱看什么看什么;但父权制下的女子,只能躲在家里偷偷向外张望了。这样做,才有利于女子守持贞正。

2.《家人》卦辞:"家人,利女贞。"

《家人》卦的要旨是讲父权制下的家庭"各自修一家之道"的,特别是女子,应该是"不能知家外他人之事"的,这也有利于女子持守贞正(据王弼注)。

3.《恒卦》六五爻辞:"恒,其德贞,妇人吉;夫子凶。"

后起的《象》传解释爻辞说:"妇人贞吉,从一而终也;夫子制义,从妇凶也。"孔颖达《正义》则说:"不能旁及他人,是恒常贞一其德。……用心专贞,从唱而已,是妇人之吉。""夫子凶者,夫子须制断事宜,不可专贞从唱。""从一而终"的提法,应该是起于战国时的,《礼记·郊特牲》就说:"一与之齐,终身不改,故夫死不嫁。……妇人,从人者也,幼从父兄,嫁从夫,夫死从子。"这种男权制下的"妇道",其根源就是西周已有的概念"贞"。

4.《渐卦》卦辞:"女归,吉,利贞。"

归就是出嫁。在母系制下,女子是不出嫁的,根本没有"贞"的概念。在父权制建立以后,婚俗仍滞后一段时间,女子出嫁前有性自由,有的出嫁后还有一段"不落夫家"的自由时期。但总的说,父权制确立后,女子在出嫁后就要受"贞"约束了。孔颖达《正义》说:"女归……得礼之正,故利贞也。"

5.《姤卦》卦辞:"女壮,勿用取女。"

勿用,即不宜;取,同娶。"女壮"指什么呢?原来每一卦都有六爻,而"姤"卦六爻中除一个阴爻外,其余五个都是阳爻,阳阴用于人事就是男女,所以孔颖达《正义》说:"姤,遇也。此卦……一女而遇五男,淫壮至甚。故戒之曰:'此女壮甚,勿用取此女也。'"壮女指不贞之女而言。

6.《渐卦》九三爻辞:"夫征不复,妇孕不育,凶。"

丈夫出征不回家,妇人却怀孕了。王弼注:"非夫而孕,故不育也。"不育,不能生育,与今日之"人流"意同,因而是"凶之道也"。非夫而孕,肯定不是贞女了,《周易》占其为凶。

从以上几例卦爻辞可看出,西周占卦每以女贞为吉、女淫为凶,体现出男权制社会对女性操行评价的基本取向。春秋时虽然尚存在不少母系制婚俗残余,但不能因此排除息妫在受到暴力抢婚凌辱下会产生以一妇事二夫为耻的思想情感。用童书业自己的话说,把这个事件当作春秋、战国之际方彰显的"一女不事二夫"的礼教信条在春秋早期已出现的萌芽来看,又有什么不可以的,何必要论定息妫之语为《左传》作者误采战国时之野语呢！

何况，女子之贞，未必只是一种男权社会强制灌输的信条，未必只是长期受礼教毒害、禁锢的结果。真正的坚贞，完全可以从深挚的爱情中自然而然孕育出来。《列女传》编写息君夫人故事虽然偏离了真实历史，但是刘向用爱情来改变息妫的人生结局，却是能自圆其说的（虽然只是"戏说"）。可以说，只有真正的爱情，才能产生真正的坚贞。春秋时代不乏歌颂坚贞爱情的诗篇，出现息夫人这样在强大的暴力面前显得无助，在命运的播弄之下显得无奈，却以"纵弗能死，其又奚言"的三年冷对，表示内心的情有所属、恨有所指，是并不奇怪的。刘向摘取《王风·大车》末章四句安在息妫名下，大概是他诗才不济，写不出比这四句诗更能表达坚贞爱情的作品了。这四句诗前文已录，这里不再重复。《大车》还只是生离，我们不妨再看一首死别的。《唐风·葛生》：

葛生蒙楚，	葛藤儿缠满了紫荆树直往上攀，
蔹蔓于野。	蔹草遍地蔓生旷野间。
予美亡此，	我的夫君不幸离开人世，
谁与？独处！	还有谁来陪伴我？只有独守空房好孤单！
葛生蒙棘，	葛藤儿缠满枣树上，
蔹蔓于域。	蔹草蔓生在坟场。
予美亡此，	我的夫君不幸离开人世，
谁与？独息！	还有谁来陪伴我？只有独睡空房受凄凉！
角枕粲兮，	床头犀角枕头光润又晶莹，
锦衾烂兮。	床上锦缎被褥斑烂一半冷。
予美亡此，	我的夫君不幸离开人世，
谁与？独旦！	还有谁来陪伴我？只有独宿空床到天明！
夏之日，	炎炎夏天白昼太长讨人嫌，
冬之夜。	凛凛寒冬长夜漫漫难成眠。
百岁之后，	但愿百年之后我逝去，
归于其居。	同君相见在黄泉。

冬之夜，	凛凛寒冬长夜漫漫难成眠，
夏之日。	炎炎夏天白昼太长讨人嫌。
百岁之后，	但愿百年之后我逝去，
归于其室。	到君坟墓见君面。

（用汪贤度译文，见上海古籍出版社《情诗三百首》，1990年版）

这首诗被称为悼亡诗之祖。《大车》和《葛生》写的都是女性对爱情的坚贞。

都说《郑风》淫，《郑风》确有"邂逅相遇，适我愿矣"（《野有蔓草》）的轻率，有"子不我思，岂无他人"（《褰裳》）的随意；但也自有"出其东门，有女如云。虽则如云，匪我思存"（《出其东门》）这样专注的爱情。都说《卫风》（包括《邶风》《鄘风》）乃"桑间濮上"的亡国之音，的确，从"中篝之言，不可道也"（《鄘风·墙有茨》）的宫廷秽闻，到"及尔同死"变成"不我屑以"（《邶风·谷风》）、"信誓旦旦"变成"士贰其行"（《卫风·氓》）的平民离弃和背叛，说明爱情并不都是美好的；但也自有"投我以木桃，报之以琼瑶；匪报也，永以为好也"（《卫风·木瓜》）的真挚定情，"自伯之东，首如飞蓬；岂无膏沐，谁适为容"（《卫风·伯兮》）的专一思念，"之死矢靡它！母也天只，不谅人只"（《鄘风·柏舟》）的誓死抗命，又都显示出了爱情的坚贞。

春秋时代有这些歌颂坚贞爱情的诗歌，不是可以远比礼教信条的强制灌输更有效地熏陶出真正的"贞女"吗？有一个对被迫事二夫极不心甘情愿且怀有怨意、恨意、敌意的息妫，就一定要把她挂到战国时野言的份下吗？

事实上，战国时儒家虽然宣扬贞节，但民间风俗之化，并非一日之功。《礼记·丧服四制》所谓"礼以治之，义以正之，孝子、弟（悌）弟、贞妇皆可得而察焉"，但以礼治民，以义正民，乱世之间，谈何容易。如曾为魏公子信陵君门客的张耳，"尝亡命游外黄。外黄富人女甚美，庸奴其夫（视其夫若庸奴）"，她对婚姻不满。她父亲有一个宾客劝她说："必欲求贤夫，从张耳。"她于是与前夫决绝，嫁给了张耳。（《汉书·张耳传》）这就是战国时一女事二夫的实际。至于上层贵族的淫乱，战国时也并不逊于春秋时。只举一例可见一斑了：吕不韦出于政治投机之目的，把自己的小妾赵姬嫁给秦孝文王和华阳夫人的儿子子异（又名子楚）为妻，后来成了秦始皇的母后，却不耐守寡，与吕不韦私通之余，又包养了个情夫嫪毐。这种行为，不是离贞操节烈有十万八千里吗？

2. 从秦到清女子贞节观念的发展和实际

秦始在婚姻和两性关系方面用律，如《秦律》有"女子去夫亡"，而另与他男"相夫妻"，即"黥为城旦"之条（黥即墨刑，在面部或额上刺刻后涂墨以彰其罪之刑；城旦,即城旦舂,男强制筑城四年、女强迫执行舂米之刑),有"同母异父兄妹相奸,弃市"之条(弃市,处死而暴尸于闹市之刑),等等,均见《云梦秦简释文》(载《文物》1976年第8期)。若同父异母兄妹相奸也随例,则齐襄公、文姜之流在秦始皇手里就惨了。秦亡之速,与秦律甚苛不无关系。秦始皇也对树贞女、惩淫俗做过一些宣传,如他在公元前210年出巡会稽时所立的刻石有"饰省宣义,有子而嫁,倍死不贞(倍通背,背叛死去的丈夫不能从一而终为不贞)。防隔内外,禁止淫佚,男女絜诚。夫为寄豭(豭,公猪;寄豭,喻来自别家的奸夫),杀之无罪,男秉义程。妻为逃嫁,子不得母(不得以其为母),咸化廉清。"秦始皇还树了中国第一块"贞节牌坊",《史记·货殖列传》说:"巴寡妇清,其先得丹穴,而擅其利数世,家亦不訾。清,寡妇也,能守其业,用财自卫,不见侵犯。始皇帝以为贞妇而客之,为筑女怀清台。"从立《会稽刻石》禁止淫佚、谴责不贞和筑"女怀清台"宣扬贞妇来看,似乎秦始皇对妇女的贞节真的是竭诚提倡和大力表彰的了。不过再联系到他把六国诸侯的美人一个个掳掠来供自己淫乐,并没有要她们全贞守节,又好像远不是那么回事儿。你做皇帝的可着劲儿坏人贞操,你再刻石立碑,再树贞节牌坊,再用苛法酷刑逼人做贞女、节女、烈女,效果大抵也是不会好的。我们可以用汉初丞相陈平的婚事为例来说起。陈平生年于史无考,但从他是在秦始皇死后、秦二世的元年投入反秦斗争的经历看,他应该至少在秦始皇统治下生活过二十五年左右。《汉书·陈平传》写他家贫,穷到"以席为门",到了该结婚的年龄也娶不到老婆,颇耽误了几年,这才被富人张负看中,把他的先后出嫁过五次,嫁一个、丈夫就死一个的孙女儿给陈平做了媳妇。对这个一女已事五夫的女子,别的男人都已不敢娶了,都怕她再克夫,陈平却不忌讳。反正自己穷得叮当响,有钱人家的女儿没一个愿嫁他,一样穷的姑娘他还不要,就要下了已经第六次结婚却嫁资颇丰的张负孙女。这件婚事,发生在他参加反秦斗争即秦二世元年以前,正是在秦始皇统治期间。可见你再软的硬的一齐来,大力提倡女子要贞,要从一而终、不事二夫,民间还是有一妇事六夫的事发生。

从汉至唐,尽管儒家礼教受到统治者推崇,但社会舆论对女子再嫁还是比较宽容的,真正的贞女、守节女、烈女并不很多。西汉时期,后妃或后妃之母辈再嫁的也不少,如汉文帝母薄姬,楚汉相争时曾先嫁魏王豹。后来魏王豹败于汉王,薄姬被虏,输入织室,汉王见而诏纳后宫,一幸而孕,生文帝刘恒。汉高祖死后,文帝即位,薄姬被尊为皇太后。她之事刘邦,也已经是第二个丈夫了。也许正是有着这层关系,汉文帝在遗诏中特别提到:"归夫人以下至少使。"(《史记·文帝本纪》)

《集解》引应劭曰:"夫人以下有美人、良人、八子、七子、长使、少使,凡七辈,皆遣归家。"这些后宫女子就可以不用守寡,自由再嫁了。这是非常人性化的一个遗嘱。

汉武帝之母为景帝王皇后,王皇后之母名臧儿,先嫁王仲,生王皇后;夫死,又嫁田氏。王皇后在先已嫁过一次,并生有一女。后其母臧儿把她从夫家夺回,送进太子刘启宫中,得到太子幸爱。汉文帝去世,太子刘启即位,是为景帝。就在这一年,尚未立为皇后的王夫人生下一男,即是后来的汉武帝。她与前夫生的女儿一直在民间,并且隐讳着。谁知汉武帝即位后,有人把他还有个同母异父姊姊的事告诉了他,汉武帝说:"为什么不早说?"立即备好车驾亲自前去迎接,吓得姊姊不知出了什么事,逃到外面躲了起来。后来才知天上掉下馅饼了,何止是馅饼,而是"钱千万,奴婢三百人,公田百顷,甲第","汤沐邑"。此时已为太后的景帝王皇后与前夫之女久别重逢,一个垂涕,一个悲泣。景帝王皇后比汉景帝晚死十五年,得以再嫁之身与汉景帝合葬于阳陵。可见,汉武帝虽然独尊儒术,支持礼教,但对再婚"不贞"的生母十分宽容,绝无一丝有失孝敬;对一母所生、流落民间的异父姊姊也毫不歧视,亲如一家,多加尊荣。武帝陈皇后阿娇是文帝所生长公主嫖的女儿,长公主之夫陈午先卒,不耐寡居,虽未再嫁,却与董偃私通。武帝后娶的卫皇后子夫,出身武帝大姊平阳公主家的歌女。卫皇后之弟卫青,击匈奴有大功,一时尊贵无比。平阳公主之夫曹寿此时得恶疾,已与公主分居两地,公主就向卫子夫吹风,表示对卫青有兴趣。卫子夫念公主故恩,就在汉武帝面前力促此事,武帝下诏,要大将军卫青"尚"平阳公主。平阳公主有名无实的丈夫还在,卫青又是三个儿子的爸爸,史书也没说他妻亡或离婚,然而皇帝圣旨一下,再离谱不合礼教的婚事也得照办。

汉宣帝的外祖母从夫姓王,名字很怪,叫作妄人。年十四,嫁王更得;更得死,又嫁王乃始。产二子及女翁须,翁须即宣帝之母,出身也是歌舞女。宣帝皇后许平君,年十四五已许嫁欧侯氏子,未完婚而欧侯氏子死,才嫁给了当时还微在民间的"皇曾孙"刘询,即后来的汉宣帝。许平君的行为够不上称"事二夫",但古节烈之女也是不齿而不为的。如《明史·列女传》记陈氏女,已许嫁杨瑄,未婚而瑄卒。"女请死,父母不许;欲往哭,又不许。私剪发,……以金书生年月日……裹其发,置瑄怀以葬。女遂素服以居。亡何,父母谋改聘,女缢死。"要知道陈、杨二人素昧生平,并未经历过轰轰烈烈的生死之恋。只因双方父母作主,有了一纸婚约,便以身殉未婚且未曾谋面之"夫",受礼教从一而终之毒害也太甚了。而在汉代,一女事二夫以上则极为普遍。

汉元帝傅昭仪,是哀帝的祖母,她也是母亲再嫁所生的。汉元帝还亲自作伐,令刚死了妻子的安阳侯薛宣"尚"寡居的敬武长公主。薛宣死后,长公主还与薛宣前妻所生之子薛况通奸。时王莽自尊为安汉公,长公主非但不附从他,还出言非议。王莽为消灭异己,便"发扬其罪",伪造太皇太后诏命,赐长公主毒药逼令自尽,又将薛况枭首于市。

但这并不代表王莽很尊儒重礼。汉平帝即位时才九岁,王莽把十岁的女儿送进宫当了皇后。平帝立五年即夭折,年方十五的皇后成了寡妇。王莽深知篡位要一步一步来,便从汉宣帝玄孙一辈二十三人中挑了个最幼小、年仅二岁的刘婴嗣位,当时号称孺子,由王莽摄政践祚。三年以后,王莽便撇开孺子,自立为帝,改国号为新了。当上皇帝,他想起自己的女儿汉平帝皇后来了。她才十八岁,花样年华,寡居已经三年,王莽觉得有点对不起她,便有意让她改嫁。谁知汉代后宫唯一的贞节之女竟出在了被班固评为"不仁而有佞邪之材","肆其奸慝,以成篡盗之祸","窃位南面,处非所据","滔天虐民,穷凶极恶"的王莽家中。《汉书·外戚传下》云:"太后(指莽女)时年十八矣,为人婉瘱有节操。自刘氏废,常称疾不朝会。莽敬惮伤哀,欲嫁之……后大怒……因发病,不肯起,莽遂不复强也。及汉兵诛莽,燔烧未央宫,后曰:'何面目以见汉家!'自投火中而死。"《汉书》所记贞女烈女仅此一人。

宫中如此,民间女不能从一而终者必更多,只是史书不载而已。凡有所记者,如文君新寡,即为《凤求凰》所诱而私奔司马相如;朱买臣时运未转时,其妻求离而改嫁,皆为后世所熟知。

《后汉书》首创《列女传》,所收皆女中翘楚。或以孝,或以贤,或以义,或以才,不尽为贞、节、烈之女。如蔡文姬处于乱世,三次嫁人,因其才艺出众,也得以入传。全传收二十一人,贞女、烈女仅五人。而光武帝想为新寡之姊阳湖公主择夫婿,用"贵易交、富易妻,人情乎"试探公主心仪的宋弘,而宋弘以"臣闻贫贱之知不可忘,糟糠之妻不下堂"回应的故事,是历来屡被引用的(见《后汉书·宋弘传》)。足见东汉第一个皇帝并不信奉女子必须"从一而终"的礼教,也反衬出宋弘在夫妻关系上有着可敬的操守。当然,在制度允许纳妾的背景下,具有这样的操守相对于"贞女"来说要容易得多。

《晋书·列女传》收了钟琰,是因为她"明鉴远识"。严宪十三岁嫁杜有道,十八岁即寡居,又为傅玄求作继室。收之入传,是因她有"知人之鉴",并不因曾事二夫而废之。李逻母宋女,是因为她学问好,能继承父亲的家学,成为当时稀有的

《周官》音义专家。苏若兰则因织锦为回文诗凡八百四十字,有才。而荀灌编入传中,是因她年少能突重围求援兵救父,孝而义勇。全传收近四十人,贞节烈女才得十六位。据《晋书·后妃传下》,简文帝之母郑阿春,也是二婚才嫁给晋元帝的。生号仅为夫人;母以子贵,死后方由孙子孝武帝追尊为简文太后。晋元帝娶阿春在他即位之初,并先知她是寡妇。可见晋代以皇帝之尊,并不嫌弃再嫁之妇。

《隋书·列女传》所收诸女,称得上贞节烈女的,也不足二之一。其中隋文帝第五女兰陵公主,初嫁王奉孝,王早卒;再适柳述,夫妻情爱弥笃。炀帝即位后,因早先曾与柳述有衅,寻隙把柳述流放到岭南,并欲改嫁公主。公主坚决不从,最终因气愤郁结而死。临终上表说:"昔共姜自誓,著美于前;息妫不言,传芳往诰。妾虽负罪,窃慕古人,生既不得从夫,死乞葬于柳氏。"炀帝大怒,不从其愿,把她草草葬于洪渎川了事。兰陵公主的婚姻历程与其他的贞女烈女不同,她也曾"事二夫",但她与第一个丈夫大约并没有什么感情,所以她守寡后不拒绝再婚。但她与柳述就不同了,看来是"先结婚后谈恋爱"那种类型,是爱情锻就了她的坚贞。她在上表中把共姜与息妫并提。共姜见于《毛诗序》,似乎只是个传说人物,史书上未提其人。前面我们引了《鄘风·柏舟》"之死矢靡它,母也天只,不谅人只",《诗序》说:"共姜自誓也。卫世子共伯蚤死,其妻守义。父母欲夺而嫁之,誓而弗许,故作是诗以绝之。"兰陵公主用共姜来比自己对炀帝逼嫁的誓死抗拒。她又提到了息妫,也是把息妫曾事二夫并不影响其为贞女来自况。从兰陵公主的至死不屈来看,是比息妫的"不言"更接近于"贞"女的。而息妫也终于在一千二三百年以后遇到了一个真正的知己。因为在先的刘向把她说得再好,也只是一种编造,并不是对真实的息妫有什么理解和肯定。

《旧唐书·列女传》记下了三十来个女子的事迹,其中贞节烈女大约十来个。以大唐起迄二百九十年计,大约十年出那么一个。怪不得《传》序说道:"前代志贞妇烈女,盖喜其能以礼自防。至若失身贼庭,不污非义,临白刃而慷慨,誓丹衷而激发。粉身不顾,视死如归,虽在壮夫,恐难守节,窈窕之操,不其贤乎!"到最后笔锋一转,叹道:"末代风靡,贞行寂寥。聊播椒兰,以贻闺壸。彤管之职,幸无忽焉。"把"贞行寂寥"归咎于"彤管"(女史之笔)失职。其实,这正是唐代社会文化包容性大,比较开放的表现。唐代在两性问题上社会宽容度相对要高一些,女性受到的人性化待遇也相对要多一些,因而受礼教的束缚和压迫相对来说就要少一些。这与统治阶级不重视也并不提倡女子之贞操节烈有关。朱熹干脆说:"唐源流出于夷狄,故闺门失礼之事不以为异。"(《朱子语类》卷一百三十六《历代类三》)

试看高宗、中宗、玄宗祖孙三代的后宫：武则天十四岁为唐太宗才人，因其美貌动人赐号武媚，高宗李治在做太子时已经暗恋上她。太宗去世后，武则天去感业寺当尼姑。一年后，唐高宗到感业寺去看到了她，她潸然泪下。于是唐高宗召她回宫，拜为昭仪。凭着她的机敏、机遇、机心、机谋、权术以及政治才干，一步一步从宸妃、皇后、天后、与皇帝并称二圣、皇太后直到废儿皇帝自立为帝。而在她寡居以后，史书留名的面首从冯小宝（薛怀义）、沈南璆到张易之、张昌宗，以及史书无闻的，就不知有多少了。极想效法武则天的中宗韦后，虽然只嫁过一个丈夫，可是丈夫还在，她就和武三思搞起了婚外奸恋。武三思被太子李重俊以自己的生命为代价杀死后，韦后的面首比较她的婆婆武则天毫不逊色。杨贵妃在开元二十二年才十五岁时嫁给玄宗之子寿王李瑁，若干年后被公公看中。白居易《长恨歌》为之讳，只说"杨家有女初长成，养在深闺人未识"，一下子就"天生丽质难自弃，一朝选在君王侧"了，把再婚也隐瞒了，公公娶儿媳也隐瞒了。其实当时翁媳之婚并不罕见，唐高宗名臣裴行俭就是在儿子裴贞隐早死之后，将其妻库狄氏收作继室的（卢向前《唐代胡化婚姻关系试论》）。唐玄宗学着他祖父、祖母当年的障眼法，让儿媳先从寿王府到道观去混一阵过渡一下，让杨玉环变成杨太真，然后潜纳宫中。天宝四年，杨二十六岁时册立为贵妃。玄宗、贵妃才貌相当，年龄差距却太大，男大三十四，容易出点事。恩爱恩爱，男以恩宠换女爱，这事是有的，但天长地久只是诗人的夸张。《资治通鉴·唐纪》说："（天宝）十载……上命有司为安禄山治第于亲仁坊，……甲辰，禄山生日，……后三日，召禄山入禁中。贵妃以锦绣为大襁褓裹禄山，使宫人以彩舆昇之。上闻后宫欢笑，问其故，左右以贵妃三日洗禄儿对。上自往观之，喜，赐贵妃洗儿金银钱，复厚赐禄山，尽欢而罢。自是禄山出入宫掖不禁。或与贵妃对食，或通宵不出，颇有丑声闻于外。"皇帝之后宫如此，武则天、韦后且是"母仪天下"的身份，社会上贞操观念淡薄，平均十年出一个贞节烈妇也就不足怪了。连"传道统"的韩愈，其女先嫁李氏，后又嫁樊宗懿，也无人非议（据陈东原《中国妇女生活史》第118页，商务印书馆1937年版）。有唐一代，只有宣宗下过诏说："夫妇，教化之端。其公主、县主，有子而寡，不得复嫁。"唐宣宗重视对女儿的教育，所以他的女儿中也出了一个烈妇："广德公主下嫁于琮，……琮为黄巢所害，主泣曰：'今日谊不独存，贼宜杀我。'巢不许，乃缢室中。"（以上二引文并见《新唐书·诸帝公主传》）广德公主与于琮必定是夫妻情深的，国仇家恨交织之下，燃出一朵"烈"焰之花。

关于宋代妇女贞节观的演变，颇有可探讨处。清代康熙、乾隆间桐城派古文家代表人物方苞在其《岩镇曹氏女妇贞烈传序》一文中说:"余观妇人以节完者,六经所著,卫共姜、纪叔姬两人而已。盖自周以前,妇人不以改适为非,男子亦不以再嫁者为耻。""尝考正史及天下郡县志,妇人守节死义者,周、秦前可指计,自汉及唐,亦寥寥焉。北宋以降,则悉数之不可更仆矣。盖夫妇之义,至程子然后大明。"方苞之说,论宋以前大致尚是,至"北宋以降"两句,就与实际颇有距离了。当然,他所谓的"北宋以降",是指程颐"大明""夫妻之义"之后。即使所指如此,结论也是大可商榷的。

宋初承前朝遗风,从皇室到民间,寡妇的再适改嫁,全社会均视为极平常事。以开国皇帝宋太祖来说,他就不认为一女事二夫是什么失节之事。赵匡胤兄弟姊妹共七人,兄、姊、幼弟皆早亡,他登极即位时,对母有遗命"传位于弟"的长弟光义(原名匡义,避君讳改)作了特别安排,使在殿前、大内任要职,二弟廷美缺历练,使从边防重臣节度使做起。特别关心初嫁米德福不幸已寡居的妹妹。建隆元年,宋朝初建,百务烦忙之际,他特地亲自作伐给妹妹燕国长公主(后追改秦国大长公主)重新找了个丈夫下嫁,此人是宋初大将、时任殿前副都点检的高树德。当年,宋太祖年才三十四,高树德长太祖一岁,长公主年岁无考,总是近于三十吧。史称高树德"忠厚倜傥有武勇",应是很好的一对。宋太祖亲自操办妹妹的再嫁,说明宋朝的皇室、重臣大将,并不看重女性的贞节。宋真宗的章献明肃刘皇后,也是先跟从以锻银为业的蜀人龚美过日子。到京师后,才有幸进入襄王宫邸,受到宠爱,历经曲折才成为皇后的(《宋史·后妃传上》,司马光《涑水纪闻》卷五"龚美"作"宫美")。

再从民间举一例。宋初名臣范仲淹来自民间,以苦读自强考中进士入仕,又以正直坦荡弘毅廉明历经升谪终任执政,虽因多受牵掣,政见不果,然《宋史》"一代名世之臣"之语,可为定评。他上辈从今陕西彬县一带移民江南,定居于苏州吴县。二岁丧父,家贫,母遂改嫁朱氏。他幼年即随继父姓朱,取名说。年少时就有志操,稍长,知道了家世,感泣之余,更自励志,决心上进。于是辞别母亲,到应天府(今河南商丘市一带)跟从戚同文苦学。戚同文是《宋史·隐逸传》里的第一号人物,德、学俱高,对范仲淹成才、为人有积极的影响。范仲淹中进士第后,初入仕途,当个地方上的低级官员司理参军(掌讼狱勘查审讯之事),有了俸禄,立即把母亲迎来奉养。稍后,异地迁升为节度推官(也是地方司法官)。这时他遵得母亲同意,认祖归宗,恢复范姓。因为他登进士第时用名"朱说",要复旧姓必须上表向朝廷请准,他在表中用了一联:"志在投秦,入境遂称于张禄;名非伯越,乘舟偶效于陶朱。"(龚明之《中吴纪闻》卷二)用了范姓两个历史名人范雎、范蠡都曾分别改姓的典故。改回原姓要上表请准,等于向朝野公开了母曾再嫁的隐私,但当时母子及社会舆论皆不以此为耻辱之事,也丝毫不影响范仲淹声名之日隆,人望之日高,仕途之日升。当时妇女改嫁,实际上皆出于不得已。他对改嫁之妇女,一直给予关注和同情。《宋史·范仲淹传》说:"仲淹性至孝,以母在时方贫,其后虽贵,非宾客不重肉(席上不置两种以上肉类菜肴),妻子衣食仅能自充,而好施予。置义庄里中,以赡族人。泛爱乐善,士多出其门。"与范仲淹同时代而稍晚的王辟之在《渑水燕谈录》卷四《忠孝》中说:"范文正公轻财好施,尤厚于族人。既贵,于姑苏近郭买良田数千亩,为义庄,以养群从之贫者。择族人长而贤者一人主其出纳。人日食米一升,岁衣缣一匹,嫁娶丧葬皆有赡给。聚族人仅百口。公殁逾四十年,子孙贤令,至今奉公之法不敢废弛。"义庄,是范仲淹首倡的一种大家族内由官宦乡绅出资购买或捐出田地而设置的公益性田庄。范仲淹亲自订立的《义庄规矩》中有这样一条:"嫁女支钱三十贯,再嫁二十贯;娶妇支钱二十贯,再娶不支。"(《范文正公集·附录》)男子再娶,义庄不予支钱,而妇女再嫁则有补助。苏州范氏义庄南宋犹存,规矩不变。明清时期,义庄制度在全国得到推行,但范仲淹订立的规矩,打着范氏烙印的优待寡妇改嫁的条款,已逐渐被奖励节妇贞女替代了。范仲淹官做大以后,俸禄多了,对朱家也有各种报偿。

再看《宋史·唐询传》里的一件事例。唐询本来知归州,仁宗时,因参知政事吴育推荐,得任御史。但后来吴育发现唐询处事墨守陈规,又提出要罢他的御史。唐询靠别的关系留任了,从此就对吴育有了嫌隙,常在朝中找吴育麻烦。"育弟妇,故驸马都尉李遵勖妹,有六子而寡。询又奏育弟妇久寡不使更嫁,欲以此附李氏自进。"李遵勖在真宗朝尚太宗之女随国长公主。李驸马之妹为吴育弟妇,已生六子而寡,已经不是年轻守寡了,唐询却把吴育不积极为弟妇操持改嫁当作一个"罪名",在朝廷上攻击他。

从上举三例,可以看出宋朝前期,从皇室、士大夫到民间,寡妇改嫁都不受歧视,而被认为当然合理之事,在范氏义庄里甚至还有经济上的优待。

但在范仲淹四十四五岁的时候,洛阳(今属河南省)程珦家先后在两年内诞生了两个后来在妇女贞节、寡妇改嫁问题上观点与范仲淹针锋相对的道学家。哥哥程颢比弟弟程颐早一年出生,却早二十二年去世,所以弟弟程颐的影响比哥哥大,门人也比哥哥多。"程门立雪"的成语,就是出于程颐的门人杨时、游酢和他之间的故事。

被方苞热捧为"程子一言,乃震动乎宇宙,而有关于百世以下之人纪"的话,见于《二程遗书》卷二十二下《伊川先生语八下》的一段问答。体裁是众门人问,伊川先生程颐答。这段问答未记是谁提问,从前后文看,提问的门人有张思叔、孟纯、李嘉仲、唐棣等人,此段提问者也应为其中之一。问:"孀妇于理似不可取(娶),如何?"曰:"然。凡取,以配身也。若取失节者以配身,是己失节也。"又问:"或有寡孀贫穷无托者,可再嫁否?"曰:"只是后世怕寒饿死,故有是说。然饿死事极小,失节事极大。"姑不论其用义何在,这最后两句在今人看来,显然是违反人性的。

北宋名臣多文人学士,在经、史、诗、文诸领域有造诣极高者。程颐年少时曾得司马光引荐,为神宗之太子(后来的哲宗)做了时间不太久的侍讲,从而与名臣名士圈中人物有过一些接触,但他的道学观念使他融不进这个圈子。他只与兄程颢和一些门人、追随者形成一个道学的小圈子,被称为"洛党"。与苏轼为首的"蜀党",刘挚、刘安世为首的"朔党"形成派别对峙,而洛党人气最为不高,备受冷落,甚至屡遭批驳、讥讽。苏轼对程颐的道学思想很反感,认为"不近人情","深疾之",甚至"加玩侮"(邵伯温《邵氏闻见录》卷十三)。刘挚抨击道:"纷纷之论致疑于程颐,直以谓自古以来,先生处士皆盗虚名,无益于用。若颐者,特以迂阔之学,邀君索价而已。"(邵博《邵氏闻见后录》卷二十二)孔文仲则论曰:"颐在经筵僭横,造请权势,腾口间乱,以偿恩仇。……及造学制诡谬,童稚嗤鄙。"(同上)刘安世说:"程颐(等五人)交结执政子弟,搢绅之间号'五鬼'。……方今士大夫无不出入权势之门,何当尽得鬼名? 惟其阴邪潜伏,进不以道,故程颐等五人独被恶声。……今众议指目五人,可谓毁矣,然推考其迹,则人言有不诬者。"(同上)"苏子瞻奏则曰:'臣素疾程颐之奸形于言色……'又子瞻为礼部尚书,取伊川所修学制,贬驳讥诋略尽。"(同上)当然,这其中也有"党争"的情绪化因素在。

不过这已可见伊川先生之言,在他生前,应者寥寥。上因无经世济用之功,不能得到皇室重视;中因无可以服众之德才,不能得到文人学士中的主流和士大夫阶层的接纳;下因乖违人性常情,不能得到大多数民间人士的认同。就连发生在自己身边的再嫁之事,也无力制止挽回,反而默许、认可。例之一:他有一个侄子死了(他母亲生男六人,但仅存兄颢与他二人。此侄子不知是否程颢之子),侄媳妇的娘家人运作她再嫁,程颐不加阻止,默然处之(据《二程外书》卷十一《拾遗》)。例之二:程颐之父程珦,曾为丧夫的外甥女操持再嫁。《朱子近思录》卷六记程颐述父珦事:"(伯母刘氏之女)夫死,公迎从女兄以归……既而女兄之女又寡,公惧女兄之悲思,又取甥女以归,嫁之。"哲宗元祐五年正月珦卒,程颐为亡父作《先公太中家传》（程珦官至太中大夫，故号"太中公"），把其父生前养育诸父之子孙，包括再嫁寡居的外甥女等事，赞扬为"慈于抚幼"（《二程文集》卷十二《伊川先生文八》）。事实上程颐自己也认识到，"绝对地禁止'民之欲'，这是'强人以不能'。"（潘富恩《二程遗书导读》十六页）他的门人刘元承问他："妻可出乎？"他回答："妻不贤，出之何害？"但不该"彰暴其妻之不善，使他人知之"。男人如果这样，"是亦浅丈夫而已，君子不如此。大凡人说话，多欲令彼曲我直；若君子，自有一个含容意思。"门人又问："古语有之：'出妻令其可嫁，绝友令其可交。'乃此意否？"程颐答："是也。"（《二程遗书》卷十八《伊川先生语四》）从这段问答中可以看出，程颐认为被丈夫休出门去的"出妻"，是可以改嫁的。这说明他的"事极大"之论也有权宜变通。

就在程颐盛年之际，身为神宗宰相的王安石，作主把时任太祝的次子王雱之妻庞氏改嫁出门。此事在当时京师盛传，故事于流传过程中，有些细节经过添油加酱，不免会走样，从而出现不同版本，这里举四种不同记载：

赵鼎《见闻杂录》云："王雱，丞相之次子。有心疾，娶庞氏，不睦。丞相离而嫁之。……时人语曰：'王太祝生前嫁妇。'"按，《宋史·王安石传》仅言"子雱"一人。则其长子或更早死。

王辟之《渑水燕谈录》卷十《谈谑》："王荆公之子雱，少得心疾，逐其妻，荆公为备礼嫁之。好事者戏之曰：'王太祝生前嫁妇。'"

孔平仲《谈苑》卷一："王雱，丞相舒公（王安石封舒国公）之子，不惠，有妻未尝接。其舅姑怜而嫁之，雱自若也。"

魏泰《东轩笔录》卷七："王荆公之次子名雱，为太常寺太祝，素有心疾，娶同郡庞氏女为妻。逾年生一子，雱以貌不类己，百计欲杀之，竟以悸死。又与其妻日相斗哄。荆公知其子失心，念其妇无罪，欲离异之，则恐其误被恶声，遂与择婿而嫁之。是时，有工部员外郎侯叔献者，荆公之门人也，取魏氏女为妻，少悍。叔献死，而帷薄不肃，荆公奏逐魏氏妇归本家。京师有谚语曰：'王太祝生前嫁妇，侯工部死后休妻。'"

这几则记载都叙述了一个基本事实，就是宋代名相王安石曾因儿子王雱和儿媳庞氏关系不好，过不到一起去，且责任在儿子一方，故而为庞氏另择一婿改嫁过去。至于小夫妻俩关系为何不好，如何不好，则说法不一，四家里有三家提到王雱有"心疾"，只有孔氏《谈苑》说是"不惠"。心疾，当是指有心理障碍、精神上偶有一定病态而言。王雱早慧，智商极高，《宋史》本传说他"性敏甚，未冠，已著书数万言",所以不宜把"心疾"理解为疯疯颠颠的精神病。不惠,则是没有恩情的意思,有人与下句连读,释为不能行夫妻交合之事,则似无先例可援,也没有可靠的依据。至于《谈苑》说"有妻未尝接(交合)",而《东轩笔录》说"逾年生一子",则谁是谁非,似很难判断了。不过我们知道,上引四种宋人笔记的作者中,赵槩(996—1083)的辈份较高,年龄比王安石(1021—1086)还大;王辟之(1032—?)、孔平仲和王雱(1044—1076)都是同时代人,孔平仲英宗治平二年(1065)举进士第,王雱和王辟之是治平四年(1067)的同年进士。而魏泰,虽生卒年无可考,但我们知道他是曾布(1036—1107)的妻弟。宋代妇女多早婚,所以魏泰之姊必比曾布小若干年,魏泰又必比其姊小若干年。王雱又早死(《宋史·王安石传》:"雱愤,患疽发背而死。"时才三十三岁),所以魏泰生前必无缘与王雱过往。晁公武《郡斋读书志》评魏泰《东轩笔录》云:"元祐中,记其少时公卿间所闻,成此编。其所是非,多不可信。……又多妄诞。"邵博《邵氏闻见后录》卷十六记王铚(性之)跋《范仲尹墓志》云:"近时襄阳魏泰者……作《东轩笔录》,皆用私喜怒诬蔑前人。"所以他所记"逾年生一子,雱以貌不类己,百计欲杀之,竟以悖死"之类与其他三说异者,只宜存疑,不可信从。后人据此引申出亵渎庞氏的轻薄言论,甚至编造出诬蔑王安石的极不负责的谣传,都是十分浅薄无聊且背离道德的。

《古今词话》则存异闻云:"王荆公子雱多病,因令其妻楼居而独处,荆公别嫁之。雱念之,为作《眼儿媚》词。"按清初朱彝尊《词综》于卷八收王雱《眼儿媚》云:"杨柳丝丝弄轻柔,烟缕织成愁。海棠未雨,梨花先雪,一半春休。　　而今往事难重省,归梦绕秦楼。相思只在,丁香枝上,豆蔻梢头。"但《词综》点校者李庆甲据《增修笺注妙选群英草堂诗余》前集卷上选入《眼儿媚》署无名氏作,认为作者应非王雱。而清末万树编《词律》(光绪二年本)仍将《眼儿媚》的作者署为王雱。若此词确是王雱在妻庞氏别嫁后思念之作,则其夫妻感情弥笃,诸笔记所叙二人婚后不谐似皆不实了。或者都是精神失常作怪?不管怎么样,"王太祝生前嫁妇"都说明北宋道学家竭力提倡的妇女贞节论在当时基本上是无人理会的。更有甚者,北宋末年至南宋初年,还流传陈瓘(字莹中,号了翁)与潘良贵(字子贱,一字义荣)同母的故事。此二人《宋史》均有传,但并未涉及二家私事。据说二人之父相契,陈父已有三子而潘父以无子为憾,陈父即以刚生下陈瓘之小妾"借"给潘父,说定"它日生子即见还"。"未几生良贵,后其母遂往来两家焉"。这"一母生二名儒"的传说出于周密《齐东野语》卷十六《潘陈同母》,并注明"事见罗春伯《闻见录》"。细加辨究,这传说恐怕真是以讹传讹的"野语"了。为什么呢?据史可考知,陈瓘之生卒年为 1060—1124 年,而潘良贵之生卒年为 1094—1150 年,潘良贵的出生,要比陈瓘晚三十四年。两人为同母所生的可能性极小。但问题不在于存不存在这件事,而在于确实存在这个传说。社会的习俗风尚,往往是与不胫而走的传闻密不可分的。闻而传之,表明社会对这种现象的好奇,传之既久,也就见怪不怪了。这种一母生两姓之子的传说,不止这一桩。南宋孝宗乾道年间还有一例:"有一媵随嫁单氏,而生尚书夔;又往耿氏,生侍郎延年。及死,尚书、侍郎争葬其母。事达朝廷,寿皇云:'二子无争,朕为葬之。'衣冠家至今以为美谈。"(张端义《贵耳集》卷下)这一例未详记是再嫁还是借妾生子。不管属何种情况,在当时都归之于"美谈"而非丑闻。

这么说来,方苞所言"妇人守节死义者……北宋以降则悉数之不可更仆矣","北宋"是并不包括在内的。

那么南宋又如何呢?南宋出了朱熹,他继二程之后,对理学做了集大成的工作。《二程遗书》等就是朱熹重加编定的,他又和吕祖谦一起,采摘周敦颐、程颢、程颐、张载四个道学奠基人有代表性的言论编纂成《近思录》十四卷("近思"出自子夏之语:"博学而笃志,切问而近思,仁在其中矣。"[《论语·子张》]皇侃《义疏》:"若有所思,则宜思己所已学者,故曰近思也。")。上文所引程颐论男子若娶孀妇则自己也失节以及论再嫁"饿死事极小,失节事极大"两段问答也撮录进第六卷。可见朱熹对这两段话的肯定。

朱熹和曾任宰相的陈俊卿一家颇为熟稔。陈俊卿有五子四女,五个儿子中只有陈宓(字师复)的学行俱佳,《宋史》有传;其余汲汲无闻,仅次子陈师中因朱熹曾给他写了一封信而留名于后。这封信题为《与陈师中书》,收在《朱文公文集》第二十六卷中。内容涉及陈俊卿四个女儿中的次女、陈师中的妹妹死了丈夫,陈家有意把她改嫁的事。师中之妹初嫁著作郎郑鉴(字自明),惜自明体质羸弱多病,有才而命不永。《宋诗纪事》卷五十四载其诗《香炉山》,有句云:"神仙似有祈年术,一缕青烟起博山。"反映出他内心深处对延续生命的渴望。但他终于因病结束了他年轻的生命,也使他的妻子陈宰相之女以少妇而寡居。陈家很难接受这个事实,不免有再嫁之议。朱熹与陈俊卿交情很深,陈俊卿多次荐举朱熹出任官员,陈师复还是朱熹最后一批门人之一。他知道陈家二女婿不幸早亡而陈家有将女再适之意的消息以后,立即给陈师中写信劝阻。信中说:"令女弟甚贤,必能养老抚孤以全《柏舟》之节(指共姜自誓"之死矢靡它"之句)。此事在丞相夫人奖劝扶植以成就之。使自明没为忠臣,而其室家生为节妇,斯亦人伦之美事。计老兄昆弟,必不惮赞成之也。昔伊川先生尝论此事，以为饿死事小，失节事大。今世俗观之，诚为迂阔；然自知经识理之君子观之，当有以知其不可易也。"朱熹虽然引了程颐"饿死事极小，失守事极大"的说教，但他也很明白当时社会上绝大多数人都把这两句话视作"迂阔"之论，极少有人信奉，所以他也只能做到谆谆诱导。但结果如何呢？陈师中"甚贤"的"女弟"守寡一年，还是再嫁了。要知道，宋代承古礼，妻为夫亡服丧三年；并有《户婚律》规定："居父母及夫丧而嫁娶者，徒三年，各离之。"（《宋史·礼志·凶礼四》，又见《宋刑统·户婚律·居丧嫁娶》）但由于礼法废弛，风俗积久成习，这些律条早就不起作用了。宰相之女再嫁，更是无人过问。

陈俊卿死后，"熹不远千里往哭之，又状其行。"（《宋史·陈俊卿传》）在《陈俊卿行状》中，朱熹记道："女四人：……次适故著作郎郑鉴，再适太常少卿罗点。"（《朱文公文集》第二十六卷）并没有因为这事而在陈氏行状中对陈女再适之事有什么隐晦或避忌；这多少也说明其实对妇女再适之事，他还是明白心目中的理想状态与现实生活是颇难能合拍的。

较详细地介绍这件事，是为了说明南宋之时，理学家倾力提倡的妇女贞节观念，仍然像北宋时一样，并不为社会所普遍接纳，宰相书礼之家尚且如此，民间就更不用说了。

宋宁宗庆元年间，韩侂胄专权，罢斥倚重朱熹的原宰相赵汝愚，使其党羽指称道学为伪学，制造"庆元党禁"，诏"伪学之党，勿除在内差遣"，宣布"伪学之籍"计执宰四人、待制以上官十三人，余官三十一，连武臣及士人共计五十九人。周必大、朱熹等皆在内。朱熹被指为"伪师"，甚至有人上书"乞斩熹"。朱熹官职被夺后仍向门人讲学不休，直至庆元六年身死。党禁废后，他得到平反，谥文、赠宝谟阁直学士，到理宗朝甚至赠太师、追封国公。但道学经此打击，一度不振。道学家倡导的"饿死事小，失节事大"，终南宋之末，未得彰显。宋理宗虽然尊崇道学，淳祐元年正月视学时还手诏以张载、周敦颐、程颢、程颐、朱熹从祀孔子庙，但他在位四十年间，"贤者皆弗究于用"，而史弥远、丁大全、贾似道等奸臣"窃弄威福，与相始终"，可谓"身当季运，弗获大效"（《宋史·理宗纪·赞》）。周密《癸辛杂识·续集下》有一则题名"道学"，其中说："道学之名，起于元祐（北宋哲宗年号，指二程），盛于淳熙（南宋孝宗年号，指朱熹）。"作者记年少时吴兴老儒沈仲固评论道学家"言行了不相顾，卒皆不近人情之事"。然后记自己在淳祐（南宋理宗年号）间的所见所闻："每见所谓达官朝士者，必愤愤冬烘，弊衣菲食，高巾破履，人望之知为道学君子也。然密而察之，则殊有大不然者。盖师宪（贾似道之字）当国，独握大柄，惟恐有分其势者,故专用此一等人列之要路,名为尊崇道学,其实幸其不才愦愦,不致掣其肘耳。以致万事不理,丧身亡国。"理宗尊崇道学,原来竟造就了一批真正的假道学。这就使真道学们的庄严说教也没有人信奉了。

《名公书判清明集·户婚·婚嫁》录有"嫂嫁,小叔入状"一个案例:南宋末理宗时,有李孝德者告发其区姓寡嫂"以一妇而三易其夫"。时任广东安抚经略使的胡颖批道:"其夫既死之后,或嫁或不嫁,惟阿区之自择。"而对李孝德,则责以"小人不守本分,不务正业,专好论诉",给予"杖一百"的处罚。胡颖《宋史》有传,史称其"为人正直刚果","书判下笔千言,援据经史,切当事情","临政善断,不畏强御",审理案件以"不敢屈太祖之法"自律。可见从北宋初到南宋末,有宋一代由于有"太祖之法"(指再嫁秦国大长公主事)作为标本,寡妇改嫁都是世所公认的正常之举。南宋孝宗年间的袁采,在其《袁氏世范》卷上《睦亲·居家不必私藏金宝》一章中提到,丈夫不宜"作妻名置产",因为从当时的情况看,夫以妻名置产,一旦"身死而妻改嫁,举以自随者亦多矣"。前夫家的财产,就随着妻改嫁而转移到后夫家里去了。南宋绍兴年间的江少虞,在其《皇朝(今本作宋朝)事实类苑》第五十四卷《忠孝节义门》"死妇阿毛"一则中也说:"膏粱市俗之家,夫始属纩,已欲括奁结囊求他耦而适者多矣。"两个"多矣",表明夫死妻再嫁在南宋极普遍,极自由,带走自己的财物原夫家不得干预。这种情况一直到南宋亡未变。《宋史·列女传》仅列三十八目,另毛惜惜因是妓女不愿事叛臣而死列为附目,除孝女、孝妇外,贞烈之女大抵为或遇暴徒、或在兵乱中被执、或为元兵所获,遭强暴抗拒不从而死。夫死宁饿死而不改嫁之节妇则未之见。方苞所说,"北宋以降",因程子之言而妇人守节死义者不可胜数之语,须将"北宋以降"改为"明初以来",方副实际。而范文澜曾说:"北宋时,女人再嫁是不受斥责的。……南宋以后,提倡死守贞节。"(《范文澜历史论文选集》第 326 页,中国社会科学出版社 1979 年版)把北宋和南宋用允许改嫁和提倡死守贞节作为各自的独特之点来界分,也不尽准确。

明朝的太祖之法,与宋朝的太祖之法是完全不同的。而这不同,实发轫于元代。元代是社会对妇女贞节观念从无视到开始重视的一个转变、过渡时期。元代初期,北部承金,南部承南宋。比较起来,北部的贞节之风,稍优于南部。这恐怕与金世宗赞叹忠臣贞女不易有一定关系。《金史·列女传》收二十一人、附一人出身倡女而死难于抗元者,共二十二人。大抵为女真族之女或汉人事金者之妻或女或母,兵乱中夫死,为元军或叛军所执,不愿受辱,自尽而死。独有一例,夫韩庆民为辽之宜州(今辽宁义县)节度使,金太宗天会年间破辽时,庆民失宜州,不屈而死;金以其妻配将士,其妻誓死不从,遂自杀。金世宗读《太宗实录》时见韩庆民夫妻事,叹道:"如此节操,可谓难矣!"韩庆民夫妇都是汉族,他们受传统文化忠于职守、贞于恩情的熏陶,临难作出刚烈之举,既是勇敢的抉择,也是自然的反应。为女真和契丹人所赞叹,也表达了他们对华夏传统文化的折服和认同。契丹人的西遁,使这一对为扞辽抗金而死难的夫妻,未能载于《辽史·列女传》(辽之《列女传》仅记三贞女二贤女共五条)。而金世宗能褒奖敌方死节者之操守,不愧史臣"可谓得为君之道"之美评(虽然他严禁女真人改称汉姓、学南人衣装,有一点儿褊狭)。

可能因他对贞女的表扬,金代对守贞节而死的妇女有多种奖励方式:一、追赠命妇封号,如"阿怜妻沙里质"封金源郡夫人,"李宝信妻王氏"赠贞烈县君;二、赐美谥,如"雷妇师氏"赐谥曰节,"李英妻张氏"既追封陇西郡夫人,又谥曰庄洁,"相琪妻栾氏"则追封西河县君,又谥曰庄洁;三、诏有司致祭其墓,如"康住住""李文妻史氏"皆获此荣;四、报其事迹于史馆录存,如"许古妻刘氏与二女",追封刘氏为郡君、谥曰贞洁,长女谥曰定姜,次女谥曰肃姜,以其事付史馆;五、赠夫官、补戚属官,如"完颜猪儿之妻尹氏",赠亡夫官,亡夫之弟即日诏补护卫。政府对贞烈之妇的表彰奖励,是一种强有力的风俗导引手段,对于移风易俗,作用远远大于说教。但其见效,也是要经过一个过程的。

南宋亡后,元版图一统,由于南部地区民俗贞节观念淡薄,所以就全国范围来说,当时观察者的评估仍是"妇女夫亡守节者甚少,改嫁者历历有之,乃至齐衰之泪未干,花烛之筵复盛"(《元典章》卷十八《户部四·婚姻·官民婚》)。但是元代对妇女夫死再嫁或因故改嫁问题的政策法规,基本上是向北部地区的风俗、观念靠拢的,如元英宗时颁布的《大元通制》中规定:

一、把"闻夫丧,匿不举哀,若(或)作乐、释服从吉(脱下丧服、改穿吉服)及改嫁"定位为"不义",归入"十恶"中的第九恶(见《元史·刑法志·刑法一》)。所谓"十恶不赦",十恶之罪是很重的,诸如谋反、谋大逆、谋叛、恶逆等等均是。上引《元典章》所描述的"齐衰之泪未干,花烛之筵复盛",若为元初南部地区之遗俗,到英宗时就要以"十恶"之一"不义"问罪、定罪了。

二、"诸义夫、节妇、孝子、顺孙,其节行卓异,应旌表者,从所属有司举之,监察御史、廉访使察之。但有冒滥,罪及元举。"(同上)作为刑法,此条的重点在于后两句。但从本条所述,可见元代对节妇与义夫、孝子等均有旌表之奖励。

三、"诸受财嫁卖妻妾者,禁。"(《元史·刑法制·刑法二·户婚》)用买卖婚的形式将妻妾改嫁,在法律上是禁止的。"诸受财以妻转嫁者,杖六十七,追还聘财。

娶者不知情不坐。妇人归宗。"(同上)转嫁方除要吐出聘财,还要受杖刑,女方回归本宗,说明他老婆也丢了。

四、"诸女子已许嫁而未成婚,其夫家犯叛逆应没入者,若其为盗及犯流远者,皆听改嫁。已成婚有子,其夫虽为盗受罪,勿改嫁。"(同上)结婚生子的妇女,即使丈夫为盗判了刑,也不能改嫁。

五、诸有女许嫁已报书,及有私约或已受聘财,而辄悔者,笞三十七;更许他人者,笞四十七;已成婚者,五十七。后娶知情者减一等。女归前夫,男家悔者,不坐,不追聘财;五年无故不娶者,有司给据改嫁。"(同上)已经缔约而女方悔婚的,要受笞刑;改嫁已成事实的,责罚最重,且女子仍判还前夫。前夫五年不娶,方可合法改嫁。可见法律对悔婚改嫁限禁也很严。

六、"诸有女纳婿复逐婿、纳他人为婿者,杖六十七;后婿同其罪。女归前夫,聘财没官。"(同上)女方招上门女婿也不能逐婿再招,这是对这种特殊形态改嫁的禁止。

七、"诸转嫁已归未成婚男妇者,杖六十七。妇归宗,聘财没收。"(同上)

八、"诸以书币娶人女为妾,复受财转嫁他人者,笞五十七,聘财没官,妾归宗,有官者罢之。"(同上)用书币正规手续所娶良人之女为妾,不准用买卖婚的形式转嫁给他人,违者受笞刑,有官职的还要丢官。

九、"诸兄收弟妇者杖一百七,妇九十七,离之。虽出首仍坐。主婚笞五十七,行媒三十七。"(同上)兄收亡弟之妻是改嫁的特殊形式,要强制离婚,当事人受杖刑,成就此事的关系人受笞刑。

十、"诸居父母丧,奸收庶母者,各杖一百七,离之。有官者除名。"(同上)春秋时期"烝"庶母不以为奇,但秦以后就不行了。本条定罪重还因为牵涉到居丧婚娶。"除名"是削去名籍,比罢官还重。罢官可能不久还能复职或贬职录用,除名则削职为民,若干年内(如《唐律》定为六年)不得录用。

十一、"诸汉人、南人父没子收其庶母,兄没弟收其嫂者,禁之。"(同上)汉人指北部地区的汉族人,南人指南部地区的南宋遗民。亡父之妾改嫁给子、寡嫂改嫁给叔,皆属违禁之举。"诸姑表兄弟嫂叔不相收,收者以奸论。"(同上)上述情况发生在旁系血亲中也不予准许,犯者视为与通奸同罪。

十二、"诸奴收主妻者以奸论。"(同上)主、奴属两个阶级,在奴隶社会、封建社会里是不容通婚的。寡妇若改嫁给奴仆,视为与通奸同罪。

十三、"诸为子辄以亡父之妾与人,人辄受而私之,与者杖七十七,受者笞五十七。"(同上)子不许把亡父之妾改嫁出去。

十四、"诸受财强嫁所监临妻,以枉法论,杖七十七,除名。追财没官,妻还前夫。"(同上)这条是说丈夫因犯事被系囚,主管之官员若借机受财强制改嫁其妻,就视作枉法论处,受杖刑后削职为民。买卖婚不成立,钱充公,妇还前夫之家。

十五、"诸弃妻已归宗改嫁者,从其后夫。"(同上)被离弃的妻子已归宗改嫁,就与前夫没有关系了。"诸弃妻改嫁,后夫亡,复纳以为妻者,离之。"(同上)离弃的妻子已自行改嫁,后嫁之夫死亡,前夫又收以为妻的,要强制离绝,不容复婚。

十六、"诸出妻妾须约以书契,听其改嫁。"(同上)出妻,即被夫家休离出门之妻。出妻应许改嫁,是连道学家程颐都表示认同的(见上文引)。否则,就太违反人性了。

十七、"妇人因夫、子得封者,不许再嫁。如不遵守,将所受宣敕追夺,断罪离异。"(元英宗至治三年新颁封赠之制,见《元史·选举志四》)妇女可因丈夫的官秩品第获得相应的封赠,一共有五个等级:国夫人(相当于正、从一品官职);郡夫人(相当于正、从二品及正、从三品官职);郡君(相当于正、从四品官职);县君(相当于正、从五品官职);宜人(相当于正、从六品官职)。有了封赠的妇人,就叫命妇。"命妇夫死不许改嫁",其实在元武宗至大四年(1311)就下过禁令了(《元典章》卷十八《户部四·婚姻·官民婚》),英宗三年(1323)只是重申,规定更为具体而已。因为宋代久无此法,所以重申禁令对南部地区而言,应该是极为必要的。

十八、有资格封赠命妇的妇女,例须先提出申请。"所封妻不是以礼娶到正室,或系再醮、倡优、婢妾,并不许申请。"(元英宗至治三年新颁封赠之制,见《元史·选举志四》)不管丈夫官做多大,妻若非明媒正娶或是改嫁而来以及出身低贱者,连申请的资格都没有。

以上撷取元代中期把妇女改嫁有关问题形之于法律规章的方方面面、条条款款集中在一起,用以说明元代在由宋(对妇女贞节问题极为宽容)到明、清(对妇女贞节问题极为苛严)的贞节观念、风习的大转变中,起着关键性的过渡和桥梁的作用。这些律条大多为明、清所沿用。

法律规章的禁止、惩罚还只是一个方面,另一个方面就是礼教的施化、政府的褒(精神层面的)奖(物质层面的),以及由教化和褒奖交互作用形成的社会舆论力量。这些,元代也为明、清作了一定的准备。

上文已说过宋代虽出了以程、朱为代表的道学家,南宋末理宗时也有意尊崇道学,但并无实效。蔡美彪等《中国通史》第五册说:"从西汉到南宋,孔孟儒学本来还并没有能够全面控制政治、学术。理宗树立起程朱道学的思想统治，从此，孔孟儒学便在政治思想领域取得了巩固的统治地位，控制了教育、科举，并且在社会上广泛传播。"此说并不切合实际。《宋史·道学传》有简短的小结："道学盛于宋，宋弗究于用，甚至有厉禁焉。"道学之用于科举、郡县学校教育，实肇始于元。元宪宗蒙哥四年（1254），皇弟忽必烈出王秦中，召许衡为京兆提学。许衡久习伊洛程氏及新安朱氏之书，实为元代程朱学派的代表人物。他在郡县广建学校，据《元史》本传说"民大化之"。时当南宋理宗宝祐二年，离理宗殁恰十年，南宋无人能像许衡这样立郡县之学以程朱之学"化"民。忽必烈立为元世祖后，曾三次任许衡为国子祭酒，主持太学。其间曾择蒙古弟子教之，一时"下至童子亦知三纲五常为生人之道"（皆见《元史》本传）。许衡至元十九年（1282）卒，年七十三岁。《元史·仁宗纪》："（皇庆二年六月壬午）以宋儒周敦颐、程颢、颢弟颐、张载、邵雍、司马光、朱熹、张栻、吕祖谦，及故中书左丞许衡从祀孔子庙廷。"宋儒中，除司马光外，皆程朱学派。可见元人视许衡为道学之传人。司马光得以入选，是元代皇帝重视《资治通鉴》，或曰听侍读讲解，或专任人翻译成蒙文，以便从历代兴衰中学习统治经验与汲取失败教训。

元仁宗延祐元年（1314）起正式开科取士。先两年（仁宗皇庆二年间）即为科举定了调，认为"词赋乃摘章绘句之学，自隋唐以来取人专尚词赋，故士习浮华"，而"经学实修己治人之道"，从而下诏"举人宜以德行为首，试艺则以经术为先、词章次之。浮华过实，朕所不取"。延祐二年（1315）二月，首次会试京师，无论蒙古人、色目人考"经问"，还是汉人、南人考"明经""经疑"，都指定朱熹的《四书章句集注》为考题范围；汉人、南人考"经义"，可于《诗》《书》《易》中选治一经，又指定朱熹的《诗集传》、蔡沈（朱熹弟子）的《书集传》和程颐的《易传》、朱熹的《周易本义》为主要考试范围。科举取士的考试内容，必然也就成为各级学校的学习标准教科书。从而宋代开花的道学家们的思想、主张，到了元代才得以结果。但元代统治期短，从元仁宗延祐元年到元顺帝至正二十八年（1368）退出大都，不过半个世纪。而其间顺帝至元元年（1335）十一月，又曾诏罢科举，至六年（1340）十二月方诏复行科举。所以元代结的果，实在只是滥觞而已。直到明、清两代承袭了元代科举的制度规定，道学，包括程、朱提倡的妇女贞节观，才得以广为流行，起到所谓的"教化"作用。

另外，元代承金代褒奖贞节烈妇的政策，对有贞行、节行、烈行、孝行的女性也加以旌表，其方式不外乎立牌坊、赐匾额、赠谥、赠命妇号、立庙、复其家（免除全家徭役)、赐钱、命录付史臣等(例均见《元史·列女传》)。一个贞女、烈女要得到旌表,不是一件容易的事。单是层层上报、关关审核,就颇费时日。如《元史·英宗纪》载至治三年(1323)夏四月丁卯"旌内黄县节妇王氏",查一查《列女传》,其节烈事系发生在至治元年(1321):赵美妻王氏,内黄人。赵美溺水而死,王氏年少无子,公婆就强命她再嫁族侄。王氏以"妇义无再醮"誓守志,公婆以力迫之,王氏知不可免,即自经而死。这件事上报到皇帝那里,再旌表下来,就在差不多两年后了。虽然表彰的是誓死守节的烈女,书写的却是"赵美妻王氏",连她叫什么名字也不知道。她的命,换来的是赵家的"光耀门庭"。她的公婆念她年少,要她改嫁,若是不违反王氏意志强行逼迫,其实也是很人性化的一种关怀。她的公婆应是南宋遗民,不以改嫁为嫌。王氏则生在元朝,已深受"妇义无再醮"的思想影响了。王氏的旌表在死后近两年,还并不算太慢的。最慢的大概是阚文兴妻王丑了。阚文兴是万户府知事,元世祖至元十七年(1280)战死于兵乱。王氏背负夫尸至家,因乱无可安葬,又怕自身受辱,就积薪焚尸,自投火中亦死。这件事直到五十二年以后,元文宗至顺三年(1332)方得表彰。夫忠妻烈,表彰级别还很高,阚文兴赠侯爵,谥为英烈,王氏谥为贞烈夫人,有司为立庙祀之,号称"双节"。元文宗时元代已近强弩之末,皇族内部夺位之争甚剧,权臣燕帖木儿操纵国政,荒淫无道。文宗本人就在这一年的八月有点不明不白地死了,年才二十九。他在世时虽未能料及自己不久于世,但显然感到自己虽身为皇帝,却权不在己。从陈年旧档案中翻出阚文兴、王氏的故事加以表彰,既是缅怀元代早年盛世臣之忠女之烈,又是感叹今日忠臣烈士的缺失。不知他是否意识到,当时统治集团的腐败衰颓之势,即使他再高规格地旌忠表烈,也是无可挽救的了。

十六年后(1348),方国珍兵起台州。又三年(1351),徐寿辉攻陷黄州路,建天完国称帝;同年,红巾军在颍州起义。又三年(1354),泰州张士诚起兵称王,国号大周。次年(1355),红巾拥韩林儿建宋称帝,年号龙凤。三年后,徐寿辉部将陈友谅始露头角,两年之间略地甚众,遂架空徐寿辉而后杀之,自称汉帝,年号大义(1360)。后二年,原红巾军将领明玉珍称帝于重庆,国号夏,年号天统(1362)。一时天下群雄逐鹿,数年间终统一于"高筑墙,广积粮,缓称王"的朱元璋。

洪武元年(1368)明太祖于百端待举,百忙之中,就妇女守节标准和奖励等事宜下诏:"令民间寡妇三十以前夫亡守节、五十以后不改节者,旌表门闾,免除本家赋役。"(申时行等撰《明会典》卷七十九)洪武二年(1369)又下诏不准寡妇改嫁自行携带财物离开前夫之家:"凡妇人夫亡……其改嫁者,夫家财物及原有妆奁,并听前夫之家为主。"（同上卷十九）从一开始就定下了明代的"祖宗之法"，秉承并进一步细化了元代的规矩，更加上连元代都没有的限制改嫁的苛严条件，从而彻底废弃宋代的"祖宗之法"。他如科举考试全用程、朱学派之经义，与元代一脉相承而与唐宋相异。正如万历年间吴申所说，"我明""能黜元统而不能尽废元法"（陈邦瞻《元史纪事本末》叙），清之继明也同出一辙，遂使明清两代五百五十三年间之妇女饱受程朱道学理念之禁锢与统治者所提倡的保贞守节观念的毒害。明太祖虽贫苦出身，却极崇程朱之学。即位之初，除上述之诏外，还先后有：

洪武元年（1368）二月丁未，"以太牢祀先师孔子于国学"（《明史·太祖纪》）。

又三月辛未，"诏儒臣修《女诫》"（同上）。"时朱升方进翰林学士，命总其事，喻之曰：'治天下者，正家为先；正家之先，始于谨夫妇'"（《明通鉴·纪一》）。

洪武二年（1369）四月己巳，"诸王子受经于博士孔克，令功臣子弟入学"（《明史·太祖纪》）。

又十月，"诏天下郡县立学"（同上）。

洪武三年（1370）五月乙未，"诏严宫阃之政"（《明通鉴·纪三》）。

又五月己亥，"诏设科取士，……经义、《四书》义试之初场，遂为一代永制"（同上）。

洪武四年（1371）三月乙酉朔，"始策试天下贡士"（《明史·太祖纪》）

洪武十年（1377）八月癸丑，"选武臣子弟读书国子监"（同上）。

洪武十四年（1381）正月癸丑，"命公侯子弟入国学"（同上）。

又三月辛丑，"颁《五经》《四书》于北方学校"（同上）。按：《五经》《四书》皆用朱熹、程颐及二人门弟子及再传弟子之注。

从以上所摘，可以看出明太祖以儒学（程朱之学）为治国的指导思想，其思路是十分明晰的，措施也是很坚决的。通过科举策试的诱导、各级学校的教化，道学礼教的思想、妇女须保贞守节的观念，逐渐为更多的人所接受。以至于清初的方苞这样说："'饿死事小，失节事大'之言，则村农、市儿皆耳熟焉。自是以后，为男子者，率以妇人之失节为羞而憎且贱之，此妇人之所以自矜奋与？"见于他为歙县曹晋袁写的《岩镇曹氏女妇贞烈传》所作的序中。不过，即使到了明代以及清初，也并未如他所说的那样，似乎程颐那两句话已为村农市儿所普遍接受。只是，其影响对于官宦之家、士林之族、书香之门、乡绅之宗及与之有亲故关系者而言，则不可低估。就以曹晋袁所传的曹氏女妇贞烈事迹来说，曹家就是歙县岩镇的一个大族。方苞在序中说："其高（高祖）曾（曾祖）以下，远近宗妇贞烈者四十有五人；

曹氏之女许嫁而守贞，终世为嫠（寡妇），遭变而死义者十有三人。"合起来就是五十八人了。这其中除了"遭变而死义者"（例如兵乱中被掳力拒强暴不从而死）在保全贞节中含有的刚烈不屈、自珍自爱的精神是值得赞许的外，像许嫁未婚而夫亡，遂守节做一辈子寡妇，或者夫死即自缢、投河、纵身入火"从夫"而去，就纯是愚贞、愚烈了。至若夫死誓不再嫁，上伺候公婆直至瞑目安葬，下养育儿子直至事业有成，则要做些具体分析。如果只是在贞节观念造成的精神压力下做出的违心选择，就很窝囊很痛苦；如果是出于对前夫的情义，出于对公婆的孝心，出于对儿女的爱和责任感，自愿地挑起家庭重担，则是一种能以牺牲自我换取到对在天之灵的告慰、与公婆至诚的亲情互动以及把儿女培养成才的成就感、满足感，因而是一种有价值的值得崇敬的付出。

可以用《清史稿·列女传一》序列第二的嵇永仁妻杨氏为例来说。嵇、杨家在今苏州吴县，嵇永仁出仕于闽浙总督范承谟幕府。范为范仲淹十八世孙，史称"爱民如子，不通请谒馈遗，刻罢贪墨，廉治巨猾"。吴三桂反，耿精忠在闽响应之，拘范，范忠贞不屈，遂并嵇永仁等幕客皆囚之。系狱三年，范被逼自缢，嵇等五十三人皆痛哭殉节自经死。嵇妻杨氏"时年二十七，子曾筠生七年，舅姑皆笃老"。杨氏"黾勉奉事，丧葬皆如礼"。"福建定，永仁仆程治乃克以其丧还。杨质衣营葬，葬竟，抚曾筠而泣曰：'我前所以不死，以有舅姑在。舅姑既没而葬，今又丧汝父，我可以死，则又有汝在。汝父以诸生死国事，汝未成人，当如何？'则又呜咽曰：'我其如何！'曾筠长而力学，杨日织布易米以为食。指谓曾筠曰：'汝能读书，乃得啖此。未亡人则啜粥。'及曾筠官渐显，恒诫以廉慎。雍正十一年卒，年八十有四。"嵇曾筠后来成为清初著名的治水专家，历任治河副总督、河南山东河道总督、浙江海塘工程总理，一生主要贡献于水利事业。累官兵部侍郎，加太子太保，授文华殿大学士，兼吏部尚书，予一品封典，加太子太傅。卒赠少保，赐祭葬，谥文敏，祀浙江贤良祠。史称"视国事如家事，知人善任，恭慎廉明，治河尤著绩，用'引河杀险'法，前后省库帑甚巨"（《清史稿·嵇曾筠传》）。这样一个好官，就是杨氏从他七岁起，靠独力劳动，织布换米，儿子读书吃饭，自己操劳喝粥，一年复一年，教养培育出来的。再回顾一下她当年典卖衣物埋葬了丈夫骸骨以后曾经的心路历程：她抚着幼孤的儿子哭泣说："汝父死国事，汝未成人，我当如何？"又呜咽道："我其如何！"是啊，孤儿寡母，怎么办啊？她是问儿子？问天问地？问死去的丈夫？其实只是问自己。丈夫已死，儿子尚小，天地何尝有知，自己的问题只有自己回答。她用行动作了回答。

杨氏若生在宋朝，她可以改嫁。范仲淹的母亲就因贫困而改嫁了，也照样培育出了一个好儿子，甚至是更杰出的儿子。据《嵇永仁传》说，嵇作为儒生，著有《集政备考》一书；又知医，著有《东田医补》；工诗词，有《竹林集》《葭林堂诗》（《清史稿·忠义传二》）。嵇永仁还是个戏剧史上有名的剧作家，年轻时所作《扬州梦》《双报应》及狱中所作《续离骚》今皆有流传，《百苦吟》《游戏三昧》二种已佚。他别号抱犊山农，尚有《抱犊山房集》六卷为史传所未记。杨氏出身史所不详，但有这样一个多才、方正、忠烈的夫君，能不受熏陶进而共鸣吗？她对丈夫，应该是崇敬而深爱的。这是她从二十七岁起一直守寡到八十四岁（共五十七年）的根本原因。明清两代，改嫁也是可以的，法所不禁，只是被褒守节贬再适的政策、学校教育主流思想、社会的舆论导向"搞臭了"而已。

虽然前引邓汉仪诗中有句云"千古艰难唯一死"，但有的烈女却认为，在只许从"节"和"烈"中选择的话，还是一死比活守寡容易。《明史·列女传三》记"高烈妇"事：其夫贾坡卒，"氏自计曰：'死节易，守节难，况当兵乱之际。我宁为其易者。'执姑手泣曰：'妇不能奉事舅姑，反遗孤孙为累。然妇殉夫为得正，勿过痛也。'遂缢。"同卷还有一则云："白氏，清涧惠道昌妻。年十八，夫亡，怀娠六月。欲以死殉，众谕之曰：'胡不少待，举子以延夫嗣？'氏泣曰：'非不念良人无后，但心痛不能须臾缓耳。'七日不食而死。"在那些烈妇看来，眼前只给你两条路：一条殉夫的死路，一条是孤衾独眠，再无情语欢笑，"冰霜以事翁姑"的"活"路。选"活"路，是长痛；选死路，是短痛。长痛不如短痛，那就一死了之，博个"烈"名吧。当然在今人看来，她们应当还有一条活路——即改嫁，但以时代的意识形态影响之大，常人又怎能轻易摆脱呢！

在这样的社会氛围下，士人以上之家娶寡妇或寡妇再嫁，的确是会有阻力的。清初龚炜作《巢林笔谈·续编》卷上以数语记有一事："一士以丧偶娶嫠妇，作诗云：'同是人间不幸人。'其子改'幸'为'义'字。"一字之差，却是充满了这个儿子的不满、谴责和嘲讽，叫父亲和继母情何以堪。

明清时期政府对贞、烈女，节、烈妇的旌表门闾和免除本家赋役的措施，是上述女子较之历史上任一时期多了很多的重要原因之一。明清之前，偶而也有皇帝下诏褒扬贞妇的，如前述秦始皇为巴寡妇清筑"女怀清台"，表以为贞妇，仅一人而已；汉宣帝神爵四年（前58）四月在表彰颍川太守黄霸时，同时赐颍川吏民之有行义者爵，捎带着赐贞妇顺女帛（《汉书·宣帝纪》），但这只是一个郡一时的特例；汉安帝元初六年（118）春二月乙卯诏赐孤苦贫困者"人三斛"，"贞妇有节义十斛，甄表门闾,旌显厥行",诏虽面向全国,却是只此一次。《南史·孝义传》录孝义之士百余人,兼及贞女数人,内有四人因贞节受到旌表。如蒋隽之妻黄氏誓死不重嫁,建元三年(481)诏蠲、表门闾;卫敬瑜妻王氏守节不嫁,刺史西昌侯藻于其门起牌楼,题"贞义卫妇之闾",又表于台。皆属个案。《北史·列女传》所载除与《隋书》重复者十五人外,其余贞、孝女十九人中得诏标门闾、诏追号、赠县君、吏民立碑颂德、标墓旌善的八人,也皆属个案。至元代方有旌表卓行的常例,其中把"节妇"列在"义夫"之后,"孝子""顺孙"之前,并非专以节妇为褒奖对象的。以旌表节妇诏令全国,加以制度化地实行,并且提出节妇、烈妇、烈女、贞女之具体标准的,只有明清。明初洪武元年太祖诏令已见前引,至清而更细化为:

一、节妇

三十岁以前守寡,至五十以后不改节者。

二、烈妇、烈女

殉家室之难者;

拒辱致死者。

三、孝妇

确有孝舅姑之行者。

四、孝女

终身不嫁以事父母者。

五、贞女

未婚夫死,闻之自尽者;

未婚夫死,哭往夫家守节者("守节"之标准同"节妇")。

(以上据《清会典》《清会典事例》综合)

清代奖节妇除免全家租税外,还发放养赡银和口粮(《清会典事例》卷二百七十《蠲恤·安节孝》)。精神嘉奖和物质实惠双重诱惑,使士民之家重男轻女的家长、名门大族看重光耀门庭的族长,无不热衷于从小就强化女子的贞节观教育。明清两代的贞节烈女的数量较前代陡增。我国现存类书中规模最大的《古今图书集成》在其《明伦汇编·闺媛典》的"闺节""闺烈"两部分所收节妇烈女(其中包括少部分孝妇孝女)唐代仅五十一人,宋代二百六十七人,而明代多达三万六千多人,较《明史·列女传》所载多百十余倍。这是因为《集成》除采正史外,兼采各种实录、郡邑志、笔记、文集、家谱等资料,时风所及,蔚为大观。但因《集成》初创于康熙时陈梦雷的《汇编》,完成于雍正时蒋廷锡之手,对有清一朝之相关资料不可能纂辑。但据《清史稿·列女传》序云:"礼部掌旌格孝妇、孝女、烈妇、烈女、守节、殉节、未婚守节,岁会而上,都数千人。军兴死寇难役辄十百万则,别牍上请;捍强暴而死,爰书定,亦别牍上请:皆谨书于实录。"近读中国社科院历史所研究员郭松义《清代妇女的守节和再嫁》一文,作者统计清历朝实录得出数字:截止同治十二年(1873),有清一代受朝廷旌表的节妇、烈妇、贞女总计达481107人,内夫亡殉节4122人,未婚守志5653人。尚不包括同治十三年(1874)历光绪至宣统三年(1911)之三十八年在内。较之明朝,又增十余倍。作者且谓当时因贫因僻合于例而未得申报或申报而未得核准旌表者尚必有遗漏。

　　一个烈妇,或许就是一条年轻生命的毁灭,或许就是一个家庭十分惨痛的悲剧。《儒林外史》四十八回写的一个徽州府府学生员王玉辉家三姑娘殉夫的故事可称典型。三姑娘嫁夫才一年多,丈夫就病重死了,她就要"也便寻一条死路,跟着丈夫一处去了",公婆劝道:"我儿,你气疯了! 自古蝼蚁尚且贪生,你怎么讲出这样话来!"她父亲王玉辉是个迂儒,却说:"你既如此,这是青史上留名的事,我难道反阻拦你? 你竟是这样做罢。"三姑娘的母亲知道了,痛哭流涕,连忙叫了轿子去劝女儿。那里劝得转,只是天天茶饭不食。饿到第六天上,已是不能起床。母亲陪了六天,伤心惨目,痛入心脾,也病倒抬回了家。第八天午时,三姑娘就活活饿死了。老母亲听说,哭死了过去,灌醒过来,大哭不止。王玉辉却说:"她这死得好,只怕我将来不能像她这一个好题目死哩!"因仰天大笑道:"死得好! 死得好!"但真到了上司批准下来烈妇建主入祠,门首建坊,知县领着阖县绅衿祭罢在明伦堂摆席时,要请王玉辉上坐,说他生这样好女儿,为伦纪生色。王玉辉却转觉心伤,辞了不肯来。他在家里看着老妻悲恸,心下不安,借到南京刻书为由,上船走水路。一路看着水色山光,悲悼女儿,凄凄惶惶。偶然看到邻船有个少年穿白的妇人,他又想起女儿,心里哽咽,那热泪直滚出来。在他心里,道学礼教与爱女之情激烈交战着。他以贞节观教女,以贞节观律己,害死了女儿,也害苦了自己。所以五四运动时,陈独秀、钱玄同等人,皆以王玉辉这个典型形象为例,批判"礼教"的非人性。

　　明清时期,也出现了相当数量不一样的声音。

　　生活在嘉靖、隆庆年间的古文家归有光,固然在其文章中对伦理纲常多所宣扬,但对"妇女贞节论"独有所批判。他在《贞女论》中明确提出:"女未嫁而或为其夫死,又有终身不改适,非礼也。""阴阳配偶,天地之大义也,……终生不改适,是乖阴阳之气,而死天地之和也。"用《易经》"天地阴阳"的理论来驳斥崇尚守节、成烈的做法。并说:"或曰,以励世可也。夫先王之礼,不足以励世,必是而后可以励世也乎?"(《震川文集》卷三)这个反问,是很有力的。

稍后,万历年间卸职著书的李贽激烈反对假道学,他主张妇女"自择佳婿"(《初谭集·夫妇》),称赞卓文君私奔再嫁司马相如,是善择"佳偶":"相如,卓氏之梁鸿也。使当其时,卓氏如孟光,必请于王孙,吾知王孙必不听也。嗟夫,斗筲小人,何足计事?徒失佳偶,空负良缘,不如早自抉择,忍小耻而就大计。《易》不云乎,'同声相应,同气相求',同明相照,同类相招,'云从龙,风从虎',归凤求凰,安可诬也!"(《藏书》卷三十七《儒臣传·司马相如传》)他对东晋庾亮同意亲家诸葛道明把他做了寡妇的女儿改嫁,评道:"好!"而对西晋竹林七贤之一的王戎不准未婚而夫先死的寡媳再嫁,则评曰:"不成人!""大不成人!"(《初谭集·丧偶》)态度极其鲜明。不成人,就是不仁,就是反人性。

崇祯年间温璜记录其母陆氏之训言成一"家训",名《温氏母训》。温璜是在南明福王弘光小朝廷亡后,在徽州抗清失败惨烈自尽而死的。《明史·温璜传》写清兵进城后,他先"刃其妻茅氏及长女,遂自刭死"的。他的母亲陆氏因守节不再嫁而被旌表门闾,但是她在《温氏母训》中却对少寡改嫁持宽容态度,说:"少寡不必劝之守,不必强之改。"即主张守节还是改嫁应由寡妇自己定夺。这部《母训》中也不乏迂腐说教,但这两句话却很开明,毕竟她是守节的过来人,是有感有思而发的。

由明入清的张履祥,《清史稿》本传中说他深于经学,"初讲慎独之学,晚乃专意程朱",但他对程朱的"饿死事小、失节事大"却不接受。他在《训子语》中说寡妇"再适可也"(《杨园先生全集》卷四十八)。这与他"以仁为本,以修己为务,而以中庸为归"的经学思想是有关的。

同为由明入清的毛奇龄,也是一个经学家,著作甚广,《四库全书》收其所著书目多达四十余部。他在八十九岁高龄时,写了一篇三千余字的文章,论证未出嫁之女子(室女),许嫁而婿早卒,未经亲迎,不可谓之婚礼成,因而尚未成为夫家之妇。许嫁之对方早逝,婚约即告中止,女不应为之守节、殉死。此文题名《禁室女守志殉死文》,是针对当时愈演愈烈的未嫁女终身守节甚至争当烈女的风气而发的。此文虽未从根本上抨击节烈观,但对不幸遭遇未婚夫早亡的少女,提供了解脱精神束缚的钥匙。

生活在乾隆年间的汪中,字容甫。其友刘台拱撰《汪容甫先生传》,特别提到他"病女子未嫁守贞之非礼,作《女子许嫁而婿死从死及守志议》。"《清史稿·儒林传·汪中传》也记有作此文事。文章的基本论点与毛奇龄同。文中说,婚礼需经"亲迎、同牢、见舅姑"三事才得以成立(同牢,指古代结婚仪式上两个新人同吃一份牲牢,表示共同生活的开始)。未经此三礼,则婚礼尚未成。若夫婿有他故,女子仍可再嫁,且"皆谓之礼"。未过门之女因夫死而从死,或径到夫家守节不嫁,都属"非礼也"。汪中死后三十七年,在道光十一年(1831)被追旌为孝子。可见他生前是个礼教道德的躬行者,连他都认为"非礼"的事,那就确实是非礼了。

　　生于康熙末叶,长于雍正朝,主要生活在乾隆年间的诗人袁枚,由于两个至亲女性为守节所误,所以对当时主流社会的贞节观持怀疑和批判态度。一个是小他四岁的三妹,名机,字素文,端丽冠于姊妹,未及周岁就许配于还是胎儿的高某。素文年近二十时,高家因子不肖先以委婉语"子病,不可以婚",又直白以"婿有禽兽行,贤女无自苦"来要求"以前言为戏"。而素文"闻如不闻,竟适高氏"。嫁后,始知所适非淑人,不仅形貌"渺小、偻而斜视",而且赌博成习,索妆奁为赌资,不得则施以家庭暴力,婆婆救之,竟殴母断齿。家产输光,还打算"负妻而鬻"。先君闻而大怒,告到官府断为离绝。素文在娘家为父母尽孝,"长斋,衣不纯采,不鬄髢(不饰假发也不美发),不闻乐,有病不治,遇风辰花朝,辄背人而泣",年四十即过早死亡(《小仓山房诗文集·文集》卷七《女弟素文传》)。袁枚安葬完三妹后写文祭之,自责道:"汝以一念之贞,遇人仳离,致孤危托落,虽命之所存,天实为之;然而累汝至此者,未尝非予之过也。予幼从先生受经,汝差肩而坐,爱听古人节义事。一旦长成,遽躬蹈之。呜呼! 使汝不识《诗》《书》,或未必艰贞若是。"(同上卷十四《祭妹文》)袁枚长女小名阿成,十七岁即出嫁,才半年不到而夫婿死。他在《女扶婿枢还吴作诗送之》中为这对死别离的小夫妻向天命提出质疑:"后会自然来世有,佳期怎奈半年无?"(《小仓山房诗文集·诗集》卷十七)他又在《哭婿》四首之三中为年少守寡的女儿写出悲怆的诗句:"禁他十七红颜妇,断风零雨了一生!"(同上)红颜真是薄命,阿成为夫服丧三年(古礼"三年"之期以二十五或二十七个月计算)之礼将终前,他特地到苏州去探望长女,这时候,阿成也还只有十九周岁。他在题为《到苏州孀女出见丧服将终而年才十九伤怀口号》的口占七绝中,吟出了"伤心三载成孀女,还是人家未嫁年。"(同上卷十九)未嫁之年,却是已嫁之身,从"断风零雨了一生"来看,袁枚似并未曾考虑阿成之再嫁问题,只是为她年少守寡痛惜而已。谁料她的一生并不长久,夫亡之后才只三年左右,一千来个日日夜夜,也就走到尽头了。这两个亲人不幸的婚姻,使袁枚深感以程朱理学"存天理,灭人欲"绳人之失当。他明确提出"人欲当处,即是天理","必欲屏声色、绝思为,是生也而以死自居,人也而以木石自待也"(《小仓山房诗文集·文集》卷十九《再答彭尺木进士书》)。在《上台观察书》中举了大量例子说明男女之情,圣人贤士所不禁,提出"人孰无情""情在理先"之说(同上《小仓山房外集》卷四)。他自称"郑孔门前不掉头,程朱席上懒勾留"(同上《诗集》卷三十三《遣兴》二十四首之二十二)。郑、孔指汉儒之经注家,程、朱指宋儒之道学家。他还认为"《六经》中,惟《论语》《周易》可信,其他经多可疑。""《六经》之言,学者自宜参究,亦未必其言之皆醇也"(同上《文集》卷十八《答定宇第二书》)。袁枚在三妹、长女的守节问题上起初只是同情而寄以无限哀思,后来大约在思想观念上受二事之触动,较前人有更多的突破与解放。他在《随园随笔》卷十三《改嫁》条中说:"三代以上,妇人改嫁不以为非。……韩昌黎之女,先适李汉,后适范宗懿。……范文正公之子妇,先嫁纯礼,后适王陶,陶即公之门生也。时文正尚居相位,而孀妇改适,不以为嫌。……《宋史·宗室传》汝南王允让最贤,为大宗正,奏'宗妇年少丧夫,虽无子不许嫁,非人情',请除其例。"力证改嫁失节论之非。

乾隆、嘉庆年间参与反对以道学礼教贞节观梏桎妇女的还有著名学者钱大昕、纪昀和臧庸等人。钱大昕对妇女改嫁、再嫁持宽容甚至支持态度。他认为父子兄弟间的关系和夫妻关系是不同的,父子兄弟间的关系是"以天合者"(即血缘关系),"无所逃于天地之间";夫妻关系是"以人合者"(即姻缘关系),是"可制以去就之义"的,"义合则留,不合则去"(《潜研堂文集》卷四十《施节妇传》)。他说:"先王制礼,初不以'从一而终'之义责于未嫁之女。"因而未嫁之女守节乃至殉死,"此礼之所无有也。"(同上)正因为他主张夫妻间"义合则留,不合则去",所以他力主"去(离婚)而更嫁,不谓之失节"(同上卷八《答问五·问妇人之义从一而终》)。设若"去"之过不在女人,"出而嫁之乡里,犹不失为善道,不必强而留之,使夫妇之道苦也"(同上)。晚于钱大昕一年去世的纪昀,把当时那些对女子守节问题好唱高调的人,称为"操苛论者"。他要求这些人能作一下换位思考:"守节抚孤,即份内无缺事,份外无余事矣。此其事虽若平近,然使操苛论者试设身处地,果易乎?难乎?"(《纪晓岚文集》卷十一《书〈徐节妇传〉后》)在他看来,从一而终,夫死不再嫁,未婚守节或殉死,都是不近人情的。而"不近人情,又乌知礼意哉"(同上)!臧庸也用"礼"来做立论的根据。他指出,《仪礼》中讲丧服,在远近亲属中有"继父"之称,继父的合法存在,说明母在夫亡后改嫁是合于古礼的。又《礼记·檀弓》记公叔木与狄仪都有同父异母之兄弟,礼也并不以为非。所以他说:"再嫁之事,古多有之,不闻以为深垢。""若夫死,妻稚子幼,又无大功之亲(亲属关系中的第三等,如已嫁女之伯父、叔父、兄弟等），而不许其适人，必母子交毙矣。""以饿死为极小，论亦过刻，安得以士君子守身之义概责之愚妇人！""圣人之心，不若是之忍也。"实际上，历代即使是"愚节""愚烈"之妇人，其贞节烈行真可使未能"守身"的"士君子"们汗颜愧赧而无地自容的，更何况真节真烈之女呢。如当时盛传的《桃花扇》传奇中的李香君，她的"贞节"就不仅是夫妻间的守贞、节烈，而是兼带着民族大义层次上的忠贞、节操。臧庸为妇女向"饿死事小"论者开炮，很得民女之心，而冠"妇人"以"愚"字，也自有其局限性。臧庸明确主张"夫得复娶，妻亦可再嫁"，"夫死不禁其（妻）适人。"（《拜经堂文集》卷一《夫死适人及出妻论》）

与上述三学者同时的还有一位名气稍小的阮葵生，乾隆进士。他批评"事小事大"的说教："古今来多少名公卿大夫尚多愧此言，乃责之茕茕少妇耶？"（同上《再嫁》）他主张寡妇是否再嫁，"唯有任其自为之；若女子未出嫁而守贞、奔吊，则断宜禁止"（同上）。

生于乾隆年间，历经嘉庆朝，至道光元年始中举，年已四十七岁的俞正燮，虽蹉跎于科举，却行万里路，读万卷书，学问精深。他在《癸巳类稿》卷十三中的三篇名文《贞女说》《节妇说》和《妒非女人恶德论》历来为研究古代婚姻和妇女问题的书、文所称引，前两文直接与本篇所探讨的主题有关，也必须在此略作介绍。他对当时常见的宗族、家族为求旌表门闾软硬兼施必欲寡妇自尽的恶行充满悲愤地斥责："后世女子不肯再受聘者谓之贞女，其义实有难安。未同寝而同穴，……世又何必有男女之分乎！此盖贤者未思之过。……尝见一诗云：'闽风生女半不举，长大期之作烈女。婿死无端女亦亡，鸩酒在尊绳在梁。女儿贪生奈逼迫，断肠幽怨填胸臆；族人欢笑女儿死，请旌借以传姓氏。……'呜呼！男儿以忠义自责可耳，妇女贞烈岂是男子之荣也！"这是对三妻四妾的男子苛责弱女子从一而终一针见血的揭露（《贞女说》）。对于寡妇再嫁，他主张"再嫁者不当非之；不再嫁者，敬礼之斯可矣"（《节妇说》）。守节若是出于本心，自己甘愿的，或由于夫妻情爱，或生于贞洁情操，敬之以礼即可，毋须旌表提倡，造成不公舆论。他特别对男女在道德标准上的不平等提出责难："妇无二适之文固也，男亦无再娶之仪。……古言终身不改，身则男女同也。七事出妻，乃七改矣；妻死再娶，乃八改矣。男子礼义无涯涘，而深文以网妇人，是无耻之论也。"（同上）当时的社会以妇女改嫁为失节，为耻辱，他则把以这种论调"网"妇人称为无耻之论，力求把被颠倒了的耻辱观反覆过来。

以上列举了明清两代在上层建筑领域中与主流意识形态程朱道学贞节观对

立的声音。实际上,在社会底层的民众中,绝大多数人面对着实际的生活,过的还是最平常的、得到先圣认可的"饮食男女,人之大欲存焉"的日子。这是关乎人的个体生存和种族延续的古老命题,也将是人性永恒的命题。一切天理人欲存灭之辩,守节失节是非之争,若是离开这个命题,便将巧伪毕现,而使淳朴的老百姓不感兴趣,难以理解,无法接受。

这个道理,信奉程朱理学的官僚和文人中但凡略能接触下层社会实际并体验一下民生的,都不难感觉到,并不得不加以确认。清康熙、雍正时期历任中央及地方要职的朱轼,虽以七十二岁高龄卒于乾隆元年(九月),但因他曾在懋勤殿接受过时为太子之乾隆拜师之礼,故而乾隆即位之初,即召他总理事务,实即为相而未命之而已。他受三朝之重任,多行惠民之政,一些棘手问题如海塘修筑、大旱救灾、劾御史索商人贿、察有司虚报不实诸弊,皆深入实际,措施得当,利则兴之,害则除之,得以妥善解决。所到之处,且关注民风。他推崇宋儒张载之学,张载《宋史》列入《道学传》,哲学思想上与二程有渊源关系。朱轼出仕前期,曾任陕西学政,他努力修张载之教,以"知礼成性,变化气质"训士(以上均见《清史稿》本传)。但他接触底层社会生活以后,就深感程朱理学提倡的贞节论,在这里是行不通的。他叹道:"今欲使妇人尽'从一而终'之义,虽颠连无告而孤寡茕茕,之死靡它,恐尧舜之治,天下有所不能!"(《朱文端公集》卷三《三父辨》)我们注意到他连行文所用之词,也多出于张载之文。"颠连无告而孤寡茕茕",即化用自张载之代表作《西铭》中的文句:"凡天下之疲癃残疾,惸(同茕)独鳏寡,皆吾兄弟之颠连而无告者也。"可见朱轼对宋代理学之情有独钟,也可见他在现实面前对程朱理学贞节观的不近人情深感疑惑、无奈与反思。

在稍后的能知道一些民间实情的知识分子中,也有些能反映现实、或提出务实意见的人。如生活在乾、嘉、道年间的钱泳,才学过人,却只是一介白衣。他以书画诗文会友,与大他二十六岁的翁方纲与小他十六岁的包世臣先后为忘年交。一度也曾被湖广总督毕沅聘为幕宾。但终以身在民间,见解便多切近实际。他写过一文题名《改嫁》,明说:"余谓宋以前不以改嫁为非,宋以后则以改嫁为耻,皆讲道学家误也。"直指程朱"饿死事小,失节事大"误导了世人的价值观、道德观和社会舆论。他肯定当时的一种说法:"兄弟以不分家为义,不若分之以全其义;妇人以不再嫁为节,不若嫁之以全其节。"若兄弟能安于不分家,固然是好,但若以利忘义,阋墙内斗,还不如分了反倒能成兄弟之义;妇人能安于不再嫁,固然是好,但若贫困而节遂有所亏,门前是非多而行遂有所失,还不如再嫁之反倒能淳风化之教。

他并不鼓励寡妇改嫁，而是主张宽容看待寡妇改嫁，很实际地提出一切应根据"门户之大小，家之贫富，推情揆理，度德量力而行之"（《履园丛话》卷二十三）。

从明清时期的一些家族共同体组织的族谱、族规到晚清时期的某些变化，也能看出一些问题。一个大家族里如果出了几个被旌表的节妇烈女，那不仅是这个家族的荣耀，还有实际的利益。所以族谱、族规中一般订有对能守得住的寡妇给米给钱的条款，有时还能给以特殊的优待；对守不住的寡妇则有极苛严的条款或不书之于文的严厉惩罚。如《重修古歙东门许氏宗谱》卷九记载：明万历年间为相的许国，听说侄媳守节，"乃给廪粟，置静室居之，室有泉，甚清冽"。这就是在例行条规以外的特殊优惠，把寡妇安置在装有"自来水"设备的"静室"里，连打水都不用外出，几乎是变相的软禁，许国是拿他侄媳当旌表对象来培养了。又如乾隆《苏州范氏家乘》不知在什么朝代早已把范仲淹在世时给改嫁妇女资助金的条款删除了，改而规定寡妇守节三年者给米，以后守节年数达到逢五逢十者，都递增给米数量（卷十五）。即使规模较小或总体上不太富裕的家族共同体组织在奖励寡妇守节上也不例外，如万历《余姚江南徐氏宗范》："少妇新寡，贫不能存者，族中务要会众量力扶持，以将顺其美。如有强沮公议，不肯成人之美，众共攻之。"而对寡妇的行为，则监管十分严格，如嘉庆《棠樾鲍氏宣忠堂支谱》谓："寡妇打街骂巷不守法规者，停给（钱米）一年，改过次年再给。"真是防微杜渐，寡妇怨苦愁闷，心气不顺，稍有与人言语冲突，就可冠以打街骂巷，扣她一年钱米。打街骂巷不行，打情骂俏当然更要从严。如若不安于室而有私通甚或怀孕，就有可能受到殒命的惩罚。至于改嫁，由于明清两代之法除命妇以外一般是不禁的，只是剥夺其离族时的财产转移权，且有各种有辱改嫁者人格的恶俗行为，但一般族规在书面上均不提有关改嫁之事项。而在光绪、宣统两朝，有些地方的族规却出现了一些松动。如光绪《周氏三续族谱》卷二《族规》中说："（夫死）或有家贫，无一可守，而势难终守者，听其别为调停，族规无庸苛责。"宣统《白沙陈氏支谱》卷首上《家训》也有文云："（寡妇）至若子女俱亡，公姑无靠，不能谋生者，亦可不必强守。"这些族规网开一面且书之于文，是对现实不得不作出的追认和让步。也是上文所引朱轼、钱泳等人对现实的判断得到了验证。

从明清小说中也能看到当时社会改嫁之情。初刊于明熹宗天启初年的《古今小说》（后也称《喻世明言》），首篇《蒋兴哥重会珍珠衫》，后人认为是冯梦龙自编故事，因而反映的当是晚明的世态人情。讲的是襄阳府枣阳人士蒋兴哥承父业经商，父死后，十八岁上与王三巧成婚，夫妻十分恩爱。不觉四年过去，兴哥为料理广东生意,不得不离家别妻,约定一年即回。不料因病误了归程,三巧儿日日盼望,却足不出户,甚是贞节。谁知一日临窗,被徽商陈大郎惊鸿一瞥,摄了魂魄,重金买通薛姓卖珠婆,做成圈套一步步勾引三巧儿入彀。好端端一个家,却被三巧儿年少无知,陈大郎好色插足毁了。蒋兴哥回家,三巧儿即刻被休。正遇进士吴杰赴广东就任县官,途经枣阳,却把三巧儿纳为二房。陈大郎往返徽襄时因病客死枣阳城外,其妻平氏历经周折钱财被拐,为葬夫不得不再嫁与蒋兴哥。蒋家祖传的一件珍珠衫,被三巧儿赠与陈大郎,转而又被平氏收藏,平氏再嫁后又重回蒋兴哥之手。兴哥又往广东经商,不巧被人诬诈惹上了人命案子。幸遇县主乃是吴杰,三巧儿从中相救,案子得以审结无事。三巧儿与前夫相见,两人抱头大哭。吴杰看出端倪,问明真相,让二人重又团圆。经此一番曲折,平氏虽是改嫁,却是明媒正娶,成了正室。三巧儿虽是初婚,却因中途被休,成了偏房。从这个故事里,可见明中叶以后,民间改嫁事原也很平常。平氏是以寡妇再嫁,三巧儿是因休改嫁,且实是成吴县主之妾。

从故事中几件婚姻来看,民间依俗办事,并不理会律令。如蒋兴哥初娶三巧儿,议婚时父死才七七四十九天,正式结婚也只是刚过周年。按当时律条,子服父丧,乃是三年之期,服丧期内,不得婚娶,好歹也要过完二十五个月,才可娶妻。至于平氏夫死,律令也是三年除服方可再嫁。但陈大郎死后,平氏只经几个月,送夫灵柩入土,即便除孝服吉,成婚再嫁了。可见自古以来,市井之间,世俗之情,不论婚丧,甚至更大些的事儿,那律令条文往往只是摆着看的物件,不比书礼士宦之家讲究了。三巧儿被休改嫁,按当时法律,本也不能从前夫那里拿走什么财产(包括娘家带来的妆奁)。但律令也有一点圆转处,说改嫁者"夫家财物及原有妆奁,并听前夫之家为主"。因蒋兴哥念及夫妻恩爱一场,只怪三巧儿受骗失节,这才写下的休书。如今改嫁吴杰,便将三巧儿"楼上十六个箱笼,原封不动,连钥匙送到吴知县船上,交割与三巧儿,当个赔嫁"。旁人见了,"也有夸兴哥做人忠厚的,也有笑他痴呆的,还有骂他没志气的"。一时世态人情,尽现纸上。冯梦龙对再嫁与改嫁的描写,与方苞所说"'饿死事小,失节事大'之言,则村农市儿皆耳熟焉"差距甚大。

长篇世情小说《金瓶梅》成书于万历二十年(1592)前后,反映的也是明代后期主要是晚明时期的社会情况。西门庆一妻五妾,还与十三个妇女存有短暂或较长期的淫欲关系。书中除其大房(继配正室)吴月娘和原配陈氏所生女儿西门大姐未经再嫁改嫁,尚可算是"不事二夫"外,其余诸妾及其淫欲对象,无一例外都经历过从一个男子手上转到另一个男子或多次多个男子手上的情形。西门庆原本只是清河县一地痞,只在狮子街开个草药铺,谈不上富裕。他之成为暴发户,"原始积累"竟是因淫而从富妇那儿聚来的钱财。以此开店设铺,盘剥生利,进而行贿钻营,买得官职,遂成为商人、恶霸、官吏三合一的典型。他"但知争名夺利,纵意奢淫"(七十八回),而又以金钱为其核心。他说:"咱闻那佛祖西天,也止不过黄金铺地;阴司十殿,也要些楮镪管求。咱只消尽这家私,广为善事,就使强奸了嫦娥,和奸了织女,拐了许飞琼,盗了西王母的女儿,也不减我泼天富贵!"(五十七回)西门庆的二房李娇儿,原是丽春院中名妓,知她富有私蓄,便纳娶至家。西门庆纵欲过度而死后,她重回丽春院,再嫁张三官(张懋德)。三房孟玉楼,先嫁布商杨宗锡,杨死后,她坐拥近千两银子守寡,遂遭西门庆骗娶。张四舅欲阻挠孟玉楼携财改嫁,杨宗锡的妹妹杨姑娘却思想甚为"前卫",驳斥"一女不事二夫"之封建礼教,力挺嫂子改嫁。西门庆死后,她又嫁知县儿子李衙内(李拱璧)为继室。四房孙雪娥,本是西门庆原配陈氏的陪嫁丫头,单管率领家人媳妇在厨房上灶,打发各房伙食。西门庆死后,与仆人来旺私奔。结局甚惨。五房潘金莲,原为武大之妻,为西门庆先奸后娶为妾,因貌美善淫一度为西门庆专宠。因纵欲无度,给西门庆服下过量淫药,使其丧命。她又私通女婿陈经济,被吴月娘让王婆变卖,她又与王婆之子王潮儿通淫。最后死于武松之手。六房李瓶儿,原是大名府梁中书的侍妾,梁府受梁山好汉冲杀,李瓶儿趁乱携宝逃出,嫁给花太监之侄花子虚,与西门庆家为邻。花太监死后,留下大宗财物。西门庆明与花子虚义结兄弟,暗中却诱奸李瓶儿。花子虚知情后气愤而死。李瓶儿不耐守寡,先招赘医生蒋竹山,后又投入西门庆怀抱为妾。她有财有色,为西门庆带来大量金银财宝,使他一夜间暴富。又为西门庆生下一子官哥,且性情淫荡,遂得与潘金莲争宠。潘因嫉妒而生恶念,设计吓死官哥,李瓶儿不久也得病而死。西门庆还有一个以美艳而受宠的婢女庞春梅,有妾之实而尚无偏房之名分。她是潘金莲的贴身侍女,西门庆死后,她与潘同伙私通陈经济,事发后被吴月娘卖给周守备为妾。此时她已因陈而怀孕,而周守备不察,以为是自己的,遂将她登为继室。陈经济被吴月娘逐出后,先后吃了两次官司,后被春梅找回守备府,明以姊弟相称,暗中重叙旧情。陈经济被张胜所杀,她又与老家人之子私通。最后纵欲而死。她就是书名"金(莲)、瓶(儿)、梅"之"梅"。其余女性中,有两个值得一提。一个是来旺媳妇宋惠莲,原是卖棺材宋仁之女,作过使女,先嫁厨役蒋聪,夫死后,由吴月娘作主,再嫁给仆人来旺。曾被西门庆奸淫。来旺得知后醉骂西门庆,被投入监狱后递解回乡。宋惠莲思夫而悬缳自尽。另一个是王招宣之妻林太太,夫亡寡居。夫家为郡王之后,世代簪缨。林太太住在"节义堂"中,年已三十五岁,由媒婆文嫂牵线,以请西门庆管教儿子为名,也与西门庆勾搭成奸。

从上述《金瓶梅》中诸再嫁、改嫁、性关系混乱以及官宦人家在"守节"的名义下行淫乱之实的形形色色,使我们对晚明的世风俗貌有了一定的认识。排除掉那些乌七八糟的通奸之类的事不说,从一而终的女子也就西门庆的妻女两人,再嫁、改嫁则是极平常事。可见官家归官家旌表节烈,道学家归道学家宣扬女子贞节论,烈女归烈女惨烈捐生,节妇归节妇苦守一生,市井小女人也自有市井小女人的另一种活法。正如李瓶儿宣称:"我先嫁由爹娘,再嫁由自己。"这话好生耳熟,与那《水浒传》里王婆向潘金莲说的话正好一样:"'初嫁从亲,再嫁由身。'阿叔如何管得!"这倒不是兰陵笑笑生抄袭了施耐庵的,而是从元末明初到晚明,坊间村里都有这个说法,其源头,说不定还真出在《水浒传》所叙说的宋代呢。

《金瓶梅》里那些再嫁、改嫁的女人,原来的出身贵贱,再(改)嫁后的地位变迁,各不相同。如李娇儿经历了两次妓女从良到嫁为人妾的过程,孟玉楼从富商寡妻再嫁为人妾又再嫁为衙内继室,孙雪娥由陪嫁丫头转为主人之妾又私奔为仆人姘妇,潘金莲由贫民之妻先奸后嫁为人妾,李瓶儿以侍妾转为自由身后嫁为富宦之妻夫死招赘过医生复又嫁为人妾,庞春梅以婢女被收为侍妾转卖为妾又升格为守备之继室,宋惠莲由厨役之妻再嫁为仆人之妻。各人之命运如此之不同,但没有一个在丈夫死后想要守寡则是相同的。

清同治《上海县志》卷二十四谓:"闾阎剌剌之家,因穷饿改节者十之八九。""剌剌",多言聒噪之貌,形容文化低、缺乏礼仪教养的人家。西门庆家的大多数女人不能守节而改嫁再嫁,应该归于另外十之一二中去吧。因为即使是武大,穷是穷了点,也决计不会饿着了潘金莲,她不属于"因穷饿改节者十之八九"的行列。

但另一方面,从鲁迅在1924年2月7日写的短篇小说《祝福》反映的情况看,在鲁镇这个封建迷信思想还相当浓重的地方,特别在"讲理学的老监生"鲁四老爷的宅子里,改嫁的寡妇还是备受歧视的。此时距离清政府被推翻已近十三年了。

【思考与讨论】

阅读下面鲁迅的文章,结合前面"文学史链接""文化史拓展""问题探讨"部分对有关妇女贞节观历史发展情况的系统介绍,思考以下问题:

1. 你如何评价息妫在春秋时期大环境下的"三年不言"和后人对息妫的不同

议论？怎样看待刘向对息妫形象的改造？

2. 你如何看待贞操问题？

3. 什么是真正的坚贞？什么是受僵死的礼教毒害的"愚贞"？

我之节烈观（节录）

鲁　迅

"世道浇漓，人心日下，国将不国"这一类话，本是中国历来的叹声。不过时代不同，则所谓"日下"的事情，也有变迁：从前指的是甲事，现在叹的或是乙事。……近来虚君共和是不提了，灵学似乎还在那里捣鬼，此时却又有一群人，不能满足；仍然摇头说道，"人心日下"了。于是又想出一种挽救的办法，他们叫作"表彰节烈"！……文章议论里，也照例时常出现，都嚷道"表彰节烈"。要不说这件事，也不能将自己提拔出于"人心日下"之中。

节烈这两个字，从前也算是男子的美德，所以有过"节士""烈士"的名称。然而现在的"表彰节烈"，却是专指女子，并无男子在内。据时下道德家的意见，来定界说，大约节是丈夫死了，决不再嫁，也不私奔，丈夫死得愈早，家里愈穷，她（原文作他，下同）便节得愈好。烈可是有两种：一种是无论已嫁未嫁，只要丈夫死了，她也跟着自尽；一种是有强暴来污辱她的时候，设法自戕，或者抗拒被杀，都无不可。这也是死得愈惨愈苦，她便烈得愈好，倘若不及抵御，竟受了侮辱，然后自戕，便免不了议论。万一幸而遇到宽厚的道德家，有时也可以略迹原情，许她一个烈字。可是文人学士，已经不甚愿意替她作传；就令勉强动笔，临了也不免加上几个"惜夫惜夫"了。

总而言之：女子死了丈夫，便守着，或者死掉；遇了强暴，便死掉；将这类人物，称赞一通，世道人心便好，中国便得救了。大意只是如此。

……

首先的疑问是：不节烈（中国称不守节作"失节"，不烈却并无成语，所以只能合称"不节烈"）的女子如何害了国家？照现在的情形，"国将不国"，自不消说：丧尽良心的事故，层出不穷；刀兵盗贼水旱饥荒，又接连而起。但此等现象，……政界军界学界商界等等里面，全是男人，并无不节烈的女子夹杂在内。……至于水旱饥荒，……更与女子无关。只有刀兵盗贼，往往造出许多不节烈的妇女。但也是兵盗在先，不节烈在后，并非因为她们不节烈了，才将刀兵盗贼招来。

其次的疑问是：何以救世的责任，全在女子？照着旧派说起来，女子是"阴类"，是主内的，是男子的附属品。然则治世救国，正须责成阳类，全仗外子，偏劳主体。决不能将一个绝大题目，都阁在阴类肩上。倘依新说，则男女平等，义务略同。纵令该担责任，也只得分担。其余的一半男子，都该各尽义务。不特须除去强暴，还应发挥他自己的美德。不能专靠惩劝女子，便算尽了天识。

其次的疑问是：表彰之后，有何效果？据节烈为本，将所有活着的女子，分类起来，大约不外三种：一种是已经守节，应该表彰的人（烈者非死不可，所以除出）；一种是不节烈的人；一种是尚未出嫁，或丈夫还在，又未遇见强暴，节烈与否未可知的人。第一种已经很好，正蒙表彰，不必说了。第二种已经不好，中国从来不许忏悔，女子做事一错，补过无及，只好任其羞杀，也不值得说了。最要紧的，只在第三种，现在一经感化，她们便都打定主意道："倘若将来丈夫死了，决不再嫁；遇着强暴，赶紧自裁！"试问如此立意，与中国男子做主的世道人心，有何关系？⋯⋯

以上是单依旧日的常识，略加研究，便已发见了许多矛盾。若略带二十世纪气息，便又有两层：

一问节烈是否道德？道德这事，必须普遍，人人应做，人人能行，又于自他两利，才有存在的价值。现在所谓节烈，不特除开男子，绝不相干；就是女子，也不能全体都遇着这名誉的机会。所以决不能认为道德，当作法式。⋯⋯照上文的节烈分类法看来，烈的第一种，其实也只是守节，不过生死不同。因为道德家分类，根据全在死活，所以归入烈类。性质全异的，便是第二种。这类人不过一个弱者，突然遇着男性的暴徒，父兄丈夫力不能救，左邻右舍也不帮忙，于是她就死了；或者竟受了辱，仍然死了；或者终于没有死。久而久之，父兄丈夫邻舍，夹着文人学士以及道德家，便渐渐聚集，既不羞于自己怯弱无能，也不提暴徒如何惩办，只是七口八嘴，议论她死了没有，受污没有，死了如何好，活着如何不好。于是造出了许多光荣的烈女，和许多被人口诛笔伐的不烈女。只要平心一想，便觉不像人间应有的事情，何况说是道德。

二问多妻主义的男子，有无表彰节烈的资格？⋯⋯既然平等，男女便都有一律应守的契约。男子决不能将自己不守的事，向女子特别要求。若是买卖、欺骗、贡献的婚姻，则要求生时的贞操，尚且毫无理由。何况多妻主义的男子，来表彰女子的节烈。⋯⋯只有自己、不顾别人的民情，又是女应守节、男子却可多妻的社会，造出如此畸形道德，而且日见精密苛酷，本也毫不足怪。但主张的是男子，上当的是女子。……即使有人见到，也不肯用生命来换真理。即如失节一事，岂不知道必须男女两性，才能实现。他却专责女性；至于破人节操的男子，以及造成不烈的暴徒，便都含糊过去。……

节烈难么？答道，很难。男子都知道极难，所以要表彰她。社会的公意，向来以为贞淫与否，全在女性。男子虽然诱惑了女人，却不负责任。譬如甲男引诱乙女，乙女不允，便是贞节，死了，便是烈；甲男并无恶名，社会可算淳古。倘若乙女允了，便是失节；甲男也无恶名，可是世风被乙女败坏了！别的事情，也是如此。所以历史上亡国败家的原因，每每归咎女子。糊糊涂涂的代担全体的罪恶，已经三千多年了。男子既然不负责任，又不能自己反省，自然放心诱惑；文人著作，反将他传为美谈。所以女子身旁，几乎布满了危险。除却她自己的父兄丈夫以外，便都带点诱惑的鬼气。所以我说很难。

节烈苦么？答道，很苦。男子都知道很苦，所以要表彰她。凡人都想活；烈是必死，不必说了。节妇还要活着。精神上的惨苦，也姑且弗论。单是生活一层，已是大宗的痛楚。假使女子生计已能独立，社会也知道互助，一人还可勉强生存。不幸中国情形，却正相反。所以有钱尚可，贫人便只能饿死。直到饿死以后，间或得了旌表，还要写入志书。所以各府各县志书传记类的末尾，也总有几卷"烈女"。一行一人，或是一行两人，赵钱孙李，可是从来无人翻读。就是一生崇拜节烈的道德大家，若问他贵县志书里烈女们的前十名是谁，也怕不能说出。其实她是生前死后，竟与社会漠不相关的。所以我说很苦。

照这样说，不节烈便不苦么？答道，也很苦。社会公意，不节烈的女人，既然是下品；她在这社会里，是容不住的。社会上多数古人模模糊糊传下来的道理，实在无理可讲；能用历史和数目的力量，挤死不合意的人。这一类无主名无意识的杀人团里，古来不晓得死了多少人物；节烈的女子，也就死在这里。不过她死后间有一回表彰，写入志书。不节烈的人，便生前也要受随便什么人的唾骂，无主名的虐待。所以我说也很苦。

女子自己愿意节烈么？答道，不愿。人类总有一种理想，一种希望。虽然高下不同，必须有个意义。自他两利固好，至少也得有益本身。节烈很难很苦，既不利人，又不利己。说是本人愿意，实在不合人情。所以假如遇着少年女人，诚心祝赞她将来节烈，一定发怒；或者还要受她父兄丈夫的尊拳。然而仍旧牢不可破，便是被这历史和数目的力量挤着。可是无论何人，都怕这节烈。怕它（原作他字）竟钉到自己和亲骨肉的身上。所以我说不愿。

我依据以上的事实和理由，要断定节烈这事是：极难，极苦，不愿身受，然而不利自他，无益社会国家，于人生将来又毫无意义的行为，现在已经失了存在的生命和价值。

临了还有一层疑问：

节烈这事，现代既然失了存在的生命和价值；节烈的女人，岂非白苦一番么？可以答他说：还有哀悼的价值。她们是可怜人；不幸上了历史和数目的无意识的圈套，做了无主名的牺牲。可以开一个追悼大会。

我们追悼了过去的人，还要发愿：要自己和别人，都纯洁聪明勇猛向上。要除去虚伪的脸谱。要除去世上害己害人的昏迷和强暴。

我们追悼了过去的人，还要发愿：要除去于人生毫无意义的苦痛。要除去制造并赏玩别人苦痛的昏迷和强暴。

我们还要发愿：要人类都受正当的幸福。

一九一八年七月。

九、 齐桓公侵蔡伐楚

（上）

三年，……秋，会于阳谷①，谋伐楚也②。

齐侯为阳谷之会来寻盟③。冬，公子友如齐莅盟④。

楚人伐郑，郑伯欲成⑤。孔叔不可⑥，曰："齐方勤我⑦，弃德不祥⑧。"

齐侯与蔡姬乘舟于囿⑨，荡公⑩。公惧，变色，禁之，不可⑪。公怒，归之⑫，未之绝也⑬。蔡人嫁之⑭。

（下）

四年春，齐侯以诸侯之师侵蔡⑮。蔡溃⑯，遂伐楚。

楚子使与师言曰⑰："君处北海⑱，寡人处南海⑲，唯是风马牛不相及也⑳。不虞君之涉吾地也㉑，何故？"管仲对曰㉒："昔召康公命我先君大公曰㉓：'五侯九伯㉔，女实征之㉕，以夹辅周室㉖。'赐我先君履㉗：东至于海，西至于河㉘，南至于穆陵㉙，北至于无棣㉚。尔贡包茅不入㉛，王祭不共㉜，无以缩酒㉝，寡人是征㉞。昭王南征而不复㉟，寡人是问㊱。"对曰："贡之不入，寡君之罪也㊲，敢不共给㊳？昭王之不复，君其问诸水滨㊴！”师进，次于陉㊵。

夏，楚子使屈完如师㊶。师退，次于召陵㊷。齐侯陈诸侯之师㊸，与屈完乘而观之㊹。齐侯曰：“岂不穀是为㊺？先君之好是继㊻，与不穀同好如何㊼？”对曰：“君惠徼福于敝邑之社稷㊽，辱收寡君㊾，寡君之愿也。”齐侯曰：“以此众战，谁能御之？以此攻城，何城不克？”对曰：“君若以德绥诸侯㊿，谁敢不服？君若以力(51)，楚国方城以为城(52)，汉水以为池(53)，虽众，无所用之。”

屈完及诸侯盟。

【注释】

① 阳谷：齐国邑名，地在今山东聊城市阳谷县北，《清一统志》以为相距三十里。阳谷之会与会国据《春秋·僖公三年》所记，有齐、宋、江、阳四国，由齐桓公主持。

② 谋：商量。

③ 齐侯：齐桓公（？—前643），名小白，僖公子，襄公弟，以管仲为相，成为春秋时期第一个霸主。在位四十三年。来寻盟：派人到鲁国来寻求（邀请）参与会盟，指追认以伐楚为主题的阳谷之会的盟约。阳谷之会，鲁国未参加。

④ 公子友（？—前644）：鲁庄公之幼弟，谥号成，也称季友、成季。僖公之叔父，僖公时之执政大臣。其后称季孙氏，累世执鲁政。如：前往。莅盟：到场补办与盟手续。

⑤ 郑伯：郑文公（？—前628），名捷，庄公之孙，厉公之子，在位四十五年。成：讲和。

⑥ 孔叔：郑国大夫。

⑦ 勤：帮助。

⑧ 弃德：忘记恩德。祥：吉利。

⑨ 蔡姬：齐桓公夫人（齐桓公有三夫人，蔡姬为其一），蔡穆侯（？—前646）之妹，蔡哀侯之女。囿：园林。

⑩ 荡：来回摇动。

⑪ 不可：主语蔡姬省略；不肯停下来。

⑫ 归之：把蔡姬遣回娘家。

⑬ 绝：指断绝夫妻关系。

⑭ 蔡人：指蔡穆侯，名肸。在位二十九年。

⑮ 诸侯之师:除了齐军是联军的主力外,还有鲁、宋、陈、卫、郑、许、曹七国的军队。

⑯ 溃:四散逃命。《史记·蔡世家》说:齐桓公伐蔡,"蔡溃,遂虏缪(穆)侯……已而诸侯为蔡谢齐,齐侯归蔡侯"。与《左传》异。

⑰ 楚子:楚成王(前681?—前626),即熊頵(《史记·楚世家》作"恽"),即位时年方十岁(?),在位四十六年。熊頵取代堵敖时,兄弟俩年均幼小,背后当有同宗之成年人操纵。使:派使者。师:诸侯之师,实际所指则为齐桓公。

⑱ 君:指称齐桓公。处:居住在。北海:泛指北方。在春秋时楚人概念中也可能模糊地指今渤海。

⑲ 寡人:古代诸侯自称之语。此语是楚使转达楚成王的话,所以用的是楚王的口吻。南海:泛指南方。在春秋时楚人概念中也可能模糊地指今南海,但当时楚国疆域远未及于南海。

⑳ 唯:即使。风马牛:兽类之牝者发情期常散发特殊的气味作为信息,传达到远处诱其牡者前来求合,古人称此现象为风。风马牛谓牛马相诱。句意是说:即使是牛马相诱也不能相及,喻距离遥远,相互间没什么关系。

㉑ 不虞:没想到,意料不到。涉:到。

㉒ 管仲(?—前645):名夷吾,字仲,也作敬仲(敬为谥号),齐桓公尊之为仲父。管氏为姬姓之一支。相齐桓公富国强兵,成为霸主。

㉓ 召(shào)康公:名奭,姬姓,谥康。周之支族,食采于召。佐武王灭商,封于燕。成王时任太保,周公旦治陕以东,召公奭治陕以西,甚得民和。我先君,指齐国的始建者。大(tài)公:大同太,指齐太公吕尚。

㉔ 五侯:诸侯之五种爵位:公、侯、伯、子、男。九伯:九州之方伯(一方诸侯之长称方伯)。一说五、九皆虚数,五侯九伯泛指众诸侯。

㉕ 女:同汝,你。实:谓有实实在在的权力。征:(代周王)讨伐。

㉖ 夹:在左右辅佐。周室:周王室。

㉗ 履:本义为鞋,用作动词意为踩踏,践履,引申为践履所及,意指领土。一说,指可以征伐所及的地方。

㉘ 河:黄河。春秋时黄河在今河南原阳以西、武陟东南处即折向东北,在今滑县南分为两派:一派在今天津市入海,一派在今河北沧州市东入海。春秋时齐地北杏即已近古黄河之南派。

㉙ 穆陵:持"履"为领土说者以为即今山东临朐以南、沂水以北之穆陵关;持"履"为征伐所及说者以为指今湖北麻城市北接河南省界之穆陵关,其地已深入楚境。

㉚ 无棣:春秋齐邑,今属山东,邻接河北,东北滨渤海。

㉛ 尔:你。贡:指诸侯向周王的进贡。包茅:包扎成束的菁茅草,是楚地的特产,而为周王室祭祀时滤酒使纯的必需用品。

㉜ 王祭:指周王祭祀天地、社稷、宗庙等活动。共:同"供"。不共,供应不上。

㉝ 缩酒:滤酒。将酒渗过包茅,可滤去渣滓杂质,古称为缩酒。祭祀用纯酒表示虔诚。

㉞ 征:质问。是征,为"征是"之倒,质问这一点。

㉟ 昭王:周昭王,名瑕,西周第四代君王,于南征渡汉水时溺死于江中。《古本竹书纪年》:"周昭王末年,……王南巡不返。"《史记·周本纪》:"昭王南巡狩不返,卒于江上。其卒不赴告,讳之也。"复:返回。

㊱ 问:有问罪的意思在内。是问,"问是"之倒。

㊲ 寡君:古代臣子在外交场合称本国国君的谦词。

㊳ 共(gōng)给(jǐ):供给。

㊴ 其:表示使令语气的副词,相当于今语之"就"。诸:之于。水滨:指汉水之滨。周昭王时,楚国的疆域尚未到达汉水,所以这句答语是申明昭王之死与楚国无关。

㊵ 次:驻留。陉(xíng):陉山,在今河南郾城县东偏南处。

㊶ 屈完:楚国大夫。屈氏为王族三姓(昭、屈、景)之一,乃芈姓之支族。如师:前往诸侯之师。

㊷ 召(shào)陵:楚国邑名,在今河南郾城县东,陉山之北侧。

㊸ 陈:排列。

㊹ 乘(shèng):四马驾一车。与屈完乘,与屈完同车。观之:检阅诸侯之师。

㊺ 不穀:古代王、诸侯自称的谦贬词。穀,善。是:有把宾语"不穀"提至动词前的语法作用,无义。原句的意思是:(诸侯会师)难道为了我吗?

㊻ 是:作用同上。原句的意思是:继承先君的友好关系而已。

㊼ 好(hào):爱好。原句的意思是:和我一样爱好相互友善怎么样?

㊽ 惠:表示敬意的副词,无实义。徼(yāo):求取。敝邑:自称"我国"的谦词。社稷:土地神和谷神。原句的意思是:您为我国向土地神和谷神求福。

㊾ 辱:表示敬意的副词,无实义。收:接纳。

㊿ 绥:安抚。

(51) 力:武力。

(52) 方城:楚国境内"要塞"之名,被称为天下"九塞"(九个地势最险要的关塞)之一。又为楚境内山名,在河南叶县南,西连伏牛山脉。亦指楚所筑长城名,春秋时所筑北起今河南叶县西南,南至今河南泌阳东北。战国时向西复又折南续有扩建。

(53) 汉水:长江最长支流,是当时楚国境内除长江以外最重要最有代表性的河流。

【题解】

本文分两部分。上半部分选自《左传·僖公三年》。鲁僖公三年为公元前657年,当周惠王二十年,齐桓公二十九年,宋桓公二十五年,楚成王十五年,蔡穆侯十八年,郑文公十六年。下半部分选自《左传·僖公四年》。鲁僖公四年为公元前656年,当周惠王二十一年,齐桓公三十年,宋桓公二十六年,楚成王十六年,蔡穆侯十九年,陈宣公三十七年,卫文公四年,郑文公十七年,许穆公四十二年,曹昭公六年。

春秋时期齐国是中原东部的大国,自从齐桓公当了国君,听从鲍叔牙推荐,起用管仲执国政,从行政管理、振兴经济、加强军事力量着手,改革旧制度,创建新制度,国力大振。齐桓公逐渐在诸侯中享有威望,进而成为能使诸侯服从的霸主,其过程不同于在他之先敢于与周王闹别扭、对着干甚至打一仗、有小霸之意而没有霸得起来的郑庄公,他是在"尊王、攘夷"的旗号下,做了些被称为"兴灭国、继绝世"的功业,使乱世暂时出现一丝相对的安定,而为王室和大多数诸侯国所承认的。

从庄公十三年(齐桓公五年)齐、鲁柯之盟齐桓公以不背诺言获信于诸侯,到次年"齐请师于周"借助周王的名义而与诸侯伐宋,使刚刚经过国内严重政治动乱仓促被推上台还没来得及处理好与列国的关系,而被指责为背叛了北杏之会的宋桓公,马上表态服从,诸侯的军队只在郊外虚晃一枪就打道回府。这才有了年底有周王派来的王室大夫单伯参加的第一次鄄之会,和又次年(庄公十五年)春的第二次鄄之会,宋国都与会了。齐桓公以尊王之名,不战而屈公爵大国宋,使它对齐桓公主盟约定的条款表示一定遵守,不敢随便违反,从而巩固了自己盟主的地位,《左传》因此而评两次鄄之会为"齐始霸也"。

《左传·庄公二十七年》:"王使召伯廖赐齐侯命,且请伐卫,以其立子颓也。"周惠王派卿士召伯廖赐齐桓公命,什么叫赐命呢?据《史记·周本纪》的另一种说法:"惠王十年,赐齐桓公为伯。"可见这次赐命,就是赐齐桓公为"方伯",即诸侯之领袖的意思。此外,周惠王还记着八年前(庄公十九年)自己的叔父子颓作乱,事败出奔卫国,卫惠公不但容留了子颓,还与姞姓的南燕国君燕仲父一起出兵伐周,强把子颓立为周王。一时,周就有了二王,互不相让。周的近邻郑厉公前去调解,不果。郑厉公怕惠王吃亏,让他暂避,自己和虢国国君调集军队,于庄公二十一年攻下王城,杀了子颓及其党羽,惠王方始坐稳王位。到庄公二十七年赐齐桓公命时,卫惠公已死二年又半,惠王把经久难消的怒气撒在卫惠公儿子卫懿公身上,要齐桓公去收拾他。齐桓公尊王,自然不违王命。这下来了个真格的,亲自率领齐军,把卫军打了个落花流水,全线崩溃,临了不忘"数(责)之以王命",还居然"取赂而还"。

以上二例介绍了齐桓公的"尊王",下面再举一个同时期"攘夷"的例子。

"夷"是个泛称,蛮、夷、戎、狄都包括在内。《左传·庄公三十年》经:"冬,公及齐侯遇于鲁济。""齐人伐山戎。"鲁济,指济水流经鲁国之地域。传:"冬,遇于鲁济,谋山戎也。以其病燕故也。"没有详细讲述帮助姬姓的北燕国讨伐山戎的情况。据《史记·齐世家》的记载,这次战争实际上发生在下一年,即庄公三十一年(齐桓公二十三年)。周惠王赐齐桓公为伯已经十足有三年了,听说北方的山戎伐燕,燕国前来告急,齐桓公觉得义不容辞。"齐桓公救燕,遂伐山戎,至于孤竹而还。燕庄公遂送桓公入齐境。桓公曰:'非天子,诸侯相送不出境,吾不可以无礼于燕。'于是分沟,割燕君所至与燕,命燕君复修召公之政,纳贡于周,如成、康之时。诸侯闻之,皆从齐。"(《齐世家》)山戎又称北戎,当时居于今辽西一带。燕国都于蓟,在今北京市内。孤竹当今河北省秦皇岛市卢龙县一带。据《史记·匈奴列传》的追叙,齐桓公伐山戎之役并无激烈战事,齐军一到,山戎就"走"了,古代的"走"就是今天的"跑"。齐军还得了一批战利品,《左传·庄公三十一年》:"六月,齐侯来献戎捷。"还评论说,战利品应该献给周王,诸侯间相赠是"非礼"的。其实,齐桓公是因为上一年冬伐山戎前,曾在鲁济之地遇鲁庄公,两人还谋划过讨伐山戎之事;这次"献戎捷"肯定是齐军自燕回国途中,半是转道半是顺路经过鲁国才有之举,并不是凯旋回国后专为献戎捷而来。若是专为送一点战利品,用得着齐桓公亲自来吗?

紧接着,三年以后(闵公二年,齐桓公二十六年),齐桓公又做了一件"继绝世"的好事,受惠的国家是鲁国。鲁庄公死后,他指定的嗣君子般、后来又补位的嗣君闵公,在不到两年的时间里先后都被庆父派杀手谋害了。要说清这件事,又要从鲁庄公的婚姻说起。鲁庄公十三岁时,父亲鲁桓公就意外死去,母文姜又长期与齐襄公兄妹相好,竟无心顾及儿子婚娶之事。俗话说"男大当婚",文一点的说法是"丈夫生而愿为之有室"(《孟子·滕文公下》),庄公一年年长大,虽然《礼记·曲礼上》说"三十曰壮,有室",可是谁能等得到三十岁才春心萌动呀?圣人孔子,也是十九岁就娶妻了(《孔子家语·本姓解》)。庄公的婚事没人管,他就自由恋爱了,与近邻任姓支族党氏家的大姑娘孟任一见钟情,说一定要让她当上夫人,俩人还"割臂"为盟。结合是结合了,但身为国君的庄公在那个娶妻"必告父母""匪媒不得"的时代里,一样受到礼法的约束。自由恋爱,称之为"奔","奔则为妾",是当不上夫人的。他为自己的诺言未能兑现,对孟任一直心存歉疚。庄公三十四岁那年,母亲文姜去世。文姜到死为止,也没有想要为庄公说一门门当户对、明媒正娶的婚事。或许这位封建礼教的叛逆者,从心里不认可父母之命、媒妁之言。儿子自己找了孟任,就算没有正式的名分,双方都心甘情愿就行了,还要自己操什么心呢。文姜一死,齐桓公却关心起外甥庄公的婚事来了。文姜死于庄公二十一年七月初五,到庄公二十二年七月初九,也就是文姜丧期过了一周年(古代称之为"小祥")以后,齐桓公就打发上卿高傒到鲁国去拜会鲁庄公了。这件事,《春秋》只记了一句"秋七月丙申,及齐高傒盟于防",主语"公"(即鲁庄公)省略,据《公羊传》说是因为双方的身份不对等,"讳与大夫盟"的缘故。而且这则记载,并未讲"盟"的内容,《左传》也无传文。但是从下文"冬,公如齐纳币"可知,高傒实际上是齐桓公派来的媒人。齐桓公想,文姜一死,他这个舅舅再不管,谁还能来给大外甥娶上一个夫人哪?齐桓公在这件事上,其实并没有文姜聪明。他硬要作主把女儿嫁给鲁庄公(《史记·齐世家》说是"桓公女弟",即齐僖公之女。但齐僖公死于二十八年前,其女此时必当在二十八岁以上,古无如此年龄始嫁之女。故当为齐桓公之女),结局弄得很惨。鲁庄公听高傒传达了舅父的意思,刚开始觉得借着齐鲁联姻这个传统模式密切一下与齐国这个大国、特别是霸气初露的齐桓公的关系,对鲁国和自己都是好事,自然就应承了。而且行动很积极,当年冬天就亲自到齐国去送聘礼,并且在那里逗留到第二年(庄公二十三年)春天才回国。《公羊传》和《穀梁传》都批评鲁庄公亲自去"纳币"是"非礼也"。夏天,又以未婚女婿的身份"如齐观社",遭到曹刿的谏诤。他又为了未来的夫人按当时礼俗婚后三月将有"庙见"之礼(父母若在世,则妇入夫家之次日天明参拜公婆),也就是新媳妇要到桓公、文姜的庙中去参拜公婆神主,所以从秋天开始,就不顾大夫御孙"侈恶俭德"的劝谏,派匠人紧锣密鼓地为"桓官"(鲁桓公的庙)中的柱子——漆上大红色;次年(二十四年)春天,又把方形的椽子——雕刻出花纹。很显然,这时他对将要到来的婚事是很重视、很期待的。谁知这年夏天他亲自到齐国去接新娘,却遇到了点麻烦。《春秋》只简单地记了三句话:"夏,公如齐逆女。""秋,公至自齐。""八月丁丑(二日),夫人姜氏入。"鲁庄公为什么夏天去迎新娘,直到秋天才形单影只地回来,而夫人姜氏又为什么不与庄公同归,独自一人(随从人员不计)姗姗来迟呢?《春秋》无文,《左传》也没有说。《公羊传》则说:"夫人不偻(不肯俯就、顺服),不可使入;与公有所约,然后入。"杜预注《左传》则直截了当说:"盖以孟任故。"原来姜氏打听到鲁庄公老大年纪(当时三十七岁)一直没正式结婚,是因为与孟任有过一段爱情故事,心中很不是滋味。当时一国之君有妾有媵,本很正常,一般情况,做夫人的也不至于吃醋。但这个孟任非比寻常之妾,是庄公所钟情之人。姜氏就要了点小伎俩,用了点小刁蛮,想以不双双同归,拉开距离晚他几天进入夫家,来给他点颜色看看,要挟他离孟任远点儿。但从后来的情况发展看,姜氏夫人的这着棋下得没对路。庄公不是离孟任远了,而是离夫人远了。庄公与夫人的"娣"叔姜倒是生了个儿子启方,与夫人却不亲不热。姜氏夫人孤寂怨恨,竟与小叔公子庆父和公子牙勾搭成奸,参《齐侯送姜氏于讙·鲁侯与姜氏如齐》一文的"问题探讨"部分。

庄公三十二年八月,鲁庄公才四十五岁,英年早逝。在死之前,他和幼弟季友约定,要立自己和孟任所生的子般为嗣君。他对孟任承诺过,要让她做夫人。他生时孟任无法得到夫人的名分,他要在死后让孟任"母以子贵",因子般的国君身份而取得母夫人的名分。而公子牙却向庄公建议:"庆父是个人才,他可以兄终弟及。"庄公预感到了身后的隐患。他示意季友设法除掉了公子牙,却未能同时除掉庆父。庄公死后,子般即位不到两个月,就被公子庆父派了个与子般有仇的人杀害在他外祖父党氏家中。照姜氏夫人的意思,最好是情夫庆父直接当了国君,但这样篡弑的罪名就太明显了。不得已,先把庄公的小儿子,年龄最多不超过八岁的启方抬出来即位,就是鲁闵公。鲁闵公年纪虽小,自有师、傅教导,再说他母亲叔姜也看得出姊姊和庆父不良的居心。所以鲁闵公即位第一年,就和齐桓公"盟于落姑(齐国地名),请复季友"。季友在子般被暗杀后,已到陈国避难。外祖父齐桓公从小外孙的请求中,感觉到了鲁国政局的不安定,立即同意了闵公,把季友从陈国召回鲁国。季友回国时,闵公还亲到近郊去迎候。齐桓公为弄清鲁国的政治动态,特地派了仲孙湫前去考察,回来报告的结论是:"不去庆父,鲁难未已。"齐桓公也因此知道了自己女儿在其中起了些很不光彩的作用。仲孙湫还建议他:"君其务宁鲁难而亲之。"这样做才是"霸王之器"(《左传·闵公元年》)。齐桓公采纳了他的意见。

庆父本来以为小小闵公应该是自己手中的傀儡,谁知他很有心机,竟然和齐桓公会盟,得到了支持,还召回了季友,摆出了不受自己支配、要与自己对着干的恣态。便与姜氏密议,必欲除掉这个不听话的孩子。姜氏也利令智昏,怂恿庆父自己当国君。于是,闵公二年八月,庆父故技重施,又找到个对闵公心怀不满的人,潜入宫中刺杀了闵公。季友怕庆父杀红了眼,要把庄公的子嗣一锅端了,忙把剩下的庶子子申带到近邻邾国暂避一避。那边齐桓公听到鲁国的消息,果不出仲孙湫所料,庆父又发动宫廷政变,把与自己有过会盟的闵公干掉了,女儿姜氏则竭力撺掇庆父登上国君宝座，这还了得！马上出面干预。姜氏一听父亲要追究自己搅乱鲁国政局的责任，慌了神了，她也躲到邾国去，想求季友说说情。庆父看自己的如意算盘打错了，霸主齐桓公要为鲁国主持公道，自己身上担着连弑二君的罪名，这可不是闹着玩的，三十六计，走为上计。打点打点，到莒国去政治避难了。季友当然不理会嫂子姜氏的求情，从她口中得知二哥庆父逃到莒国去了，立即带上子申，回到鲁国。国不可一日无君，季友果断立子申为君，就是僖公。随后，在齐桓公的支持下，季友"以赂求共仲（即庆父，共为谥，仲是以排行为字）于莒，莒人归之"（《左传·闵公二年》）。庆父知道等着自己的将是死罪，便在半道上自缢身亡。姜氏也没逃脱应有的惩罚，齐桓公派人把她从邾国押解回齐国，半道上处死了她，将她的尸首送到了鲁国。因此之故，姜氏夫人谥曰哀，史称"哀姜"。《国语·齐语》说："桓公忧天下诸侯。鲁有夫人、庆父之乱（韦昭注：夫人，鲁庄夫人哀姜也。庆父，庄公之弟共仲也，通于哀姜，哀姜欲立之。庄公薨，庆父杀太子般，在庄三十二年；又弑闵公，在闵二年)，二君弑死，国绝无嗣。桓公闻之，使高子存之（韦昭注：高子，齐卿，高傒敬仲也。存之，谓立僖公而存鲁)。"《管子·小匡》除"二君弑死"前有一"而"字，"无嗣"作"无后"外，余皆同。董仲舒《春秋繁露·王道》说："（鲁庄公）夫人内淫两弟，弟兄子父相杀，国绝莫继，为齐所存，夫人淫之过也。"要说呢，当初把哀姜嫁给鲁庄公，就是齐桓公派高傒做的媒；现在给鲁国惹出这么大的乱子，当然收拾残局的事儿也要他们担当。不过齐桓公听从仲孙湫的劝告"宁鲁难"，而不乘鲁之危取而有之，不但鲁国君臣人民感恩戴德，列国诸侯也钦佩折服，称之为"继绝世"之善举。齐桓公的威望进一步提高，霸主地位也进一步得到巩固。

接着他又干了两件"兴灭国"的好事，受惠的国家是邢国和卫国，是两个姬姓的国家。邢国当为西周成王时所封，地在今河北邢台市，始封之君据《左传》僖公二十四年"凡、蒋、邢、茅、胙、祭，周公之胤也"可知为周公之后，史佚其名。《通志略·氏族略二》据《左传》上文国名排列次序推测邢国之封君为周公之第四子。为侯爵之国（《诗·卫风·硕人》"齐侯之子，卫侯之妻。东宫之妹，邢侯之姨"可证）。《吕氏春秋·简选》说："中山亡邢。"是邢国一度为中山所亡。据高诱注："中山，狄国也，一名鲜虞。……中山伐邢而亡之。"毕沅校本引梁仲子云："齐桓因狄伐邢，遂迁之，狄未尝亡邢也。……中山为白狄别种，伐邢者为赤狄。诱不之驳，何也？"梁仲子的补注认为《吕氏春秋》记"中山亡邢"有两点不是：一是他认为伐邢的是赤狄，不是"白狄别种"的中山，这一点他没有拿出证据来，光口说而无凭，一味怪高诱"不之驳"，岂能叫古人心服？二是他认为"亡"字用错了，邢国这一次是在齐桓公帮助下搬了一次家，不好叫"亡"。这则是在硬抠字眼了。陈奇猷《吕氏春秋校释》说："此言'亡'言'灭'者，乃攻陷其都之谓，非谓灭亡其国也。"再说如果没有齐桓公帮助迁国，恐怕邢国真就要亡国了。《公羊传·僖公元年》说得再清楚没有："邢已亡矣。孰亡之？盖狄灭之。曷为不言狄灭之？……天下诸侯有相灭亡者，桓公不能救，则桓公耻之。……上无天子，下无方伯，天下诸侯有相灭亡者，力能救之，则救之可也。"《公羊传》这是在称赞齐桓公"兴灭国"。这件事，发生在公元前662—前659年之间。《春秋·庄公三十二年》："冬……狄伐邢。"没有传文。《左传·闵公元年》方记："狄人伐邢。管敬仲言于齐侯曰：'……简书（指邢国的告急文书），同恶相恤之谓也。请救邢以从简书。'齐人救邢。"可见齐国一度救邢打退过狄人的进攻。但是，随后鲁国发生的事变，吸引了齐桓公的关注。当齐桓公正忙于了解和处置鲁国政局变化之时，狄人乘隙又向邢发动进攻。齐桓公一时分不开手，等鲁国的事态基本平息，齐桓公这才得知邢国形势已经吃紧，忙与宋国、曹国相约共同出兵救邢，却还是晚了一步。《左传·僖公元年》经："正月，齐师、宋师、曹师次于聂北，救邢。夏六月，邢迁于夷仪。"传："诸侯救邢。邢人溃，出（逃出国都），奔师（奔向诸侯之师）。师遂逐狄人，具邢器用而迁之（具，完备，引申为整理好），师无私焉（无私，谓不曾有所私取）。夏，邢迁于夷仪。诸侯城之，救患也。"夷仪，据谭其骧主编之《中国历史地图集》第一册"春秋时期·齐鲁"图，在今山东聊城西南。《辞源》修订本据《太平寰宇记·邢州》旧说，以为故城在今河北邢台县西，古称随宜城者是，这与当时狄伐邢之进攻方向和邢人退却的形势不相符合，不可取。

卫国遭到狄的进攻，是在公元前660年年底。《左传·闵公二年》经："十有二月，狄入卫。"传文对此战有较详细的描写："卫懿公好鹤，鹤有乘轩者。将战，国人受甲者皆曰：'使鹤！鹤实有禄位，余焉能战？'"这是中国人驯养鹤最早的记载，卫懿公也是第一个（恐怕也是唯一一个）因养宠物而亡国亡身的君主，因而这个历史事件很受后人关注。《吕氏春秋·忠廉》《韩诗外传》《新序·义勇》，都记有此事。《吕氏春秋》还增加了一个忠臣的人物形象，名叫弘演，以与卫懿公做对比。说卫懿公因为失道寡助，被狄人打败捉住，把他全身的肉和心肺之类全部吃尽，只剩下一副肝不食。出差在外的弘演赶回来时，懿公已经被吃掉了。他就向懿公的肝作了出使于外的汇报，随后呼天大哭，尽哀而止。"因自杀，先出其腹实，内（纳）懿公之肝（于腹腔内）。""（齐）桓公闻之曰：'卫之亡也，以为无道也。今有臣若此，不可不存。'于是复立卫于楚丘。弘演可谓忠矣，杀身出（注：出，去也）生以徇（殉）其君；非徒徇其君也，又令卫之宗庙复立，祭祀不绝，可谓有功矣。"刘向《新序·义勇》采择了这一《左传》没有的情节，只是把"因自杀，先出其腹实，内懿心之肝"几句改成"因自刺其腹，内懿公之肝而死"，并删去"弘演可谓忠矣"以下的评论。王充《论衡·儒增》赞赏刘向所改，认为《吕氏春秋》描写弘演的情节是不可能完成的，只是一种虚夸的增饰。其实，弘演这个人整个儿可能就是《吕氏春秋》增饰的。要真有这样一个人，这样的事迹，《左传》不至于不加记载。齐桓公也不是因为感佩一个臣子的忠诚才去援救卫国。而是因为卫懿公的父亲惠公、懿公死后卫人新立不久又亡故的戴公、戴公之弟出奔在卫的公子燬（即位后是为文公）都是他的亲外甥，有些甥舅之亲，他才救的卫国，这是一；卫国是为狄所灭的，据杜预《春秋经传集解后序》所引《汲冢纪年》"卫懿公及赤翟战于洞泽"（杜云："疑洞当为洞，即《左传》所谓'荥泽'也。"）可知，灭卫之狄是为赤狄，齐桓公打出的旗号是尊王、攘夷，未能攘狄于灭卫之先，又怎能不于卫亡后逐狄而复立卫呢？这是二；再说，这次狄人灭卫，胜得十分轻松，除了国士不愿披甲出战，民众自己溃散，与懿公之失道有关，但应该也与六年前（庄公二十八年春）齐桓公奉王命伐卫，把前来迎战的卫国军队杀得丢盔弃甲、四散溃逃有关；吃过一次大败仗的军队，兵员战斗力削弱不说，士气军心也必然大打折扣，遇到狄人来伐，表现得不堪一击，齐桓公心里琢磨，跟自己不能不说没有关系，自然更有必要弥补一下自己有所歉疚的地方，拉卫国一把，这是三。

实际上，照《左传》的描写，卫懿公虽然爱鹤胜于爱臣民，让鹤乘大夫以上才能乘的轩车，以致伤了士心，失了民心，整个国家一盘散沙，全无半点凝聚力；但到节骨眼上，狄人兵临城下，没人愿意上阵却敌之际，他卫懿公却能不怕死，站出来，带头与狄人决一死战。看他镇静地给石祁子一块玦，示意授他以临事"决"断之权，又给宁庄子一根矢，示意授他以发布军令之权，要这两个卿帮助国家，"择利而为之"。又赠送夫人绣衣与之告别，叮嘱她"听于二子"。随后登上战车，大有先于荆轲，唱响"壮士一去兮不复还"之概。他"及狄人战于荥泽"，虽然兵力不济，迅速败下阵来，他却至死"不去其旗"，亮出自己主帅身份，让狄人围向自己。他有没有牵引敌人以掩护夫人、二卿、部下逃脱的壮烈动机，我们不好说。但《左传》就是这么记述的，也并不曾提及被狄人"尽食其肉，独舍其肝"的事。不过，卫懿公个人遭遇究竟怎么样，这已经不重要了。重要的是由于他的"好鹤，淫乐奢侈"（《史记·卫世家》），卫国败亡，他也身亡了。这个历史教训，是可以鉴戒后世的。

卫国亡失国都后，逃出来的遗民男女合计只有七百三十人，加上共、滕两邑之民五千人,夜渡黄河(古黄河下游河道在今黄河以北),集结在曹邑,立戴公为国君,暂时安顿下来。齐桓公派儿子无亏帅领战车三百乘、甲士三千人前来卫戍,送来乘马衣食、木料,还不忘给夫人送一辆轩车,三十匹重锦,照料得可算很周到。谁知卫戴公即位不久就因亡国之痛,压力太重,疲劳等种种原因,撒手病故。戴公弟文公继立。文公对卫之复兴付出很多,《卫世家》说:"文公初立,轻赋平罪,身自劳,与百姓同苦。"《左传》说他"大布(粗布)之衣,大帛(通白)之冠,务材训农,通商惠工,敬教劝学,授方任能。元年,革车三十乘;季年,乃三百乘。"(闵公二年)僖公元年末、二年初,齐桓公又与诸侯在曹邑东边的楚丘之地修筑了一座城,让卫国君臣民众迁入新居。《左传·闵公二年》描写道:"邢迁如归,卫国忘亡。"僖公元年所述更把齐桓公称为"侯伯"(诸侯之长):"凡侯伯,救患、分灾、讨罪,礼也。"《国语·齐语》也对齐桓公大加赞颂:"狄人攻邢,桓公筑夷仪以封之;男女不淫,牛马选具(齐备)。狄人攻卫,卫人出庐于曹,桓公城楚丘以封之;其畜散而无育,桓公与之系马三百,天下诸侯称仁焉。于是天下诸侯知桓公之非为己动也。是故诸侯归之。"

但是,齐桓公还不认为自己已经功德圆满。他虽然北伐山戎,直达孤竹;但南方的楚国,正越来越使他感到自己的霸主地位还没有坐稳。楚文化其实是华夏文化的一个地方分支,但春秋前期中原列国却每以地域偏见歧视楚国为"蛮荆""南蛮"。实际上,自楚武称王,经武、文、成王三世经略,楚国不仅南启百濮、扬越,大大扩展了自己的疆域,更北向灭邓、灭息、灭申,伐随、伐蔡、伐郑,其武力已直接威胁到中原,而首当其冲的就是郑国。楚文王灭了申、息二国,建立二县以后,楚国的北部边界实已与郑、蔡诸国毗邻或极为接近。《左传·庄公十五年》把第二次鄄之会作为"齐始霸"的标志,但这次会蔡国没有参加,因为蔡哀侯此时正被楚文王为讨好息妫而再次被抓成为楚囚。而参加鄄之会的郑国,第二年(庄公十六年)秋天就遭到楚国的讨伐。讨伐的理由,是两年前郑厉公重登国君之位没有及时告诉楚国。这可真是个借口,若真要责他"缓告""不礼",何至于要迟至两年以后"缓伐"?这次伐郑,楚军只进到郑之栎邑就收兵返回了,分明只是作一个姿态,传达一个信号:你郑国不要靠向齐桓公那边去,忘了我楚国的存在了!齐桓公对楚国的一举一动十分关注,当年冬天,为了拉拢郑国,齐桓公召集包括郑国在内的八个诸侯国开了个"幽之会"(幽为宋国地名)。但郑国的态度似不很积极,因为第二年春天,就发生了"齐人执郑詹,郑不朝也"的事(《左传·庄公十七年》)。据孔颖达疏解释,是"齐以郑不朝而责于郑,郑令詹(郑之执政大臣叔詹)诣齐谢罪,齐人执之"。直到十年后齐桓公召开第二次幽之会,郑国才表态愿服于齐(见《左传》庄公二十七年经、传)。这一来,楚国又不满意了,令尹子元以战车六百乘伐郑,齐国则联合鲁、宋救郑。令尹子元不想与齐国发生正面冲突,于半夜悄悄撤兵而去(见《左传·庄公二十八年》经、传)。楚国大军屡逼郑国之举,成为齐桓公巩固自己霸业的最大障碍。《左传·庄公三十二年》:"齐侯为楚伐郑之故,请会于诸侯。"杜预注:"谋为郑报楚。"不料,随后发生的鲁国夫人、庆父之乱,狄人亡邢,狄人灭卫,一件连着一件接踵而至,打乱了他原来的部署,就把对付楚国的事耽搁下来了。而楚国呢,这两年中却不闲着。首先是楚成王成年亲政了,利用申公鬥(斗)班把不图进取、只想着盅惑文夫人的令尹子元杀死了,起用鬥縠於菟(斗谷于菟)替代子元为令尹(即令尹子文),对外更虎视眈眈了。《左传·僖公元年》经、传:"秋七月……楚人伐郑","郑即齐故也";"八月,公会齐侯、宋公、郑伯、邾人于柽(宋国地名)","谋救郑也"。应该说,齐桓公的反应也是很快的,立即开会"谋"而且结了个盟。第一步措施是:《左传》僖公二年经、传:"秋九月,齐侯、宋公、江人、黄人盟于贯(宋国地名)","服江、黄也";"冬,楚人伐郑,鬥(斗)章囚郑聃伯。"可以看得出来,齐桓公与楚国是你一拳来,我一脚去,双方针尖对着麦芒。但相互间却又并不露声色,只是暗中较着劲儿。江国和黄国地近楚国,原来都是依附于楚国的小国家。江国在淮水北岸,黄国在淮水南边,一西一东正好夹住楚国的息县。若把这两个小国从楚国怀抱里瓦解拉拢过来,不啻是在它左颈右肩各按上颗刺蒺藜,能让楚国很难受的;更重要的是,削弱了楚国的羽翼,壮大了自己的声势。这是齐桓公和管仲心里打的算盘。楚成王和令尹子文却不是这么想的,江国和黄国能有几斤几两,楚国最是清楚。江、黄真被齐国拉过去,料它们对自己也构不成多大威胁,而且认定都只是自己池中之鱼,想什么时候网起来吃就什么时候下网的事儿。所以并不在意,只在年底以再次伐郑回应一下,捎带着把郑军领兵的大夫聃伯俘掳了扣留起来。在这种剑拔弩张的形势下,才有了本篇选文中讲述的阳谷之会和召陵之盟。

【文学史链接】

(一)《东周列国志》第二十三回"卫懿公好鹤亡国,齐桓公兴兵伐楚"对"齐桓公侵蔡伐楚"起因的虚构和描述

且说郑伯闻聃伯被囚,复遣人如齐请救。管仲进曰:"君数年以来,救燕存鲁,城邢封卫,恩德加于百姓,大义布于诸侯,若欲用诸侯之兵,此其时矣。

君若救郑,不如伐楚,伐楚必须大合诸侯。"桓公曰:"大合诸侯,楚必为备,可必胜乎?"管仲曰:"蔡人得罪于君,君欲讨之久矣。蔡楚接壤,诚以讨蔡为名,因而及楚,《兵法》所谓'出其不意'者也。"

　　先时,蔡穆公以其妹嫁桓公为第三夫人。一日,桓公与蔡姬共登小舟,游于池上,采莲为乐。蔡姬戏以水洒公,公止之。姬知公畏水,故荡其舟,水溅公衣。公大怒曰:"婢子不能事君!"乃遣竖貂送蔡姬归国。蔡穆公亦怒曰:"已嫁而归,是绝之也。"竟将其更嫁于楚国,为楚成王夫人。桓公深恨蔡侯,故管仲言及之。……

按:《东周列国志》为历史演义,所叙大多符合史实,但有些史所未及的细节也不免有所虚构。如《左传》未提蔡姬由何人陪送归国,此书设为竖貂(为齐桓公近臣,宫中供使令者),虽无根据,尚称合理。《左传》也未提蔡侯将蔡姬改嫁于何人,此书虚构为楚成王,则歪曲了齐桓公服楚的意图,不免流于庸俗。余略。

(二) 以"召陵之盟"为题的古诗

1. 胡曾《咏史诗·召陵》

　　小白匡周入楚郊,楚王雄霸亦咆哮。不思管仲为谋主,争敢言征缩酒茅。

按:《东周列国志》于第二十四回写召陵之盟仪式结束以后,也引了"胡曾先生"的诗一首:

　　楚王南海目无周,仲父当年善运筹。不用寸兵成款约,千秋伯业诵齐侯。

按:这首"胡曾先生"的诗却是赝品,不知何人所作,只是非胡曾之作。胡曾所作《咏史诗》凡七绝一百五十二首,题材广泛,构思立意甚为精巧,吟之颇有耐人寻味处,见于《全唐诗》。其中并无冯梦龙所引之诗,且此诗也稍嫌平庸。接着又录有髯翁七律一首,说是"讥桓、仲苟且结局,无害于楚;所以齐兵退后,楚兵侵犯中原如故,桓、仲不能再兴伐楚之师矣"。诗云:

　　南望踟蹰数十年,远交近合各纷然。大声罪状谋方壮,直革淫名局始全。
　　昭庙孤魂终负痛,江黄义举但贻怨。不知一歃成何事,依旧中原战血鲜。

按:此诗之作者髯翁,也不知是何人之号。

2. 谢公翼《召陵故城》

　　东望嵯峨一小岭,人传小白驻霓旌。水滨义问勤匡合,熊耳先登退结盟。
　　壁垒萧萧惟古寺,荆棘寂寂但荒城。不堪更说沧桑事,汉关秦都总幻情。

按:此诗作者为清人。

（三）有关文学典故

风马牛

马牛其风，臣妾逋逃，勿敢越逐。祗复之，我商赉汝。

（《尚书·费誓》）

按：费，鲁国东郊之地名；誓，誓师诰戒之词。故《孔传》云："鲁侯征之于费地而誓众也。"此篇作于何时，有多种说法。《史记·鲁世家》以为伯禽作于周初三监叛乱之时，清人孙星衍已指出其与历史事实不符（《尚书今古文注疏》）。《书序》则说："鲁侯伯禽宅曲阜，徐、夷并兴，东郊不开，作《费誓》。"《孔疏》因而谓作于周公归政、伯禽就国后，今人李民也以文中"鲁人三郊三遂"之制非初封国时即能臻，加以否定（《尚书译注》）。近人余永梁考证此篇为春秋鲁僖公时所作，与同时代的《诗·鲁颂·泮水》所写"桓桓于征，狄彼东南""既克淮夷""淮夷卒获"相符，说较近实。如此，《费誓》之作，当晚于齐桓公侵蔡伐楚。则楚使所说"风马牛不相及"之语在前，《费誓》之"马牛其风"在后。若《史记》或《书序》之说可成立，则《左传》之"风马牛"未可认为语源。但对后世诗文之影响而言，《左传》无疑大于《费誓》。

两萧累代，举国遵行。后魏及齐，风牛本隔。

（《隋书·地理志》）

客来劝我飞觥筹，我笑谓客君罢休。醉自醉倒愁自愁，愁与酒如风马牛。

（陆游《春愁》诗）

八十又遇二，与人风马牛。深知老当逸，孰谓死方休。

（陆游《天气作雪戏作》诗）

炎天一葛冬一裘，藜羹饭糗勿豫谋。耳边闲事有何极？正可付之风马牛！

（陆游《短歌行》）

徼福

寡君愿徼福于周公、鲁公以事君，……结二国之好。

（《左传·文公十二年》）

按：这是秦康公所派使者向代表鲁文公的襄仲所说的话。在《左传》中，从楚使屈完代表楚共王与齐桓公对话中首次使用"徼福"一词后，除此例外，还有宣公十二年、成公十三年、昭公三年、三十二年、哀公二十四年共五次在国与国、周王室（实际上也沦为列国一样的地位）与当时的霸主晋国之间的外交辞令中出现。说明这个词在春秋时期已成为一个外交惯用语、程式化的套语。一般都是向对方的始祖或先君或本国的始祖或先君徼（求）福，以表示自己愿望的迫切、态度的真诚和谦恭。在外交事务中先后使用过这个词的依次是楚、秦、郑、晋、周王室、晋，受话者依次是齐、鲁、楚、秦、晋、鲁。

《左传》中其余数例从略。

术问曰："……今孤以土地之广，士人之众，欲徼福于齐桓、拟迹于高祖，可乎？"

（《后汉书·袁术传》）

昔承明既厌，严助东归；驷马可乘，长卿西反。恭闻故实，窃有愚心。黍稷非馨，敢望徼福？但崔台之吊，空怆魏君；雍丘之祠，未光夏后。瞻仰烟霞，伏增凄恋。

（沈炯《经通天台奏汉武帝表》）

贾客无定游，所游唯利并。眩俗杂良苦，乘时取重轻。心计析秋毫，捶钩侔悬衡。锥刀既无弃，转化日已盈。徼福祷波神，施财游化城。妻约雕金钏，女垂贯珠缨。……农夫何为者？辛苦事寒耕。

（刘禹锡《贾客词》诗）

黄庭坚称其（指周敦颐）人品甚高，胸怀洒落，如光风霁月。廉于取名，而锐于求志；薄于徼福，而厚于得民；菲于奉身，而燕及茕嫠；陋于希世，而尚友千古。

（《宋史·周敦颐传》）

朱门巧夕沸欢声，田舍黄昏静掩扃。男解牵牛女能织，不须徼福渡河星。

（范成大《秋日田园杂兴十二绝》之二）

【文化史拓展】

（一）召陵故城遗址

今河南省漯河市郾城县东有召陵寨，召陵故城遗址即位于召陵寨西北隅。南北长约 120 米，东西宽约 100 米，面积 12000 平方米左右，城垣高出周围地面约 8 米。古城残垣可见有窝形痕迹，据之可定为版筑而成。附近原有八个土冢，不知起于何代。根据《郾城县志》的说法："召陵寨南门外路东，有平台，高丈许，周围五十步。土人曰齐桓公点将台，今废。"出土文物有斧、锛、镞，均为石制；又有鬲、豆、壶等陶器片，及春秋至秦时的砖瓦、白陶瓮、虎形镇墓兽头。

1957 年郾城县人民委员会公布其为县级保护单位。

（二）《水经注·沔水》记周昭王死于左桑

《水经注》汉水又称沔水，谓沔水会合西来的夏水后，东流经过一处名叫"左桑"的地方。"昔周昭王南征，船人胶舟以进之。昭王渡沔，中流而没，死于是水。齐楚之会，齐侯曰：'昭王南征之不复，寡人是问。'屈完曰：'君其问诸水滨！'庾仲雍言，村老云：'百姓佐昭王丧事于此，成礼而行，故曰佐丧。''左桑'字失体耳。"按，庾仲雍晋人，风土地理学家，著有《湘州记》二卷、《江记》五卷、《汉水记》五卷，皆著录于《隋书·经籍志二》。郦道元所引，当见于庾氏《汉水记》。原书今佚。

（三）关于方城

齐桓公炫耀武力，屈完不卑不亢地说："君若以德绥诸侯，谁敢不服？君若以力，楚国方城以为城，汉水以为池，虽众，无所用之。"汉水很容易讲，搬出它来，也有用周昭王死于汉水的旧事来提醒齐侯不要重蹈覆辙的意思。但方城怎么讲，历来就众说纷纭了。因为在楚国境内，既有要塞以方城为名，又有山以方城为名，有长城以方城为名，还有县以方城为名的。屈完所说的"方城"，究竟何所指呢？首先要把以方城为名的县排除掉，因为方城县是隋初才建置的，春秋的时候尚无此邑名。其次，要对楚长城作一些分析，因为楚长城不是筑于一时的，其北部东西向的一长段和西部南北向的一长段长城都是战国时楚为防御北方的韩、魏和西北方的秦国之侵扰才修筑的，屈完之时根本还不存在。再次，作为山名，要把楚国境内原属庸国的方城山排除在外，因为庸国被楚所灭，国土入于楚国版图，据《左传》所记，是在鲁文公十六年（前611）以后，屈完对答于齐桓公时，他绝不会把当时尚不属于楚国的庸国的山比作楚国的城。

采用这样的排除法，剩下的范围就小一些了。但历史上还有不同说法。较早的地理学记载《汉书·地理志》和《后汉书·郡国志》虽都把方城定位在楚之叶县，但前者（《地理志上》）南阳郡叶县云："楚叶公邑。有长城，号曰方城。"后者（《郡国志四》）南阳郡叶县云："叶，有长山，曰方城。"前者是东汉班固的观点，以方城为楚长城；后者是西晋司马彪的观点，以方城为方城山。他或者是取比他稍早的杜预注《左传》的说法："方城山，在南阳叶县南。"或者西晋初年就是流行这一种说法，他和杜预只是所见略同。究竟如何，现在也已难考了。还需要指出一个事实，就是三国吴的韦昭给《国语》作注，在注《吴语》时说："方城，楚北山。"用的已是《后汉书·郡国志》的说法了。而在注《齐语》时却又说："方城，楚北之阨塞也。"不仅自己前后说法不统一,而且仍使"方城"存在长城名、山名和阨塞名三种解释。而北魏的郦道元亲身考察了叶县周围的水系,又参照了前人的不同说法,在他的记述中,多次提到方城之名,最后连他自己也搞不明白究竟哪种说法才真正是屈完所说的"方城以为城"。下面分条记下他的几个说法:

1.《水经注·汝水》记了一条注入汝水的醴水:"醴水又屈而东南流,经叶县故城北,《春秋·成公十五年》'许迁于叶'者也。楚盛周衰,控霸南土,欲争强中国,多筑列城于北方,以逼华夏,故号此城为万城,或作方城。唐勒《奏土论》曰:'我是楚也,世霸南土,自越以至叶,垂弘境万里。'故号曰'万城'。余按《春秋》屈完之在召陵对齐侯曰:'楚国方城以为城。'杜预曰,方城,山名也,在叶南。未详孰是。"这一条郦道元未能给出答案的记载,可以直接了断否决了。因为他引用的材料是战国末期的,唐勒以作赋名,《汉书·艺文志》著录赋四篇,《奏土论》则未尝闻、见,但唐勒与宋玉同时,皆后于屈原,为怀王后期及顷襄王时人。楚国灭越,始于威王,完全罄灭,则在怀王之中期偏后(前306年前后)。唐勒文云"自越以至叶"皆为楚土,已是在屈完讲"方城以为城"近三个半世纪以后的事了。这样的资料岂能有什么实证价值。

2.《水经注·汝水》:"醴水又东与叶西陂水会,县南有方城山,屈完所谓楚国'方城以为城'者也。"这里的郦道元,又稍为明白过来一点了。但请注意,他这里认为"方城以为城"的"方城",指的是山,即方城山。

3.《水经注·沘水》:"沘水又东北,澧水注之。……沘水东北经于东山西,沘水之左即黄城山也。水出黄城山,东北经方城。《郡国志》曰:'叶县有方城。'郭仲产(疑当作彦)曰:'苦菜、于东之间,有小城名方城,东临溪水,寻此城致号之由,当因山以表名也。'苦菜即黄城也,及于东通为方矣,世谓之方城山。水东流注沘水,故《地理志》曰:'南阳,叶,方城。'邑西有黄城山,是长沮、桀溺耦耕之所。有东流水,则子路问津处。《尸子》曰:'楚狂接舆耕于方城。'盖于此也。盛弘之云:'叶东界有故城,始豐县东,至溰水,达泚(当作沘)阳界,南北联络数百里,号为方城,一谓之长城耳。'郦县有故城一面,未详里数,号为长城,即此城之西隅,其间相去六百里。若南北虽无基筑,皆连山相接,而汉水流其南。故屈完答齐桓公云:'楚国方城以为城,汉水以为池。'《郡国志》曰:'叶县有长城,曰方城。'指此城也。"(文中所引"郭仲产",指郭所著《襄阳记》;所引"盛弘之",指盛所著《荆州记》。)郦道元在这里讲了很多,也提到了一些很重要的事实,但他没有把这些事实梳理得很清楚。他引用的郭仲产(疑当作彦)的话就很重要,郭说:苦菜山(即黄城山)和于东山之间,有一段小小的城墙,其名就叫方城(文中"小城"并非小的城邑之意)。而它得名方城,是由于苦莱山和于东山虽然中断有个缺口,但此二山却连称为方城山(实际上二山还只是方城山的一部分)。郦道元引用的盛弘之的话也很重要,盛说:叶县的东界(东疑为西字之误)有故城,向南直达泚阳(即今泌阳)界,南北联络数百里,号为方城,又叫长城。南北有数百里长,可以称得上长城了。而又用了"联络"二字,可以想见这城是断断续续的;有山为天然屏障时,城就免筑了,无山可恃险时,就筑一段城。郦道元形容的"皆连山相接",很是形象。直到这里,郦道元所介绍的情况还都是很有价值的。但最后,他在介绍完郦县也有故城址遗迹,且也号长城,他断定是楚长城的西隅,这也不错。而接着他说:"汉水流其南,故屈完答齐桓公云:'楚国方城以为城,汉水以为池。'"这却错了。他不明白楚长城的西段,虽然离汉水很近,在召陵之盟时却还远没有建造起来,所以屈完所说"方城以为城",与郦县附近的楚长城西段(以及北段)是完全没有关系的。

郦道元提供的资料,虽然他自己没有理出个头绪来,但给了我们极大的启发:历史上对"方城"三个不同的解释(山名、长城名、阨塞名),原来是可以在楚国的"防御体系"这一个大的框架下统一起来的。楚国按照天然地势,依山筑城,而那段筑于黄城山和于东山之间的小城,必有城关,因形势险要,一夫当关,万夫莫入,遂成阨塞。《吕氏春秋·有始》《淮南子·地形》都列有天下九塞之名,方城塞均位居第四。

今人刘玉生、王彦芬对古方城塞遗址作了调查,认为即今河南省方城县东北黄石山(《水经注》称为黄城山)西麓之古塞大关口。他们写了《方城县楚古塞大关口遗址调查》一文,发表在《方城文史资料》第十三辑上。现将其要点作部分节录:

> 明嘉靖十二年《裕州均田碑记》(裕州辖今河南方城、舞阳、叶县等地,州治在方城县):"裕州于春秋属楚,盖楚屈完对齐桓公之言曰'方城以为城',今方城山在裕州境,山旁有楚壁垒斥堠云。"同书"古迹"条:"仙翁关,即大、小关口,在黄石山西,当南阳、叶县之要冲。"民国《方城县志·山川》:"方城山,在县东北五十里。"

> 今黄石山西麓古塞,连石刺天,两山耸峙,状如双阙,前有泽薮,后系沃原,西胁武关,东挟江淮,北绾河洛,南隙宛邓,与历史地理相一致。

> 西为伏牛山东麓诸峰相连,东为方城黄石山西麓之诸峰并列,两山耸立夹峙,形成隘道,称为"大关口"。两边各向对面筑城垣。城垣皆因地制宜,就地取材,有土则以土筑,无土则以石垒。其外侧均为陡峭之陂地,增加了城垣的高度。东西两侧城垣交会于黄家闲(xì)村旁的古大道上,把两座山连接在

一起,形成天然屏障。

　　方城乃山、塞(城关)之结合体,而今之黄石山西麓大关口,为楚古塞无疑。

　　附近出土之铜戈、铜镞属春秋战国器物,而当时斯土属楚。

(四) 关于福文化

　　在本篇中我们见到了"徼福"这个词,并且从"文学史链接"的有关条目中知道了这个词在《左传》中出现频率颇高。它的常用含义是"求(祖宗之)福";借此语势,向谈话的对方表达某种愿望。是当时国与国交际的外交辞令中常用的客套话。

　　为什么春秋时这个词变成常用语了呢? 大前提当然是周王室衰微,诸侯国崛起,列国相互间交往增多,有用到这个词的需要;另外,与福文化的渐次普及也有一定的关系。

　　什么是福? 据说西周初箕子向周武王讲天地大法,提到五福:"一曰寿,二曰富,三曰康宁,四曰攸好德,五曰考终命。"(《尚书·洪范》)寿、富就不用解释了,康宁是健康平安,攸好德是所喜好者为德,考终命是老而终于命,不死于非命。这里面没有提到贵、禄位,可能是箕子并不想在周朝做官,也可能是听他说话的周武王本来就贵为天子了。《韩非子·解老》则说:"全寿、富、贵之谓福。"他的"全寿",把箕子的"寿、康宁、考终命"都统摄进去了,他提到了贵,却不提好德。《庄子·天地》写华封人三祝,一祝寿,二祝富,三祝多男子,又把多子多孙纳入"福"。《礼记·祭统》的解释更宽泛一点:"福者,备也。备者,百顺之名也。无所不顺者,谓之备。"这是认为福就是无所不顺,相当于今天说的万事如意。

　　西周时候能"享福"的人可是不多,甚至有成为周王专有品的趋势。上面提到的《洪范》中就说:"惟辟(君王)作福,惟辟作威,惟辟玉食;臣无有作福作威玉食。"(旧题)孔安国传还解释为"惟君得专威福,为美食"。到孔颖达疏却解释为"惟君作福得专赏人也,惟君作威得专罚人也",这恐怕不是古义,是唐代福文化普及以后的观念。我们只要参照《尚书·君陈》中周成王说的"惟予一人膺受多福",就可知道这句话和箕子说的"惟辟作福"是一个意思,"作福""作威"就是享有福分、享有威权,不必拐弯绕道解释为擅赏罚之权。古代的最高统治者讲求祭祀以祈福。《礼记·祭统》就说:"贤者之祭也,必受其福。"郑玄注:"世所谓福者,谓受鬼神之助也。"要受鬼神之助,就必须要祭祀。且从《诗经》里举些周王祭祀祈福的例子来看。《周颂·潜》:"以享以祀,以介景福。"介,助也。景,大也。《周颂·丰年》:"为酒为醴,烝畀祖妣。以洽百礼,降福孔皆。"烝,进。畀,给。洽,备。孔,很。皆,遍。《周颂·执竞》更是把先王的神灵款待得"既饱既醉"以后,要求他"降福穰穰,降福简简"。穰穰,多貌。简简,大貌。上三例祭祀者都是周王,受祭者都是周之先王;降福者都是先王之神灵,受福者都是祭祀的周王。再看《大雅·行苇》:"寿考维祺,以介景福。"这是周王在祭祀后宴请族人,上句是周王在席间祝"黄耇"(老人)长寿吉祥,下句是周王请老人们"助我大福"。《大雅·既醉》:"君子万年,介尔景福。"这是祭后宴席上代表先王受祭的"尸"对主祭者周王的祝辞,"君子"和"尔"都指周王。当然,周王之得福,不全与祭祀仪式有关。《大雅·假乐》:"千禄百福,子孙千亿。"就是在周王宴会群臣时,群臣对周王歌功颂德之辞。其实,千禄、子孙千亿,都可以归入"百福"之中。《大雅·大明》:"昭事上帝,聿怀多福。"《大明》是周族史诗之一,这两句讲的是周文王。昭,明。聿,以。怀,来,招来。《大雅·文王》:"永言配命,自求多福。"这首诗,相传为周公作以颂文王、戒成王的。言,语助词。配,合。命,天命。这三首诗都不是祭祀先王祈求降福。特别后两首讲文王的事,都强调他"事上帝""永配命",而未提到过他对祖先的祭祀,他的"多福"不是祖先"降"给他的,是他"事上帝"而招来的,"配天命"而自求来的。但是,在所有上引诗中,"福"都和周王联系在一起。这些诗,大抵都作于西周初年,间或未必初年也是前期。

我们再看看西周末年的几首诗,《小雅》中的以下几首诗,《诗序》都说是幽王时的。《诗序》说诗之主旨,每不被今人认可,但参照其说,定这些诗为西周末年之作,前人也未有必欲否定之见。这些诗里,受福者已不是天子,而是公、卿、诸侯、贵族。如《楚茨》和《信南山》二诗都写到祭祀以求福,《楚茨》有"以介景福""报以介福""卜尔百福"等语,《信南山》有"先祖是皇(一释旺,一释借为往),报以介福,万寿无疆"之语。朱熹《诗集传》认为两首诗都是"公卿有田禄者力于农事以奉其宗庙之祭";诗中颂词所提到的福,都归于主祭者,也就是公、卿之属了。《瞻彼洛矣》有"君子至止,福禄如茨"之句,郑玄笺:"君子,……谓来受爵命者也。爵命为福,赏赐为禄。"茨,有成堆之意,喻多。《桑扈》有"彼交匪敖,万福来求"之句,朱熹《诗集传》对上文出现的"君子"解释说:"指诸侯。"又串讲此二句道:"交际之间无所傲慢,则我无事于求福而福反来求我也。"《小明》旧说是大夫悔仕于乱世之作,今人注释对此并无原则之分歧,诗中有"嗟尔君子,……神之听之,介尔景福"之语,是诗的第一人称"大夫"祈求神"助你得到大福"的人,郑玄笺说:"君子,谓其支未仕者也。"朱熹则说:"亦指其僚友也。"那么这位被祝得福的最多也只是个大夫,甚或只是"准大夫"。《鸳鸯》里也有"君子万年,福禄宜之"之句,今人高亨《诗经今注》认为"君子"指贵族，程俊英《诗经译注》则进一步据诗的比、兴断为"这是祝贺贵族新婚的诗"，诗中四次提及的"君子"二句，都是对贵族新婚的贺词。最引人注意的是朱熹《诗集传》对《甫田》末段"乃求千斯仓，乃求万斯箱。黍稷稻粱，农夫之庆。报以介福，万寿无疆"的解释。朱熹把诗中的第一人称"我"，释为"食禄主祭之人"，诗中有时提到的"曾孙"，也释为"主祭者之称"，即"我"的另一种表达法。他串讲上述几句道："此言收成之后，禾稼既多，则求仓以处之，求车以载之。而言凡此黍稷稻粱，皆赖农夫之庆而得之，是宜报以大福，使之万寿无疆也。其归美于下而欲厚报之如此。"

可见，西周初年"惟辟作福""惟予一人膺受多福""臣无有作福"那种把"福"神圣化、专擅化的局面，到了西周末年已经被逐渐普及化的福文化氛围所取代了。这就是春秋时期列国间习惯于用"徼福"这个词来进行外交活动的原因。这除了福的普及化之外，还有一个"祈福"形式简单化的变易过程在内。原先向先王先君祈福，都要通过繁琐的祭祀仪式，现在简单到只要使用语言就可以了。当时的人们相信，祭祀语、祈祷语、咒语、祝告语，都可以与天地鬼神相接，起到一定的效果。当然，心一定要诚，"诚则灵"。

《国语·晋语三》载，晋惠公即位后背信弃义，内杀有功之臣，外诈有恩之邻。国人间流传谣谚，预言"祸乱其兴"。不久，惠公果然遭殃，在"韩之战"中成了秦囚。晋大夫郭偃说了一句格言式的话："众口，祸福之门。"这是历史上较早重视民众舆论的话。福和它的对立面祸、殃之间的关系，也逐渐为智者所关注、研究。

最著名的自然是《老子》第五十八章说的："祸兮福之所倚，福兮祸之所伏。"《易·谦卦》象辞："鬼神害盈而福谦。"《文子·微明》："积爱成福，积憎成祸。"《孟子·公孙丑上》："祸、福，无不自己求之者。"自，由、从。己，自己，本身。《庄子·则阳》："安危相易，祸福相生。"《荀子·劝学》："福莫长于无祸。"《荀子·天论》："顺其类者谓之福，逆其类者谓之祸：夫是之谓天政。"顺其类，使同类顺于己。逆其类，同类皆逆于己。《战国策·楚策四》："祸与福相贯，生与亡为邻。"又："世有无妄之福，又有无妄之祸。"无妄，不能预料的。《韩诗外传》卷五："福生于无为，而患生于多欲。"《淮南子·诠言训》："惟不求福为无祸。"《春秋繁露·竹林》："得志有喜，不可不戒。……是福之本生于忧，而祸起于喜也。"《说苑·说丛》："祸生于欲得，福生于自禁。圣人以心导耳目，小人以耳目导心。"同上："福者，祸之门也。是者，非之尊也。治者，乱之先也。事无终始而患不及者，未之闻也。"《二程粹言·论学》："妄得之福，灾亦随焉。"这些古代学者总结了历史上种种复杂的社会现象,包括朝代成败更替,国家盛衰兴亡,个人荣辱得失,从中研究了福与祸的成因、相互转化的条件和缘由,提出了各种不同的看法。较多的人认识到福与祸并非一成不变,福与祸与自己的主观努力、道德修养有关,靠祭祀鬼神即可求福避祸的看法,从战国以后已被多数学者所否定。较多的人认同祸中存在着向福转化的因素,福中也潜伏着转变为祸的萌芽。综合各种不同的说法,福与谦恭敬慎、泛爱众人、律己自禁、与同类相顺而和谐、无为而不妄求得福、常存居安思危之忧等等品格、作为有关;具备这些条件,祸就有可能逐步转化为福。而若与上述品格、作为相逆相反,就会滋生祸端,原有的福也有可能变成弥天大祸。

上面讨论到的"福",基本上都是"君子"之福,即封建统治阶级的福。福文化的普及,在封建统治阶级看来,也只是从"天子"的"予一人",逐渐扩大到公卿、诸侯、大夫而已(见前所举《诗经》诸例)。战国时期,士阶层也得以享"福"了。据《仪礼·士冠礼》载,士在举行冠礼时,也可以得到"寿考维祺,介尔景福"的祝贺词了。这与春秋后期到战国时期产生了以原贵族下层与"国人"上层合成的新兴士阶层的崛起有关。而"治于人"的"劳力者"中占比例最大的是农夫,我们只在前举《诗·小雅·甫田》的朱熹注中见过一例,是土地的领主在大丰收的好年景已成定局的情况下,心情大好,居然能认识到千仓万箱的黍稷稻粱乃"农夫之庆",从而要"报以介福",甚至唤出了"万寿无疆"。的确极为罕见。

在统治阶级眼里,小人若能有福,也只是"小人之福"。《易·系辞下》说:"小惩而大诫,此小人之福也。"能从小惩罚里获得大教训,这就是小人的福分了。这与统治阶级的"五福"和"富、贵、全寿,福也",真是有着天壤之别了。小百姓享受不到"君子之福",但他们也自有福的标准。《淮南子·人间训》讲的塞翁失马,"何遽不为福乎"的故事,说明塞翁很想得开,他的马"亡入胡中",数月后竟"将(带)胡骏马而归",这在塞翁看来,这就是他的福了。老百姓不富不贵,他对福的要求也不高,也很具体实际,而且种类繁多,处处有福可享。偶而吃了一顿好的了,称为有口福;经常能听到好曲好调的了,那就是有耳福;看了一出别人没看着的好戏了,那叫饱了眼福;娶上个俊俏媳妇了,就更是艳福不浅;劳碌大半辈子退休下来了,那自然是享了清闲福;孙子绕膝,儿女孝顺,这老来福可就大了。在生活中,不乏"因祸得福""笨人自有笨人福""大难不死必有后福"的例子。古来的老百姓,也一直在自己的生活圈子里,总结祸、福的关系,形成某些谚语。由于历史的局限性,这些谚语反映的未必是真理,但却为我们耳熟能详:"福无双至从来有,祸不单行自古闻。"(《清平山堂话本·合同文字记》)删去外添的赘词,便是"福无双至,祸不单行"，反映了旧社会老百姓祸多福少的生活实际。又："天有不测风云，人有暂时祸福。"(《清平山堂话本·戒指儿记》)这条谚语，后来叫人改了两个字，意思变得更为明白："天有不测风云，人有旦夕祸福。"(佚名元杂剧《刘安住归认祖代宗亲包龙图智赚合同文字》第四折)随着科技发展，风云逐渐可测，但遇到大气候多变，局部地区风云不确定性仍难准确预报；而医学与医疗条件未臻完美时，旦夕祸福("祸福"似为复合偏义词，一般偏指祸)也有其存在的必然性，况有尚未掌握规律之天灾人祸(空难、海难、车祸之类)乎！人间飞来横祸仍不少，而飞来横福极罕见，但偶也可闻花四元钱中了百万巨奖的好事，可惜难以复制而已。民间又有干了不善之事会"折福"之说："亏心折尽平生福，行短天教一世贫。"(施耐庵《水浒传》第三十四回)这两句话见于回目开场诗，似乎还没有流行到成为谚语的地步。

在自古至今所有谈论祸福的文字中，恐怕再没有能比林则徐的两句诗更动人心弦的了："苟利国家生死以，岂因祸福避趋之！"(《赴戍登程口占示家人》)趋福避祸是福文化的主流心理。现在每个人都愿祝福他的亲人、朋友、同事、所有善良的人，他也有权要求亲人、朋友、同事、所有善良的人："请大家为我祝福吧！"我们有没有想到过：在三千年前，"福"只是属于个别人的；后来，稍稍扩大为少数人的；现在，才属于绝大多数人的，并总将属于所有人的。而为了国家的大福，为了人民的多福，曾经有过多少个像林则徐这样的伟人，选择了不顾个人生死、不怕担当祸患的道路。让我们永远纪念他们。

【问题探讨】

(一) 阳谷之会参与国有多少?

阳谷之会，是召陵之盟前的一次准备，也是再前一年(僖公二年)贯之会的一次继续。根据《春秋》所记，贯之会、阳谷之会，参与国都是齐桓公、宋桓公和江国、黄国的国君(国小，《春秋》书国君为"人")。《左传》点睛式地指出"盟于贯，服江、黄也"；"会于阳谷，谋伐楚也"。与僖公四年的召陵之盟相承接，事件的展开环环相扣，连贯性富于逻辑，应为较可靠的实录。

其他相关古籍对阳谷之会有不同记述，或传闻有异，或过于夸饰，大抵不可信。如《国语·齐语》说："(齐桓公)即位数年，东南多有淫乱者，莱、莒、徐夷、吴、越，一战帅服三十一国。遂南征伐楚，济汝，逾方城，望岐山，使贡丝于周而反。荆州诸侯莫敢不来服。……南城于周，反胙于绛。岳滨诸侯，莫敢不来服，而大朝诸侯于阳谷。"这段话里,还有大段无关之事未录,其中也多虚夸不实之语。上所引者,如伐吴、伐越、一战服三十一国、伐楚济汝、逾方城、望岐山、使贡丝于周等,几乎全属信口开河。从时间顺序上说,伐楚是在僖公四年;"南城于周"若是说筑城,那是没有的事,若是说召诸侯戍王城,那是在僖公十三年;"反胙于绛",贾逵为之疏解,说是"使隰朋帅师立公子夷吾,复之于绛,是为(晋)惠公",则事在僖公九年;而"大朝诸侯于阳谷",则在僖公三年。时间上颠三倒四,令人莫名其妙,还把四国的小会说成"大朝诸侯",单以此一例,可见《国语》与《左传》有的地方简直是各说各的,不大可能是同一个作者所作。

《公羊传》对阳谷之会的规模以一言表之:"此大会也。"什么叫大会?在僖公二年经文"秋九月,齐侯、宋公、江人、黄人盟于贯泽(《左传》无"泽"字)"下,《公羊传》是这样解释的:"江人、黄人者何?远国之辞也。远国至矣,则中国曷为独言齐、宋至尔?大国言齐、宋,远国言江、黄,则以其余为莫敢不至也。"孔广森《春秋公羊通义》说:"贯泽、阳谷,远国悉至,桓公之会最盛。欲遍录之,则《春秋》例不录微国,故置举江、黄极远者包之而已。其中国常会之君亦不书,……故亦举齐、宋以包之。"总之,《公羊传》也好,解释《公羊传》的注释家也好,都认为阳谷之会(包括前一年的贯[泽]之盟)是一个大会,参与的诸侯绝不止是齐、宋、江、黄四国。只不过是《春秋》不录、不书而已。这种说法,很有点强辩、甚至狡辩的味道了。《春秋》对每一次诸侯盟会,都是据实而书的,从来没有只记下几个国家以代表一大批的。即使是小国,也都是不厌其烦,有一个录一个的。随手翻一翻襄公九年、十年、十一年、十四年的《春秋》经文,不难证明这一点。孔广森说阳谷之会"中国常会之君亦不书",只"举齐、宋以包之"。但《春秋》在"秋,齐侯、宋公、江人、黄人会于阳谷"之后接着就记"冬,公子友如齐莅盟",《公羊传》对此无一字作实实在在的解释,只在文字上兜了些圈子。《左传》则说,是"齐侯为阳谷之会来寻盟",故而"公子友如齐莅盟"。可见鲁侯就未曾参加阳谷之会,是事后应齐桓公之邀约,派执政大臣赴齐国补办参盟手续的。鲁国如此,其他"中国常会之君"如侵蔡伐楚中出动军队的陈、卫、郑、许、曹诸国,恐怕也都是一一应齐桓公之邀约,各自到齐国去参加盟约的。齐桓公这样做,应该是出于保守机密的考虑。毕竟对手楚国是个强国,为了不使其事前早早闻风而有所准备,采用"出其不意"的方针是必须的。所以齐桓公不想在伐楚前闹得动静很大。正是基于这种战略思维,阳谷之会的规格不高。而且在伐楚之前先放了一个不满蔡侯把蔡姬别嫁他国因而把矛头指向蔡国的烟幕弹。

（二）齐桓公是"号言伐楚，其实袭蔡"，还是"号言伐蔡，实想服楚"？

《战国策·西周策》记西周国的一个臣子游腾说："昔……（齐）桓公伐蔡也，号言伐楚，其实袭蔡。"对游腾来说，春秋早期齐桓公那些事，距离他约有三四百年，属于当时的近代史。看来，他只是耳闻，而没有真正研读过这段历史。他只对历史事件的结果有点印象：楚国毫发无损地与诸侯联军订下了和平协议召陵之盟，而蔡国被侵伐得相当狼狈；于是，便让这个结果掩盖住了当初齐桓公帅八国诸侯联军南下征伐的真正意图。

齐桓公是打着伐蔡的旗号南征的。理由是蔡侯竟把齐桓公盛怒之下打发回娘家却尚未写下休书的夫人蔡姬另嫁他国了。蔡国濒临古汝水，想必乘小舟荡而嬉之，也是蔡姬从小习就的拿手游戏。谁知齐桓公似乎不会游泳，而且蔡姬肆无忌惮的晃荡，显然使他比荀子早四百年就体会到了"夫水所以载舟，亦所以覆舟"的道理。吓得变色之余，不免沉下脸来，喝令小夫人停止恶作剧。但蔡姬玩得正在兴头上，也是恃宠任性惯了，竟没把霸主的威风放在心上。能号令诸侯于天下，却不能责令一小女子于扁舟之上，齐桓公的尊严受到伤害，恼羞成怒就是必然的结果。蔡姬不听话，后果很严重，被遣回了娘家。马王堆出土帛书中有一部《春秋事语》，其第七章《齐桓公与蔡夫人乘舟》中有一段士说的议论："蔡其亡乎！夫女制（做女人的规矩）不逆夫，天之道也。事大（小国服事大国）不报怒，小之利也。"还提到一句："今听女辞而嫁之。"（《长沙马王堆三号汉墓出土帛书〈春秋事语〉释文》，《文物》1977年第一期）这是谴责蔡姬未遵妇道，蔡侯听了妹妹一面之词，以为蔡姬被送归母国，是被齐桓公休了。一怒之下，就忘了小国服事大国不可以动之以怒的道理，竟为妹妹择婿再嫁了。杨伯峻注《春秋左传》引《春秋事语》"今听女辞而嫁之"一句，解为"再嫁出于蔡姬之意"，恐未准确传达出原文情意。

齐桓公对蔡姬的处罚，本在两可之间。你要说它是"休"，也未尝不可，古代女子出嫁，是嫁出的女儿泼出的水，从此就成了夫家的人了。蔡女被打发回娘家，自然丢尽了面子，万分地委屈，平时捧在手里贴在心上，开个小玩笑竟然变了脸，赶出门去。这在蔡姬心里的感觉，就是千真万确地被齐桓公休了，怎不回家哭哭啼啼向兄长诉说。你要说它"未休"，也未尝不可，因为处罚得匆忙，竟没有出给一纸休书。桓公后宫，并不缺宠少媵。蔡夫人年轻貌美，但活泼动人过了头，便不免有点轻狂浅薄。这样的女孩儿，有她一个不算多，没她一个不嫌少。但这件事正好发生在齐桓公刚刚伐过北戎，还想镇一镇南蛮以大建霸业的节骨眼上，它就成了一个由头，借着它，齐桓公就可以堂皇地伐蔡，以大败蔡国向楚国展示以齐国为首的八国集团的武力。接着，又把诸侯联军掉头向北直接侵入楚国当时领土最北端的召陵和陉山。这两个地方，远离楚国的心脏胸腹，有点像楚国向北伸出的一条手臂末端的一根手指。

选择这样一个切入点，显然是阳谷之会"谋伐楚"时研究决定的。江、黄二国对那里的地理形势较熟悉，知道从召陵切入，不会遇到楚国正规军的有力阻击。这其实从一开始就预示着，齐桓公并无与楚国通过一场战争来决雌雄的意图。他只想摆出一个大军压境的架势，对楚国起一点威慑的作用罢了。后来事态的发展，正是遵循他的设想进行的。

毫无疑问，齐桓公组织起八国联军，绝不是用来对付蔡国的。蔡国弹丸之地，用得着如此大动干戈吗。八国联军是用来排阵形，摆样子，显示军容之盛，军威之壮，让屈完看过以后留下深刻印象并在向楚王报告时造成楚方一定的心理压力。但也仅此而已，齐方并不想尝一尝"楚国方城以为城，汉水以为池"的滋味。

（三）召陵之盟齐桓公是否真正使楚国服了？

楚成王先派无名使者传话、后遣大夫屈完来探诸侯之师虚实，面对齐桓公和管仲的软硬兼施，只是不卑不亢，见机行事，以避免战争在自己国境之内打响所造成的损失。楚成王不但自己不亲去会见齐桓公及其他七国诸侯（实际上只剩六国诸侯了，许穆公因年高有病已在召陵之盟前不久死于军中），还并未派执政大臣令尹子文前往，只是派了个大夫级别的屈完为代表参加会盟，双方的地位明显不对等。齐桓公带领诸侯之师被楚方晾在陉山，从春到夏，进又不是，退又不是，好容易等到了屈完大夫，竟甘愿屈尊以一位霸主、六位诸侯为一方，一名大夫为另一方订立了盟约。尽管屈完说"君若以德绥诸侯，谁敢不服"，提到一个"服"字，但紧接马上说"君若以力"，再多的军队到了楚国，也是"无所用之"。这个补充，又把那个"服"字变成了口服心不服。

后续的行动最能说明问题。召陵之盟的第二年，楚令尹子文帅师灭弦子国，弦子逃亡到黄国。《左传·僖公五年》："于是江、黄、道、柏方睦于齐，皆弦姻也。弦子恃之而不事楚，又不设备，故亡。"弦子国地处楚息县之南，江、黄二国之间。江、黄早已服齐，但慑于楚国威力，未敢出兵参与齐桓公率领的伐楚联军。道、柏二小国更在江、黄以北，此时亦服于齐。而弦与江、黄、道、柏四国皆有婚姻关系，自恃四国有齐桓公为靠山，便对楚国怠慢起来。楚国早有杀一儆百之意，当下便把弦子国灭了。此举也把江、黄两国完全从地理上隔绝开来了。

这一年，齐桓公还召开了一次首止之会，与会者有鲁、宋、陈、卫、郑、许、曹诸国国君。由于齐桓公在这次会上对周王太子（名郑，即后来的襄王）的嗣君地位表示力挺，使本有意于改立叔带为嗣君的周惠王心里老大不痛快。他派周公宰孔前往首止，私下把郑文公约了出来，传达王命，要他脱离齐桓公的控制，倒向楚国，还说一个楚国要是不够，可以再让晋国帮助你。郑文公心想，齐国虽然称霸，可是离自己太远。郑国南邻楚国，北接晋国和王畿，何况天子有命，大可不必违周王之意，又与近邻疏远。当下就决定逃离首止，退出会盟，奉行亲楚路线。齐桓公眼看自己控制下的诸侯集团出现了裂痕，第二年夏就会同鲁、宋、陈、卫、曹出兵伐郑。楚国也不含糊，马上还以颜色，出兵围许（召陵之盟的参与国），意在救郑。果然，齐桓公得此信息，把伐郑之师撤了，转而解许之围。楚国见救郑目的达到，便将军队向国内收缩，屯兵于武城（今河南南阳市北），观察动静。齐桓公与诸侯之师远途来袭郑，又受楚国调动火速救许，弄得十分劳顿，不堪再战，当即各自回国。

诸侯之师散去，许僖公心里觉得不托底。齐国远在千里之外，而楚国却近在身边，不论是两年前的召陵之盟，还是今番楚国伐许诸侯之师来救，齐桓公都无奈楚国何。他顿时觉得诸侯之师无可倚靠，而楚国的威胁是现实存在的。而且探听得楚成王现正拥兵坐镇在离许国不远处，似有再杀回马枪之意。一时乱了方寸，马上派使者求见相距不远的蔡穆侯，请他引见，自己亲到武城向楚王谢罪。《左传》僖公六年描述道："许男面缚（反绑着双手面对楚王），衔璧，大夫衰绖（穿着丧服），士舆榇（抬着棺材）。楚子问诸逢伯（楚大夫），对曰：'昔武王克殷，微子启（纣的庶兄）如是。武王亲释其缚，受其璧而祓之（为他举行祓除不祥的仪式），焚其榇，礼而命之，使复其所。'楚子从之。"许国和齐国同属姜姓之国，在召陵之盟的诸侯之师中，许国也是一个小伙计，许僖公的父亲许穆公还病故在那次军事行动中。而如今，许僖公竟自愿以战败国身份向楚成王请死，实在是给齐桓公的霸主地位打上一个大大的问号。

更不用说如下的事实了：鲁僖公十二年，黄国因凭恃齐国的霸气，不向楚国进贡，楚国就一举把黄国灭了。鲁僖公十五年，徐国因有女为齐桓公夫人之一（徐嬴），与齐国关系接近，楚国又以徐国为攻伐目标。齐桓公为救徐国而出击楚之附庸厉国（今河南鹿邑县东），竟不克而还。而楚国却大败徐国于娄林（今安徽泗县东北）。这一次的较量，也是楚国占了上风。还有一个江国，存续的时间稍为长些，是在齐桓公死后二十年，楚成王死后三年，为其子穆王所灭的（见《左传》文公四年）。当时,齐国早已随着桓公之卒而失去了霸主的地位。继之崛起的晋国,因晋文公在城濮之战中打败了楚国令尹子玉率领的楚军,得以称霸。江国的灭亡,在晋文公死后五年。晋襄公曾想救江以扼制楚国,却没有成功。这说明,晋文公称霸,并未能使楚国认服;正如齐桓公称霸,并未能使楚国认服一样。

(四) 在舟中荡齐桓公的是蔡姬还是"宋夫人"?

《管子·大匡》对蔡姬在舟中荡齐桓公一事有不同的记载:"桓公与宋夫人饮船中,夫人荡船而惧公,公怒,出之。宋受而嫁之蔡侯。明年,公怒告管仲曰,欲伐宋。管仲曰:'不可。臣闻内政不修,外举事不济。'公不听,果伐宋。诸侯兴兵而救宋,大败齐师。"与本篇选文所述的内容大不相同。孰是孰非呢?

当然得以《左传》的记载为准。《史记》的《齐世家》《蔡世家》《十二诸侯年表》都记有蔡姬"荡舟"使齐桓公怒而归之、但未之绝的情节,与《左传》完全一致。马王堆汉墓出土帛书《春秋事语》也无异词。《左传·僖公十七年》云:"齐侯之夫人三:王姬、徐嬴、蔡姬,皆无子。"有蔡姬在内,而无宋夫人在内。齐桓公在召陵之盟前做了两年准备。僖公二年秋九月,先盟于贯以"服江、黄";僖公三年秋又与江、黄会于阳谷,"谋伐楚",都是与宋桓公密切合作,共同策划的。若是"宋夫人"而非"蔡姬"荡公,齐桓公怎么可能与宋结成亲密伙伴,以侵蔡伐楚呢? 显而易见,《管子·大匡》所记,纯属战国时之讹传。据此例也可证《管子》必非管仲之作,《管子》之成书当在战国之稍后期,其时有的学者已对当时的近代史"春秋史"的大事记都不太熟习了。

(五) 鲁僖公是闵公之弟还是闵公之庶兄?

杨伯峻《春秋左传注》在僖公元年经前说明中云:"僖公,《鲁世家》云名申,庄公之少子,又云'季友闻之,自陈与湣(闵)公弟申如邾',则闵公之弟也。而《汉书·五行志》则以僖为闵之庶兄,说家亦皆因之,陆德明《释文》、何休《公羊注》及《疏》并同此说,恐误。"

按,误的当是《史记·鲁世家》。为什么? 鲁闵公立才二年,死时不过九岁。僖公若是其弟,就当更小了。但是,《春秋》僖公十五年明明白白地记了一条:"季姬归于鄫。"季姬,鲁僖公的小女儿。《春秋》书"归于",惯例是指出嫁。这一条《左传》无文。而上一年(僖公十四年)的《春秋》说:"夏六月,季姬及鄫子遇于防。使鄫子来朝。"《左传》是这样解释这段史实的:"鄫季姬来宁,公怒,止之,以鄫子之不朝也。夏,遇于防,而使来朝。"把季姬说成是鄫子的夫人。十四年的时候,她回娘家行归宁之礼。《左传》的解释前后无法相合,哪有十四年"归宁"在先,十五年"出嫁"在后之理? 杜预作注为之弥缝,说十四年的"止之",是绝婚的意思;十五年的"归于"是"更嫁"的意思;但仍掩盖不住其中的牵强。《公羊传》对《春秋》两年间的两段记载作了别样的解释:"鄫子曷为使乎季姬来朝? 内辞也。非使来朝,使来请己也。"鄫子为什么为季姬所使来朝? 是内部的隐讳之辞,是叫他来求娶自己。原来是二人邂逅相遇,一见钟情,私订终身,而让鄫子来求婚。这样,与次年的"季姬归于鄫"便十分合拍、合情、合理了。依《公羊传》之说,僖公的小女儿已到谈婚论嫁的地步,那么僖公即位时的年龄,必不可能小于九岁。他必须比闵公年长十来岁或以上,才能使他与女儿们的关系理顺。若是照《左传》的解释,僖公十四年季姬已以鄫夫人的身份归宁,则其婚期必更早,年龄也必更大。她的父亲僖公也必须更长于闵公才行。

据此,僖公为闵公庶兄之说是符合实际的,而《史记》、杨注所认为的乃闵公弟之说,是错误的。

【选评】

子曰:"桓公九合诸侯,不以兵车,管仲之力也。……管仲相桓公,霸诸侯,一匡天下,民到于今受其赐。微管仲,吾其被发左衽矣。"

(《论语·宪问》)

楚有王者则后服,无王者则先叛,夷狄也,而亟病中国。南夷与北夷交,中国不绝若线。桓公救中国而攘夷狄,卒怙荆(终于使楚国伏贴),以此为王者之事也。

(《公羊传·僖公四年》)

齐桓公闺门之内,悬乐、奢泰、游玩之修,于天下不见谓修,然九合诸侯,一匡天下,为五伯长。是亦无它故焉,致一政于管仲也。

(《荀子·王霸》)

蔡女为桓公妻,桓公与之乘舟,夫人荡舟。桓公大惧,禁之,不止。怒而出之,乃且复召之。因复更嫁之,桓公大怒,将伐蔡。仲父谏曰:"夫以寝席之戏,不足以伐人之国。功业不可冀也,请无以此为稽也。"桓公不听。仲父曰:"必不得已,楚之菁茅不贡于天子三年矣,君不如举兵为天子伐楚。楚服,因还袭蔡,曰余为天子伐楚,而蔡不以兵听从,遂灭之。此义于名而利于实。"故必有天子诛之名,而有报仇之实。

(《韩非子·外储说左上》)

按：此所叙故事与《左传》异，为战国时传讹之说，亦与《战国策·西周策》游腾之说有一定呼应。可参阅"问题探讨（二）"。

昔桓公之霸也，内事属鲍叔，外事属仲。桓公被发而御妇人，日游于市。……昔者齐桓公爱管仲，置以为仲父，内事理焉，外事断焉，举国而归之。故一匡天下，九合诸侯。

（《韩非子·外储说右》）

齐桓非直弗受之先君也，乃率宜弗为君者而立，罪亦重矣。然而知恐惧，敬举贤人而以自覆盖，知不背要盟，以自湔浣也，遂为贤君，而霸诸侯。使齐桓被恶而无此美，得免杀灭乃幸已，何霸之有？

（董仲舒《春秋繁露·玉英》）

齐桓挟贤相之能，用大国之资，即位五年，不能致一诸侯。于柯之盟，见其大信，一年而近国之君毕至，鄄、幽之会是也。其后二十年之间亦久矣，尚未能大合诸侯也。至于救邢、卫之事，见存亡继绝之义，而明年远国之君毕至，贯泽、阳谷之会是也。故曰：亲近者，不以言；召远者，不以使，此其效也。其后矜功，振而自足，而不修德……功未良成，而志已满矣。

（董仲舒《春秋繁露·精华》）

春秋之时，天子微弱，……桓公于是用管仲、鲍叔、隰朋、宾胥无、宁戚；三存亡国，一继绝世；救中国，攘戎狄，卒胁荆蛮以尊周室，霸诸侯。……

或曰：将谓桓公仁义乎？杀兄而立，非仁义也；将谓桓公恭俭乎？与妇人同舆驰于邑中，非恭俭也；将谓桓公清洁乎？闺门之内无可嫁者，非清洁也。此三者，亡国失君之行也，然而桓公兼有之。以得管仲、隰朋，九合诸侯，一匡天下，毕朝周室，为五霸长，以其得贤佐也。失管仲、隰朋，任竖刁、易牙，身死不葬，虫流出户。一人之身，荣辱俱施者何者？其所任异也。

（刘向《说苑·尊贤》）

晋平公问于叔向曰："昔者齐桓公九合诸侯，一匡天下，不识其君之力乎？其臣之力乎？"叔向对曰："管仲善制割，隰朋善削缝，宾胥无善纯缘，桓公知衣而已。亦其臣之力也。"师旷侍曰："臣请譬之以五味：管仲善断割之，隰朋善煎熬之，宾胥无善齐和之，羹以熟矣，奉而进之，而君不食，谁能强之？亦君之力也。"

（刘向《新序·杂事四》）

桓公九合诸侯，一匡天下，管仲之力。管仲有力，桓公能举之，可谓壮强矣。

吴不能用子胥,楚不能用屈原,二子力重,两主不能举也。

(王充《论衡·效力》)

管仲背君事仇(君指公子纠,仇指小白即齐桓公),奢而失礼,使桓公有九合诸侯、一匡天下之功,仲尼称之曰:"微管仲,吾其被发左衽矣。"召忽伏节死难,人臣之美义也,仲尼比为"匹夫匹妇之为谅"矣。是故圣人贵才智之特能立功立事益于世矣。

(徐干《中论·智行》)

五伯,桓、文为盛。然观其用兵,皆出于不得已。桓公帅诸侯以伐楚,次于陉而不进,以待楚人之变。楚使屈完如师,桓公陈诸侯之师,与之乘而观之。屈完见齐之盛,惧而求盟。诸侯之师成列而未试也,桓公退舍召陵,与之盟而去之。夫岂不能一战哉?知战之不必胜,而战胜之利不过服楚。全师之功,大于克敌,故以不战服楚而不吝也。

(苏辙《历代论一·五伯》)

夫古者霸王之臣,因败而成功,转祸而为福,若反覆手之间耳。桓公见胁于曹沫,欲背其盟;管仲因而信之,以自结于诸侯。桓公袭蔡,本以诛少姬之罪;管仲因而伐楚,责包茅之不入,而诸侯大服。臣窃趑之。

(苏辙《进策五道·第四道》)

楚人沉昭王,鄱君杀义帝。千秋江汉间,同下苍梧泪。小白问胶舟,漫以水滨对。……归狱他诸侯,可以谢海内。

(吴梅村《咏史》之四)

按:吴梅村于西周史不甚熟习,以为周昭王为楚人所沉。实则昭王时楚国势力尚未及于汉水,因而其死与楚国无关。

至谓因蔡姬之嫁而侵蔡伐楚,亦不可信。北杏之会,蔡实与焉;既而叛附于楚,遂不复与齐桓之会。以人情时势论之,齐侯固当侵蔡伐楚,不必因蔡姬之嫁也。……盖当时适有蔡姬嫁事,好事者因附会为之说耳。

以《春秋》所书考之,则齐桓之霸业远胜于晋文数倍;但若以传言之,则非唯不逮晋文,并晋悼、楚庄亦有逊焉。……齐桓首止之会,王室大定;召陵之师,荆楚受盟;邢、卫重封,诸侯共享太平之福,其功大矣。故孔子曰"正而不谲",曰"一匡天下,民到于今受其赐":圣人已有定评,不待言矣。……大抵霸之所以不逮王者,惟在假仁义以服人。王者以仁义之心行仁义之事,无意于服人而人自归之;其征伐也,以救民也,非富天下也。霸者则意在于服人,以徒力之不足恃,故不得不勉而为仁义。此王、霸之所以异也。然较之徒以力而不以义者,固已远出其上矣。

(崔述《崔东壁遗书·考古续说卷二·齐桓霸业附考》)

【思考与讨论】

齐桓公是春秋五霸的第一位霸主,在他之后该谁排上霸主的席位呢?《荀子·王霸》是最早作出回答的,他认为应是晋文公、楚庄王、吴阖闾、越勾践。到汉代,《白虎通·号》提出另两种入选者名单:其一是在前述五位诸侯中添上一个秦穆公,删去一个越勾践;其二是在上述基础上再删去一个吴阖闾,而换上宋襄公。这两份名单,也都有缺陷。以秦穆公说,他确是很想争霸中原的,但秦国的地理位置偏西,而晋国强大起来以后,完全扼制了秦国向东发展的通道。所以秦穆公只能称霸西戎,无法成为中原诸侯国的霸主。至于宋襄公,他并非没有争霸之心,却没有争霸的实力和德才,把他选入五霸,实在是很不合适的。比较起来,《荀子》提出的名单,理由还稍为充分一点。因为五者都属于军事上过硬的实力派那种。从西周之初的分封诸侯,号称定天子为一尊,但周王对诸侯的统治关系是极为松散的;到王室东迁,衰微比于诸侯,因而出现了五霸递代的春秋时期;再到后来的公室卑弱,政出于卿大夫,三家分晋,陈氏代齐,发展为战国七雄,兼并不断,杀伐无已,直到秦、汉中央集权皇朝的建立:这是一个长久的历史轮回,也是一种历史的必然、历史的进步。

孔子曾说:“天下有道,则礼乐征伐自天子出;天下无道,则礼乐征伐自诸侯出。”(《论语·季氏》)显然,他对以齐桓公为首的五霸的功业,是归于“天下无道”这个大前提下的。你怎样评价孔子的看法?

十、 宫之奇谏虞假道

秋,……晋侯复假道于虞以伐虢①。

宫之奇谏曰②:“虢,虞之表也③,虢亡,虞必从之④。晋不可启⑤,寇不可玩⑥。一之谓甚⑦,其可再乎⑧!谚所谓‘辅车相依⑨,唇亡齿寒’者⑩,其虞、虢之谓也⑪。”

公曰⑫:“晋,吾宗也⑬,岂害我哉?”

对曰："大伯、虞仲⑭，大王之昭也⑮。大伯不从⑯，是以不嗣⑰。虢仲、虢叔⑱，王季之穆也⑲。为文王卿士⑳，勋在王室㉑，藏于盟府㉒。将虢是灭㉓，何爱于虞？且虞能亲于桓、庄乎㉔？其爱之也㉕。桓、庄之族何罪㉖，而以为戮㉗？不唯逼乎㉘！亲以宠逼㉙，犹尚害之，况以国乎。"

公曰："吾享祀丰洁㉚，神必据我㉛。"

对曰："臣闻之：鬼神非人实亲㉜，惟德是依㉝。……如是，则非德民不和，神不享矣㉞。神所冯依㉟，将在德矣㊱。若晋取虞，而明德以荐馨香㊲，神其吐之乎㊳！"

弗听㊴，许晋使㊵。宫之奇以其族行㊶，曰："虞不腊矣㊷。在此行也㊸，晋不更举矣㊹。"

八月甲午㊺，晋侯围上阳㊻。……

冬十二月丙子朔㊼，晋灭虢。虢公醜奔京师㊽。师还㊾，馆于虞㊿，遂袭虞(51)，灭之。执虞公及其大夫井伯(52)，以媵秦穆姬(53)。而修虞祀(54)，且归其职贡于王(55)。

【注释】

① 晋侯：晋献公（？—前651），名佹（一作诡）诸，在位二十六年。假：借。

② 宫之奇：虞国大夫，宫氏，姬姓，名奇。之，春秋时称名习惯，常用"之"置于男性之氏与名之间，如舟之侨、烛之武、介之推之类，但也并非必有之词。

③ 表：外层。喻指虢与虞具有表里关系，虢的存在，对虞具有保护作用。

④ 从之：随之（而灭亡）。

⑤ 启：启动。晋不可启，不可使晋国启动它的侵略扩张。

⑥ 寇：侵犯掠夺。玩：忽视，不当一回事。

⑦ 谓：通"为"。甚：过分。一次就已经是过分了。

⑧ 其：岂，难道。再：第二次。

⑨ 辅：面颊。车：牙床骨。一说辅为车轮外旁增缚夹毂的两条直木，用以增强轮幅载重力，与车相依。亦通。《韩非子·十过》即用此义："夫虞之有虢也，如车之有辅，辅依车，车亦依辅。"《吕氏春秋·权勋》同。若《诗·小雅·正月》："其车既载，乃弃尔辅。"则其义甚古。然而林尧叟释《韩非子·十过》文，曰："言虞如牙车、如齿，在里；虢如辅颊、如唇，在表。二者相须以生，去一不可。"顾炎武也说"辅车""唇齿"，

"二句一意,乃是谚语"。《易·咸卦》上六爻辞:"咸其辅颊舌。"孔颖达疏引马融云:"辅,上颔也。"又《颐卦》卦辞"自求口实",郑玄注:"颐,口中车辅之名也。"服虔注"辅车"云:"辅,上颔车也,与牙相依,则是牙外之皮肤、颊下之别名也。"杜预注也说:"辅,颊辅;车,牙车。"《楚辞·大招》"靥辅奇牙",《洛神赋》"靥辅承权","辅"皆为面颊之义。

⑩ 亡:失去。

⑪ 其:大概。虞、虢之谓:"之"起把宾语提前的作用,四字即"谓虞、虢",说的是虞、虢。

⑫ 公:虞公,国小史阙,不详其名。

⑬ 宗:族。晋、虞皆姬周之支族。吾宗,我的同族。

⑭ 大(tài)伯:周大王(古公亶父)长子。大王有立幼子季历之意,大伯与二弟仲雍奔荆蛮以避让,成为吴国的始祖。虞仲:虞国的始祖,名雍。他是如何成为虞国始祖的,学术界尚在探讨。

⑮ 大(tài)王:古代周族领袖,周文王之祖父。大同太。昭:古代宗庙次序,以始祖居中,二世祖居左,三世祖居右,四世以下相递为左右。凡数为偶者皆在左,在左者称昭;数为奇者皆在右,在右者称穆。大王为周世系之第十三代,其子大伯、虞仲、王季皆为十四代。偶数为昭,故称为"大王之昭也",意即大王之下一代。

⑯ 不从:指不随从在大王左右,是对大伯"奔荆蛮"的婉言。

⑰ 是以:所以。嗣:继承,这里指继位。

⑱ 虢仲、虢叔:皆王季(季历)之子,周文王之弟,虢国之始封君,参篇后所附"问题探讨"。

⑲ 王季之穆:季历为周之第十四代,虢仲、虢叔与文王都是第十五代,奇数为穆,故称"王季之穆",意为王季的下一代。

⑳ 文王卿士:周文王时的执政官。指虢仲、虢叔。

㉑ 勋:功勋。王室:王族,也指朝廷。

㉒ 盟府:主管盟约、记录功勋受功等档案的官府。

㉓ 将虢是灭:将灭虢。"是"起把宾语提前的作用。

㉔ 桓、庄:曲沃桓叔和曲沃庄伯,晋献公的曾祖父和祖父。参"题解"。

㉕ 其:指晋献公。之:承上指桓、庄。句意谓晋献公是爱他的曾祖父和祖父的。

㉖ 桓、庄之族:即"题解"提到的"群公子"。

㉗ 戮:杀。

㉘ 不唯:不仅仅(因为)。逼:威胁。这里指晋献公感受到威胁。

㉙ 亲:至亲的同族,指桓、庄之族。以:因为。宠:受宠。逼:这里指形成威胁。

㉚ 享祀:指祭祀神时进献供品。丰洁:既丰盛又清洁。

㉛ 据:依。

㉜ 实:起把宾语"人"提前的语法作用,无实义。

㉝ 是:同上"实"字,起把宾语"德"提前的语法作用,无实义。两句是说:鬼神不亲人,只依德。

㉞ 享:享用。

㉟ 冯(píng):同凭。

㊱ 将:必定。

㊲ 明德:显明其德性。荐:进献。馨香:指祭祀用的供品。

㊳ 其:岂,难道。吐:唾弃。谓神不会唾弃晋的。

㊴ 省略主语"公"(虞公)。

㊵ 晋使:晋国的使者。第一次假虞道伐虢的晋使是荀息,这一次《左传》未明书,可能还是他。

㊶ 以:与。族:指整个家族。《国语·晋语二》:"伐虢之役,师出于虞。宫之奇谏而不听,出谓其子曰:'虞将亡矣!……吾不去,惧及焉。'以其孥适西山。三月,虞乃亡。"韦昭注:"孥,妻、子也。西山,国西界。"

㊷ 腊:古代祭名,于夏历十二月举行,始于周代,是岁终对祖先的祭祀。周代的祭日已不详,汉代以冬至后第三个戌日为腊祭之日,后又改定为十二月八日。不腊,指等不到举行腊祭,虞国就要亡了。

㊸ 在此行:就在这一次军事行动了(指晋第二次伐虢)。

㊹ 更:另外。举:举兵。

㊺ 八月甲午:夏历八月十七日。当时晋国用夏历,与周历、鲁历异。

㊻ 上阳:虢之国都,在今河南三门峡市东南。参本篇后附之"文化史拓展"。

㊼ 十二月丙子:据杜预说,这十二月丙子是用鲁历记的,相当于夏历的十月。朔:农历初一日。

㊽ 虢公醜:虢公名醜。京师:东周王城,今河南洛阳。

㊾ 师:指晋师。

㊿ 馆:留宿。

(51) 袭:趁人不备而进攻,不宣而战。

(52) 执:逮捕。井伯:《史记·晋世家》张守节正义引《南雍州记》,称他为"宋井伯",并说是"宛人也"。所据未详。

(53) 媵:陪嫁,这里指让虞公和井伯以臣仆的身份给秦穆姬做陪嫁。秦穆姬:晋献公之女,嫁给秦穆公为夫人。

㊋ 虞祀:虞国举行祭祀的场所。

㊌ 职贡:赋税与贡品。王:周王,当时是周惠王在位。

【题解】

本篇选自《左传·僖公五年》。鲁僖公五年为公元前655年,当周惠王二十二年,晋献公二十二年。虞、虢二国之世系及纪年皆史所未详。

这段史实,就发生在晋、虢、虞三国之间。

晋国的始封君主是周成王之弟叔虞,封地在今山西西南部,建都于唐(今山西翼城西),号称唐叔虞。至其子燮父,方改称晋侯。晋国在春秋时期是北部的一个大国、强国,为中原列国尊为霸主的时间最长。不过在春秋初期,晋国陷于内斗,自身发展受滞,且游离于各诸侯国会盟等活动之外。内斗的起因,是周平王二十五年晋文侯去世以后,晋国出现了太子将继位、而其叔父(即晋文侯弟成师)也觊觎君位的情况;次年,太子即位为昭侯,为了缓和矛盾,就把曲沃封给了叔父。《左传·桓公二年》追叙此事说:"惠(鲁惠公)之二十四年(《春秋》始纪年隐公元年之前二十三年),晋始乱,故封桓叔于曲沃。"史称曲沃桓叔。晋国大夫师服评论晋昭侯此举说:"吾闻国家之立也,本大而末小,是以能固。""今晋,……本既弱矣,其能久乎!"(同上)果然,从此晋国就陷入分裂,曲沃不仅闹独立,而且力图要并吞晋侯所都之翼,内乱长达六十七年。曲沃方面历经桓叔、庄伯、武公三代,越来越强大,先后在桓叔时假手晋大臣潘父杀了晋昭侯,庄伯杀了晋孝侯,武公杀了晋哀侯和晋小子侯,最后在齐桓公始霸之年(《左传·鲁庄公十五年》记录了"春,复会〔指第二次鄄之会〕焉,齐始霸也。")灭了晋侯缗。据《史记·晋世家》说,曲沃武公灭晋后"尽以其宝器赂献于周釐(僖)王",于是就有了《左传·庄公十六年》"王使虢公命曲沃伯以一军为晋侯"的结局。要知道,在此之前,周王室是力挺"本"(晋)而抑制"末"(曲沃)的,现在"本末倒置"已为既成事实,也就不能不加以承认了。何况赂献宝器不仅满足了周王"好货"之心,也使日益衰微的周王室对曲沃的"臣服"之举和有所企求的用意颇有久违的欣慰和兴奋,自然乐得做个顺水人情,并过一过发布"王命"的瘾了。

曲沃武公变成了晋武公,他重新建立了一个统一的晋国。可惜的是,他第二年就与世长逝了。武公在位年数自曲沃至晋通算,达三十九年,他的年寿算是长的。太子即位为献公时,年也在青偏壮了。献公五年,晋国第一次向外扩张,伐骊戎而克之。献公因此而获骊姬及其娣两个美女。然艳福之中,祸实伏焉,献公生前身后，他一手造成的骊姬之乱对晋国的政治格局影响颇大。献公六至八年，汲取曲沃"末大于本"的历史教训，采用士蒍的策略，以铁腕分阶段尽诛曾祖桓叔一系与祖父庄伯一系的群公子（《左传·庄公二十三年》《庄公二十四年》《庄公二十五年》），实行中央集权。漏网的群公子纷纷逃到虢国去避难，虢公以王卿士的身份，两次出兵侵入晋国南部领土，表达对晋献公尽杀群公子的反对和不满（《左传·庄公二十六年》）。

早在鲁桓公三年，《左传》就记载"曲沃武公伐翼""逐翼侯于汾隰""夜获之"。翼就是晋，翼侯即指晋哀侯。随后，被俘的晋哀侯就被曲沃武公杀了。四年后，《左传·桓公七年》记："冬，曲沃伯诱晋小子侯杀之。"桓公八年接着记："春，灭翼。……冬，王命虢仲立晋哀侯之弟缗于晋。"桓公九年又记："秋，虢仲、芮伯、梁伯、荀侯、贾伯伐曲沃。"这样一来，本来已被曲沃武公灭了的晋，又以晋侯缗为国君，在周桓王和王室卿士虢公林父的支撑下，又延续了二十八年，武公统一晋国的大业也被推迟了二十八年。这笔账，晋献公对周王是没法算的，但是他可以记恨虢国的从中作梗。虽然虢公林父已经撒手西归，他的儿子虢公丑理该父债子还：这是晋献公打的算盘。

有父辈的老账，又有子辈的新账（虢国反对晋献公尽杀群公子，两次侵晋），晋献公就算计着要拿虢国开刀了。《左传·庄公二十七年》："晋侯将伐虢。士蒍曰：'不可。虢公骄，若骤（屡次）得胜于我，必弃其民。无众而后伐之，欲御我，谁与？'"这个晋献公手下最早从大夫升到卿，官任大司空的智囊劝他主子先缓两年，让虢公因骄而脱离群众时再下手。

《左传》接着记了有关虢国的几件事：庄公三十年，"春，王命虢公讨樊皮。夏四月丙辰，虢公入樊，执樊仲皮归于京师。"庄公三十二年，记有神降于虢国之莘邑，虢请命于神而求神赐田土。内史过、太史嚚观察、分析了虢国的形势，分别作出了"虢必亡矣，虐而听于神"和"虢其亡乎，吾闻之：国将兴，听于民；将亡，听于神"的结论。闵公二年，又记了"虢公败犬戎于渭汭，舟之侨曰：'无德而禄，殃也。殃将至矣！'遂奔晋"这样一件事。紧锣密鼓地为虢之将亡作了种种铺叙。而另一方面，《左传·闵公元年》记"晋侯作二军（原为一军），……以灭耿（姬姓国，在今山西河津县东南）、灭霍（姬姓国，在今山西霍县西南）、灭魏（姬姓国，在今山西芮城北）。"接着，闵公二年，晋献公又派太子申生伐赤狄东山皋落氏。晋国向外扩张的步伐越来越大。在这样的背景下，就有了僖公二年晋国重新把伐虢提上议事日程的事件。这次的智囊是晋大夫荀息，他献了个花点买路钱向虞国借道之计。

原来虞国正处于晋国和虢国之间,晋国在虞国以北,虢国在虞国以南。虞也是个姬姓国,始封君是周文王二伯父仲雍之后虞仲,封地在今山西平陆县北。而虢国兼跨黄河两岸,北与虞国接壤,有今山西平陆南部之地,西北部的边界,也有部分与晋国毗邻的;黄河之南,则占有今河南三门峡市一带。虢国的始封君为周文王之弟(有人说是虢仲,也有人说是虢叔,参看本文后附"问题探讨"部分),国都在黄河以南的上阳,黄河以北地区另有陪都下阳。而虞国的国都则在虞城(虞、虢之都均参看本文后附"文化史拓展"部分)。

荀息之计是用晋国的两件宝物:北屈(今山西吉县北)所产的四匹名马和垂棘(今山西潞城县北)宝玉做成的璧,作为贿赂,去买通虞公,以求借道伐虢。《左传》在桓公十年曾经对虞公之贪,作过一点小小的铺垫:"初,虞叔(虞公之弟)有玉,虞公求旃(旃,之焉二字的合音)。弗献,既而悔之曰:'周谚有之:"匹夫有罪,怀璧其罪。"吾焉用此(指璧),其以贾害也(难道拿来买祸害吗)?'乃献之。又求其宝剑,叔曰:'是无厌(满足)也。无厌,将及我(将使我及于祸)。'遂伐虞公,故虞公出奔共池(即洪池,虞国境内地名)。"鲁桓公十年,到鲁僖公二年,中间相隔四十七年,而且这个故事开头还用了个"初"字,表示更在桓公十年以前。所以此虞公必非僖公二年之虞公,或许是父子两代人吧。但这两个虞公似乎并无代沟,在"好货"这一点上贪欲完全相通。荀息显然对今虞公是作过研究的,认定送上宝物借道这一招好用。晋献公还有些舍不得,荀息说:"如果借到虞道,名马和宝璧在虞公手里,等于是存放在外库里一样。"果然,虞公一见宝物,马上同意借道,非但同意借道,还自告奋勇要出兵给晋军打头阵。虞国大臣宫之奇苦谏,虞公哪里肯听。于是,晋国兵马由虞国军队引导,顺利地拿下虢国在黄河以北的全部土地,包括那个陪都下阳。这一仗,晋献公没有亲自出征,晋师是由里克和荀息统帅的。由于没有做好渡河的准备,虢师撤向黄河以南时,晋军并未过河追击、趁胜扩大战果。

隔了三年,鲁僖公五年,在晋国做足了准备以后,晋献公亲自挂帅,该发生的事终于发生了。

【文学史链接】

(一)本篇选文与其他四种版本所叙同一故事相比较,在结构和细节描写上存在的微小欠缺

晋借虞道以灭虢,回师时又轻而易举地灭了虞;虞公贪贿拒谏,以害虢开始,

以害已告终。这个富于历史鉴戒作用的故事,除了《春秋》三传都较详细地加以记载外,还被《吕氏春秋·权勋》和《韩非子·十过》在总结历史经验教训时作为"顾小利,则大利之残(害)也"的典型事例重点推出介绍。这样,在我们面前,就有五个大同小异的版本,述说着同一个故事。本篇选文叙说史实之简洁周密,特别是记述宫之奇谏辞针对虞公不珍视虞、虢唇齿相依的关系,看不透晋的扩张野心,以及迷信神能祐虞三点糊涂思想,深刻地阐发了正确的观点,是其他版本所远远不及的。但由于《左传》是严格按照编年体的体例来记事的,所以第一次借道伐虢被安排在僖公二年,而本文讲的是第二次借道伐虢,则编入了僖公五年。两段文字有了三年的间隔,未能相连属。不像《公羊传》和《穀梁传》全书偏于阐释经义,而不以叙述史实为主,对史事有所涉及,也未必紧扣年月。所以它们都在僖公二年把晋先后两次借道伐虢凝缩为一次,从而把整个故事给一次性讲完了。《吕氏春秋》和《韩非子》不属编年体史书,讲历史故事自然更不用顾及年月。所以后四个版本都在故事的开头部分讲了荀息献计,用名马和白璧诱使虞公见利忘义,而不忘在结尾部分写了一个与开头相关的细节:灭虞以后,名马和白璧不出意料地回到了晋献公的手里。《公羊传》是这样写的:"虞公抱宝牵马而至,荀息见曰:'臣之谋何如?'献公曰:'子之谋则已行矣。宝则吾宝也,虽然,吾马之齿亦已长矣。'"《穀梁传》把晋献公说的话放在荀息嘴里说了:"荀息牵马操璧而前曰:'璧则犹是也,而马齿加长矣。'"《吕氏春秋》写道:"荀息操璧牵马而报,献公喜曰:'璧则犹是也,马齿亦薄长矣。'"《韩非子》所写也差不多:"荀息牵马操璧而报献公,献公说(悦)曰:'璧则犹是也,虽然,马齿亦益长矣。'"这四个版本的写法,都起到了首尾呼应的作用。反观本篇选文,由于两次伐虢相隔三年,记事不相连贯,因而未能像浑然一体的历史记叙文那样首尾相顾。显然,《左传》的作者尚未参悟到可以用特定的细节来制造文章结构上的前后关连、首尾相应,在这一点上,较之后出的四种版本未免稍显逊色。

(二) 有关文学典故

虞虢

降曲崤而怜虢,托与国而亡虞。贪诱赂以卖邻,不及腊而就拘。垂棘反于故府,屈产服于晋舆。德不建而民无援,仲雍之祀忽诸。

(潘岳《西征赋》)

夫韩并魏徙,虢灭虞亡。此皆前鉴,后事之表。

(孙楚《为石苞作遗吴主书》)

境出三秦外,途分二陕中。山川入虞虢,风俗限西东。

(唐玄宗《途次陕州》诗)

洛阳城阙变灰烟,暮虢朝虞在眼前。为问杏园双燕道:"营巢何处过明年?"

(元好问《俳体香雪亭杂咏十五首》之二)

黄河千里扼兵冲,虞虢分明在眼中。为向淮西诸将道,不须夸说蔡州功。

(元好问《续小娘歌十首》之十)

一之谓(为)甚,其可再乎

一之为甚其可再? 二者何由可得兼?

(侯克中《归兴》诗)

晋襄之待诸侯,皆以大夫当之矣。一之已甚,其可再乎! 晋不足责也,鲁亦不可以省矣。

(刘基《春秋明经·晋士縠盟于垂陇》)

我笑道:"一之为甚,其可再乎!"

(吴趼人《二十年目睹之怪现状》三十五回)

辅车

(刘)表欲作书与孙权,讨逆于时已全据江东,带甲百万,欲结辅车之援,共其距中国,使诸文士立草。

(葛洪《抱朴子外篇·弹祢》)

唇齿

关东兵起,故冀州刺史李邵家居野王,近山险,欲徙居温。朗谓邵曰:"唇齿之喻,岂惟虞、虢,温与野王即是也。今去彼而居此,是为避朝亡之期耳。"

(《三国志·魏书·司马朗传》)

蜀有重险之固,吴有三江之阻。会此二长,共为唇齿,进可并兼天下,退可鼎足而立。

(《三国志·蜀书·邓芝传》)

王师屡征而未有所克者,盖以吴、蜀唇齿相依,凭阻山水,有难拔之势故也。

(《三国志·魏书·鲍勋传》)

仆与仁公当如常山之蛇,首尾相卫,又唇齿之喻也。

(《晋书·温峤传》载温峤与陶侃书)

清秋凋碧柳,别浦落红蕖。消息多旗帜,经过叹里闾。战连唇齿国,军急羽毛书。……西蜀灾长蛇,南翁愤如擣。

(杜甫《赠李八秘书别三十韵》诗)

（吴）元济擅立，吉甫以内地无唇齿援，因时可取，不当用河朔故事，与帝意合。

（《新唐书·李吉甫传》）

筠袁唇齿邦，一水连清碧。

（释惠洪《秀江逢石门徽上人将北行乞食而予方南游衡岳作此送之》诗）

按：宋之筠州，今江西高安、宜丰一带；袁州，今江西宜春、萍乡一带。

辅车唇齿

南中吕兴，深睹天命，蝉蜕内附，愿为臣妾。外失辅车唇齿之援，内有羽毛零落之渐。而徘徊危国，冀延日月。

（孙楚《为石仲容与孙皓书》）

信、食相资，代为唇齿；富、教相假，递成辅车。

（《宋书·顾颙之传》载顾颙之《定命论》）

唇亡齿寒

赵之于齐、楚，隐蔽也。齿之有唇也，唇亡则齿寒。今日亡赵，则明日及齐、楚矣。

（《战国策·齐策二》）

张孟谈于是阴见韩、魏之君曰："臣闻唇亡则齿寒，今知伯帅二国之君伐赵，赵将亡矣，亡则二君为之次。"

（《战国策·赵策一》）

韩又令尚靳使秦，谓秦王曰："……臣闻之，唇揭则其齿寒，愿大王之熟计之。"宣太后曰："使者来者众矣，独尚子之言是。"

（《战国策·韩策二》）

故曰，唇竭，则齿寒；鲁酒薄，而邯郸围；圣人生，而大盗起。

（《庄子·胠箧》）

川竭而谷虚，丘夷而渊塞，唇竭而齿寒。

（《淮南子·说林》）

丰洁

斋戒丰洁，俎豆有馨。

（张说《开元乐章》）

沙苑临清渭，泉香草丰洁。

（杜甫《留花门》诗）

后王礼物渐备，作为酒醴，伏其牺牲，以致馨香，以极丰洁。故有三牲八簋之盛,五齐九献之殷。

（《旧唐书·孝友传·崔沔传》载崔沔《宗庙加笾豆议》）

馨香

弗唯得馨香祀登闻于天,诞唯民怨、庶群自酒腥闻在上,故天降丧于殷。

（《尚书·周书·酒诰》）

按:"馨香"一词,最早见于此。《左传》则承上启下。

至治馨香,感于神明。黍稷非馨,明德惟馨。

（《尚书·周书·君陈》）

按:《君陈》属《伪古文尚书》,其著作时代未必早于《左传》。

陈玉豆,酌金觞。气昭感,德馨香。

（汉代祭祀乐章）

映华虫于朱衮,表馨香乎明德。

（陆云《寒蝉赋》）

黍稷馨香,旨酒嘉栗。宜其民和年登,而神降之吉也。

（潘岳《藉田赋》）

邦家用祀典,在德非馨香。

（杜甫《望岳》诗）

凉风萧萧吹汝急,恐汝后时难独立。堂上书生空白头,临风三嗅馨香泣。

（杜甫《秋雨叹》诗之一）

按:"汝",指阶下所植决明。馨香,谓决明之香。

颜色却还天上女,馨香留与世间人。

（李山甫《落花》诗）

按:从上引杜甫《秋雨叹》及本诗看,"馨香"一词开始脱离与"祀""德"的关系而获得独立使用的空间了。

【文化史拓展】

（一）晋国早期都城遗址

从 1979 年以来,考古学界对山西曲沃县的天马——曲村遗址进行过十二次大规模发掘。共揭露面积两万余平方米,墓葬一千余座,其中周代墓六百多座,单是晋侯及其夫人的大型墓葬就有九代十九座。每座墓葬之东有车马坑,陪葬的都是真马真车,其中 8 号墓(墓主为晋献侯)陪葬的车马坑东西长 21 米,南北宽 15 米。据考古学家推测,1 号车马坑内有战车 25 乘,为西周时期最大的车马坑,比秦始皇墓兵马俑要早六百年。

在六百余座西周墓中,出土的青铜礼器有二百八十余件,据其铭文可知,晋之始封地即最早的晋都就在曲沃县曲村镇天马——曲村遗址内。此外,发掘出的文物还有大量青铜兵器、车马器等,完整陶器有一千余件,玉、石、骨、贝、蚌、铁器等品种数量繁多。

天马——曲村遗址已被定为国家级重点文物保护单位。它的位置正处于今山西曲沃县与翼城县之间。春秋初期晋分裂为翼(晋侯)和曲沃两个政权,"翼"应在东,"曲沃"应在西,其间应如何分界? 曲沃武公统一晋后,代晋为诸侯,其都应在何处? 晋献公始命国都为绛,《左传·庄公二十六年》:"士蒍城绛。"鲁成公六年(前 585),即晋景公十五年,"晋迁于新田",遂以新田为新绛,旧都为故绛,现今之考古学界大多数人认定天马——曲村遗址就是故绛。那么从始封地的唐,到燮父改称为晋,分裂为翼和曲沃,一直到绛(故绛),国都就没有过变化吗? 这些问题要有个细化的认识,还有赖于对天马——曲村遗址的进一步发掘。

(二)古虞城遗址

《汉书·地理志上》河东郡有大阳县,自注:"吴山在西,上有吴城。周武王封太伯后于此,是为虞公,为晋所灭。"《续汉书·郡国志》云:"大阳县有吴山,上有虞城。"一称吴城,一称虞城。传世的虞国青铜器,其铭文也或作"虞",或作"吴"。是吴、虞古通。《水经注·河水四》引《太原地记》,把虞国称为"所谓北虞也"。事实上别无南虞,这"北虞"是相对于南方的吴国而言的。《史记·吴太伯世家》末载太史公语:"余读《春秋》古文,乃知中国之虞与荆蛮句吴兄弟也。"

汉之大阳县即今山西平陆。唐李吉甫《元和郡县志》卷六:"故虞城,(平陆)县东北五十里。"宋乐史《太平寰宇记》则谓县东北六十里,清顾祖禹《读史方舆纪要》卷四十一又谓县东北四十五里。里数有异,方位皆同。

古虞城遗址在今山西平陆县张店镇古城村,南北长约 2500 米,东西宽 2000 米,城址周围约 4500 米,分内城、外城。内城方圆不过十余亩,城内有夯土台基,疑为宫殿遗址。外城郭现存南墙三百余米,墙基宽 15 至 20 米,夯层厚 6—8 厘米。因年久倾圮,水土流失,城中东部已成深沟。20 世纪 80 年代中期,在古虞城遗址东南之枣庄发现虞国贵族墓葬及车马坑,可证今平陆古城村为虞国古城址无疑。

《水经注·河水四》："(虞)城东有山,世谓之五家冢,冢上有虞公庙。"康熙朝之《平陆县志》引有此文,而云:"今无考。"是清初已无冢、庙之迹了。古音五、吴、虞相近而通,疑"五家冢"为"吴(虞)家冢"之讹。

(三) 古下阳城遗址

《左传·僖公二年》记晋第一次借虞道伐虢,"灭下阳"而回。当时虢国跨大河南北,国都在河南之上阳,下阳为河以北部分的陪都,位于今山西平陆县的南部,北与虞国接界。乾隆朝之《平陆县志》云:"金鸡堡即当下阳城也。延袤七里,城里西北隅积石为丘,俗称十二连城。"据专家勘测,下阳城故址当在今平陆张村镇太阳渡村之金鸡堡与门里自然村一带。其遗址南北长约3500米(与乾隆《平陆县志》"延袤七里"之说相合),东西宽约2000米。现残存南北走向的城垣数段,最长的达一百多米;东西走向的城垣数段,长50米至30米不等。残高4—6米,厚(宽)3—5米,系版筑而成,可见夯层在6—9厘米之间,以6厘米为主。城址东、南、西三面临河,因在大河之北,故古称大阳。城中地今不平,忽而低凹,忽而高凸。两千余年风雨侵蚀,恐已非昔日旧貌。近年来,城垣附近曾发现春秋墓群。且有重要青铜器鼎、簋、壶、匜、编钟等出土。

晋国拿下下阳城后,有大河之隔,一时无法南渡。作好造舟楫等准备,花了三年时间,才有僖公五年的第二次借虞道伐虢。

(四) 古上阳城遗址

《左传·僖公五年》杜预注:"上阳,虢国都,在弘农陕县东南。"陕县,今属河南省三门峡市。

从20世纪50年代起,特别是90年代以来的考古发现,可以证实两千六百多年前的虢国都城上阳,的确就位于三门峡市内。先是在上村岭一带发现了一片虢国墓地,包括两座国君墓、一座国君夫人墓、两座太子墓在内的二百五十余座贵族墓葬,还有车马坑、马坑,并发掘出青铜、玉石等各类珍贵文物三万余件。如1957年在虢太子墓中出土的"虢太子元徒戈",1990年在虢季墓中出土的列鼎七件(诸侯国君规格)、甬钟一套八件、缀玉面罩以及一把铜芯镶玉柄铁剑(迄今发现的国内最古人工冶炼的铁器),1991年在虢仲墓中出土的多种青铜礼器、圭形玉石遣策(上有墨书送葬人姓名及所送物品名)、大量动物形玉饰、两套石磬(各十件)、保存完好的毛织衣物等,均具有极大的科考及实证价值。后来,又在虢国墓地东南二公里的李家窑村周围发现了古虢都上阳城遗址。此城址北依上村岭,南临青龙涧,在一片面积颇大的台地上。南城墙已为涧水冲蚀,仅存残垣断壁。北城墙保存尚好,东西长约 1000 米,南北平均宽约 600 米,周长约 3200 米。城垣残基宽约 6 米,残存高度参差不一,最高处仅剩不足 2 米。城垣外平行环绕两条城濠,内城濠宽约 13 米,外城濠宽约 15 米,最宽处达 22 米,深 4.3—6 米。古城西南部发现一大型宫殿遗址,宫殿周长约 1350 米,宫墙外也围有深沟。宫城内有大面积夯土地基,尚存 45 个直径近 1 米的柱础石,足见为当年宫殿所在地。宫城和城墙间分布着制骨、制陶和冶铜的作坊和粮库。李家窑遗址是周代虢国都城上阳,已为考古学、历史学界众多专家学者所认同。

【问题探讨】

(一) 关于虢国,北虢、东虢、西虢,以及南虢

从西周一直到春秋前期,虢国都是与周王室有着密切关系的重要国家,因为其始封君是周文王之弟虢仲和虢叔,是"王季之穆也",较之晋、郑和其他一些姬姓的小国,辈份要高一些,资格要老一些,来头也大一些。而且它建国不止一处,而又在春秋前期相继灭国,国史档案构建和保存得都不好,因而后代对虢国历史的认识都像罩在云里雾里似的,看不大分明;各家的说法,也有些分歧、矛盾,甚至混乱。

最早对虢国的地理位置作出勾勒的,是东汉的班固。他在《汉书·地理志上》"弘农郡·陕(县)"下写了一条本注:"故虢国。……北虢在大阳,东虢在荥阳,西虢在雍州。"汉代的弘农郡陕县,也就是今天河南三门峡市陕县,也就是《左传·僖公五年》晋第二次假虞道伐而灭之的虢。虢的国都上阳就在这里,班固把陕县定位为"故虢国",是有道理的。他的欠缺之处,是没有把"在大阳"的"北虢"和"故虢国"的关系点明白。大阳在今山西平陆西南,所谓"北虢",就是《左传·僖公二年》晋第一次假虞道所伐的虢、所灭的"下阳"。它应是"故虢国"在黄河以北的一部分,而不是在"故虢国"以外别有一个"北虢"存在。由于班固没有把这层关系讲明白,所以后来郦道元在《水经注·河水四》中又提出一个"南虢"的名称,用来指班固所说的"故虢国",其实是没有必要的。清代王先谦作《汉书补注》说:"陕与大阳夹河对岸,故有上阳、下阳之分,也有南虢、北虢之称,实一虢也。"王氏的观点,对班固、郦道元不由政治实体而只从地理区划各自起名的做法,是一个很好的补充

和综合。至于这个"南虢""北虢"的统一体应赋予一个什么称呼,不妨径名之为虢,以与东虢、西虢相区别。有人用班固的现存名称叫它北虢,并不妥当,因为它的纬度实与东虢、西虢相近,并没有"北"的特点。而另外创造一个"中虢"之名,又没有历史底蕴,也就不必标这个新、立这个异了。

班固提出的东虢、西虢之名,后世多所沿用,但也出现过一些名称上的混乱和历史事实上的差错。先说名称上的混乱。班固说的东虢,在今河南荥阳东北一带,也包括制邑(参《郑伯克段于鄢》对"制"的注解)等多个邑在内,前767年为郑武公所灭。这个名称,后人也多沿用无分歧。班固说的西虢,在今陕西宝鸡县东,至今犹保留有虢镇的地名。这个西虢,到三国吴韦昭为《国语》作注时,却被他忽略了。由于《国语》在《周语》《郑语》中不止一次地提到"虢",但其所指,不是东虢,便是班固所说的"故虢国"或"北虢",从来没有提到过班固所说的"西虢";所以韦昭在《国语注》中,便用"西虢"来指称班固所说的"故虢国"和"北虢"。这样一来,古籍资料中"西虢"一词就出现了同名异指的混乱现象。我们在看到《国语》韦昭注以及引用韦昭注的书籍文章中有提到"西虢"的,就要明白他指的并非《汉书·地理志》中所说的西虢,而是与东虢相对而言位置在西的"故虢国"和"北虢"而已。比如,《左传》杜预注就是如此。

对于周文王之弟虢仲、虢叔最初的封地在什么地方,自东汉以来,学者们一直没有统一的说法。如贾逵对《国语·周语上》提到的周宣王时的"虢文公",说他是"文王母弟虢仲之后,为王卿士"(韦昭《国语注》引),韦昭反对他的说法,认为虢文公是西虢的国君,是文王母弟虢叔的后代;而虢仲,是东虢的始封之君(见《国语·周语上、郑语》注)。比贾逵晚生只四十九年的马融,则认为"周武王克商,封文王异母弟虢仲于夏阳(即下阳)"(《史记·晋世家》张守节正义引)。而《后汉书·郡国志一》"弘农郡"说:"陕,本虢仲国。"(《郡国志》为晋司马彪所作)只以虢仲来说,贾逵说他是文王的同母弟,马融说他是文王的异母弟;马融说他封在下阳(北虢),贾逵、韦昭说他封在东虢,罗泌《路史》说他封在西虢,郦道元说他封在南虢,司马彪说他封在陕县(即上阳)(与郦道元同)。可哪家也拿不出可靠的足以令人信服的依据。杜预和孔颖达比较审慎,不确指虢仲、虢叔各分封在何处,孔颖达明确说:"郑灭一虢,晋灭一虢,不知谁是仲后,谁是叔后。"这个问题,只能说迄今没有定论。后人又有几种较具规模的说法,介绍于后,同样不是定论:

清王夫之《春秋稗疏》:"虢有三:荥泽之虢亭,东虢也;下阳在平陆县大阳之南,滨河之北,北虢也;陕州之上阳,南虢也。东虢,虢叔所封。南、北二虢皆虢仲地。北虢为其故都，逼近于虞，后或渡河南迁，而宗庙社稷故在下阳。晋后再举伐虢，取南虢耳。"此说之"东虢，虢叔所封。南、北二虢皆虢仲地"为不可证。

杨伯峻《春秋左传注》于僖公五年"虢仲、虢叔，王季之穆也"下云："据隐元年《传》'制，岩邑也，虢叔死焉'之语，则虢叔为东虢，此被伐之虢为西虢，盖虢仲之后代。"杨氏此注把死于制邑的虢叔说成是东虢的始封君，不仅不符合文意，且与他自己隐公元年的注自相矛盾，实属考虑欠周。隐元年杨注明谓幽王亡西周后，四年而郑灭东虢，"虢叔之死亦在此年"。又引韦昭说"东虢为虢仲所封"，此"虢叔者"，乃"虢仲之后"。何以到了僖公五年，又立别说，完全忘了与前注呼应统一呢？此是杨注未臻缜密之一例。

郭沫若《两周金文辞大系考释》："虢仲乃东虢，其分枝为北虢。……北虢，金文称虢季氏，如虢季子白盘，……其证也。"郭老这段话存在三个问题：第一，"虢仲乃东虢"，这用的是韦昭之说，此说与"虢叔为东虢"在历史上互相对立，各自成说，均无可证实，无法形成结论。第二，"其（东虢）分枝为北虢"，把北虢（包括下阳和上阳在内）说成是东虢的分支，更是无据的臆断。上文"文化史拓展"部分已介绍了三门峡市李家窑遗址及虢国墓地的考古发掘成果，足可证明古史记载的上阳是西周至春秋前期的虢国都城，下阳则是虢国在黄河北岸地区的别都。两者共同构成完整的虢国，其级别是公侯之爵的规格。而东周初年为郑武公所灭的东虢，据《国语·郑语》史伯的说法，它和邻近的邻国（妘姓），都只是"子男之国"中的稍大者。其地至今也尚未见有价值的考古发掘成果出现。说明东虢确实只是一个无足轻重的子男之国，很可能只是"故虢国"（上阳＋下阳）的一个分支。郭老却反过来，说东虢是文王母弟虢仲所封，而虢国反而是其分枝。这与《两周金文辞大系考释》编成于 1935 年、校订于 1957 年，作者未及见 20 世纪 50 年代及 90 年代对周代虢国墓葬及遗址之发掘报告有关。第三，郭老说"北虢，金文称虢季氏"，也是不准确的。三门峡虢国墓葬中确有一座虢季墓，为国君规格，但不等于只有故虢国才有"虢季"之名。以郭老所举例证"虢季子白盘"来说，即非北虢之物，而是清道光年间出土于陕西宝鸡虢川司（即虢镇）的，是班固所说西虢之器。此盘铭文共一百十一字，内容为记周宣王十二年，虢季子白"伐玁狁于洛（北洛水）之阳，折首五百，执讯五十"，"王各（格）周庙""爰飨"，并赐乘马、弓、彤矢，还赐钺以征蛮方等事。从铭文内容看，是周朝在西部征伐玁狁的事。郭老曾论西虢之器说："西虢，金文称城虢，有城虢仲殷，出于凤翔可证。"（同上）但也并非西虢在金文中一律称城虢，虢季子白盘就只称"虢"，可见并非定例。西虢在西周时似颇受周王室倚重。但在平王东迁后,西虢显然陷于孤立,势孤力单而被秦国称为"小虢"。《史记·秦本纪》记:秦武公十一年(即鲁庄公七年,前687),"灭小虢。"《正义》引《括地志》:"故虢城在岐州陈仓县东四十里,次西十余里又有城,亦名虢城。《舆地志》云:此虢,文王母弟虢叔所封,是曰西虢。"《舆地志》所云与韦昭的说法在文字上完全一致,但"西虢"实际所指是不一样的。《舆地志》的西虢是《汉书·地理志》所说的"西虢",韦昭所说的西虢是《汉书·地理志》的"故虢国"和"北虢"。

《辞海》1999年版"虢"字条㊀:"古国名。姬姓。有东虢、西虢、北虢之分。东虢、西虢的开国君主都是周文王弟。根据出土遗物,北虢在西周时也已建立。东虢在今荥阳市东北,公元前767年为郑所灭。西虢亦称城虢,在今陕西宝鸡东;西周灭亡后,支族仍留原地,称为小虢,前687年为秦所灭。北虢建都上阳(今河南陕县东南李家窑),占有今河南三门峡和山西平陆一带,前655年为晋所灭。"《辞海》1999年修订本已把20世纪90年代在河南三门峡李家窑遗址的考古发掘成果总结进去了,但对李家窑遗址的重要性仍评估不足。李家窑遗址若不是文王弟虢仲或虢叔的始封地之一,也应是其大宗后裔之迁封地,地位明显高于所谓的"东虢";而此条仍按传统说法把"子男之国"东虢和宝鸡东的西虢一起并列作为周文王弟的始封国,是不妥和不符历史实际的。本条避开虢仲和虢叔分别封于何地不谈,是一种可取的知之为知之、不知为不知的态度。

《辞源》修订本"虢"字条㊀:"周分封的诸侯国。姬姓。1. 西虢(在今陕西宝鸡市),周文王弟虢仲(一说虢叔)封地。周平王东迁,西虢徙于上阳,称南虢,春秋时为晋所灭。西虢迁徙时,有仍留原地者,称小虢,后为秦所灭。2. 东虢(在今河南荥阳),周文王弟虢叔(一说虢仲)封地,后为郑所灭。3. 北虢(在今山西平陆县),春秋时晋假道于虞以伐虢,即此。"本条最大的硬伤是提出了一个既没有考古成果支持、又没有可靠历史资料依据的说法:"平王东迁,西虢徙于上阳,称南虢。"此说最早只可上溯至《水经注》所引《晋太康地记》,其后仅南宋罗泌《路史·国名记》袭之,没有更古老的权威性著作支持。且又与当今考古研究的结果不符。三门峡虢国墓葬群和李家窑遗址的发掘报告,都证实上阳自西周以来一直是虢国都城,根本不存在平王东迁后西虢迁移过来建立南虢的痕迹。把上阳和下阳、南虢和北虢分割为二的观点,也不如清王先谦《汉书补注》的看法(见前引)符合实际。把东虢当作文王弟的始封地之一,是和《辞海》1999年版一样受了韦昭等人传统说法的误导。关于东虢,其规模见于史籍记载的只有《国语·郑语》史伯所说的"子男之国,虢、郐为大",是子男之国中之较大的。从考古发掘来看,2004年8月发现并随后陆续发掘的荥阳市豫龙镇寨杨村娘娘寨遗址是郑州市区域内迄今唯一西周(晚期)至战国时期持续存在的古城址,许多专家认为它与史籍所记的东虢有着对应关系。城址南北长约一千米,东西宽约五百米,城址外有护城河,城内有夯土基址(宫殿区),其规模和布局与李家窑古虢国遗址极为相似。但无论其城墙、护城河内淤土下层遗物、夯土基址,甚至贯穿东西、南北城门的十字形道路,发掘勘察的结果,建造年代上限均为西周晚期,下限则为春秋早期。这个考古发掘结果,可以证实我们的推测:东虢并不是西周初期文王母弟的封地,而是李家窑古虢国的一个分支于西周晚期在此筑城建的子男之国。至于为什么西周晚期要在这里建一个东虢国,郑州市文物考古研究院发掘了部分娘娘寨遗址的西周墓葬,发现均有殉狗的腰坑,断定为商人葬俗,因而推测这一带的原住民为商遗民。西周晚期,《史记·周本纪》记自懿王以后,"王室遂衰",至懿王孙厉王时,更发生了"王行暴虐侈傲",国人"畔袭厉王,厉王出奔于彘"的事。东虢国当是西周王室为了管理商遗民、稳住地方政权而建立的。后来平王东迁,郑武公灭东虢及桧,建立郑国时,还对商遗民采取团结、合作的方针,与商人共同建造了新郑,"而共处之,世有盟誓,以相信也"(《左传·昭公十六年》郑子产语)。至于为什么要派虢国的支系来建东虢国,这当与虢公其时曾常为周王卿士、掌有执政实权有关。如《古本竹书纪年》云:"夷王(懿王之子,厉王之父)衰弱,荒服不朝,乃命虢公率六师,伐太原之戎,至于俞泉,获马千匹。"《国语·周语上》:"宣王即位,不籍千亩,虢文公谏曰不可。"《史记·周本纪》:"幽王以虢石父为卿,用事。"皆可证虢国在西周晚期为王室所倚重,是诸侯中的重要一员。周王命其支系建立东虢国,是合于当时形势和事理的。不过,是哪一个周王所命,尚待考古发掘有新的成果。文王弟虢仲、虢叔究竟如何分封,谜底也有待于揭开。而近年来,还多有学者提出三门峡古虢国实为西周晚期西虢之一部分迁移而来;此说确否,也尚须更多地下实证的出土,请参读后文。

(二) 虢亡后留下的遗迹

东虢、西虢、"北虢""故虢国"先后依次为郑、秦、晋三国所灭,其遗族或迁移,或散徙,或居留原地,至今留下一些遗迹。主要见于:

1. 河南焦作市温县

温县今有古迹虢公台及虢公冢。虢公台在招贤乡上苑村北,古济水东岸。《水经注七·济水》曾两次引用《皇览》,一曰:"温城南有虢公台,基址尚存。"一曰:

"虢公冢在温县郭(外城)东,济水南大冢是也。"虢公台是个大型土台,东西长约五百米,两端宽约三百米,中间宽约百米,高约十米。其来历有多种说法:第一种说法是根据《左传·桓公九年》(鲁桓公九年即周桓王十七年,前703)的记载:"秋,虢仲、芮伯、梁伯、荀侯、贾伯伐曲沃。"这是晋分裂时期,曲沃武公诱召晋小子侯而杀之,周桓王命卿士虢公林父带领四国军队阻止曲沃灭晋的一次行动。有人就说:虢公台是当时虢公集结军队、誓师北伐而建的。但实际上这是很牵强、不可能的一种说法。因为这次军事行动规模并不大,集结的时间也很短暂,岂能仅为誓师而营造土方量这么大的一个台?且芮、梁、荀、贾四国,地皆在晋及曲沃之周边,而温县在其东南数百里之外,还要翻越中条山,有的还要渡黄河,为一次集结誓师仪式而来回折腾千儿八百里路程,有这么调动军队的吗?第二种说法是虢公台并非虢公所建,而是上古时期的先民遗留下来的观象台、观星台之类,因虢公曾在此检阅军队而得名。这个说法避开了上述第一点责难,仍然无法回避第二点责难。因而仍然是不可信的。还有人提出第三种说法,说虢公台和《左传·桓公九年》的虢公林父并无关系,而与本篇选文中的虢公醜有关。据本文记载:"晋灭虢,虢公醜奔京师。"京师就是洛阳。虢公失了国,求见周惠王,可是周王又能怎么样呢?他既无命晋复虢公国之威,更无征讨晋国为虢复仇之力。可是虢公醜十八年前对周惠王坐稳王位可是立过大功的,当年惠王的叔父王子颓倚靠封于温的苏子和作乱的五个大夫搞政变,又得到卫、南燕两国军队的支撑,惠王都一度被逼到郑国去了。全靠郑厉公和虢公醜二国君之力,出兵杀了王子颓及五大夫,惠王才得以重回王城(见《左传·庄公十九年》《庄公二十年》《庄公二十一年》),当上天子。虢公的这个大功,惠王是不可能忘记的。京师地小,官满为患。但王畿之内,给虢公找个容身之地,惠王还是做得到的。至于惠王是怎么安排的虢公,史书再无记载。我们只能根据温县遗留下虢公台、虢公冢两个古迹,以及今河南温县西北之黄庄乡至今还有东虢村、西虢村两个地名,合情合理地推测周惠王当初曾把苏子封地温邑周边的王田,划归虢公醜及其随行人员、族人作居住及生活来源之用了。至于详情细节,则难以尽述,毕竟历史的推测,与文学的戏说是两回事。

2. 河南三门峡市卢氏县

卢氏县城东北一华里处有山名龙山,又名虢山,俗又称之为虢台庙。说起虢台庙名称的由来,民间有许多千百年留传下来的口头传说,都与周代的虢国有关。清《卢氏县志》记下了一些当地的民间传说,如说:虢仲封于虢国,最初建都于龙山寨顶,后来迁都,就把龙山寨顶当作了行宫,虢君常来此处避暑。民间又把虢君渲染成"虢王",相传山腰天然台地上曾建有虢太庙,俗也讹称为虢王庙。明崇祯七年(1634),李自成由陕入豫之次年,曾与明军在卢氏激战,虢太庙遭火焚。康熙二十四年(1685)重修,后又毁于炮火。如今庙院已不可再睹,只留下了一个虢台庙的名称以及民间传说之类非物质文化遗产。

当地又盛传《史记·扁鹊列传》所记的扁鹊救活了"尸蹶"(一种假死的症状)的虢太子的故事。民间并把扁鹊称之为"卢医",与《史记》张守节正义"号卢医""家于卢国,因命之曰卢医"之相关记载合。但张守节误植之"今济州卢县"耳。从卢氏存有大量"卢医"之民间传说看,号卢医之扁鹊当出于卢氏。至今县城东街还有一卢医庙巷,似乎这里曾经存在过扁鹊的祠庙。司马迁记扁鹊救虢太子事,置于为赵简子治疾之"其后",张守节正义尝考简子疾在晋定公十一年(前501),而虢之为晋所灭在前655年。故晋傅玄早就说了:"虢是晋献公时、先是百二十余年灭矣,是时焉得有虢?"傅玄算得并不精准,此时距虢灭至少应有一百五六十年了。所以历来对此事质疑不断。只能说,"扁鹊"之名,是古代对神医的通称。《扁鹊列传》把战国至汉一直流传在卢氏民间、而实属春秋前期虢国未灭时发生在卢氏虢行宫中的神医救虢太子事,也采编进去了。据此,虢灭后,卢氏存有虢国遗民,应是没有问题的。

三门峡虢国墓地(M1601号墓)曾出土两件留有"卢金氏"名的青铜器:一是盘,有铭文云"卢金氏孙作宝盘,子子孙孙永宝用";一是匜,有铭文云"卢金氏用宝匜,子子孙孙永宝用"。已有研究者指出,卢金氏应是虢的支系贵族,卢氏可能即是其封邑。他死后不葬于封邑而葬于虢之国都,说明卢金氏与虢君的近亲关系。

隋开皇初置虢州,以卢氏为州治;后又改为虢郡,仍以卢氏为郡治。可见隋时对卢氏与虢的关系,仍有着传统的认识。

3. 河南三门峡市灵宝市

唐代也曾置过虢州,但州治改在了弘农(今灵宝),北宋至道三年改称为虢略。今天,虢略成了灵宝一个镇的名称。"虢略"一语,起源甚古,见于《左传·僖公十五年》,是讲晋惠公夷吾靠秦穆公的支持入主晋国,初时曾答应"赂秦伯以河外列城五:东尽虢略,南及华山",等当上国君却赖账了。这里的"虢略"是指什么呢?据杜预注:"东尽虢略,自河南而东尽虢界也。"可见杜预并不把"虢略"当作一个地名来看,他把虢略释为故虢国所经略之地,因而义同"虢界"。孔颖达疏又具体化为"东尽虢之东界",即把故虢国的全境都囊括进去了。孔颖达的解释是否即杜预之意,更是否即《左传》之原意,那就不可知了。杨伯峻《春秋左传注》则在"虢略"

下注云："今河南省灵宝县治即旧虢略镇。"他是把"虢略"当作专门名词（地名）来解释的。这解释对不对呢？如果春秋时就有"虢略"这个地名，为什么西晋的杜预、唐初的孔颖达都不知道呢？《后汉书·郡国志一》"弘农郡"："陆浑，西有虢略地。"这个"虢略"，据文意应是地名了。《郡国志》，原作者为司马彪，也是西晋人，稍后于杜预。而陆浑，地当今河南嵩县，与灵宝相距甚远。若西晋时有此"虢略"之地名，也必非杨注所谓的灵宝旧县治虢略镇，故杨伯峻注不可从。而《郡国志》的陆浑县虢略，在其先之《汉书》、其后之《晋书》、新旧《唐书》，各《地理志》均未见提及，恐为一时一地之暂时。今之灵宝虢略，以史书而言，始见于《宋史·地理志三》"虢州"。但是，我们从唐人诗文中，已多可见之，如：王维《送李太守赴上洛》："丹泉通虢略，白羽抵荆岑。"上洛，即今陕西商州市。丹泉，即今丹江，自上洛入今河南西部，流入豫、鄂边境的丹江口水库。诗中之虢略，因无可以与"丹泉通"相对应之适当地望，恐非专用地名，而泛指古虢国之边境。高适《淇上酬薛三据兼寄郭少府微》："东驰眇贝丘，西顾弥虢略。"因上句之贝丘为地名，则虢略也应该是地名。自淇水西顾，此虢略当为古弘农（今灵宝）之虢略，而非旧陆浑（今嵩县）之虢略。薛逢《上虢州崔相公启》："自相公归官虢略，寻欲附状起居，伏以革吏卑微，不敢轻肆。"这个"虢略"，可以肯定是专用地名了。而又属于虢州，则必为今灵宝之虢略无疑。薛逢是唐武宗时人，可见在唐代中期，至少在唐代后期，今灵宝市已有虢略之地名。《宋史·地理志三》"虢州·虢略"所记"中唐弘农……至道（宋太宗年号）三年改今名"，并非当时新起之名，而是用了现成之名。足证今灵宝市唐宋时人都承认其是古虢国治理之地，它是虢国灭亡之后，虢遗民聚居、虢文化传承之又一重要都邑，是可以肯定的。

虢国失掉下阳以后，当年秋天，《左传·僖公二年》记载："虢公败戎于桑田。"今河南三门峡市灵宝市函谷关镇有一稠桑村，据说即当年虢公丑败戎的桑田。

现今，灵宝市新建有一"虢园"，最显明的标志，是近十米高的虢国纪念碑，顶端书一巨大的"虢"字。园内多陈列历代文人诗词歌赋，再现古代虢文化。既是传统的延续，又是历史的回顾。使人们有足够的理由相信，如今的灵宝市，特别是虢略镇，是故虢国的一个古邑发展过来的。

4. 河南三门峡市（市内及市郊）

虢国都城上阳在今河南三门峡市李家窑遗址，前已作过介绍。上阳为晋所灭后，虢公丑带着随从、族人逃到京师；未能跟着虢公一起逃亡的，一部分贵族及其臣仆被晋军俘虏并强迫迁移至晋国后方，另一部分国人就地散徙流播。因虢国已亡,这些遗民遂改姓为郭。郑樵《通志略·氏族二》"郭氏"引《公羊》曰"虢谓之郭,声之转也",又说:"今虢氏无闻,惟著郭氏。"《新唐书·宰相世系表四上》叙郭氏出自姬姓之虢,惟所举史事错乱不实,不可凭信,仅"虢谓之郭,声之转也"二句,也用《公羊》之义,尚可谓得之。《公羊传》自子夏之徒,世代口说传授,至西汉景帝时方著之竹帛,故于"僖公二年"叙晋假虞道伐虢,凡"虢"字皆书作"郭"。其时上阳尚存,虢国未亡,《左传》《穀梁》皆书为"虢",独《公羊》开风气之先,改为"郭"字。故后人有"虢为古文,郭为今文"之说(臧寿恭《春秋左氏古义》)。但同为今文之《穀梁传》,则虢未灭时书"虢",虢已亡后书"郭"(如"昭公元年"经文记郑之虢邑,《左传》作"虢",《穀梁》作"郭",《公羊》则又通假为"漷"),似较《公羊》为得体。

今三门峡市湖滨区崖底乡尚存一郭氏源头村,而远离上阳遗址约四十里外之丛山中,至今还有一些郭姓聚居地,分布在会兴乡、高庙乡的山前村、山后村、大安村、小安村、黄底村等处。这些都当是两千六百多年前虢国遗民扎根当地、不离乡土者的后代。

5. 山西吕梁地区汾阳市、孝义市一带

晋灭虢国后,据《古本竹书纪年》说,晋献公"命瑕公吕甥邑于虢都",也就是把上阳改建成晋邑。为了减少阻力,必然要把抱有敌对情绪的虢遗民主要是贵族及其附属群体强制迁离故国,安置到当时晋国的后方,相当于今山西吕梁的汾阳市、孝义市一带。据宋乐史《太平寰宇记》记载:"汾州虞、虢二城:相传晋灭虞、虢,迁其人于此,筑土城以居之。"《汾阳县志》《孝义县志》也有类似记载。宋时汾州有今汾阳、孝义、介休、平遥等地,而虞、虢二城,正在今吕梁汾阳、孝义二市之间。虢城今分为大虢城、小虢城二村,大虢城村属孝义市之崇文街道,小虢城村属汾阳市之阳城乡。据新修之《汾阳市志》介绍,汾阳在周代属古兹国(有研究者认为"兹"为"姬"字之音变,尚属猜测),秦置兹氏县,晋改隰城,唐又易名西河,明省入汾州,民国元年始称汾阳县。今为汾阳市。古代所称"汾阳"另有其地。

"虢城"今尚存土城遗址,城墙为夯土筑成,建有四座城门。可考知的有凤仪、映旭、鸿文三个门名。鸿文门城楼供有周文王神位。土城围村,规模不大,可以想像当年晋灭虞、虢,把两国移民仍相邻安置,虢国遗民对虞国遗民怀有多少仇恨和敌意。他们之各筑土城而居,正反映了当初双方的相互戒备、时刻提防的敌对心理状态。这都是虞公见利忘义作下的孽。

东汉名人郭泰(字林宗)是介休人。介休今属晋中市,与汾阳、孝义仅汾河一水之隔,显然是"虢城"之中虢国遗民之渡河而居的。郭林宗当年不愿为官,在家

乡"闭门教授,弟子以千数",至今城内有其旧宅遗址。

6. 陕西宝鸡市宝鸡县一带

西虢在春秋初被秦国称为小虢,可见其当时之势单力薄。周庄王十年(鲁庄公七年,前687),即秦武公十一年,秦"灭小虢"(《史记·秦本纪》)。西虢之灭,晚于东虢之灭于郑八十年,早于虢之下阳、上阳灭于晋分别为二十九年、三十二年。西虢灭后,秦国在此置虢县。秦、汉(西汉)两朝,虢县的建制不变。东汉始废虢县,将其并入雍县(今陕西凤翔县),历魏、晋、北朝魏皆然。西魏文帝大统四年(538)分雍县南部原虢县地改称洛邑县,至隋炀帝大业三年(607)重称虢县。自隋历唐、五代、宋、金共约六百六十余年未有变化。元代至元年间将虢县降一等改为虢川镇,隶属于宝鸡县。至今还称为虢镇,是宝鸡政府的驻在地。

《汉书·地理志上》"右扶风"所属二十一个县中就有虢县,为承秦之旧置;并在"弘农郡·陕县"自注中,指出雍州之虢为西虢。"右扶风"汉高祖元年时曾名"雍国"。从班固自注可知,直至汉代,虢县还存有黄帝子祠、周文王、武王祠,以及秦宣太后所起的"虢宫"等古迹。

郦道元《水经注·渭水中》提到"雍县城南",由上文可知东汉始把原虢县并入雍县,雍县城南正是秦、汉虢县之地。《水经注》之成书距东汉初已有五百来年了,郦道元只能引经据典地介绍一番:"《晋书·地道记》以为西虢地也,《汉书·地理志》以为西虢县,《太康记》曰:'虢叔之国矣,有虢宫。平王东迁,叔自此之上阳,为南虢矣。'"《晋书·地道记》为晋王隐所作,出语颇为谨慎;所谓《太康记》当为《晋太康地记》,作者名已佚,所言就不大精审了。他也提到"虢宫",却不像《汉书·地理志》那样,说明是秦宣太后所起;他不说,那么承上连下,倒好像这虢宫是虢叔立国时就有的古迹似的。下边话锋一转,又凭空出来个平王东迁,西虢也随之到上阳,成了南虢。这却是无佐无证的臆说了。南宋罗泌撰《路史》,在《国名记》中不辨真假,采入书中,却又把虢叔改成了虢仲:"仲之封为西虢,在岐,今凤翔虢县。东迁之际,自此之上阳,为南虢矣。"后九个字,一字不改袭用《水经注》引文。清顾栋高《春秋大事表》于《春秋》学颇有贡献,却也信了佚名晋人之说,还发展为平王"更封"这种没影儿的事:"(西虢)后随平王东迁,更封于上阳。……其支庶留于故都者为小虢。"《辞源》修订本也用此说,这个无根无据的说法影响就更大了,误导了更多的人,其中不乏著名的学者。

西虢随平王东迁而更封于上阳,此说不但文献无征,而且与文献所载矛盾,为先秦文献所否定。《国语·郑语》所记西周末年周史伯答郑桓公问,其中提到两个

"虢"：一个在"济、洛、河、颍之间"，韦昭说这是"东虢"，是"虢仲之后"；一个在"成周"之"西"，一共列举了八国："虞、虢、晋、隗、霍、杨、魏、芮"，其中与虞、晋并列的虢，韦昭说这是"西虢"，是"虢叔之后"。我们前面指出过，韦昭所说的"西虢"，并非今陕西宝鸡一带的西虢，而是班固所说的"故虢国"，也就是以古上阳为国都的虢国。周太史给郑桓公细析列国形势，时间是在幽王八年。此时西周尚未灭亡，平王尚未即位，更遑论东迁，而虢国早已厕身于成周（洛邑）之西。这个历史事实，难道不足以否定《晋太康地记》"平王东迁，叔（虢叔）自此（今宝鸡一带的西虢）之（前往）上阳为南虢矣"的不根之谈吗？

20世纪50年代和90年代三门峡上村岭虢国墓地的发掘和故虢国城址的发现，更在考古领域获得了否定《晋太康地记》的铁证。三门峡的李家窑一带已被考古学界公认即所谓"南虢"的国都上阳遗址，而"上阳"之北上村岭的虢国墓地，据三门峡虢国博物馆《虢国春秋展厅说明》："这里是一处规模宏大、等级齐全、排列有序、保存完好的西周晚期——春秋早期的邦国公墓。它的发现和发掘，拉开了三千年前古虢国之谜的序幕。"目前整理展出的还仅限于M2001号虢国国君虢季之墓，及虢季夫人梁姬之墓所出土的丰富而精美的文物，上二墓及虢太子墓的三座陪葬车马坑。据第四展厅"国君觅踪——虢季陵墓遗址群展"《说明》："埋葬年代为周宣王执政的晚年，距今二千八百年左右。"

尚在整理而暂未展出的M2009虢仲墓，年代更早。蔡运章将考古发掘的结果与文献记载试作类比，认为M2009墓主当是厉王时的虢公长父，M2001墓主为宣王时之虢文公，其可能性是极大的。传世器《虢仲盨铭》："虢仲与王（厉王）南征，伐南淮夷，在成周……"《后汉书·东夷列传》也说："厉王无道，淮夷入寇，王命虢仲征之，不克。"《今本竹书纪年》则云："（厉王）三年，淮夷侵洛，王命虢公长父征之，不克。""虢公长父"又见于《吕氏春秋·当染》："周厉王染于虢公长父、荣夷终；幽王染于虢公鼓、祭公敦。……所染不当，故国残身死，为天下僇。""染"者，近朱者赤、近墨者黑之谓。可见文献所见厉王时之虢仲是个负面人物。上村岭M2009墓主虢仲确也颇有奢侈僭越之气。上述虢季墓中出土七鼎六簋，属诸侯的规格；而M2009虢仲墓中竟出土九鼎八簋，已是王的规格，可见其僭越。此墓为上村岭墓地中形制最大、出土文物最多的一座，铜、金、玉、角、牙、竹、木、皮革、丝帛诸器物共有六千余件，单是大型青铜器即有六百多件，多铸有虢仲作器的铭文。可见其生前生活之奢侈。这种排场，似可与前述卢氏县传说历史上存在过"虢王庙"、行宫之类民间遗闻联系起来看。"虢文公"见于《国语·周语上》："宣王即位，不籍千亩,虢文公谏曰不可。"提出"民之大事在农","恪恭于农",方能"财用不乏,民用和同"等观点,在文献中属正面形象的历史人物。上村岭虢国墓地 M1631 墓中曾出土一"虢季氏子段鬲",郭沫若认为与传世器"虢文公子段鼎"为同一人作。郭说若是,则虢文公即虢季,名子段。贾逵说他是"文王母弟虢仲之后,为王卿士",韦昭则说他是"虢叔之后"。直至今天,这个问题还没有定论。有的学者认为虢季氏出自文王弟虢仲(如彭裕商《虢国东迁考》),有的则认为是文王弟虢叔之后的一个分支(如朱凤瀚《商周家族形态研究》)。这个问题与虢仲、虢叔的始封年代、地点,文献及传世、出土青铜器铭文中虢仲、虢叔、虢季是字(排行)还是氏名,东迁是在厉、宣时期还是宣、幽时期,各家均有所探索,有所论断,但也互有歧异、矛盾,总的说还处在纠缠不清的阶段,各种说法尚须更多实证支撑,有待于更多新的考古发掘成果出现,才能最终梳理清楚。

上村岭 M2009 墓中出土的"遗册",上有墨书送葬人姓名及所送物品名。遗册上写有"南仲"之名。此名《诗》中两见(《小雅·出车》《大雅·常武》),旧说(《诗序》、毛传、郑笺)以为文王时大将,《汉书·人表》则以"南中"列为宣王时人。《人表》"仲"多作"中",如"(太伯)仲雍"作"中雍","仲山甫"作"中山父",周八士之"仲突、仲忽"作"中突、中曶"等。孙国仁《汉书人表略校》云:"中、仲古通,《表》凡伯仲之仲多作中。"故《表》之南中即《诗》之南仲。班固不从古说,以南仲为宣王时人。蔡邕《伐鲜卑议》也说:"周宣王命南仲、吉甫攘猃狁,威荆蛮。"魏源、王国维等皆断《出车》为宣王时诗,以《诗序》《传》《笺》之说为不可信。今得虢仲墓遗册,正可互证。传世器《驹父盨铭》记周宣王十八年正月,南仲命令驹父向南淮夷索取贡物事,也是一证。《诗·小雅》以《出车》起始,连续多首颂宣王时武功,前后统军之大将,有南仲、尹吉甫、方叔等多人,而以南仲列首,盖以年代先后为序。宣王在位四十六年,南仲当为其前期之大臣。虢仲死后,南仲送葬,可定虢仲墓封葬于宣王初年,方可与其厉王三年即奉王命帅师伐南淮夷的记载理顺。至于厉王三年时,虢仲(长父)是否已经东迁到上阳,还是在伐南淮夷"不克"之后,为加强对东南方的防务方始迁来,谜底还是不易揭开的。有一种说法,称西虢东迁,是为逃避猃狁的侵扰,以此为动因,恐怕是太过消极了。西虢之东迁,也必不是举国皆迁或仅余支庶在原地。因为道光年间在虢川司(今宝鸡县虢镇)出土的《虢季子白盘铭》明确记载虢季子白在周宣王十二年正月初吉丁亥作宝盘,记载其"薄伐猃狁,于洛(北洛水)之阳,折首五百,执讯五十"的战果,以及王又赐钺,要求子白征蛮方之事。说明周王朝既寄望于东迁之虢镇抚东方之淮夷,也不放松对西虢征伐猃狁、蛮方的要求。"虢"的字形，为两手搏虎，虢之字音又通郭，有城郭之义。当初文王对仲、叔二弟以"虢"命名其封地，有进可以攻、退可以守之深意存焉。可惜后世子孙不肖，虢国据点虽多，无不早早以亡国收场，春秋早期即彻底退出历史舞台。这是当初圣明如周文王者也没有想到的吧。

【集评】

虞公之兵殆而地削者，何也？爱小利，而不虑其害。故曰：顾小利，则大利之残也。

（《韩非子·十过》）

虞公贪财，不顾其难。快耳说（悦）目，受晋之璧、屈产之乘。假晋师道，还以自灭。宗庙破毁，社稷不祀，身死不葬，贪财之所致也。故《春秋》以此见物不空来，宝不虚出。自内出者，无匹不行；自外至者，无主不止：此其应也。

……

晋假道虞，虞公许之。宫之奇谏曰："唇亡齿寒，虞、虢之相救，非相赐也，君请勿许。"虞公不听，后虞果亡。于《春秋》，明此存亡，道可观也。……观乎虞公、梁亡，知贪财枉法之穷。……故君子慎之。

（董仲舒《春秋繁露·王道》）

古语有之曰："将欲取之，必固予之。"昔者晋之取虞，越之取胡，冒顿之取东胡，石勒之取王浚，此四者，皆"予之"之力也。

（苏辙《进策五道·第四道》）

晋伐虢必假道者，以虞为虢蔽，不可飞越而往也。虢既就灭，但间晋，岂能越国鄙远，时时假道于虞，以往治其民人乎？虽至愚者，亦知虞必不免矣。"吾宗""享祀"二语，总为璧、马所述，以国殉货，故作此支节之词。宫之奇语语破的，无奈不悟。所谓不仁者不可与言，岂奇之懦者！

（林云铭《古文析义》卷一）

开首一语提清，以下先论势，次论情，再次论理。危言正论，总见晋使不可许，虞公弗听而许之，又作去后之谏，而卒亦不悟。是一时最不快意之事，却是千古最快意之文。

（余诚《重订古文释义新编》卷一）

宫之奇三番谏诤，前段论势，中段论情，后段论理。层次井井，激昂尽致。奈君听不聪，终寻复辙。读竟为之掩卷三叹。

（吴楚材、吴调侯《古文观止》卷一）

开手提明复假道于虞，故文中前则曰"其可再乎"，后则曰"晋不更举矣"，首尾呼应一片。中间"吾宗""神据"两层，却因虞公自宽自解，就其说而驳之，其实正意已于道段说尽也。然层层驳难，于本文为绝妙波澜，于后文为绝妙埋伏。……其详写执及大夫以媵秦，分明为"吾宗"二字写出，极其不堪。更详写修祀、归贡，又分明为"神其吐之"还他着落。……前半妙文得后半实事，乃两相应，使人读之又好哭又好笑也。

（冯李骅、陆浩《左绣》）

此一篇是愚智之互镜。虞公开口抱一"宗"字，继此抱一"神"字，其愚骏处已从两语描出。宫之奇即分两项驳他：说到"宗"字，宫之奇即将"宗"字分出亲疏，虞、虢视晋，则虢近于虞；犹恐驳他不倒，又出桓、庄二族，不但同宗，且属近支。近支尚尔，何况遥遥之华胄，一步紧似一步。"将虢是灭"，是叫他从虢一边翻转看；视亲于桓、庄，又叫他从晋一边翻转看。"犹"字是纵笔，"况"是收笔，文字精透极矣，词锋亦便利极矣。乃犹不悟，拈出"神"字，以为可据。此直是璧、马之余情，贪心不已，以为尚有后酬。"据"之为言安也，谓神安其享，即是亲己。宫之奇心悯其愚牢不可破，连举七个"德"字（按本文因节录，仅存四个"德"字），苦苦醒他，……综言德之关系于存亡无所不至，故言之重叠，不惟不见其沓，且反复辩论，亦一步紧似一步。已乃用"弗听"二字，将其忠言截住。宫之奇两用"矣"字，一断虞之亡，一决晋之得，此双锁之笔。文笔既含蓄而又完满。或谓必增下文，始谓之有归结，吾意殊不谓然。试视开头一个"复"字，宫之奇口中一个"再"字，虞之国家已了此两字之中，何必再续下文耶！

（林纾《左传撷华》）

【思考与讨论】

唐刘知几《史通》评《左传》"其言简而要，其事详而博"。试以本篇为例，举出几处"言简事详""言要事博"的地方。

十一、 晋公子重耳奔狄、及齐、至秦

晋公子重耳之及于难也[①]，……遂奔狄[②]。……狄人伐廧咎如[③]，获其二女叔隗、季隗纳诸公子④，公子取季隗⑤，生伯儵、叔刘⑥；以叔隗妻赵衰⑦，生盾⑧。

将适齐⑨，谓季隗曰："待我二十五年，不来而后嫁。"对曰⑩："我二十五年矣⑪，又如是而嫁⑫，则就木焉⑬。请待子⑭。"处狄十二年而行⑮。

过卫⑯，卫文公不礼焉⑰。……

及齐，齐桓公妻之⑱，有马二十乘⑲，公子安之⑳。从者以为不可㉑。将行㉒，谋于桑下。蚕妾在其上㉓，以告姜氏㉔。姜氏杀之㉕，而谓公子曰："子有四方之志㉖，其闻之者，吾杀之矣。"公子曰："无之㉗。"姜曰："行也！怀与安㉘，实败名㉙。"公子不可㉚。姜与子犯谋㉛，醉而遣之㉜。醒㉝，以戈逐子犯㉞。

及曹，曹共公闻其骈胁㉟，……

及宋，宋襄公赠之以马二十乘㊱。

及郑，郑文公亦不礼焉㊲。……

及楚，楚子飨之㊳。……乃送诸秦㊴。

秦伯纳女五人㊵，怀嬴与焉㊶。奉匜沃盥㊷，既而挥之㊸。怒㊹，曰："秦晋匹也㊺，何以卑我㊻?"公子惧，降服而囚㊼。

【注释】

① 重耳：即晋文公（前671—前628），春秋五霸之一（第二位），在位九年。关于其生年，请参读"题解"及文后之"问题探讨"。难，指骊姬之难，详见"题解"。

② 狄：指重耳之母国大戎，参见"题解"及"问题探讨"。

③ 廧（qiáng）咎（gāo）如：春秋时赤狄的一支，隗姓，参见"题解"及"问题探讨"。

④ 叔隗、季隗：隗姓之中女、幼女，其长女未掳掠，当为已嫁。纳：致送。诸："之于"的合音。

⑤ 取：同娶。

⑥ 伯儵（yóu）、叔刘：晋文公即位后接季隗至晋，此二子应狄人的请求留于狄，未随母归晋。

⑦ 赵衰（cuī，?—前622）：嬴姓，字子余，谥成，也称赵成子、成季、孟子余，回国后任原大夫，又称原季。又曾任上军之将、中军之佐，辅文公创立霸业。

⑧ 盾：赵盾（约前651—约前598），嬴姓，以排行字为孟，也称赵孟；谥宣，又称赵宣子。

自晋襄公七年(前621)起,前后掌晋国国政二十年有余。

⑨ 适齐:前往齐国,事在鲁僖公十六年,详参"题解"。主语"重耳及其从者"省略。

⑩ 对:回答。主语"季隗"省略。

⑪ 年:岁。

⑫ 又如是:承上指再过二十五年。

⑬ 就木:进棺材,死的婉言。

⑭ 请:表示愿意的意思。待子:等待你回来。意谓即使你满了二十五年仍不回来,我也还是等着你。

⑮ 处:居住在。行:徒步出发。

⑯ 过卫:据《国语·晋语四》,自狄去齐途中,因路线偏北,只经过卫国北部的五鹿(今河南南乐县西南),而并未经过卫国当时的国都楚丘(今河南滑县)。《晋语》之记可信。

⑰ 卫文公不礼:据《国语·晋语四》,卫文公不礼之事,发生在鲁僖公二十二年重耳从齐国回归时,当时重耳一行有东马二十乘,自齐经卫、曹至宋,皆有车行道。《晋语四》说:"卫文公有邢、狄之虞,不能礼焉。"为当时实情。《左传》误将此次过卫与自狄至齐时过五鹿混而为一,小有疏失。

⑱ 齐桓公妻之:"妻"前或"之"后省略"以女"二字。齐桓公接受重耳并妻之以女,在其病故前一年,参"题解"。

⑲ 乘:一车配以四马谓之一乘。

⑳ 安之:从一开始的安心于齐国给他的生活待遇,到后来的只贪图安逸的生活而胸无大志,皆可用"安之"二字概括。

㉑ 从者:以重耳舅父狐偃为首的随行人员。不可:不能。以为不可,以为不能"安之"。上下两句,以极短的篇幅,实现了时间上的大跳跃,包容了数年的跨度。足见《左传》叙事之简洁而凝炼。

㉒ 将行:承上省略主语"从者"。将:打算。有人译为"将要",与文意小有不符。

㉓ 蚕妾:养蚕的女奴隶。其:指代桑树。

㉔ 姜氏:即齐桓公之女嫁给重耳者。史亦称"齐姜"。

㉕ 杀之:为灭口,以免泄于齐孝公之耳,横生枝节。

㉖ 四方:指狐偃等人商议要经历的诸侯国。《诗·大雅·民劳》"以绥四方",毛传:"四方,诸夏也。"参见"题解"。

㉗ 无之:没有这回事。

㉘ 怀:留恋家室。安:贪图安乐。

㉙ 败名:败坏名声。

㉚ 不可:不许可,不同意。与上注㉑之"不可"意小异。

㉛ 子犯:狐偃的字,重耳舅父,故又称舅犯(又声讹作咎犯)。晋文公即位后任上军之佐,对文公改革内政,振兴国力,战胜楚国,成就霸业,起过相当大的作用。

㉜ 醉而遣之:把公子灌醉了送走。

㉝ 醒:主语"公子"省略。

㉞ 逐:追打。

㉟ 及:到达。曹:姬姓国名,始封之君为周武王弟叔振铎,都于陶丘(在今山东定陶县西北)。

㊱ 曹共(gōng,通恭)公(? —前 618):名襄,在位三十五年。骈胁:参见"题解"。

㊲ 宋襄公(? —前 637):名兹甫,在位十四年。鲁僖公二十二年冬十一月初一在与楚国争霸的泓之战中兵败伤股,不治,次年五月二十五日身亡。参读"题解"。

㊳ 郑文公(? —前 618):名踕,在位四十五年。

㊴ 楚子:楚成王(前 681? —前 626),即熊頵(《史记》作熊恽),即位时年方十岁(?),在位四十六年。飨:款待吃喝。

㊵ 乃送诸秦:据《国语·晋语四》,是"秦伯召公子于楚",楚成王才"厚币以送公子于秦"。

㊶ 秦伯:秦穆公(? —前 621),嬴姓,名任好,在位三十九年。纳女五人:把五个女儿给重耳作妻妾。

㊷ 怀嬴:详见"题解"。与:在其中。

㊸ 奉:捧。匜(yí):古代盥洗的器具,与盘合用。匜盛水,盥洗时持匜者将水倒下,下有盘承接,洗手者就水流冲洗。沃:浇水。盥:承水洗手。文中"奉匜沃"的是怀嬴,"盥"的是重耳。

㊹ 既而:指洗完手。挥之:挥之使去之意,这是重耳对怀嬴不尊重的一种表现。

㊺ 怒:主语"怀嬴"省略。

㊻ 匹:匹敌,相当。

㊼ 卑:低看,轻视。

㊽ 降服:脱下表示公子身份的外衣。囚:指把自己拘囚起来。

【题解】

本篇选自《左传·僖公二十三年》。鲁僖公二十三年为公元前 637 年,当周襄王十六年,晋惠公十四年。题中述及"奔狄"之年,为僖公五年(前655),当周惠王二十二年,晋献公二十二年;"及齐",为僖公十六年(前644),当周襄王九年,晋惠公七年,齐桓公四十二年(此事当年《左传》无文,由本文追记);"至秦",为本文所记本年之事,当秦穆公二十三年。

本文的主角公子重耳,是晋献公之子。晋献公共有九个儿子,在史书上留下名字和事迹的只有五个,见于《左传·庄公二十八年》的简介:"晋献公娶于贾,无子。烝于齐姜,生秦穆公夫人及太子申生。又娶二女于戎,大戎狐姬生重耳,小戎子生夷吾。晋伐骊戎,骊戎男,女以骊姬。归,生奚齐,其娣生卓子。"在婚姻上,晋献公是个很另类的人。周代很讲究同姓不婚,晋献公则对此戒律极尽颠覆之能事。除了所"烝"其父武公之妾齐姜,凡所取之妻,所纳之妾,无一不是同姓。先娶于贾,贾不但是个姬姓国,而且还与晋同出一系。《通志略·氏族二》:"贾,伯爵,康王封唐叔虞(晋之始封君)少子公明于此。"贾国之所在,杨伯峻以为"当在今山西省襄汾县东"(《春秋左传注》桓公九年),而谭其骧主编之《中国历史地图集》第一册则标之于今襄汾县之西南("春秋·晋秦"图,22—23页)。查今襄汾县隔汾河之西南有地名南贾,则谭图为是而杨注小误。晋武公在位达三十九年,献公娶于贾当在即位之前且由武公作主者,还不能怪罪于他本人。但献公为太子申生选妃也娶于贾(此事《左传》虽无明文,却有婉言,寓显于隐,可参看选文《齐侯送姜氏于讙·鲁侯与姜氏如齐》之"问题探讨"中有关春秋时期叔嫂通奸问题的论述所及),这作主的就是晋献公了。

晋献公烝武公妾齐姜,此事当不能在武公生前。但齐姜必为武公晚年所纳之妾,《史记·晋世家》以为齐桓公女,则年似不合:武公卒于鲁庄公十七年,当齐桓公九年。若是齐襄公之女,齐桓公时纳于晋,则较为可信。齐女多美,而武公年事已高,老夫少妾,恐帷薄之内,难以和谐。献公时为太子,娶于贾而无子,与年轻貌美之父妾暗生情愫,则并不奇怪。武公一死,嗣君即烝之,父葬之次年,献公方始即位,则即位当年,齐姜即为献公产子,是完全可能的。为什么要拐弯抹角讲这些琐事呢,因为齐姜生了一子一女,但究竟是子为兄,还是女为姊,只因太史公自生歧说,成了历史悬案。《秦本纪》的说法,秦穆公"四年,迎妇于晋,晋太子申生姊也",可是《晋世家》却说"申生同母女弟为秦穆公夫人"。哪一个说法是对的呢?杨伯峻据《左传·庄公二十八年》"(献公)烝于齐姜,生秦穆夫人及大子申生",认为"以秦穆夫人先言,似以为姊,而申生为弟",而断《晋世家》之说为"误"。此说看似有理,但我们若究之以申生成长之履历、穆姬出嫁之年龄,则杨说非是也。

　　我们先假设晋献公元年齐姜即产下申生，则献公十六年申生年十六。此年"晋献公作二军，公将上军，太子申生将下军……伐灭霍，灭魏，灭耿"（用《晋世家》文，下同；《左传》实为《史记》所本，但所叙不尽晋事，用《晋世家》纪年眉目较清楚）。献公十七年，申生年十七，"晋侯使太子申生伐东山（指东山皋落氏，赤狄之一支）"。十六岁即统领一军，配合君父之军连灭三国；十七岁更独当一面，伐东山皋落氏。据《国语·晋语一》说，申生以狐突为战车的驾御者，狐突劝他不要真打这一仗，以免"危身于狄"而"起谗于内"，暗示他献公是听信了骊姬的谗言才派他出征的。申生却说："虽蝎谮，焉避之？不若战也。不战而反，我罪滋厚。我战死，犹有令名焉！"已经很有男子汉的作风了。放在十七岁的青少年身上，只能用早熟誉之。结果这一仗还真把东山皋落氏打败了。这是假设他是齐姜首胎所生，是秦穆姬的兄长。如果秦穆姬先出生的话，那么申生的岁数至少还要比上面估计的小一两岁，即他要在十四五岁的时候就统领一军，十五六岁的时候就独当一面，不听谋士劝阻，坚决指挥军队与赤狄东山皋落氏打一仗，并战而胜之。这是不是早秀得太过分了一点？而从穆姬来说，她若是申生之姊，则据《史记·秦本纪》及《十二诸侯年表》所记，她是秦穆公四年、相当于晋献公二十一年被穆公"迎妇于晋"的，若据《左传》所记的相关信息，她还要晚一年即鲁僖公五年、相当于晋献公二十二年，晋灭虢、虞后，才有"执虞公及其大夫井伯以媵秦穆姬"之事的。那么她出嫁的年龄，要达到二十一二岁了。这与春秋时女子偏于早婚的习俗是不合的。《墨子·节用上》说："昔者圣王为法曰：丈夫年二十，毋敢不处家；女子年十五，毋敢不事人。此圣人之法也。"《韩非子·外储说右下》记管仲对齐桓公说：宫中有怨女，民间就有老而无妻者；"桓公曰：善。令于宫中，女子未尝御，出嫁之。乃令男子年二十而室，女年十五而嫁。"《左传·襄公九年》晋悼公更说："国君十五而生子。"是诸侯较之平民，早婚更甚。《礼记·内则》所谓"男子二十而冠"，"三十而有室"，"女子十有五年而笄，二十而嫁"，被后人认为是庶人之礼，且是男女结婚年龄之上限。如《孔子家语·本命解》鲁哀公问："男子十六精通，女子十四而化，是可以生民矣。而《礼》男子三十而有室，女子二十而有夫也，岂不晚哉？"孔子对曰："夫《礼》言其极不是过也，男子二十而冠，有为人父之端；女子十五许嫁，有适人之道：于此而往，则自婚矣。"孔子自己，是十九岁就结婚的（见同上《本姓解》）。因而秦穆姬出嫁之年龄，当在十五岁以上，二十岁以下。她若是申生之姊，则申生的年龄与履历就不可相合了。这么说来，太子申生当是兄，秦穆姬当是妹，《史记》之自相歧说，当以杨注认为"误"的《晋世家》为是。

《晋世家》说，"齐姜早死"，又说"重耳母，翟之狐氏女也；夷吾母，重耳母女弟也"。后说非是，后文有所研讨。大约齐姜去世前后，晋献公又娶了大戎狐姬及其陪嫁的小戎子。杜预注说："大戎，唐叔（晋之始封君）子孙别在戎狄者。"这说得很是，因为《国语·晋语四》记郑叔詹之语云："狐氏出自唐叔，狐姬，伯行（狐突之字，重耳之外祖父）之子也，实生重耳。"重耳是同姓相婚所生。但杜注对"小戎子"的解释却多误，一则云："小戎，允姓之戎。"（庄公二十八年注）二则云："虢射，惠公（即夷吾）舅也。"这是杜预用了贾逵《春秋左氏传解诂》《国语解诂》之说（二书今佚，《史记集解·晋世家》引服虔曰："虢射，惠公舅。"可证）。孔颖达疏从而引《晋语三》之文欲证实之。第一，"小戎子"只是区别于"大戎狐姬"的一个称呼，并非别有一个"小戎"之族，杜注指其为"允姓之戎"，更是没有根据的。允姓之戎是秦、晋"韩之战"之后，才从瓜州（今甘肃敦煌一带）迁至晋之南鄙的（可参读《左传·昭公九年》周景王使詹桓伯责让晋之文中有关句段，可自明）。韩之战发生在鲁僖公十五年，当晋惠公之六年。回溯到夷吾出生之前，允姓之戎与晋国尚相距数千里之遥，献公又何由得其女呢？故杜注之误显然。第二，贾逵、杜注说的"虢射，惠公舅也"也是没有根据的，孔颖达替他找出《晋语三》之有关段落想作证明，孔氏也是误读了《国语》原文。《晋语三》惠公与庆郑对话，说了一句："舅所病也？"韦昭注："诸侯谓异姓大夫曰舅。"这是惠公对庆郑的礼貌用语，意思是说"舅您有所不满啊？"贾逵、杜预、孔颖达误读于前，先误以"舅"系惠公指称虢射，再误以"舅"为亲戚称谓；杨伯峻注虽指出"舅乃尊称"，并非说的母舅，却也认为惠公乃是以"舅"称虢射，未看出这个解释就当时语境、对话双方语意承接而言，并不最贴切，不若以舅尊称庆郑为顺。

"小戎子"不是允姓之戎之女，那么《史记·晋世家》说她是"重耳母女弟"对不对呢？也不对。为什么呢？因为《左传·昭公十三年》晋大夫叔向说："我先君文公，狐季姬之子也，有宠于献（公）。"可见"大戎狐姬"又可称为"狐季姬"，"季"乃是排行最小的，可证大戎狐姬是狐突的幼女，她不可能有同母"女弟"。但从庄公二十八年文看："烝于齐姜……又娶二女于戎，大戎狐姬生重耳，小戎子生夷吾。"此"二女"即使不能是姊妹，也应是同族。春秋时有"以侄、娣媵"的婚姻，狐姬既已无娣，陪嫁者小戎子或当是她的侄女。

晋献公"娶二女于戎"在何时？这可从《左传》《国语》记有重耳开始流亡时的年龄倒推得知。《左传·昭公十三年》叔向云："我先君文公……生十七年……亡十九年。"亡者，流亡也。公子重耳是从十七岁开始避骊姬之祸而离开故国流亡的。《国语·晋语四》记曹国大夫僖负羁之言："晋公子生十七年而亡。"两相可以互证。公子重耳开始流亡，《左传》载之于僖公五年(前655)，即晋献公二十二年。推算其生年，为献公六年。则献公娶二女于戎，至少应在即位第五年之前。由于《晋世家》及《十二诸侯年表》均把"(献公)伐骊戎，得骊姬、骊姬弟"列于献公五年，我们暂且假设娶大戎狐姬及小戎子在四年或更稍早。其时申生及穆姬当已出生，有可能齐姜也已"早死"。献公正当壮年，故娶之于同姓之戎。狐氏既出于唐叔，而杂入戎狄者，其地与晋必不甚远。献公五年而得骊姬姐妹，六年而大戎狐姬生重耳，继而小戎子又生夷吾，可见献公初并不以宠幸骊姬姊妹而冷落了狐姬与小戎子。但骊姬以其工于心计，擅于饰奸藏诈，又善以绝色娇姿蛊媚其主，逐渐便获献公专宠，进而爬上了夫人的位置。反观戎之二女，在各为献公生下一子后，便不再见于晋国史乘，显已不为献公所爱重。

献公十二年，也即得骊姬之后七年，骊姬生下一子取名奚齐。从此，骊姬便改变生活之重心、战略之目标：原来以狐姬、小戎子为对手争宠后宫，已经大获全胜；现在转而要以申生为主要敌对方，必欲置之于死地，连带还要清除掉重耳、夷吾两个障碍，好使奚齐稳稳取代太子之位。她与情夫优施合谋，屡施离间之计挑拨献公与申生之父子关系；又向献公之"外嬖"(男宠)梁五、东关五行贿，让他们帮自己向献公吹风，先使献公同意把申生、重耳、夷吾分派到宗邑曲沃与要邑蒲、屈"坐镇"，另四个史书未传其名的公子则安排到边鄙小邑，以"可以威民而惧戎"的借口，达到使他们远离国都新绛，不得常在献公左右的目的。这样，一来可以令人隔三差五在献公耳旁说些太子和群公子的坏话，二来也可使献公只觉得身边的奚齐才是最亲的骨肉。

看看奚齐长到十岁了，骊姬恨不得马上立他为太子。可是太子申生却行得端，立得正，献公虽没少听骊姬手下人对申生的中伤谗言，但公道自在人心，贤行自有口碑。献公也测试过他几次，觉得还真没有理由废了这个太子。骊姬于是定下毒计，趁献公外出有数日田猎，派人前去曲沃，骗申生道："你君父梦见齐姜，你快祭祀你母亲！"古代梦见死去的亲人，有献飨祭祀之礼俗。所祭肉食，必归胙君亲。骊姬借此做手脚，在申生送来的酒肉中下了毒，等献公回来叫人献上。献公以酒酹地以示祭祀前妻，不料洒酒着地，土即刻坟起。疑其有毒，便把肉喂狗，狗立毙；叫侍臣试吃，也送了命。骊姬不失时机泣呼道："老天哪！晋国迟早是你太子的，你怎么就晚几年都等不及呢！"尽显其阴险与狠毒。而面对这场冤假错案，考虑到一旦真相大白，骊姬必死，而老父也将因失去骊姬而悒郁寡欢，余年悲凉，申生选择了不作声辩,独自在曲沃之宗庙自缢而死。

骊姬一计得逞,又生一计,诬陷重耳、夷吾对申生毒害君父都是知情而不举报者,献公此时已是鬼迷心窍,即刻派人伐蒲以诛重耳,伐屈以诛夷吾。重耳、夷吾先后被迫逃亡到狄和梁。其余四个公子也都被逐出国境,奚齐遂立为太子。

重耳奔狄,时年十七。跟随左右的有舅父狐偃、赵衰、贾佗、颠颉、魏犨、胥臣等数十人,是一个多有精英的团队。《史记·晋世家》说:"狄,其母国也。"以为即大戎狐姬的娘家。此说有一定的道理。"戎"与"狄"古常混称。重耳所奔之狄,解决重耳的婚姻问题,并不从本部族中挑选,而特地向赤狄廧咎如发动偷袭,用掠夺婚的方式抢来两个少女给公子重耳做妻室。是本部族没有适龄的漂亮女孩儿吗?当然不是。重耳和他老爸不同,晋献公是个为所欲为、无视礼法戒律的人,重耳则遵守"同姓不婚"的规矩。母国姬姓,他所不娶,所以才另行抢婚。赤狄隗姓,抢来的叔隗、季隗姊妹俩,本来是共嫁一夫的,但重耳很知足,他只要了季隗一个,把叔隗许给了赵衰。这使季隗感知其情,赵衰感知其恩,随行的其他人感知其德。史书不载重耳娶季隗之年,但可以从《左传》所记重耳在狄居住了十二年,离狄时季隗年二十五,大致推测出是在重耳居狄两年之后。此时重耳十九岁,季隗十五岁,正符合当时婚俗之适宜婚龄。这对强扭的瓜,经过十年夫妻生活的催化,先婚后恋,已经酿成甜蜜的爱情之果了。重耳将离狄流亡到齐国时,与季隗作别,要她等待二十五年,二十五年还混不出个样子接她回晋国,才让她再嫁别人。季隗回答:我今年二十五了,还要再等这个数,我怕要进棺材了,我等你一辈子就是了。这么缠绵的话别,不是真情的流露,是说不出来这样话的。季隗自小接受的戎狄婚姻习俗,夫妻关系是极为松散、多变、不固定的,就是华夏地区在春秋时期也尚存母系制婚俗残余影响,女子"从一而终"的精神枷锁并未成为社会的主流价值取向。季隗的表态,无关道德规范,纯属夫妻情深。

重耳为避骊姬之祸逃亡到狄度过了十二年,为什么要转移到齐国去呢?这要从骊姬之乱被平息谈起。重耳奔狄之第五年,晋献公就死了。遗命荀息立骊姬之子奚齐,大臣多不服,荀息无法左右政局。里克杀奚齐;荀息又立骊姬娣所生的卓子,也被里克杀了。荀息自杀以谢先君,里克又杀骊姬。刀光血影中,祸根似乎被除掉了。里克、丕郑是亲重耳的一派,他们派使者到狄国去请重耳回国;重耳的智囊团分析了晋国的形势,认为当大丧大乱之后,回国轻易取得政权,民难以导,国难以固,不宜趟此浑水。重耳于是婉辞使者。吕甥、郤称等亲夷吾的一派也派使者到梁国去,向夷吾献计:梁、秦同姓而相邻,可就近重赂秦国,求其帮助送你回国,我们将立你为君。夷吾见利不让,依计行事,与秦国使者接触后许诺秦若辅助其入国为君,将献上河外(指黄河以西以南)列城五;并许使者事成后将奉上黄金四十镒、白玉之珩六双。他为了求得里克、丕郑的支持,也承诺只要他们向着自己,里克将得到汾阳之田百万,丕郑将得到负蔡之田七十万。

夷吾开出了那么多支票,可张张都是空头的。当他坐上了晋君位置,立即变脸,"背外内之赂"。对许诺秦国的河西之地,他用"大臣曰:'地者先君之地,君亡在外,何以得擅许秦者?'寡人争之弗能得"搪塞;答应给秦使者的黄金白玉珩,连提都不提了。里克、丕郑在他看来是重耳之党,重耳还在国外,他自然要翦除异己。他派人向里克传话,说道:"微子,则不及此(不是你,我坐不上国君的位置)。虽然(虽则如此),子杀二君与一大夫(奚齐,卓子,荀息),为子君者,不亦难乎?"里克被噎得几乎说不出话来,气极之下,回了几句道:"不有废也,君何以兴? 欲加之罪,其无辞乎! 臣闻命矣。"伏剑而死。丕郑随后也被杀戮。汾阳之田百万、负蔡之田七十万自然还是他晋惠公的。古有对君子"一言既出,驷马难追"之誉,也有对小人"食言而肥"之讥。《谥法解》说:"爱民好与曰惠。"背信弃义的夷吾谥"惠",真是太过溢美了,他实在只是口惠而实不至的伪君子真小人。

这还不算,晋惠公三年、四年,晋国连年失收,出现了饥荒,向秦国要求救灾。秦国君臣不念旧恶,向晋国饥民提供了平价粮。孰料河东河西风水轮流转,第二年晋国收了个熟年,秦国却久旱造成饥荒,反过来向晋国要求籴粮,晋惠公竟幸灾乐祸,坐视不救。他一再以不仁不义之行报秦之恩之德,不仅秦穆公及其臣民被激怒了,晋国有点正义感的大臣也觉得惠公迟早要遭到报应。秦国自力更生度过灾荒,次年收成明显好转,有粮在手,百事不愁。鲁僖公十五年,也即晋惠公六年,冬十一月,秦穆公涉河伐晋,深入到韩邑(今山西芮城县韩亭),先后与晋军打了三仗,大获全胜,把晋惠公生擒活捉,带回秦国。却因为惠公之同父异母姊秦穆姬拼死相救,最终促使秦穆公只把晋惠公软禁了三个月,放回了晋国。惠公在归国前听从吕甥之谋,派人先期向国人宣布了改革田制等利民措施笼络人心,企图冲淡一些作为一国之君而成为秦军俘虏的尴尬和耻辱。

作为战败国,晋国不但把原先答应赂秦后来又赖帐的河西五城给了秦国,还划给秦河东少量田地。晋惠公答应秦国的要求,把自己在梁国时与梁嬴生下的一对龙凤胎中的男孩太子圉送到秦国做人质。秦穆公看晋惠公这次倒不失信,就把河东之地退回给晋国,并找了个与太子圉年龄相当的女儿给他为"妻"。说是为"妻",实在只是个伴儿。因为太子圉太小,据夷吾奔梁在僖公六年春算起,到僖公十七年太子圉为质于秦,充其量不过十岁出点头的样子吧,哪里懂什么夫妇之事呢。因为太子圉五年以后做过几个月的晋国国君,谥号怀公,所以这个小秦女史称怀嬴。她还是本文的主要人物之一。

重耳及其智囊团队在狄无时不关注着晋国的局势。看到晋惠公即位后政治品质不佳,失信于内外,与秦国关系不睦,在国内排除异己,多杀无辜,民心不顺,农业生产上不去,频年饥荒。韩之战中,惠公被俘。智囊们观察形势,等待时机,上述僖公十六年狄侵晋,取狐厨、昆都,惠公身遭秦国羁押,头脑开始清醒,为求活命,向秦服软,居然渡过了难关,重新回国为君了。他杀了忠国明理但一贯对己不敬言语常有不逊的庆郑以示儆百,企图重拾国君权威。再次站稳脚跟后,就腾出手来准备铲除对自己构成最大潜在威胁的公子重耳,以免后患。重耳及其团队获知这一信息后,觉得狄地太近于晋,安全系数不高,于是开始了新的流亡。流向何方?原先秦晋关系紧张时,大国秦是最好的庇身之地,但现在太子圉在那里为质,两国交往升温,已是不合适去了。最后确定到东方大国齐去政治避难,路是远点,但齐桓公还在,霸主英名有吸引力。又听说管仲新近去世,团队中人不乏有对齐桓公能否吸纳贤才、自己或者可以施展抱负的幻想。于是,一场艰难的长途跋涉开始了。这才接上了前文重耳告别季隗的话头。

本文系节选,略去了路上的一些细节,直接就叙述到了齐国以后的事。齐桓公已是垂暮之年,他一生憾事之一,就是未能与晋献公谋面、结盟。鲁僖公六年的葵丘之盟,是齐桓公霸业的顶峰,而这次会盟的主要目的,就是要把日益强大的晋国纳入他齐桓公主盟的中原诸侯集团。这从参加会议的周王太宰周公孔"(齐侯)北伐山戎,南伐楚,西为此会也"之语(见《左传》)可以明显看出。但不巧晋献公有病不能按时赴会,后来病稍有好转,支撑着要去,却半道遇见了先行退会的周公孔,说"齐侯不务德而勤远略",劝他不必去参会,晋献公也就顺水"退"舟,打道回府了。葵丘之会夏天就开始了,为了等晋献公,虚位以待了三个来月,直到季秋九月戊辰(十三日)得到确讯不来如会,齐桓公才无奈地与其他诸侯签订了盟约。据《孟子·告子下》载,葵丘之盟五条决议中的第一条,就是"无易树子(不改立太子),无以妾为妻"。这分明是为晋献公量身定制的。或者周公宰孔所以能轻易劝退晋献公不赴葵丘,最主要的原因是泄露了盟约草稿中的这一条款。晋献公逼申生自杀,改立奚齐为太子,将骊姬扶正为夫人,这些关起门来为所欲为的"私"事,岂能拿到诸侯会盟上去挨批,最终还要认错画押呢?当然逃会是第一选择。葵丘之盟以后不到两个月,晋献公病重,不治身死。身后晋国大乱。齐桓公还征集诸侯之师伐晋讨乱，等他行军千里来到晋国北部叫高梁（今山西临汾东略偏北）的小邑时，晋国的内乱已在秦穆公干预下趋于平稳。他的"西略"，实际上只是徒劳往返。为了不甘虚此一行，他留下隰朋带领部分军队与秦师会合，帮助协调晋惠公回国即位之事。其实，齐国介不介入，都不影响大局。但是，作为霸主，他对晋国的势态发展，不可能不加关注。晋国的政局现状，他也是有所了解的。

重耳的到来并有求于他，使霸主威风已成强弩之末的齐桓公顿感雄气犹在，他觉得可以为重耳提供点帮助，以弥补当年错过与晋国结盟、交往的遗憾。他在自己女儿中选了一个做重耳的妻子，给了重耳与其随从四马之车二十辆。以齐国之富庶，重耳一行对比在狄的简陋生活与离狄以后一路上的风餐露宿甚至饿着肚子乞食，感到日子真是好过多了。可惜的是，一年以后齐桓公就去世了（鲁僖公十七年冬卒）。

重耳在齐国居留了六年。他和他的随行团队是何时、出于何种原因离开齐国的，《左传》并未明叙。而查《史记·十二诸侯年表》，却把重耳从齐过卫、过曹、过郑、过楚、至秦，全部列于鲁僖公二十三年一年之中，其间，却没有记"过宋"这个环节。再查《宋世家》，不对了，上面明明写着宋襄公十三年（即僖公二十二年）楚、宋泓之战"宋师大败，襄公伤股"以后，晋公子重耳才于"是年"过的宋。泓之战发生于僖公二十二年十一月初一，重耳由齐过卫、过曹，其顺序在过宋之前，更应在僖公二十二年十一月之前才是。因而《十二诸侯年表》之误，是可以很明白地勘证出来的。把重耳离开齐国的时间考定为鲁僖公二十二年有什么重要意义吗？有。这要与《左传》僖公二十二年"晋太子圉为质于秦，将逃归"的记载联系起来看，自能明白其中消息。

晋太子圉在鲁僖公十七年夏被晋惠公当作质子送到秦国，比重耳离狄适齐晚一年。他在秦国居留了五年，忽有"逃归"之念。为什么要逃归，《左传》也没有说。而《史记·晋世家》道出了缘由："（惠公）十三年（即鲁僖公二十二年），晋惠公病。内有数子（太子圉在秦，国内另有数子），太子圉曰：'我母家在梁，梁今秦灭之。我外轻于秦而内无援于国，君即不起病，大夫轻更立他公子。'乃谋与其妻俱亡归。"原来这一年晋惠公生大病了。古生点小病称"疾"，疾重了才称"病"，郑玄注《仪礼》说："疾甚曰病。"消息传到太子圉耳朵里，这个十五来岁的孩子打起了小算盘，怕自己身在秦国，一旦父亲一病不起，国内大臣忘了他这个太子，改立别的公子，他岂不要吃亏。于是与怀嬴商议，要带她逃归晋国。谁知怀嬴婉拒道："从子而归，弃君（指父秦穆公）命也，不敢从。亦不敢言（告发）。"于是圉就逃回了晋国。

据《左传》前后叙事次序,这件事就发生在当年夏季之末。怀嬴事前虽不告发,事后总得禀告。而且肯定不会把自己知情、纵容放跑了"小丈夫"的事担当下来,必然要说太子圉瞒了自己逃跑了。这自然使秦穆公十分恼火。太子圉太不成熟,他如果不逃跑,把自己的顾虑向"岳父"诉说,秦穆公必定力挺自己一手扶育长大并且可以一手操纵的傀儡小女婿登上晋国国君宝座。这样,晋怀公的君位就可以坐稳了,秦穆公也不会把注押到重耳身上了,春秋争霸史也说不定就会改写了。谁知太子圉自以为"聪明",却被"聪明"误了呢。

转过来再说重耳。现在事情已经很明显了:就在太子圉离秦归晋之后,重耳几乎前后脚地离齐,并非出于偶然,而是晋惠公病重的消息,也已经传到齐国了。古代讯息传播缓慢,但并不隔绝。太子圉在秦,重耳在齐,晋国上层贵族中有忠于惠公、亲太子的一派,也有反对惠公、亲公子重耳的一派。惠公生了重病,这些人会千方百计传递信息给自己所倾向的一方。比如重耳随行人员中有狐偃、狐毛二人,都是重耳的舅舅;但狐偃、狐毛的父亲狐突,却一直在晋国国内为大夫。狐突对惠公病重这样的事,会不马上派人急速赴齐国告知公子重耳吗? 当然,晋齐距离太远,重耳赶回晋国势必落后于太子圉,所以僖公二十三年九月(《国语·晋语三》作"十月",《史记·晋世家》从《左传》),《左传》书"晋惠公卒,怀公(即太子圉)立",怀公当年冬天,就把狐突杀了。当时重耳及其团队,还在秦国,无法相救。

晋惠公病重的消息传至重耳及其团队,大约是在僖公二十二年的夏季,这从狐偃等随从人员"谋于桑下"时插入了"蚕妾"采桑因而窃听到其谋的故事可知。古养蚕有春蚕、夏蚕、秋蚕之分,以春蚕为主。秋蚕养得最少,只以留得明年蚕种为目的。而蚕妾能隐身于桑树之上,也必夏时桑叶最为茂密时才能做到。可见重耳的智囊团密谋离齐回国,与太子圉小夫妻相商逃归晋国,差不多是在同一时间。与太子圉急于回晋不同,重耳此时已经完全安于食有鱼、出有车、家有妻室的舒适生活,觉得在齐国终老也很好,回国一搏的壮志几乎消磨殆尽了。幸好齐桓公给了他一个深明大义的好妻子,她完全支持狐偃等随从人员的意见,力劝重耳离开齐国回晋国伺机登上君位。她针对重耳的苟安思想说:"怀与安,实败名。"劝不醒丈夫,她就与狐偃等人想了个计策,用酒灌醉重耳,硬把重耳送上了归国之路。齐国不乏赘婿之俗,但齐姜知道赘婿的社会地位极低,她不愿意重耳因"怀安"而"败名"。齐桓公去世后,经过纷争内乱,她的兄长齐孝公即位。齐国公室养着她的夫婿和数十个随行人员,纵使兄长不说什么,她也不希望夫婿长期寄人篱下,无所作为。《国语·晋语四》记她劝说重耳之辞较《左传》详细许多,她说:"齐国之政败矣,晋之无道久矣,从者(指狐偃等)之谋忠矣,时日及矣,公子几矣(指重耳的机会差不多了)""败(指齐)不可处,时不可失,忠不可弃,怀不可从,子必速行""有晋国者,非子而谁? 子其勉之!"她对时局的分析,对政治的识见,远远高出于当时的重耳。

当初自狄至齐,重耳一行想必是徒步跋涉的;如今离齐回故国,有了齐桓公在世时赠送的二十辆驷马之车,行程应能快速一点。但来时目标只在齐国,徒步可择小路抄近道;返时却不一样了,要扩大晋公子重耳回国的政治影响,并事先与几个重点的国家展开一点交往,因而有选择地路经几个国家的国都,以会见其国君,而且只能走驷车可通过的官道、驿道,所以行程、费时反较来齐时长。要经过哪几个国家,应该是狐偃等人在桑下谋划时就定下来的,为蚕妾听到并告之于齐姜,所以齐姜才会对重耳说"子有四方之志"云云。否则,就只说"子有归国之志"了。奔齐、归国所经,《国语·晋语四》之叙述详于《左传》,个别地方且稍有出入。有出入之处,在于《左传》于奔齐途中有"过卫,卫文公不礼焉"之记,而《晋语》无;《晋语》于归国时有"过卫,卫文公有邢、狄之虞,不能礼焉"之记而《左传》无。杨伯峻宗《左》,以为"《国语》不可信"(《春秋左传注》僖公二十三年),实际上若抛弃盲目崇《左》之成见,客观地审定比对二书记载之内容,应该认定《国语》所叙为是,而《左传》偶有疏失。

重耳一行过卫、过曹、过宋,均应在鲁僖公二十二年,过宋已是在当年之年末。卫文公忙于国事,不能礼待公子重耳;曹共公则不仅不能礼待,而且是极其无礼了,他听说重耳"骈胁"(肋骨上下紧密相连),竟乘他洗浴时"观其裸"。卫、曹都是晋的同姓国,却一个不大热情,一个更加以轻薄,使公子重耳十分郁闷。他是个记仇的人,在他当上国君后,对此二国都有所惩罚。宋国接待他却把他当作上宾,原来宋襄公刚在泓之战中大败于楚,身且负伤,他很希望结交晋国的公子以为奥援,可以牵制楚国。宋襄公是个没有自知之明的争"霸"狂,极想成为齐桓公第二。所以他听说齐桓公给重耳的见面礼是二十辆驷马之车,也立刻赠送二十辆驷马之车给晋公子。重耳也是个记恩的人,他当上晋君后,对宋国、齐国多有照应。

重耳一行离宋向郑进发,已是僖公二十三年的事。郑国是离晋国特近的姬姓国家。如果郑文公能够像他的大夫叔詹那样有一点政治洞察力,看得出公子重耳今天虽还是个流亡之人,而明天的政治前途实不可限量,那么,他必能礼待重耳。而重耳也可能带着团队在郑国住下,就近观察晋国国内情势、变化动向,以决定下一步采取何种策略。不料郑文公颇为短视,对重耳随行的智囊团队也不像叔詹那样有准确的评估,他绝对没有想到几年以后这个流亡在外已近十九年的晋公子会成为继齐桓公之后的第二位霸主。终于,他用冷遇使重耳明白了郑国不是久留之地。然而此时晋国形势尚未明朗化,消息传来,惠公之病虽回春乏术,却还在苟延残喘,且太子圉又陪侍在侧,虽晋国朝野之绝大多数对此父子二人均不看好,对公子重耳之回归颇多期待,民望甚切。但太子圉为秦穆公女婿,秦国态度如何,至关重要,智囊们却一时难以明其底细。郑国不能久留,但此时回国也势所不能,大权毕竟还在惠公之手,踏进国门岂非自投罗网。考虑之后决定到南方大国楚去访问一下,既是等待国内出现变化转机的缓延之策,也是一探未来潜在对手的良好机会。从郑国出发,相对于归晋,访楚实在是逆向之行,且自新郑至楚都郢,道里当以千计。《左传》用了一个"及",称"及楚",《国语》用了一个"如",称"如楚",都是合适的。而《史记·十二诸侯年表》与《楚世家》都称"过楚",因实非顺道而过,用字稍有不妥;不若《晋世家》作"去(郑)之楚"之为得。

楚成王颇有称霸中原之志,对于北方晋国的情报工作做得相当到位,知道公子重耳若能回到晋国政坛,将绝非等闲之辈。同时,他也要显示自己与一般的诸侯为伯为侯以至为公的均不同,他乃是"楚王",必须好好显摆一下,不伦不类地用起了周王享宴上公的"九献"之礼(《国语·晋语四》)。重耳流亡途中,凡过同姓之国(卫、曹、郑),都得不到礼遇;而所至异姓之国(姜齐、子宋、芈楚,后面还有一个嬴秦),却都待他如上宾。楚成王之礼更是超规格隆重,流亡公子不禁有点怯场,狐偃在旁忙给他打气:"他把你当人君,这可是老天之意!不是天,谁能启动他的心?"重耳于是稳下心神,在宴席上预习起国君的角色,进退应对,居然都很得体。特别楚成王问他"子若克复晋国,何以报我"时,重耳先讲了些外交辞令,谦逊地表示晋国所有珍奇之物,楚国都有,且都是楚国所产之余而散在晋国者,还能有什么可报答的呢。后来见逼于楚成王之再问,不得不坦率大气地说:"如若托君之福,得复晋国,晋楚治兵会于中原,将避君三舍。"楚成王事后用"约而不谄"(在困顿之中而无谄媚之态)来形容重耳(《晋语四》),他心里明白,自己款待的是一个真正的对手。

秦穆公早已听说晋公子重耳从齐国途经多国回归的消息了。他对太子圉的恼怒与反感使他倾向于作出扶持重耳的抉择。他听说重耳已到郑国了,下一站会不会来到秦国呢?毕竟晋献公死后,秦国也曾主动去接触过尚在狄地的重耳的,是重耳当时不愿接手晋国的烂摊子,他才扶立了夷吾。但这次重耳从齐国回归,明显是冲着惠公病危来的。秦穆公正等待着公子重耳的到来,却听说重耳调转方向,南下楚国了。他担心楚国占了先机,便派了使者前往楚国,专门迎请公子重耳到秦国来。这个情节，《左传》未载，而《晋语四》特地加了一句"秦伯召公子于楚"点明，司马迁更把"召"字改成"迎"字："乃迎晋公子重耳于楚。"（《史记·秦本纪》）秦国派专人来迎，楚国则厚礼相送。流亡公子之声价，经秦楚之一迎一送，已远非昔日之可比了。

重耳一行到达秦国，秦穆公热情隆重接待，自不待言。为了笼络感情、拉近关系，也为了率先用国君的身份包装重耳，秦穆公一下子就"纳女五人"。秦穆公夫人穆姬，是重耳的同父异母姊姊，因而秦穆公的第一身份，乃是重耳正儿八经的姊夫。但他把五个女儿给重耳做了妻妾，他的新身份又成了重耳的岳父，而且这个岳父，也十足是正儿八经的。这足证春秋时期的婚姻，是不受辈分约束的。重耳娶的五个秦女，应该都是他的外甥女；而据当时盛行的媵妾制，除了以娣媵，还有以侄媵的，因而也不排除五个秦女中还可能有个把辈分更小的"外侄孙女"。五个秦女中，也包括了上文提到过的怀嬴，秦穆公本把她"妻"太子圉即晋怀公的，现在又要她改嫁重耳为妾。怀嬴既是重耳的外甥女，又是重耳的侄媳妇。当时的风俗，对改嫁并无任何禁忌，但是要知道，秦穆公纳女五人之时，晋怀公正在晋国即君位。前夫未死，而又以与后夫，怀嬴的身份确实是有点尴尬的。本文末段，以极简约的笔法，通过一个生活细节的描写，把重耳对怀嬴侍奉自己时心中的局促、困惑、不知是接受好还是拒绝好，以及怀嬴对重耳每个小动作的格外关注、极度敏感和不甘示弱地捍卫尊严，迫使重耳"降服而囚"的过程，刻画得十分传神。《国语·晋语四》对重耳纳怀嬴事记叙比《左传》要详细得多，使我们知道怀嬴并不是一个贱妾，而是秦穆公嫡女（也即穆姬所生之女，重耳的亲外甥女），以有才称。她深得秦穆公的欢爱，所以当秦穆公决定在政治上与叛逃他而去的太子圉恩断义绝以后，怀嬴的终身大事便成了当父亲的一块心病。他对重耳敞开心扉说："我很想让她与你成婚，可又怕她沾上了太子圉的恶名，所以不敢用婚姻正礼把她交托给你。委屈她当了一名媵妾，实在也是因为我喜欢她的缘故。她的任性使你受了降服之辱，是我的罪过。你要她还是不要她，唯命是听。"重耳这才知道怀嬴与其他三个媵妾不同，和主妻（后来的晋文公夫人）文嬴一样，是秦穆公宠爱的嫡女。他拿不定主意，向智囊们请教，胥臣劝他说："今子与子圉，道路之人也！取其所弃，以济大事，不亦可乎？"狐偃劝他说："将夺其国，何有于妻？唯秦所命从也！"赵衰引了《礼志》之文"欲人之爱己也，必先爱人；欲人之从己也，必先从人"，劝告他在婚姻问题上必须听从秦穆公的，"又何疑焉？"于是，从政治利益出发，重耳决定讨好姊夫兼岳父，先把怀嬴送回秦宫，然后派人送上彩礼，补了一个亲迎的仪式，以示对怀嬴另眼相看。当然，正妻只能有一个，搞个仪式走过场，并不能改变怀嬴媵妾的身份，只是起个哄她一下的作用罢了。

重耳在国外流亡十九年，历经包括狄在内的八个国家，当时的大国齐、楚、秦他都见识过了，有意无意间熟知了各国情况，学习、积累了不少治国经验，对他日后即位为君振兴晋国、一战而胜楚成霸，打下了坚实的基础。他独有的经历，是他独有的财富。忠心耿耿追随他十九年的数十名臣子，也个个都在千磨万难中锤炼出来，成为他治理国家的栋梁之才。各国政治家特别看好其中的三人，即宋国大司马公孙固所说的"晋公子……好善不厌：父事狐偃，师事赵衰，而长事贾佗"的狐、赵、贾三位。曹国大夫僖负羁说："晋公子年十七而亡，卿才三人从之，可谓贤矣。"郑文公之弟叔詹也说："(晋公子)有三士，足以上人，而从之。"连楚成王也不得不承认："(晋公子)三材待之，天祚之矣。"(除叔詹言见于《左传·僖公二十三年》外，其余均出自《国语·晋语四》。)

本篇所节选，则专为突出三位对公子重耳在流亡过程中有过重要影响的女性：深情真挚的季隗，贤明达理的齐姜，自尊自重的怀嬴。

《左传·僖公二十四年》说：当年正月，秦穆公纳重耳入晋。《国语·晋语四》则说，鲁僖公二十三年"十二月，秦伯纳公子"。韦昭注将二者统一起来说："秦伯以十二月始纳公子，公子以二十四年正月入晋桑泉。"晋怀公派出军队企图抵御，但军心民心不向着他，重耳很快在秦国的支持下，与晋国军队取得了谅解。秦穆公见进展顺利，便自回国。重耳进入绛都，在追随者和支持者的拥护下，他即位为君，是为文公。得知怀公已逃往北方小邑高梁，便派人前去把他杀了。怀公的谥号"怀"，应该是晋文公的智囊起的，《谥法解》："慈仁短折曰怀。"这并不是一个恶谥，关键是在"短折"二字上。朱右曾《逸周书集训校释》引郑康成说："未冠曰短，未婚曰折。"因而这个谥号等于是在告示天下：太子圉虽然当了几个月国君，可是他未曾举行过冠礼，也未曾举行过婚礼。这大概也确是事实。这就为辰嬴(晋文公即位后，"怀嬴"之名就改称为"辰嬴")的尴尬轻轻地在不经意间洗刷了一下。而这，正是晋文公所愿意的。

【文学史链接】

(一) 刘向《列女传》对齐姜、怀嬴形象的改造

本文突出三个与公子申生在十九年流亡生涯中先后结合的女性，有两个被刘

向选中,编入《列女传》。一个是齐姜,入选《贤明传》;一个是怀嬴,入选《节义传》。

齐姜是个贤明的妻子,深明大义。重耳贪图安逸,一心只想终老于齐国,齐姜则力劝他以怀安为戒,鼓励他男儿当有四方之志,晋国的复兴大业正等待着他去实现。重耳不听,她就与狐偃等设计"醉而遣之",迫使重耳踏上归国征程之举成为无法逆转的既成事实。刘向选齐姜入"贤明"一卷,很为确当。但刘向在《晋文齐姜》传末说:"晋人……立公子重耳,是为文公。迎齐姜以为夫人。"这后一句却不符事实,只是刘向的艺术想象。关于晋文公的妻妾,《左传》文公六年借赵盾之口介绍了前四位与第九位的排序:夫人文嬴是秦穆公之女,这是前已有文的。排在第二的,是偪姞,她是晋襄公之母,母以子贵;排在第三的,是季隗,她为晋文公生下长、次两个儿子,却都留在了狄;第四,是公子雍之母杜祁。而辰嬴(即怀嬴)则排在第九。第五至第八,史无明文。清俞正燮《癸巳存稿·晋夫人》说:"以序推之,齐姜在五,秦女三人亦媵也,其在六、七、八欤?"齐姜即使排在第五,也是委屈了她。但女子的地位在只取决于嫡庶身份、母国强弱、是否生子之类而与她的德才见识无关的社会里,又有什么办法呢。

刘向在《节义传》中选入了晋太子圉妃怀嬴。什么叫节义?《节义传·小序》说:"惟若节义,必死无避。好善慕节,终不背义。诚信勇敢,何有险陂。义之所在,赴之不疑。"从这些标准看,一女而事二夫的怀嬴是不合格、够不上的。刘向在这里动了手术,把怀嬴的人生轨迹截为两段,只用前半段为太子圉妻作为素材,而把后半段改嫁重耳事全部屏蔽掉、剪裁掉了。这就不是怀嬴真实的人生轨迹了。对怀嬴"吾不敢泄言,亦不敢从子而归",刘向借"君子谓"的方式评价道:"怀嬴善处夫妇之间。"其实,如"题解"所分析的,怀嬴放跑太子圉,使太子圉失去了秦穆公的支持,从而陷入了孤立无援的境地,招致最后失败身亡。她如能劝导太子圉向秦穆公陈情乞助,太子圉的结果可能要好得多。但一个十几岁的急功近利的男孩,加上一个十几岁的两不得罪的女孩,哪懂什么叫政治头脑啊。也是合该重耳有福就是了。

重耳流亡十九年中接触的三个女性,最有资格入选《列女传》的应该是季隗,她理应是《贞顺传》的当然入选者,《贞顺传·小序》说的"终不更二"的标准,季隗是以发自内心的真挚深情来做到的。只因为她是赤狄之女,满脑子民族歧视思想的刘向就把她拒之门外,而宁肯用改头换面、移花接木等手法加工改造出"息君夫人"之类的贞顺形象,甚至无中生有、任意编造出于史无征的"卫宣夫人"之类的贞顺形象。而在反面角色中,刘向却不吝在《孽嬖传》中给骊戎之女"晋献骊姬"一个名额。

(二) 有关文学典故

行将就木

今年六十有一,衰病侵陵,行将就木,乃欲变心从俗,以为侥幸俸钱禄米之计,不亦可羞之甚乎!

(朱熹《与留丞相札子三》)

仆叹曰:"老奴岂不作如是想?第恐行将就木,不克见此荣华耳。"怏怏而退。

(和邦额《夜谭随录》卷九《霍筠》)

但老夫行将就木,只求晚年残喘。

(吴趼人《痛史》第二十五回)

四方志

子高曰:"始焉谓此二子丈夫尔,乃今知其妇人也!人生则有四方之志,岂鹿豕也哉,而常聚乎!"

(《孔丛子·卷中·儒服》)

攸曰:"天下方有事,而刘表坐保江汉之间,其无四方志可知矣。"

(《三国志·魏书·荀攸传》)

伯阳适西戎,子欲居九蛮。苟怀四方志,所在可游盘。

(《文选·欧阳建〈临终诗〉》)

大丈夫必有四方之志。

(李白《上安州裴长史书》)

中原有斗争,况在狄与戎。丈夫四方志,安可辞固穷!

(杜甫《前出塞九首》之九)

男儿堕地志四方,裹尸马革固其常。

(陆游《陇头水》诗)

怀安

夫阖庐口不贪嘉味,耳不乐逸声。目不淫于色,身不怀于安。朝夕勤志,恤民之赢。

(《国语·楚语下》)

太史公曰:汉兴,孝文施大德,天下怀安。

(《史记·孝景本纪》)

按:此"怀安"义与《左传》"怀与安"之原义稍有改变,谓感念民生安定。

太息关山险,吁嗟岁月阑。忘机殊会俗,守拙异怀安。

(骆宾王《咏怀》诗)

失意已春残,归愁与别难。……差池是秋赋,何以暂怀安?

(项斯《送友人下第归襄阳》诗)

秦晋匹

(卫玠)娶乐广女,裴叔道曰:"妻父有冰清之姿,婿有玉润之望,所谓秦晋之匹也。"

(《世说新语·言语》刘孝标注引《卫玠别传》)

若乃交二族之和,辨伉合之义,……固宜本其门第,不相夺伦,使秦晋有匹,泾渭无舛。

(《文选·沈约〈奏弹王源〉》)

司空佐命魏朝,少府拟丞周室。并为大族,俱蒙赐姓。秦晋匹也,是曰通家。

(庾信《冠军公夫人乌石兰氏墓志铭》)

颇谓秦晋匹,从来王谢郎。青春动才调,白首缺辉光。玉润终孤立,珠明得暗藏。余寒折花卉,恨别满江乡。

(杜甫《送大理封主簿五郎亲事不合却赴通州主簿前阆州贤子余与主簿
平原郑氏女子垂欲纳郑氏伯父京书至女子已许他族亲事遂停》诗)

明日命媒氏通二姓之好,备六礼以迎之,送如秦晋之偶。

(白行简《李娃传》)

韦平之绍续无望,秦晋之婚姻岂忘?絮酒无几,生刍是将。辞多失次,泪数无行。

(李商隐《为舍人绛郡公郑州祷雨文》)

愚以度日,坐以待尽。……齿发且衰,寿命且尽。……则联秦合晋之事萌,而请媒通聘之迹见矣。

(于义方《黑心符》)

[青歌儿]母亲,都做了莺莺生忿,对傍人一言难尽。母亲,休爱惜莺莺这一身。您孩儿别有一计:不拣何人,建立功勋,杀退贼军,扫荡妖氛;倒赔家门,情愿与英雄结婚姻,成秦晋。

(王实甫《西厢记》第二本第一折)

末将不才,使求小娘子以成秦晋之好,亦不玷没了他,他如何便不相容!

(乔吉《两世姻缘》第三折)

袁术……遣韩胤为媒,……胤到徐州见(吕)布,称说:"主公仰慕将军,欲求令爱为儿妇,永结秦晋之好。"……布意遂决,厚款韩胤,许了亲事。

(罗贯中《三国演义》第十六回)

骈胁

君之出也,后车十数,从车载甲,多力而骈胁者为骖乘,持矛而操阖戟者旁车而趋。

(《史记·商君列传》)

按:此"骈胁"义已小转,形容胸肌发达而不见肋骨者。下二例同。

猿臂骈胁,……鹰瞵鹗视,……若离若合者,相与腾跃乎莽罝之野。

(《文选·左思〈吴都赋〉》)

虎头骈胁,曲诵雷声。猿臂过挟辀之材,鹰扬表下韝之志。

(杨炎《郭公神道碑》)

骄顽遂敢侮,有甚观骈胁。淡然山谷中,变色未尝辄。

(王安石《再用前韵寄蔡天启》诗)

【问题探讨】

(一) 关于重耳开始流亡时的年龄及其生年的推定

"题解"中已引《左传·昭公十三年》叔向对韩宣子谈到晋文公为公子时"生十七年……亡十九年"之语,以及《国语·晋语四》僖负羁所说"晋公子生十七年而亡(流亡)"之语。晋大夫叔向是悼公、平公、昭公时期的名臣,谈论其先公生平自然不会有差错;而曹国大夫僖负羁则与晋文公为同时代人,其所知所述当然也不会有差错。且二说完全相同,可以互相印证。重耳离晋奔狄在僖公五年(前655),倒推十七年,其生年为鲁庄公二十三年(前671),应该是不容怀疑的。但是,由于太史公在撰写《晋世家》时对晋文公重耳的相关纪年出现了一系列的误差,使后世造成了种种歧见和混乱。

《晋世家》说,重耳"自少好士,年十七,有贤士五人",却不提此年流亡之事。笔锋一转,不知根据什么材料,说道:"自献公为太子时,重耳固已成人矣。献公即位,重耳年二十一。……献公二十二年,……重耳遂奔狄……是时重耳年四十三。……重耳出亡凡十九岁而得入,时年六十二矣。"其间太史公先后提过四次重耳的年纪:十七、二十一、四十三、六十二。可以比对的只有两组数字:出奔流亡时:《左传》《国语》明确记载为十七岁,《晋世家》则说是四十三岁;至秦归晋时,以《左传》《国语》的记载推算应是三十六岁,《晋世家》则说是六十二岁。二者相较,误差足有二十六岁,可不是个小数目。《左传》《国语》属原始史料的实录,在正确与否的测评上具有一定的权威性,这个优势为《史记》所无法比拟。即使抛开这一点,也可从重耳流亡经历中的几次婚姻,看《晋世家》在重耳年纪上记述有误。

《史记》说晋献公还在做太子时,重耳就已"成人",献公即位时重耳年已二十一。如果这是事实,重耳应早就结婚生子,重耳奔狄,《史记》说已四十三岁,为何《左传》《史记》都只写他独身逃脱献公所派宦者行刺,逾垣而走奔狄,详记从者五士之名及其余数十人,却一字不提他携妻带子、或别妻离子之事?若有妻、子不及携带亦不及别离而留于晋,为何献公、惠公、怀公三代以重耳为政治上之假想敌者,皆不劫持其妻、子为人质要挟重耳?此于情于理固难自圆其说者。考之《左传》,重耳之初婚实在居狄之初,"题解"据重耳十七岁至狄,居十二年离狄,而其妻季隗是时年二十五推断,狄人为重耳抢婚在居狄二年后,当时重耳十九、季隗十五,正当春秋婚俗之适龄。若以《史记》之说,季隗十五时,重耳已四十五,不免有老少失谐、阴阳欠和之虞。若说老夫少妻,古所常有,那么重耳离狄又在十年之后,此时季隗尚属二十五岁之少妇,而重耳若是五十五岁之人,他岂有底气"谓其妻曰:'待我二十五年,不来,乃嫁'"?这里引录的是《史记》之文,它基本上照搬了《左传》原文。要知道《礼记·王制》有说:"五十始衰。"在古代社会经济、物质条件下,五十五岁已是衰老的开始。《左传》中此时的重耳是个二十九岁的年轻人,他对未来信心还满满的,所以向妻子开出等他二十五年的条件,不来才能再嫁,确实很符合人物的实际心理生理情况。《史记》的重耳这样的话则是说不出口的,五十五岁始衰的老朽,岂有把握活到八十岁高龄?"人生七十古来稀",这是杜甫《曲江二首》之二里的名句,诗圣之语,的非虚言。不知太史公何以未曾深思及此,遂致偶失,实乃憾事。以后在齐国、在秦国的婚事,若用《史记》对重耳年龄的记述来比对其情节与细节,无一不存在着牵强和难以协调之处。如齐姜劝重耳要有"四方之志",《左传》之重耳此时三十五岁,正年富力壮之际,齐姜之劝勉就显得寓深情于大义;而《史记》之重耳此时六十一岁,已年逾花甲,垂垂老矣。虽说有志不在年高,但四方之志与体力直接有关。曹操写"老骥伏枥,志在千里;烈士暮年,壮心不已"(《步出夏门行》)时,实际才五十二岁;而陆游感叹"心如老骥常千里,身似春蚕已再眠"(《赴成都泛舟自三泉至益昌谋以明年下三峡》)时,更才只四十八岁。当然,陆诗之"再眠"义含双关,有被免职之言外之意。但二句用以况心有余而(体)力不足,也极形象。试以官至七十一岁方致仕的白居易为例,他六十一岁时还挂着河南尹的头衔,但他在这一年的《元日对酒五首》之五中说:"同岁崔(崔群)何在?同年杜(杜元颖)又无。(自注:秋冬二人俱逝。)应无藏避处,只有且欢娱。"在同年所作《送徐州高仆射赴镇》中自嘲:"应笑蹉跎白头尹,风尘唯管洛阳城。"虽在其位,已无当年之志。而还在五十七岁作刑部侍郎时,他已感"荣华外物终须悟,老病旁人岂得知?犹被妻儿教渐退,莫求致仕且分司"(《戊申岁暮咏怀三首》之一)。他的妻儿不是规劝他须志在于四方,而是教他逐渐退下来,先设法到陪都洛阳去做一任闲职再说。毕竟年龄在那儿摆着,什么时候说什么样话么。重耳六十一岁,他的妻子却不让他"怀与安",非要他有赴四方之壮志,这合乎常情吗?至于到达秦国以后,设若他如《史记》所记之年,年龄在伯仲之间的秦穆公还会一次就送上五个亲生女儿给他作妻作妾吗?这份艳福,他消受得了吗?就算他受下来,文嬴、辰嬴等五个少女能心甘情愿吗?苏轼有诗云:"人老簪花不自羞,花应羞上老人头。"(《吉祥寺赏牡丹》)说得正是。

这么说来,重耳之年,断乎应以《左传》《国语》所记者为是,太史公则是一时疏误。现在有的工具书如《辞海》2009 年修订本、《中国历史人名辞典》等在晋文公这一辞条中,把生年都定为"前 697 年",就是根据《史记》的记载而误推出来的。只有新编《辞源》取存疑态度,用"?"代表晋文公的生年,虽慎重有余,却果断不足。还有些历史著作如吕思勉的《先秦史》、金景芳的《中国奴隶社会史》等都从《史记》,说重耳结束流亡生活回归晋国时年已六十二岁,亦失之未经细考。重耳重返晋国,应是三十六岁。很可惜,他是英年早逝,即位为君首尾只不过九年,四十五岁他就离开了人世。

(二) 重耳之母国大戎,地在何处?

先讲一种看法,清梁玉绳认为《左传·庄公二十八年》"大戎狐姬生重耳"的"大戎",是"犬戎"之讹。他在《汉书人表考》卷四"晋文公"条下"母大戎狐季姬"句后夹注中说:"《檀弓上》疏引作'犬戎',疑今本《左传》讹'大'字;《晋语四》注亦云犬戎。"他所说《礼记·檀弓上》孔疏引的《左传》文作"犬戎狐姬生重耳",不知是何种本子的《礼记》;但《国语》韦昭注本现存诸本在《晋语四》"狐氏出自唐叔"下确实均有注文云:"狐氏,重耳外家,与晋俱唐叔之后,别在犬戎者。"

犬戎，是周平王母家申侯联合多国攻杀幽王、灭西周阵营中的主要力量。但平王东迁以后，其活动信息史所未详。据《山海经·大荒北经》的记载，犬戎族似亦自称是黄帝的后裔："黄帝生苗龙，苗龙生融吾，融吾生弄明，弄明生白犬。白犬有牝牡，是为犬戎，肉食。"此世系恐即出自犬戎所自传。既为黄帝后裔，则犬戎姬姓，似也有源可探。因而梁玉绳的见解，未可轻易否定。但清以来《左传》的研究家对此说均未予足够的重视，亦未展开充分的讨论。我们在此特加提及，备此一说留作参考。上引《山海经》文段末有"肉食"二字，实指犬戎为以牧为主业之族，与以农为主业的华夏族异。大戎若非犬戎之讹，但同为戎，经济方式应略同。渗入华夏族居住区之戎狄，与塞外少数民族习于大规模远距离迁徙之游牧方式应有所异，其放牧多在定居点之周遭转移，并可能结合少量初级的农业。因其主要生产品及财富是会活动行走的牲畜，因而短暂定居与跳跃式迁徙往往是交替出现的。春秋时期一些主要的戎狄之族均有过主动追寻丰美牧草或被迫躲避战争压力的迁徙。这一点对搞清大戎所在地有重要的意义。

谭其骧主编的《中国历史地图集》第一册"春秋时期·晋秦"图，将"狐氏（大戎）"标在今山西离石市以东、吕梁山之西麓，隔山之东即为今山西文水县、汾阳市、孝义市一线。在狐氏大戎之西北，则标一"隗"字，表明为隗姓之赤狄，却不注明为廧咎如；而在今河南安阳市之西略偏南，却标了个"廧咎如"。这一标法，使我们对狐氏大戎为重耳抢婚，居然要先后翻越吕梁、太行两大山脉，迂回跋涉往返千数百里，顿生疑窦。显然，在重耳奔狄的头两年这段时间里，狐氏大戎与廧咎如是绝对不至于相距如此遥远的。要考虑到这两个族都可能有迁移的这一特点，找出他们活动的轨迹中时空最为接近的两个点，才是抢婚得以进行的位置。而谭《图》也应广集两个族在春秋时期不同时间处于不同空间的历史的、民俗的、传说的一切资料，按其例行的方式用小号阿拉伯数字标于右上角以显示二族的先后定居情况。

春秋时晋国周边的少数民族每有戎、狄混称者，如骊戎，也称骊土之狄（《国语·晋语四》）、骊土翟（《吕氏春秋·不广》），翟即狄；而大戎，《左传》时或称之为翟，时或称之为狄。《史记·晋世家》说得很明确："重耳遂奔狄，狄，其母国也。"重耳之母国就是狐氏大戎。清阎若璩《四书释地》认为大戎地在他当时的交城县（今山西吕梁市交城县），东与今太原市之清徐县相邻接。阎若璩原籍山西太原，其说具有民俗与传说之依据。古来相传，民间称交城为"舅犯故里"；舅犯即重耳之舅父狐偃，因其字子犯而称。多部地方志书记载交城县西北山区为春秋晋国之狐氏大戎地。今交城县至清徐县一带,多有历代兴建的狐突庙。如清徐县西马峪村北,有一座始建于宋徽宗宣和五年(1123)的狐突庙,1983年被列为太原市级文物保护单位,1996年又被列为山西省级文物保护单位。这些文化遗产都有古老的代代相承的口头传说作依据。因此山西交城县西北至清徐县一带,应是大戎的原居地。谭《图》应在此标上"狐氏大戎[1]"。而清顾祖禹《读史方舆纪要》卷一谓廧咎如在今山西太原市(东北)一带。从《左传》之相关记载可推知,廧咎如也有过徙移,《方舆纪要》所指之地与大戎为重耳抢婚在时空相叠上最为适宜,当标为"廧咎如[1]"。六十五年后,《左传·成公三年》记晋、卫联合伐廧咎如"讨赤狄之余","廧咎如溃",此时廧咎如的位置才应在谭《图》所标的河南安阳市之西略偏南处,但应标作"廧咎如[2]"才是。至于吕思勉《中国通史》上册认为廧咎如在"山西乐平"(今山西昔阳一带)之说,则不可信。因为多部古代地理著作及方志记载旧乐平城东南有皋落镇(村)(如宋乐史《太平寰宇记》、清顾祖禹《读史方舆纪要》及《山西通志·乐平县》等),可证乐平是赤狄之一支东山皋落氏在迁移过程中曾暂时定居之地,与廧咎如则无关。谭《图》在今昔阳以南标有"东山皋落氏[1]",而在今山西垣曲县南标了"东山皋落氏[2]",恐怕在定居的时间顺序上和迁移方向上正相颠倒了。《左传·闵公二年》记晋太子申生伐东山皋落氏,其地应在垣曲县(今垣曲县东南有皋落镇),垣曲距晋都绛(翼)不过百里左右。晋献公使太子申生为主帅伐之,虽是听骊姬谗言所作刁难太子之举,但却并非劳师远征。《左传》不言讨伐结果,由《国语·晋语一》所记可知是"申生胜狄而反"。胜而非灭,则狄可能因此而远遁,遂止于今之昔阳一带。故谭《图》所标东山皋落氏之1、2顺序,似应颠倒过来为是。此是题外之话,附带论及之。

重耳娶大戎为他抢婚来的季隗,约在鲁僖公七年春。抢婚以后,原来友好相邻近之大戎与廧咎如二族可能关系陷于恶化,而且也要防止季隗、叔隗因地距母家太近而随时有机会发生逃跑,故而大戎在当年就有了迁徙之举。现在不能考知其族为全部或一部,只知是带着重耳及其随行人员与隗姓二女,辗转越过吕梁山沿河东岸南下,在今山西吉县西部一带定居。今吉县的西部一带,是狄人的一个老据点了,西周时期这里就称为翟(狄)城,城址在今文城乡一带。此地与晋国其实是紧相邻的。晋献公以"屈产之乘"贿虞公假道伐虢,这个"屈"(北屈)就在今吉县的东北,"城屈"使公子夷吾主之的"屈",也就指的这儿。晋国的屈地,与重耳新迁之地,也就只相距百里之遥而已。据山西学者郭文森实地考察,认为吉县西北四十五公里之同乐村,为重耳避难时曾居住之地。同乐位于王家塬月涧,村西有一与周围塬面隔绝之土坪,面积近百亩,地形利于防守,称西坪,西向面黄河。坪之西南,有晋文公庙遗址。此庙建于何时不详,只知清嘉庆八年时因庙殿圮倾严重,曾经加以重修;但抗日战争时期阎锡山统治山西期间又有毁坏。晋文公庙下有石梁,左右各有一泉,右泉名文公泉,左泉名饮马泉。郭文森认为,同乐村之西坪,即是昔日晋公子重耳所居城寨遗址(《晋文公传略》)。同乐村今已划归吉县城西三十公里处的文城乡(前已提及文城乡在西周时称为翟城,为狄人聚居地)。当地传说,文城乡之堡子(地名),也是古文公城,这也是"文城"乡名之由来。而同乐村,旧名"重落",为重耳落脚地之意。在文城乡之南,即吉县县城西南,今山西乡宁县之西,有地名为采桑津,是黄河东岸的一个著名渡口。谭《图》将采桑标于吉县之西、乡宁县之西北,较实际偏北了。《左传·僖公八年》记晋献公派"里克帅师,梁由靡御,虢射为右,以败狄于采桑"。狄人当即放弃采桑北撤。杜预注云:"前年事也。"前年即上一年,也即僖公七年。由下文"夏,狄伐晋,报采桑之役也,复期月"来看,杜注有一定的根据。因为"期月"在古代有两解,一指满一周年,一指满一个月。杜注用前一义,与《左传》上文可以挂得上钩:在狄败退后,《左传》写里克等三人有所商议。梁由靡主张追击,里克主张算了,虢射也倾向于追击但不坚决,他只是说不追击是向狄人示弱了,他认为这样的话"期年敌必至"。下文紧接《传》释《经》"夏,狄伐晋"之文。而"复期月"之"复",可通"覆",训审察,引申为验证,则句意可与前文虢射之语相呼应。《史记》则把"期月"作了第二种解释,即一个月;"复"即释为"再",相隔两个月之意。这样,《十二诸侯年表》把"(晋)伐翟"列在献公二十五年(即鲁僖公八年),《晋世家》也说"(献公)二十五年,晋伐翟",害得以杜注为是的杨伯峻感叹"恐史公读《左传》未审"。但是《史记》对《左传》原文的义解也不能说错,只能两说并存,未可唯我独是。而且杨注只关注太史公未把"期月"释为"期年"不称其心,却未关注到《年表》特别点出"(晋)伐翟"是"以重耳故",《晋世家》也点明"晋伐翟"以后,"翟以重耳故,亦击晋于啮桑('采桑'之异名),晋兵解而去"的富含敏锐见解的表述,这正是太史公极具历史卓识的地方。采桑本为狄地,晋和狄在采桑的攻防战,狄由战略退却转为战略反攻,最终夺回采桑,这些你来我往的军事行动,关键全在重耳于鲁僖公七年(他奔狄的第三年)带着抢婚来的媳妇,自北方狐氏大戎老家转移到采桑津以北的翟城遗址来了。晋献公消息相当灵通,随即采取行动"败狄于采桑",由于主帅里克是个同情和倾向公子重耳的代表人物,击败采桑之狄,狄人采用敌进我退方针北撤后,他按兵不动,放狄人一马,实际上是放了重耳一马。隔了两个月(或一年?),狄人为了保护重耳的安全，又打回采桑，击退晋军。在这段史实的记叙上，《史记》取自《左传》，而颇有青胜蓝之处。

这年晋、狄交锋之后，狄人及重耳的智囊们不能不考虑重耳奔狄后第二个避难地的安危。因为这个地方虽然沟深利于守，但"隐蔽"的优点已经不复存在，晋师随时可能再度来袭。幸好第二年晋献公病故，里克连杀夷齐、卓子两个储君，有意迎重耳回国即位，被重耳婉谢了。危机因献公之死而暂时消失，但又因惠公之即位而重又显现。重耳因而有再一次迁居之举。这次另择在狄的第三个避居地，确切时间难以考知，总是在鲁僖公十年晋惠公即位以后的几年里。而地点，则可据以下两条记载判定为黄河以西、渭河以北，距黄河、渭河均不太远的区域内：

1.《左传·僖公二十四年》记晋文公即位后辞寺人披求见时曾说："其后余从狄君以田渭滨，女（汝，下同）为惠公来求杀余。命女三宿，女中宿至。虽有君命，何其速也？"

2.《国语·晋语四》："初，献公使寺人勃鞮（即《左传》之寺人披，"披"为勃鞮之合音）伐公（文公）于蒲城……及入，勃鞮求见，公辞焉，曰："骊姬之谗，尔……困余于蒲城，斩余衣袪。又为惠公从余于渭滨，命曰三日，若（汝，下同）宿而至。若干二命以求杀余，余于伯楚（勃鞮字）屡困，何旧怨也？"

两条史料记的是同一件事。而勃鞮奉惠公命前往渭滨意欲刺杀重耳，据《史记·晋世家》言是在惠公七年（即鲁僖公十六年），则重耳迁移至河西渭北必在此年之前。惠公给勃鞮宿三夜即四天时间完成刺杀任务，而据《左传》，勃鞮只过了两夜就从绛都赶到了渭滨；《国语》所记更快，只过了一宿就到了。可见重耳奔狄后第三个避难地过黄河后离河距离必不甚远，否则杀手不可能只宿两夜甚至一夜就追寻到了目标。而重耳跟着狄君在渭滨打猎，可证他的居住地离渭水也不会太远。

这里要弄清一个问题：狐氏大戎又称为狄，而春秋时期的北狄，主要分属于两大支系，即赤狄和白狄。狐氏大戎是哪一支狄呢？狐氏姬姓，而古有白狄姬姓之说，狐氏大戎应是白狄的一个小分支。白狄姬姓，最初见于《世本》。《穀梁传》范宁集解于昭公十二年经"晋伐鲜虞"下注云："鲜虞，姬姓白狄也。"杨士勋疏云："'鲜虞，姬姓白狄也'者，《世本》文也。"《世本》约佚于宋代，杨士勋尚得见之。此为战国时对白狄为姬姓之记载。东汉王符《潜夫论·志氏姓》云："隗姓，赤狄；姬姓，白狄。"今所见《潜夫论》之最早版本元刻本"姬"字讹为"姮"字，明代所见版本讹同。清汪继培《潜夫论笺注》云:"此姮氏疑为姬字之误。"是很有见地的。"姮"字不见于《说文》,只用于"嫦娥"之别号"姮娥",后世绝无以"姮"为姓者。赤狄被晋尽灭以后,其姓后世犹有存传(如西汉隗相,东汉隗嚣,三国魏隗禧等)。故今人有据《潜夫论》讹字本称"白狄姮姓"者,实不足取。《国语·郑语》记西周末年史伯提到成周之北,"有卫、燕、狄、鲜虞……",三国吴韦昭注云:"鲜虞,姬姓在狄者也。"可见西周时即有姬姓在狄之例。《左传·昭公十二年》提到"鲜虞",晋杜预注:"鲜虞,白狄别种。"杜氏又在《春秋释例》中再次重申:"鲜虞,中山(鲜虞在战国时之国名),白狄,姬姓。"据以上资料,白狄为与周同为姬姓的北方少数民族,殆无可疑。历史学家、古文字学家徐中舒甚至提出"周人出于白狄说"(《西周史论述》),即认为周族、白狄同源。但周族由于在农业生产上有所突破,从而在社会发展阶段上、经济文化的进步上,逐渐拉开了与白狄的距离。白狄作为一个族群,既有与华夏族相婚姻的支系,又有与北方其他戎狄混居的支系,因而种族状态甚为复杂,除出现鲜虞(中山)、肥、鼓等少数建成国家的以外,大多数仍停留在氏族部落阶段,各自散居而又相互交集,《左传》称之为"众狄"(宣公十一年)或"群狄"(昭公元年),顾栋高《春秋大事表·春秋四裔表》认为均指白狄。姬姓的狐氏大戎,正是众多白狄部落中的一支。

唐李泰主编的《括地志》说:"近(指西魏或唐初以来)延州、绥州、银州,本春秋时白狄所居。"延州相当于今延安及周边地区,绥州相当于今绥德及周边地区,银州相当于今榆林及周边地区:都在今陕北。但《左传》《国语》对重耳奔狄后第三个避难地的点滴记载告诉我们,春秋前期的白狄居住地并不限于陕北,南至渭滨,都有他们的踪迹。

重耳与随行人员在狄十二年而适齐,就是从河西渭北的避难地出发的。我们从《左传》僖公十六年"秋,狄侵晋,取狐厨、受铎;涉汾,及昆都:因晋败也"的记载中,可以看到文字表面不曾显示出来的信息。僖公十六年,正是晋惠公(七年)派勃鞮去刺重耳,从而迫使重耳一行"去翟之齐"(《史记·十二诸侯年表》)的年份。这段记载有几点值得我们重视:一,"狄侵晋"用了一个"侵"字。《左传·庄公二十九年》对"伐、侵、袭"的词义不同有一个解说:"凡师,有钟、鼓曰伐,无曰侵,轻曰袭。"宋胡安国《春秋传》于此年"郑人侵许"下注云:"声罪致讨曰伐,潜师掠境曰侵。"可见狄人侵晋,不是大张旗鼓的,而是出其不意、乘其不备的,不惊动晋国是其意图所在。二,从所取之地看,狐厨、受铎在汾水西岸,昆都在汾水东岸,此三地与黄河渡口采桑津正在同一纬度上(北纬36°左右),可见狄人的军事行动目标明确，从河西渭北重耳在狄的第三个避难地出发，直线渡河、渡汾。其意实并不在"掠境"，而在于尽量快速地、力避阻力地把重耳一行送过黄河、送过汾水，到达昆都。从昆都东北行，不到七十里，就是晋国当时的北部小邑高梁了，不仅很容易就此摆脱晋国的控制，而且从高梁到齐国还有比较便捷的通道。七年前，齐桓公以霸主的身份带领诸侯之师想要讨晋献公死后晋国之乱，就是"及高梁而还"的（《左传·僖公九年》）。因为晋乱不等他来平息，就被秦穆公用纳夷吾的方式基本搞定了。可见从高梁到齐国有着齐桓公曾经走过的道路。对这次借助狄人之力的军事行动，重耳的智囊们显然作过缜密的考虑。三，记载最后点了一句"因晋败也"也很重要。晋惠公去年在韩之战中大败于秦，且身为战俘，被囚两个月后被放归，不仅军事力量遭到重创，政治上也大失威望与民意。这是狄侵晋送重耳一行上路得以顺利完成任务的一个重要条件。

另外，我们要注意到《左传》在"秋，狄侵晋"一条以后，记有"王以戎难告于齐，齐征诸侯而戍周"之事，是戎伐周，周襄王告急于齐，齐令诸侯各发卒戍周一系列事件，发生在重耳离狄踏上适齐之路以后。而《史记·齐世家》记桓公四十二年（即鲁僖公十六年）事，则先叙周有戎难，告于齐，桓公遂征诸侯之师戍周。而在这一年的最后一件事，才记的"晋公子重耳来，桓公妻之"。可见重耳一行长途跋涉，一路辛苦，自秋至冬，历经数月，方始抵齐。

【集评】

昔者晋献公既没，公子重耳在翟，里克杀奚齐、卓子而召重耳，重耳不敢入。秦伯使公子絷往吊，且告以晋国之乱，将有所立于公子；重耳再拜而辞，亦不敢当也。至于夷吾，闻召而起，以汾阳之田百万命里克，以负蔡之田七十万命丕郑，而奉秦以河外列城五。及其既入，而背内外之赂，杀里克、丕郑而发兵以绝秦，兵败身虏，不复其国。而后文公徐起而收之，大臣援之于内，而秦、楚推之于外，既反而霸于诸侯。唯其不求入而人入之，无赂于内外而其势可以自入，此所以反国而无后忧也。

（苏辙《栾城应诏集·五代论》）

纪十九年养晦行踪，皴画点染，都无胜笔。公子反国定霸规模，英英透露，乃后诸篇之冒也。事之一冷一热，文之一抑一扬，天生波折，斗成结构。

（浦起龙《古文眉诠》卷二）

【思考与讨论】

阅读下文后,回答如下问题:

因国内之乱,晋公子重耳从十七岁起,流亡国外十九年,随从者数十人。在狄十二年,因狄人生产力较落后,日常生活必较清苦。在齐六年,齐为春秋时期经济较发达的大国,初至时齐桓公又优加礼待,桓公死后待遇不减,致使重耳乐不思晋,渐丧大志,对此本篇选文中有一定的描写。下文摘自《吕氏春秋·当赏》,却从另一个侧面刻画了重耳在十九年的流亡生涯中,对数十个随从的表现,一个个都心中有数。回国即位后,晋文公对随从人员分一等、二等、三等、等外四个标准行赏,说明他确有知人之明。试评价晋文公论功行赏的四个标准。

晋文公赏从亡者

晋文公反国,赏从亡者,而陶狐不与①。左右曰:"君反国家,爵禄三出,而陶狐不与,敢问其说②。"文公曰:"辅我以义,导我以礼者,吾以为上赏;教我以善,强我以贤者,吾以为次赏;拂我所欲,数举吾过者,吾以为末赏:三者所以赏有功之臣也。若赏唐国之劳徒,则陶狐将为首矣③。"

周内史兴闻之④,曰:"晋公其霸乎!昔者圣王先德而后力,晋公其当之矣⑤。"

【高诱(东汉)注】

① 赏不及之也。(梁仲子云:陶狐,《史记·晋世家》作"壶叔",《外传三》《说苑·复恩篇》作"陶叔狐"。

② 欲知之也。

③ 唐国,晋国也。勤劳之徒,则陶狐也,故不与三赏中也。

④ 内史兴,周大夫也,奉使来赐文公命闻之。

⑤ 当先德而后力也。

十二、 晋楚城濮之战

楚子入居于申①，使申叔去穀②，使子玉去宋③，曰："无从晋师④！晋侯在外十九年矣⑤，而果得晋国⑥。险阻艰难，备尝之矣；民之情伪⑦，尽知之矣。天假之年⑧，而除其害⑨，天之所置，其可废乎⑩！《军志》曰⑪：'允当则归⑫。'又曰：'知难而退⑬。'又曰：'有德者不可敌。'此三志者⑭，晋之谓矣。"

子玉使伯棼请战⑮，曰："非敢必有功也，愿以间执谗慝之口⑯。"王怒，少与之师，唯西广、东宫与若敖之六卒实从之⑰。

子玉使宛春告于晋师曰⑱："请复卫侯而封曹⑲，臣亦释宋之围。"子犯曰⑳："子玉无礼哉，君取一、臣取二㉑！不可失矣㉒。"先轸曰㉓："子与之㉔！定人之谓礼㉕，楚一言而定三国㉖，我一言而亡之㉗，我则无礼，何以战乎？不许楚言，是弃宋也；救而弃之，谓诸侯何㉘？楚有三施㉙，我有三怨，怨仇已多㉚，将何以战！不如私许复曹、卫以携之㉛，执宛春以怒楚，既战而后图之。"公说㉜。乃拘宛春于卫，且私许复曹、卫。曹、卫告绝于楚㉝。

子玉怒，从晋师。晋师退。军吏曰："以君辟臣㉞，辱也。且楚师老矣㉟，何故退？"子犯曰："师直为壮㊱，曲为老㊲，岂在久乎。微楚之惠不及此㊳，退三舍辟之㊴，所以报也。背惠食言㊵，以亢其仇㊶，我曲楚直，其众素饱㊷，不可谓老。我退而楚还，我将何求？若其不还，君退臣犯㊸，曲在彼矣。"退三舍。楚众欲止，子玉不可。

夏四月戊辰㊹，晋侯、宋公、齐国归父、崔天、秦小子慭次于城濮㊺。楚师背酅而舍㊻，晋侯患之㊼。听舆人之诵曰㊽："原田每每㊾，舍其旧而新是谋㊿。"公疑焉(51)。子犯曰："战也！战而捷，必得诸侯；若其不捷，表里山河(52)，必无害也。"公曰："若楚惠何？"栾贞子曰(53)："汉阳诸姬(54)，楚实尽之。思小惠而忘大耻(55)，不如战也。"晋侯梦与楚子搏(56)，楚子伏己而盬其脑(57)，是以惧。子犯曰："吉。我得天(58)，楚伏其罪(59)，吾且柔之矣(60)。"

子玉使斗勃请战(61)，曰："请与君之士戏(62)，君冯轼而观之(63)，得臣与寓目焉㉚。"晋侯使栾枝对曰:"寡君闻命矣㉕。楚君之惠,未之敢忘,是以在此。为大夫退,其敢当君乎㉖。既不获命矣,敢烦大夫谓二三子㉗:戒尔车乘㉘,敬尔君事㉙,诘朝将见㉚。"……

己巳㉛,晋师陈于莘北㉜,胥臣以下军之佐当陈、蔡㉝。子玉以若敖之六卒将中军,曰:"今日必无晋矣!"子西将左㉞,子上将右㉟。胥臣蒙马以虎皮㊱,先犯陈、蔡。陈、蔡奔,楚右师溃。狐毛设二旆而退之㊲,栾枝使舆曳柴而伪遁㊳。楚师驰之㊴,原轸、郤溱以中军公族横击之㊵。狐毛、狐偃以上军夹攻子西㊶,楚左师溃。楚师败绩。子玉收其卒而止㊷,故不败。

晋师三日馆、谷㊸,及癸酉而还㊹。甲午至于衡雍㊺,作王宫于践土㊻。……

丁未㊼,献楚俘于王㊽:驷介百乘㊾,徒兵千㊿。郑伯傅王㉛,用平礼也㉜。己酉,王享醴㉝,命晋侯宥㉞。王命尹氏及王子虎、内史叔兴父策命晋侯为侯伯㉟,赐之大辂之服、戎辂之服㊱,彤弓一、彤矢百㊲,玈弓矢千㊳,秬鬯一卣㊴,虎贲三百人㊵,曰:"王谓叔父㊶,敬服王命,以绥四国㊷,纠逖王慝㊸。"晋侯三辞从命,曰:"重耳敢再拜稽首㊹,奉扬天子之丕显休命㊺。"受策以出,出入三觐㊻。……

楚子玉……既败,王使谓之曰㊼:"大夫若入㊽,其若申、息之老何㊾?"子西、孙伯曰㊿:"得臣将死㈠,二臣止之㈡。曰㈢:'君其将以为戮㈣。'"及连谷而死㈤。

晋侯闻之,而后喜可知也㈥。曰:"莫余毒也已㈦。芌吕臣实为令尹㈧,奉己而已㈨,不在民矣。"

【注释】

① 楚子:楚成王。入:从国外回国叫入。这里是指成王从围宋前线先行回国。申:原为姜姓之国,楚文王灭申置县,地在今河南南阳东南。

② 申叔:即申公叔侯。楚之县令称公,叔为排行、字,侯为名。去:离开,这里指带军队回撤。榖:齐国邑名,地近鲁国,在今山东平阴西南。参见"题解"。后来这支部队也投入城濮之战。

③ 子玉:当时楚之令尹(首席执政官),又称成得臣(? —前632),芈姓,成氏,名得臣,
　　字子玉。

④ 无:同毋,不要。　从:跟踪,追逐。

⑤ 晋侯:晋文公。　在外:指流亡国外。

⑥ 果:终于。

⑦ 情伪:实情与假象。

⑧ 假:给予。之:相当于"其",他。年:指十九年时期。

⑨ 害:指骊姬、奚齐、卓子、荀息、惠公、吕甥、郤芮等人。

⑩ 其:岂。

⑪《军志》:当时的兵家书。

⑫ 允当:得当,适度,恰如其分。

⑬ 知难而退:《左传·宣公十二年》:"'见可而进,知难而退',军之善政也。"后《吴子·
　　料敌》也引此二句,当即楚成王所说的《军志》之文。

⑭ 志:记录,这里引申为"语录"。

⑮ 伯棼:即斗椒(? —前605),芈姓,斗氏,名椒,字子越,又字伯棼。请战:指向楚成王
　　请求与晋国战。

⑯ 间(jiàn)执:堵塞。谗慝(tè):说人坏话心地险恶的人。

⑰ 西广(kuàng):当时楚王之亲兵设有东西两广,每广兵车一卒(三十乘)。东宫:太子
　　之亲兵。若敖:楚武王的祖父。这里指若敖氏,即若敖的次子斗强的后代鬥氏。因
　　令尹子玉遣伯棼(斗椒)向成王请战,故成王派出斗氏之六卒(一百八十乘)到前方。
　　卒:兵车三十乘为一卒。

⑱ 宛春:楚国大夫。

⑲ 复卫侯:让卫成公(名郑,? —前600)回到卫国国都去。在此之前,因晋伐卫,卫成
　　公逃离国都,躲到东部边邑襄牛去住。封曹:曹国的宗庙、社稷遭到晋师破坏,须重
　　新为之封土为社。

⑳ 子犯:狐偃的字。

㉑ 君:指晋文公。取一:得到一个好处(释宋之围)。臣:指令尹子玉。取二:得到两个
　　好处(复卫侯,封曹)。

㉒ 失:错过机会。不可失,指要抓住子玉"无礼"向楚宣战。

㉓ 先轸(? —前627):当时晋国中军的主帅。因食采于原,也称原轸。"先"为晋国十
　　一个公族之一,为姬姓之一支。

㉔ 与:同意。

㉕ 定人：使人安定。

㉖ 三国：卫、曹、宋。

㉗ 亡(wú)：同无，否定。

㉘ 谓诸侯何：对诸侯(宋、齐、秦等)怎么说。

㉙ 施：恩惠。

㉚ 已：太。

㉛ 复：恢复。携：离间。指离间曹、卫与楚的关系。

㉜ 说(yuè)：同悦。

㉝ 告绝：宣告断绝关系。

㉞ 辟(bì)：同避。

㉟ 老：喻指士气衰竭。

㊱ 直：指理直。壮：指气壮。

㊲ 曲：指理不直。

㊳ 微：非。楚之惠：指当年重耳流亡时过楚时楚成王对他的礼遇和帮助。

㊴ 三舍：九十里。古代行军每三十里称为一舍。

㊵ 食言：说话不算数。

㊶ 亢：抬高。杜预释为"蔽"，即庇护，也通。

㊷ 素：一直，向来。饱：指精神饱满。

㊸ 犯：进犯。

㊹ 戊辰：四月初一。

㊺ 宋公：宋成公(？—前620)，名王臣，在位十七年。国归父：齐国的卿，谥庄，也称国庄子。崔夭：齐国大夫。小子慭(yìn)：秦国公之子。次：停留。城濮：卫国地名，在今山东鄄城西南。

㊻ 鄗(xī)：城濮以南一丘陵险阻之地。楚军背靠此地而住下。

㊼ 患：担心，忧虑。

㊽ 舆人：指军中兵众。舆：众。

㊾ 原：平原上的农田。每每(mèi mèi)：土地肥美貌。

㊿ 舍其旧而新是谋：古代农田实行轮休制，收获一季作物后，旧田即停种一至二年以养其地力。舍旧谋新，也隐喻晋国宜舍弃楚之旧惠，而谋立新功。

51 疑：疑惑不决。

52 表里山河：指晋国地形外有黄河之阻，内有中条山、太行山之险。

53 栾贞子：名枝，贞为谥号。当时为晋国之卿，任下军之将。

(54) 汉阳：汉水之阳。水北为阳，但汉水为西北至东南流向，此汉阳实指汉水以东以北。诸姬：各姬姓小国，如随、唐、贰、息等。

(55) 小惠：指楚对公子重耳过境时的种种优待。大耻：指楚灭汉阳诸姬皆晋之同姓国。

(56) 搏：搏斗。

(57) 伏己：伏在自己身上。盬：吸食。其：指自己。

(58) 得天：狐偃把被按倒在地下仰面朝天美言为得天，即得到天的帮助。

(59) 伏其罪：把楚王朝下压住文公巧释为伏地认罪。

(60) 柔之：把对手咬破自己头吸食脑，解释为柔（脑）将克刚（牙）。

(61) 斗勃：字子上，楚国大夫。请战：向晋师挑战。

(62) 士：军士。戏：角力，比赛体力之强弱。

(63) 君：对晋文公的尊称。冯（píng）：同凭，倚靠。轼：车箱前的横木。

(64) 得臣：子玉自称其名。与（yù）：参与，一起。寓目：观看，过目。

(65) 寡君：古代臣子对别国自称其君的谦词。

(66) 其：岂。

(67) 大夫：指斗勃。二三子：那几位。指子玉、子西等。

(68) 戒：准备好。尔：你们的。

(69) 敬：不怠慢。

(70) 诘朝：明天早上。

(71) 己巳：四月二日。

(72) 莘：古莘国的废址，在今山东曹县西北。其北即城濮附近一带。

(73) 胥臣：晋国的卿，此战中任下军之佐。姬姓，胥氏，名臣，食邑于臼，字季。亦称臼季。因任司空，也称司空季子。陈、蔡：指陈国、蔡国支持楚国派出的军队，从属于楚右师。

(74) 子西：楚国的司马（第二执政官），芈姓，斗氏，名宜申，字子西。

(75) 子上：即斗勃。

(76) 蒙马：裹在马身上。

(77) 狐毛：狐偃之兄，时任晋卿，此战任上军之将。旆：饰有飘带的军旗，在军中由先头部队建置。

(78) 舆：车。曳：拖。拖柴于地以扬起尘土。伪遁：假装逃走。

(79) 驰之：快马追赶晋国伪遁之师。

(80) 原轸：即晋中军之帅先轸。郤溱：时任晋中军之佐。中军公族：中军之中由晋国公室子孙为主的精锐部队。

㉛ 夹攻:狐毛"伪遁"之师回过头来打击追尾的楚左师,与狐偃所率上军之未退者形成前后夹击之势。

㉒ 卒:指中军统属的若敖之六卒,共一百八十乘战车。止:谓未贸然出击。

㉓ 馆:歇宿于楚营之中。谷:吃楚军仓促逃遁后丢弃下的粮食。

㉔ 癸酉:四月六日。

㉕ 甲午:四月二十七日。衡雍:郑国地名,在今河南原阳以西稍偏南处。古在黄河南,今因河水改道在黄河北。

㉖ 王宫:为准备迎接周襄王到来而临时搭建的简易行宫。践土:郑国地名,即在衡雍之西南。

㉗ 丁未:五月十一日。

㉘ 献俘:古战胜归国,以所获俘虏与战利品向宗庙社稷进献,为军礼之一。这里则是向周襄王进献。所谓进献也只是一种仪式,请过目而已,并非必由周王收下。

㉙ 驷介:被甲的马,驷者,一车四马。

㉚ 徒:步兵。

㉛ 郑伯:郑文公。傅:相,即在仪式中为襄王作赞礼的傧相。

㉜ 平:周平王。用平礼,是指平王东迁后,因晋文侯杀携王有功,加以锡命,当时即由郑武公为相。

㉝ 享:同飨,用酒食款待人。醴:甜酒。

㉞ 宥:同侑,陪侍饮食。

㉟ 尹氏:襄王卿士。王子虎:襄王卿士,谥文,又称太宰文公。内史:周代掌著作简册、策命诸侯卿大夫及爵禄废置的官。叔兴父(fǔ):以官职内史为氏,名兴,《国语·周语上》称内史兴,叔为排行兼字,父同甫,男子美称。策命:用简策命官授爵。侯伯:诸侯之长。

㊱ 大辂之服:大辂及其配套的服饰装备。大辂是天子规格的大型车,可特许赐予诸侯。戎辂:战车。

㊲ 彤:红色。彤弓矢为用丹砂涂染过的弓箭。

㊳ 旅(lǔ):同卢,黑色。弓矢千:按彤弓矢的比例,当为弓十矢千。

㊴ 秬(jù)鬯(chàng):用秬(黑黍)与郁金草酿造的酒,古代用于祭祀降神。卣(yǒu):古代青铜酒器。

⑩ 虎贲(bēn):勇士。

⑩ 叔父:周襄王称晋文公,可证晋文公当时年龄不老,不足以称伯父。

⑩ 绥:安抚。四国:四方诸侯国。

⑩ 纠逷(tì):纠正剔除。逷同剔。一说纠之使远离,逷,远也,也通。慝:恶。

⑩ 敢:表谦卑的敬辞,无实义。稽(qǐ)首:古时叩头到地的一种最为恭敬的跪拜礼。

⑩ 奉:接受并颂扬。丕显:大明,明如日月。休命:赐命,一说美善之命。

⑩ 出入:从来到去,先后。觐:诸侯朝见天子。

⑩ 王:指楚成王。

⑩ 入:入国,回到国中。

⑩ 申、息之老:申县、息县的父老。城濮一战,申、息二县之兵员多死伤被俘。

⑩ 孙伯:成得臣(令尹子玉)之子,名大心。

⑪ 将死:打算自杀。

⑫ 二臣:子西、孙伯自称。

⑬ 曰:省略主语"得臣"。

⑭ 君:指楚成王。其:大概。戮:杀。

⑮ 连谷:楚国地名。死:自杀身亡。

⑯ 知:见。喜可知,喜形于色、能为人所见所知。

⑰ 莫余毒:"莫毒余"的倒装句法。莫,没有人。毒,加害。

⑱ 芌吕臣:字叔伯,楚国大夫。芌(wěi),一作蒍,以地名为氏。

⑲ 奉己:奉行一己的私利。

【题解】

本篇选自《左传·僖公二十八年》。鲁僖公二十八年为公元前 632 年,当周襄王二十一年,晋文公五年,楚成王四十年,卫成公三年,曹共公二十一年,宋成公五年,齐昭公元年,秦穆公二十八年,陈穆公十六年,蔡庄公十四年,郑文公四十一年。

城濮之战是《左传》称之为"一战而霸"的春秋前期重要战役。晋文公即位已经第五年,这四五年中,晋国国内的实力和在诸侯国中的地位,都有很大的增强和提高。他做的第一件事,是周襄王蒙难时起兵救援了王室。晋文公元年,襄王娶了赤狄隗氏女为后。孰料此后与文公所娶之季隗德行有天壤之别,不久就与襄王弟王子带勾搭成奸。襄王怒而废后,早就觊觎王位的王子带利用狄师大败周师,襄王被迫逃离王城,出居于郑国的氾邑(其地后得名襄城,今属河南)。王子带公然与隗氏同居于温(今河南温县西南),意欲伺机夺下王位。秦穆公与晋文公同时收到王室告难,雄心勃勃,有意于东向争霸的秦穆公,立即将军队调集到黄河边上，要约他一手扶立的晋文公联合行动，护送周襄王重入王城。晋国地近汜、温，利用地理条件上的绝对优势，甩开秦国，抢先一步，兵分两路，一路包围温邑擒拿王子带随后诛杀之，一路迎襄王回周都。这使晋文公赢得了"勤王"的美名。周襄王为此将太行山以南、黄河以北被称为"南阳"地区的阳樊、温、原等邑赐给晋，晋国的疆域向东、向南扩大了。第二件事，是在国内励精图治，如《史记·晋世家》说的："文公修政，施惠百姓。"他采取一系列措施团结上层贵族，任贤用能；同时又济困救乏，轻赋薄敛，发展农商。四五年下来，把个晋国治理得大有起色。在此基础上，他扩充了军力。当初，晋国在武公结束内战、实现统一后，奉周王命仅置一军（见《左传·庄公十六年》）；十七年后，晋献公十六年出于向外扩张的需要，增至二军（见《左传·闵公元年》）；又历二十八年至晋文公四年，始有求霸之志，遂"作三军"（见《左传·僖公二十七年》）。次年，城濮之战打响。

战争的另一方楚国，是个有好几十年逐一吞灭弱小邻国、征服并融合周边少数民族、不断开拓疆土历史的南方强国。当年齐桓公称霸，天下皆服，唯一面服心不服的就是楚国。齐桓公死后，宋襄公不自量力，无德无能而想继之谋求霸主地位，华夏诸侯多不拥护不说，还被楚成王在盂之会上当着与会诸侯的面加以拘执，带回楚国扣押了四个来月才在薄之盟上将他释放（《左传·僖公二十一年》）。次年，又在泓之战中被楚国打得一败涂地，自己大腿上还挨了一箭；又次年，箭伤发作、感染不治而亡。楚成王如此冷酷地收拾一心想称霸的宋襄公，说明他求霸的野心绝不比宋襄公小。而且他萌生争霸之心，更远早于晋文公。与楚国接壤或邻近的几个中原诸侯国陈、蔡、郑、许，因畏慑于强楚之威，先后识时务地示服。稍远的宋国在襄公死后，嗣位的成公也迫于楚的强大，只得把杀父大仇搁置一边，主动出访楚国愿求和解。连更远的鲁国，与楚国并不邻接，毫不搭界，因为在与齐国的边界纠纷中屡遭齐国袭扰，竟也觉得应该找楚国做个靠山，一下子派出上卿公子遂和上大夫臧文仲到楚国借兵。为了示好，副使臧文仲向楚国透露齐、宋二国皆有亲晋的迹象。要说，这也很正常，当初公子重耳流亡在外时，除了秦国，待他最好的就是齐桓公和宋襄公。晋文公不忘旧恩，与齐、宋二国关系友好些，极其自然。但楚国对此无法接受。于是，楚成王满足了鲁国的要求，派申公叔侯带领申、息二县的地方部队随鲁国使者千里赴鲁，开到西北边疆，一战取下齐国的穀邑，申公叔侯就暂时统领楚军在此戍守。同时，楚国的令尹子玉和司马子西又率师伐宋，据《左传》说，楚国的军队还是鲁国副使臧文仲带的路，被带到宋国北部与鲁国相邻的区域，就把缗邑（今山东金乡县东北）团团围困。宋都商丘，就在缗邑西南二百多里,这个举动,对宋国的威胁之大可想而知。但宋国虽算不上强国,也是个大国,对楚国的入侵,还能抵御一阵子。缗邑楚师拿没拿下,史书无说。大约这次围缗,只是楚国对宋国的一个警告。第二年(僖公二十七年),楚成王打算直接围攻宋都商丘,先后派前令尹子文和现任令尹子玉先后在国内进行军事演习,待到秋收冬藏农事告一段落,就再次发兵侵入宋国,这次楚军与陈、蔡、郑、许组成联军,直接围攻宋都。宋成公忙派公孙固前往晋国告急。晋文公的智囊们纷纷献策,先轸从战略上提出"报施、救患,取威、定霸"的八字方针,力主救宋,而以求霸为终极目的。而狐偃比孙子提出"围魏救赵"的策略还早二百九十来年,就向文公献上"楚始得曹,而新婚于卫,若伐曹、卫,楚必救之,则齐、宋免矣"之计。二人之言,皆深合文公心意。我们从《春秋》僖公二十八年"春,晋侯侵曹,晋侯伐卫""楚人救卫""晋侯入曹,执曹伯""(以曹、卫之田)畀宋人"等极简略的记事中,已经几乎可以听到越来越近的城濮之战金戈铁马的声音了。

【文学史链接】

相关文学典故

险阻艰难

且魏主雄略,兵马精强,险阻艰难,备尝之矣。太子富于春秋,意果心锐,轻敌好胜,难可独行。兵凶战危,愿以深虑。

(《魏书·高湖传》)

相公在外十余年,而复相国,险阻艰难,备尝之矣。

(王定保《唐摭言》卷六)

丁亥八月日十九,险阻艰难周家口。算来明日当还家,携儿与仆共奔走。

(柳堂《周口阻黄水纪事》诗)

先生阅历最多,所谓"险阻艰难,备尝之矣,民之情伪,尽知之矣",必有良策,其何以教我?

(刘鹗《老残游记》第七回)

险阻

不知山林险阻沮泽之形者,不能行军。

(《孙子·军争》)

堕坏城郭,决通川防,夷去险阻。地势既定,黎庶无繇,天下咸抚。

　　　　　　　　　　　　　　　（《史记·秦始皇本纪·碣石石刻》）

山水险阻,黄金子午。蛇盘鸟拢,势与天通。

　　　　　　　　　　　　　　　（辛氏《三秦记》,清王谟辑本）

游子出京华,剑门不可越。及兹险阻尽,始喜原野阔。

　　　　　　　　　　　　　　　（杜甫《鹿头山》诗）

情伪

子曰:"圣人立象以尽意,设卦以尽情伪。"

　　　　　　　　　　　　　　　（《易·系辞上》）

言实之士不进,则国之情伪不竭于上。

　　　　　　　　　　　　　　　（《管子·七法》）

情伪相盪,而君子小人之道较然见矣。

　　　　　　　　　　　　　　　（扬雄《太玄经》）

夷狄情伪难知,不可许。

　　　　　　　　　　　　　　　（《后汉书·耿国传》）

自梁、陈已降,隋、周而往,诸史皆贞观年中群公所撰,近古易悉,情伪可求。

　　　　　　　　　　　　　　　（刘知几《史通·曲笔》）

锷小心,善刺军中情伪,事无细大,皆悉知之。

　　　　　　　　　　　　　　　（《新唐书·王锷传》）

伏惟太祖躬上智独见之明,而周知人物之情伪,指挥付托,必尽其材。

　　　　　　　　　　　　　　　（王安石《本朝百年无事札子》）

情伪千万端,到眼辄空透。

　　　　　　　　　　　　　　　（楼钥《送制帅林和叔》诗）

情伪相攻,机械百出,倏去倏来,终反故辙。

　　　　　　　　　　　　　　　（严复《论沪上创兴女学堂事》）

允当

亲履艰难者知下情,备经险易者达物伪,故能一贯万机,靡所疑惑,百揆允当,庶绩咸熙。

　　　　　　　　　　　　　　　（《后汉书·张衡传》上疏陈事）

心无所矜,而情无所系,体情神正,而是非允当。

　　　　　　　　　　　　　　　（嵇康《释私论》）

既忝衡流,应须粉墨,庶其允当,无负朝寄耳。

（徐陵《在吏部尚书答诸求官人启》）

作史者只须据事直书,而其人之善恶自见。以己意定为奸臣、逆贼,原可不必;然既分列其目,则褒贬自宜允当。

（袁枚《随园随笔·诸史》）

知难而退

夫无难而退,谦也;知难而退,宜也,非谦也。

（皇甫湜《答李生第二书》）

臣又闻圣人不凝滞于物,见可而进,知难而退,理有变通,情无拘执。

（赵普《谏太宗皇帝伐燕疏》,邵伯温《邵氏闻见录》卷六引）

退避三舍

时衡州刺史武会超在州,子侄纵暴,州人朱朗聚党反。武帝以恭为刺史。时朗已围始兴,恭至,缓服徇贼,示以恩信。群贼伏其勇,是夜退三舍以避。

（《南史·梁宗室传下·萧恭》）

放子一头嗟我老,避君三舍与之平。

（刘克庄《后村先生大全集·题蔡炷诗卷》）

喜读吴融诗,穷愁退三舍。

（戴复古《石屏诗集·送吴伯成归建昌二首（其一）》）

贤侄少年如此大才,我等俱要退避三舍了。

（吴敬梓《儒林外史》第十回）

寓目

伏想御闻,必含余欢。冀事速讫,旋侍光尘。寓目阶庭,与听斯调,宴喜之乐,盖亦无量。

（《文选·繁钦〈与魏文帝笺〉》）

性澹于荣利,而尤耽意文章,自司马（迁、相如）、王（褒）、扬（雄）、班（固）、傅（毅）、张（衡）、蔡（邕）之俦遗文篇赋,及当世美书善论,益部有者,则钻凿椎求,略皆寓目。

（《三国志·蜀书·郤正传》）

徘徊徜徉,寓目幽蔚。

（《文选·左思〈吴都赋〉》）

观浑仪以寓目兮,拊造化之大铲。

（《晋书·挚虞传》载挚虞《思游赋》）

览诸葛亮训励、应璩奏谏，寻其终始，周、孔之教，尽在中矣。……质略易通，寓目则了，虽言发往人，道师于此。

（《晋书·凉武昭王李玄盛传》）

举杯挹山川，寓目穷毫芒。

（高适《赠邓司仓》诗）

寓目紫翠间，安眠本非睡。

（苏轼《以屏山赠欧阳叔弼》诗）

馆谷

密（李密）谓让（翟让）曰："今兵众既多，粮无所出。若旷日持久，则人马困敝，大敌一临，死亡无日。未若直趣荥阳，休兵馆谷，士马肥充，然后可与人争利。"

（《隋书·李密传》）

庆（薛庆）在承（承州）久，军食既足，不复敛取于民。王官自京师至者，馆谷甚厚，皆按格赋录。

（《续资治通鉴·宋纪》卷一〇八）

陛下天慈照毓，海量优容。丰其馆谷之资，勖以艺文之业。……臣不胜感天戴圣之至。

（《宋史·外国传三·高丽》）

（宋江）平生只好结识江湖上好汉，但有人来投奔他，若高若低，无有不纳，便留在庄上馆谷。

（施耐庵《水浒传》第十八回）

十余年来馆谷之所得，馔粥之所余，无不归之书者。合之先世，颇逾万卷。

＊此条"馆谷"词义引申为塾师酬金。下例同。

（祁承㸁《澹生堂藏书约》）

次日，又求稽盘。妇笑曰："后无须尔，妾会计久矣。"……过数日，馆谷丰盛，待若子侄。

（蒲松龄《聊斋志异·刘夫人》）

【集评】

晋文公将与楚人战，召舅犯问之曰："吾将与楚人战，彼众我寡，为之奈何？"舅犯曰："……战阵之间，不厌诈伪，君其诈之而已矣。"文公辞舅犯，因召雍季而问之……雍季对曰："焚林而田，偷多兽，后必无兽；以诈遇民，偷取一时，后必无复。

文公曰："善。"辞雍季，以舅犯之谋与楚人战，以败之。归而行爵，先雍季而后舅犯。群臣曰："城濮之事，舅犯谋也。夫用其言，而后其身，可乎？"文公曰："此非君所知也。夫舅犯言，一时之权也；雍季言，万世之利也。"仲尼闻之，曰："文公之霸也，宜哉！既知一时之权，又知万世之利。"

（《韩非子·难一》）

昔晋文公将与楚人战于城濮，……文公用咎犯之言，而败楚人于城濮。反而为赏，雍季在上。左右谏曰："城濮之功，咎犯之谋也。君用其言，而赏后其身，或者不可乎？"文公曰："雍季之言，百世之利也；咎犯之言，一时之务也。焉有以一时之务先百世之利者乎！"孔子闻之，曰："临难用诈，足以却敌；反而尊贤，足以报德。文公虽不终始，足以霸矣。"赏重，则民移之；民移之，则成焉。成乎诈，其成毁，其胜败。天下之胜者众矣，而霸者乃五，文公处其一。知胜之所成也。胜而不知胜之所成，与无胜同。

（《吕氏春秋·义赏》）

五伯，桓、文为盛。然观其用兵，皆出于不得已。桓公帅诸侯以伐楚，次于陉而不进，以待楚人之变。楚使屈完如师，桓公陈诸侯之师，与之乘而观之。屈完见齐之盛，惧而求盟。诸侯之师成列而未试也，桓公退舍召陵，与之盟而去之。夫岂不能一战哉？知战之不必胜，而战胜之利不过服楚。全师之功，大于克敌。故以不战服楚而不吝也。晋文公以诸侯遇楚于城濮，楚人请战，文公思楚人之惠，退而避之三舍。军吏皆谏，咎犯曰："我退而楚还，我将何求？若其不还，君退臣犯，曲在彼矣。"师退而楚不止，遂以破楚，而杀子玉。使文公退而子玉止，则文公之服楚亦与齐桓等，无战胜之功矣。故桓、文之兵，非不得已不战。此其所以全师保国无敌于诸侯者也。

（苏辙《栾城后集·历代论一·五伯》）

篇中写子玉处，只是粗莽；写文公处，只是谨慎；写原轸、子犯处，只是机变。至写两国交战处，觉楚之三军各自为部，可以惊而退，可以诱而进；而晋之三军如一身，指臂彼此互相接应，有常山首尾之形：成败之势自见。至晋文之谲，在致楚上断，和复曹、卫，执宛春，二事而已，与蒙马等无涉，不可不辨。

（林云铭《古文析义》卷一）

是传也，成晋霸也，春秋大战第一也。分四大支：开局一支，以曹、卫为媒，以齐、宋助采；正局二支，一在未战前步骤生波，一在临战时出阵整变；收局一支，尊王以正名，锡命以张伐。通篇文德军机，奇正相辅。山岳动摇之事，部州居次之文。

（浦起龙《古文眉诠》卷三）

【思考与讨论】

　　孔子曾以一语评晋文与齐桓："晋文公谲而不正，齐桓公正而不谲。"（《论语·宪问》）据朱熹解释，晋文公的"谲而不正"主要就表现在城濮之战上："文公则伐卫以致楚，而阴谋以取胜，其谲甚矣。"细读本篇和《齐桓公侵蔡伐楚》篇，评议一下齐桓、晋文的异同。

十三、 烛之武退秦师

　　三十年……九月甲午①，晋侯、秦伯围郑②，以其无礼于晋③，且贰于楚也④。晋军函陵⑤，秦军氾南⑥。

　　佚之狐言于郑伯曰⑦："国危矣，若使烛之武见秦君⑧，师必退。"公从之。辞曰⑨："臣之壮也，犹不如人；今老矣，无能为也已。"公曰："吾不能早用子，今急而求子，是寡人之过也。然郑亡，子亦有不利焉。"许之。

　　夜，缒而出⑩。见秦伯曰："秦、晋围郑，郑既知亡矣⑪。若亡郑而有益于君，敢以烦执事⑫。越国以鄙远⑬，君知其难也，焉用亡郑以倍邻⑭？邻之厚，君之薄也。若舍郑以为东道主⑮，行李之往来⑯，共其乏困⑰，君亦无所害。且君尝为晋君赐矣⑱，许君焦、瑕⑲，朝济而夕设版焉⑳，君之所知也。夫晋，何厌之有㉑？既东封郑㉒，又欲肆其西封㉓。若不阙秦㉔，将焉取之？阙秦以利晋，惟君图之㉕。"秦伯说㉖，与郑人盟，使杞子、逢孙、杨孙戍之㉗，乃还。

　　子犯请击之㉘，公曰㉙："不可，微夫人之力不及此㉚。因人之力而敝之㉛，不仁；失其所与㉜，不知㉝；以乱易整㉞，不武㉟。吾其还也㊱。"亦去之㊲。

【注释】

① 九月甲午：九月十日。

② 晋侯:晋文公。秦伯:秦穆公。郑:指郑国国都新郑。

③ 无礼于晋:指重耳流亡过郑时,郑文公对他未能礼待。

④ 贰于楚:指城濮之战中郑文公曾倒向楚国。

⑤ 军:用作动词,驻扎。函陵:在今河南新郑北。

⑥ 氾南:氾水(东氾水)之南,在今河南新郑东北。东氾水久已湮没。

⑦ 佚之狐:佚为氏,名狐,郑国大夫。郑伯:郑文公(? —前628),名捷,在位四十五年。

⑧ 烛之武:烛为氏,名武,郑国大夫。

⑨ 主语烛之武省略。辞:推辞。

⑩ 主语烛之武省略。缒(zhuì):系着绳索从城墙上上下。

⑪ 既:已经。

⑫ 敢:表示冒昧的谦词。烦:烦劳。执事:本指身边的办事人员,这里用以婉称对方,表示不敢直称而向执事者陈述,是一种尊敬对方的表达方式。

⑬ 越国:这里指越过晋国。秦、郑不接壤,由秦至郑要通过晋国控制的桃林之塞(今陕西潼关以东,河南灵宝以西地区)。鄙远:把遥远的地方作为自己的边邑。鄙,边邑,这里用作动词。

⑭ 焉:何必。倍邻:增强邻国(指晋国)的实力。倍,增益。

⑮ 舍:放下。舍郑,放郑国一马。　东道主:东行道中的主人。此三字后来成为固定用语,"东道"之义弱化,语义转化为专指主人,并衍生出"做东道"(进一步简化为"作东")等语词。在本篇中"东""道"二字都是实义。

⑯ 行李:同"行理",古代对使者之称。这里指秦国派往东方诸国路经郑国的使臣。

⑰ 共(gōng):同供。

⑱ 且:况且。尝:曾经。为晋君赐:对晋君作出赐予,指帮助晋惠公入国即位。为,对。

⑲ 焦:本姬姓小国,亡于虢,复又成晋邑,地在今河南三门峡市西。瑕:晋国邑名,地在今河南灵宝西。焦、瑕二地为自秦至郑必经的要邑,若为秦所有,秦国向东便有了通道,不会有"越国而鄙边"之事。据《左传·僖公十五年》,晋惠公曾许"赂秦伯河外列城五",包括河之南及河之西,后皆背约。所许河西之城在"韩之战"后秦已获得,焦、瑕在河南,始终未入秦穆公之手。

⑳ 济:渡过。指自当时夷吾所在的梁国东渡河水入晋绛都。版:筑墙用的夹板。设版,即修筑城墙。朝、夕言背约之速。

㉑ 厌:同餍,满足。之:结构助词,起宾语提前的作用。"何厌之有",即"何有厌",哪有满足的时候。

㉒ 封:疆界,这里用作动词,以郑国的土地作为自己疆域。

㉓ 肆:极、尽。

㉔ 阙(quē):亏损,损害。

㉕ 惟:希望,请。图:考虑。

㉖ 说(yuè):同悦。

㉗ 杞子:杞氏,名子,秦国大夫。逢孙:《广韵》卷一以为逢孙氏,犹鲁有臧孙、仲孙、孟孙、叔孙、季孙之比。此以氏代名,秦国大夫。杨孙:同上书以为杨孙为氏名,以氏代名,秦国下大夫。戍:军队驻防。

㉘ 子犯:晋卿狐偃之字。

㉙ 公:晋文公。

㉚ 微:非。夫(fú):此。

㉛ 因:凭借,借助。敝:败坏,伤害。

㉜ 与:同盟国。

㉝ 知:同智。

㉞ 乱:指晋若攻秦将引起的战乱。易:代替。整:指晋、秦间和平、联盟的关系和局面。

㉟ 武:勇武。

㊱ 其:将。

㊲ 去:离开。

【题解】

本文选自《左传·僖公三十年》。鲁僖公三十年为公元前 630 年,当周襄王二十三年,晋文公七年,秦穆公三十年,郑文公四十三年。

晋文公不是个量大宽容之人,他对当初身为公子流亡途中曾冷淡、小看、无礼他的国家,都记得牢牢的。卫文公冷淡了他,曹共公无礼了他,他在城濮之战前已经"侵曹""伐卫"报复过了。只有郑文公,不听弟弟叔詹不可轻视重耳的劝说,根本不把流亡公子放在眼里,竟当他是落魄远亲上门,既不礼待,也无馈赠,草草应付打发了事。晋文公对比之前的宋襄公出手之慷慨、之后的楚共王宴请之高档,于郑文公的势利小觑自然耿耿于怀。再说郑国一向亲楚,城濮之战前楚王及诸侯围宋,郑国就是楚方联军之一员。城濮之战中,郑国原本也表态要助楚的,因故未及出兵。楚国败局已定后,郑文公担心晋文公跟他算总账,忙看风使舵,向晋国示好求盟;在晋文公向周襄王献楚俘的仪式上,他又积极充当襄王的傧相,以取悦晋文公,一时似乎缓解了晋文公心中对他的芥蒂。但第二年(僖公二十九年),有晋卿狐偃、秦卿小子憖等六七个国家的诸侯或卿出席的翟泉之盟上,晋国就提出了讨伐郑国的议题。碍于有看重与郑国关系的周襄王的代表王子虎在会,这个议题未能在会上充分讨论和落实,仅晋、秦两国,私底下初有默契。

本年(僖公三十年)春,传文即记"晋人侵郑,以观其可攻与否"。试探的结果,应该是有隙可乘的。于是经过了农事繁忙的夏季、初秋、仲秋,晋国和秦国选择在季秋联合发动了围郑之役。

【文学史链接】

相关文学典故

东道

天马徕,历无草。径千里,循东道。

(《汉书·礼乐志》)

(览)出为吴兴太守,……郡境多劫,为东道患,览下车肃然。

(《南史·谢览传》)

居东道而龙青,出西关而马白。

(庾信《笻作杖赋》)

若华为东道之标,戴胜为西门之候。

(王维《送晁监回日本诗序》)

吾家白额驹,远别临东道。

(李白《送舍弟》诗)

笾豆有楚,无偿西邻之言;饩牢不竭,是陈东道之礼。

(崔署《士祭判》)

东道违宁久,西园望不禁。

(李商隐《自桂林奉使江陵途中感怀寄献尚书》)

县留东道三千客,宅锁南塘一片山。

(徐夤《醉题邑宰南塘书屋壁》诗)

兄弟,请你那东道出来,我和他厮见。

按:这里的"东道",意义已转化为"主"(主人),而与"东""道"无关了。

(《元曲选》马致远《荐福碑》第一折)

东京周默未尝作东道,一日请客,时久旱,忽风雨交作。

按：此例"东道"前加个"作"字，就成为（主人）请客吃喝的意思了。下例同。

（宋施元之注苏轼《约公择饮是日大风》诗引《文酒清话》）

我再做个东道，请你那一班落保的都吃一个烂醉，可好？

（《元曲选》高文秀《黑旋风》第一折）

他后来的，先罚他和了诗。要好，就请入社；要不好，还要罚他一个东道儿再说。

按：此例中的"东道"，连前面"作"字也不加了。在口语里，则省"道"说"作东"也都可以。

（曹雪芹《红楼梦》第三十七回）

东道主

东道烟霞主，西江诗酒筵。

（李白《出妓金陵子呈卢六四首》之三）

君为东道主，于此卧云松。

（李白《望九华赠青阳韦仲堪》诗）

恋此东道主，能令西上迟。

（刘长卿《别陈留诸官》诗）

东道主人心匠巧，凿开方池贮涟漪。

按："东道"义已虚化，仅留"主"之一义。下皆同。

（钱昭度《咏方池》诗）

鸣驺未验北山文，绛帐且为东道主。

（陈棣《次韵章尧文梅花》）

拾遗不逢东道主，翰林长作夜郎囚。

（柴中守《跋山谷书〈范滂传帖〉》）

问之谁作东道主，舒啸亭中人姓回。

（王炎《吕待制所居八咏·舒啸》诗）

武林游目，大是佳事，况重之以东道主哉！

（王世贞《弇州山人四部稿》卷一二四《复杨都督书》）

微夫人之力（不及此）

藏用与将士等勠力一心，……前后俘斩虏获至数万计。向使微夫人之力捍此州之境，则江界土宇，尽为戎疆，海隅苍生，非复吾有。

（独孤及《为杭州李使君论李藏用守杭州有功表》）

饭后同往,并带席垫,至南园择柳荫下团坐。……既而酒肴俱熟,坐地大嚼,……游人见之莫不羡为奇想。杯盘狼藉,各已陶然,或坐或卧,或歌或啸。红日将颓,……果腹而归。芸问曰:"今日之游乐乎?"众曰:"非夫人之力不及此。"大笑而散。

　　按:此处用典有双关的意义,"夫"可依典读 fú,兼也可读 fū,谓陈芸为沈复妻也。

(沈复《浮生六记·闲情记趣》)

【文化史拓展】

由"东道主"语义变化而衍生出的一些新词语:

　　本文烛之武说辞中用到的"东道主"一语,在汉语的发展中具有很强的生命力,特别在它与古代主宾礼仪位次的有关规定相结合的时候,在后代衍生出不少的新词(旧词新义)。

　　古代的礼节,对席位的尊卑有各种规定,大别之,有君臣位和主宾位两种。君臣之礼,以"南面"(面向南)为天子一人独尊之位,任何人不得篡此位;臣之位若是诸侯之觐礼,则一律"北面"(面向北)成排站立,按官职爵位高低依次由天子的右手方(臣子的左手方)向天子的左手方(臣子的右手方)排列,若人多则分行。若是朝礼,则诸公依次排列在天子的右手方,"东面"(面向东)而立,诸侯依次排列在天子的左手方,"西面"(面向西)而立。古人立下的规矩:若处阳位,则尚左(以左为上);若处阴位,则尚右(以右为上)。天子之位面向南而处于北,属阴位,所以天子以右为上,这也是古代右丞相高于左丞相一等的缘故。这与臣子面向北而处于南为阳位,以左为上,其实是一致的。主宾之礼则席位通常取东、西向。与君臣的南、北向有一个相通之处:南向所以尊于北向,是因为南向是向阳之位(虽然它处于北,为阴位)。这与古代太阳崇拜的思想有关。东向也尊于西向,也因为东向是面向日出之位(虽然它处于西,为阴位)。一般的情况下,主人出于对宾客的尊敬,总是自坐东位,即西向之位,而以尊位(西位、即东向之位)让客人坐。古代很多礼仪,凡主迎宾上堂的,主多从阼阶(即东阶)升登,而宾则从宾阶(即西阶)升登。登堂以后,主人就东位西向立或坐,宾客就西位东向立或坐。在古代史籍记载中,也多有此类例子。如《史记·陈丞相世家》记项羽取王陵之母于军中,王陵派使者至,项羽"东向坐陵母,欲以招陵"。项羽把东向的席位给王陵之母坐,做出把王陵之母当贵宾的姿态想打动王陵来降。谁知陵母当着使者之面伏剑而死,遗言要儿子"谨事汉王"。《新序·杂事一》记秦派使者往观楚之宝器,楚派昭奚恤接待,见面就说:"君,客也,请就上位东面(面向东)。"然而是不是西位一定都是客位呢?也不一定,这就要看主人是不是尊重宾客了。

《史记·廉颇蔺相如列传》记"(赵)括一旦为将,东向而朝,军吏无敢仰视之者。"他自己坐在了面向东的尊位上,更无一个军吏受他重视,活生生刻画出了他的狂妄自大。我们再看项羽在鸿门宴上安排的座次:"项王、项伯东向坐,亚父南向坐,亚父者,范增也。沛公北向坐,张良西向侍。"(《史记·项羽本纪》)项羽对刘邦就不像对王陵之母了,他要自己坐东向的上座;项伯是他的长辈(季父,即小叔父),得以与他并排坐在上位。但阴位尚右,项伯当在左。刘邦北向坐,在项羽的右手,应该是上手客位;范增南向坐,在项伯之左手,应该是下手客位。至于张良,在反"客"为"主"的项羽那里只能是叨陪末座了。《史记·绛侯周勃世家》说:"勃不好文学,每召诸生说士,东向坐而责之:'趣(速)为我语!'其椎(朴实迟钝)少文如此。"周勃是织蚕薄出身,乡里谁家有丧事也吹个箫什么的,对文士说客颇不以为然,也不打从心眼里尊重,所以这些人在他手下也坐不上尊位。这样的例子,还可以举出不少。当然,相比于敬宾于尊座的常例来说,这些都只是特例。

最能将古代君臣席位和主宾席位的差别衬托得很明显的,莫过于《史记·孝文本纪》对群臣在代邸伏请代王即天子位的描写了:"代王西向让者三,南向让者再。"最后才在丞相陈平、太尉周勃以下众臣固请下表示"不敢辞"了。汉文帝在即位前的身份是代王,他坐在东位,让诸大臣都作为贵宾处在东向的尊位上,他先后三次在主位上向宾位西向辞让,大臣们还是坚持称宜。这时他方才换到面向南的君位上,诸臣当然也相应地调整到面向北的臣位上,接下来的"南向让者再"就只是一个表示谦让的态度了。从他坐北朝南那一刻起,他实际上已经接受了群臣的劝立了。君臣之位南北面,宾主之位东西面,在这个例子中表现得最为清楚。

烛之武在创造出"东道主"这个词语的时候,他有可能受到主位在东、宾位在西这个礼仪形式的影响。因为郑国在东、秦国在西正好是当时地理位置上的客观存在,易于使烛之武形成联想而产生"东道主"的词语比喻用法。而东汉班固在他的著名大赋《两都赋·西都赋、东都赋》中虚拟的"东都主人"和"西都宾"两个人名,则必然是主位在东、宾位在西这个礼仪形式的产物。这两个虚拟的人名,然后就在汉语文学语言中浓缩成"东主"和"西宾"两个词。开始,这两个词成对出现,意义没有发生什么变化,只是表示班固赋中两个虚拟人名的典故:晋潘岳《西征赋》:"班(指班固《两都赋》)述陆海珍藏,张(指张衡《二京赋》)叙神皋隩区:此西宾所以言于东主,安处所以听于凭虚也。"(安处、凭虚指张衡《二京赋》中的两个虚拟人物安处先生和凭虚公子。)稍后,唐初的沈佺期也用上这两个词:"汉宅规模壮,周都景命隆。西宾让东主,法驾幸天中。"(《扈从出长安应制》)按"天中"指天下之中,当是从驾幸洛阳时作。前三句以周、汉皆从西都迁东都作衬,托出第四句。其中"西宾""东主"已非浓缩"西都宾""东都主人"之原意,而是指代长安与洛阳了。张九龄《与李让侍御书》:"既而东主西宾,酒酣乐阕。聚必有散,匪伊麇鹿之群;往而不返,固亦山林之敝。"这个例子中的"东主西宾",东、西二字之义已完全虚化,只谓主、宾而已。与"东道主"后来"东道"之义完全虚化,只谓主而已一样。柳宗元恐怕是将"西宾、东主"拆开,第一个单用"西宾"一词的人,他的《重赠刘连州(禹锡)二首》之二有句云:"若道柳家无子弟,往年何事乞'西宾'?"这里的"西宾"一词,从刘禹锡答诗"昔日慵工记姓名,远劳辛苦写西京"来看,指的是柳宗元应请为刘禹锡书写班固《西都赋》之事。上句为刘禹锡自谦,以项羽少时学书法不成,季父项梁怒,羽曰"书足以记姓名而已"之典。《辞海》1999 年版缩印本第 2211 页"西宾"条云:"犹西席。对家塾教师或幕友的敬称。"所举之例即上引两句柳宗元诗。很明显,这个例子是举错了。可以说,终有唐一代,尚未见有将"西宾"用作塾师、幕僚之义者。作为影响巨大的权威性辞书,《辞海》当在下一次再版时删除此例,另择明清时例为要。有人甚至说,西宾、西席是汉代对教师的称谓;这更是完全脱离语言发展历史的说法,起了误导的作用,亟须指出并予以纠正。在这个问题上,《辞源》修订本与《辞海》对"西席"的释、例有误,也不能辞其咎。

《辞源》第四册第 2843 页"西席"条云:"古代宾主相见,以西为尊,主东而宾西。《大戴礼·武王践阼》:'师尚父亦端冕奉书而入,负屏而立。王下堂南面而立。师尚父曰:"先王之道不北面。"王行西折而南,东面而立。师尚父西面。'后来家塾延师或官府幕职亦称西席。"辞条所引《大戴礼》之例,与想要说明的辞义正好相反。周武王要吕尚给讲一讲《丹书》中所载的"先王之道",他原来坐于君位(面南而坐);吕尚上殿背屏而立,屏是宫门(在南)里面所筑小墙,起屏蔽作用,以免殿内事为外人一览无遗,所以吕尚所立乃是臣位(面北而立)。武王因为要听先王之道,表示尊敬,就从坐席上起身,下堂立着听,但还是面向南。吕尚表示自己要读的是先王之道,不能面北而立。于是,武王转身向西走,又折而向南走了两步,然后回转身面向东立;而吕尚则向左转,面向西立,对着武王开讲《丹书》。原文把过程写得非常清楚:周武王站在西边,而吕尚则站在武王的东边。分明是主在西而宾在东,怎么可以用此例来解释"古代宾主相见,以西为尊,主东而宾西"呢?义和例完全格格不入。且"师尚父"之"师",也非指教师,而是统领军队的武官之义。《诗·大雅·大明》所谓"维师尚父,时维鹰扬",用鹰之奋扬,喻吕尚之威武,《郑笺》云:"鹰,鸷鸟也。佐武王者,为之上将。"《辞源》此条之释例,东、西既颠倒,文、武又混淆,误莫其焉。唯一可取的是它最后举了一个明沈德符《力历野获编》二六《嗤鄙》中"私印嗤鄙"的用例:"英宗朝,锦衣帅门达之塾师名桂廷珪者,刻一牙印曰'锦衣西席'。"对我们认识用西席、西宾指塾师或幕僚之义,起于何时,盛于何时,还能有一点实证上的帮助。

《辞海》2009年版"西席"条云:"梁章钜《称谓录》卷八:'汉明帝尊桓荣以师礼,上幸太常府,令荣坐东面,设几。故师曰西席。'东面,谓面向东坐。后因称家塾的教师或幕友为'西席'。"梁章钜为清嘉庆、道光时人,所述汉明帝尊桓荣事,见《后汉书·桓荣传》。明帝在做太子时,桓荣即被光武帝任为太子少傅,授经业,所以明帝以师礼尊桓荣,是其来有自的。光武帝去世前二年,又升任桓荣为太常卿,明帝即位时桓荣已年逾八十,第二年遂拜桓荣为"五更"(太常卿依旧)。古时尊老,设三老一人、五更一人,据《后汉书·礼仪志上》说,汉明帝是汉代"始率群臣躬养三老、五更于辟雍"的皇帝。行礼时,"御坐东厢","三老……东面","五更南面"。也就是说,汉明帝为了尊老,自己坐在太学讲堂的东厢,三老(据《后汉书·孝明帝纪》为"年耆学明"的"李躬")坐在尊位西席(面向东),五更("桓荣,授朕《尚书》")坐在次尊之位、明帝的右手北席(面向南)。可见,明帝尊桓荣,桓荣的席位是视场合不同而有异,并非一成不变的。况且汉代也没有因为汉明帝"幸太常府",不用君臣之礼安排席位,而把原本是太常府之"主"的桓荣安置在贵宾之位西席上(《桓荣传》原文未明述明帝之坐席是面向西还是面向南),就造成了梁章钜所说的"故师曰西席"的结果。"师曰西席"之说,不但是汉代所无,就是魏晋南北朝乃至隋唐五代以迄于北宋,均无实例可证。即令是南宋,也难以搜求到一个把西席、西宾作为塾师或幕友之义来用的例子。

但是在南宋至元代的通俗文学中,却首先出现了词义为主人的"东人"一词。东人本是个旧词,《诗经》就出现过,原义指东方诸侯国之人。但是在《京本通俗小说·碾玉观音》的叙说词"今日崔宁的东人郡王,听得说刘两府直恁孤寒,也差人送一项钱与他"中,"东人"就是"主人"之义了。这个新义,使旧词变成了新词。这个新词的出现,与"东道主"中"东道"的语义虚化、也与"东主"中"东"的语义虚化,只剩下"主"的词义,而此义又转移到了词素"东"上,使"东人"获得了"主人"之义而成为口头文学中的新词。元代传奇《王祥卧冰》作者名佚,书也残缺,钱南扬编

《宋元戏文辑佚》收其残存曲文,其中也有"不想遇着强贼至,把大官人背剪入山去。……我的东人！东人在那里"的说白。元末明初施耐庵所作《水浒传》第二回,写"高俅向前跪下道:'小的是王都尉亲随,受东人使令,赍送两般玉玩器来,进献大王。'"都是例子。至今,京剧《三娘教子》中的仆人薛保、《未央天》中的仆人马义等,在说白或唱段中仍称其主人为"东人"。

1982年龙潜庵编了一部《宋元语言词典》,收词目一万一千条左右,1985年由上海辞书出版社出版。此典列有"东人"条目,却未收"东家"条目。可见反映宋元语言实际的书面材料(据编者说,包括戏曲、小说、诗词、笔记、语录等)中,至少在词典编者浏览所及,他还未曾发现与"东人"同义的"东家"一词。据此,是否可以说,以"东家"称主人,在元代似尚不常见,而是从明代开始逐渐盛行的。但语言的发展并不是与朝代的更替有必然关联的,下文我们还要提供例证,在元代作品中就有以"东家"称主人的用例了。这也说明《宋元语言辞典》还有不尽完善之处。《幼学琼林》脱胎于明人程登吉(字允升)的《幼学须知》,其中卷二有"东家曰东主,师傅曰西宾"一则,为原编之文。旧词新义的"东家"之称,在当时恐怕还属于"时尚"用语。由"东人"演变为"东家",与古汉语中"人""家"二字时或通用之例相合(如《韩非子·功名》"尧为匹夫,不能正三家",同书《难势》则云:"尧为匹夫,不能治三人。"《史记·栾布列传》:"赁佣于齐,为酒人保。"裴骃集解引《汉书音义》云:"酒家作保佣也。"《后汉书·杜根传》"为宜城山中酒家保",正作"酒家"),是符合汉语发展规律的。明以来,"东家"出现频率渐密,至清而尤盛,"东人"则渐废,只存在于部分戏文中。

"东家"作东邻讲,本是自古以来的常用词,其例多至不可胜举。诗词中的名句如王维的"门外青山如屋里,东家流水入西邻"(《春日访吕逸人不遇》);李白的"溧阳酒楼春水涯,白也系马楼东家"(《酒楼歌》);欧阳修的"欲向东家看舞姝,须防舞姝见客笑,白发苍颜君自照"(《戏答圣俞》);辛弃疾的"却将万字平戎策,换得东家种树书"(《鹧鸪天》),"东家昨夜梅花发,愧我分他一半香"(《和郭逢道韵二首》之一);陆游"前村后村燎火明,东家西家爆竹声"(《壬子除夕》)等。已出现并流行旧词新义"东家"的明清两代,也多以本义之"东家"入诗,如:"秋风飘飘度箜篌,东家西家登大楼"(《全明诗·王冕〈对月〉》);"林连北郭藏春色,水过东家作雨声"(朱多炡《移居二首》之一);"青衫黄帽插花去,知是东家新妇郎"(李东阳《茶陵竹枝歌》);"东家稻熟早芟草,西家豆稀懒打虫"(袁枚《劝农歌》);"君不见东家女儿结束工,染得指甲如花红"(洪亮吉《十二月词》之七);"西家无田散四方,东家有

田亦水荒,有田无田皆逃亡"(张云璈《淮上流民歌》)等。义为东邻的"东家",还在不同的历史时期形成了几个文学典故:

一、东家墙。《孟子·告子下》:"逾东家墙而搂其处子,则得妻;不搂则不得妻:则将搂之乎?"用典例:元杨维桢《蹋踘篇》:"金鞭齐停马上郎,落花旋风打毬场,绣轮掷过东家墙。"

二、东家子。宋玉《登徒子好色赋》:"臣里之美者莫若臣东家之子。东家之子,增之一分则太长,减之一分则太短;著粉则太白,施朱则太赤。……嫣然一笑,惑阳城,迷下蔡。然此女登墙窥臣三年,至今未许也。"用典例:唐霍总《关山月》:"每笑东家子,窥他宋玉墙。"明林玉衡《题蛱蝶图》:"蓬蓬飞过宋东家,春去何心恋落花。"

三、东家丘。《三国志·魏书·邴原传》裴松之注引《邴原别传》:"君乡里郑君(指郑玄)……学览古今,博闻强识,钩深致远,诚学者之师模。……所谓以郑为东家丘(丘指孔丘)者也。"用典例:唐许浑《赠郑处士》:"扬子可曾过北里,鲁人何必敬东家(隐丘字)?"宋苏轼《木山》:"会将白发对苍巘,鲁人不厌东家丘。"

四、东家施。《庄子·天运》谓西施病心而矉(颦),其里之丑女以为美而效之,富人见而坚闭门不出,贫人挈妻、子而去之。初未言丑女名也。宋乐史《太平寰宇记》卷九六《越州》载诸暨县巫里有东施家、西施家,黄庭坚等即坐实丑女为东施,亦称东家施。用典例:雪庐老人《辛亥杂抄下·思雁》:"嗟尔东家施,效矉起揭橥。"

以上四典,皆出于东邻之义,与"东家曰东主"无关。

与"东主"同义的"东家"流行以后,"东主"一词也未被某些作者遗忘。如明兰陵笑笑生《金瓶梅词话》第五十一回:"学生贱名倪鹏,……在我这东主夏老先生门下,设馆教习贤郎大先生举业。"清初李修行《梦中缘》第二回:"又恐兄为东主、西宾之份所拘,不肯出去,故此赵兄特委弟亲来口达,乞明晨早到舍下。"同书第十三回回目:"谒抚院却逢故东主,择佳婿又配旧西宾。"晚清黄小配《廿载繁华梦》第一回:"那守门的……料他携行李到来,不是东主的亲朋,定是戚友。"这些例句中的"东主""西宾",与前文所举潘岳、沈佺期诗赋中的用例固然不同,与张九龄文中东、西之义已虚化,只剩下主、宾之义的用例也不同了。这里的东主、西宾不是一般的主、宾,而是存在着雇佣关系的双方。被雇者对其主皆可称东主(或东家),但东主(或东家)只对被雇的塾师、幕僚尊称为西宾或西席。如上举第一例中的倪鹏,他称夏老先生为东主,夏老先生则要尊他一声西席或西宾;而第三例中"那守门的",他看出周庸祐是他东主的亲朋戚友,但他的身份较之西席或西宾却要低得多。

"东家"用于"东主"之义始于何时?它较"东人"出现得晚,但在元代也已问世了。元人用东邻义之"东家",本极常见,如萨都剌《织女图》"长安市上花满枝,东家胡蝶西家飞",《相逢行》"一年相逢在阙下,东家塞驴日相假",杨维桢《海乡竹枝词》"生女宁当嫁盘瓠,誓莫近嫁东家亭"之类,颇为多见。唯丁复《九月一日游昭亭》七律,前四句写其后半生长居金陵,后四句写己昭亭之游云:"千里客游仍暮景,异乡人事又今朝。老来未遣登临懒,尽醉东家绿玉瓢。"由于是千里客游异乡,所以此诗的"东家"不大可能是指东邻,而应是邀作者来游的寓主。《辞源》修订本也提供了一个例证:《元曲选》马致远《荐福碑》一:"多谢哥哥,赐我这三封书,我辞别东家,便索长行也。"

有一事甚须辩明,杜甫《陪郑广文游何将军山林十首》之四末二句云:"尽捻书籍卖,来问尔东家。"自明末王嗣奭之《杜臆》,至清初仇兆鳌之《杜少陵集详注》,皆以"东家"指何氏山林之园主。钱谦益较谨慎,未从王说,但也未驳王说,不置可否而过。明末清初,正以"东家"为"东主"盛行之时,王嗣奭、仇兆鳌未辨古今语义之变,均注释有误。稍后,道光、咸丰、同治年间的施鸿保在《读杜诗说》中对这一问题作了中肯的评说:"(仇注)云东家即指何氏。今按若指何氏,于'尔'字意不合。……据首二句云:'旁舍连高竹,疏篱带晚花','旁舍',本《汉书·高祖纪》,犹邻舍也。公(杜甫)诗常用之。……疑何园之旁,别有他园,高竹相连,惟隔一篱。……此必其园久废,或本欲出售,公故特发此兴。'东家'虽借用现成字,亦必其园正在何园之东。《重游(当作"过")》第二云:'向来幽兴极,步屧向东篱。'篱当即此所云疏篱,因其在东,故曰东篱。……东坡《豆粥》诗'我老此身无着处,卖书来问东家住'四句,正用此诗,亦作邻家说也。"施氏之说甚为有理。还可以补充一点,杜甫《重过何氏五首》之一,首句即云"问讯东桥竹",此竹即《十首》之四"旁舍连高竹"之竹。施氏指出"东篱"可证"疏篱"在东,此句亦可证"高竹"在东。"东家"即谓东邻,已无可疑。王嗣奭、仇兆鳌之释不可据。质言之,唐代的"东家",尚未有王、仇所释之义。

在元代,不仅"东家"与"东人"是同义词,与"东主""东道"也是同义词。在"文学史链接"的"相关文学典故·东道"中,已举有《元曲选》马致远《荐福碑》第一折中用"东道"表示"主人"之义的例句。直至明代,口语中仍可用"东道"来代替"东家"。且举冯梦龙编《广笑府》中民间笑话一则《咏诗相嘲》为例:某学究教某东家子弟,待遇很差,因作诗道:"东道家家穷似虱,学生个个懒如蛇。"这里的"东道"就是"东家",因用了"东家"则平仄不调,且将连续出现三个"家"字,在修辞上犯忌,所以改用"东道"代之。这也可见从"东道主"到"东主"到"东人"再到"东家"新义,其发展脉络是相当清晰的。

大约与"东家"有了主人的新义同时,与之对应的"西席""西宾"二词也出现了,叙述明代成化年间故事的《儒林外史》(作者吴敬梓为清雍正、乾隆时人)第二回:"顾老相公家西席就是周先生了。"说的是周进曾在顾老相公家做过三年塾师,教得他儿子顾小舍人中了学(俗称中了秀才),"顾老相公亲自奉他三杯,尊在首席"。同回又写周进教书时坐在"上位"。"首席""上位",均指面向东的"西席"。西席又称"西宾"。生于元末、活动于明初的瞿佑著有《归田诗话》,木讷作序云:"无何居间寓金台,太师英国张公延为西宾,甚加礼貌。"据钱谦益《列朝诗集小传(乙集)·瞿长史佑》:"永乐间,下诏狱,……洪熙乙巳,英国公奏请赦还,令主家塾。"东家是英国公张辅,请的是十四岁就以诗词为杨维桢赞赏、被誉为瞿家千里驹的著名文人,所以木讷用的是"西宾"二字。西宾与西席同义,而语义色彩上带有格外礼敬之意。清李汝珍《镜花缘》第十五回:"唐敖听罢,思忖多时,忽然想起廉家西席一事,因说道:'此时虽然有一安身之处,但系西宾,老师可肯俯就?'尹元……不觉大悦道:'倘得如此,老夫以渔人忽升西宾之尊,……如此成全,求之师生中实为罕有。'"对照文中"西席""西宾"的用法,西席为一般叙述用词,西宾则带有礼敬色彩之词,可以分辨得很清楚。西席或西宾后也为对幕僚之称。李宝嘉《南亭笔记》卷九记:"(李鸿章)有女,年老矣,辄戏呼为'老女'。后字某翰林,翰林号幼樵,在公(李鸿章)幕中襄办文牍者。时人集为联语:'老女字幼樵,无分老幼;东床配西席,不是东西。'"某翰林者,指张佩纶。1900(庚子)年八国联军攻占北京后,李鸿章代表清政府主持签订丧权辱国的《辛丑条约》,给付巨额赔款(庚子赔款)。时张佩纶正在李幕中,佐办庚子议和。舆论借其与李鸿章女之婚事大加嘲讽甚至唾骂,迫使张后来称病不出。

与"东家"相对的,较多的是西席或西宾,如清李绿园《歧路灯》第二回:"这样先生,断不能矩步方行,不过东家西席,聊存名目而已。"但与"东家"相对的,不一定都是"西席"或"西宾"。为"东家"干活的有许多是上不了"席"、称不起"宾"的。《儒林外史》第九回:"先年东家因他为人正气,所以托他管总。……却亏空了七百多银子。问着,又没处开消,还在东家面前咬文嚼字,指手画脚的不服。东家恼了,一张呈子送在德清县里。"这与东家相对的是个店里的总管。《红楼梦》第四十九回:"湘云笑道:'快商议做诗,我瞧瞧是谁的东家?'"这里的"东家"只是指诗社活动的主办者,与之相对的便是一干诗友,虽上得了席,称得起宾,习惯上不能称为西席或西宾。清庄焘《行路难》诗:"东家坟上烧白纸,长工坟上出枯蓬。"这与东家相对的是具有雇佣关系的长工。清敦诚《题枯林系塞图》:"忍使羁縻老此生?东家俯首一长鸣。阿谁为解青丝络,风雪教他自在行!"这里与东家相对的只是一匹塞马。晚清蘧园《负曝闲谈》第五回:"摸着了这少东家的脾气,说一是一,说二是二,⋯⋯等少东家得了差缺,再作道理。""少东家"指东家之子,这里与少东家相对的是家里的门客,也无称西席、西宾之理。有少东家,当然也有老东家、大东家、二东家、女东家等称。东家在某些情况下又可省称为"东",从而孳生出房东、店东、船东之类的称呼。《儒林外史》第九回就有"后来听见这些呆事,本东自己下店,把账一盘"的叙述,"本东"即指店东。

【集评】

夫战国交争,戎车竞驱,君若缀旒,人无所丽。烛武悬缒而秦伯退师,鲁连系箭而聊城弛柝。纵往则合,横来则离,安危无常,要在说夫。

(《后汉书·张衡传》引张衡《应间》)

说者,悦也。兑为口舌,故言咨悦怿;过悦必伪,故舜惊谗说。说之善者,伊尹以论味隆殷,太公以辨钓兴周。及烛武行而纾郑,端木出而存鲁,亦其美也。

(刘勰《文心雕龙·论说》)

分明一段写舍郑之无害,一段写陪晋之有害,而其文皆作连锁不断之句,一似读之急不得断者。

妙在其辞愈委婉,其说愈晓畅。

(金圣叹《天下才子必读书》卷一)

烛之武为国起见,说秦之词,句句悚动,有回天之力。其中无限层折,犹短兵接战,转斗无前,不虑秦伯不落其彀中也。计较厉害处,实开战国游说门户。

(林云铭《古文析义》卷一)

说秦伯语,虽分两段,其实一气相生。先以有益反起君之薄;次以无所害,反应君之薄;再次以阙秦,反应无所害。

(余诚《重订古文释义新编》卷二)

郑近于晋,而远其秦。秦得郑而晋收之,势必至者。越国鄙远,亡郑陪邻。阙秦利益,俱为至理。古今破同事之国,多用此说。篇中前段写亡郑乃以陪晋,后段写亡郑即以亡秦,中间引晋背秦一证,思之毛骨俱竦。宜乎秦伯之不但去郑,而且成郑也。

(吴楚材等《古文观止》卷一)

若烛之武之退秦师,是纯为纵横家。

(章炳麟《国学讲演录·诸子略说》)

【附录】

秦穆公和晋文公都是春秋时期的重量级人物。为了各自的利益,他们联合过;但是你想当霸主,我也想当霸主,矛盾便不可调和。

晋文公取得先机,成就了霸业以后,秦穆公的心情是复杂的。这样的结果,与他当年扶立晋文公时的初衷相去甚远。我们从他以韩之战取得晋国的河西八城,继灭梁、芮二小国的举措看,秦国的战略指向本来的定位应是东方。晋国在地理位置上是秦国势力东扩必经的通道,因而秦穆公需要一个能听话的晋国国君做他的盟友。但是晋文公的迅速崛起却不以他的意志力为转移,使他深深感到这个女婿不大可能成为自己希望的那种角色,五个女儿怕是白给了。

晋文公呢,对他的老丈人兼姊夫倒是心存感激之情的。但是从他翅膀硬起来那一天起,他就决心要比秦穆公飞得更高更远,这就注定了他对秦国只能是一种为达到自己目的而加以利用的关系。特别是在与楚国的对峙中,他需要借助晋秦联盟这着棋来增强自己一方的力量。城濮之战中是这样,城濮之战以后也是这样。本文的伐郑,他就约秦穆公组成联军前往,把郑国国都围困起来,声称一是因为当年郑文公在他流亡途中过郑时未曾优厚款待,对他"无礼"了,二是因为城濮之战时郑国曾倒向楚国,楚国败局已定后郑文公才看风使舵,与晋成盟。其实后一点是主要的,有杀鸡给猴看的意思,对与郑国曾有过类似立场的陈、蔡、鲁等国起一点警示作用,同时也是对楚国的威慑。总之,完全是为了维护和巩固晋国的霸主地位。

烛之武所以能退秦师,靠的不是他的三寸不烂之舌,而是摸准了脉,洞察了秦、晋之间同床异梦的真实关系。他所起的作用,只是把罩在晋文公头上那层温情脉脉的面纱掀开,破解久积秦穆公胸中的困惑,促使秦、晋二国深层次矛盾的表面化而已。

(王维堤《左传选评》第二十)

【思考与讨论】

本文记了秦、晋二国联盟的分解,合作的中止,分道扬镳结果的到来。两年后,晋文公去世。秦国以为东扩的机会来了,就企图撇开晋国,独力袭郑而取之。也是啊,以郑国为"东道主",哪里比得上直接拿下郑国,把东进的道路全盘掌控在自己手里好呢? 可惜秦国打错了算盘,非但取郑无成,还在回师途中遭遇了出其不意、有备而来的晋国的拦击,因轻敌无谋而大败于殽,全军覆没,至于匹马只轮无归。从此,晋国成了秦国东扩的不可逾越的障碍。秦穆公不得不调整战略,寻求新的争霸突破口,把主攻方向从东线移到西线,在由余、百里奚父子等英才辅佐下,并国二十,遂霸西戎。这一霸业,在中华古族的融合史和中国疆域的定型史上,都有着不可磨灭的功绩。

秦穆公霸西戎的意义,可能远不止于此。春秋时期,在西戎之西,已有月支族活跃于今甘肃西部、青海湟水一带。《后汉书·西羌传》:"湟中月氏胡,其先大月氏之别也。""月氏"而称胡,当是操印欧语系的伊朗语族。月氏之西,还有同属伊朗语族的塞人。秦之声威,当为月氏和塞人所耳闻,且或因戎人西迁而身受。公元前6世纪末期至前5世纪初,波斯帝国极盛时领土西抵地中海东部沿岸,东达印度河流域。由于塞人被迫西迁,公元前5世纪的波斯古文献中已把中国称为 Cini、Cin。稍后的古代印度、希腊、罗马的著述中,也称中国为 Cina、Thin 和 Sinae 等。而相传为东汉时天竺沙门所译的《大方广大庄严经》(近人有疑为魏晋时人托名所译)已将经中梵文"支那"译为"秦"字。因而早就有人认为 China 一词,起自于"霸西戎"之"秦"。

也有人认为,西方人称中国为 China,起自于中国的瓷器。在英语里,至今 China 为中国,而 china 为瓷器。

当代学者沈福伟则认为:"'支那'得名实由于'绮'。"(《中西文化交流史》第29页。)是周穆王西征,打开了天山南北的东西交通,开辟了发展贸易关系的丝绸之路以后,西方人为中国的文绮所迷,遂把中国称为"绮国"而造成的。

你能否查考相关资料,对上述三说作出评断:哪一种说法最为合理呢?

十四、 秦晋殽之战

(上)

三十二年……冬,晋文公卒。……

杞子自郑使告于秦曰：“郑人使我掌其北门之管①，若潜师以来②，国可得也。”穆公访诸蹇叔③，蹇叔曰：“劳师以袭远④，非所闻也。师劳力竭，远主备之⑤，无乃不可乎⑥！师之所为⑦，郑必知之。勤而无所⑧，必有悖心⑨。且行千里，其谁不知？”公辞焉⑩。

召孟明、西乞、白乙⑪，使出师于东门之外。蹇叔哭之曰：“孟子⑫！吾见师之出而不见其入也。”公使谓之曰：“尔何知？中寿，尔墓之木拱矣⑬！”蹇叔之子与师⑭，哭而送之曰：“晋人御师必于殽⑮。殽有二陵焉⑯：其南陵⑰，夏后皋之墓也⑱；其北陵⑲，文王之所辟风雨也⑳。必死是间㉑，余收尔骨焉！”秦师遂东。

（下）

三十三年春，秦师过周北门㉒，左右免胄而下㉓，超乘者三百乘㉔。王孙满尚幼㉕，观之，言于王曰㉖：“秦师轻而无礼㉗，必败。轻则寡谋，无礼则脱㉘。入险而脱㉙，又不能谋，能无败乎？”

及滑㉚，郑商人弦高将市于周㉛，遇之，以乘韦先，牛十二犒师㉜，曰：“寡君闻吾子将步师出于敝邑㉝，敢犒从者。不腆敝邑，为从者之淹㉞，居则具一日之积㉟，行则备一夕之卫㊱。”且使遽告于郑㊲。郑穆公使视客馆㊳，则束载、厉兵、秣马矣㊴。使皇武子辞焉㊵，曰：“吾子淹久于敝邑，唯是脯资、饩牵竭矣㊶。为吾子之将行也，郑之有原圃㊷，犹秦之有具囿也㊸，吾子取其麋鹿，以闲敝邑㊹，若何？”杞子奔齐㊺，逢孙、杨孙奔宋。

孟明曰：“郑有备矣，不可冀也㊻。攻之不克，围之不继㊼，吾其还也。”灭滑而还。……

晋原轸曰㊽：“秦违蹇叔而以贪勤民㊾，天奉我也㊿。奉不可失，敌不可纵。纵敌，患生[51]；违天[52]，不祥。必伐秦师。”栾枝曰[53]：“未报秦施而伐其师[54]，其为死君乎[55]？”先轸曰：“秦不哀吾丧而伐吾同姓[56]，秦则无礼，何施之为[57]？吾闻之：‘一日纵敌，数世之患也。’谋及子孙，可谓死君乎[58]！”遂发命[59]，遽兴姜戎[60]。子墨衰绖[61]，梁弘御戎[62]，莱驹为右[63]。夏四月辛巳[64]，败秦师于殽，获百里孟明视、西乞术、白乙丙以归[65]。遂墨以葬文公[66]，晋于是始墨[67]。

文嬴请三帅⑱，曰："彼实构吾二君⑲，寡君若得而食之不厌⑰，君何辱讨焉⑰？使归就戮于秦，以逞寡君之志⑰，若何？"公许之。先轸朝，问秦囚，公曰："夫人请之，吾舍之矣⑰。"先轸怒曰："武夫力而拘诸原⑭，妇人暂而免诸国⑮，堕军实而长寇仇⑯，亡无日矣⑰！"不顾而唾⑱。公使阳处父追之⑲，及诸河⑳，则在舟中矣。释左骖㉛，以公命赠孟明。孟明稽首曰㉜："君之惠，不以累臣衅鼓㉝，使归就戮于秦。寡君之以为戮，死且不朽；若从君惠而免之㉞，三年将拜君赐㉟。"

秦伯素服郊次㊱，乡师而哭曰㊲："孤违蹇叔，以辱二三子㊳，孤之罪也。"不替孟明㊴，曰："孤之过也，大夫何罪？且吾不以一眚掩大德㊵。"

【注释】

① 郑人：据《史记·郑世家》，乃郑国任司城之职的缯贺。管，犹今之钥匙。

② 潜师：秘密出兵。

③ 访：咨询。诸：之于。蹇(jiǎn)叔：蹇氏，以排行为字曰叔，秦国雍城(当今陕西凤翔县南)人。游于宋，因百里奚荐其贤，秦穆公厚币迎以为上大夫。

④ 袭：偷袭。远：郑距秦在一千二百里以上，且需跋山涉水。

⑤ 远主：指郑国，"主"字寓以逸待劳之意。备：防备。

⑥ 无乃：岂不是，恐怕。

⑦ 师：指秦军。所为：一举一动。

⑧ 勤：劳。无所：没有栖身之所。婉言偷袭郑国不可能成功。

⑨ 悖心：叛逆之心。也可释为时尚语"逆反心理"。

⑩ 辞：辞谢，不接受。

⑪ 孟明：百里氏，名视，字孟明。百里奚之子，秦师之帅。西乞，西乞氏，名术，秦师之帅。一说，西乞为字。白乙：白氏，名丙，字乙，秦师之帅。一说，白乙为字。

⑫ 孟子：蹇叔作为长辈对孟明的亲切称呼。孟为排行第一，好比今语称老大、大小子。

⑬ 中寿：因"寿"有寿命、高龄二义，古书上对上寿、中寿、下寿的定位不一。这里不采取某一标准数值，仅理解为"一般的年寿"之意。木：树。古俗多于墓旁植树。拱：两手合围那么粗细。句意谓：如果只是一般的年寿，那此时你墓旁的树都能长成两手合围那么粗。这是指斥蹇叔年老昏昧的话。

⑭ 与师：参加在军队中。

⑮ 御:抵敌。崤:山名,为秦岭东段之支脉,自东北延伸至西南长三百二十余里,有东、西二崤,位于河南省西北部黄河与洛河间。

⑯ 陵:大土山。

⑰ 南陵:即西崤山。

⑱ 夏后皋:夏代从启起算的第十四王,据《史记·夏本纪》,是夏桀的祖父;据《三代世表》索隐引《世本》,则是夏桀之父。

⑲ 北陵:即东崤山。

⑳ 文王:周文王,名发。辟(bì):同避。

㉑ 是间:此间,指东、西二崤山之间。蹇叔自秦游于宋,又由宋经郑入秦,这些地方都是他亲身走过的。

㉒ 周北门:指东周王城北门,名乾祭门。

㉓ 左右:古战车上有三人:御者居中,弓箭之士在左,戈盾之士在右。将帅之车则御者让于左,将帅居中以旗鼓指挥,戎右居右。句中"左右"指一般战车上的弓箭、戈盾之士。御者不下车,仍需掌控四马停车。免胄:脱下头盔。下:下车。

㉔ 超乘(chéng):跳跃上车。《说文》:"超,跳也。"乘:登车。(三百)乘(shèng):战车四马一车为一乘。

㉕ 王孙满:周王族,姬姓,王孙氏,名满。成年后为周大夫,因以"在德不在鼎""周德虽衰,天命未改"之语回答楚成王"问(九)鼎之大小轻重"而著名于世。

㉖ 王:周襄王。

㉗ 轻:不庄重。指超乘而言。无礼:指仅只免胄而言。正规的礼仪,军队过天子之城应卷甲束兵(兵指武器)。

㉘ 脱:脱略,不经意,轻慢,不当一回事。

㉙ 险:指崤山。

㉚ 滑:姬姓小国,初都于滑(今河南睢县西北),又迁都于费(今河南偃师西南)。为自周至郑必经之地。

㉛ 市:交易。

㉜ 乘韦:四张熟牛皮。乘,四,由一车四马转义而来。先:古代送礼,礼品分轻(次)、重(主)两部分,馈赠仪式上以轻物先于主礼。犒(kào)师:酬赏秦军将士。

㉝ 寡君:对别国谦称本国国君。吾子:对秦帅的尊称。步师:行军。敝邑:对别国谦称本国。

㉞ 不腆:不丰厚。也为古代常用的自谦之词。淹:滞留。

㉟ 积:指生活所必需的食品储备,包括主食、副食。

㊱ 卫:警卫保安。

㊲ 遽:驿车;直释为急,也通。

㊳ 客馆:郑国提供给杞子等三人的住所。

㊴ 束载:捆好行李。厉兵:磨好兵器。秣马:喂饱马匹。

㊵ 皇武子:郑国的卿。辞:辞谢。

㊶ 脯资:干肉和粮食。饩牵:活的牲口。四字连读,泛指食物。

㊷ 原圃:也称圃田、原圃泽,是郑国养禽兽的一个自然区域,在今河南中牟西。

㊸ 具囿:也称具圃、阳纡,是秦国养禽兽的一个自然区域,在今陕西陇县西北。

㊹ 闲:作使动用法,使(鄙国)得闲。徐中舒编注《左传选》释“闲”为“扞御”,训诂上有此一解,但联系上文“为吾子之将行也”,前后文义不相联属,不可从。

㊺ 杞子奔齐:皇武子的一番外交辞令,并不戳穿杞子等三人企图里应秦军以取郑的阴谋,却又委婉地对三人下了逐客令。杞子等不得不走,却又因计划为郑识破无面目回秦,因而分别逃亡到齐、宋。后七十余年,齐有大夫杞殖(字梁),见《左传》襄公二十三年,当是杞子之后。

㊻ 冀:指望。

㊼ 不继:指军需粮草无以为继。

㊽ 原轸:即先轸,先为其氏,“原”为其采邑。当时晋国的首席执政官。

㊾ 勤民:劳民,使人民劳苦。

㊿ 奉:给予。一释帮助,也通。

(51) 患:祸害。患生,谓祸害将生。

(52) 违天:指天给予而不取,就是违反天意。

(53) 栾枝:谥贞,也称栾贞子,晋国的卿。

(54) 施:恩施。秦施,指秦穆公帮助晋文公即位事。

(55) 其为死君乎:难道因为先君不在了吗?

(56) 吾同姓:郑国、滑国皆晋之同姓国(姬姓)。

(57) 为:有。何施之有,哪有什么恩施。宾语“施”靠反问语气与结构助词“之”提前。

(58) 可谓死君乎:可以说是先君不在了吗?

(59) 发命:发布出兵的命令。

(60) 遽:急速。兴:起用。 姜戎:古西戎之一支进入中原者,姜姓。春秋初期分布在今陕西宝鸡至陇县一带,后受到秦穆公的迫逐,东迁至晋南,附庸晋国。先轸因其与秦有仇,所以利用他们联合攻打秦师。

(61) 子:指晋襄公(? —前 621),名驩(又作讙、欢),在位七年。此时晋文公尚未落葬,按当时习俗太子还不可算正式即位,故不能称"公",只能称"子"。墨:黑色,染成黑色。衰(cuī),同缞,古代粗麻布制成的丧服。周代时即有简化形式,用一块长六寸宽四寸的粗麻布挂在当胸处,也称为衰。绖(dié),古代丧服中的麻带,缠在头上的称首绖,系在腰间的称腰绖。衰、绖本来都用素色,晋襄公年少,在服丧期间亲征,故染成黑色以示威重肃穆。后遂成晋俗。

㉒ 梁弘:晋国大夫。御:驾驶。戎:战车。

㉓ 莱驹:晋国大夫。右:戎右,与国君同车而执戈盾位于右者。

㉔ 辛巳:四月十三日。

㉕ 获:俘获。三帅遭擒,全军覆没可知。

㉖ 墨:"墨衰绖"之省。

㉗ 于是:从这时起。始墨:开始用黑色丧服。

㉘ 文嬴:秦穆公之女,晋文公夫人,晋襄公之嫡母(妾生之子女称其父之正妻为嫡母),而非生母。请:要求(遣返回国)。

㉙ 构:挑拨离间。 二君:秦晋二国之君。

㉚ 食之不厌:吃了他们也不解恨。厌同餍,满足。

㉛ 何:何必。 辱:玷辱(了自己)。 讨:诛戮。

㉜ 逞……志:称了……心愿,快了……心意。

㉝ 舍:放走。

㉞ 武夫:指将士。 力:尽力。 原:原野,借指战场。

㉟ 暂:短时间,一下子。一说假借为"渐"(jiān),欺诈,也通。 免:释放。

㊱ 堕(huī):同隳、毁。 军实:战果,俘获。 长(zhǎng):增强。 长寇仇,谓长敌人志气。

㊲ 无日:没有多少日子。

㊳ 不顾:不看襄公一眼,以示不屑。一说,不掉转头,即直对襄公,也通。 唾:吐唾沫,是一种气愤和轻蔑的粗野无礼之态。

㊴ 阳处父(?—前621):晋国大夫,任太傅,也称阳子。

㊵ 及诸河:到河(黄河)边上才追赶到。

㊶ 释:解开。 骖(cān):驾车时位于两边的马。

㊷ 稽首:叩头到地的跪拜礼,孟明用的是对晋君的礼节。

㊸ 累(léi):同缧,捆绑。累臣,被囚系的臣子,孟明自指。 衅:古代用牲口或人的血涂在新制的钟、鼓等物的缝隙中,用以祭祀。

㊹ 从君惠:跟着晋君的恩惠。 免之:免我一死。

⑧ 拜君赐:拜谢国君的赐与。这句表面上感谢的外交辞令背后,隐含着要来报仇的

意思。

⑧ 秦伯:秦穆公。　素服:白色的凶服。　郊次:等候在郊外。

⑧ 乡(xiàng):同向。

⑧ 二三子:你们几位。

⑧ 替:废弃,弃用。

⑨ 且:况且。　眚(shěng):过失。

【题解】

　　本篇由分属二年的记载接合而成。前一部分选自《左传·僖公三十二年》。
鲁僖公三十二年为公元前628年,当周襄王二十五年,晋文公九年,秦穆公三十二
年,郑文公四十五年。后一部分选自《左传·僖公三十三年》。鲁僖公三十三年为
公元前627年,当周襄王二十六年,晋襄公元年,秦穆公三十三年,郑穆公元年。

　　上篇选文说到烛之武说退秦师,秦穆公因与郑文公订下盟约,留下小股部队
由杞子、逢孙、杨孙三名军官带领,帮助郑国戍守国都新郑北门。晋文公见秦穆公
拆了台,只好也打退堂鼓。正好他当初收留了郑文公一个庶生的儿子叫公子兰的
也随军围郑,此时见军情有所松动,出来请求晋文公不要为难他的母国。晋文公
立即做了个顺水人情,撤师北归时特意把公子兰留在晋国东南部与郑国接近的地
方,叫他就地待命。史称郑文公先后有三个夫人,为他生了五个嫡子,却都教养无
方,以罪早死。此时文公已老,太子还没有人选,晋文公很想将对之有恩的公子兰
送回郑国当太子,以利于将来晋国在南边有一个较为可靠的盟国。郑文公刚刚搞
定了秦穆公,听说强邻晋国也抛来橄榄枝,何不左右逢源呢,便派出两位大夫前去
迎公子兰回国当太子,并与晋国也结了盟。

　　郑文公不经意间化解了来自北方的军事危机,在外交上取得了不小的成果。
可惜,天不假人以年,一载半以后,郑文公就寿终归阴了。太子兰殡葬完父君之后
即位,是为穆公。

　　国君的更迭,在郑国中下层臣属中也出现了一些局部的扰动。比如《史
记·郑世家》说:"郑文公之卒也,郑司城缯贺以郑情卖之,秦兵故来。"郑国的"司
城",和宋国的"司城"不同。宋国的司城即司空,是因宋武公(前765—前748年在
位)名司空,宋国随后不得不避讳而改司空之职为司城。宋国的司城,是《周礼》六
官(六卿)之一,掌管营建都邑城郭、社稷宗庙、宫室车服及器械等大事的。郑国的

司城则相当于《周礼》地官之属"司门"，只是掌授管键以开闭国都城门的官员，级别为下大夫。郑文公之死、郑穆公之立，少不得"一朝君主一朝臣"，那缯贺大约很想借此有所升迁而终不得，心中怨懑，素质又不高，遂至见小利而忘大义，竟把新郑北城门钥匙的掌管权，"卖"给了秦穆公留下帮助郑国戍守的领军杞子了。

杞子钥匙在手，顿觉这机会太难得了，连忙派手下回秦国向穆公送出情报，力促莫失良机。郑文公之死，在四月己丑（十五日）。周代诸侯一般停枢五个月下葬，等郑文公下葬完毕，郑穆公才能立而为君。臣属之升绌更动，也当在此时或稍后始有定夺。故而司城缯贺向杞子出卖北城门钥匙，恐或当在十月下旬以后，秦穆公获此信息，则约在十一月、十二月之间了。秦穆公早有东向争霸之雄图，如能一举拿下郑国，岂非千载难觅的美事！唯一的顾忌，是东袭郑国，要先后经过晋国的南境、周王城的北境。周王室固不足道，晋国却不可小觑，新近在城濮之战中胜楚称霸，自己一手扶立的晋文公早已风光在我之上。怎么样才能避开晋国取下郑国？这是叫秦穆公挠头不已的一个问题。

谁知"天从人愿"，十二月己卯（九日），晋侯重耳英年早逝。很快传到近邻秦国的噩耗，在秦穆公听来不啻是"喜讯"了。晋文公一死，晋襄公年尚幼少，且父丧在身，晋国还能有何作为？一年之内，郑、晋两国国君先后死亡，表面上好像是秦国东扩之"福"，实际上"福兮祸所伏"，成了秦穆公错估形势的诱因，使他作出"寡谋"的轻敌判断，误定下"劳师以袭远"的不明智决策，而对军事行动的不利因素、意外和风险全无预估与防范，终于全军覆没于殽之战。

【文学史链接】

（一）"殽之战"与《尚书》最后一篇《秦誓》

言及先秦散文，不能不首推《尚书》。班固在《汉书·艺文志》中说："《书》之所起远矣，至孔子纂焉，上断于尧，下迄于秦，凡百篇，而为之序，言其作意。"其中"下迄于秦"，指的就是《尚书》最后一篇《秦誓》，为史官记秦穆公誓师之辞，作者应是秦穆公。

班固上述介绍《尚书》的几句话，由于原书为秦火所焚，汉初伏生凭记诵仅得二十九篇，其末篇即《秦誓》（据《尚书正义》所载《今文尚书》篇目）；至武帝时司马迁作《史记》，征引《尚书》篇目达五十四篇（司马迁曾从孔安国受《尚书》）。其后在流传过程中续有献、补，亦有亡佚，而真伪杂陈。致后儒对其篇数、篇目真伪、孔子曾否编纂、曾否作序,争议蜂起,许多具体问题至今难有定论。《秦誓》一篇之真实性殆无疑问,而其作于何时则有二说:一,据《书序》,是秦师大败于殽之战,三帅"还归"以后,秦穆公自责之作(时当在鲁僖公三十三年,即前627年)。二,据《史记·秦本纪》,则是在殽之战后三年,孟明复仇伐晋,渡河焚船,激励将士有进无退,终于取王官(秦邑名),兵进晋国都之郊。晋人闭城门而不出,秦师这才南向自茅津渡河,到殽山,掩埋了三年前阵亡士卒的尸体(骸骨)而堆土封之。还师后举行追悼仪式,发丧哭三日。秦穆公在此时才向军中发表《秦誓》(时当在鲁文公三年,即前624年)。二说皆以《秦誓》与殽之战有关,但时间相差三年。

《汉书·艺文志》说孔子作《书序》,实本自《史记·孔子世家》:"(孔子)追迹三代之礼,序《书》《传》,上纪唐虞之际,下至秦缪(穆),编次其事。"又《三代世表》:"孔子因史文次《春秋》,纪元年,正时日月,盖其详哉。至于序《尚书》则略,无年月;或颇有,然多阙,不可录。故疑则传疑,盖其慎也。"两提孔子"序《尚书》"。后人遂皆以《尚书》之小序为孔子所作。却不问在《秦誓》的作成时间上,《秦本纪》的说法何以背离了《书序》,何以与孔子打起了对台戏。

一直到宋代的朱熹断然否定了《书序》为孔子作,才使司马迁摆脱了自相矛盾。朱熹在不同场合谈及《书序》,观点是一贯的。如《答董叔重》:"《书序》恐只是经师所作,然也无证可考。但决非夫子之言耳。"(《朱子文集》卷五一)《答孙季和》:"《(书)小序》决非孔门之旧。"(同上卷五四)《谈〈尚书〉》:"《汉书·艺文志》以为孔子纂《书》而为之序,言其作意,然以今考之……其非孔子所作明甚。"(同上卷六五)又《与刘德修》:"《诗》《书》小序之害为尤甚。"(《朱子别集》卷五)《朱子语类》卷七八中也多次提及同一问题:"《(书)小序》断不是孔子做。"(黄义刚录)"《书小序》亦非孔子作,与《诗小序》同。"(辅广录)"《诗小序》诚有可疑。"(李壮祖录)"《(书)小序》不可信。"(佚名录)至清末民初的崔适作《史记探源》,认为《史记》所言孔子"序《书》《传》""序《尚书》",乃是"次序"(按次第排列)之意,而非"序跋"之序。这样,就与朱熹一起,动摇了《书序》的权威地位。

但是,《书序》虽非圣人所作,也应是史家旧文,有不可尽信处,却也不可全盘推翻的。正如清黄汝成在《日知录集释》卷二《书序》顾炎武原文"不但《书序》可疑,并百篇之名亦未可信矣"下,引钱氏曰:"亭林不信《书序》,然《书序》不可废。"以《秦誓》作于何时之二说为例,古人多从《书序》不必说了,就在《书序》的神圣光芒消退以后,近人、今人也多有据《秦誓》之文中心思想在秦穆公自责自悔这一点上,因而认为《书序》之说为是。如清初阎若璩是力证孔传《古文尚书》为伪书的主将，而他在谈及殽之战时，却认为秦穆公因师败于殽而悔，悔而作《秦誓》（《四书释地又续》）。杨树达（1885—1956）《积微翁回忆录》也说："《书·秦誓》，《史记》属之王官之役以后，今按《公羊传》《荀子》并称穆公善变，即指《秦誓》言之，自当在殽之役失败以后耳。若王官之役秦人胜利，何必直悔而变也！知亦当从《书序》，不当从《史记》。"今人林剑鸣《秦史稿》认为："秦穆公勇于公开承认自己不听劝谏，不将失败的罪责推在臣下身上，这就显示出他同那些昏庸的君主的区别。这一篇在秦国历史上第一个'罪己诏'，就是流传至今的《尚书》中的《秦誓》。"

"誓"是夏、商、周三代的一种文体。《文心雕龙·诏策》说："其在三代，事兼诰、誓。"徐师曾《文体明辨·序说》"誓"类："按誓者，誓众之词也。……军旅曰誓。古有誓师之词，如《书》称禹征有苗誓于师，以及《甘誓》《汤誓》《泰誓》《牧誓》《费誓》是也。又有誓告群臣之词，如《书·秦誓》是也。后世无《秦誓》之类，而誓师之词亦不多见，岂非放失之故欤？"

王世舜《尚书译注·秦誓》分析了本篇的语言风格："本篇语言恳挚，从始至终运用对比手法，写得深刻有力，从思想内容和写作方法上来看无疑是《左传》的先河，可以看作是先秦散文发展史上的一个标志。

（二）相关文学典故

潜师

（赵盾）训卒，利兵，秣马，蓐食。潜师夜起。戊子，败秦师于令狐，至于刳首。

（《左传·文公七年》）

增垒威敌，减灶潜兵。

（庾信《慕容宁碑文》）

伯升于是大飨军士，设盟约。休卒三日，分为六部，潜师夜起，袭取蓝乡，尽获其辎重。

（《后汉书·宗室四王三侯列传》）

劳师袭远

黄初……六年秋，（魏文）帝欲征吴，群臣大议，勋面议曰："……劳兵袭远，日费千金，中国虚耗，令黠虏玩威，臣窃以为不可。"

（《三国志·魏书·鲍勋传》）

从军有苦乐，但闻所从谁。所从神且武，焉得久劳师。

（《文选·王粲〈从军诗五首〉之一》）

墓木拱

试望平原,蔓草萦骨,拱木敛魂。人生到此,天道宁论?

(《文选·江淹〈恨赋〉》)

冒袭良家,即成冠族;妄修边幅,便为雅士。负俗深累,遽遭宠擢;墓木已拱,方被徽荣。

(《梁书·武帝纪》载萧衍《申饬选人表》)

露垂泫于幽草,风含悲于拱木。

(庐照邻《杂言》诗)

荒径三秋,蔓草滋于旧馆;颓墉四望,拱木多于故人。

(骆宾王《与博昌父老书》)

安得头长黑? 争教眼不昏? 交游成拱木,婢仆见曾孙。

(白居易《六十六》诗)

拱木临周道,荒庐积古苔。鱼因感姜出,鹤为吊陶来。

(李商隐《过姚孝子庐偶书》)

明窗文字不取读,蜘蛛结网尘堆壅。少壮几时夏已秋,待而成人吾木拱。

(黄庭坚《和舍弟中秋月》诗)

近《资治通鉴》印本奏御,因思同时修书之人墓木已拱,存者唯仆,尤可感叹。

(范祖禹《答刘仙尉书》)

殽陵·二陵·二殽阻

汉之西都,在于雍州,实曰长安。左据函谷二殽之阻,表以太华终南之山。

(《文选·班固〈西都赋〉》)

我皇秉至德,忘己用尧心。愍兹区宇内,鱼鸟失飞沉。推毂二殽岨,扬斾九河阴。

(《文选·沈约〈应诏乐游苑钱吕僧珍〉》)

败楚师于柏举,未足权衡;执秦俘于殽陵,无阶等级。

(杨炯《都尉高则碑》)

日霁崤陵雨,尘起洛阳风。唯当玄度月,千里与君同。

(骆宾王《秋日钱陆道士陈文林》诗)

沙惊雁塞,雪满崤陵。

(崔损《冰壶赋》)

别袖拂洛水,征东转崤陵。……送君出门归,愁肠苦牵绳。

(韩愈《丰陵行》)

汉文皇帝有高台，此日登临曙色开。三晋云山皆北向，二陵风雨自东来。

（崔曙《九日登望仙台呈刘明府容》诗）

收骨

（孙）策西伐江夏，还过豫章，收载（刘）繇丧，善遇其家。王朗遗策书曰："……知敦以厉薄，德以报怨，收骨育孤，哀亡愍存，捐既往之猜，保六尺之孤，诚深恩重分，美名厚实也。"

（《三国志·吴书·刘繇传》）

有弟有弟在远方，……呜呼三歌兮歌三发，汝归何处兮收兄骨。

（杜甫《乾元中寓居同谷县作歌七首》之三）

云横秦岭家何在？雪拥蓝关马不前。知汝远来应有意，好收吾骨瘴江边。

（韩愈《左迁至蓝关示侄孙湘》诗）

超乘

子南戎服入，左右射，超乘而出。

（《左传·昭公元年》）

超乘尽三属，选士皆百金。戎车出细柳，饯席樽上林。

（《文选》沈约〈应诏乐游苑饯吕僧珍〉》）

摧锋若貙兕，超乘如猱玃。

（韩愈《夜会联句》）

厉兵秣马

蒐乘补卒，秣马利兵，……明日再战。

（《左传·成公十六年》）

秣马厉兵，可报西门之役。

（耶律楚材《答杨行省书》）

违天不祥

不图晋忧，重其怒也；我食吾言，背天地也。重怒难任，背天不祥。必归晋君。（秦穆公语）

（《左传·僖公十五年》）

天将兴之，谁能废之？违天必有大咎。（楚成王语）

（《左传·僖公二十三年》）

按：以上两例，均略早于本文原畛"纵敌患生，违天不祥"之说。十八年间，《左传》记秦、楚国君及晋国大臣之言，相似乃尔。可见这是当时的一种泛地域的流行的观念。

子曰:"……获罪于天,无所祷也。"

（《论语·八佾》）

报施

或曰"天道无亲,常与善人",若伯夷、叔齐可谓善人者非邪？积仁絜行如此而饿死,……天之报施善人,其何如哉！

（《史记·伯夷列传》）

纠缦斡流,冥漠报施。孰云与仁？实疑明智。

（《文选·颜延之〈陶征士诔〉》）

膏雨云飞,八纮广被。信触类而流泽,非有求于报施。

（唐太宗《临层台赋》）

墨衰绖

(王)诞为吴国内史,母忧去职。高祖(南朝宋武帝刘裕,时尚未称帝)征刘毅,起(诞)为辅国将军,诞固辞军号,墨绖从行。

（《宋书·王诞传》）

大道之行,墨衰不兴。孝治天下,通丧获遂。

（江淹《为建平王让徐州刺史启》）

建武中,……出为宜都太守。母忧去职,归居于南州。义军至,缜墨绖来迎。

（《梁书·儒林传·范缜》）

按:末二句《南史》卷五七作"梁武(帝)至,缜墨缞来迎"。可见"墨绖""墨缞"同,皆为"墨衰绖"之省简。

墨衰在体,玄纛在前,提剑就命,无忘哀歌。

（元稹《授田布魏博节度使制》）

廷议咸愿假以墨绖,授以兵符。

（段文昌《平淮西碑》）

逞志

求逞志而弃信,志将逞乎？(伯州犁语)

（《左传·襄公二十七年》）

范武子将老,召文子曰:"……余将老,使郤子逞其志,庶有豸(解救)乎！"

（《左传·宣公十七年》）

自恣荆楚,安以定只。逞志究欲,心意安只。穷身永乐,年寿延只。

(《楚辞·大招》)

尔乃逞志究欲,穷身极娱。鉴戒《唐》诗(指《诗经·唐风》,其《蟋蟀》有"今我不乐,日月其迈"等句,《山有枢》有"宛其死矣,他人是愉"等句),他人是媮(同愉)。自君作故,何礼之拘?

(《文选·张衡〈西京赋〉》)

二三子

主晋祀者,非君而谁? 天实置之。而二三子以为己力,不亦诬乎!(介子推语)

(《左传·僖公二十四年》)

按:此例早于本文秦穆公使用"二三子"九年,似为现可见之最早语源资料。

予与其死于臣之手也,无宁死于二三子之手乎!(孔子语)

(《论语·子罕》)

子曰:"二三子,偃(子游)之言是也。"

(《论语·阳货》)

不恨古人吾不见,恨古人不见吾狂耳! 知我者,二三子。

(辛弃疾《贺新郎·邑中园亭仆皆为赋此词……》)

舞乌有,歌亡是,饮子虚。二三子者爱我,此外故人疏。

(辛弃疾《水调歌头·将迁新居不成,有感戏作》)

二三子,问丹桂,倩素娥。平生萤雪,男儿无奈五车何。

(辛弃疾《水调歌头·即席和金华杜仲高韵》)

千百年传吾辈语,二三子系斯文脉。

(刘克庄《满江红·和王实之韵送郑伯昌》)

【文化史拓展】

(一) 春秋时期的人名称谓

春秋时期贵族的人名称谓,特别是男性的称谓,是极为纷繁多样而无定式的。拿本文的秦师三帅之一的"孟明"来做例子,文中又称他"百里孟明视",蹇叔又叫他"孟子",《左传》文公二年称他"孟明视",《国语·晋语二》则称他"子明"。在《左传》和《国语》这两部记录春秋史事的著作中,他还远不是称谓最多的人。

春秋时期的贵族,除了姓,还有氏,除了名,还有字,尊者死后还有谥号(有人还搜索到生前就有赠谥的个别例子,因有争议,此处不加提及),还很重视排行在称谓中的作用,国名、爵位、官职、采邑地名、亲族关系也常进入称谓,有时还有尊称、昵称以及某些独特的表示法。

春秋时期士以上的男子,在称谓中是不用姓、只用氏的。(严格说,春秋初期,"隐""桓"之际,一般大夫尚未能个个得氏,凡公族三世以下的,不请赐氏,则只以字配名行。"庄""闵"以下,始多以祖父之字为氏。)氏是姓的分支,族的表征。贵者有氏,贱者有名无氏。孟明的"百里"就是氏。据郑樵《通志略·氏族三》引《风俗通》(东汉应劭)云:"秦大夫百里奚之后,其先虞人,家于百里,因氏焉。"《世族谱》以百里孟明视为百里奚之子,那么根据其先人为"虞人"可知,百里氏是虞国姬姓的一个分支。孟明虽属姬姓,但当时他的称谓中是绝对不用这个姓的。所谓"男子称氏,妇人称姓",《通志略·氏族序》中说:"奈何司马子长、刘知几谓周公为姬旦、文王为姬伯乎?三代之时,无此语也!"战国以后,氏姓始混为一。如今《辞海》后附的历史纪年表,称周武王为姬发、周成王为姬诵之类,也是用今人的称名习惯改造了周代的称谓实际(武王发、成王诵),虽类于今却不伦于古的。

再说名和字。春秋时期的男性称谓,凡名、字并称的,皆先字而后名,这个规矩一直沿用到后世。因而由"孟明视"之称可知,他的名是"视",字的核心成分是"明",而"孟"是表示在兄弟辈中排行最长的(姊妹间的辈份另行排列),也是字的组成部分。表示排行的"伯、仲、叔、季"或"孟、仲、叔、季",《白虎通·姓名》据《礼纬》以为"伯为嫡长,孟为庶长",古或曾有此一说,但实际未必尽皆遵用,伯、孟之别,春秋时期恐只与不同地域、族属的用语习惯有关。经传鲁多"伯姬",罕见"孟姬",齐多"孟姜",鲜闻"伯姜",岂鲁之长女皆嫡而齐之长女皆庶耶!排行既可与字合称为字,有时单称也起字的作用。所以"孟""孟明"和"明"都可以作字用。照春秋时的规矩,"幼名,冠字",冠指行冠礼(一种表示成年的礼仪,礼书上的规定是二十岁,实际上多有弹性),行冠礼后方可成婚,行冠礼时方始取字。据《仪礼·士冠礼》的描述,在加冠服的仪式完成后,由嘉宾来宣布"礼仪既备,令月吉日,昭告尔字",当时"字"的通用的格式是"排行+字+甫(也作"父[fǔ]",乃对成年男性的美称)"。古称"殷道质,周道文",春秋时期宋国犹用殷礼,男子冠后其"字"即可用排行+字+甫;而用周礼的男子,即使冠礼后宣布了他的全套的"字",他在五十岁以前也不能用排行称字。《礼记·檀弓上》在"幼名,冠字"后接下来就说"五十以伯仲"。孔颖达疏云:"生若无名,不可分别,故始生三月而加名,故云'幼名'也。

人年二十有为人父之道,朋友等类不可复呼其名,故冠而加字。年至五十,耆艾转尊,又舍其二十之字,直以伯仲别之。"孔氏最后两句解释,与贾公彦《仪礼》疏的说法不同。贾氏解释《檀弓》"五十以伯仲"时说:"殷质,二十为字之时,兼伯仲叔季呼之;周文,二十为字之时,未呼伯仲,至五十乃加而呼之。"贾说得之。秦国不知是否遵行"幼名,冠字,五十以伯仲"的周道,若也遵行,那么"孟明""孟明视"的称呼应该是他五十以后才能叫的。他五十以前的字应该是上引《晋语二》中的"子明"。春秋时期,单字加"子"于前的称谓屡见。以孔子之弟子为例,"颜幸字子柳"(《史记·仲尼弟子列传》,下同),司马贞索隐引《(孔子)家语》则说"字柳";"南宫括字子容",裴骃集解引孔安国称其为"容";"商泽",裴骃集解引《家语》"字子季",司马贞索隐引《家语》作"字季";"罕父黑字子索",集解、索隐并引《家语》皆作"字索":字前有"子"无"子"都可并存。可见,《晋语二》称"子明"是符合当时习惯的。《白虎通·姓名》说:"名者,幼少卑贱之称也。"而字,是"德明、功敬、成人"的标志。对人称其字,有表敬之意;自称则以名,不可用字。《左传》记殽之战时,孟明年未必已及五十,而以"孟"(犹伯仲)称之,盖为用后来的尊称追叙壮年之事,与秦穆公生时即称谥号性质是一样的。另外,男性贵族若年未活到五十即死去,在谥号中也可"以伯仲"称。如鲁庄公之弟庆父、公子牙,皆早死,未及五十,谥号仍可"以伯仲"称为共(gōng)仲、僖叔。由《左传》所记可知,百里孟明视死后无谥。蹇叔在他帅秦师出发前叫他为"孟子",也和后来孟轲被称为孟子的"子"表尊称不同,而是长者对小辈的昵称。与"隐公元年"记鲁惠公元妃宋女"孟子"更不同,这里的"子"乃是宋女的姓。春秋时期称谓形式相同而实质相异的例子甚多。

《左传》在称字表敬、称名表贬方面,可以用本书第四篇选文《臧哀伯谏纳郜鼎于大庙》正文开头两句话来讲解:"(桓公二年春)宋督攻孔氏,杀孔父而取其妻。"具体情节参"题解",这里只说称名、称字之别。宋督,"桓公元年"又称他"华父督"。他姓子,这个姓不出现在他的任何称谓中;宋是以国名为氏,督是名,华父是字。在"桓公元年"的叙事中,他虽然表现出"好色"的欲念,但还没有作恶,所以用字、名相连、比较正式的称谓"华父督"称呼他,与他的太宰身份是相称的。到了"桓公二年",他由杀同僚夺其妻,进而弑君,又贿赂诸侯求得摆平宋国的动乱,坏事做得太多了。《左传》叙事至此,就直称其名"督",表示对其鄙夷的态度。直到"庄公十二年"他被南宫万杀死,再也没有称过他字。从"宋督"到最后的"太宰督",无论冠以国名还是官名,下面都只是一个名。对照"孔父",他也是子姓,名嘉,字孔父,《左传》也字、名相连称他为"孔父嘉"(叙述他"为司马"时的比较正式的称谓）。其他地方（"隐公三年""桓公元年、二年"）皆称其字"孔父"，表示出一种尊敬的色彩。这或许与孔父嘉是孔子的六世祖有关。孔子氏孔，其源正出于孔父。

上举百里孟明视、孔父嘉、华父督三人的称谓还不算最纷繁多变的。再看一看《晋公子重耳奔狄、及齐、至秦》一篇中出现过的赵衰和狐偃在《左传》中称谓的变化。

赵衰是晋文公重耳的连襟兼女婿。赵以地名为氏（《史记·赵世家》说赵之先世造父有功于周穆王，王"乃赐造父以赵城，由此为赵氏"。），生于嬴姓，与秦同祖。他名衰，字子馀，以排行又字季，晋文公即位后使徙原邑为大夫，死后得谥号"成"。《左传》对他的称呼计有"赵衰"（僖公二十三年）、"衰"（同上）、"子馀"（同上）、"赵成子"（文公五年）、"成季"（文公六年）、"原大夫"（僖公二十五年）等；《国语·晋语四》还称他为"原季"。特别是"昭公元年"记当时晋国执政主卿赵武要祭祀先祖赵衰时，把赵衰称为"孟子馀"，竟把排行从"季"改成了"孟"。原来赵衰的后代，从儿子赵盾，到孙子赵朔，再到曾孙赵武，以及再后来赵武之孙赵鞅，都是嫡长子（孙）嗣立，除赵朔外，先后皆为晋之执政或正卿，并均以"赵孟"自称，"赵孟"就成了赵氏宗主的标志性称呼。赵鞅死后，嗣立者赵无恤并非嫡子、长子，也被称为"赵孟"可证。赵衰是赵氏宗族中最早任晋卿的先祖，因而也被冠以孟为字。这些称呼，有的完全不一样，甚至互有不合之处，没有一定历史知识的人，绝对想不到所指为同一个人。而东汉的崔骃写了一篇《达旨》的文章，还翻空出新，创古所无，称之曰"原衰"（见《后汉书·崔骃传》）。以邑名与名组合，并非不可；但原文句意有褒赵衰廉洁忠诚之意，却用名而不用字，颇有背"名表卑、字表敬"之旨，修辞上不免有瑕，似未可谓之"达旨"了。

狐偃是晋文公重耳的二舅。狐氏，姬姓，为姬姓之别支入于大戎之族者。名偃，字犯，一字子犯。《左传》对他的称呼十分简单，除了重耳在对话中以"舅氏"称之外，其他叙事，不是称他氏、名"狐偃"，就是称他表字"子犯"，再无别的花样。《国语·晋语》则有单以氏"狐"称他之例：郑叔詹并称"狐、赵"指狐偃、赵衰二人（《晋语四》）。也有单以名"偃"称之者凡五例，其中狐偃自称"偃"者四例（《晋语二、四》），仅一例为赵衰在与晋文公对话中单以名"偃"称他（《晋语四》）。自称名是表谦卑，在文公之前用"偃"称他，是古有"君前臣名"的规矩；另一方面也表示狐偃、赵衰乃文公从做公子时起就是左右辅佐，共事已久，亲密无间，毋庸客套的感情的表露。《晋语》二、四、八还有八例用"舅犯"指称狐偃的，因为他的身份是晋文公的舅父。"舅犯"之称的使用场合,不仅局限于叙述公子重耳与狐偃有直接对话之时,也有在与晋文公无直接关系下对狐偃的指称,有时在记叙中"舅犯"与"子犯"交替出现,甚至在狐偃死后多年,晋国的执政卿赵文子(武)与大夫叔向对话中,两人都称狐偃为"舅犯"(《晋语八》)。这里的"舅"实际上已成了狐偃因与国君有舅甥关系而特有的氏。正如重耳在未成晋君之前,因其为晋献公之子而得称"公子重耳","公子"也是氏一样;也与本文提到的评秦师"轻而无礼"的王孙满,"王孙"是其氏一样。《左传》文公三年有"王叔文公"、襄公五年有"王叔陈生",皆以"王叔"为氏。其余以国君之亲戚关系而得氏者例多不尽举。至于《广韵》卷三《有第四十四》列"舅"字云:"又姓,《左传》秦大夫舅犯。"则释、例皆误。《左传》仅有"舅氏"之称,从未称狐偃为舅犯,且秦、晋也舛讹了。"舅"乃特定的氏,非姓。《姓谱》以"舅"为姓误同。战国至西汉,自《荀子·臣道》《韩非子·外储说左上》《吕氏春秋·当染、尊师、义赏、不广》、至《韩诗外传》三、《淮南子·人间训》《史记·律书、晋世家》诸种典籍,皆因舅、咎音同可通,郑玄《仪礼·士昏礼》注更云"古文舅作咎",因而都把"舅犯"写作"咎犯"。《通志略·氏族四》遂在"舅氏"下另列"咎氏"曰:"即舅氏。舅犯《左传》亦作咎犯。"郑樵引书也多不慎。《韩非子·外储说右上》记晋文君问于狐偃,狐偃先后回答了五个问题,韩非皆以"狐子曰""狐子对曰"尊称之。足见韩非对狐偃之多谋而善说理极为推崇。晋代司马彪《战略》叙东汉末刘表初为荆州刺史,尝问计于蒯越(字异度),越献拒袁术之策,刘表称赞他"异度之计,臼犯之谋也"。臼、舅亦通假字。

与"舅"相对的"甥",春秋时期也有进入称谓的,不过"舅"成为称谓中的氏,而"甥"多成为称谓中名的配称或代名的单称,用以表明其人为国君之外甥。如《左传·庄公六年》记楚文王伐申,过母夫人邓曼之国邓,邓祁侯之三甥劝邓侯杀楚王,以为"亡邓国者必此人也"。邓侯心慈手软,未听此劝,后果然亡于楚文王。《左传》记三甥之名为骓甥、聃甥、养甥,杜注:"皆邓甥,仕于舅氏也。"以"甥"配名,是突出自己与国君的关系,抬高自己在大夫中的地位。楚文王也是邓侯之甥,但他已是"王"了,当然不需要利用这种亲戚关系来提高自己在邓国的知名度。又如文公十一年记鲁国有一"富父终甥","富父"为字,"终"为名,因其为鲁君之甥而以"甥"配名。我们剖析一个较复杂的例子:晋献公时大夫"瑕吕饴甥",当是献公之外甥(献公姊妹所生之子)。此人是晋惠公(公子夷吾)的主要辅佐者,在《左传》《国语》中的称谓繁复多变化,或称"瑕甥"(僖公二十四年),或称"吕甥"(僖公十年),或兼而称为"瑕吕饴甥"(僖公十五年),又别称"阴饴甥"(僖公十五年)。则其氏或作"瑕",或作"吕",或作"瑕吕",或作"阴"。杨伯峻《春秋左传注》僖公十年云:"盖吕(今山西省霍县西)、瑕(今临猗县附近)、阴(今霍县东南)皆其采邑。"恐怕不确。"吕"之为氏,《通志略·氏族二》说:"晋有吕氏,出于魏氏,未知其以字、以邑与?"晋之魏氏,始于周文王庶子毕公高之后毕万。晋献公十六年,灭古魏国(周初始封,地在今山西芮城北),用以封有功的戎右毕万(《左传·闵公元年》有记载),以为大夫。吕氏出于魏氏,那么也是姬姓之分支。但郑樵很客观地说,不知吕氏是因为祖先的字还是因为所居的邑而得氏的,史料所阙,无法作出断语。谭其骧主编《中国历史地图集·春秋晋秦图》在晋霍城北标一"吕"邑(今山西霍县西),这是魏悼子(毕万之孙、魏武子犨之子)徙霍以后才有的邑名(吕氏随魏氏徙霍在先,所居地得名吕邑在后)。但也可反证晋之吕氏出于魏氏是可信的。吕甥为晋献公甥,说明晋献公之姊妹嫁给了同为姬姓的吕氏。当时的晋国,殊无"同姓不婚"之忌。献公初娶贾女,贾为姬姓国;再娶大戎狐姬、小戎子,又伐骊戎得骊姬;为太子申生复娶于贾:婚姻皆是同姓。以姊妹嫁于姬姓之吕氏,也无足为怪了。此吕氏当是毕万之同宗别支。毕万初封于魏时,吕氏当亦居于魏城之附近。这就牵涉到"瑕甥"的"瑕"了。"瑕"是晋之邑名,其地当今何处,杨伯峻注有二说,自相矛盾(僖公十年注云:"瑕,今临猗县附近";文公十三年注云:"瑕在今山西省芮城南")。其实,从《左传·文公十年》"晋侯使詹嘉处瑕,以守桃林之塞"来看,谭《图》把"瑕"标在今河南灵宝以西,正处于"桃林塞"之北,是以《左传》证《左传》,最为合适的。詹嘉因为"处瑕",在"成公元年"就被称为"瑕嘉",新得了一个"氏"。吕甥之又称"瑕甥",可能与他也曾"处瑕"有关。毕万封魏,以其别氏为吕的庶兄或母弟居瑕以扼险要,也是很自然之举。瑕邑与魏城隔河相望,并不很远,可能就是毕万所封古魏国之属地。瑕在河之南,秦岭西向余脉之北,山北河南,古谓之"阴",这就是吕甥另一个氏"阴"的来历。《左传·昭公二十二年》记:"晋籍谈、荀跞帅九州之戎及焦、瑕、温、原之师,以纳王于王城。"杜预注:"九州戎,陆浑戎。"九州戎、陆浑戎又称"阴戎",昭公九年杜预注说:"阴戎,陆浑之戎,以其地处晋阴地,谓之阴戎。"《左传·哀公四年》"晋阴地"杜预注:"阴地,河南、山北,自上洛(今陕西商县)以东至陆浑(今河南嵩县)。"吕甥生前,晋国的版图还未曾到达鲁哀公四年甚至鲁昭公九年时那么大,但"晋阴地"是指晋国在黄河以南,秦岭西向余脉以北之地的概念当时已经有了,而瑕邑就在最初的"晋阴地"的范围之内。因而瑕甥当时又称"阴甥"。杨注把"吕""瑕""阴"视作三个不同的采邑名,是没有根据的。至于兼以"瑕吕"为氏,是因为春秋时期齐国、宋国皆有姜姓的吕氏,晋国姬姓的吕氏在"吕"前加一个"瑕",表明是居于瑕邑的吕氏,因而成了"複氏"。"饴",应是吕甥之名,而他的字,应是"子金"。这是对照《左传》和《国语》得出的结论:《左传·僖公十五年》"子金教之(郤乞)言曰"一段,《国语·晋语三》有相同记载,作"吕甥教之(郤乞)言";《左传·僖公二十四年》记"瑕甥、郤芮(字子公)……如河上,秦伯诱而杀之",《国语·周语上》则记"秦人杀子金、子公。"两相比对,不难得出"子金"即"吕(瑕)甥"的结论,因而可知子金即吕甥之字。《左传·文公七年》记秦康公提到"吕、郤之难",《国语·周语上》及《晋语四》也皆有"吕、郤"并提之文,是吕甥也可单以"吕"称。条件是与上文"狐、赵"以氏并称一样,要两个人连说时才这么说。单以氏称一个人的例子很少。同一个人,《左传》在不同地方用了这么多不同的称呼,这种称谓上的复杂情况,是春秋时期所独有的。

春秋时期尚未出现后世在名、字以外的别号。杜预曾疑《左传》中成公二年写鞍之战齐师败绩后齐顷公派"宾媚人"向晋国主帅致赂求和之"宾媚人"是齐国执政卿国佐之号,在《世族谱》中自问:"不知宾媚人是何等名号也。"对比经、传所记事,宾媚人即国佐是无疑的。但若说是号,春秋时典籍记载仅此孤例;若说不是号,那又是什么称谓呢?难怪杜预无法解释了。国佐谥武,故又称国武子(《左传·宣公十年》《成公十七年》,《国语·周语下》),也被尊称为国子(《左传·成公十七年》《周语下》)。但其字史书未见。清梁玉绳因而提出看法,说"媚人"即是国佐之字。古代名、字之间,通常有一定意义上的联系。如孔丘字尼父(尼丘,山名),孔鲤字子鱼,颜回字子渊,冉耕字伯牛,仲由字子路,宰予字子我,端木赐字子贡,卜商字子夏,言偃字子游(偃,休息)等等。梁玉绳说:"佐,为辅弼,取'媚兹一人'之义。"(《古今人表考》卷四)按句出《诗·大雅·下武》,谓辅弼所爱,唯君王一人。则名"佐"字"媚人",也有诗义可说。但他说"'宾'盖其兼官,主宾客之事,即致赂于晋可证",则古职官未闻有以"宾"为名的,故其说牵强。钱大昕说齐桓公时有宾须无、宾与国,说明齐有宾氏,有没有可能宾氏为国氏之别支,而国佐为其后。这也只是悬揣之说。另齐国有媚邑,《左传》定公九年、哀公十五年两次提及"禚、媚、杏"三邑。而春秋时邑大夫称人,如孔子父叔梁纥为鲁国郰邑大夫,《左传·襄十年》即称其为"郰人纥";则"媚人"是否为齐国媚邑的大夫呢?但国佐是齐卿,并不闻与媚邑大夫有任何瓜葛。所以杜预"不知宾媚人是何等名号"的疑问至今无人说得清楚。

春秋时期女性称谓问题在前文相关地方曾大致提及过,这里再概述一下。"幼名"是男女都一样的,不管男孩女孩,从小都要起个名,这是家庭生活和童年、少年时期成长过程中所必需的。取字,男女就有别了。所谓男子二十有成父之道,冠而字;女子十五许嫁,笄而字。《仪礼·士昏礼》:"女子许嫁,笄而醴之称字。"郑玄注:"笄女之礼,犹冠男也。"笄就是用簪结发。女孩长到十五岁,称为及笄之年,就可以笄而许嫁了。行过笄礼的少女,家里仍可以闺名称,对外特别是对许嫁的对方就要以字作为称谓了。因为行过笄礼才称字,所以将及笄而尚未笄的女孩,被称为"待字闺中"。

女子的字,必须以姓打底。这是因为周代礼法强调同姓不婚,女子必须鲜明地在字中殿以姓作为"标签"。姓前按惯例冠以伯(孟)仲叔季,即为女字。与贵族男子要到五十岁以上才以"伯、仲"称不同,女子十五岁笄而字,就以伯、仲称了。《诗·鄘风·桑中》中的"美孟姜""美孟弋(姒)""美孟庸(姜)"都是以"孟"冠于姓前的少女的字。当然,在民间,在民歌里,贵族上层社会那些"五十以伯仲"之类的规矩,也是完全不被理会的。"自伯之东,首如飞蓬;岂无膏沐? 谁适为容"(《卫风·伯兮》)中的"伯","仲可怀也,人之多言,亦可畏也"(《郑风·将仲子》)中的"仲","岂无服马? 不如叔也,洵美且武"(《郑风·叔于田》)中的"叔",当然个个都是年轻小伙儿,而不是五十多岁的老头子。这也是"礼不下庶人"的一种表现吧? 贵族上层社会里的这类规矩则极为迂腐。试以《左传》对孔子的实录性记叙为例来说明。先排除《左传》作者追记历史时引录孔子评史之言或超时空叙事时对孔子的事后称谓。前者如《左传·僖公二十八年》"是会(温之会)也,晋侯(文公)召王,以诸侯见,且使王狩"的记事后紧接着引录"仲尼曰:'以臣召君,不可以训。……'"僖公二十八年在孔子诞生八十年之前,在孔子"五十以伯、仲"一百二十九年之前。后者如《左传·襄公十年》实录孟献子("献"为谥号,也为追记)以秦堇父为车右时附带说了句后来的事:"(秦堇父)生秦丕兹,事仲尼。"襄公十年在孔子诞生(用《公羊传》《穀梁传》襄公二十一年生之说)十一年之前,在孔子"五十以伯、仲"六十年以前。然后我们看到孔子年五十,时当鲁定公九年,这一年当是孔子任司寇之年。《左传》未记此事,《韩诗外传》八载鲁定公之命辞曰:"宋公之子弗甫何孙孔某,命尔为司寇。"辞中"孔某"实当为"孔丘",以"某"讳代之。这是"君前臣名"的表现。《左传·定公十年》记"公会齐侯于祝其,实夹谷,孔丘相。"《史记·孔子世家》谓此年"孔子摄相位",与《左传》合。(《孔子世家》又谓定公十四年孔子行摄相事,则十年之"摄"乃暂代,十四年之"摄"方为正式代理。)《左传》下文复四称孔丘,三处为史家叙事称之,一处为齐犁弥言于齐侯语中称之。这里史家叙鲁事称"孔丘",也是"君前臣名"的表现,齐臣言于齐侯称"孔丘",属当时的实录。

《左传》始以"仲尼"之称记孔子事,在定公十二年堕三都时,当时孔子五十五岁。但随后不久,孔子就因鲁君及正卿季桓子迷恋女乐不听国政而告别鲁国政坛,历卫、陈、曹、宋、郑、蔡、楚多国,凡十四年而返于鲁。其间情节,显为《左传》作者所不详,故相关言行事迹,皆不见于《左传》,仅哀公三年"在陈,闻(鲁)火,曰'其桓、僖(之庙)乎'"及哀公六年称"楚昭王知大道矣"二条孔子语见录。当为孔子返鲁后,《左传》作者闻于孔子门生而追记,故皆从门生之尊称记为"孔子曰"。《左传》再次以"仲尼"之称记孔子事,是在孔子归鲁之年,哀公十一年,全篇"仲尼"之称凡六见。接着十二年"季孙问诸仲尼,仲尼曰'丘闻之'云云",两称仲尼,而记其自称曰"丘",皆是实录。十三年无孔子事。十四年:"春,西狩于大野……获麟,……仲尼观之,曰:'麟也。'"这是《左传》实录称孔子为"仲尼"的最后一次,当时孔子七十一岁。下文记"齐陈恒弑其君壬于舒州,孔丘三日齐(斋),而请(哀公)伐齐三。公曰:……'子告季孙。'孔子辞……"一段,称"孔丘"是君前臣名;称"孔子"是刚记完与哀公的对话,不宜遽用带有敬老色彩的"仲尼",因而使用带有一般尊称色彩的"孔子"。至于十六年记"夏四月己丑,孔丘卒。公诔之曰:'……呜呼哀哉尼父!'云云",又记子赣评哀公之诔,语中引"夫子之言曰'礼失则昏,名失则愆'云云",一段文中有"孔丘""尼父""夫子"等不同称呼。可见,《左传》作者对孔子的称谓遵循当时"五十以伯、仲"以及"君前臣名"、生称师为"夫子"等规矩,交叉变化使用"孔丘""仲尼""孔子""尼父""夫子"等,是十分得体,贴切符合当时的历史背景、人物关系与语言环境的。

上面以孔子五十岁以后《左传》对他的称谓为例,说明春秋时期男性贵族五十方称伯、仲的实际情况。至于女性,不论上层社会还是民间,十五即可称伯、仲了。这在《左传》中例多至不可胜举。隐公元年记事第一句"惠公元妃孟子","孟子"即子姓之长女,当为宋戴公之女。下文又说"宋武公生仲子","仲子"即子姓之次女。但宋武公生下仲子就去世了,所以"仲子"就是他的小女儿,他一共只有伯、仲两个女儿。

但是,若只用伯(孟)、仲、叔、季为女子之字,那么出现多女同字的机率就太高了。所以就用加上其他符号的方法以区别。如《春秋》中一共记述了鲁国不同时期的四个"伯姬",后人为了不致混淆,把三个出嫁到不同国家的鲁女在"伯姬"前冠以夫国之名。如隐公二年所记的叫"纪伯姬";庄公二十五年所记的"伯姬",庄公二十七年就称她"杞伯姬";成公九年所记的"伯姬",襄公三十年就称她"宋伯姬"。僖公九年记"伯姬卒",鲁女之未嫁而卒者恐不止一个,为什么只记这一例?

《公羊传》认为这个伯姬属已"许嫁"而"未适人","妇人许嫁,字而笄之,死则以成人之丧治之"。《穀梁传》从之。《左传》虽无阐发,但杜预注同意《公》《穀》两家之说。孔颖达疏则补充道:"此许嫁者,嫁于国君也。""嫁于大夫,死不书卒。""但未往彼国,不成彼国之妇,故不称国也。"这个补充也很重要。

《左传》记女子称谓,很多时候都不记其排行。僖公十七年传说齐桓公共娶过三个夫人,还有六个"如夫人"(媵妾因受宠而待遇如同夫人)。第一位夫人,是他当上齐君第三年娶的"王姬",她是周庄王之女,所以用"王"冠于姬姓之前。第二位夫人蔡姬,我们在《齐桓公侵蔡伐楚》一文中见过她了。她荡舟惊公,被齐桓公遣送回娘家,发生在王姬嫁齐之后二十六年。当是王姬先死,桓公又娶于蔡。蔡姬之举未脱稚气,必非成熟女子。则其归于桓公,恐与被"休"相差并无几年。第三位夫人徐嬴,徐国之女,嬴为其姓(比较襄公十二年传秦景公妹嫁与楚共王,称"秦嬴")。六个如夫人中,有一个"葛嬴",与徐嬴同姓,而来自葛国。还有两个卫姬,皆来自姬姓之卫国,据年龄大小,以"长""少"分别冠于字前加以区别。郑姬、密姬,郑为国名,而密国早亡,此密当为密国遗族之氏名。第六位如夫人宋华子,乃宋国华氏之女,子姓;她也不是国君之女,而是大夫之女(《臧哀伯谏纳郜鼎于大庙》一文提到的华父督的后代)。

再看看《左传》十二个鲁君母夫人的字,有九位死后获得了谥号。春秋时,男性贵族多用一字之谥来概括其生平事迹,女性贵族有的随夫之谥,有的也得到了自己的谥,并用谥冠于父姓之前成为其身后之称谓。夫先死而得谥,其妻甚至生前即可以夫谥称。史家追叙历史,也往往以谥姓组合作为女性生前的称谓。

隐公之母声子,子为姓,声为谥。《谥法解》:"不生其国曰声。"陈逢衡注:"此乃生于母家,不在本国。"如鲁公孙婴齐谥声伯,《左传·成公十一年》:"声伯之母不聘,穆姜曰:'吾不以妾为姒。'"声伯的父亲是鲁宣公的同母弟叔肸,叔肸未经明媒正娶就与声伯之母怀上了孩子,被宣公夫人鄙夷,不承认她是妯娌。后来婴齐以公孙的身份当上了鲁国的卿,死后却因出生于母家而被谥为声。那么,隐公之母谥声子,大约与她非但不是宋戴公的嫡女,也不是戴公夫人的正式媵妾所生,而是戴公与民间女子风流所结的果(非婚生女)有关。《史记·鲁世家》称隐公之母为"贱妾",是事出有因的。

桓公之母字仲子,是鲁惠公晚年续娶之夫人,无谥。

庄公之母字文姜,是鲁桓公的嫡夫人,齐女,姜姓,文为她本人的谥号。春秋时盛行嫡夫人就以夫谥为谥,如《郑伯克段于鄢》文中郑武公夫人就字武姜,《卫石磋大义灭亲》文中卫庄公夫人就字庄姜，皆从夫谥。为什么文姜不称"桓姜"呢？因为桓公之死，实是由文姜造成的，她生前称夫人姜氏，死后议谥，肯定是鲁国公族大臣认为夫人涉嫌杀夫，不宜从夫之谥。而夫人又为鲁庄公和上卿季友之嫡母，不可无谥。故而另给了一个谥美之谥"文"。

闵公之母叔姜，是庄公嫡夫人哀姜所媵之娣，无谥。

僖公之母成风，是庄公之妾，风姓四国之一须句之女，成是她的谥号。其得谥之由，参前《齐侯送姜氏于灌·鲁侯与姜氏如齐》一文之"问题探讨"相关部分。

文公之母字声姜，为僖公夫人，齐女（当为齐桓公女），谥声。这个"声"字，和上述"声子"之"声"是不是同一个情况呢？若她也是"生于母家"的女子，恐怕会和声子一样，起初只能是侍奉僖公的贱妾，当不上夫人的。陈逢衡《逸周书补注》云："'声'谥或兼声闻之义，而《周书(谥法解)》流传日久，不无阙漏，乃仅传'不生其国'一义，其义亦太专矣。"声姜之事迹，曾见载于《春秋·僖公十七年》："秋，夫人姜氏会齐侯于卞。"《左传》申述道："公有诸侯之事，未归，而取项。齐人以为讨，而止公。秋，声姜以公故，会齐侯于卞。九月，公至。"卞是鲁邑名，在鲁之东境。声姜在这里与齐桓公会见。不是为了父女相会，而是为了解救丈夫于困境。原来鲁僖公当年夏天在齐国与诸侯有些事情商讨。不料鲁国军队不知何故开到六七百里外把一个小国项(《通志略·氏族二》："或言姬姓之国。")灭掉了。齐桓公听说，对鲁僖公的擅自妄为十分不满，霸气十足地把他软禁起来，不让他回国。国不可一日无君，执政的上卿季友又在去年过世了。自夏至秋，僖公夫人姜氏坐不住了，于是就有了卞之会。大约齐桓公既有出于亲情之意，也有对女儿政治胆识、外交手腕的赞赏，就把女婿鲁僖公开释了。《左传》记述的所有鲁夫人中，有的连"贤内助"也完全做不到，还能对夫君有点"外助"的，声姜就算是仅有的了。这么看来，"声"谥之义，可能正如陈逢衡所说，还有"声闻"之一释呢。《公羊传》"声姜"作"圣姜"，古来至今，都说声、圣二字通假，或者《公羊》别有寓意也未可知。《谥法解》有"敬宾厚礼曰圣"一条，莫不是"圣姜"之所谓乎？

宣公之母字敬嬴，为僖公妾(《左传·文公十八年》以敬嬴为文公之次妃，记述偶有小误，关系无法理顺；故从《新序·节士》与《公羊传》何休解诂之说，较为合理而近实。论证参《齐侯送姜氏于灌·鲁侯与姜氏如齐》一文之"问题探讨"相关部分)，当为嬴姓之徐国人(秦亦嬴姓，但僻在西隅，与鲁相去太远，恐难致媵妾)，谥敬。《谥法解》："夙夜恭事曰敬。"盖谓其恭事执国政之襄仲也。

成公之母字穆姜，为宣公夫人，姜姓齐国之女，谥穆。宣公在即位之第一年即娶穆姜,可能当时二人年事皆尚少,所以婚后多年未曾生育。嫡长女伯姬在成公九年方出嫁到宋国去,嫡长子成公即位后第十四个年头才娶了齐女为夫人,可见他刚即位时年纪必很幼小。宣公在位十八年,看来穆姜是在婚后十一二年后才有的成公和伯姬,真可说结了个早婚,收了个晚果。宣公还没看到儿婚女嫁就撇下夫人走了,穆姜独自操持了子女的婚事。当时鲁国三卿,季孙行父(又称季文子)、叔孙侨如(又称宣伯)、仲孙蔑(又称孟献子),以季文子为主卿。穆姜托叔孙侨如为儿子成公去齐国迎回了新娘,举办了大礼。一来二去,二人渐生奸情:一个是守了十四年的寡妇,一个是想依靠国君母夫人的地位除去季、孟两家甚至取代君位的贪婪政客。结果,两个人的政治目的未能达到,连奸情也无法维持了(若无政治阴谋,仅有奸情,在春秋时期不算什么事儿):叔孙侨如被逐出鲁国,由他的弟弟叔孙豹做了族长;穆姜则被从中宫(夫人所居)迁到了东宫(在无太子的情况下为媵妾所居)居住,十一年后(她的孙子襄公第九年)死在了那里。《谥法解》"穆"有二义:"布德执义曰穆。"陈逢衡补注引周穆王为例。秦穆公似也能算得上。又:"中情见貌曰穆。"穆姜之谥当从此来。看她当初对声伯之母直斥"吾不以妾为姒",便知她心中想什么嘴里就说什么。而她被迫迁于东宫时,请史官为她占了一卦,得"艮之随",史官说:"随,其出也,君必速出!"怂恿她跟随叔孙侨如出逃,她却心直口快地说:"亡(wú 否)!"并引用《周易·随卦》的卦辞"随,元、亨、利、贞,无咎"自责道:"今我妇人,而与于乱,固在下位而有不仁,不可谓元;不靖国家,不可谓亨;作而害身,不可谓利;弃位而姣,不可谓贞。有四德者,随而无咎。我皆无之,岂随也者? 我则取恶,能无咎乎? 必死于此,弗得出矣。"一番话,可称由衷而发。她虽晚节不保,自知"不可谓贞",但这正可说明她头脑中原本是有"贞"这个概念的,只是未能经得住叔孙侨如的诱惑而已(叔孙侨如逃到齐国去后,又与齐灵公之母勾搭成奸,真是本性难移)。她养育出的伯姬(宋共姬)守寡三十四年,最后在宋宫一场火灾中,因为坚持"妇人之义,傅、保不在,宵不下堂"而被活活烧死。伯姬是太迂腐了。《左传》襄公三十年引君子的话说:"宋共姬女而不妇。女待人(待傅保而后动),妇义事也。"义通宜,"义事"谓可以便宜行事,不妨随机应变。《左传》的说法代表了春秋时期一般的观点。《公羊传》只称赞伯姬"贤"而不叹惜她无知,恐怕是秦汉的观点了。刘向《列女传》就把伯姬列入《贞顺传》大加赞扬,而把缪(穆)姜列入《孽嬖传》加以挞伐,认为她"虽有聪慧之质,终不得掩其淫乱之罪""后虽善言,终不能补"。这种观点与春秋时期"君子之过,如日月之食""过而能改,善莫大焉"的宽容精神,相去甚远。还说:"聪慧而行乱,故谥曰缪(穆)。"这样解穆姜的谥号，显然不及"中情见貌曰穆"符合春秋时期的观念形态特点，对穆姜一生的盖棺论定也更为贴切。

襄公之母字定姒，杜预注谓"姒"乃杞国之姓，孔颖达疏则以为杜注不肯定地说"杞女"，只说"姒，杞姓"，是对定姒是否杞女尚疑而未审。《公羊传》何休解诂则说是"莒女也"。因此，定姒的母国，因史料不详成了悬案。成公娶之于齐国的嫡夫人齐姜（这个"齐"是谥号，《谥法解》："执心克庄曰齐。"朱右曾《逸周书集训校释》："齐，肃也。"）无子；定姒本是妾，因生下襄公，虽成公死时他才三岁（《史记·鲁世家》），也已是庶长子了，故即位为鲁君，母得以因子而贵，死以夫人礼葬。"定"是她的谥号，《谥法解》："纯行不爽曰定。"爽，差错。陈逢衡说："所谓有大醇无小疵也。"（出处同前）朱右曾说："有定力。"（出处同前）

昭公之母字齐归，为归姓胡国之女，襄公之妾。鲁襄公十二岁就行冠礼了（见《左传·襄公九年》），但他何时举行的婚礼，娶的又是何国之女，经、传皆无文，故难以考知。襄公立三十一年而薨，年亦仅三十四岁。死后鲁人方立敬归之子子野，《史记·鲁世家》称其为太子；但杜预注却说敬归为襄公妾，这等于说襄公并无嫡子。这个太子却是个孝子，对父君之死，哀伤过度，以致损害了健康，三个月就追随皇考"走"了。季武子改立敬归之娣齐归之子公子裯。若从杜注，敬归尚且是妾，齐归为其娣，当然更是妾了；若从《鲁世家》，敬归为嫡夫人，齐归还是妾。敬归的身份有二说，齐归的身份则无歧说。"齐"与上"齐姜"之"齐"一样，为谥。含义见前。齐姜靠了十九岁尚有"童心"而父君过世不知哀悼、全无孝心的儿子昭公，也当上了夫人。可惜她有了"贵"的命，却无"寿"的命，只做了十年四个月零四天夫人，就仙逝了。可说是福无双至。

定公之母是谁，经传皆无记录。《史记·鲁世家》说定公是昭公之弟，实本《左传》之意。《公羊传》何休解诂在"定公元年"冬十月"异大乎灾"下说："定公喜于得位，而不念父黜逐之耻。"说明何休是以定公为昭公之子的。"黜逐"是指昭公曾不满于"季氏三世（文子、武子、平子）为相，鲁国四公（宣、成、襄、昭）失政"的公室卑、以季氏为首的三桓强的局面，在即位的第二十五年九月伐季氏，结果遭到叔孙氏、孟氏与季氏的合力反击，昭公不得已而奔齐避难，后又寄居于晋，至死未能返国。死后半年遗体才得以入葬鲁国。据《左传》所载点滴史料，昭公娶吴国之女为夫人，因讳娶同姓，"哀公十二年"记其卒称为"昭夫人孟子"，不敢称"吴孟姬"也。至少有四个儿子，他以长子公衍为太子，未知是否夫人所生；其余三子依次是公为、公果、公贲，也不知其生母为谁。但鲁国政在季氏，季平子不愿立昭公之子为君，因而另选昭公弟公子宋为嗣君,是为定公。定公是否与昭公同为齐归所生,抑或别为他妾所生,史阙皆不可知。但何休以定公为昭公子的说法,肯定是错的。因为定公即位之先,季平子就举行了祷炀公的祭祀仪式;定公即位以后,又为鲁炀公修了新庙。这位炀公,是鲁国的第三世国君。《鲁世家》记鲁公伯禽初封于鲁,"卒,子考公酋立。考公四年卒,立弟熙,是谓炀公"。炀公是鲁国历史上第一个"兄终弟及"的国君。季平子不立昭公的太子而立其弟,在当时也会有人持异议的。他于是先祷炀公、后筑炀宫,接连作秀,完全是为废昭公太子而立昭公弟找历史先例以造舆论的。有这一番曲折,《鲁春秋》就未曾记下定公之母姓甚字谁、谥号为何了。

《春秋左传》所记鲁十二公中最后一个哀公,其母也字定姒。不过,她的以"定"为谥,与襄公之母定姒不同,她是从夫定公之谥,而后者谥"定",与夫君成公谥"成"无关。《左传·定公十五年》经:"夏五月壬申,公薨于高寝。⋯⋯秋七月壬申,姒氏卒。"两人之死,同为壬申之日,相隔正好六十天一个甲子轮回。定公得"定"之谥号,与他在位十五年间,曾破格擢升孔丘为司空、大司寇、直至代理相,鲁国的政治一度出现过一丝安定的希望有关。季平子于定公五年卒。季氏家臣阳虎乘机为乱,囚季桓子迫其为盟(定公五年);以陪臣执国命,对季、孟二卿发号施令,狂妄地与定公、三桓盟于鲁之国社(六年);霸占地盘形成割据之势(七年);阴谋策划欲杀季桓子而未果,在与孟氏之武装冲突中,甚至劫持鲁定公为人质,终因多行不义,失道寡助而兵败(八年)。遂公开叛国投齐,后又奔晋为赵氏谋臣。阳虎之乱,使三桓的擅权一度出现了缺口,也使定公起用孔丘有了可能。定公十二年,孔子打算堕(隳)三都(季孙氏之费都,孟孙氏之成都,叔孙氏之郈都),因为三都之宰不但与公室对抗,也并不听命于三桓。郈、费先后都堕了,当初击败阳虎有功的成宰公敛处父却抗命不堕。成公亲自出马围成,竟也"弗克"。定公十四年,深为理想与现实的矛盾所苦恼的孔子,对定公和季桓子热衷于齐国送来的女乐而三日不听朝政感到绝望,悄然引退。对孔丘的出走,定公可能也不能无愧于心吧,第二年,他就在接见邾隐公来朝时表现得茫然若失,完全没有了当年孔丘相他在夹谷会见齐景公时的精气神,被在一旁观礼的子贡评为"礼皆不度""心已亡矣",认为他已有病在身,恐要"先亡"(《左传·定公十五年》)。果然,四个月以后,他就死了。作为谥号的"定",有多个意义。前述襄公母夫人定姒,用的是"纯行不爽"之义。《谥法解》又云:"安民大虑曰定。"《钦定续通志·谥略》云:"安民大虑,鲁定公是也。"对定公而言,这个谥号忽略了他的某些过失,显然是较为宽容的评价。

对定姒而言,她是十二个鲁国母夫人中,唯一的从夫之谥的夫人。

春秋时期女性的字,如把"伯(孟)、仲、叔、季"排除在外,总结起来主要有以下四种情况:

一、从父之国名(父为国君)、氏(父为大夫),冠于父姓之前。前者如"文公十四年";"邾文公元妃齐姜,生定公;二妃晋姬,生捷菑。"齐姜、晋姬均为父之国名冠于父之姓前。"庄公十八年"的陈妫,是周惠王之后;"宣公三年"的陈妫,是郑文公叔父郑子之妃:也都是以父之国名冠于父姓之前。与之同类的还有:"庄公六年"的邓曼(楚武王夫人),"襄公十二年"的秦嬴(楚共王夫人),"哀公六年"的胡姬(齐景公妾,姬姓胡国之女)等。而"桓公十一年"的雍姞,则是父(宋大夫)之氏冠于父姓之前(为郑庄公妾)。与之同类的有"庄公二十八年"的狐姬(重耳母)、骊姬(晋献公立为夫人),"昭公四年"的国姜(鲁大夫叔孙豹之妻,齐卿国氏之女),"哀公十一年"之孔姞(孔文子之女),"哀公十七年"的吕姜(卫庄公夫人,卫有二庄公,此为后庄公;吕本古国,春秋初已为楚灭,此吕氏乃其遗族)等。

二、从夫之国名(夫为国君)、氏(夫为大夫)、谥(夫为国君或卿大夫),冠于父姓之前。前者如桓公三年所记之芮姜(姜姓不知何国之女嫁于芮国国君者,芮为姬姓王畿内小国),庄公四年所记之纪伯姬(鲁女嫁于姜姓之纪国国君者),庄公十年所记之息妫(妫姓陈国之女嫁于姬姓息国国君者),僖公十四年所记之鄫季姬(鲁女嫁于姒姓鄫国国君者)等。夫为大夫妇从其氏者,如僖公二十四年所记之赵姬(晋文公之女嫁于赵衰为妻者),襄公二十一年所记之栾祁(晋大夫范宣子之女嫁于晋大夫栾黡为妻者,范氏乃尧之后,祁姓),襄公二十五年所记之棠姜(姜姓女嫁于齐棠邑大夫为妻者,夫以邑名为氏),昭公二十五年所记之季姒(齐大夫姒姓鲍氏女嫁于鲁大夫季公鸟为妻者,公鸟为季氏)、秦姬(季公鸟之妹嫁于鲁大夫秦遄为妻者,遄为秦氏)等。夫人以国君之谥为谥者,前已有例,不再复举。妻以卿大夫之谥为谥者,如成公四年所记之赵庄姬(晋成公女嫁于赵朔为妻者,"赵"为夫之氏,"庄"为夫之谥)等。

三、从子之氏,冠于父姓之前。仅得一例:"宣公九年"始见之夏姬。夏姬,郑穆公少妃姚子之女。姬是她的父姓,夏是她儿子徵舒(所谓夫死从子)的氏。春秋时的公族,国君之子,除一人为太子,其余皆称公子,即以公子为氏;公子之子称公孙,即以公孙为氏。有官职、采邑者,亦可以官职、采邑氏。至公孙之下一代,则不能再称"公曾孙"了,须以其祖父之字为氏。夏姬的丈夫,是陈国宣公之孙御叔。据《世本·卿大夫·陈臣世》:"(陈)宣公生子夏(子夏为字,名曰少西),夏生御叔,叔生徵舒。"(《左传·昭公二十三年》孔颖达疏引)子夏也称公子夏,以公子为氏。御叔也称公孙御叔,以公孙为氏。至徵舒则以祖父之字为氏,称夏徵舒,为陈国夏氏之始。因御叔早死,无官职,无采邑,死又无谥,其妻无所依附,遂从子之氏,称夏姬。

四、自有谥者,以己谥冠于父姓之前。鲁十二君之母夫人中,从春秋前期的声子、文姜,到后期的定姒(襄公母)、齐归,都是例子。而卿大夫之妻,见于《左传》记载有谥的则甚少,如"文公七年":"穆伯(公孙敖)娶于莒,曰戴己,生文伯;其娣声己生惠叔。"不但正妻戴己得谥,而且"娣"为媵妾也得谥。这与她们生的儿子以及儿子的后嗣后来都世为鲁卿有关。文伯是嫡长子,但他早卒,病危时遗言谓子尚幼弱,请公室立庶弟惠叔为族长。惠叔卒,文伯嫡长子仲孙蔑(又称孟献子)继立,与季孙氏、叔孙氏累世执鲁政,号称"三桓"(鲁桓公四子,长子庄公一系世为鲁君,仲庆父、叔牙、季友三子之后裔世为卿)。这是公孙敖妻妾皆有谥的历史背景。而《左传》虽只记了戴己、声己,其余条件相同的卿大夫妻得谥而史书未载的也必定还有。

从上所述可知,春秋时期贵族女性的称谓,其构成诸要素,除排行与自得之谥号这两点外,无不以各种不同方式依附于男性(父、夫、子)。但《左传》所记也有一个例外,见于"襄公十九年":"齐侯(齐灵公)娶于鲁,曰颜懿姬,无子。其侄鬷声姬,生光,以为大子(即后来的齐庄公)。"杜预注:"颜、鬷皆二姬母姓,因以为号。懿、声皆谥。"春秋时甚重姓、氏之别,杜注以二姬母之氏误为姓。杨注从之而误。懿、声皆死后之谥,生前皆为鲁姬,又为姑侄,未可以伯仲叔季序之。同在宫中,称谓又不可不加区分,因而只能以母之氏冠于父姓前呼之,作为权宜。颜氏出于曹姓之小邾,鬷氏出自齐之平阴("襄公二十五年"齐崔杼杀平阴大夫鬷蔑,当为鬷声姬母之本家),恐也是姜姓之一支。杜预把颜姬、鬷姬称为"号",而不称为"字",是因为用母系的氏加入称谓,在《左传》所反映的春秋时期上层社会中是绝无仅有的。倒是西汉时期的皇族,却多有承颜、鬷二姬之遗风者。如汉武帝之戾太子,因母为卫子夫而被称为卫太子;卫太子与史良娣所生之子刘进,从母之姓,号史皇孙(汉宣帝之父);汉宣帝即位前号皇曾孙,娶许平君,一岁生子,数月曾孙立为帝,平君为倢伃,继又立为皇后,所生子从母姓号许太子,即后来的汉元帝。上举皆男性例,女性也有之。汉文帝窦皇后长女称馆陶公主,景帝时,皇后为皇太后,馆陶公主亦年长,遂从母姓号窦太主。与春秋时不同的是,汉代姓、氏已无别,卫、史、许、窦等氏皆自成为姓,不再溯源其本姓,氏姓遂混而为一。称谓遂有简化的趋势。

春秋时期女性的称谓多依附于男性还有另一种表现形式，即不称女之名、字，而以某某之妻、某某之母呼之。如："僖公二十三年"的（曹）僖负羁之妻，"成公十五年"的晋伯宗妻，"襄公二十三年"的（齐）杞梁之妻；"僖公二十四年"的（晋）介之推母，"襄公二十一年"的（晋）叔向之母，"昭公二十八年"的（晋）子容之母；还有"昭公元年"的（郑）徐吾犯之妹等。这些女性有的知礼明理，有的相夫教子有方，有的慧眼独具，《左传》虽记其事迹，而姓、氏、名、字却不见于经传。班固《汉书·古今人表》分人为九等，"上上圣人"春秋时期仅仲尼一人而已；"上中仁人"春秋时期也仅十七人，而叔向之母选入其中，与管仲、季札、子产、晏婴、左丘明、颜渊等同列；"上下智人"，介之推母、赵衰妻与鲍叔牙、曹刿、百里奚、子贡、子路、子游、子夏、曾子等同入选。这些不让须眉的女性，除赵衰妻《左传》又称为"赵姬"外，余皆只依附于夫或子之名而已，再无半点姓氏名字方面的个人信息了（"徐吾犯之妹"尚可知其父属徐吾氏，后嫁公孙楚，夫乃姬姓、子南氏；余女皆不可考）。不仅大夫之妻，诸侯的夫人也多如此，如"襄公十年"记"楚庄夫人卒"，只能凭谥号知其为楚庄王之夫人，至于娶自何国，姓甚名谁，传皆无载；"襄公二十九年"记"晋平公，杞出也"，即其母是姒姓杞国之女。但下文提到她时，却只称她"晋悼夫人"（平公父为悼公），并不提及她的本姓名字，《左传》同类例子甚多。这种男权社会下女性名字湮没无闻的现象，直至近代还是如此。试以鲁迅小说为例，《阿Q正传》里描述到的"秀才娘子""赵白眼的母亲""赵司晨的妹子""假洋鬼子的老婆"，不是和《左传》里的"杞梁之妻""叔向之母""徐吾犯之妹"完全一样吗？《端午节》里的"方太太"，《肥皂》里的"四铭太太"，《祝福》里的"祥林嫂"，《鸭的戏剧》里的"仲密夫人"，《孤独者》里的"大良的祖母"，《琐记》里的"阿祥的婶母"，不都是名姓不为人知，依附于男性才在社会上有了个称呼吗？从《左传》到鲁迅小说，反映了两千六七百年间女性称谓中存在的部分实际。

其实，春秋时期女孩和男孩一样，都是"幼名"，从小就起名的。但是，《左传》里留下的女性的闺名是太稀少、太罕见了。凭印象，摘举以下六例：

1. 《左传·僖公十五年》："穆姬闻晋侯将至，以太子罃、弘与女简璧登台而履薪焉。"这里"简璧"从杨注本标为一人，即以秦穆公女为双名。上海人民出版社1977年版《春秋左传集解》则标为"简、璧"，以为二女，与兄皆单名。穆姬归秦，在鲁僖公四年（《史记·秦本纪》）或五年（《左传》僖公五年），至十五年其二子皆未冠，女亦未届及笄之年，故皆无字而仅称名。又古"君前臣名""父（母）前子（女）名"，子女即使有了字，在父母前亦称名。

2.《左传·僖公十七年》："（晋惠公未立时，妻梁嬴生一男一女。）名男曰圉，名女曰妾。"这是叙晋惠公一子一女得名之由，为实录。

3.《左传·襄公二十六年》："初，宋芮司徒生女子，赤而毛，弃诸堤下，共姬之妾取以入，名之曰弃。长而美。"为共姬之子宋平公看中，纳之为妾。此也是养母为女起名之实录。

4.《左传·昭公七年》："卫襄公夫人姜氏无子，嬖人婤姶生孟絷。……晋韩宣子为政聘于诸侯之岁（杜注：在［昭公］二年），婤姶生子，名之曰元。"卫襄公卒，子元立，为灵公，年仅六岁。婤姶为卫襄公嬖幸之贱妾之名，她是灵公生母，灵公之嫡母襄公夫人宣姜又因与公子朝通谋作乱于鲁昭公二十年被诛杀，依当时"母以子贵"的规矩，她完全可以成为灵公之母夫人并最终由卫史书卒、获谥、书葬。但《左传》记其生孟絷与灵公以后，即再无提及之文，甚至不载其国与姓，是其必早死于灵公即位之前可知。

5.《左传·昭公二十七年》："冬，公如齐，齐侯……乃饮酒，使宰献，而请安。子仲之子曰重，为齐侯夫人，曰：'请使重见。'子家子乃以君出。"杜预注："子仲，鲁公子慭也。十二年谋逐季氏，不能而奔齐。今行饮酒礼，而欲使重见，从宴媵也。（子家子）辟齐夫人。"这则记载，记录了公子慭女儿的闺名为"重"。他想借齐、鲁二君行饮酒礼之机，请出自己的女儿（齐景公夫人）相叙一下。"父（母）前子（女）名"，对自己的女儿他只能称其名，没有称"夫人"的道理。因此而带出了"子仲之子曰重"之文。

6.《左传·定公四年》："十一月庚午，（吴、楚）二师陈于柏举。……吴师大败之。……五战，及郢。己卯，楚子取其妹季芈畀我以出。……王奔郧，钟建负季芈以从。"这是《左传》以"字、名连书"记录女性称谓的唯一用例。"季芈"是以排行冠于族姓之前以表女性之字的通例，"畀我"为其名。楚昭王不仅为季芈之兄，且有君臣之份，"君前臣名"，此"季芈畀我"之所以书。而钟建负之，则无须以名接于字下。

以上六例，加上《左传·襄公二十九年》穆叔批评郑大夫伯有接待鲁襄公时不敬，借用"行潦之蘋藻，寘诸宗室，季兰尸之，敬也"的典故说事，其中"季兰"当是季字而兰名，可能已将《左传》所记女性之名网罗无遗了。

春秋时期的青铜器中，有一类与嫁娶有关的器皿（陪嫁器或称媵器、迎娶器或称聘器），其铭文中也每有嫁、娶之女的字、名连书。举数例以补《左传》罕书女名之补充：

1.《鲁伯厚父盘铭》:"鲁伯厚父作仲姬俞媵般(盘)。""仲姬"为女字,"俞"为女名。《礼记·檀弓上》《正义》引《世本》:"(鲁)孝公生惠伯革(一作巩),其后为厚氏。"惠为谥,革(巩)为名,其字当为子厚(名、字义正相关),故"其后为厚氏"也。"伯厚父"当即子厚。五十以伯仲,伯厚父作此盘时已年过半百。据此,此媵盘约为鲁惠公后期至隐公初年器。

2.《齐侯匜铭》:"齐侯作虢孟姬良女宝匜,其万年无疆,子子孙孙永宝用。""孟姬"为虢女字,"良女"为其名。虢国之灭于晋,在鲁僖公五年,故此齐侯聘女之匜当为春秋早期器。

3.《铸公簠铭》:"铸公作孟任车母媵簠。"铸为黄帝后十二姓之一的任姓国。"孟任"为女字,"车母"为女名。"襄公二十三年"记:"初,臧宣叔娶于铸。"宣叔即臧孙许。据"成公四年"《经》:"夏四月甲寅,臧孙许卒。"是鲁之大夫臧氏于春秋中期文公、宣公之际与铸国有过聘娶关系。但铸公簠为传世器,作此媵器之铸公属何世则不可考。

4.《吴王光鉴铭》:"惟王五月,既字白期,吉日初庚,吴王光择其吉金玄铣白铣,以作叔姬寺吁宗媵荐鉴,用享用孝,眉寿无疆。往矣,叔姬虔敬,乃后孙勿忘。"吴王光即吴王阖闾。此媵鉴1955年出土于安徽寿县蔡侯墓,当是吴王阖闾嫁女给同姓之国蔡侯(当为蔡昭侯)所作之器,属春秋晚期。吴女字叔姬,名寺吁。

媵器是父为女所作,聘器是翁为媳所作,故皆遵循"父(翁)前女(媳)名"的规矩,于女(媳)之字后接书其名。有的媵器有字而无名,如《荀侯盘铭》:"荀侯作叔姬媵盘,其永宝用飨。"则叔姬可能是荀侯之妹而非女。

(二) 春秋时期的丧葬、丧服、丧祭、除服方面的礼制礼俗

本文记述殽之战的起因、过程和结果,其中写到晋文公死尚未葬,正在服丧的嗣子骦(襄公)"墨衰绖"上了戎车,虽激励了晋军以哀兵出击,"败秦师于殽",但于当时的丧礼来说,他是犯了大忌的。下面介绍一下春秋时期的丧葬、丧服、丧祭、除服方面的礼制礼俗。

1. 属纩——确定死亡

古人对死亡的界定,是呼吸完全停止。为确认临死者已经断气,采取用几缕新丝绵絮置于将死未死者口鼻之上以作验证的办法,称为"属(zhǔ)纩",纩即新绵絮。在属纩之前,先要把濒临死亡的人从床上移到地上(铺席),认为这样就接近地气了,有利于他生命延续,称为"废床"。若绵絮纹丝不动,表示气息已无,即可

认定死了。这时,在场的亲属就要围着死者哭起来,据《礼记·丧大记》说的,孝子要"啼"(放声大哭),兄弟辈要"哭"(流泪而发出悲声),众妇女要"哭踊"(边哭边跳)。

2. 复——招魂之礼

古人对死亡的认定很谨慎,对生命的挽留很执着。经验也告诉他们"死者"偶而也有还阳的时候(今医学上称之为"假死")。加以死者家属对死者逝去的哀痛不舍和希冀复生的一丝侥幸心态,遂形成了招魂之礼,当时称之为"复"。绝大多数人明知是"复"不回来了,但作为繁琐丧礼的一个序幕,却是上自天子下至庶人,都要行此复礼。"复"之前,要给初死者换上祭服,表示求神佑助之意。选择一个死者生前亲信的下属(小臣)充当"复者",复者要穿上正规的礼服,从居室的东南屋檐处设梯登上屋顶,面向北,因为古人认为北是阴位,为幽魂所集之处,先后呼号三声:"皋(háo 呼声)! ××(称呼),复!"第一次抬头向上,第二次俯首向下,第三次平视向前。若死者为天子,则呼"天子";若死者是诸侯国君,则呼"某甫";若死者为大夫、士、庶人,则直呼其名;若死者为女性,则一律呼字。"复",犹言"魂兮归来"。三声呼号已毕,复者要脱下礼服卷好,南向投给等在堂前收衣的人员放置好,然后从西北屋檐处所设之梯下屋。一般的士和庶人,招魂之礼到此也就为止了。而贵族(天子、国君、卿大夫以及有田地公职的士)还要祭门神、户神、井神、灶神、宅神所谓"五祀";还要祭列祖列宗的寝庙,求先祖帮着招魂。等方方面面的门路都走遍了,各处关节都疏通过了,还是没能招魂复魄,起死回生,这才绝了念想,操办后事。

3. 浴、饭含、袭——正尸

一些人为死者脱下"复"时穿上的祭服和原来穿着之衣,用较大的瓦盆浴洗尸身、沐濯头发,换上一种称为"明衣"的为尸贴身穿着之衣,将尸首重新安放在"寝"(卧室)东侧的床上。要用一种称为"柶"的角制匕状物格在上下齿之间,以便于稍后进行的"饭含"环节;还要用宴几(一种矮足的木几)垫在死者的足跟下,称之为"缀足",以便于稍后着屦。在做以上几件事的同时,还要用帷帐把停尸之床加以遮隔,称为"帷堂"。在古代的葬礼中,似乎"吃饭"的位置在"穿衣"之前,所以孝子首先要完成"饭含"的程序,让死者的嘴里不空着。"饭"是动词,指把物塞进口中,"含"是名词,指玉、珠、碧、贝和米等。《公羊传·文公五年》:"含者何?口实也。"何休解诂:"缘生以事死,不忍虚其口。天子以珠,诸侯以玉,大夫以碧(一本作璧),士以贝,春秋之制也。文家加饭以稻米。"纳于口内之物,古代说法不一,如

《白虎通义·崩薨》谓"天子饭以玉,诸侯以珠",与何休《解诂》正相反;《说苑·修文》谓"大夫以玑""庶人以谷实",余同何氏解诂;《礼记·檀弓下》孔颖达疏谓"天子用璧""卿大夫盖用珠";等等。以上说法多出汉人,孔氏则为唐人,盖时移世异,"含"并无一定之法。春秋时期的含制,当以《左传》所记为准,详见后文。士人之家,由孝子亲自饭以米、贝;大夫以上,则请宾客为之,死者面部盖一"凿巾",在巾之当口之处开有一孔,使宾客能在尸首面部得以遮掩的情况下饭含之。《左传》襄公十九年记晋六卿之首荀偃生疡于头,于伐齐归国途中病危,其副手中军佐士匄请问立谁为继承人,荀偃遗嘱立荀吴。"二月甲寅,卒,而视,不可含。"视,指眼睛不闭;不可含,指口紧闭不能饭含。士匄洗净手抚其眼睑,说:"我们服事荀吴,敢不如服事您!"眼仍不闭。一旁的栾盈说:"是为伐齐之事尚未毕功于一役吗?我们若不完成您的遗志,敢以河水作证!"(当时军队刚渡过河水)"复抚之","乃瞑,受含"。此例可证对始死者用角栖格齿对饭含的顺利进行很有用处。

附带于"饭含"这一程序的还有"掩瑱(tián)"、设"幎目""着屦"三个节目。掩瑱就是以玉塞耳,土庶人用新绵搓成团塞入两耳孔中也就行了。接着在面部盖上一块黑面红里的缁布,称为幎目,四角系有细绳,可以打结固定在头部。随后去掉缀足,着上菅屦(草鞋)。

饭含毕,要迁尸于"含床"东侧的另一床,称为"袭床"。这床上已铺展好要给死者穿的衣裳,衣皆打开,以便于穿着。这是要换床迁尸的主要原因。趁死者尸体尚未僵硬,为他穿衣,这个程序称为"袭"。《释名·释丧制》:"衣尸曰袭。""衣"是动词,为尸穿衣之意。士一般是"衣衾三领",即除浴后所穿"明衣"不算外,还要穿上三套衣裳。大夫、诸侯、三公、天子则分别袭以五、七、九、十二领(参《礼记·杂记上》并郑玄注)。

然后,用一种称为"冒"的特制盖尸布,其尺寸是依照死者的形体做成的:两头有囊,下可套住足,上可套住头;上半部较宽,可遮盖肩、臂有余而长与手齐,称为质;下半部稍窄,可遮盖腿至足,称为杀。材料质地、颜色纹样按贵贱有所不同。《礼记·杂记下》所谓:"冒者,何也?所以掩形也。自袭以至小敛,不设冒则形,是以袭而设冒也。"冒旁缀有带,覆盖后即加扎结。在冒上还要为死者加盖一条单被,称为"夷衾"("夷"的意思后文再讲)。这样,尸首之形就全部掩住看不见了。

完成"饭""袭"的两张尸床必于"牖"下,南北向放置,尸之首南向,这是春秋时期丧礼所要求的固定的位置,详见下文。为尸体沐浴以后到此所做的一切,统称之曰"正尸",是为下一步"小敛"做好准备。

4. 赴；吊，含、襚、赗、赙——丧事中的亲情、人情往来

招魂不灵、复生无望之后，除上面一系列内务必须处理落实外，与其同时要并头齐进抓紧进行的，就是"赴"（今作"讣"）——告丧。《说文》："赴，趋也。"段注："今文'赴'作'讣'。按古文'赴告'字只作'赴'者，取急疾之意。今文从'言'，急疾意转隐矣。故'言'部不收'讣'字者，从古文不从今文也。"《左传》及古《礼》（如《檀弓》《文王世子》）皆作"赴"，今文《礼》（如《杂记上、下》）则作"讣"。《礼记·杂记上》说："凡（大夫、士死，其子）讣于其君曰：'君之臣某死。'（大夫、士之）父母、妻、长子（死），（讣于其君曰：）'君之臣某之某死。'君（死，其子）讣于他国之君曰：'寡君不禄，敢告于执事。'夫人（死），（讣）曰：'寡小君不禄。'大子之丧，（讣）曰：'寡君之嫡子某死。'"下面还有大夫、士死讣于本国的大夫、士以及他国的大夫、士各如何措辞，就从略了。据《礼记·曲礼下》，"天子死曰崩，诸侯曰薨，大夫曰卒，士曰不禄，庶人曰死"。而细审上举各类赴文，不论国君、大夫还是士，在对不同对象告丧时，都在用词上有自降身份处。这是古人以哀痛之心办丧事时的一种低调和谦恭。只有天子死，要派使者告天下万国，曰"天王登假"（《礼记·曲礼下》）。假，通"遐"。登遐，郑玄注："若'仙去'云耳。"自比仙人，身份不降反升。

《杂记下》举的还只是荦荦大者，凡异地而居的至亲，同宗的近亲，同姓的远亲，异姓的姻亲、外亲，非亲的师生、朋友、故人、邻里，虽无服而有恩情者，都要赴告到。

从《左传》的记载看，即使是周王去世的赴告，也未必有书面赴文，而往往是口头赴告，因而有时死日会出现误差。如周平王的死日，据《春秋》记载是隐公三年"三月庚戌（十二日）"，而《左传》却更正为"三月壬戌（二十四日）"，并说明《春秋》是根据"赴"的不实告知记录下来的。周灵王的死日，据《左传》核实的记载为襄公二十八年十一月"癸巳（二十五日）"，而《春秋》却记为"十二月甲寅（十六日）"，是因为"王人来告丧，问崩日，告以甲寅"这个信口胡诌的日子记下的。《春秋·桓公五年》记"陈侯鲍卒"，还记了"正月甲戌、己丑"两个相差六天的日子，据《左传》说，是因为陈桓公临终时陈乱，"文公子佗杀大子免而代之"，因而"乱作，国人分散，故再赴"。前后两次派人告丧，两次口头报的死日不一样，所以就都记下了。

收到赴告的人就要亲自或派使者唁劳慰问，与主人同悲，这就叫"吊"。《说文》："吊，问终也。""终"指生命的终结，死丧之意。古代吊者来的先后，多数与路途远近有关。但亲情和恩情，有时比距离更关键。在有些特殊情况下，比如自己也有丧事在身，却接到赴告，那就要看是同宗的亲情关系还是一般的人情关系，来

决定是不是前去吊丧了。《礼记·檀弓上》:"有殡,闻远兄弟之丧,虽缌必往;非兄弟,虽邻不往。"有殡,指自己有丧事在身,死者已殡而尚未葬;远兄弟,指同宗而关系较远(二代至四代之间的亲情关系)的兄弟,如相隔二代、即同一祖父的兄弟(有"大功"之亲),三代、即同一曾祖父的兄弟(有"小功"之亲),四代、即同一高祖父的兄弟(有"缌麻"之亲);缌,即"缌麻",为"五服"中最轻的丧服,用疏织细麻布做孝服,服丧三月。上引一节文字的意思是:自己有丧在身的人,一般人情关系的人家有赴告来,即使近在咫尺的邻居,也是不去吊丧的;如果是在五服之内的同宗兄弟,即使已相隔四代,由同一高祖传下的"远兄弟",也是要前去吊一下的。五服以外更疏远的宗亲,和没有亲族关系的人家比如邻居,如果来赴告,没有殡丧之事在身的人,也应该去吊丧;但有殡在身,就不应去了。

《国语·晋语二》记晋献公死后,国内有骊姬之乱。秦穆公派公子絷为使者,向晋献公的两个儿子——在狄避难的公子重耳和在梁国避难的公子夷吾分别去吊丧,意在考察二人的思想动态和政治意向,以决定扶立谁为晋君对秦有利。这完全是以吊丧为名而另有图谋的政治行为。但是,秦国派使者向二公子吊献公之丧,却是完全符合当时丧礼的。《礼记·檀弓上》说:"所识,其兄弟不同居者皆吊。"孔颖达疏:"其死者兄弟不同居者尚往吊之,则死者子孙就吊可知,举疏以见亲也。"晋献公是秦穆公的岳父,虽属外亲,也有缌麻之服,较之"所识",当然亲之与疏可以立判。所识死,可以吊其兄弟子孙;岳父死,吊其二子当然完全合乎礼。晋当时有乱无主,不入其国吊,而吊二公子于狄和梁,也是有理由的。

《左传·哀公十四年》记"秋八月辛丑(十三日),孟懿子卒"。孟懿子又称仲孙何忌,是鲁国的卿,何忌为名,懿子为谥。他死了,他的儿子孟孺子泄就成了丧主。称他为孺子,说明他当时尚未成年。这之前,这个贵族少年想在孟氏的封邑成邑圈地养马,成宰公孙宿搬出他父亲的牌说:"您父亲大人因为成邑人民比较贫困,不让畜养马。"孺子泄极为恼怒,对成邑发动了一次偷袭,结果手下人没能成功。公孙宿也怕得罪小主人,派了个使者去向孺子泄求情,却被鞭打了一顿。这次孟懿子死了,公孙宿前去吊丧,谁知孺子泄记恨在心,《左传》记道:"成人奔丧,弗内;袒免哭于衢。"鲁国把邑宰称为"人","成人"就是成宰,指公孙宿。不说"吊"而说"奔丧",是形容公孙宿着急赶快地从成邑前来鲁国国都曲阜吊丧,《礼记·奔丧》所谓"日行百里"之意。"弗内",即不纳,丧主孺子泄不允许他进家门吊丧。公孙宿没有办法,只好"袒免"在四通的街道上尽哀而哭,以悼旧主之亡灵。袒,在丧礼中指左袒,即解衣露出左臂,天冷时也可只脱外衣而出其左臂;免(wèn),指脱帽而用布条扎发缠头。"袒免"是春秋时期无五服之亲的人哀悼死者的一种方式。显然,公孙宿的作为是合乎当时丧礼的,而孺子泄的做法是非礼而有悖人情的。成宰既以公孙为氏,必为鲁之宗亲,很可能是昭公的庶孙。虽与三桓之一的孟氏不大可能有五服之亲,但据《礼记·文王世子》所说,远亲之间,哪怕有的已沦为庶人,仍然是"族之相为也,宜吊不吊,宜免不免,有司罚之。"郑玄注:"吊谓六世以上,免谓五世。"可见再远之亲,也都在"宜吊"之列。而公孙宿的袒免而哭,除了远族之亲,还有着家宰对故主之恩的眷念在内。

春秋时期吊丧的礼俗,据《礼记·檀弓下》的记载,是颇为繁复的,诸如:

"大夫吊,当事而至,则辞焉。"郑玄注:"辞,犹告也。"若是士之丧,大夫来吊,就是贵宾了,丧主要含哀恭迎。但如果丧主正在进行小敛、大敛之类有关祭奠活动的话,却也不能停下来出迎贵宾,要派傧者告知主人有事,而非怠慢,请稍等候。

"吊于人,是日不乐(yè)。"郑注:"君子哀乐(lè)不同日。"

"妇人不越疆而吊人。"郑注:"不通于外。"不过,齐灵公可不把这一条规矩放在眼里。《左传·襄公二年》记鲁成公夫人齐姜薨,七月己丑落葬。而齐姜之兄齐灵公竟"使诸姜、宗妇来送葬"。诸姜指齐女嫁给国内之异姓大夫者,宗妇指姜姓之大夫所娶之妻,这两拨人可不在少数。杜预注和孔颖达疏都强调"妇人越疆送葬非礼"。

"行吊之日,不饮酒食肉焉。"郑注:"以全哀也。"

"丧,公吊之,必有拜者。"若是大夫、士之丧,国君亲自或委派人来吊唁,丧主必以次亲(如弟、叔伯兄弟)为代表或亲自回拜表示答谢。如果没有合适的次亲,自己又确实无法回拜,那么"虽朋友、州里、舍人(指左右亲近的人)可也"。

"五十(指年龄)无车者,不越疆而吊人。"郑注:"气力始衰。"

"吊于葬者必执引;若从柩、及圹,皆执绋。"引,指拉柩车的绳子;绋,下葬时引柩入穴的绳子。郑注:"示助之以力。"

"君临臣丧,以巫祝桃茢执戈,恶之也,所以异于生也。"据郑玄注,这是死者尚未"袭"(义见上文)时的架式。孔颖达疏:"君,谓天子。臣丧未袭之前,君往临吊,则以巫执桃,祝执茢,又使小臣执戈。所以然者,恶其凶邪之气;必恶之者,所以异于生人也。"巫执桃,指桃枝,春秋时民俗以为鬼畏桃木,桃枝能避邪(这种观念后世流传甚为久远,如战国之桃木偶人,汉之桃印,晋之桃梗,南朝之桃板,赵宋之桃符,民俗皆以为有辟邪作用);祝执茢(liè),茢,荻未老时采之所扎之帚,春秋时民俗认为可以扫除不祥。《辞源》修订本释"桃茢"为一物(桃枝扎成的帚),不确。《周礼·夏官·戎右》《礼记·玉藻》提及"桃茢"皆以"桃、茢"为二物。《左传·襄公二十九年》记鲁襄公年前冬末访楚,恰遭楚康王死丧。正月,襄公临时凑了一套诸侯国君穿的冕服作为丧礼前去吊唁,当时楚王尸体已经大敛完毕,正殡而待葬,楚人自恃国强凌弱,竟然要求鲁襄公亲自把致送的冕服安放到楚王殡宫的东侧去,当时的用语叫"亲襚"(下文要说到,"襚"是吊丧时赠衣衾之意)。这可是侮辱鲁国国君、有失鲁国尊严的事。幸而陪同襄公访楚的穆叔(鲁卿叔孙豹)想了个赚回面子的好点子:"祓殡而襚"。对楚国人说,要先祓殡,后致襚。就让随行的巫"以桃、茢先祓殡"。祓(fú)是古代除凶去秽的一种仪式。鲁国的巫遵照穆叔的旨意,手执桃枝(杨伯峻《春秋左传注》把"桃"释为"桃梗",不确),又用荻帚在棺枢上来回扫。楚人对丧礼还有点懵懂,竟没有加以阻拦。事后经明白人指点,才知道"巫祝桃茢"之事乃是"君临臣丧"的仪式,不觉大为懊恼,正是辱人者反为人辱。

　　"君遇枢于路,必使人吊之。"郑注:"君于民臣有父母之恩。"孔疏则强调说:"君于其臣当特吊于家,故《(礼记·)丧大记》于大夫及氏,(君)皆亲吊之。"并说明郑注所说"民臣","其或卑小之臣及庶人之等"。从《左传》襄公二十三年记齐庄公途遇杞梁之妻运杞梁之枢,使人吊之而为杞梁妻所拒的事实看,孔颖达对"民臣"的疏解说明是十分必要的。杞梁名殖,字梁,为齐大夫。齐之杞氏,当出于本篇选文中成郑的秦大夫杞子,在献计秦穆公遣师袭郑被郑国识破以后,"杞子奔齐",事在"僖公三十三年(前627)";杞梁在齐庄公袭莒之战中,孤军深入莒郊,与莒子遭遇,不肯放下武器而战死。此事发生在"襄公二十三年(前550),在杞子奔齐后七十七年。则杞梁很可能是杞子之孙辈。其妻闻夫死,亲以棺载尸归,路遇齐庄公。齐庄公或者是知乃杞梁之枢而不知丧礼,或者是知丧礼而不知所遇为大夫杞梁之枢,便就地派了个人前去吊唁,却被杞梁之妻推辞了。她说得婉转而理直:"殖之死若有罪,岂敢辱国君之吊丧。若死于无罪,犹有先人之敝庐在,妾不能接受郊吊。"齐庄公讨了个没趣,不得已,只好改日"吊诸其室"。杞梁妻为战死的丈夫挣得了应有的体面。又过了七十几年,鲁哀公在位时,有个下大夫叫蒉尚的,居丧。哀公派了个人到他家去吊丧,正好蒉尚外出,与使者在路上碰到了。蒉尚见是国君的使者,便避在路边让道。使者说:"你躲让什么,我就是国君派来到你家吊丧的。"蒉尚若是个知礼的,便该即速回家,以丧主的身份依照规定的礼节接受吊丧。他却不,就地画了个大方框,权当宫室的象征,自己站在框中,让使者自外也跨入框中,二人就在路边行了一番吊丧之礼。曾子听说,慨然评论道:"蒉尚不如杞梁之妻之知礼也!"(《礼记·檀弓下》)这说明春秋时国君"遇枢于路,必使人吊之",

只是对"卑小之臣及庶人"而言的,对大夫、上等的士,进行"郊吊"或称"野吊",均是非礼的。

春秋时期是一个严格的等级社会,丧者的身份不同,吊者的身份不同,吊丧之礼也就有各种差异。加以丧者与吊者之亲疏远近关系,掌握好吊丧之礼还真是一门大学问。《左传·文公三年》:"王叔文公(即王子虎)卒,来赴,吊如同盟,礼也。"王叔文公是周王的卿士,他的身份和诸侯是一个等级的,但他和鲁文公之父僖公生前共同参与过两次会盟("僖公二十八年":"(五月)癸亥,王子虎盟诸侯于王庭。"鲁僖公也在其中。又"僖公二十九年":"公会王子虎……(等),盟翟泉。"),因此鲁国对其吊丧,规格较一般的诸侯国略为高一点,视同"同盟"之国。

吊丧之礼的规格高低,主要看两方面:一是派什么样的人去吊丧。《左传·昭公三十年》记郑游吉言:"先王之制:诸侯之丧,士吊,大夫送葬。"这说明对一般诸侯国的丧事,派个士去吊一下就可以了。而《左传·昭公三年》还是这个游吉却曾说过:"昔文、襄(晋文公、晋襄公)之霸也,……君薨,大夫吊,卿共葬事。"对于主盟的霸主,派去吊丧的人就要高一个档次。二是吊丧时送什么样的礼。所谓"吊则含、襚,葬则赗、赙","含",上文已经作过解释;"襚"(suì),指赠给丧家在死者小敛、大敛时所需的衣、衾;"赗"(fèng),指赠给丧家送葬用的车马、束帛;"赙"(fù),指以财物帮助丧家,受益者是死者家属。古书记载,大致相同,个别地方,也有些小出入。《左传》无专门解释的成文,杜预所作《左传释例》综参全书用例说:"丧赠之币,车马曰赗,货财曰赙,衣服曰襚,珠玉曰含,然而总谓之赠。"("隐公元年","赠死不及尸"孔疏引)《公羊传·隐公元年》说:"丧事有赗,赗者盖以马,以乘马束帛。车马曰赗,货财曰赙,衣被曰襚。"《穀梁传》说:"乘马曰赗,衣衾曰襚,贝玉曰含,钱财曰赙。"(隐公元年)又说:"归死者曰赗,归生者曰赙。"(隐公三年)《荀子·大略》对赙、赗、襚、含的解释与三家传并无太大差异,其中对赙的解释与《左传》《公羊传》同为"货财",而不同于《穀梁传》的"钱财",形成了三家对一家的比分差;还有一个二比一,是《左传》说"珠玉曰含",而《荀子》与《穀梁传》都说"贝玉"或"玉贝",《公羊》则未提及;相对于三家传,《荀子》又多了一项"玩好曰赠",与杜预对"赠"的解释也有不同;接着《荀子》又说"赙、赗,所以佐生也;赠、襚,所以送死也",这与《穀梁传》赗归死者、赙归生者之说,也有了矛盾。

从丧家办丧事的程序来看,在"正尸"过程中首先要碰到的是"饭含",所以最先来吊丧的人如果能赠含,丧主是最为欢迎的了。而事实上赠含的吊丧者未必能早在饭含之前赶到,因而所饭之含多数是由丧家自己预作准备了。迟来的"吊且含"者，所赠之含往往就用不上，能赶在殡葬前吊而赠含的，还能放入棺椁当作随葬品，再晚的，丧主只能另行收藏了。

《左传·文公四年》经："冬十有一月壬寅，夫人风氏薨。"夫人风氏即僖公之母成风，文公之祖母。文公五年传："春，王使荣叔来含，且赗。召昭公来会葬，礼也。"文中"含"及"赗"都兼有动词"赠"的含义。成风去世于去年十一月初一，周襄王正月初七派大夫荣叔来吊丧并送含、送助葬之车马，虽在下葬之前，却已在殡敛以后了（当时诸侯一级基本上是卒后五日而殡）。车马自可当用，而饭含则在正尸之初早已完成，已经用不上了。当时如棺盖尚未钉死，尚可纳于棺内尸首之旁作随葬品，否则只能藏诸玉府当作天王所赐的纪念品了。

荣叔来吊所赠之含究为何物，经、传皆无明书。但我们从《左传·僖公六年》许僖公以自认死罪向楚王乞降的场景描写中，可以推测出春秋时期诸侯一级的"含"乃是玉。那是齐桓公在世的时候，周惠王宠继娶之王后所生之子叔带，有废元后所生太子之意。齐桓公在首止召诸侯盟，力挺太子，与会诸侯不少，其中有郑文公与许僖公。周惠王派宰周公向郑文公说："你不如追随楚国，加上晋国联合在一起，可以稍得安宁。"郑文公就此从首止之会上逃归。齐桓公岂能容忍，便联合诸侯伐郑。楚成王围许以救郑。许是个小国，且地近于楚而远于齐，哪里经得起楚师讨伐。他找到亲楚的蔡穆侯，请蔡侯引见向楚王请罪乞降。《左传》这样描写："许男面缚（双手反绑），衔璧，大夫衰绖，士舆榇。"自己嘴里衔着玉璧，大夫穿着臣子死了国君所穿的丧服，士扛着棺材，来见楚成王。从大夫和士的举止来看，许僖公是来自认罪该万死的，所以他所衔的璧，并不是杜预注所说的"以璧为贽（见面礼）"的意思，而是以璧为含，前来向楚王请死罪的意思。

《左传·哀公十一年》记吴（王）夫差与鲁哀公会师，与齐以国书为中军统帅的大军战于艾陵。当时吴国势正盛，齐军将士纷纷表必死决心，如公孙夏"命其徒（步兵）歌《虞殡》（当时的一支挽歌）"，陈子行"命其徒具含玉"，东郭书派人向故人弦多传语："吾不复见子矣！"陈书慷慨陈词："此行也，吾闻鼓而已（鼓为冲锋信号），不闻金矣（金指铙，鸣而收兵）！"结果齐军大败，国书被俘，手下说大话的公孙夏、东郭书、陈书等也投降保命，连含玉都准备好了的陈子行开小差溜回齐国。陈子行名逆，是当时在齐国为相的陈成子恒的同宗，也是促成陈恒弑齐简公的主要推手。

陈逆只是个大夫，他认为自己死了也要以玉为含，是不是春秋时期的诸侯和大夫都是以玉为含的呢？恐怕要分阶段来说。陈逆所处时代已是春秋之末，孔子所说"礼乐征伐自天子出"的"天下有道"的时代早已成遥远的过去,"礼乐征伐自诸侯出""王道"一变而为"霸道"的时代也已被"(礼乐征伐)自大夫出"乃至"陪臣(大夫的家臣)执国命"种种"天下无道"的衰世所替代(《论语·季氏》)。整个春秋时期,统治集团内部所发生的结构性的变化,确实经历了孔子指出的权力逐级下移,以及与之相应的待遇逐级上僭这样的过程。许僖公象征性地以璧为含,印证了春秋早期诸侯以玉为含,而陈子行用"具含玉"作秀来表示已作好决一死战的准备,则印证了春秋末年大夫已经在丧礼的级别上部分僭越到诸侯的位置了。

我们把时间提前九十年,《左传·成公十七年》记了声伯(鲁大夫公孙婴齐)三年前做的一个梦。梦中,他在渡过洹水的时候,有人给他琼瑰吃。那人"泣而为琼瑰,盈其(指声伯)怀"。声伯还随声唱道:"济洹之水,赠我以琼瑰。归乎归乎,琼瑰盈吾怀乎!"梦醒以后,声伯觉得吃琼瑰象征着"饭含",是一个凶象,因而不敢找巫祝去占梦。这事情过去三年,他始终安然无恙,心里那份担忧不免就消解了。这年冬天,鲁成公与王室大夫单襄公、晋厉公、宋平公、卫献公等组成联军讨伐郑国,声伯也随军去了。回国途中,他忍不住对人说起了这个梦,不料,当天傍晚他就死了。故事就介绍到这里,我们关注的,是"琼瑰"究竟是什么东西。杜预注说:"琼,玉;瑰,珠也。食珠玉,'含'象。"他把"琼"和"瑰"分拆开来解释。但我们在《诗经》中也看到过"琼瑰"这个词,《秦风·渭阳》有句云:"何以赠之? 琼瑰玉佩。"毛传:"琼瑰,石而次玉。"他把"琼瑰"合在一起解释,认为是比玉次一等的美石。孔疏对毛传作了阐释:"琼者,玉之美名,非玉名也。瑰是美石之名也。……故知琼瑰是美石次玉。"毛、孔与杜最大的不同,是杜把"琼瑰"视为并列结构,而毛、孔把它看作偏正结构。孔颖达申述毛亨之意极为到位,他强调"琼"在这里并不是玉名,而仅仅指玉的属性"美"而已。《诗经》里有许多以"琼"开头的复合词,如《卫风·木瓜》的"琼琚""琼玖""琼瑶",《齐风·著》的"琼华""琼莹""琼英",加上"琼瑰",都应作偏正结构来解释,而不能视为并列之二物。《楚辞·招魂》的"琼浆","琼"之"玉"义消失而仅存"美"义,犹为明显。当然,像《左传·僖公二十八年》所言的"琼玉",是承上文"琼弁玉缨"说的,当然是一个并列结构,杜预注云"琼,玉之别名"也是不二之释。《说文》:"瑰,玫瑰也。""玫,玫瑰,火齐珠;一曰石之美者。"玫、瑰二字单用,皆指玫瑰,而玫瑰之义,一为火齐珠,一为石之美者(今指花名,乃后起之义)。杜预释"瑰"为珠,毛亨释"琼瑰"为"石而次玉",应该说训诂上都有一定的根据。但杜预琼管琼、瑰管瑰的解释,肯定是不可取的;而毛传若能吸取"瑰"有"珠"义,就会更加完善了。为什么呢? 声伯梦中所见琼瑰乃眼泪所化,泪号称泪珠，泪之化而为珠，本极相宜。《史记·司马相如列传》载《子虚赋》有"其石则赤玉玫瑰"之句，《集解》引郭璞曰："玫瑰，石珠也。""瑰"既是石珠，那么"琼瑰"就应是似玉之美石所制之珠。杨伯峻《春秋左传注》采用李贻德《春秋贾服注辑述》之说，认为"琼瑰是次于玉之美石所制之珠"，无疑是正确的。搞清这个解释十分重要，它向我们印证了春秋前期之后半阶段，大夫所用之含，仍限于美石之珠，与诸侯之玉璧，还是有差别的。而至春秋之季年，大夫则已上僭诸侯以玉为含了。这是《左传》在不经意的细节描写中，为我们留下珍贵史料的一例。

"襚"的含义，前文已经提到过。它和"含"字一样，在古文中既可作名词用，又可作动词用，作动词用时还有两个不同的义项。《左传》在三个地方写到"襚"，正好分别对应于它的三个含义。

第一处在《左传·文公九年》："（冬，）秦人来归僖公、成风之襚，礼也。诸侯相吊贺也，虽不当时，苟有礼焉，书也，以无忘旧好。""归……襚"，归（kuì）通馈，赠送之意。这个襚明显是名词，指死人所穿之衣、所覆之衾之类。僖公丧于其三十三年冬十二月癸巳，至文公九年冬，已十足有九周年了，照古人的算法，共跨有十年；其母夫人成风，于文公四年十一月壬寅去世，也跨有六个年头了。此时方来吊而归襚，岂不太晚？《左传》于"隐公元年"曾说："赠死不及尸，……非礼也。"何以秦人来归襚"虽不当时"，却"有礼"了呢？原来秦国僻在西土，与东方的鲁国相隔遥远，素无直接交往，这次是秦国第一次以吊襚的名义派使者来正式朝见鲁君，表示了建立友好关系的意愿。传文说的"无忘旧好"，这"旧好"指的是"僖公二十八年"冬十月，秦国在派兵助晋文公打赢城濮之战、败楚而霸之后，首次与中原诸侯会盟于温，随后又在晋文公安排下，与鲁僖公等在河阳朝见周襄王；二十九年，鲁僖公又与周王卿士王子虎与包括秦国小子慭在内的诸侯之卿盟于翟泉。鲁、秦间有过这两次同盟，而从无历史纠纷与宿怨。至于僖公、成风先后去世，秦国未能及时来吊、襚，这也是有原因的。僖公死的当年，正是秦国在殽之战中大败、匹马只轮无归之际，秦穆公痛定思痛，忙于整军治政，积聚力量，以图报复。秦、晋之间，战事频繁，不是你来，就是我往，连年有事。"文公六年"，秦穆公与晋襄公相继去世。秦、晋二国，本有可能重归于好。因晋襄公有弟公子雍，多年来仕于秦，为亚卿；而襄公之子还是个怀抱的婴儿。晋国执政大臣赵盾有意立公子雍，且已派先蔑与士会二大夫去秦迎接；却不料襄公夫人穆嬴天天抱着儿子到朝中哭闹，指责赵盾"舍嫡嗣不立，而求外君（指在秦的公子雍）"，赵盾不堪其扰，只得收回成命，改立襄公之子为君，是为灵公。又派出军队去拦截先蔑和士会迎回来的公子雍。秦康公虽也派了些步兵护送公子雍,却数量有限,且无战车,难敌晋师,在令狐吃了败仗。公子雍当然是回不了晋国了,士会、先蔑也老大不乐意,觉得赵盾出尔反尔,士会便宣布自己"奔秦",先蔑也从之。士会帮秦康公出谋划策,"文公八年"伐晋,取武城,以报令狐之役。"文公九年"秦国派使者吊僖公、成风且归襚,显然也是士会出的点子,他教秦康公要交好鲁国这样与秦国无利害冲突、在列国间有一定影响的传统华夏诸侯国,这对秦国是只有好处没有害处的。"文公十年",春,晋伐秦,取少梁;夏,秦伐晋,取北征。"文公十二年",秋,秦伯派西乞术聘鲁,且坦露军事机密,说"将伐晋",表明真心想交鲁国这样的朋友;果然,冬天,秦伯就伐晋,取羁马,小胜即退,又杀回马枪,"复侵晋,入瑕",表现出很大的灵活性。"文公十三年",晋人终于感到士会是个大才,为秦所用对自己造成太多麻烦,便派出间谍,设计诱士会离秦返晋。从此,秦、晋间太平了几年,而秦国也不再派使者拉拢鲁国了。秦国在整个春秋时期唯一的一次对已故鲁国国君与其母夫人的"归襚",明明因为已过期多年而够得上称为"非礼"却又被鲁国人认为"有礼"的事件,原来还有着如此的背景。

第二处在《左传·襄公二十九年》:"公在楚,……楚人使公亲襚,公患之。穆叔曰:'被殡而襚,则布币也。'乃使巫以桃、茢先被殡。楚人弗禁,既而悔之。"这件事,前文已经提及,讲过的不再重复。这里要指明的是"亲襚"的"襚"的含义。这个含义被好几位学者误解过:儒家的,经学家的,文字学、训诂学家的。举以下五位:一、西汉宣帝时戴圣自后苍习《礼》,集战国时儒家传《礼》之说编为《礼记》四十九篇,成为儒家经典之一。其《檀弓下》录有一则据上引《左传》文改写的故事:"襄公朝于荆。康王卒,荆人曰:'必请袭。'鲁人曰:'非礼也。'荆人强之,巫先拂柩。荆人悔之。"荆即楚。《左传》记叙的史实,传到战国时就有些走样了。楚康王死于鲁襄公二十八年冬十二月,当时准备访楚的襄公还在半道上,刚抵达汉水。戴圣在采编这则史料时未核对《左传》,行文之间搞错了次序,把鲁襄公朝楚说成在前,楚康王去世说成在后;因而把《左传》的"襚"改成了"袭"。"袭"我们上文说过,是为死者"正尸"时排在沐浴、饭含之后的一道步骤,对士阶层来说,是为死者穿上三领衣服。当时死者的尸体尚未完全僵硬,所以还可以为他"穿"。这是人死后当时就得抓紧办的事。"荆人"要鲁襄公"必请袭",而鲁襄公虽已进入楚境,却尚未抵达楚都,怎么赶得上"袭"呢?这是戴圣编《檀弓》失误之处。二、东汉初年许慎撰《说文解字》,在《衣部》"襚"字下写道:"襚,衣死人也。从衣,遂声。《春秋传》(指《左传》)曰:'楚使公亲襚。'"许慎把"襚"解释为"衣死人","衣"用作动词,即为死人穿衣。这个字义是"襚"所有的义项之一，单这么说，并没有错。但他下面举的例句却和这个义项不合。许慎可能受了《礼记·檀弓下》的影响，没有细审《左传》"楚人使公亲襚"之上下文。（上文，"襄公二十八年"："十二月……（襄公）及汉，楚康王卒。公欲反。（叔仲昭伯劝其"行也"）……公遂行。""襄公二十九年"："正月，公在楚。"下文："乃使巫以桃、茢先祓殡。"）可见，鲁襄公到达郢都，已在楚康王卒之次年（实为次月）。春秋时诸侯卒后五日而殡，五月而葬。襄公到达郢都时，康王早已殡而待葬了。所以"楚人使公亲襚"，绝不是要把楚康王的尸体从棺柩中抬出来，让鲁襄公亲自为他穿衣，而是要鲁襄公亲自完成向楚康王赠襚的仪式。"亲襚"的"襚"，其含义应是赠襚，或称致襚。春秋时诸侯相吊、归襚，一般是派大夫前去而由士致襚；若是小国、弱国吊、襚大国、强国、霸主国，有时也派卿前去，国君亲去是极为罕见的。即使是卿去，完成致襚仪式，也由随行的士担任。大夫、卿不会"亲襚"，更无论国君了。据《礼记·杂记上》所记，致襚的仪式大致是这样："襚者曰：'寡君（对本国国君的谦称）使某襚。'相者入告……襚者执冕服（即所赠之襚），左（手）执领，右（手）执要（腰），入升堂致命……委衣于殡东。"所谓"使公亲襚"，就是要襄公以国君之尊，亲自担当"襚者"的角色，完成致襚的仪式。楚对鲁而言乃是大国、强国，况且还"在人矮檐下，不敢不低头"，但如此受辱，怨不得襄公要"患之"了。许慎若非要以《左传》"楚（人）使公亲襚"作为例句，那就应把释义之辞改为"襚，赠死者衣"；若非要以"衣死者"为"襚"释义，那就应另择适当例句或删原例句。三、东汉末年的郑玄为《礼记》作注，在《檀弓下》"荆人曰'必请袭'"下注道："欲使襄公衣之。"他不指出《檀弓》复述《左传》故事时把原文的"襚"偷换成"袭"，反而坐实了楚人欲使襄公亲为康王之尸穿上襚衣，不能不说这位经学家出现了不应有的疏略。四、清段玉裁为《说文解字》作注，他大概认为要鲁襄公亲自为康王之尸穿衣，未免有些无稽而不经，太过荒唐，因而在"《春秋传》曰楚使公亲襚"下注道："襄二十九年《左传》文。楚欲使襄公视衣死人。"把"亲"由亲自动手改为亲自观看。却未能指明问题的症结何在。五、杨伯峻《春秋左传注》则陷入了二元论。一上来，他在"楚人使公亲襚"下开宗明义说："襚音遂，为死者穿衣。"全用许慎之义。并说："此时鲁公至楚，楚人竟欲鲁公亲为之。《礼记·檀弓下》亦载此事，云：'（略。见上引文）'郑注：'欲使襄公衣之。'则襚即袭。"这一段注释，他全盘接受了戴圣、许慎、郑玄的疏误而未置一字批评，且最终作出"襚即袭"的错误结论。接下来他作了个"但书"："但鲁襄公去年十二月往楚，及汉，楚康王卒。据下文祓殡，则康王已大敛而停柩矣。殡后致袭，亦见《杂记上》，将送死者之衣服置于柩东。甚至有死已十年而后致禭者,文九年《传》'秦人来归僖公、成风之禭'是也,则仅受之而已。"此段以《左传》义释《左传》,方是正解。奈何竟与前之误解犹如两不相干之文而兼存并列之！亟宜以正解之观点,破前儒之误解,庶为得之。

第三处在《左传·定公九年》:"秋,齐侯伐晋夷仪。敝无存之父将室之,辞,以与其弟;曰:'此役也,不死,反,必娶于高、国。'先登,求自门出,死于霤下。……齐师之在夷仪也,齐侯谓夷仪人曰:'得敝无存者,以五家免。'乃得其尸。公三禭之,与之犀轩与直盖,而先归之。坐引者,以师哭之。亲推之三。"这一段讲的是齐景公用"三禭"表彰以死殉国的勇士敝无存的故事。春秋地名有二"夷仪","闵公二年"《左传》探先记载:"僖之元年,齐桓公迁邢于夷仪;二年,封卫于楚丘。"因为邢与卫当时都被狄灭了。邢国原在今河北邢台一带,今邢台西有夷仪故城,当为邢国旧都。邢为狄所占后,齐桓公"继绝存亡",把逃亡在外的邢国君民安置到今山东聊城之西的一块土地上,仍称邢国,并把国都仍名之为夷仪。这个新邢国、新夷仪只存在了二十四年,就被成功复兴了卫国的卫文公灭国占地了。邢国的名称就此消失,夷仪的名称却还存在。老的夷仪,在狄被晋国赶走后归了晋国;新的夷仪,则成为卫国的属地。上引文中"齐侯伐晋夷仪",指的是在今河北邢台西的老夷仪。当时,卫灵公在与晋国会盟时,受辱于晋国的两个大夫,就叛晋而倒向齐国,齐景公为了替卫君报复,就率军从今山东、河北接壤处的冠县、馆陶县一带突破,直向夷仪打去。齐军中有个战士叫敝无存,出战前他的父亲给他说好了一门亲事,他却推辞不受,让给了弟弟;说道:"这一仗,我要是不死,回来,一定要娶国卿高氏、国氏的姑娘！"攻城时他第一个登上城楼,便想打开城门让齐军进来,不幸战死在城门前的霤槽之下。在他的鼓舞下,齐军争先登城,取得了战役的胜利。齐景公向夷仪人悬赏找到了他的尸体,("以五家免"杜注:"给其五家,令常不供役事。")并"三禭之"。这个"禭",杜预注:"禭,衣也。比(等到)殡,三加禭,深礼厚之。"以"衣"训"禭",不能说错,但也不十分贴切。若要说是"衣",这个"衣"也应是动词,后文所谓"加禭"者是,即为尸体穿衣。这个地方,倒是用得着《说文解字》"衣死人"的解释。对"三禭"的含义,孔颖达疏比杜注说得更明白:"明三时与衣:自死至殡,有袭与小敛、大敛,比殡三加衣也。""盖初以士服,次大夫服,次卿服也。下'与之犀轩',犀轩是卿车,明'三禭'终以卿服。"敝无存生前立志在战争中立大功,归娶卿女,齐景公以卿衣禭之,卿车载其柩以先归故里待葬,是尚其死节,遂其生愿的一种表彰。杨伯峻《春秋左传注》认为"犀轩与直盖"是"与之以殉葬",不确。原文"与之犀轩与直盖"紧接"而先归之",只是用卿车作为运尸之载体以归葬，并无殉葬之意。

以上以例句说明《左传》中"襚"的含义有三解：一作名词用，意为死者所穿（或裹）之衣、所盖之衾；二作动词用，意为赠（或致送）死者之衣、衾；三也作动词用，意为给死者穿（或裹上）衣。前文提到，正尸时"袭"这个程序尚能为死者穿上衣服，下文还要提到，到次日小敛，又次日大敛并殡时，一方面死者尸已僵硬，另一方面尸首已被"冒"所覆盖捆扎，已无法为死者穿衣，只能将重重衣服裹在尸上并加扎结了。

上述齐景公用卿车犀轩为敝无存运柩归葬，已有点像"赗"了。赗（fèng），是赠给丧家专用以运柩的车马，也或兼带着专用于殡殓的束帛。《公羊传》隐公元年说："丧事有赗，赗者盖以马，以乘马束帛。车马曰赗。"乘马是一车四马，适用于送给大夫以上的丧礼；士则车马，马不超过两匹。束帛，古代帛一丈八尺为一端，两端合卷，称为一匹，五匹称为一束。一说，一束为五两（一两犹一匹，也为两端合卷），而每两为五寻（即四丈，一寻合八尺），则一束较前说多二丈。前说见唐贾公彦《周礼·春官·大宗伯》疏，后说见《礼记·杂记下》。后说较古，或近于春秋之制。《杂记上》还说："鲁人之赗也，三玄二纁。"即一束（五两）帛中，黑色的占其三，淡红色的占其二。这也是据丧事的需要定的。

《左传》没有交代载敝无存柩的犀轩之车用几匹马拉，但既是卿车，自当是四马；也没有交代齐景公这犀轩驷马是赠给敝无存家的，还是运载棺柩回国任务完毕随即收还的，恐怕是后者的可能性大。因为若是前者，《左传》就应写明"公三襚之，且赗以犀轩与直盖"了。

《春秋》记事之第一年，即隐公元年，就记下"秋七月，天王使宰咺来归惠公、仲子之赗"。"天王"是周室东迁后第一任王周平王，这年已是他就位之第四十九年，年龄当早已过花甲。宋王安石六十即上表乞罢政事，自称："岂容昏耄，可以叨居？"但天王是终身制的，即使年老昏聩，也得居其位。这不，他命令宰夫名咺的到鲁国给惠公、仲子赠赗，就弄错了两件事：第一，鲁惠公在上一年去世，虽《春秋》未记他卒于何月何日，但《左传》明书"天子七月而葬"，"诸侯五月"，"大夫三月"，"士逾月"（隐公元年）。而隐公元年经、传皆无葬惠公之文，仅传云："冬十月庚申，改葬惠公。"可见惠公之初葬，必在其纪元之末年，即隐公元年之前一年；且其卒当在七月之前。天子若派使者来吊且赗，依礼至少应在下葬之前，因为"车马曰赗"，所赗之乘马，就是在出殡至落葬途中运载棺柩用的。现在鲁惠公去世至少已有一年，方来"归赗"，这车马怎么还能来助葬呢？所以《左传》以一字评之曰："缓。"或者三个月之后改葬惠公,这车马还派上了用场,那么还算不枉了周天子派使者来吊鲁、归赗的一番亲情美意。第二,宰咺来归赗的对象除了惠公,还有一个仲子。据《左传》的说法,这仲子就是桓公之母,此时还健在着(《穀梁传》认为这"仲子"是鲁惠公之母,已经早死;《公羊传》虽也认为仲子是桓公之母,但与《左传》不同,认为她已死于《春秋》始纪年前。三传"传闻异辞",今从《左传》),要到一年半后才过世。对活人怎么能"归赗"呢?所以《左传》责之曰:"赠死不及尸,吊生不及哀,豫凶事:非礼也。"前两句是就惠公言的,第三句是就仲子言的。仲子本就年少(二十七岁)守寡,现在天子又来给她送赗"豫凶事",她会是什么心情?未亡人第二年就随亡夫逝去,不能说与周平王犯了点昏聩无关。

这件事过去了一年八个月,《左传·隐公三年》经又记:"三月庚戌,天王崩。"传则更正道:"三年春王三月壬戌,平王崩。赴以庚戌,故《春秋》书之。"周平王死了,王室派人四出赴告,东向经卫、过鲁、至齐的一路,使者居然把天王去世的日子也报错了。也可见不但周王昏聩,王室那班卿士大夫们一个个也都有尸位素餐之嫌。《春秋》并未书鲁侯派人去吊平王并赠含、襚之事,一是未曾去吊,二是去吊了可派去的人是个士一级的"微者",因而不书。以后一种可能为大。《左传·隐公元年》云:"天子七月而葬,同轨毕至;诸侯五月,同盟至;大夫三月,同位至;士逾月,外姻至。"七月、五月、三月、二月,反映了尊卑级别在葬制上规格的高低不同,所需要的时间也自不同。平王三月崩,按照春秋时的算法,连头搭尾到九月就算七个月了。按照正常的程序,应在九月下葬。但经、传均无葬周平王的记载,倒是有一条"秋,武氏子来求赙"的记录。赙(fù),助葬的货财。《左传》只用"未葬也"三字来解释"武氏子"三字之前为什么没有"王使"的字样和"武氏子"的称呼的来由。平王殡而未葬,按春秋时的规矩,新王还不能行其爵命,因而"来求赙"之事就不能像"宰咺来归赗"那样前面有"天王使"的字样。另外,"武氏子"三字说明其父应是封有食邑的周王室大夫,《左传·隐公八年》所谓"天子……胙(赐)之土而命之氏",有封土之人方能有氏。而武氏本人何以不出面,唯一的解释是已经亡故;而其子所以尚未能嗣而成为大夫,原因也正在于平王殡而未葬,新王则居丧未可行其爵命。东周王室衰微,从其葬天子还绌于财用,要屈尊向诸侯求资财之助可以看出。《公羊传》和《穀梁传》都认为《春秋》记"武氏子来求赙"是对周王室、也捎带着对鲁国公室的讥讽。《公羊传》说:"丧事无求,求赙非礼也。盖通于下。"孔广森《春秋公羊通义》:"言为臣下者亦通有讥也。"《穀梁传》也说:"求之者,非正也。周虽不求,鲁不可不归;鲁虽不归,周不可以求之。求之为言,得不得未可知之辞也。

交讥之。"

含与襚，多在始死之吊时馈赠，用于死者之殓殡。赗与赙，则多在葬前之吊时馈赠：二者的区别，据《穀梁传》说是："归死者曰赗，归生者曰赙。"（归通馈）这个说法，对出丧送葬而言，是对的；但就总体上说，对"赗"的定义过于粗疏，是不准确的。含、襚赠于死者，随死者下葬；赗马、赗车用于运柩送葬，却并不随死者殉葬，葬礼完成后，仍由生者使用之。所以郑玄在《仪礼·既夕礼》注中说，赗是"于死、生两施"的，是"所以助主人送葬"的；而赙，郑注则云："赙之言补也，助也，货财曰赙。"赙可以是钱，也可以是物，包括马。如《礼记·檀弓上》就记了孔子赙人以马的故事："孔子之卫，遇旧馆人之丧。入，而哭之哀；出，使子贡说（脱）骖而赙之。"旧馆人，指孔子以前访卫所住宾馆的负责人。《礼记·少仪》就强调了赗马和赙马在丧礼仪式上"待遇"的不同："赗马入庙门；赙马……不入庙门。"孔颖达疏引庾说：赗马是"供驾魂车"的，送葬仪式上有进入祖庙之庭的程序，因而须入庙门；而赙马只能拉"送丧之从车"，"助生者营丧"的，因而没有入庙门的可能。棺柩入圹，封土完毕，赗马、赙马就无别了。

武氏子来求赙，当然不会来求马，也不会是求物，而是来"求金"。这一点，要对照文公九年经、传的"春，毛伯来求金"一起看，才能更明白。鲁文公八年秋八月戊申（二十八日），周襄王在位的第三十四年上"崩"了。按照天子七月而葬的规矩，鲁文公九年二月，应是襄王落葬之期。毛伯正月到鲁国求金，其时葬礼尚未进行，显然如杜注所说，是"以供丧事"用的。这和武氏子在葬平王前向鲁国求赙，目的和性质完全一样，是同一事件的翻版。而且，周王室事先都做了铺垫：平王死前一年八个月，极为罕见地派宰咺向葬已逾年的惠公与尚在人世的仲子归赗；而襄王则在死前三年七个月，也前所未有地先派荣叔为僖公夫人成风"归含且赗"、继而又派召伯来为成风会葬。要知道，平王向鲁君、夫人归赗时，已在位四十九年；襄王向成风归含且赗时，也已在位三十一年。想必他们都自感来日无多，又自思向来对诸侯颇少恩寡惠，且王室衰微日甚，早有号令不行之虑，不能不念及身后事，会不会冷冷清清，诸侯皆不来吊。直至此时，这前后相隔六代的远祖裔孙，或者才不约而同地想起文王、周公的教诲："（吊、）赗、赙、赠、含，皆有正焉。"（《礼记·文王世子》）"礼尚往来。往而不来，非礼也；来而不往，亦非礼也。"《礼记·曲礼上》的这段话，孔颖达《正义》疏解为"三王之世，礼始兴焉"的第一条。当然平王、襄王也懂得这个道理，于是就有了赗惠公、仲子和归含且赗成风的运作，其"投'之'以木桃，报'我'以琼瑶"之期望值甚高，是相当明显的。周王室唯恐"往而不来"的心态,在武氏子求赙、毛伯求金两件事上,也表露得明白而坦率。周王室这两次丧事的公然索赙,其功利色彩虽被讥为非礼,但较之平王之孙桓王来,似乎还有点理由可说。《左传》桓公十五年经云:"春二月,天王(周桓王)使家父来求车。三月乙未,天王崩。"周桓王死前一月显然对不久于人世已有预感,派家父至鲁国求车,恐有为身后计之意。言为求车,而意在言外,似预为"崩"后求赙、求赙,以免丧礼场面惨淡。但天王未崩,豫凶事为非礼,不可说穿罢了。不知当时鲁史为谁,竟未参透其中隐义,或虽心知肚明而假作糊涂,直记其言其事而已。以至二百多年以后,《左传》作者特指"天王使家父来求车,非礼也。诸侯不贡车服,天子不求私财"。但他似乎也隐约感觉到这次求车事件可能与桓王将死有关,所以他发完议论,竟略去"三月,天王崩"之事不记。较之平王、襄王,桓王之无所"往"而只求"来",更受后世诟病。《公羊传》何休解诂说:"王者千里畿内租税,足以供费;四方诸侯各以其职来贡,足以尊荣。当以至廉无为率先天下,不当求。求则诸侯贪,大夫鄙,士庶盗窃。"把"求车"之"无礼"提到"上梁不正下梁歪"的高度来批判了。

春秋时期也有"丧不贪利"的事例。《礼记·檀弓上》记鲁卿孟献子(即仲孙蔑)卒,丧事办完,四方助丧之赙布(古称钱币为布)尚有剩余,家臣司徒敬子得到主人孟孺子速(献子之子)的同意,派下士旅把钱币归还给四周的亲、邻。故事最后还记道:"夫子曰:可也。"夫子当是指孔子。但孟献子之卒据《春秋》所记是在鲁襄公十九年八月丙辰,当时孔子尚未出生,大概是后来听闻历史故事而表示赞许。

本节把"吊"和"含、襚、赗、赙"放在一起讲,仅仅是因为含、襚、赗、赙皆具有助丧的性质。其实赗、赙在丧事活动中的程序是较为靠后,接近于葬礼的。正如《周礼·天官·宰夫》郑玄注所说:"凡丧:始死,吊而含、襚;葬,而赗、赠(指玩好之类随葬品);其间加恩厚,则有赙焉。"这里讲的是天子对诸侯有丧者、王室卿大夫有丧者的助丧馈赠,其余虽等而下之,也可类推。

5. 小敛——尸体的包装(一)

在孔子的门生中,子游是对丧礼学得最好的一个,子夏、曾子都常从他那里受教。他总结春秋时期办丧事的几个主要步骤说:"饭于牖下,小敛于户内,大敛于阼,殡于客位,祖于庭,葬于墓:所以即远也,故丧事有进而无退。"(《礼记·檀弓上》)

小敛另用一床,仍取南北方向,置于厅堂户内两楹之间,用以置敛毕之尸。小敛通常是在死者离世之第二日晨,此时尸首已经僵硬,无法为之正常穿衣,因而只能采取把衣裹在尸首上的方法。具体的做法是：在堂之户内地上铺两层席，下为蒲席（"莞"），上为竹席（"簟"）；然后先放置好用以捆扎裹上敛衣之尸的束带（称为"绞"，因其色赤，也称"綪（qiàn）绞"），横的三条，纵的一条。然后铺上一层单被，再把早已准备好的衣裳十九称（"一称"犹今言一套，如衣、裳合称"一称"，袍、罩袍合称"一称"），按先"散衣"（日常所服之便衣）、后祭服的次序敞开铺设在单被上。由两个身份为士的人，到堂东之室内昨日停尸的袭床上把尸体迁到堂上户内席上铺设好的衣服上，然后把敞开的衣衽袍袖等将尸体裹将起来，连同单被掩合停当。与生时穿衣不同的是，为死者裹衣"皆左衽"（《礼记·丧大记》）。孔疏："衽，衣襟也，生向右，左手解抽带便也；死则襟向左，示不复解也。"最后将纵一横三共四条束带，把裹得鼓鼓囊囊的尸体紧紧捆扎严实，皆打死结，并移到床上，首仍然南向，继续盖上"夷衾"，陈尸于堂，小敛便算结束。士之丧，小敛毕，遮隔尸体的帷幕便可撤去，称为"彻帷"。

　　附带要说明四点：第一，为了把十九称敛衣铺设平整，允许将某几称散衣上下倒置。如有时因上衣质材较裳为厚，可能上部的衣叠加以后显得比下部厚；或有时因裳不能像上衣那样敞开，只能两层合在一起展开，可能下部的裳叠加以后显得比上部厚。这时为求上下厚薄匀称，可适当用倒置衣裳的方法调整之。但"祭服不倒""君襚不倒"（《仪礼·士丧礼》《礼记·丧大记》）。第二，小敛用衣"十九称"，自天子以下至士皆同。《礼记·丧大记》郑玄注："（十九）法天、地之终数也。"孔颖达疏引《易·系辞上》"天一、地二，天三、地四……"直至"天九、地十"云："天数终于九，地数终于十也。人既终，故云以天地终数敛衣之也。"第三，小敛和大敛时散衣与祭服之里外次序正好相反。小敛时将十九称敛衣铺设于席上时，先铺散衣，后铺祭服；待举尸移于服上随后裹衣于尸时，朝服遂在最内，而最外则为散衣。大敛则反之，好衣服先铺，日常衣服后铺，裹衣于尸时，常服就在内，光鲜衣服就在外了。第四，"自小敛以往用夷衾，夷衾'质''杀'之裁犹'冒'也。"（《礼记·丧大记》）夷衾为专覆尸、柩之衾，其形制有上"质"下"杀"之别，略如前文所述之"冒"而较大。这里须得先弄明白"夷"的意思，它与夷狄之夷毫无关系。《周礼·天官·凌人》："大丧，共（供）夷槃冰。"郑玄注："夷之言尸也。实冰于夷盘中，置之尸床之下，所以寒尸。尸之槃曰'夷槃'，（尸之）床曰'夷床'，（尸之）衾曰'夷衾'，移尸曰'夷于堂'，皆依尸而为言者也。""夷于堂"见《丧大记》："彻帷，男女奉尸夷于堂。"郑玄注："夷之言尸也。"而尸有"陈列"之义。故此"夷"字特指陈列尸体。明白了这点，我们才能知道"夷衾"名称的由来。

6. 大敛——尸体的包装（二）、入棺

大敛之于小敛，所以称"大"的原因，一是因为敛衣的数量较之小敛多很多，越尊贵者越多；二是因为大敛这个程序是以尸体入棺而告终的。

家里有人死亡，在发出赴告以后，亲、邻、故旧便由近及远络绎不绝来吊丧了。吊死唁生的同时，最普通的助丧方式是致送襚衣。死者等级越高，前来吊丧的人就越多，得到的襚衣也就越多。据《礼记·丧大记》说，大敛时所用之衣，君为一百称，大夫五十称，士三十称。有时臣向君之丧所致之敛衣超出百称，那就要汰其稍次者，不能全都用上。以至于《礼记·少仪》有这样的记载："臣襚于君，则曰'致废衣于贾人'。"郑玄注："言废衣，不敢必用敛也。贾人，知物善恶也。《周礼》：'玉府……有贾八人。'""玉府"是周王室天官之属的下设机构，职掌王之金玉、玩好等所有美物，有贾者鉴别玉等诸物之美恶贵贱。诸侯之府中当也有贾人司职辨物，故有上引《少仪》之言。可见臣所致之襚未必皆能用于亡君之敛。

大敛的时间，以士来说，照《仪礼·士丧礼》的记述，是在小敛下一天的早晨；大敛完毕，紧接着就是"殡"。而小敛则在士"始死"下一天的早晨。换句话说，士自死至殡，历经三日。但这应该不是春秋时期的规矩，而是由春秋到战国之间的过渡时期才出现的规矩。在春秋时期，按制度所规定，天子七日而殡，七月而葬；诸侯五日而殡，五月而葬；大夫三日而殡，三月而葬；士二日而殡，逾月而葬。这是刘向在《说苑·修文》中参照《左传·隐公元年》相关记载，修改了《礼记·王制》所反映"后春秋时代"士阶层兴起在殡葬制度上引起士上升至大夫同一档次（大夫、士皆三日而殡，三月而葬）的改革，而复春秋时期王制之原的说法（这里我们把《春秋》结束于哀公十六年之次年，至《资治通鉴》以周威烈王二十三年命魏、赵、韩为诸侯作起始之年之前一年，即公元前 478 年至公元前 404 年，暂称为"后春秋时代"，也即春秋到战国之间的过渡时期）。《礼记》在不同篇章中，对士死至殡的日数、至葬的月数，记载也互有歧异。除《王制》外，《杂记下》也说士和大夫都是"三月而葬"，《檀弓上》则记子思曰："丧三日而殡，……三月而葬。"孔颖达疏指明："三日而殡者，据大夫、士礼。"子思（前 483—前 402）为孔子之孙，生于春秋之末，死于战国之初，一生几乎正与"后春秋时代"相始终，他是儒家在这段时间内的代表人物。他所经历的这个时代，士已与大夫一样三日而殡、三月而葬了。《礼记》中多处出现同类记载，正是社会的发展引起丧葬制度的微调所致。郑玄为《礼记》作注，已经看出了这一点，所以他在《答赵商》中说："《礼记》之云，何必皆在《春秋》之例？"（《礼记》孔颖达疏引）杜预为《春秋左传》作集解，也同样看出了这一点，所以

他在《释例》中说:"《礼记》后儒所作,不正与《春秋》同。"但是《礼记》并非一人所撰,也有的篇章保留了春秋时期丧礼之旧,如《丧大记》就说:"君之丧,……五日既殡……";"大夫之丧,三日之朝既殡……";"士之丧,二日而殡"。与上举诸篇大夫、士皆三日而殡的记载不同。

弄清这一点很重要,春秋时期(至少是在春秋季年以前的时期)士的大敛,并不是如《仪礼·士丧礼》所叙述的在始死之后(第二天小敛)第三天的"质明"(天刚亮)时进行的,而是始死之日完成从"饭含"到"袭"的一系列正尸之事,次日"质明"小敛,小敛毕稍待即大敛,大敛毕即殡了:小敛、大敛、殡在一天之内完成。较之国君、大夫,礼节简了很多。春秋时期的士,分上士、中士、下士三等,上士、中士或有少量封地,或司职于公室,或为卿大夫家臣,下士则较贫。故士或与大夫连称(大夫士),或与庶人连称(士庶人)。"礼不下庶人",庶人若有丧事,更无丧礼之约束了。士之贫者,景况也与庶人差不多。刘向《列女传·贤明传》收有"鲁黔娄妻"一则,叙春秋末年鲁有黔娄先生者死,"曾子与门人往吊之","上堂,见先生之尸在牖下……覆以布被,手足不尽敛:覆头则足见,覆足则头见。"曾子出主意道:"斜引其被则敛矣。"黔娄妻回答说:"斜而有余,不如正而不足也。先生以不斜之故,能至于此。生时不邪,死而邪之,非先生意也。"这位黔娄先生是个贫穷的处士无疑了。他不但没有士小敛所需的十九称衣裳,大敛所需的四十称散衣、祭服,也没有掩形体的"冒""帽目""夷衾"之类。子路曾在孔子面前喟叹贫者之悲伤:"伤者贫也,生无以为养,死无以为礼也。"孔子说:"啜菽、饮水、尽其欢,斯之谓孝;敛首足形,还(xuán,通旋,速也)葬而无椁,称其财,斯之谓礼。"(《礼记·檀弓下》)孔子少时家贫,他对贫士的困苦不仅同情且有体验,他的贫者简葬即是礼的观点,也是务实的。想必黔娄妻多方设法,曾子及其门人稍作赙助,解决黔娄先生"敛首足形"、以一具薄棺从速入土为安的问题,应该是可以体面解决的。

与子思基本同时而略晚数年的墨子(约前483—约前402)反对儒家的繁礼、厚葬、久丧,指出"王公大人有丧者"们"棺椁必重,葬埋必厚,衣衾必多,文绣必繁,丘陇必巨",甚至"天子杀殉,众者数百,寡者数十",最后"国家必贫,人民必寡,刑政必乱"。他主张"棺三寸足以朽骨,衣三领足以朽肉",不分贵贱贫富,皆应节葬。较之孔子之贫士可以"称其财"而俭葬的论点,确是透彻多了。但在当时条件下,贵者富者是不可能听从的。所以诸侯之敛衣,袭时三称,小敛十九称,大敛一百称,合起来一百二十二称,再加上袭时的冒,小敛时的衾("夷衾"为临时覆尸用,敛时不捆扎在内),大敛时的纼(jìn)、二衾(qīn)(皆单被,纼有带可结,置于绞带之下,用以举尸;衾三幅之大被),至少就是一百二十七层布,其中凡袍必加罩袍方为一称,还有复衣复衾(夹衣夹被)、褶衣褶衾(也为夹衣夹衾而中空可以实以绵絮者)尚未计算在内。一个尸体,包上这么多衣裳裹起来,臃肿不堪是不用说了,其浪费之严重,不怪墨家要竭力反对了。大敛之后,大夫的敛衣是七十二称,士的敛衣也达到五十二称。不说其他葬具,光衣裳一项,社会财富随尸入圹就是惊人的。

大敛时,在堂前阼阶(东阶,古以其为主阶)之上,铺设上簟下莞两层席,然后先以绞摊开置于上,再在绞上放五条横的、三条纵的共八条绞带,两条衾一条是垫的先放上,随后一层一层铺以衣裳,要把君所赐的禭衣、祭服等贵重的衣服先展开放上,依次再放其他衣裳。除了数量不同,规则皆与小敛同。最后把另一条衾盖上,随后先纵后横把绞带全部捆扎完毕。此时,已经过小敛的尸体仍在堂内两楹之间的床上。春秋时期,死者若是卿大夫,国君有"视敛"的礼节。《礼记·丧大记》说:"君于大夫、世妇,大敛焉;为之赐,则小敛。"即"视敛"一般是视其大敛,有恩宠的,则视其小敛。"于士,既殡而往;为之赐,大敛焉。"对士,一般是在殡后前去,有恩宠的才视其大敛。《春秋》开篇隐公元年就记了一位鲁国大夫之死:"冬十有二月……公子益师卒。"益师为名,其字为众父,是鲁孝公之子,鲁隐公之叔父。《春秋》记鲁大夫卒,一般兼记月、日,此一例则仅记月而未记日。据《左传·隐公元年》说:"众父卒,公不与小敛,故不书日。"隐公在位十一年,期间除公子益师外,还有三位(五年之公子驱、八年之无骇、九年之挟)也皆未书忌日。整部《春秋》记鲁大夫卒只有五例不书忌日的(另一例为"宣公五年"秋之"叔孙得臣卒"),而隐公占其四,当是隐公因自己的身份只是为桓公年少代之而摄政的,在资深老臣前低调不以国君自居,故不行"视敛"之礼。春秋时期国君视敛不一定皆为视大夫之小敛,《礼记·丧大记》也记有国君临视大夫大敛之礼。《左传·襄公五年》记有"季文子卒",并云:"大夫入敛,公在位。"杨伯峻注就认为是襄公视季文子大敛:"据《礼记·丧大记》,大夫大敛,国君亲自看视,于东序端设置君位,面向西。大敛在堂上"云云。"大敛在堂上"之说不确。《礼记·坊记》录孔子语,《檀弓上》录子游语,皆谓"大敛于阼"。阼者,堂前阼阶之上之地。大敛铺设敛衣于阼,此时尸床在两楹之间,也即小敛于堂后室(正寝)之户内毕后,移尸于床以待大敛,此时尸在堂上。设席于阼,铺设敛衣于上已毕,方可移尸于衣上,结束停当,这才叫大敛。大敛是在阼上,而不是在堂上。堂上是小敛毕暂时停尸的地方。而且,大敛之衣结束停当还不算完事,要把尸体安放到棺内,才可称大敛毕。

7. 殡——停柩待葬与葬前准备

殡的地点是在西阶。古代筑堂必高于地,登堂要经由阶:阶的东部为主人登、降之处,称为阼阶已如前述;阶的西部为宾客登、降之处,称为宾阶或西阶。古代丧礼认为:人之死,亲人不忍心他马上离开这个家,所以对尸首的处置,是让它渐行渐远。当时的居处,多为朝南,前堂后室,堂有大小,室有多寡,贵贱不同,而规制大致如此。死者若是一家之主,他生前居于正室,死后"正尸",也在原居之室。室南向开有牖(窗)、户,一般牖在西,户在东。所谓登堂入室,登堂必由阶,入室必由户。而卧处之床,一般不会当户,而是当牖,即在室之西侧。所以"正尸"时,牖下南北向置二尸床。第一步饭含在内侧即西边一床,位置与他生前卧处最为贴近;含毕要"袭"时,移尸于东边另一床,表示开始向户移动。小敛时在户内,席地以裹敛衣,尚未舍得让尸出户。小敛毕,方奉尸停于堂。大敛在阼,虽已是出堂,仍还在主位。至于殡,就在堂前西阶所上之地。这里事先已掘好一个可以暂时置放棺的坑,称为肂(sì),将棺先置于其中;大敛既毕,即奉尸由阼移至西阶之肂,敛于棺中,盖上棺盖。所谓"在床曰尸,在棺曰柩"。盛柩之肂,遂称为殡宫。西阶为宾阶,虽也在生前所居堂之外,却已渐远而至于宾位,宾者,终将离去、仅在此暂驻之意。《说文》:"殡,……从歺、宾,宾亦声。""宾"既是声符,又是意符。段玉裁注《说文解字》认为传本《说文》释"殡"之文有讹误,校改为:"殡,尸在棺,肂于西阶,宾遇之。"肂用作动词,末句为待之如宾之意。

自始死至殡,天子要七天,诸侯五天,大夫三天,士仅二天。这是因为天子之崩要赴告远国,远国又要国君亲吊(春秋时已绝少国君亲吊之例)或派卿为代表前去吊唁并致襚之类,没有七天,按当时的信息传播和交通条件,是难以完成的。从尸体保存方面说,天子冢宰之属官有凌人,掌严冬采冰藏于冰窖,春、夏、秋可取之以寒尸,停尸七日而始敛、殡,不必担心尸体会腐烂。各诸侯国同样也有藏冰之窖,国君薨五日而殡同样没有问题,而邻国、同盟、姻亲等五日之内来吊,时间大致上也可以够了。大夫有丧事,可得到国君赐冰,其来吊者主要是同位,多在一国之内,故三日而殡也尚相宜。士之二日,一来因位卑财少圈子小丧事简,二来也因无君赐以冰之待遇,若丧于暑月,尸不可久留,故礼自必从之而减省。

至于殡而待葬月数之多少长短,也与葬礼之因贵贱而繁简不同有关。春秋时士逾月即葬,是因其葬得俭省简单,葬前准备所费财用、所耗时日气力自然就少。上文述孔子回答子路"(贫士)死无以为礼"之叹,说:贫士亲亡,以衣、棺敛其头首及足,形体不露,速葬而不必待至逾月,只要"称其财"以送终,就"斯之谓礼"了。

这种不拘礼也谓之礼,恐是当时现实社会中屡见的,孔子也不得不无奈而默认。敛而即葬,殡这个环节就没有了。

再说了,"殡于西阶",君与大夫的居处,自然有堂有室,也才能有阶。贫士所居,岂必有阶,无阶则何来西阶,又何谈殡于西阶。孔子本人,也曾有过母死而枢无地可殡的尴尬。《礼记·檀弓上》:"孔子少孤,不知其(父之)墓。殡(母枢)于五父之衢,人之见之者,皆以为葬也。其慎也,盖殡也。问于郰曼父之母,然后得合葬于防。"五父之衢是鲁国国都曲阜东南一条大通道,孔子殡母枢于此,有打探其父叔梁纥墓在何处之意,但是恐也是家无西阶可殡之故。母征在之葬,恐也未必逾月,敛而谋求父墓所在,即往合葬。他对贫士"称其财"俭葬其亲持宽松的标准许之以"斯之谓礼",是糅入了切身体验在内的。

从《左传》的记载看,春秋时期诸侯之丧,也有并不殡于西阶的情况。下举三例,似可证明春秋时国君与夫人有异于大夫、士,是殡于祖庙的:"僖公八年":"秋,禘而致哀姜焉,非礼也。凡夫人,不薨于寝,不殡于庙,不赴于同,不祔于姑,则弗致也。"哀姜是鲁庄公夫人,因其与庄公弟共仲通奸,庄公死后,又与共仲合谋先后杀死嗣子子般与闵公,欲立共仲为君,为国人所不容。共仲逃亡到莒国,哀姜逃亡到邾国。后共仲无路可走自缢死,哀姜则为齐桓公派人杀死于夷地,归尸于鲁。时鲁僖公初即位,因哀姜毕竟是庄公之嫡夫人,于僖公虽非生母却有嫡母的名份。故僖公请得齐桓公同意,将哀姜安葬了。到了第八年秋七月,在周公太庙举行禘祭时,还把哀姜的神主牌位供进了祖庙,排列了昭穆位次。《左传》作者记了这事后,评之为"非礼也"。因为哀姜虽有夫人的名义,但她被齐人诛杀于国外,既非薨于寝(指夫人所居宫中正室),也未殡于庙,死不曾赴告同盟之国,葬后又未曾在祖庙举行与姑(婆婆)合享之祔祭。这些条件均不具备,依礼是不能允许把她的神主牌位供进祖庙的。这些条件中特别令人关注的是"殡于庙"。因为其他几条,在礼书经传中都看到过,独独"殡于庙"不见于"三礼"。杜预注把"不殡于庙"释为"不以殡过庙",但如联系下举"晋文公卒","将殡于曲沃"之例看,此释并不恰当。《左传·僖公三十二年》:"冬,晋文公卒(据经,卒于十二月己卯)。庚辰,将殡于曲沃。"庚辰为卒日己卯之次日,而曲沃为晋文公祖庙之所在地。以此例来看,文公之殡于庙,并不仅仅是按"五日而殡"之常规言,而是卒之次日,也即在沐浴、饭含、袭等"正尸"程序初步完成后,即移尸至庙,则殡前的重要环节小敛、大敛,似乎也是到祖庙中完成的。当时晋都绛(又称翼,地在今山西翼城东南),距曲沃(今山西闻喜东北)并不甚远。孔疏云:"卒之明日即将殡者,以曲沃路远,故早行也。"此说似未得要领，说服力不强。孔疏继而又云："下云棺有声，明是敛于棺而后行也。"《左传》下文确有"出绛，柩有声如牛"之记。但是否死仅一日即已匆匆大敛入棺，赶至曲沃速则一日、缓则二日之路程，遂三日而殡；抑或仅权将尚未及小敛、大敛之尸暂厝于棺以方便运抵曲沃宗庙，至则再出尸补行小敛、大敛之礼，然后五日而殡之：似后者之可能性更大。《左传》传递的这些信息，在现存礼书经传中是看不到的。《仪礼》只存《士葬礼》，是否别有"君葬礼""大夫葬礼"不可知。"殡于庙"的真相和细节究竟如何，值得进一步探讨。

速葬

又襄公四年经："秋七月戊子，夫人姒氏薨。……八月辛亥，葬我小君定姒。"杜预注："逾月而葬，速。"定姒是鲁襄公之生母，但并不是襄公之父成公的嫡夫人。鲁成公十四年娶齐女为夫人，无子。四年后，成公薨，姜定姒有子即位，是为襄公。定姒母以子贵，也得以用夫人之礼书薨书葬。成公之嫡夫人齐姜，已早于定姒两年，在襄公二年薨、葬，用的当然是夫人之丧礼。当时鲁国的执政大夫是正卿季文子。五年之内，他经办的诸侯、夫人级别的丧事已达三桩：襄公即位前一年，成公薨，夫人姜氏年少，襄公尚幼，季文子自当尽心操办国君的丧事，一切循规蹈矩，殡五月而葬。谁知葬不到一年半，襄公二年五月，成公夫人姜氏因年轻守寡，心情悒郁，哀怨致疾，竟也随夫而去。丧事的操办自然又是季文子的事。这次他有点简慢了，姜氏离世以后，按君夫人级别本应"五月而葬"，以充分的时间做好高规格的准备工作，至九月方风风光光举行葬礼。但季文子却想省事，到七月就落葬了。消息传到齐国，齐姜的哥哥齐灵公不乐意了。凭什么三个月就葬了？我妹妹嫁的是大夫吗？齐灵公是个不靠谱的人，当即命令"诸姜"（姜姓女子嫁给在齐国任职之异姓大夫者）、"宗妇"（同姓大夫所娶之妇）组成送葬团队，浩浩荡荡开到鲁国，为鲁成公夫人齐姜会葬。这个动作，在当时是非礼的。前文曾引《礼记·檀弓下》："妇人不越疆而吊。"郑玄注："（妇人）不通于外。"何况组团会葬呢！齐是大国，季文子确实感到了来自成公夫人娘家的压力，被迫做了件也属不大靠谱的事：把齐姜的婆婆、鲁宣公夫人穆姜（当时尚在世）为自己一旦去世预作准备的山楸木棺材和随葬物颂琴拿了去，给齐姜的葬礼临时凑个数，撑点儿门面。山楸木棺材在春秋时是高等级棺材，还用高雅的颂琴陪葬，齐之诸姜、宗妇们不明就里，还觉得鲁国安葬齐姜排场还说得过去。《左传》作者却引君子之语评曰："非礼也。礼无所逆（上下颠倒）。……亏姑（婆）以成妇（媳），逆莫大焉。"这件事被季文子混了过去，也就罢了。谁知风云不测，祸福难料，又过了两年，襄公生母定姒也撒手人寰走了。五年三场大丧事，季文子实在疲于应付了。好在襄公还是个孩子（此时七周岁八虚岁），定姒娘家又是个小国（杜注以为杞国，《公羊传》何休解诂以为莒国，孔广森《春秋公羊通义》则以为鄅国。孔说后出，较为合理），孩子好哄，小国好糊弄。负责后事硬件方面的匠庆来请示赶做棺材用什么木料，季文子只以一字回复："略！"用今天的话说，就是"一切从简"。匠庆看定姒的丧事办得确实草率，虽然发了赴告，也小敛、大敛了，却"不殡于庙，无椁，不虞"。便对季文子说："子为正卿，而小君（指定姒）之丧不成（指丧事办得不周全）"，"君长，谁受其咎？"襄公长大懂事以后，追究起罪责来谁担当呢。匠庆想，国君的母夫人棺材的木料没有着落，季文子自己却在蒲圃东门之外栽了六棵山楸树，已经成材，是上好木料。即使他有了事儿，一个人也用不完。便自作主张伐了两棵，为定姒赶造了棺材。季文子知道了，倒也不加阻止。这事就表过了。接着《左传》作者又引君子的评语说："《志》所谓'多行无礼必自及也'，其是之谓乎！"这里怪季文子"多行无礼"，显然指的是定姒的丧事办得礼数有不到之处，也就是传文提到的"不殡于庙""无椁""不虞"。杜预注仍把"不殡于庙"解释为"殡不过庙"，孔颖达为他申述道："此及僖八年《传》皆云'不殡于庙'以为非礼，知其将葬之时不以殡过庙耳，非是殡尸于庙也。"杜之解释、孔之申述皆牵强不合《左传》文意。僖八年传文前已与僖三十二年传文一起评析过了，这里又提到"不殡于庙"为非礼，只从三件事的次序排列，就能知道"殡于庙"并非临葬之前用赗马把殡柩拉到祖庙去行朝拜之礼的意思。若是那样，"无椁"怎么的也要列为第一条，棺材还没有，怎么殡啊。孔颖达也觉得这个次序有点乱，所以他疏解时作了调整，把"无椁"排在"非礼也"的第一条："椁者，亲身之棺，初死即当有之。将葬，以殡过庙。葬讫，乃为虞祭。"他以大夫、士的常规丧事顺序来解读原文，因而未能从异常的次序中参悟出春秋时国君、夫人的丧礼中恐怕有"殡于庙"的特殊礼制。殡于庙，应该指在祖庙中停尸待葬，而并非以殡过庙。

从上引《经》文可推算出，定姒从始死到落葬，非但没有五个月，也没有三个月，而是像士一样"逾月"即葬，甚至实际算起来，仅仅只有二十三天而已。被杜预称之为"葬速"，并且几乎可以提名为春秋时期国君、夫人级别的速葬冠军了。唯一可以与她竞争的是晋厉公，《左传·成公十八年》记他"正月庚申"（五日）被栾书、中行偃派人杀了，就地葬在晋之旧都"翼东门之外"，只"以车一乘"（诸侯葬车应有七乘）。杜注评曰："不以君礼葬。"但经传均未记他葬于何日，难以确知他从死到葬共有几日。且他是非正常死亡，与定姒以君夫人身份葬不可相提并论。其实,季文子也有他的无奈,五年三葬,若都要厚葬,鲁国公室的财力恐怕也支撑不起,只能一葬不如一葬了。至于季文子,从宣公八年起担任鲁国正卿到襄公四年,执掌国政已三十二年了。他确实老了,把定姒葬完以后一年四个月,他自己也逝世了。季氏家的总管盘点他家器物看有没有可以殉葬的东西,发现他没有穿帛的妾,没有食粟的马,不收藏金玉之器,没有贵重的珍宝。于是,当初那些批评他"无礼也"的君子,又发出了由衷的赞叹:"相三君(宣公、成公、襄公)矣,而无私积,可不谓忠乎!"("襄公五年")实际上他简葬定姒,减省葬礼中的繁缛细节,未尝不是一种进步的改革。可惜季文子只是"草率"了一把,遭到指责以后,便没有了下文。而春秋时期称霸时间最久长的晋国,却从晋襄公卒起,悄悄地把"诸侯五月而葬",减为三月而葬了。晋襄公八月卒,执政正卿赵盾十月就把国君葬了。挂着两头仅三个月,相当于大夫之礼。此后,虽未定为制度,却大致沿之而习以为常。亦有个别国君(如景公)五月而葬(见《左传·成公十年》),在晋国反而成为非常态了。但杨伯峻《春秋左传注》于文公六年"冬十月,襄仲如晋葬襄公"下云:"晋自襄公以后,皆三月而葬。"则言之过于绝对而不合实际了。

缓葬

也有相反的情况,即殡而待葬的日子超过了规定,这大致有三个原因。一是因乱而死或死后有乱。如隐公四年三月戊申卫州吁弑其君(卫桓公),欲自立,而为石碏所除,当年十二月,卫立公子晋,是为宣公。因这一乱,卫桓公之葬礼就拖到了第二年的四月才举行,从死之月起算达十四个月(参《卫石碏大义灭亲》一文)。又如《左传·闵公元年》记:"夏六月,葬庄公。乱故,是以缓。"鲁庄公死于上年八月癸亥,若按正常丧礼,应葬于当年十二月。因庆父作乱,派人刺杀嗣君子般,又为掩人耳目不敢自立,仓促立年不满八岁的闵公,因而缓葬了六个月。此外,如齐襄公因乱被弑,死后两弟子纠与小白争立,九月乃得葬,缓了四个月(见庄公八年传)。齐桓公死后,六公子争立,齐国大乱。待次年宋襄公以诸侯师伐齐,夏五月立孝公而还;秋八月,春秋第一霸主齐桓公方得以葬(见僖公十七年、十八年传)。始死至葬已十一个月。类似因乱而缓葬之例还有不少。二是因厚葬而意在僭越。《左传·成公二年》:"宋文公卒,始厚葬:用蜃炭,益车马,始用殉,重器备,椁有四阿,棺有翰、桧。"《春秋》记其卒于鲁成公二年八月,葬于三年二月,僭"天子七月而葬"之礼。其厚葬之内容,也多有僭越意。如葬"用蜃炭",蜃为大蛤,周王室地官之属有"掌蜃"之职,收敛蛤蚌之壳,烧为炭,谓之"蜃炭","以供闉圹(填塞墓穴)"之用(《周礼·地官·掌蜃》)。郑玄注引郑司农说:"以《春秋传》曰始

'用蜃炭',言僭天子也。"贾公彦疏:"未施椁前,已施蜃灰于椁下,以拟御湿也。引《春秋》者,是'成公二年'宋文公卒,始厚葬,用蜃炭。虽二王之后,不得纯如天子亦用蜃。"杜注以"蜃炭"为一物,得之。烧蜃为炭,谓之蜃炭;犹烧木为炭,谓之木炭。而杨伯峻《春秋左传注》不从郑司农、郑玄、杜预之说,独以刘炫释蜃炭为"用蜃后用炭"为是,力挺"蜃""炭"为二物。周王室秋官之属有"赤犮氏"之职,"掌除墙屋,以蜃炭攻之,以灰洒毒之"(《周礼·秋官·赤犮氏》)。郑玄注:"除墙屋者,除虫豸藏逃其中者。蜃,大蛤也。捣其炭以坋之,则走;淳之以洒之,则死。"贾公彦疏:"淳(zhūn),即沃也,谓洒沃以汁则死也。蜃炭,《地官·掌蜃》'以供蜃炭'。蜃炭,谓蜃灰是也。"此更可证"蜃炭"为一物,而非二物。蜃炭乃天子圹中及王宫除虫所专用之物,既可防湿干燥,又可除虫消毒,木炭则一般之物,春秋时晋卿赵简子及富人墓葬皆用之(见杨注所引,唯"赵简子"杨注误作"赵襄子"),未能凸显宋文公之厚葬僭天子之礼,故辩之如上。再则,"始用殉",说明宋自微子以降未尝从殷先王以人殉葬之习,而宋文公用之,岂非有复先王旧制之意? 至于"椁有四阿,棺有翰、桧",杜预谓"皆王制",杨注有释,可参。在所有"缓葬"之例中,宋文公七月而葬意在僭天子礼,是一个特例。三是因故死于国外尸归有曲折而缓葬。如鲁庄公夫人哀姜因参与情夫庆父弑闵公,逃亡至邾,遭齐桓公惩罚杀之于夷(地名),死于僖公元年七月,当年十二月丧柩方自齐归鲁,僖公二年五月葬,共历十一月。又如鲁卿公孙敖,于文公八年冬受命赴京师吊周襄王丧,却半途折至莒国会情妇己氏,并流亡于莒国不返。晚年思归故国,文公十四年九月,中道死于齐。其子请求归尸而葬,再而方许。《春秋》系"齐人归公孙敖之丧"于文公十五年夏,未书葬之月日。就以夏为初夏四月,且归丧即葬,自始死至葬,也缓至八月了。再以鲁昭公为例。他因不满季氏擅权,特别二十五年秋,发生了"将禘于襄公,万者二人,其众万于季氏"这种使孔子认为"是可忍孰不可忍"(《论语·八佾》)的事,便于九月中旬伐季氏。终因"三桓"联合势众而败,遂被逐流亡于齐、晋殆八年。三十二年十二月薨于晋邑乾侯。"定公元年"六月,其丧柩始归国;七月,得以葬之。死至葬已八月。春秋时期出现的缓葬,大致出于上述三种原因。但缓葬之"冠军"周桓王(鲁桓公十五年三月崩,鲁庄公三年五月始葬),本应"天子七月而葬",他却七年而葬了。至于其原因,《春秋左传》记之不详,只在死前一月,《春秋》有"天王使家父来求车"之实录,似乎周王室在丧葬上有点财力不足的问题,但也不至于拖到第七年方能下葬;又《左传·桓公十八年》记周桓王在世时立太子佗为嗣君,而有宠于佗之弟王子克(字子仪),并嘱托卿周公黑肩特别照顾。桓王死后,佗立,是为庄王。而周公逐渐滋生了弑庄王以立王子克之意。大夫辛伯劝谏周公不要搞"嬖子匹嫡""两政乱国"之事,周公不从。辛伯便向庄王检举揭发了,并"与王杀周公黑肩",王子克也"奔燕"了。那么这事在桓王死后第四年也已解决,其后王室别无他闻,为什么周庄王要又拖三年方葬生父呢。这个历史谜团,就很难解开了。

所以在葬礼之前要殡七月、五月、三月、二月,是为了要替葬礼做好规格不同的各种准备。主要有以下几项:

准备好椁材和明器

《礼记·檀弓上》:"既殡,旬而布材与明器。"殡后十日,要布椁材以晒干之。春秋时的椁,不同于战国以后的外棺,它不成棺形,只垒木以成。古代对垒椁材用了一个很形象的词语叫"井椁",即把椁材像井字一样垒起来。《仪礼·士丧礼》有"既井椁"之文,郑玄注:"匠人为椁刊治其材,以井构于殡门外也。"又如上引《周礼·地官·掌蜃》郑玄注中就用了这个词语:"将井椁,先塞下以蜃(指蜃炭),御湿也。"椁材最好的是柏树中心的黄木,称为黄肠。垫于棺下的椁材是纵横平垒的,作用是使棺木底部不接触泥土,是下棺之前就放置的。棺材四周的椁材则是竖置的,目的也是使棺木自有空间,不与四周的泥土接触,以尽量延迟其腐朽,是下棺之后放置的。椁棺之间有一定距离,间距之大小视死者贵贱而异。《檀弓上》又说:"柏椁以端,长六尺。"郑玄注:"以端,题凑也,其方盖一尺。"题,即额头,柏椁垒至上方,皆朝向中心,有如额头相凑,故称题凑。此椁材一尺见方,长六尺。黄肠题凑,是古代等级极高的葬具。"明器",指用陶土竹木制作的仿生随葬品,《檀弓下》:"其曰明器,神明之也。涂车刍灵,自古有之,明器之道也。孔子谓为刍灵者善,谓为俑者不仁,殆乎用人乎者。"所以《孟子·梁惠王上》引仲尼曰:"始作俑者,其无后乎!"作俑不仁,人殉当然更无人道了。"刍灵",是用茅草扎成人马之形,也用作陪葬。茅草所扎之人形仅具象征意义,不似俑面目服饰与人全同,使人想起人殉,故为孔子认同。

筮宅或卜宅

所谓"宅",指的是葬地。后世细分之又有宅、兆(垗)之别,《孝经·丧亲》:"卜其宅兆而安措之。"邢昺注:"宅,墓穴也;兆,茔域也。"《广雅·释邱》:"宅垗、茔域,葬地也。"春秋时卜、筮并用,由《诗·卫风·氓》"尔卜尔筮"可知。而无论卜筮皆不可信,由上引《氓》诗之下句"体无咎言"(体,指卜之兆、筮之卦)与故事的结局大相径庭亦可知。但春秋时代的人是很迷信卜、筮的,而当时的观念,又以为卜比筮要强,《左传·僖公四年》卜人(史苏)所谓"筮短卜长"。据说是因为龟著象而筮衍数,象在先而后有数之故,但与筮用蓍草程序简、成本低,卜用灼龟甲,程序繁、成本也高,不无关系。因而当时的规定,要上大夫以上才能卜宅,下大夫与士则只能筮宅(见《礼记·杂记上》)。

其实无论卜宅还是筮宅,对大夫、士而言都只是走走过场,用哪一块墓地并非自己任意挑的,而是由有司掌墓地兆域的"冢人"按贵贱等级、宗族关系、昭穆次序等"营之"("冢人营之"见《仪礼·士丧礼》),由他说了算的。如士筮宅,冢人先给他在宗族的兆域中指定一块地,大致按墓穴尺寸,在南北向的四角各挖掘一畚土,置壤于角外;又在中央部位挖一畚土,置壤于南边两角连线之外:这就是士之死者"阴宅"的所在了。然后由筮者和占者二人,按规定仪式、程序,一个揲(shé)蓍定爻,一个口占卦辞。从他们的穿着上也可以看出:筮者穿的是"练冠长衣"(《礼记·杂记上》),属凶服;而占者穿的是"朝服"(同上),属纯吉之服。从穿纯吉服的人嘴里说出的,自然多数是好口彩的话。于是,筮宅的"双簧",冢人也满意,死者家属也满意了。"卜宅"因为是给上大夫以上的大贵族卜的,除占者穿纯吉服"皮弁"外,卜者穿的也不是纯凶服了,而是凶服中杂有吉礼色彩的服装(同上并郑注)。其结果,当然也可想而知。

《礼记·檀弓上》记了一个对"卜宅"持开明态度的齐大夫国子高(他可能是"后春秋时代"的人了)。他有一段名言:"吾闻之也:'生有益于人,死不害于人。'吾纵生无益于人,吾可以死害于人乎哉!我死,则择不食之地而葬我焉。"郑注:"不食,谓不可垦耕。"凭他这番话,也不能说全无益于人了。

卜葬日

《礼记·杂记上》:"大夫卜宅与葬日。"此大夫指上大夫卿。据《仪礼·士丧礼》,士(也包括下大夫)对葬日的确定也是用卜而非筮。上大夫卜"葬日"很为隆重,"大宗人相,小宗人命龟,卜人作龟"(《礼记·杂记上》)。据孔颖达疏,大宗人就是《周礼·春官》的大宗伯,是卿。小宗人就是小宗伯,是中大夫。郑玄说:"相",就是来"佐威仪";"命龟",就是"告以所问事";"作龟",就是"灼之以出兆"(兆谓预示吉凶的裂纹)。士卜"葬日",规格当然要低很多,代替大宗伯的是族长,一族之长;代替小宗伯的是宗人,是族内主持礼事的家臣;卜人抱龟,还有一个助手执燋(引火之物),还有三个占者掌察看"三兆"(所谓玉兆、瓦兆、原兆)以定吉凶(见《仪礼·士丧礼》)。阵容也颇为强大。据以推断卜诸侯、夫人之葬日的,一定是集国内卜史之精英了;卜占出的吉日,一定是兆象几经探赜索隐,钩深致远,极为可靠的了。然而却不。《左传·宣公八年》,经云:"夏六月……戊子,夫人嬴氏霓。""冬十月己丑,葬我小君敬嬴,雨,不克葬。庚寅,日中而克葬。"十月己丑葬鲁宣公之母夫人,一定是经过不止一次的卜,反复地占,才得出的吉日;为什么葬得如此不顺利?《左传·定公十五年》,经云:"夏五月……壬申,公薨于高寝。""九月……丁巳,葬我君定公,雨,不克葬。戊午,日下昃,乃克葬。"春秋时葬礼,例皆于日出时举行,一是"周人尚赤"的表现,二是葬之日葬毕以后,礼尚繁多,比如要反哭于庙,这是周代丧礼中一个重要环节;反哭以后,主人与有司要察看虞祭所用之牲;有司还要用几筵、祭馔放置于墓左以礼地神,拜托地神照顾墓中死者之形体(皆据《檀弓下》)。又如"日中而虞",虞祭也是重要之祭,必须在葬毕以后、日中以前完成以上多项活动,才能准时举行此祭。如果像上举两例"雨,不克葬",直到第二天"日中"甚至第二天"日下昃"(下午稍晚时)才"克葬",不是整个丧事的程序都要乱套了,这样卜出来的好日子,又有哪一点称得上好呢?

除道

也就是清除送葬队伍从家到墓地的道路(东乘即四马一车之道)。"赗车"载柩、"赙车"载送葬之人,都要走这条道。

《左传·昭公十二年》:"三月,郑简公卒。将为葬除。""除"即指除道。郑国上大夫游吉(子大叔)的祖庙正当丧车所经之道,照规矩要拆掉。子大叔知道主持清道的子产是一个有爱心的人,便叫家里的下人手拿拆庙工具,站在那里等子产来,教他们:"子产要经过这里,问为什么不拆,你们就说:'不忍心祖庙啊!诺,这就开始拆了。'"就这么着,子产就下令别拆了,改道吧。还有一个管理公墓的中士之家,也挡了车道了。拆除了,早上就能安葬好;不拆除,就得绕道,增加许多里程,安葬完怕要到正午了。子大叔自己得了便宜,就不管别人了,说:"拆了吧,不拆,诸侯国来的宾客要耽误时间怎么办?"子产说:"诸侯之宾能来会葬,岂怕等到日中?无损于来宾,而不害及士民,何故不为?"于是也不拆除。葬礼完成果然到了中午。"君子谓子产于是乎知礼。礼,无毁人以自成也。"

《礼记·檀弓下》记了一则另一种类型的人的故事。孔子有一个弟子叫高柴(又称季子皋),"葬其妻,犯(侵犯)人之禾"。子张的儿子申祥向他反映,并请他赔偿人的损失。子皋当时在鲁国"三桓"之一的孟氏手下当一个邑宰,他不以为然地说:"孟氏不因此事而怪罪我,朋友不因此事而抛弃我。我在这里是一邑之长,而要买道葬妻,后来之人难以为继啊!"小小一个邑宰如此损民还振振有辞,与一国之卿的子产形成多么鲜明的对比。孔子虽然没有教育好自己的学生,但他评子产"其养民也惠,其使民也义"(《论语·公冶长》),听到子产去世的消息,"出涕曰:

'古之遗爱也。'"(《左传·昭公二十年》)对子产作出了极高而中肯的评价。

以上就布材与明器、筮宅(卜宅)、卜葬日、除道这四个大的方面的问题,讲了士、大夫、国君、天子从殡到葬为什么要留二月、三月、五月、七月那么大的时间空隙,作了部分的解释。《荀子·礼论》有云:"故殡(指大夫、士之殡),久不过七十日,速不损五十日,是何也? 曰:远者可以至矣,百求可以得矣,百事可以成矣,……然后葬也。""故三月之葬,其貌以生设饰死者也,殆非直留死者以安生也,是致隆思慕之义也。"说的虽是战国时期儒家的观点,对春秋时期的丧葬制度,也有一定的阐释作用。

8. 葬前诸礼——从最后的殡前"夕哭"到启殡朝庙

既夕哭

既,义为"已",引申为停止之意。夕哭,特指殡前朝夕之哭中的夕哭。最后一次殡前夕哭,预示着从明天起,殡将发生变化。

请启期

停止殡前夕哭以后,当夜就要走一个族中管理人员(当时也叫"有司")向丧主请开殡出柩日期的过场。说走过场,是因为这个日期是早就确定了的。它取决于两点,一是已经通过卜或筮定下的葬日,二是丧主的身份。《礼记·王制》说:"天子七庙,三昭三穆,与大祖之庙而七;诸侯五庙,二昭二穆,与大祖之庙而五;大夫三庙,一昭一穆,与大祖之庙而三;士一庙。"这可能是春秋时期的制度,郑玄注补充道:"(一庙)谓诸侯之中士、下士名曰官师者。上士二庙。"从下往上说,既夕哭、请启期,对中士、下士来说,要在葬前二日进行;对上士说,要在葬前三日进行;对大夫说,要在葬前四日进行;诸侯在葬前六日;天子则在葬前八日进行。

启殡之期定下后,要广告亲、宾。

始启殡

请启期之明日,天还没亮,就在祖庙门外陈列三鼎(据士的规格为例),"正柩"用的夷床和食品设于阶间。二人秉烛立于殡门外,由诸祝开殡起柩。

迁柩朝庙

柩自殡中起出后,士、下大夫(?)用辁轴,天子、诸侯、上大夫用輴(chūn)车(天子之輴车画龙,称龙輴),迁之至祖庙,向先祖朝拜。祝捧"重"(chóng,临时代作神主牌位之用)在前开路,用以奠祭的酒食紧跟其后,柩之前、后各以一烛照明从之,最后是主人在右、主妇在左,其余各以五服亲疏、长幼为序,男随主人后,女随主妇后,来至祖庙。《礼记·檀弓下》:"丧之朝(cháo)也(郑玄注:朝谓迁柩于庙),顺死者之孝心也。其（指死者）哀，离其室也。故至于祖考之庙而后行。殷朝而殡于祖，周朝而遂葬。"

朝庙之礼，一日朝一庙。中士、下士一庙朝毕，明日即葬。如大夫三庙（祢庙、祖庙、大祖庙），则由近及远，以三日分别朝之，第四日葬。其余类推。

朝庙之时，因庙皆南向，柩正于两楹之间，首始北向。此前，凡始死、饭含、袭、小敛、大敛、殡，尸或柩皆南首，从其生前的状态。自朝庙至于葬，皆北首。

9. 葬礼

朝庙之礼结束，要"终夜燎"，即燃火把照明以达旦，以待第二天天不亮就要出发行葬礼。《礼记·杂记上》："士丧有与天子同者三：其终夜燎，及乘人，专道而行。"乘（shèng），车辆。春秋时一乘四马。这里的"乘"，借指载柩之车，"乘人"，是说载柩之车在去墓地的路上，不由马拉，而由人牵引。这牵引车的绳索，就称为"引"。葬礼中另对下棺时所用绳索有一个专名，叫"绋"或"綍"。（绋、綍二字音同，古读皆作入声字"不"之音，今读皆作 fú，为同音通假字。因二字皆多义，仅"引柩索"一义相同，余义不相通，故非异体字。）今辞书中对"引"与"绋""綍"每有相混处，容下文再辩。郑玄注释"乘人"云："谓使人执引也。"又释"专道"云："人辟（避）之。"孔疏又换一个角度解释："谓丧在路，不辟人也。"这三条，据说从天子到士都是一样的。

送葬

在丧礼中，送葬比吊丧份量要重一些。诸侯之间遣使吊丧，遣使会葬，后者的级别比前者高一等。《左传·昭公三十年》："先王之丧，士吊，大夫送葬。"又昭公三年记："昔文、襄之霸也（杜注：晋文公、襄公）……君薨，大夫吊，卿共葬事；夫人，士吊，大夫送葬。"霸之与未霸，君之与夫人，吊、葬之使者等级有差异，却是水涨船亦高，葬总是比吊高一等。但偶而也有吊、送葬由一人兼的，如《左传·昭公三十年》："夏六月，晋顷公卒。秋八月，葬。郑游吉吊，且送葬。"郑国自子产死后，即由游吉继为执政，他以上卿身份吊且送葬，对晋国已是极尽以小国服侍大国之礼了。而晋国方面竟还不满，责问游吉吊丧是他、送葬还是他，是"何故？"并暗示他："何不从旧？"从游吉的回答中可以知道，原本"旧"，是指"晋之丧事，敝邑之间（闲），先君有所助执绋矣"；上卿游吉来吊丧了，送葬该高一级，是否郑君亲自来啊。游吉严辞而婉拒之，"晋人不能诘"。另一例见《左传·哀公二十三年》："春，宋景曹卒。季康子使冉有吊，且送葬。"并教冉有代表他说几句外交辞令：鄙国有社稷之事，肥（季康子名，自称）职务繁忙，所以"不得助执绋"，只能派求（冉有名求字有）荐赗马于夫人之宰云云。冉有是季氏之宰，身份是士，由士吊夫人之丧是可以的，兼送葬级别就不够了。但宋国不比晋国那样霸道，且宋景公还是季康子的外祖父，就没向冉有提出什么责难。

上引《左传》二例都提到"执绋"。《礼记·曲礼上》："助葬必执绋。"郑玄注："葬，丧之大事。绋，引棺索。"同上："执绋不笑。"《檀弓下》则说："吊于葬者必执引。若从柩及圹，皆执绋。"郑玄注："示助之以力。车曰引。棺曰绋，从柩赢者。"孔颖达对这段注做了疏解："引，柩车索也。吊葬本为助执事，故必相助引柩车也。及，至也。绋，引棺索也。凡执引用人，贵贱有数。若其数足，则余人不得遥行，而散而从柩也。至圹，下棺窆时，则不限人数，皆悉执绋，是助力也。引者，长远之名，故在车，车行远也。绋是拨举之义，故在棺，棺唯拨举，不长远也。云'从柩赢者'，赢，余也，从柩者是执引所余赢长者也。何东山云：天子千人，诸侯五百人，大夫三百人，士五十人，赢数外也。"可见，郑玄和孔颖达对"引"和"绋"的含义和作用有很明确的区分；不然，《檀弓下》那三句话十五个字中，何必前边刚用"执引"，后面又另用一个"执绋"。引是拉柩车的绳索，比较长。绋（绰）是下棺入墓穴时所用的绳索，不及"引"长。"执引"的人数有额定，"执绋"的人数无额定。但新编《辞海》在"发引"这个词条中引吴荣光《吾学录·丧礼三》云："挽车之索谓之引，亦谓之绋，……《礼·檀弓》所谓'吊于葬者必执引'，《曲礼》所谓'助丧必执绋'，皆是物也。"把"引"与"绋"混而为一，非《礼记》义。《辞源》修订本之"引布""发引"等词条中也有类似混淆处。杨伯峻《春秋左传注》昭公三十年"执绋"下释"绋"为"挽柩车之大绳"，也与春秋时期的实际用语习惯不符合了。杨注之误，实源自杜注，杜注已释"绋，輓索也"，《说文》："輓，引车也。"是晋人已不辨引、绋（绰）之别。后世混用无妨，但须知春秋时二字适用领域不同。

棺制

《礼记·檀弓上》说："天子之棺四重。"并列述最里一重是用水牛皮（厚三寸）加上兕（犀牛）皮（厚三寸）拼合制成的。其外一重称杝棺，杝（yí），《尔雅》作"椸"（字同），郭璞注："白椴也。"郝懿行疏："今椴木皮白者为白椴，……材轻耐湿，故宜为棺也。"杝棺对天子说是第二重棺，但对诸侯来说又是第一重棺，又称为椑棺，《檀弓上》："君即位而为椑，岁一漆之。"郑玄注："椑，谓杝棺，亲尸者。椑，坚著之言也。"孔疏："古者天子椑内有水、兕而诸侯无，但用杝在内而亲尸也。"《左传》在记事时又称为"椟"，如"襄公二年"："穆姜使择美槚（山楸木），以自为椟。"孔疏："椟，亲身棺也。以亲近其身，故以椟为名焉。"穆姜为国君夫人，故也得以生前即制作好贴身之棺。《礼记·曾子问》云："君出疆，以三年之戒，以椑从。"郑注："其出有丧备。戒，犹备也。亲身棺曰椑，其余可死乃具也。""三年"，指君死臣有三年之丧之意。春秋时期诸侯外出死于途中者《左传》所书不乏其例，如庄公四年记楚武王死于军中，僖公四年记许穆公死于召陵之师，成公十三年、襄公十八年记曹宣公、曹成公也都死于师。因此形成君出以椑棺从的制度。春秋时针对国君的这个制度，秦始皇似也是遵行的，他最后一次外出巡行，死于半道，《本纪》载其"棺于辒凉车中"，说明确是以椑棺从的。此制历汉至唐，据说至唐玄宗时始废的。《左传·文公六年》："季文子将聘于晋，使求遭丧之礼以行。"就是说卿大夫也想享有国君"以椑从"的待遇了。他这个"僭上"的愿望不知有没有实现。如果实现了，春秋时期的棺制就被突破了。因为椑棺原本是只有天子和诸侯才有，而大夫是没有的。从《左传·哀公二年》记赵简子言中，有"若其有罪，绞缢以戮，桐棺三寸，不设属、辟"之语，孔疏指出此"辟"即《丧大记》之"椑"，并说："《记》文大夫无椑，今简子自言有罪始不设辟（椑）"，说明当时大夫之僭诸侯设椑已日久。那么季文子聘于晋"以椑从"是实现了，并开了一代风气之先。他的孙子季平子在"定公五年"视察东野，"卒于房（防）"，还真用着随行的椑棺了。

天子的第三重棺，也即诸侯的第二重棺，也即大夫的里棺，称为"属棺"。天子、诸侯、大夫的外棺，皆称"大棺"。属（zhǔ）棺相对于大棺而言，有"相连属"的意思。《檀弓上》记载的棺制，是天子之棺四重，诸侯三重，大夫二重，士则不重。而《礼记·礼器》则说天子棺"五重"，诸侯"三重"，大夫"再重"。与《檀弓上》基本一致，而其天子所以为"五重"，大概把天子最里一重水牛皮和犀牛皮分开计算，当作两重了。《礼记·丧大记》还记载了自国君至士棺材厚薄的尺寸："君大棺八寸，属六寸，椑四寸；上大夫大棺八寸，属六寸；下大夫大棺六寸，属四寸；士棺六寸。"当然实际上不可能这么整齐划一，只能作为参考数据看待。

到战国时，文献记载的棺制，天子与诸侯似有进一步奢侈化的迹象，大夫、士也比春秋时期气派了。《庄子·天下》载，"古之丧礼，贵贱有仪，上下有等：天子棺椁七重，诸侯五重，大夫三重，士再重。"是否"椁"也作为棺的一重计算进去了，不详。《荀子·礼论》则说："天子棺椁十重，诸侯五重，大夫三重，士再重。"杨倞注："十重，盖以棺、椁与抗木合为十重也。"（抗木，加在棺材之上横三条、纵二条的木头，上铺三重席，在下棺入圹时，用以御土御尘者。）杨倞之说比较勉强。因为抗木上加席之文，首见于《仪礼》中号称《士丧礼》下篇的《既夕礼》，用来计算天子棺数有些不伦。张觉《荀子译注》认为"十"当为"七"字之误，其说可取。古文"七"若下部残阙,极易与"十"讹误。而《庄子》《荀子》即令皆作七,关于"棺制"的话题固可相互印证,但也未必就能准确、全面反映了较之春秋时期更为多变、多乱、多元的战国时期的社会现实。

不同的等级,不仅棺数、棺木厚薄不同,棺的里外绘饰、棺的障蔽物,也都不同。《礼记·丧大记》《杂记》诸篇各有介绍。棺盖和棺身的固定,用"衽"和"束"双保险。"衽"是一种特殊的榫头,上下宽而中间窄,形略似衽,因以名之。后世俗称"小要(腰)"。《释名·释丧制》:"古者棺不钉也,旁际曰小要,……又谓之衽。"又怕万一棺木不坚实,"衽"处吃重发生断裂,又在衽处另用牛皮带围棺盖及棺身扎结之,称之为"束"。《丧大记》:"君盖用漆,三衽,三束;大夫盖用漆,二衽,二束;士盖不用漆,二衽,二束。"孔疏:"盖,棺上盖;用漆,谓漆其衽合缝处也。""三衽,……棺两边各三衽;每当衽上,辄以牛皮束之:故云三衽三束也。"

出丧、下葬

《周礼》一书在《地官》之属中,记与天子之葬事有关的,有"大司徒(卿)""小司徒(中大夫)""乡师(下大夫)""遂人(中大夫)""遂师(下大夫)"诸职。今据此数职涉及"大丧(天子之丧)"部分之正文,以及郑玄之注文、贾公彦之疏文,并参考《礼记·檀弓》《杂记》《丧大记》等相关章节,把天子之枢如何从祖庙运到坟地,落葬入墓穴,并加以复土等过程,简要地叙述如下。首先要明确的是,《周礼》号称周公所作,成书实出战国时后儒之手,尊以为经固不免流于盲从,征以为史也难言尽皆可靠。聊以补实录之阙以供参考而已。

周之王畿,京都以外为郊,郊以外称野。郊设六乡,野设六遂。周王若有葬事,皆由六乡、六遂提供劳力服役。据《大司徒》载,五家为比,五比为闾,四闾为族,五族为党,五党为州,五州为乡:一乡为一万二千五百家。又据《遂人》载,五家为邻,五邻为里,四里为酂,五酂为鄙,五鄙为县,五县为遂:一遂也为一万二千五百家。这显然是理想化的数字堆砌,实际的行政区划户数岂能如此整齐划一。按上述标准,六乡、六遂皆各有七万五千家。六乡要出一千个劳力服役于把枢车从祖庙拉到葬地,每个乡的役夫负责牵一根"引",一共为六引;六遂也要出一千个劳力服役于事先挖好墓道和墓室,棺枢运到后,把它换到龙辆上,通过隧道进入墓室("隧"是春秋时天子独有的墓道;诸侯有"羡道",是上不封顶的墓道;大夫与士就只有墓室没有墓道了)。六遂的役夫分成六队,各以一绋之端紧系于棺束上,一共六根绋,要用平衡之力把棺吊起并最终落到墓室之内再往下挖成的墓穴之中。当时的办法是在墓室四角用大木树四通大碑,时称丰碑。每通丰碑的偏上部均开有孔,可容绋入。以绋穿孔绕于碑上,四绋同时抽紧则有向上提升棺柩的合力,同时有节奏地放松则可使棺柩下降。另二绋居中不绕于碑者,可起调节配合的作用。牵拉载柩车的"引"和牵拉棺材的"绋"都是粗大的绳索。有没有可能引和绋是同一根绳索,只是用在拉柩车于道时就叫它引,用在吊棺材下葬时就叫它绋呢?应该说多数的情况下,引和绋并不是一根绳索。六引是六乡的役夫自备的葬具,而六绋是六遂的役夫自备的葬具。

用人力拖拉从庙至圹的载柩车《周礼》称之为"蜃车"(《地官·遂人》),《礼记》或称"輲车"(《杂记上》),或称"輴"(《丧大记》),后者郑玄注已证其为误字。郑玄注《遂人》曰:"蜃车,柩路(路即车)也。载柳(装饰棺车的帷、盖),四轮迫地而行,有似于蜃,因取名焉。"孔颖达《丧大记》疏云:"在路载柩,尊卑同用蜃车。"但拉蜃车的引者人数和在前引领柩车并指挥引者步伐一致、动作协调的"御棺"之物,却是因尊卑而不同的。如诸侯之柩车引者五百人,执四引,用羽葆(素色鸟羽为饰的仪仗)御棺;大夫之柩车引者三百人,执二引,用白茅为饰的仪仗御棺;士之柩车引者额定人数不详,也执二引(引皆双数,可分列左右,力量对称,易使柩车平稳直前,绋也因同样原因而为双数),以粗白布三尺悬于竿,称为"功布",用以引领柩车且为抑扬左右之节。郑玄注在解释《丧大记》"(士葬,)比出宫,御棺用功布"时说:"士言比出宫,用功布,则出宫而止,至圹无矣。"这个解释实是错了,应该是等到(即"比")出宫开始用功布,一路直到圹为止才对。

诸侯柩车之引者五百人,仅为天子千人之半,是因为诸侯国都近郊之乡、远郊之遂皆为三,为王畿六乡六遂之半数之故。《书·费誓》:"鲁人三郊三遂。"三郊犹言三乡,其义同。《费誓》旧说为伯禽作,近人考证为春秋时鲁僖公所作(见《古史辨》第二册75—81页),那么三乡三遂是春秋时期诸侯之制的常例。《费誓》虽称三郊而未提乡,但《左传·庄公十年》:"曹刿请见,其乡人曰……"此乡人即同属一乡之人。《论语》有《乡党》篇,皇侃《义疏》云:"天子郊内有乡、党,郊外有遂、鄙。孔子居鲁,鲁是诸侯,今云'乡党',当知诸侯亦郊内为乡、郊外为遂也。"《左传·襄公九年》记宋国正卿乐喜发布政令,提到"隧正"和"四乡正",孔疏曰:"此'隧正'当天子之'遂大夫'","乡正……当天子之乡大夫耳……此云'命四乡正',则宋立四乡也。"可见宋国与鲁国一样有乡、遂的行政区划制度,只不过宋为"二王(夏、商)之后",命为"公爵",或有四乡四遂之建制。《左传·襄公三十一年》:"郑人游于乡校。"杜注:"乡之学校。"郑国之乡有乡学,也可概其他诸侯国而言之。唯有齐国,桓公用管仲之谋,"制国以为二十一乡:工商之乡六、士乡(士、农之乡)十五。"以五家为轨,十轨为里,四里为连,十连为乡。(以上见《国语·齐语》)其建置有异于周制,一乡仅二千家,少于周制之七万五千家,而乡数则远多于周制:是管仲设计的有齐国特色的制度。但不知其国君、大夫之葬,役夫是如何派工的。

天子、诸侯的墓穴,恐怕不是死后卜宅及葬日以后方开始经营的,而是早在生前就兴工了。《史记·秦始皇本纪》记"始皇初即位",就"穿治骊山"为墓了,等到"并天下",以"天下徒送七十余万人"投入造墓,前后历时数十年,穷奢极侈,才有今天局部显现其恢宏面貌的秦始皇陵。若是死后卜宅、卜葬日,即使"七月而葬",殚天下之力,能有此规模吗?上溯春秋时期,国君恐怕不仅即位就作椁,墓穴恐怕也在预先规划治理之中了。《左传·僖公二十五年》,晋文公勤王争得先机,完成诛叛、纳王两大任务。周襄王设宴招待他,他竟借着点酒意向王"请隧",即要求自己死后,享受棺椁由隧道进入墓穴的待遇。隧葬在当时是天子之葬,所以周襄王用"王章"和天下不可有"二王"这样严肃的话一口加以回绝,送了几个王畿内的邑给他了事。这是晋文公即位的第二年。他若不是一即位就在规划身后墓穴之事,何能朝见襄王时别的不谈,一谈就是"请隧"呢?

六乡出千人负责六引之事,天子之棺四重,份量固然不轻,但分摊到每个引者身上,负重却是不多的。所以用千人牵引载枢车,主要还是营造声势,显示天子葬礼之隆重而已。六遂出千人负责六绋之事,也有这样的意思。特别是隧葬,执绋之人全在地下墓室内操作,春秋时王室衰微,肯定没有能力与后来的秦始皇陵相比,墓道逼仄,恐难容千人共入。则对天子之葬礼言,千人执绋其实是虚,六遂负责葬事,重头戏恐还在挖墓道、墓室与墓穴,这是一千个劳力也不嫌多的。

诸侯、大夫、士之葬,下棺于墓穴,才是个需要较多人执绋的力气活。下棺葬,《周礼》《仪礼》称之为"窆"(biǎn),《礼记》(如《丧大记》)称之为"封"(古音 bēng),《左传·昭公十二年》则作"塴"(bèng),音微有转而义皆同,当属古方音差异。据《丧大记》,诸侯下棺时用四绋二碑(下天子之六绋四碑一等),大夫为二绋二碑,士则二绋无碑。这表面上是因为诸侯棺三重,且三棺总厚度达一尺八寸,棺内随葬品多,重量较大;大夫棺二重,两棺总厚度为一尺;士仅一棺,厚六寸,重量较小:引棺下葬难度不同,所需执绋者多寡不同,并且有碑无碑也因此而异。实质上则是贵贱尊卑等级在丧葬制度上以礼的名义合理化的反映。

《礼记·檀弓下》记季康子之母死,公输般"请以机封"事。封即窆,下棺入墓穴之意;机封,即以机械帮助下棺入墓穴。后来因为公肩假以为非礼而劝阻,没有实现。公肩假不知何许人,古文献中仅此一见。仲尼弟子有公肩定,也不知两人有否关系。这个思想保守的人扼制了鲁班的一项发明创造则是无疑的。《礼记·王制》且有"作……奇技、奇器以疑众,杀"之成文,郑玄注即云:"若公输般请以机窆。"说明当时的社会是阻滞科技发展的。后来郑玄、孔颖达都把"机窆"解释为使用鹿卢(一种利用转轴或滑轮的装置)来吊棺入圹,但春秋时是否已有鹿卢,缺乏证据,难以断为定论。

春秋时期墓穴之制,照《礼记·檀弓下》的说法,一般是南北向的,棺入墓穴,尸之头北向,并认为这是"三代(夏、商、周)之达礼",因为当时的观念,认为北方属阴,为幽灵所往之处。但从考古发掘的情况看,这种说法有点把多元的葬俗简单化了。如河南洛阳古王城宫殿区北发掘出春秋早中期的中小墓葬,凡仰身直肢葬的,头都朝北;河南陕县虢国墓地发掘出春秋时期墓三百多座,头向也绝大多数朝北。但山东曲阜鲁国故城发掘春秋墓十一座,多数头向南,少数向北;而湖北江陵楚郢都故城周围春秋墓,头皆朝南;河南淅川下寺春秋时期楚墓,墓主的身份为王子、令尹,其头向则是朝东。可见春秋时期的葬俗,因族属、地域的不同,是多元的。《礼记》的记载,不可能包罗现实的多样化。墓穴中先已有椁材并垒于底,四周或也有预施椁材的,也有棺入穴后再置椁材的。但黄肠题凑则必聚于棺之上。再加以抗木与席三重,然后复土。所谓复土,即把挖掘墓室、墓穴、墓道时起出之土,重新回填。因为已有棺椁下葬,回填之土势必要稍高于原来的墓地。春秋前期,是不借此筑坟的。《易·系辞下》所谓"古之葬者,厚衣之以薪,葬之中野,不封不树",孔疏:"若极远者,则云上古;其次远者,则直云古。……不积土为坟,是不封也;不种树以标其处,是不树也。"孔颖达认为,这里说的古之葬者,还不是极古远之时。但其葬法,分明尚未用棺椁。他以《檀弓上》"有虞氏瓦棺,夏后氏堲周(郑注:火熟曰堲,烧土,冶以周于棺也),殷人棺椁"之记,断此"古"乃指殷以上。但《檀弓上》又记孔子把母之枢与父之枢合葬于防山后,曾发表言论说:"吾闻之,古也墓而不坟。今丘也,东西南北之人也,不可以弗识也。""于是封之,崇四尺。"他选择了墓而坟之。孔子所处时代,已是春秋末期,可以看出,这正是个从"墓而不坟"向墓而坟之过渡的时期。孔子还向子夏等弟子说起他曾看到过的四种坟的样式(亦见《檀弓上》):一种是四四方方上面平的,像堂基一般;一种是长条状,像堤防那样的;一种是像夏人盖的屋子那样,一边由高而卑;还有一种像朝上的斧刃一样,渐上渐狭而尖的。孔子认为第四种坟别人难以登上踩踏,而且省工,形象地称其为"马鬣封",表示自己看好这一种。孔子死后,其弟子从其生前之愿,为他造了这样的坟。这个原始形态的孔子墓,和我们现在在孔林中看到的可是大不一样的。可见春秋末期，筑坟虽已逐渐风行，但坟的样式颇为多样，尚未统一。坟丘墓的普及且统一为圆丘状而完全替代无坟之墓，是在战国时代。

殉葬

春秋时期用人殉葬的陋俗是存在的，但是反对和抵制殉葬的思潮似更为强劲。

《左传》所记最大规模的一次殉葬发生在秦穆公死后。"文公六年"记："秦伯任好卒（任好，穆公名），以子车氏之三子奄息、仲行、铖虎为殉，皆秦之良也。国人哀之，为之赋《黄鸟》。"《黄鸟》见《诗·秦风》。据《史记·秦本纪》，秦穆公下葬时，"从死者百七十七人"。《左传》作者引君子之言加以严厉谴责："秦穆之不为盟主也宜哉！死而弃民。先王违世（违，离），犹诒之法（诒，通贻，遗留）；而况夺之善人乎！"秦穆公属春秋前期的人物，可见当时反对殉葬的呼声就很强烈。三十三年后，《左传》成公二年又记宋文公葬用人殉，虽无专言抨击，但整段叙述中对其厚葬奢僭之讥刺溢于行文之间。

《左传·宣公十五年》记魏武子有嬖妾的故事，说他当初有病，曾向儿子魏颗嘱咐道："我要是死了，你必得把她另嫁人。"后来病情危重时，又嘱咐儿子："我要是死了，你必得把她给我殉葬。"两次不同的遗言，在他去世后，魏颗选择了前者，把父亲生前的宠妾择人嫁掉了。魏颗的理由是："病危时父亲的神智乱了，我听从父亲清醒时的遗言。"这个声明，在当时"罪莫大于不孝"的主流舆论下，是非常必要的。而究其实，是魏颗反对殉葬的道德观念起了作用。《礼记·檀弓下》记了一个类似的故事：有个叫陈乾昔的人，病重之际，自知不久于人世，就叮嘱弟弟，又给儿子留了遗命："要是我死了，一定要给我打一口大棺材，让我的两个小妾一左一右夹着我下葬。"儿子说："殉葬，非礼也。况又同棺乎？"就没有遵照老爸的遗命。这两个例子，前一个发生在春秋前期，魏武子名犨，是随从公子重耳流亡在外十九年的人员中的一名，从辈份说，和秦穆公可说是同一代的，存有殉葬的旧思想尚不足为怪。后一例则发生在春秋末期，时代前进了，父要妾殉葬，儿子已经可以用"非礼"抵制了。

同篇还有一个春秋末期的故事：齐大夫陈子车死在了卫国，其妻与其家宰商议要给他找一个小妾殉葬。已经讲定了，子车的弟弟子亢赶到了。两个人就向子亢说："你兄长病重，到了地下也得有个侍候他的人，请你同意我们为他殉葬一个吧。"子亢说："拿人殉葬，事属非礼。但如果我哥有病要人侍候，那么最恰当的人选，就是嫂子和总管了。殉葬的事，能免，我想就免了。不得已的话，那么我想你们俩去走一遭吧。"这件事就不了了之了。

但是,殉葬之陋习,并未因春秋时期的结束而绝迹。考古发掘中,战国贵族墓中用人殉者(特别是年轻女性)仍有所见。

随葬品

春秋时期的随葬品既有从夏礼以明器(用陶、木、石等专为葬礼而制作的仿真器物)为主的,也有从殷礼以祭器为主的,也有从周礼明器、祭器兼用的,呈现出丧葬文化的多元性。曾子把明器称为鬼器,把祭器称为人器,并认为用人器随葬,器皿不妨实之;用鬼器随葬,器皿则应该虚之。所以他批评宋襄公葬他第一任夫人时,随葬"醯(xī,醋)醢(hǎi,肉酱)百甕",是"既曰明器矣,而又实之"。

上文已经提及过,《左传》树了一个厚葬的典型,即宋文公(成公二年),又树了一个俭葬的典型,即鲁卿季文子(襄公五年)。关于棺、椁、墓室方面的奢、俭先不论,单以随葬品来说,宋文公是"益车马",而且还"重器备"。益、重(chóng)两个字在这里同义,都是"增、多"的意思。而季文子死后,他的总管家为他置办随葬品,发现他家"无藏金玉,无重器备"。金玉好理解,器备指什么呢?杨注《春秋左传》:"器备,一切用具;无重,仅一具,无双份。"金玉、器备并列,器备仅指一般用具,似不太相称。不如杜预注"器备,谓珍宝甲兵之物"更为般配。也就是说,器备是指考古发掘中春秋时期高等级墓葬中常见的青铜礼器、乐器、兵器之类。杜预在宋文公厚葬"重器备"时已经注过:"重,犹多也。"宋文公墓中这些青铜器随葬品很多,而季文子家中这类东西没有多少,用来随葬的当然也不会多了。宋文公还陪葬了不少车马,季文子家中日常驾车的马连粟都喂不起,更别说陪葬车马了。

出土的春秋时期高等级墓葬中,河南陕县上村岭虢国墓地中的虢季墓和虢太子元徒墓有点像或接近诸侯级别的墓了。前者发掘出青铜器达一千七百余件,包括青铜礼器五十六件、青铜兵器二百二十余件,铜甬钟八件,称得上是"重器备"了。后者墓西约十米处另有一陪葬车马坑,坑内埋有车十辆、马二十四匹,马都是活活杀死后埋下的,这也称得上是"益车马"了。

虢国是春秋前期即为晋所灭的国家,举一个春秋中后期大国之卿这个级别的墓来看。河南淅川下寺春秋楚墓二号墓,墓主是谁虽还有不同意见,一说为令尹子庚(死于鲁襄公二十一年夏),一说为继子庚一度曾被任命为令尹的薳子冯,但不论是谁,都是任过楚国上卿令尹的。此墓曾被盗掘,但遗物仍很丰富,随葬品有青铜礼器(单是铭文中有"王子午"和"令尹子庚"的鼎就有七件)、乐器(特别值得重视的是二十六件套的编钟)、车马器、兵器、玉器等,分别放置在墓室内巨大木构椁室的南北两侧和东部头箱内,玉器多在男性墓主与一青年女性之漆棺之内,尸身之旁。墓西北约十米的陪葬车马坑里埋有车六辆、马十九匹。车马向西,与虢太子墓车马坑内车辕向北有别。

河南洛阳王城内宫殿区北曾发掘出一个东周墓区,其中春秋时期的墓除少数规格较高(如哀成叔墓),大部分为中小型墓,葬具多数为一棺一椁,少数有棺无椁,甚至还有无棺的。随葬品以陶器为主;有的墓中只随葬几件装饰品,连陶器也没有;更有的没有任何随葬品。那些除了尸骨外一无所有的墓穴,是贫士的? 穷困庶人的? 还是曾经牢狱之灾的"刑人"的? 厚葬、俭葬、薄葬、裸葬,向我们传达着二千七百余年前到二千五百来年前社会上贵贱等级制度的信息,诉说着贫富悬殊两极分化的不公正和不合理。

10. 葬后诸礼

反哭

反哭,反即返,是棺下葬毕,死者亲属返家以后的一次至哀至恸的哭吊。《礼记·问丧》说,葬后归来,是"送形而往,迎精(精魂)而反也"。文中形容死者亲属的心态很是真切:"其反哭也,皇皇然若有求而弗得也……入门,而弗见也;上堂,又弗见也;入室,又弗见也。亡矣,丧矣,不可复见,已矣! 故哭泣辟踊(辟,通擗,捶胸;踊,顿足),尽哀而止矣。"《礼记·檀弓下》说:"反哭,升堂,反诸其所作也。(孔颖达疏:谓葬窆讫反哭升于庙。所以升堂者,反复于亲所行礼之处。行礼者,谓平生祭祀冠婚在于堂也。)主妇入于室,反诸其所养也。(孔颖达疏:主妇反哭所以入于室,反复于亲所馈食供养之处。此皆谓在庙也。)反哭之吊,哀之至也。反而亡焉,失之矣! 于是为甚。(孔疏:哀痛甚。)殷既封(窆)而吊,周反哭而吊。孔子曰:'殷已悫(què,谨敬),吾从周。'"

从《左传》有关"反哭"的记载来看,春秋时期对死者是否举行反哭之礼,是对其某种正式身份是否确认的重要前提。如隐公三年记:"夏,君氏卒,声子也。不赴于诸侯,不反哭于寝,不祔于姑,故不曰薨。不曰夫人,故不言葬,不书姓。为公故,曰君氏。"声子是隐公的生母,但隐公之父惠公遗言以仲子为夫人,仲子所生桓公因年尚幼少,而由隐公摄政暂为代立。故仲子卒于去年,隐公已以母夫人之礼葬之。今年生母声子卒,只好不依从"母以子贵"之惯例;自谦身份非正式之国君,生母也不以夫人之礼葬之。"不反哭于寝"就是一条重要的标志。另哀公十二年记"夏五月,昭夫人孟子卒。昭公娶于吴,故不书姓(吴、鲁同姓,婚为非礼,不书姓为讳之)。死不赴,故不称夫人。不反哭,故不言葬小君。"昭公夫人吴孟子倒是正式娶来的，并非媵妾，只因为是同姓之婚，无法报请周王命为夫人。故其丧葬之礼，也皆不能与正式夫人同。文中也特别提到"不反哭"，可见"反哭"在丧礼中的重要性。若不反哭，葬礼实际上只是一个并无哀痛之情的走过场而已。

虞祭

古代葬礼要赶一个大早，因为中午要举行一个重要的祭祀，叫虞祭，所谓"日中而虞"。虞是安的意思，虞祭，是安死者神灵之祭。古人相信，死者的形体埋入地下，他的神灵则附在临时性的神主牌位"重"上，随着亲属一起归家，并接受了反哭的吊祭。古人认为魂离开了形体，就失去了依托物，有了飘忽不定的性质。《仪礼·士丧礼》所谓"卒窆而归，不驱"，车马要慢慢地跑，就是为了让死者的神魂跟得上，附在自己的牌位上，不致成为游魂。经过卒哭至哀之吊，企盼神魂为情所动，留在家里；继而在日中进行安娱神魂的虞祭，力求使神魂定下心来。为什么在日中虞祭呢？《仪礼·士虞礼》郑注："朝葬，日中而虞，君子举事必用辰正也。"孔颖达疏："辰正者，谓朝、夕、日中也。"当时把朝、夕、日中定为是时辰之正。《檀弓下》："葬日虞，弗忍一日离也。"郑玄注："弗忍其无所归。"葬毕即虞，是为使神魂在棺柩埋葬的当天就安住在家中。

为了安住神魂，虞祭不止一次。士最少，也要三次，《士虞礼》所谓"三虞卒哭"。《杂记下》说："士三虞，大夫五，诸侯七。"依次类推，天子当是虞祭九次了（见《檀弓下》"葬日虞"节孔颖达疏）。以士来做例，初虞是在葬日。古代以天干记日，日因奇、偶而分为刚日、柔日：甲、丙、戊、庚、壬五日逢奇，属阳，称为刚日；乙、丁、己、辛、癸五日逢偶，属阴，称为柔日。葬为阴事，所以卜葬日必选柔日。初虞既在葬日，所以也必柔日。柔日主静，正与虞祭安神灵之旨相符。据此，二虞之祭须与初虞间隔一日，以避刚日，而仍选柔日。若葬日为乙日，则初虞也是乙日，而二虞则须在丁日，但不是日中，而是朝了。三虞是否也依此行事，也间隔一日而用柔日"己"呢？这就不是了。因为三虞之后有一个大的变化，"（士）三虞卒哭"，卒哭又是一个重大的礼节。所以三虞要适应这个变化，选择刚日，刚日属阳，主"动"。二虞后的第一个刚日就是戊日，所以三虞必须定在戊日之朝。士之虞祭如此，上至天子是否可以类推呢？比如诸侯，我们已经知道他应该有七次虞祭，是否可以像《士虞礼》所说的那样推算出诸侯卒哭的日子呢？杨伯峻《春秋左传注》在僖公三十三年"卒哭而祔"下的注中就这样算了："以诸侯论，五月而葬，行虞祭七次……则葬后之第十二日也。间一日行卒哭礼，亦用刚日，则葬后之第十四日也。"这个结论，却与《礼记·杂记下》的记载"士三月而葬，是月也卒哭；大夫三月而葬，五月而卒哭；诸侯五月而葬，七月而卒哭"大相径庭。诸侯的卒哭，要在葬后两个月，而不是杨注推算出的"葬后第十四日也"。这说明大夫以上虞祭的日次安排，与士不同，可惜具体如何安排的相关文献已佚，但《杂记下》留下如上一些信息，足可告诉我们切不可用士虞礼作为标准推算大夫以上，否则，照猫画虎，画出的并不是虎。

虞祭开始用"尸"来替代死者受祭、享食。春秋时期若天子死，受祭之尸例当由卿为之；诸侯死，受祭之尸例当由大夫为之；大夫、士死，则以孙为尸，而子不得为父尸。《礼记·曲礼上》："《礼》曰：君子抱孙不抱子。此言孙可以为王父尸，子不可以为父尸。"郑玄注："以孙与祖昭穆同。"如死者之孙年幼小不堪为尸，则使知礼之人抱之而受祭；若无孙，则用同姓之嫡孙代之而受祭（参孔颖达疏）。虞祭因为要安娱死者神魂，所以是要用牲的。以《士虞礼》的记述可知，士用豕（大夫用羊、豕，国君用牛、羊、豕）。"尸"要代表死者的神魂品尝黍、稷、醴、酒、肺、肝、脊（排骨）、臑（前肘）、胳（后肘）、肩（前膀）、肉羹等诸种美味。而孝子、孝妇等服三年之丧的人，即使虞祭结束以后，仍然要"疏食水饮，不食菜果"一年至若干月，看着神尸吃这些美食，自己却不能吃，必须以哀情克制口腹之欲，确实要付出极大的意志努力，是能否理性地以当时社会的主流价值观战胜对"人之大欲"的诱惑的很大的考验。

卒哭

士丧礼的规定，是三虞卒哭。什么叫卒哭，这要先从哭讲起。古有丧事之家，从始死到葬后虞祭，可说是天天哭声不断，有时还要夜以继日。悲从中来，哭由情发，本是不可已之事。但哭得太多，也有泪尽之时。因而古代丧中之哭，更重视哀哭的声音以及辅助性的肢体动作，如拊膺（捶胸）、踊（跳跃，力竭时衰化为顿足）之类。《礼记·间传》："斩衰（cuī）之哭，若往而不反；齐（zī）衰之哭，若往而反；大功之哭，三曲而偯（yǐ）；小功、缌麻，哀容可也：此哀之发于声音者也。"所谓斩衰，是丧服之最重者，须穿以极粗疏之麻布制成之衣，且不缉边；如子与未嫁之女为父母，媳为公婆，妻为夫，父为嫡长子，嫡长孙为祖父母，皆服斩衰三年。"后春秋时期"渐以"父卒为母"与"父在为母"作区分，前者斩衰三年，后者斩衰一年（称"期之丧"），媳亦随夫。以春秋时期论，则为母与为父同，皆为三年之丧。所谓"斩衰之哭，若往而不反"，是指长声哀号，音无反复，给人一种撕心裂肺的感觉。齐衰降于斩衰一等，丧服以粗麻布制作而缉边；古为继母、"慈母"（由父命为养母者），皆齐衰三年，为兄弟、未嫁之姊妹，众孙（嫡长孙以外）为祖父母，夫为妻，皆齐衰一年（夫一年服除，三年之内不再娶）。所谓"齐衰之哭，若往而反者"，是指放声大哭，音至最高处又回落。大功之亲疏，又降于齐衰一等，丧服以较齐衰细的粗麻布制成；如为堂兄弟、未嫁之堂姊妹，已嫁之姑、姊妹、侄女，孙子女，子媳、侄媳，已嫁之女为伯叔父、兄弟、侄、未嫁之姑、姊妹、侄女，皆服大功九个月。所谓"大功之哭，三曲而偯(yǐ)"，是指哭声宛转而多有抑扬。小功之亲疏，又降于大功一等，丧服以较大功细而仍嫌粗之熟麻布制成；如为伯叔祖父母，堂伯叔祖父母，已嫁之堂姊妹，未嫁之祖姑、堂姑，皆服小功五个月。缌麻为丧服之最轻者，用疏织之细麻布制成；如为外祖父母，岳父母，母舅，母姨，中表兄弟，女婿，外孙等（此所举均为与父族异姓之亲属），皆服缌麻三个月。所谓"小功、缌麻，哀容可也"，是指轻声抽泣，虽无声而泪盈眶之类。

　　始死之日，"正尸"的每一个步骤，丧主都要带领全家人按照一定位置、序次、朝向，围尸哭、踊。此时丧者新死，亲人哀情汹涌，哭必嚎啕，入夜不休。次日质明，即行小敛，而来吊之人，逐渐增多。不但小敛、大敛、殡各有奠祭，均须哭踊；凡来吊丧之亲、宾，丧主夫妇无不迎来送往，亲、宾必凭尸而哭，丧主夫妇也必陪哭。哀本伤人，何况依当时习俗，孝子还须三日粒米不进。《礼记·间传》所谓："斩衰三日不食，齐衰二日不食，大功三（三顿）不食，小功、缌麻再（两顿）不食。"孝子要"既殡"才能食粥，且日限二溢白粥，"朝一溢米，暮一溢米"（《仪礼·丧服》郑注："为米一升二十四分之一。"）三天下来，连悲带累加饿，没有几个真正的孝子会不"毁瘠"。于是就有了"代哭"之制。《礼记·丧大记》："君丧，……官代哭。"由司马悬挂壶漏以计时，官员们按时段轮流替代国君哀哭。"代哭"之代兼两义：既有替代之意，又有更迭轮流之意。郑玄注说："未殡，哭不绝声。"在殡之前，哭声不能断绝。诸侯五日而殡，要叫国君自己不间断地哭四五日，肯定是受不了的。于是就有了"官代哭"之制。上行则下效："大夫，官代哭，不悬壶。士，代哭不以官。"郑玄注："（士）自以亲疏（代）哭也。"士在小敛之后才能代哭，务使自旦及暮，哀哭之声不绝于耳，以营造悲情气氛。代哭之外，至第三日起主人、主妇必须用杖（后世称哭丧棒），居父丧用苴杖（粗糙的竹杖），居母丧用削杖（桐木，削去其枝叶）。其他亲属体力不支者也要用，成为古代丧礼的一大特色。

　　殡敛结束以后，哭声可以间歇了，代哭一般也就告一段落了（至葬之前一日还可用）。一朝一夕至殡前哭，是固定的。平时则哀至即哭，并无定时。若终日无哭声，那也会遭人议论的。有丧事的人家，每天有点哭声，才能被人认可。不须密集，时断时续甚或略有点缀即可。有人因为善哭，还受到孔子赞扬。鲁国大夫穆伯，有妻敬姜，生子文伯。《礼记·檀弓下》："穆伯之丧，敬姜昼哭；文伯之丧，昼夜哭。孔子曰：'知礼矣！'"郑玄注："丧夫不夜哭，嫌思情性。"

这些昼夜无时之哭，到葬毕反哭、随之虞祭也按要求的次数完成以后，就都可以停止了，只剩下朝夕之哭。这个在丧礼上起关键转折的礼节，就叫卒哭。

卒哭起的关键转折作用，除了变昼夜无时之哭为朝夕定时之哭外，还表现在以下三点：

"以吉祭易丧祭"。丧礼从始死之奠，一直到虞祭，都属于丧祭，于五礼（吉、嘉、宾、军、凶）为"凶"。《礼记·檀弓下》："卒哭曰成事。是日也，以吉祭易丧祭。明日祔于祖父，其变而之吉祭也。"郑玄注和孔颖达疏都说："既虞之后，卒哭而祭。"在祭辞中"盖曰成事"。"盖"有大概的意思，郑、孔二位都是严谨的注疏家，他们从《仪礼·士虞礼》中能看到三次虞祭的祭辞，但无由见到古文献中有卒哭之祭的祭辞，仅根据《檀弓下》"卒哭曰成事"之文作此推断，故用一"盖"字以示慎重。又郑注曰："……成事，成祭事也。祭以吉为成。"实际上，"卒哭曰成事"，"成事"应指丧祭到卒哭可以告一段落之意。《论语·八佾》子曰："成事不说，遂事不谏，既往不咎。"皇侃义疏引师说："成，是其事自初成之时；遂，是其事既行之日；既往，指其事已过之后也。"因而"卒哭曰成事"是说卒哭之祭表示丧事已经初成。这一天，开始"以吉祭易丧祭"。

"卒哭而讳。"（《礼记·杂记下》）又《曲礼上》："卒哭乃讳。"两句义同。《杂记下》郑玄注："自此而鬼神，事之尊，而讳其名。"孔颖达疏："卒哭之前，犹以生礼事之。卒哭之后，去生渐远，以鬼道事之，故讳其名。"《曲礼上》下文还记有一些名讳的规则，应是符合春秋时期实际的。如"礼不讳嫌名，二名不偏讳"。郑注："为其难避也。嫌名，谓声音相近。偏，谓二名不一一讳也。"春秋时不避嫌名，如襄公名午，鲁国都东南有五父衢，"五"不因与"午"音同而改字（《左传·襄公十一年》季武子将作三军，"诅诸五父之衢"可证）。后代之避嫌名，如《三国志·吴书二》："（赤乌五年）立子和为太子，改禾兴为嘉兴。"至唐代，李贺因父名"晋肃"，遂不得举进士。韩愈为之作《讳辩》，曰："若父名仁，子不得为人乎？"二名不偏讳，如孔子母名征在，而其语录一则曰："夏礼吾能言之，杞不足征也。殷礼吾能言之，宋不足征也：文献不足故也。足，则吾能征之矣。"一则曰："祭如在，祭神如神在。"（皆见《论语·八佾》）又《左传·桓公六年》："宋以武公废司空。"杜预注："武公名司空，废（官名司空）为司城。"是避了"空"字就不避"司"字。皆可证春秋时不偏避名讳。至于后世，《南齐书·薛渊传》云："本名道渊，避太祖（萧道成）偏讳改。"唐代学人因避太宗偏讳，改《世本》为《系本》，类如之例甚多，以致太宗亲自下令："依礼，二名不偏讳。……其官号、人名及公私文籍，有'世'及'民'两字不连读者，并不须避讳。"可见这类避讳在太宗生前就已繁多，与"卒哭而讳"已全不相干。《曲礼上》还记有多条避讳须知，如《诗》《书》不讳，临文不讳，庙中不讳"等，就不详说了。惟最后一条"入竟（境）而问禁，入国而问俗，入门而问讳"，因与晋国范献子聘于鲁有一段故事可讲，所以引于此并录《国语·晋语九》一节文字以相对照："范献子聘于鲁，问具山、敖山，鲁人以其乡对。献子曰：'不为具、敖乎？'对曰：'先君献、武之讳也。'（鲁献公名具，鲁武公名敖。）献子归，遍戒其所知曰：'人不可以不学。吾适鲁而名其二讳，为笑焉，唯不学也。人之有学也，犹木之有枝叶也。木有枝叶，犹庇廕人，而况君子之学乎！'"范献子只知道鲁地有具山、敖山，却不知献公、武公取具、敖为名，更不知鲁人已经用两山所在的乡名改称两山以避二君之名，以致犯了鲁讳，见笑于人了。他把"入国而问俗，入门而问讳"都上升到"学"这个层次上，强调时时处处要学，说明他在闹笑话的尴尬中确实有所体悟了。

《丧大记》说，国君"既卒哭而服王事"，大夫士"既卒哭，弁绖带，金革之事无辟（避）也。"

"卒哭而祔。"（《左传·僖公三十三年》）又《礼记·檀弓下》："周卒哭而祔。"虞祭之最后一次，改用刚日，卒哭与祔祭，也皆用刚日，则每祭各相差二日。古以刚日属阳，象征动，以示礼有由凶过渡到吉的变化。其实，整个服丧期远未结束，说是"以吉祭易丧祭"，只是在丧事中以一抹"吉"的色彩，略为调整一下笼罩在丧事阴影下的死者亲属们的压抑心态而已。

从始死到虞祭，死者还是刚脱离生者序列的"新死者"，经过卒哭之祭而到祔祭，"新死者"就正式加入到先人序列中去而变成为"后死者"了。所以许慎《说文解字》解释"祔"道："后死者合食于先祖。"

祔祭

卒哭之祭应有二日，第一日祭辞中"盖曰成事"，第二日之祭辞，则《士虞礼》有记："将旦而祔，则荐（郑注：荐谓卒哭之祭）。卒辞（郑注：卒哭之祝辞）曰：'哀子某，来日某隮祔尔于尔皇祖某甫，尚飨！'""哀子"是致卒辞的孝子自称；"隮"（jī）是升的意思；"尔"，指称死者；必曰"尔皇祖某甫"而不说"尔皇考某甫"者，是因为"祔必以其昭穆"（《礼记·丧服小记》），孔疏解释道："凡祔，必使昭穆同。"祖孙之昭穆同，父子之昭穆异，所以后死者必祔于其祖，而不能祔于其父。

祔除了要辨昭穆，还要辨贵贱。比如《丧服小记》说："士大夫不得祔于诸侯，祔于诸祖父之为士大夫者。"士及大夫其祖上可能是诸侯，如春秋时期以公子、公孙为氏的,其父或祖就是诸侯。这些公子、公孙或非嫡子,或虽嫡而非长子,未得嗣君位,身份遂降而为大夫甚至在累代以后降而为士,他死后就不能祔于为国君之亲祖父,只能祔于身份也是士或大夫的伯叔祖父。如《左传·隐公五年》:"冬十二月辛巳,臧僖伯卒。公曰:'叔父有憾于寡人,寡人不敢忘。'葬之加一等。"杜预注:"有恨,恨谏观鱼不听。"(事见隐公五年春。)孔颖达疏:"僖伯者,孝公之子、惠公之弟,……是隐公之亲叔父也。"他本为鲁大夫,加一等,也只是以卿礼葬之而已,仍在"士、大夫"之范围内。他的祖父,据《史记·鲁世家》为鲁武公。臧僖伯(一称公子驱)若卒哭后祔于祖庙,就不能祔于亲祖父鲁武公后,而要祔于武公之兄弟中未尝为诸侯者。在君臣有别的等级制度下,死了连亲祖父都不能认的尴尬事,确实能把后代子孙搞得相当麻烦和不知所措。

祔祭与虞祭一样,也要用神尸,而且所用之尸,与虞祭时的为同一人,《士虞礼》所谓"用嗣尸"。又记祔祭之祝辞曰:"孝子某……嘉荐普淖(嘉:吉;荐:进献;普淖:谓黍、稷),普荐溲酒(普:大;溲酒:新酿之白酒),适尔皇祖某甫,以隮祔尔孙某甫,尚飨!"与卒哭之祭的祝辞有两点不同:一是卒辞中自称哀子,祔辞中自称孝子。郑注孔疏皆以丧祭与吉祭之别来解释,不确,欠妥。因为卒哭已属吉祭,前已有说,为何至此又拿它当丧祭来说事?前后缺乏逻辑一贯性。一称哀子、一称孝子,实与第二点不同有关:卒辞是对死者说的,其中的"尔"即指死者;祔辞是对先祖说的,其中的"尔"即指死者之祖。对死者说话,因丧事未毕,虽为吉祭,也自称哀子;对先祖说话,就自称为孝子了。

《左传·僖公三十三年》在"葬僖公,缓作主,非礼也"(断句标点从杨伯峻注)后说:"凡君薨,卒哭而祔,祔而作主,特祀于主,烝、尝、禘于庙。"这几句话中,要注意的有四点。一是"卒哭而祔""祔而作主"两句中各有一个"而",但这两个"而"所起承接上下文的作用并不相同。"卒哭而祔"的"而"相当于"然后"之意:卒哭之祭完了,然后举行祔祭。但"祔而作主"却不是祔祭完了,然后制作神主牌位;相反,作主在前,祔祭在后,这个"而"表示的并不是先后相承的关系,而是一种因果关系:因为要举行祔祭,所以先要做好神主牌位(有人甚至认为"卒哭"之祭就用上"主"了)。二是"凡君薨"三个词虽然挂在前面,但它与紧接其后的"卒哭而祔"并无特别的统属关系,它管的只是后面三句。因为卒哭以后举行祔祭,是上自天子下至于士都一样的,但"祔而作主,特祀于主,烝、尝、禘于庙",却只有君才能这么做。杜预注:"'凡君'者,谓诸侯以上,不通于卿大夫。"当然,春秋后期,卿大夫僭上日甚,陪臣(士之属)且执国命,卿大夫士是否就不能效上制作"主",实在也很难说。三是什么叫"特祀"。杜预从汉人服虔之说,认为袷祭以后,把"主"从庙里拿回寝(生前所居之处)供着,"特用丧礼祀于寝,不同之于宗庙",所以叫"特祀","特"是单独的意思。要到三年丧期过后,才把"主"正式供入祖庙,进行大祭(禘祭),然后常存祖庙。也有人说要等练祭(见下文)以后毁了高祖以上远庙藏其主于太祖庙中,新主才得以正式升入祖庙之中。还有人说,春秋时期诸侯殡于庙,主又袷于庙,则新主之"特祀"仍在庙中举行,不应有移于寝之举。哪种说法正确,限于史料不足,似尚难定夺。四是主和"重"的关系。前文提到过初死以后,为使死者之神魂有所依附,春秋时人作有临时性的神主牌位代用品,名之曰重(chóng)。《礼记·檀弓下》:"'重','主'道也。"郑玄注:"始死未作'主',以'重'主其神也。'重'既虞而埋之,乃后作'主'。"埋"重"而作"主",实是去旧立新之举。"重"代表的是死丧之凶象,而"主"代表的是加入先人序列袷于庙的吉祭的对象。

"主"与"重"的规制是怎么样的,先秦乃至秦汉之文献无传。我们在东汉许慎《五经异义》(见段玉裁《说文解字注》"示"部"祏"字下引)所引《五经要义》之文中看到:"木主之状四方,穿中央以达四方。天子长尺二寸,诸侯长尺。皆刻谥于其背。"我们又在晋司马彪《续汉书·礼仪志下》中看到:"以木为重,高九尺,广容八历,裹以苇席。"这是不是春秋时期的"主"与"重"的真面目,也只有天知道了。

虞、卒哭、袷祭以后,按《丧礼》之规定,孝子的饮食居住条件略有改善。《左传·襄公十七年》记齐大夫晏弱卒,其子晏婴为之服三年之丧:"粗缞斩,苴(麻)绖、带、杖(苴杖为未修削之竹杖),菅屦(草鞋),食粥,居倚庐(《礼记·丧大记》孔疏:"谓于中门之外东墙下倚木,为庐,……以草夹障,不以泥涂之。"),寝苫(shān,草垫),枕草(《仪礼》作"块",谓以土块为枕)。"但《左传》接着记其家宰(总管家)之言曰:"非大夫之礼也。"可见,在春秋中期,大夫以上贵族能躬行丧礼之规定如晏子者,已极为罕见,以致正式之丧礼被目为"非大夫之礼"。但后此三十年晋之叔向仍说:"三年之丧,虽贵遂服(犹言成服,按丧礼的规定服丧),礼也。"(《左传·昭公十五年》)晚于晏子服三年之丧四年后始生的孔子也说过:"三年之丧达乎天子,父母之丧,无贵贱,一也。"(《礼记·中庸》)孔疏:"三年之丧,父、母及适(嫡)子并妻也。……昭十五年《左传》云,(周景王)穆后崩,太子寿卒,'叔向云:王一岁而有三年之丧二焉。'"可见直至春秋中期、晚期之交,像晏婴、叔向、孔子这些以周礼为正统的人士,还是力图把三年之丧(包括子、未嫁女对父母,妻为夫、夫为妻,父、母对嫡长子等在内)从上到下贯彻下去的。但随着父权社会的不断发展和巩固,母系制残余思想和习俗的日渐被廓清,子、未嫁女对母,夫为妻,母对嫡长子等丧服,从三年斩衰之丧中退却出来,降而为斩衰甚至齐衰一年。这从俭葬的角度看,去掉一些繁礼苛仪,未尝不是一种进步。何况"三年之丧"在实际生活中,何尝能"上达天子"呢？在大夫中,又有几个晏婴呢？不过男女的不平等是更为严重了,在丧服制度上也充分地表现出来。

言归正传,像晏婴守父丧,如果从父始死时孝子水浆不入口,居倚庐,寝草,枕土块,到三日而殡以后可以日餐二粥(无菜),三月而葬经虞、卒哭、祔以后,就可以"柱楣翦屏(原来的倚庐无所谓门,现可撑起一个门楣,还可修剪一下用来屏蔽的禾草,改善庐内的采光),芐(xià)剪不纳(草垫也可改为蒲席,四周可修剪齐整,但仍不能纳边)"了。吃的方面,也可以"疏食(粗粝的食物)水饮",这比一天喝两顿粥是好多了,虽然仍"不食菜果"。要知道,孔子曾说过:"饭疏食饮水,曲肱而枕之,乐亦在其中矣。不义而富且贵,于我如浮云。"(《论语·述而》)当然,以正义为追求目标的"疏食饮水"和三年之丧的"疏食水饮"是两种不同的思想境界和心理体验,前者可以"苦中得乐",后者则是苦中尽哀而已。

练祭——小祥之祭

祔祭之后,丧礼还有三个重要的祭祀日:练祭——小祥之祭,祥祭——大祥之祭,禫祭——除丧服之祭。这三个祭祀日,又由于是三年之丧还是"期"之丧的不同,而处于不同的月份。例如小祥之祭,对三年之丧而言,它处于第十三个月;对期之丧而言,它则处于第十一个月。

孔子对子女要为父母实行三年之丧极为赞同,大力提倡。但当时社会上认真照这丧礼做的人是很少的,晏婴真要算是凤毛麟角了。孔子的门弟子子张看到《尚书·说命》上讲殷代中兴之王高宗武丁居父之丧,"谅阴三年,不言"。就问孔子"何谓也"。孔子说:"何必高宗,古之人皆然。君薨,百官总己以听于冢宰三年。"(《论语·宪问》)这件事《礼记·檀弓下》也摘载了。郑玄注道:"时(指春秋时期)人君无行三年之丧礼者,问'有此与?'怪之也。"当时不但人君没有实行三年之丧的,就连孔子的学生中以言语辩说见长的宰我,也与孔子唱起了反调。《论语·阳货》:"宰我问:'三年之丧,期已久矣。君子三年不为礼,礼必坏;三年不为乐,乐必崩。旧谷既没,新谷既升,钻燧改火,期可已矣。'(期jī,一周年。)子曰:'食夫稻,衣夫锦,于汝安乎？'曰:'安。''汝安,则为之！夫君子之居丧,食旨不安,闻乐(yuè)不乐(lè),居处不安,故不为也。今汝安,则为之！'宰我出,子曰:'予(宰我名予字我)之不仁也！子生三年,然后免于父母之怀。夫三年之丧,天下之通丧也。予也有三年之爱于其父母乎？'"春秋时期,为父母服丧,于礼本来都是三年。

宰我认为一年就已经够久的了，遂以巧言善辩申述了理由，他的说法可能代表了当时社会上相当一部分人的看法。但孔子讲的父母之恩、子女之孝，在宗法制社会中也是不可动摇的道德规范。所以后来儒家在对丧礼、服丧制度进行改革和强化的过程中，既坚持了孔子"三年之丧，天下之通丧也"的提法，也吸收了宰我"三年之丧，期可已矣"的观点。《礼记·三年问》就是这种折衷思想的代表。它一方面一上来就强调"三年之丧""弗可损益"，"无易之道（没有改变的道理）"；一方面又两次提到"三年之丧，二十五月而毕"，并宣称这是"百王之所同，古今之所壹"。虽然它也引了孔子的原文"子生三年，然后免于父母之怀，夫三年之丧，天下之达丧也"；却又部分地采用了宰我的主张，自问自答道："然则何以至'期'也？曰至亲以'期'断（指父在母卒，子只服'期'之丧），是何也？曰：天地则已易矣，四时则已变矣，其在天地之中者，莫不更始焉。以是象之也。"完全照搬宰我的观点。不仅如此，它还把"三年之丧，二十五月而毕"也纳入宰我"期可已矣"的体系，称为是为了"加隆"父母之恩，"使倍之"，"故再期也"。二十五个月，确实是"再期"的结果。所以，后儒的"三年之丧"，恐怕已经不是孔子心目中的"三年之丧"了。但这种改变，对繁礼缛节稍稍简化了些，仍有一定的进步意义，尽管是极其有限的。

　　"三年之葬，二十五月而毕"的说法，不仅见于《礼记·三年问》，也见于《檀弓上》："祥而缟，是月禫，徙月乐（yè）。"这几句话的含义以及引起的争论，下文讲大祥之祭时再说，但它和《三年问》所指是同一个意思。另外，《公羊传·闵公二年》也说："三年之丧，实以二十五月。"相传《公羊传》出于子夏，子夏师承孔子，且为春秋末年人，孔子去世时他二十八岁，《诗》《春秋》等经典主要赖他以传。难道二十五之说，真是孔子、子夏一脉相承下来之说吗？旧说（《春秋公羊传注疏》何休序徐彦疏引戴宏《序》之说）子夏传齐人公羊高，高以家学口耳传授于子平、孙地、曾孙敢、玄孙寿，至公孙寿而始与弟子齐人胡母子都著于竹帛，已在汉景帝世。因其递相传授之间，多插入后人之说，《四库全书总目提要》就指出传中引其语、列其名者就有"子沈子""子司马子""子女子""子北宫子""高子""鲁子"甚至引"子公羊子曰"云云，因而认为旧署作者名为公羊高是不科学的，遂改题为"汉公羊寿传"。这就明确了西汉成书的《春秋公羊传》之文，不可全认定为战国年间公羊高所述，更不可全认定为子夏承孔子所传，至于哪些掺杂有后人之说，则要做具体分析。如"三年之丧，实二十五月"之语，就很可疑惑并非公羊高传下来的。如《公羊传》文公二年经："冬，……公子遂如齐纳币。"传："纳币不书，此何以书？讥。何讥尔？讥丧娶也。娶在三年之外，则何讥乎丧娶？三年之内不图婚。"公子遂当时是鲁国的执政卿,到齐国去纳币,就是去送聘礼以定婚(币,泛指礼品)。丧娶,是指服丧期间结婚,这在当时是非礼的。实际上,文公娶齐女姜氏,是在文公四年夏。文公父僖公,卒于其三十三年十二月乙巳(十一日),到文公四年夏,早已过了三整年又四个月了。此时三年之丧服已除多时,谈不上丧娶。《公羊传》所谓"讥丧娶"是讥其三年之内"图婚",纳币就是图婚,有了结婚之心,虽未婚,但是图了,也是不可以的,要讥的。可惜的是,公子遂到齐国去纳币是在文公二年的哪个月,《春秋》竟记得含含糊糊,只说是"冬",晋、宋、陈、郑四国之卿联合师师"伐秦"。随后在全年最后一条记事录载了"公子遂如齐纳币"这件事。如果纳币事发生在冬十二月,僖公丧亡至此正好是二十五个月。"三年之丧,实二十五月"之说若为公羊高闻之于子夏的春秋时期丧礼,则应贯穿之于全书,何以会有文公二年对服丧期业已基本达标从而"图婚"(不是结婚)的大加讥刺? 如此看来,《公羊传》中"二十五月"之文,恐怕是在传述过程中由后人搀入的。《公羊传·文公二年》所谓"三年之内不图婚"的"三年",如果是孔子心目中的"三年"的话,可能要不止二十五个月,甚至是十足三年。

古代的三年之丧,把一周年的日子称之为"小祥"。古代计算月数和现在不一样,比如"诸侯五月而葬",现在的算法,如果是一月十日死的,到二月十日算是满了一个月,要到六月十日才算五个月。古代是把一月份就算进去,到进入二月,哪怕只是二月一日,就算两个月了;到五月一日,就可算做五个月了。从五月一日到五月底,哪一天下葬都可以,都可称为五月而葬,只要筮、卜吉利就行。计算一周年也是一样,今人计算,一月十日去世,要到第二年的一月十日,才叫一周年,其间实足十二个月。古代则从今年的一月份算起,到第二年的一月十日才叫"期",共计十三个月。而且不一定必在十日,要看哪一天是黄道吉日,从一日到月底,哪一天都可以。而"吉事先近日,丧事先远日",比如选结婚的日子,先从上旬卜筮起,上旬无吉日,则卜筮中旬、下旬;而丧事则反过来,先卜筮下旬,再中旬、上旬。三年之丧的小祥之祭,就定在第十三个月,事先要筮日、筮尸(神尸),孝子仍要"绖(首绖、腰绖)、杖、绳屦(丧鞋)"(《礼记·丧服小记》)做完这些事。只是在祭祀之日,可以除掉首绖,戴上练冠,穿上练衣。练是白色的熟绢,属纯素之色。据《礼记·间传》,"练冠縓缘",《檀弓上》则云:"练,练衣黄里縓缘。"縓是浅红色,缘今俗称滚边。这是带上一些吉色了。但所谓练衣,郑注、孔疏均指为练制的中衣,在它外面,还要罩上麻衣,它的一点吉色是隐藏在内,并不显露的。练冠虽然显露,但其形制仍有异于吉冠,《礼记·杂记上》说:"丧冠条属,以别吉凶。三年之练冠,亦条属右缝。"说明它仍具有凶冠的特征。什么叫条属呢？一般的吉冠，有武（系冠之带）有缨（用两根丝织组带结冠于颐下，用以固定武、从而固定冠，打结后下垂起装饰作用），武、缨不同材。而条属者指只用一条绳或布带，既用作武又垂下为缨属之冠，以表示丧事从疏略。由于小祥之祭用练冠，所以又称练祭。"期"之丧也有练祭，安排在第十一个月，哪一天，也要经"筮日"后才决定。

练祭以后，孝子可以"食菜（指素菜）果"了。原来住倚庐（草棚），"既练，居垩室"（《礼记·丧大记》）。垩室用土坯垒成，涂白土于墙壁，亮堂多了。

练祭和虞祭、卒哭之祭、袝祭一样，也是用牲的。当然，品尝者又只是代表受祭者神灵的尸，守丧的孝子孝妇都不能吃，服大功以下丧的亲属则已经除丧，可以享用了。吃不了的肉，可以馈赠邻里朋友师长，称之为祥肉。《礼记·檀弓上》："颜渊之丧，馈祥肉，孔子出受之，入弹琴然后食之。"郑玄注："弹琴，以散哀也。"孔子于颜回，在五服之外，到了小祥之祭，是可以吃祥肉的，也不受丧中不乐（yuè）的限制。当然，他所奏琴曲，旨在散哀，必然不可能是欢快的，而是寄托悼念之思。为颜回主丧事的，是其父颜无繇（字路），父为嫡长子也服三年之丧。颜回比孔子小三十岁，颜无繇比孔子小六岁，父子均师事孔子。颜渊三十二岁早死（据《史记·仲尼弟子列传》），颜路失子时五十六岁，却因为"回年二十九发尽白"，套不上"白发人送黑发人"这句话。颜路是不能弹琴散哀的，也是不能食祥肉的。颜氏家贫，他必然还在为丧子葬仅有棺而无椁自憾。《论语·先进》："颜渊死，颜路请子（孔子）之车以为之椁。子曰：'才不才，亦各言其子也。鲤也死，有棺而无椁；吾不徒行以为之椁。以吾从大夫之后，不可徒行也。'"孔子在弹琴散哀之际，难道会不想起这无可奈何的一幕吗？或许正是这种无奈，触发了他对子路说起"丧礼，与其哀不足而礼有余也，不若礼不足而哀有余也"（《礼记·檀弓上》）这样的话。

祥祭——大祥之祭

孔子虽说"夫三年之丧，天下之通丧也"（通者，自天子达于庶人也），但先秦文献中，实在难找有关天子三年之丧的点滴信息。提到"大丧"（天子之丧）最多的是《周礼》，但仅及薨、殁、殡、吊、含、襚、赗、赙、葬诸事，亦见虞、袝诸祭，然而"袝"以后事，则觅之而难得一闻一见了。孔子只好拿"高宗谅阴"来说事，但以一焉能概全。何况高宗三年不言是否等同于三年之丧，也有持异义的。《左传》昭公十五年晋叔向批评周景王虽"一岁而有三年之丧二"，但他不但不终三年丧服，还以丧宴宾，并求晋彝器，因而讥之为"一动而失二礼"。周景王之对待"三年之丧"，在春秋时期的天子中，可以算作是常例，是不足为怪的。叔向因事关晋国利益，信口发几句牢骚罢了。天子如此,春秋时期的诸侯又如何呢?《公羊传·闵公二年》经:"夏五月乙酉日,吉禘于庄公。"传:"吉禘于庄公何以书?讥。何讥尔?讥始不三年也。"庄公死于八月,至闵公二年五月仅二十二月。又《公羊传·哀公五年》经:"秋九月癸酉,齐侯处臼(即景公)卒。"六年传:"秋七月,除景公之丧。"首尾仅十二月(加上哀公五年岁末有一闰月在内)。以上一个是春秋前期之例、一个是春秋后期之例,若尚未足以窥全豹,则《孟子·滕文公上》可提供旁证:滕文公父定公薨,使傅然友问于孟子,"反命,定为三年之丧。父兄百官皆不欲,曰:'吾宗国鲁先君莫之行,吾先君亦莫之行也。'"孟子战国中期人,上距春秋尚近,其书中透露的信息是:关于三年之丧,不但小国滕的先君没有实行的;就连以保存周礼著称的鲁国,其先君也没有实行的。其他诸侯国,就可以类推而知了。大夫,《左传》记晏婴粗衰斩,居倚庐,其室老即以"非大夫之礼"止之。是否服完三年之丧,遂无下文,也几成绝响。但《礼记·檀弓上》有鲁卿孟献子居丧直至禫祭,已可悬乐而不奏乐,已可御妇人而不御,为孔子称道的记事,也属凤毛麟角、极其稀罕之例。详见下文。大夫以下,书传多所不载,《诗·桧风·素冠》《毛序》曰:"刺不能三年也。"毛传、郑笺、孔疏对诗中词语训诂或有异解,但对《序》点明之主旨则皆无异义。桧灭于周平王东迁后之郑,《素冠》似当为西周末年之诗。可见所谓三年之丧上下皆无实行者。孟子上承孔子说的"三年之丧""自天子达于庶人,三代共之"的话,就春秋时期而言,实在太虚。

《礼记·檀弓下》《孔子家语》《诗传》分别记有孔子弟子子夏、闵子骞、子张按礼居丧毕,除服而援琴的故事,可见圣人门下,确是实行三年之丧的。也正是孔子及其弟子、再传弟子、三传弟子的大力提倡、推行改革,才使儒家三年之丧的礼仪得以从孔子在世时的充满理想化同时也相当模糊化的状态下逐渐规整为以宗法制为社会基础,以孝亲、敬宗、尊祖为伦理信条,较为明确、具体、系统、有一定可接受性和可操作性的丧服制度、丧葬制度、丧祭制度以及由隆而杀的除服制度。《周礼》《仪礼》以及被汉人辑为《礼记》的诸多篇什等与丧礼有关的著作,便在战国时应运而生。到汉以后孔子被历代统治者奉为至圣先师之尊,春秋时期极少有人实行的三年之丧,才在宗法制的背景下又被撷拾起来,并走完其历史途程。

其实,经过后儒改革、条理化的三年之丧,"三年"究竟多少月,从一开始就有分歧意见,且不是一下子就统一起来的。《礼记·檀弓上》"祥而缟,是月禫,徙月乐(yè)"的记载,与《仪礼·士虞礼》"期而小祥,又期而大祥,中月而禫,是月也,吉祭犹未配"的记载,明显口径是不一样的。前者的"祥"即指大祥之祭,是在第二十五月举行的；"是月禫"，是说大祥之祭的这个月中，还要举行禫祭，以除丧服。这就是"三年之丧，实以二十五月"的说法。后者前两句的意思没有什么不同，是说第十三个月有小祥之祭，第二十五个月有大祥之祭，"中月而禫"的"中"作间隔讲，大祥之祭再隔一个月才举行禫祭，那就和"是月禫"不同了，是二十七个月了。郑玄是主张二十七个月的，但他自己有时也被两种不同说法弄糊涂了，因而一会儿在《禘祫志》里说："闵公之服凡二十一月（我们上文计算为二十二月，郑玄在此未把闰月计入），于礼少四月。"在《答赵商》里又说："于礼少六月。"（《禘祫志》《答赵商》二文均见《礼记·王制》孔颖达疏引。）导致自相矛盾的，就是因为标准不一。但他最后的定说是二十七个月。

三国魏王肃是《三国演义》据传说描写为被诸葛亮在两军阵前骂死的王朗之子。王朗实际上是个著述颇丰的学者，王肃承父学，又研习后汉贾逵、马融之学，却排斥经学大师郑玄，意在与之争胜，处处加以驳难。比如三年之丧，郑玄以二十七月为定论，他就力主二十五月之说。他以女儿元姬嫁为司马昭妇，生子炎为晋武帝。他虽死于前，但女儿被尊为皇太后以后，他也被追封为兰陵景侯。以皇亲国戚的身份，他的经学被称为"王学"，在有晋一代，往往凭政治优势压倒"郑学"。太康初，尚书郎挚虞上表称："《丧服》一卷，卷不盈握，而争说纷然。三年之丧，郑云二十七月，王云二十五月……臣以为今宜……依准王景侯所撰《丧服变除》，使类统明正，以断疑争，然后制无二门，咸同所由。"本来是学术上的问题，却因为有人给皇太后的父亲抬了轿子，王学就把郑学打败了。整个晋代，三年之丧二十五月成了国制。但随着改朝换代，郑学又取代了王学，三年之丧二十七月之说，遂长期成为定说。郑玄在经学史上的地位，也不可动摇地被公认为高于王肃。

不过，学术问题还是要靠从历史的实际出发来探讨，才能得其真相，定其是非的。《礼记·檀弓下》有以下几则记载，很值得我们思索：一，"鲁人有朝祥而莫（暮）歌者，子路笑之。（郑玄注：笑其为乐（yè）速。）夫子曰：'由（子路名由），尔责于人终无已夫！三年之丧，亦已久矣夫！'（郑玄注：为时如此人行三年丧者希，抑子路，以善彼。）子路出，夫子曰：'又多乎哉？逾月则其善也。'（孔颖达疏：子路出后，更以正礼言之。夫子曰：鲁人可歌之时节岂有多经日月哉？但逾越后月，即其善。言歌合于礼。）"二、"孔子既祥，五日弹琴而不成声。（郑玄注：哀未忘。）十日而成笙歌。"（郑玄注："逾月且异旬也。祥亦凶事用远日，五日弹琴，十日笙歌，除由外也。琴以手，笙歌以气。"）三、"有子盖既祥而丝屦组缨。"（郑玄注："讥其早也。"孔颖达疏："此丝屦组缨，禫后之服。今既祥而著，故云讥其早也。"）这三则记事中的"祥",都指大祥;"既祥",则谓大祥之祭以后。孔子、子路、有若皆春秋时人,"鲁人"与之同时,也为春秋时人。三则记事中,祥祭以后即歌,即弹琴,即丝屦组缨,似非偶然。按郑、孔以后世二十七月之标准评,这些事,鲁人、有若(孔子弟子)皆失礼了,只有子路对了,连孔子也有一半错的。我们不禁要深思:究竟是春秋时期的当事人错了,还是郑、孔用后世的标准去评定春秋时人的是非,是错的呢?

《礼记》的最后一篇《丧服四制》,它两次提到"斩衰三年",两次提到"高宗谅阴,三年不言",它说到"三年忧""三年之丧",又说"丧不过三年""丧之所以三年",它说"三年而祥",又说"祥之日鼓素琴"。它说了那么多"三年",但它既不说"三年"是二十五个月,也不说是二十七个月,也不像同书《三年问》《丧服小记》说"三年"是"再期"。它只说"三年",而且"三年"就是"三年",再没有别的表达法。这一篇的"三年",有点接近孔子说的"三年",很值得加以注意。它的"三年而祥"(不是"二十五月而祥",也不是"再期而大祥")、"祥之日鼓素琴",与上举《檀弓上》三例祥而"歌""弹琴""丝屦组缨",不是也很有某种共通性吗?但我们的思路,暂时只能驰骛至此。有些素材可以引起思索,但一时难以作出结论。

因此我们只能按照《礼记·丧大记》《间传》等篇的记述,介绍"又期而大祥"以后孝子生活上的变化:吃的方面"有醢酱"了,醢(hǎi)是肉酱,酱则通指鱼、虾、菜、果等食物捣烂所制的酱。住的方面可以"居复寝"(此从《间传》,《丧大记》则仍住垩室,仅治垩室之地、涂垩室之墙而已)了,但还要席地而卧。穿的方面,《玉藻》篇说:"缟冠素纰,既祥之冠也。"郑玄注:"纰(pí),缘边也。"缟则为细的白色生绢。白冠而以素色织物为缘饰,仍难称纯吉之服。但是佩于胸前的"衰"(cuī,象征三年之丧的麻布条)可以除掉了,杖也可以去掉了。

禫祭——除服之祭

《说文解字》:"禫,除服祭也。"段玉裁注:"《士虞礼》记曰:'中月而禫。'注:'中,犹间也。禫,祭名也,与大祥间一月。自丧至此凡二十七月。禫之言澹,澹然平安意也。'……《说文》一书,三言'读若三年导服之导'。考《士虞礼》注曰:'古文禫或为导。'《丧大记》注曰:'禫或皆作道。'许君盖从古文,不录今文禫字。……禫字疑是后人增益。郑君从禫,许君从导,各有所受之也。"若依段说,"禫祭"古文作"导祭"。《说文》释"导"为"引",是禫祭有导引孝子回复正常生活之意。

第二十七月禫祭以后,吃的方面,可以饮醴酒、食干肉了。《间传》说:"始饮酒者,先饮醴酒;始食肉者,先食干肉。"住的方面,可以恢复到床上睡了。穿的方面,

《间传》说："禫而纤,无所不佩。"郑玄注："黑经白纬曰纤;旧说:纤冠者,采缨也。无所不佩,纷帨(拭物之佩巾,帨 shuì)之属,如平常也。"《丧大记》则说："禫而从御。"郑玄注："从御,御妇人也。"指可以有性生活了。《檀弓上》说："孟献子禫,县而不乐(yuè),比御而不入。夫子曰:献子加于人一等矣。"孟献子,又称仲孙蔑,鲁国之卿。他已到禫祭这一步,说明二十七个月已熬完了。但是据《左传》文公十四年、十五年之记载,可知孟献子之父为文伯穀,已在文公十四年前因疾而亡。当时孟献子年尚少。文伯穀为公孙敖之长子,公孙敖意欲离鲁适莒在那里定居,文伯本应嗣立,因为有疾,担心自己承担不了家业,甚至可能不久于人世,向公孙敖提出请求说:"穀之子(即孟献子仲孙蔑)弱,请立吾弟叔难。"公孙敖答应了。古代未行成年礼以下都可称弱,所谓"二十曰弱,冠"(《礼记·曲礼上》),二十是"弱"的上限。显然孟献子当时距弱冠之年还有一段距离。文伯穀提出立弟的请求后很快就死了。由此可以推断孟献子为父服三年之丧时,恐未必至十五岁。少年服斩衰三年之丧,自然也要承受巨大悲痛与磨难,但要做到禫祭后可以悬乐而不作乐,可以御女而不御女,相对说比起成年人来还稍为容易一些。孔子生于襄公二十一年,在孟僖子除服之祭后约五十八九年。他对孟僖子禫祭后的表现,当然是后来才听说的。《左传》襄公十九年:"八月丙辰,仲孙蔑卒。"他的死,还早于孔子出世两年。孔子评论他"加于人一等",当然更要在有了一定人生历练之后。这是圣人对前贤的褒奖。

禫祭已是吉服吉祭,但还要过渡到下月,生活、心态、作乐之类才能完全调整到正常状态。"期"之丧,禫祭是在第十五个月。

【集评】

秦伯将袭郑。……弦高者,郑商也,遇之殽,矫以郑伯之命而犒师焉。或曰往矣,或曰反矣。晋人与姜戎要之殽而击之,匹马只轮无反者。其言"及姜戎"何?姜戎微也。称"人"亦微者也,何言乎姜戎之微? 先轸也,或曰襄公亲之。襄公亲之,则其称"人"何? 贬。曷为贬? 君在乎殡而用师,危不得葬也。

(《公羊传·僖公三十三年》)

秦越千里之险,入虚国,进不能守,退败其师,徒乱人子女之教。……晋人与姜戎要而击之殽,匹马倚轮无反者。晋人者,晋子也,其曰"人"何也? 微之也。何为微之,不正其释殡而主乎战也。

(《穀梁传·僖公三十三年》)

昔秦穆公兴师在袭郑，……师过周而东，郑贾人弦高、奚施将西市于周，道遇秦师。曰："嘻！师所从来者远矣，此必袭郑。"遽使奚施归告。乃矫郑伯之命以劳之，曰："寡君固闻大国之将至久矣，大国不至，寡君与士卒窃为大国忧日。无所与焉，惟恐士卒罢弊与糇粮匮乏，何其久也！使臣犒劳以璧，膳以十二牛。"秦三帅对曰："寡君之无使也，使其三臣丙也、术也、视也，于东边候晋之道。过是以迷惑陷入大国之地。不敢固辞。"再拜稽首受之。三帅乃惧而谋曰："我行数千里，数绝诸侯之地以袭人，未至而人已先知之矣。此其备必已盛矣，还师去之，当是时也。"

晋文公适薨，未葬，先轸言于襄公曰："秦师不可不击也，臣请击之。"襄公曰："先君薨，尸在堂。见秦利而因击之，无乃非为人子之道欤？"先轸曰："不吊吾丧，不忧吾哀，是死吾君而弱其孤也。若是而击，可大强，臣请击之。"襄公不得已而许之。先轸遏秦师于崤而击之，大败之，获其三帅以归。

缪（穆）公闻之，素服庙临以说于众，曰："天不为秦国，使寡人不用蹇叔之谏，以至于此患。"此穆公非欲败于崤也，智不至也。智不至则不信，言之不信，师之不反也从此生。故不至之为害大矣。

（《吕氏春秋·先识览·悔过》）

杞子自郑使告于秦，曰："郑人使我掌其北门之管，若潜师以来，国可得也。"穆公访诸蹇叔。蹇叔曰："劳师以袭远，非所闻也。……"公辞焉，召孟明、西乞、白乙使出师于东门之外。蹇叔哭之，曰："孟子，吾见师之出而不见其入也！"公使谓之曰："尔何知，中寿，尔墓之木拱矣！"蹇叔之子与师。哭而送之，曰："晋人御师必于崤。崤有二陵焉：其南陵，夏后皋之墓也；其北陵，文王之所辟风雨也。必死是间，余收尔骨焉。"

汉武帝违韩安国而用王恢，然卒杀恢：是有秦穆公违蹇叔之罪，而无用孟明之德也。

（苏轼《汉武无秦穆之德》）

秦穆公东平晋乱，西伐诸戎；楚庄王克陈入郑，得而不取：皆有伯者之风矣。然穆公听杞子之计，违蹇叔而用孟明，千里袭郑，覆师于崤，虽悔过自誓，列于《周书》，而不能东征诸夏以终成伯业。

（苏辙《历代论一·五伯》）

秦国失败的原因十分明显：首先，秦在政治上和战略上都十分被动，正如晋国原轸所说："秦违蹇叔而以贪勤（劳）民"，出师无名。因此，开始希冀偷袭郑国成功，把希望建筑在敌国无准备的前提下，当认为郑国有准备时，立刻丧失信心。最后,无理取滑,更是心虚理亏,士气自然不振。其次,秦军此次出师,抱有侥幸心理,傲慢轻敌,军纪松弛,也种下失败的种子,所以在晋军的打击下一触即溃。

秦穆公勇于公开承认自己不听劝谏,不将失败的罪责推在臣下身上,这就显示出他同那昏庸的君主的区别。

(林剑鸣《秦史稿》第五章第三节"秦同晋国的关系")

读原轸语,读栾枝语,读破栾枝语,读文嬴语,读先轸怒语,读孟明谢阳处父语,读秦伯哭师语:逐段细细读,逐段如画。

(金圣叹《天下才子必读书》卷一)

篇中以违蹇叔起,违蹇叔收,是正应法。晋凶服反用墨,秦常服反用素,是倒应法。秦伯乡师之哭,与前此蹇叔出师之哭,是遥应法。若妇人能与军事,臣子敢怒其君,囚既释而复追,将既败而犹用,其中结构穿插,皆以"天奉""纵敌"二句为脉络,是暗应法。细读自知。

(林云铭《古文析义》卷一)

只"遂发命"一段,是正写晋败秦师处。以上皆所以败秦之故,以下皆败秦师后文字。前从蹇叔起,后以蹇叔止,篇法秩然。至叙述诸人问答,描画诸人举动形声,无不婉然曲肖,更为写生妙手。

(余诚《重订古文释义新编》卷二)

【思考与讨论】

阅读以下材料,并回答问题。

殽之战的双方,历史上都是受到批评的,毕竟哪一方都谈不上是正义的战争。

对秦国一方,《左传》主要是通过王孙满和晋原轸来批评的。年轻的王孙满看了过周北门的秦师的军容,一针见血地指出秦师"轻而无礼",预言它"入险而脱(不稳重),又不能谋,能无败乎"。原轸主要是为晋国在大丧期间挑起战争找借口,但确实也说到了秦国毛病的根子上:"违蹇叔,以贪勤民";"不哀吾丧,而灭吾同姓(指小国滑)"。《公羊传》和《穀梁传》则认为《春秋》记载殽之战对秦国用了"《春秋》笔法",《公羊传》说是"夷狄之也",《穀梁传》则说"秦之为狄,自殽之战始"。并没有更多的事与理的坚实基础。

对晋国一方,《公羊传》和《穀梁传》立场也是一致的,都认为《春秋》经文对晋襄公"亲征"而称之为"晋人",是对他的"贬"(《公羊传》)和特意地"微之"(《穀梁传》)。前者自问自答说:"曷为贬? 君在乎殡而用师,危不得葬也。"后者也设问自解："何为微之？不正其释殡而主乎战也。"都指出晋文公始死至殽之战打响之日，正好符合"诸侯五月而葬"的时机。晋原轸力主要抓住"天奉"的战机，切不可违天纵敌，宁可撂下葬先君之事，也要在殽山打秦师一个措手不及。《公羊传》和《穀梁传》都直截了当地把矛头指向了晋襄公，说他先君在殡而用师，把殡葬大事放在一旁而把打仗当作主要任务，是违礼的。《左传》并未在叙述晋国策划殽之战并打赢这一仗的当时发表什么评论，但杜预在为经文作注时指出：经文用"晋人"这个模糊用语代替"晋侯"（或因晋文公尚未葬而称襄公驩为"晋子"），是因为晋国记事的史官把晋国发生的这件事通告各诸侯国的时候，为"晋侯讳背丧用兵，故通以贱者告"。晋襄公当时身有为父所服的三年之丧，且文公之柩尚在殡待葬，按古代丧礼，此时襄公作为孝子，是应该"居倚庐，不涂，寝苫枕块，非丧事不言"（《礼记·丧大记》）的。要到下葬、反哭、虞祭、卒哭以后，才能有一点松动："君既葬，王政入于国；既卒哭，而服王事。大夫、士既葬，公政入于家；既卒哭，弁绖带，金革之事无辟（避）也。"（同上）可见，即使到安葬妥帖、卒哭之祭完毕，国君也只能过问和应付天子派下来的事，本国的事，还是得由卿大夫们去办理。因而，襄公背丧用兵，亲征殽之役，是大为失礼的。虽然春秋时期礼坏乐崩，三年之丧号称自天子达于庶人，但真正实行的，只是极为罕见的个例（参读本篇选文"文化史拓展"栏目（二）"春秋时期的丧葬制度、丧服制度、丧祭制度以及除服制度"一段）。《左传》作者对晋襄公墨衰绖亲征未加非议，恐怕也有这层原因。但晋国时为霸主，但凡举措有所失当，列国间不能无所议论，国内之有识之士也不能全加赞赏附和。我们举出如下几条《左传》之后续记载，细加品味，或能有所启发：

一、《春秋·僖公三十三年》："（夏四月辛巳，晋人及姜戎败秦师于殽。）癸巳，葬晋文公。"杨伯峻注："辛巳，十三日。癸巳，二十五日。昭三年《传》云：'昔文、襄之霸也，君薨，大夫吊，卿共丧事。'然则此为鲁卿送葬也。"按杨注末句之推断不确。孔颖达《春秋左传正义》昭公六年疏文根据杜预《释例》与《左氏》经传用例总结出几条通例，其中两条云：凡"书他国之葬，必须鲁会（指鲁国派使者会葬）"；"奉使非卿，则不书于经"。根据上一条，我们可知晋国在殽之战后十二日葬文公，鲁国是派使前去送葬的。根据下一条，我们也可确知鲁国派去的使者不是卿，因为若是卿，经文不会不书其名。杨注所引"昭三年《传》"以下，是郑国游吉（子大叔）之语。据"昭公三十年《传》"，可知"先王之制，诸侯之丧，士吊，大夫送葬"，与"昭三年《传》"游吉之言不同。盖郑国于晋文公之葬礼，一定是派卿前去的。因为郑对晋文公之霸，一直心存忧虑，从晋文公为公子时过郑，郑不以礼待，到城濮之战初时郑倾向于楚，郑国都有对不住霸主的自责心态。而殽之战晋大败本欲袭郑之秦，郑国又是要感谢霸主晋国的。所以郑国超"先王之制"派卿参加送葬，是一定的了。鲁国为什么不派卿呢？从"文公六年《传》"载"冬十月，襄仲如晋葬襄公"，可知晋襄公之丧，鲁国是派卿去送葬的。晋文公之霸，相对于晋襄公而言，气势是更足的，因为他打败了强楚，受到周襄王"为侯伯"的策命。鲁国不派卿为文公送葬，问题显然不在死者文公，而在丧主襄公。襄公背丧用兵，或许是一部分诸侯国不派卿会葬的原因。

二、晋国本是霸主，殽之战又打了个秦国的歼灭战，不是国威应该更盛，列国更应该尊奉晋国了吗？可是不然，殽之战后，接连出现了几件事，说明了晋国的霸主威望，在列国间有点不增反降。

《左传·僖公三十三年》："狄侵齐，因晋丧也。"据《春秋》记事次序，这件事发生在殽之战、晋文公下葬以后。《左传》特地点明"因晋丧也"是什么意思呢？一是狄认为晋之霸主文公死了，颇有蠢蠢欲动之意；二是晋襄公虽然战秦于殽大获全胜，但背殡用兵却有失人心，狄因而想钻这个空子。它选择距晋最远的齐国作试探，也仅是稍稍入侵而已，并无攻邑略地，劫掠财物之举。狄人观察之下，发现晋国非但没有当初齐桓公为霸主时那种出兵伐狄以保护盟国的任何举措，甚至连个声援都没有。于是，狄就酝酿着直接向晋国下手了。

《左传·僖公三十三年》又载："公（指鲁僖公）伐邾，取訾娄。""秋，襄仲（鲁卿）复伐邾。"杜预注："鲁亦因晋丧以陵小国。"其实，"因晋丧"的说法有欠精准，更是因晋置亡君于殡而不顾，在待葬之际发动金革兵戎之事。这是以利而忘礼。上梁不正在先，奈我下梁也歪一点又能如何。

《左传·僖公三十三年》继而记述："狄伐晋，及（到达）箕（晋国邑名，杜注以为在今山西太谷县西，一说当在今山西蒲县东北）。八月戊子，晋侯败狄于箕。郤缺（晋将）获白狄子（白狄，狄之一种；白狄子为其首领）。先轸曰：'匹夫逞志于君，而无讨（惩罚），敢不自讨乎！'免胄（谓不戴头盔）入狄师，死焉。狄人归其元（首级），面如生。"先轸在晋楚城濮之战中就是中军之帅，春秋时期的中军统帅就是上、中、下三军的总统帅。殽之战他也是主谋，是策划者和实际指挥者。他力屈反对派栾枝而坚持要打、也打赢了这一仗。按理说，他为晋国立下了赫赫战功，他为何要在反击狄人伐晋的战争中用近乎自绝的行为来结束自己的生命呢？他说的"匹夫逞志于君"是指什么呢？杜预注说："谓不顾而唾。"（关于此事细节参阅本篇选文）杨伯峻承杜注为说："指不顾而唾之事。"仅仅是为了这么一件浅层次的小事，就使他不坐在三军统帅的交椅上,"免胄入狄师"而死吗? 当然不是。他所说的"匹夫逞志于君"应该是指把打一场殽之战强加给正在为亡故的君父服三年之丧的孝子襄公身上。晋文公死时,襄公应年尚幼少(关于这一点,请参读王维堤《左传选评》第151 至153 页的论证,上海古籍出版社2005 年6 月版),打殽之战他既无能力作决策,也无能力作指挥,只是听从先轸,把丧服衰、绖从白的染成黑的,往戎车上站一站而已。这一点,《左传》记述得极明确,绝没有太史公在《史记·秦本纪》里所艺术加工的"太子襄公怒曰:'秦侮我孤,因丧破我滑!'遂墨衰绖,发兵遮秦兵于殽"这样的细节,似乎殽之战是晋襄公一怒之下作出的决定,是晋襄公亲自"发兵"的。若是这样,先轸就不会因殽之战后诸侯失控、狄人乘隙大举来犯诸事感到自责,精神压力陡增,从而一时冲动作出完全没有必要的牺牲自己的遗憾抉择。不过这也可以反证,殽之战大胜以后的列国动向、晋国霸主地位的公认度、乃至晋国国内舆论的或褒或贬,都与先轸的预期有相当大的差距。这才是他"敢不自讨"的真正原因。至于"不顾而唾"虽属失礼,毕竟事小,过去了也就过去了,襄公从未追究过,何至于使英雄有末路之哀呢。从他牺牲后襄公以三命命其子先且居续任中军之帅来看,襄公对他无丝毫芥蒂可言。

《左传·僖公三十三年》继又记述:"冬,……晋、陈、郑伐许,讨其贰于楚也。楚令尹子上侵陈、蔡,陈、蔡成(讲和)。遂伐郑……晋阳处父侵蔡,楚子上救之,与晋师夹泜而军。阳子患之,使谓之上曰:'……子若欲战,则我退舍(一舍三十里),子济而陈(阵),迟速唯命。不然,纾我(纾,解除。指你方退三十里,容我渡河而成阵)。老(久)师费财,亦无益也。'乃驾以待。子上欲涉,大孙伯曰:'不可。晋人无信,半涉而薄(以军迫击)我,悔败何及? 不如纾之。'乃退舍。阳子宣言曰:'楚师遁矣。'遂归。楚师亦归。"这几个小插曲可以说明:晋国的霸权已有所松动,号令诸侯已难,晋、楚对峙、争霸之势复呈。

晋襄公在反击狄人之战中也出现在晋师军中,因为晋文公葬已满两月,且《礼记·杂记下》所谓"诸侯五月而葬,七月而卒哭",晋文公始死至此已有八月,卒哭之祭已成。按礼,襄公已可服王事。与来犯之狄战,是"国君死社稷"(《礼记·曲礼下》)的事,郑玄注所谓"死其所受于天子也,谓见侵伐也。"虽无王命,谓之服王事,当时人是不会有异议的。所以此战与君父殡而未葬主动出击的殽之战是不可同日而语的。

据《礼记·丧大记》"既练,……国谋国政"可知,国君若身有三年之丧,要到小祥之后谋国政,才是合乎礼的。国事之大者,不外祀与戎。《左传·文公元年》经:

"夏四月,……晋侯伐卫。"传:"晋文公之季年,诸侯朝晋,卫成公不朝,使孔达侵郑,伐绵訾及匡。晋襄公既祥,使告于诸侯而伐卫。及南阳,先且居曰:'效尤,祸也。请君朝王,臣从师。'晋侯朝王于温,先且居、胥臣伐卫。"晋文公季年,即鲁僖公三十二年,这一年卫成公不朝晋,对盟主无礼,还派孔达伐郑,犯下过失。晋文公因过世未及对卫有所报,但账还记着。到僖公三十三年十二月九日,晋文公周年祭。这个月,按古代计算法,是晋文公死后第十三个月,也即三年之丧的小祥之祭即练祭之月。晋襄公经过了小祥之祭,他就派使者遍告诸侯,他已经"既祥",为了什么前因,如今要做什么后果,——照会诸邻邦盟国。可见,殽之战确实使晋襄公在列国间蒙受了背殡用兵、为利失礼的不佳名声。但他倒是很能吃一堑长一智的。已小祥而兴戎事,并公开预告诸侯,有点像今天所说的作秀;他的目的显然是想改善自己在人们心目中的形象。

《左传》作者对殽之战之晋国一方虽未直接批评,但对照昭公十一年所记,自可见其态度:"五月,齐归(鲁昭公之母夫人)薨。大蒐于比蒲,非礼也。"齐归之死,昭公父鲁襄公已先死十一年,即使照后儒修改过的"父死为母"服丧规定,也是三年之丧。更何况春秋之时,不管父在父死,为母都是三年之丧。所以鲁昭公此时面临的,与晋襄公殽之战时面临的,是一样的景况。晋襄公当年自己作不了主,一切得听先轸的,与鲁昭公此时也作不了主,一切由三桓说了算,也是一样的景况。不同的是,殽之战是真刀真枪的血腥战争,鲁国的大蒐只是一种军事演练和阅兵。母死未葬而"大蒐于比蒲",《左传》作者评之为"非礼";父死未葬而拦袭秦师且全歼之,岂不是非礼更甚吗?《左传》之文,有时此不见评而评见于彼,殽之战可算是一个显例。

请思考:

秦晋殽之战,秦败晋胜,秦穆公与晋襄公各自从战争中获得了什么教训?